1DIA
1FOTO

31 FOTÒGRAFS
365 DIES
CATALUNYA 2014

TRIANGLE BOOKS

Fundació
BancSabadell

Els fotògrafs i escriptors que han participat en la creació d'aquesta obra volen expressar el seu agraïment a la Fundació Banc Sabadell per la sensibilitat mostrada vers el món de la cultura i la fotografia, i molt especialment per haver fet possible l'edició d'aquest llibre.

Coordinació del llibre: Julio Carbó.
Producció del llibre: Inés Martínez Ribas.
Disseny del llibre: Rycardo de Paz.

Ref: DF-1 | ISBN: 978-84-8478-653-5 | Dipòsit legal: ME 212/2015
Imprimeix: Tallers gràfics Soler. Barcelona

Triangle Postals, S.L. Pere Tudurí 8, 07710 Sant Lluís (Menorca).
Tel: 971 150 451 | Fax: 971 151 836
triangle@triangle.cat | www.triangle.cat

FSC Imprès utilitzant paper 100% lliure de clor i classificat com paper ecològic.

1DIA 1FOTO

Idea original i coordinació general: Julio Carbó.
Comissió organitzadora: Santi Cogolludo, Agustí Carbonell, Joan Guerrero, Ana Jiménez i Julio Carbó.
Producció i comunicació: Inés Martínez Ribas.
Creació i disseny: Rycardo de Paz.

Fotògrafs: Jordi Cotrina, Joan Guerrero, Santi Cogolludo, Francesc Melcion, Susanna Sáez, Quique García, Àlex Garcia, Danny Caminal, Ana Jiménez, Laura Guerrero, David Airob, Carles Ribas, Albert Masias, Marcel·lí Sàenz, Cristina Calderer, Pere Tordera, Toni Albir, Julio Carbó, Miquel Anglarill, Joan Manuel Baliellas, Josep Losada, Inés Baucells, Joan Monfort, Josep Lago, Carmen Secanella, Agustí Carbonell, Vicens Giménez, Consuelo Bautista, Jordi V. Pou, Pere Puntí i Albert Bertran.

Web: Jordi V. Pou i Marcel·lí Sàenz.
Documental: Gianluca Battista.
Coordinació 12 pensadors: Àlex Garcia.
Textos de les fotografies: Mercè Bayén i Montse Sàbat.
Àmbit territorial: Pere Puntí.
Fotografia de grup: Jorge Represa.
Producció audiovisual: Vínculo Visual.

L'exposició *1Dia 1Foto*, amb totes les imatges d'aquest llibre, es va presentar a Arts Santa Mònica, Barcelona, de l'1 de gener al 12 d'abril de 2015.

Jordi Cotrina
Joan Guerrero
Santi Cogolludo
Francesc Melcion
Susanna Sáez
Quique García
Àlex Garcia
Danny Caminal
Ana Jiménez
Laura Guerrero
David Airob
Carles Ribas
Albert Masias
Marcel·lí Sàenz
Cristina Calderer
Pere Tordera
Toni Albir
Julio Carbó
Miquel Anglarill
Joan Manuel Baliellas
Josep Losada
Inés Baucells
Joan Monfort
Josep Lago
Carmen Secanella
Agustí Carbonell
Vicens Giménez
Consuelo Bautista
Jordi V. Pou
Pere Puntí
Albert Bertran

1DIA 1FOTO

AMB TEXTOS DE

Laura Terré
Llucia Ramis
Sergi Pàmies
Eduardo Mendoza
Kiko Amat
Marta Rovira Martínez
Najat El Hachmi
Carme Pinós
Albert Sánchez Piñol
Txema Martínez
Josep Ramoneda
Jordi Évole

1DIA
1FOTO

31 FOTÒGRAFS
365 DIES
CATALUNYA 2014

T'agradaria saber com s'ha fet
1Dia 1Foto? Mira aquest vídeo

¿Te gustaría saber cómo se ha hecho *1Día 1Foto*? Mira este vídeo

Would you like to know how *1Day 1Photo* was produced? Watch this video

JORGE REPRESA va fotografiar al col·lectiu 1Dia 1Foto a la fàbrica de creació de Barcelona Fabra i Coats, el 30 de setembre de 2014.

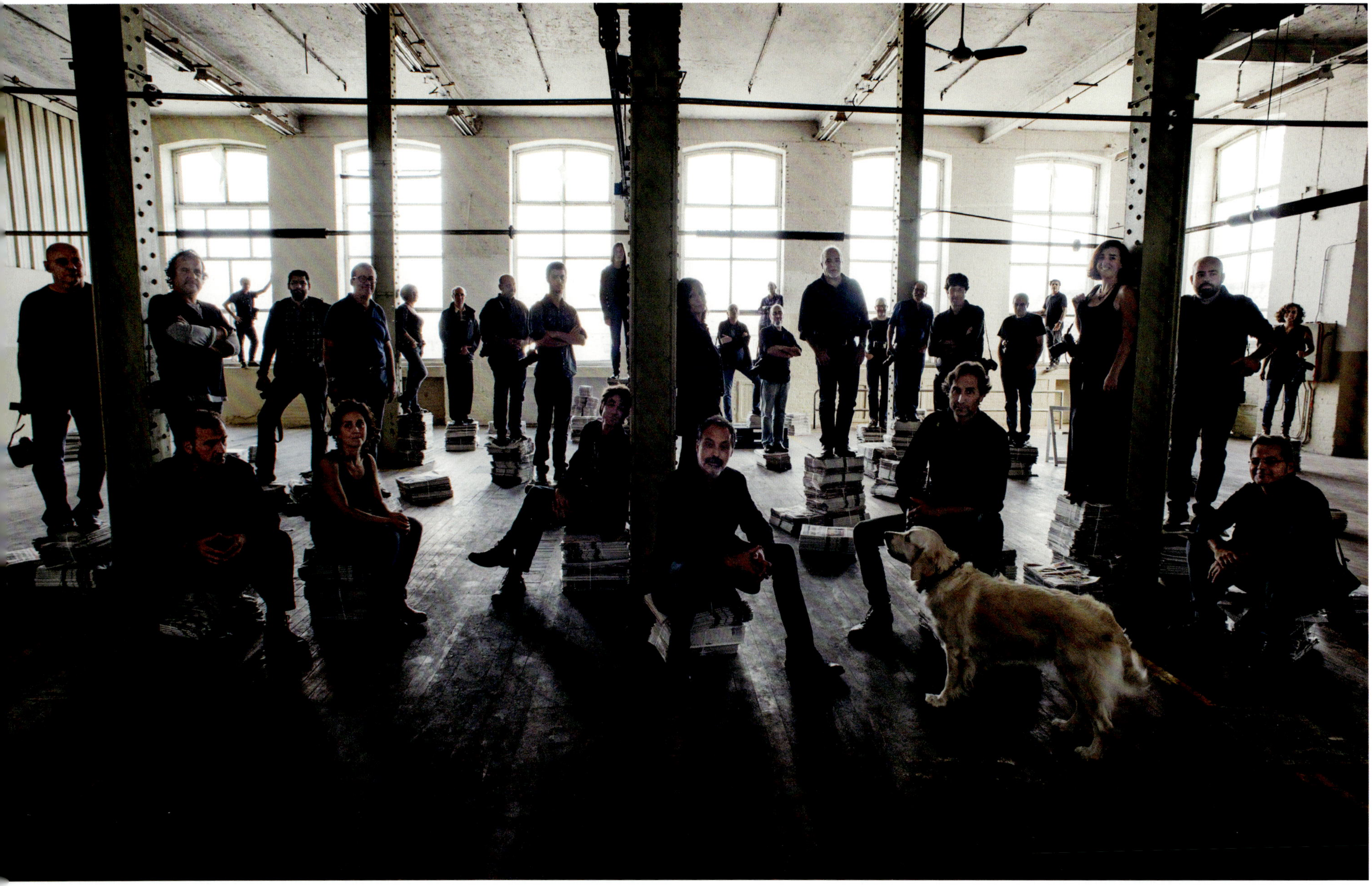

Inés Martínez Ribas | PERIODISTA I SOCIÒLOGA

Quan passis pàgina, tanca bé els ulls. Hi veuràs la Zulma, uruguaiana, 70 anys, que exhibeix un cartell davant el pit: «Busco feina». Hi veuràs una roca, dreta, foradada per l'embat de les onades, font d'inspiració d'*El gran masturbador* de Dalí. Hi veuràs en Mudassar, pakistanès, caixer, que resa a les portes d'un supermercat. Hi veuràs l'Ana, 97 anys, amb bata, arraulida a la sina de la seva filla María. Hi veuràs catorze clauers, en filera, penjats de ganxos, retolats amb les sigles dels partits polítics. Hi veuràs la Isabella, 6 anys, rapada, prostrada al llit, abatuda pel càncer. Hi veuràs l'Anna, descomposta, a la sala de parts, donant a llum l'Ariadna. Hi veuràs en Felip, el toro, valedor d'una família de vaques en perill d'extinció. Hi veuràs l'abraçada, espontània, d'una dona a una altra, adherides totes dues al moviment Abraçades Gratis.

Ara, quan t'aturis en aquestes dues pàgines, obre bé els ulls. Hi veuràs trenta-un fotògrafs i una gossa: la Julieta. Si els comptes, n'hi falten dos. Tot i així, a la seva manera, hi són. Encara que nosaltres no els puguem veure perquè aquell dia eren en un altre lloc. Nosaltres som tots, i tots som capaços de retratar allò que veiem. Un fotògraf, el de debò, el professional, té a més a més un talent: és capaç de captar amb la seva càmera el que la resta no veiem. On nosaltres copsem portals lluminosos en edificis de luxe, ell hi veu una dona que demana feina apostada a l'ampit d'una finestra. On nosaltres descobrim un mar agitat, ell hi veu la roca recargolada de formes genials. On nosaltres percebem decrepitud, ell hi veu com es concentra en un sol si tota una vida. On nosaltres vulgaritzem un cúmul de claus, ell hi veu el joc polític d'un Parlament…

És aquí on rau la màgia. Saber desvelar-nos aquest bocí de realitat que no tothom percep. Fer de la llum (foto) escriptura (grafia) i compondre un relat inèdit. Per això aquest llibre ens és tan valuós. Perquè ens parla d'un poble, dels seus anhels, les seves angoixes i les seves alegries, amb una honestedat sorprenent.

Em preguntaràs: què hi pinta aquí la Julieta, la gossa? No sabria ben bé què dir-te. Amb els fotògrafs és així. Un dia coincideixen tres en un bar, comparteixen entre cerveses una idea i en un tres i no res en tens trenta-un recorrent Catalunya. Fàcil? Gens. En aquestes pàgines hi ha condensades 8.660 hores de treball –les que caben en un any– i milers de quilòmetres de gasolina costejats amb el seu propi esforç. De l'1 de gener al 31 de desembre, dia a dia, un mes rere l'altre, un fotògraf per jornada ha explorat amb llibertat absoluta el territori per desvelar-nos allò que molts no veiem. Es podria dir que en aquest llibre-urna podem relatar el que ha ocorregut al llarg del 2014, un any crucial per a tots.

Recull alguns fets històrics ineludibles. Hi ha l'abdicació del rei. Hi ha la compareixença parlamentària per frau massiu d'un expresident. Hi ha l'emmudiment del 9N. Però el que més hi abunda són els fets quotidians. És en aquesta aparent trivialitat on resideix la màgia d'*1Dia 1Foto*. Aquesta cadència de veus anònimes ens parla de tota una comunitat. Aquí, ara i per sempre.

Sí, ho sé, encara et preguntes: però què hi fa la Julieta, la gossa, entre aquesta flor i nata? Ella és part d'aquest altre món que no tothom veu, i que quan un fotògraf capta se'ns revela amb una obvietat meravellosa. Per això apareix al retrat col·lectiu de la pàgina anterior. Si nosaltres haguéssim fet la fotografia, mai no hi hauria sortit. Això és el que fa diferent un fotògraf. És així de senzill. El seu talent ens és vital.

Ara només queda obrir els ulls i gaudir de les pàgines d'*1Dia 1Foto*. Gràcies, a tots i a totes, per haver-ho fet possible. També a la Julieta.

Laura Terré
HISTORIADORA DE LA FOTOGRAFIA

GENER. Al gener, tot comença. Tal com era la fotografia als inicis, l'any comença fred i en blanc i negre. Irisat com la placa d'un daguerreotip. D'alguna manera, les primeres fotos que coneixem de la nostra ciutat semblen totes fetes al gener. A causa de les llargues exposicions, els carrers apareixen deserts de gent, el mar sembla com un mirall congelat, els rostres surten lívids als retrats i la llum general requereix obsessivament el dibuix de totes i cadascuna de les llambordes dels carrers.

Però l'autèntic fred no és el que denoten aquests recursos tècnics de la fotografia, sinó el que comuniquen els éssers humans que poblen les fotos dels geners veritables. Així, les persones més dolençoses que hem vist mai caminen perdudes i embolicades amb parracs a les fotografies del setge de Leningrad que Alexandr Boroludin va fotografiar el gener de 1942. Però encara són més punyents per pròximes aquelles famílies durant el gener de 1939, camí de l'exili, travessant els Pirineus per arribar a una França gelada i poc acollidora. Hi ha una fotografia de Manuel Moros que expressa amb tota la força aquest gener metafòric a què ens referim en la por de les cares gelades que conserven encara una traça d'esperança fixada en el seu destí. Avui, no obstant això, les mateixes escenes d'exili i presó tenen lloc en territoris on el gener no és un mes hivernal, però continuen transmetent el mateix fred.

Gener no sempre porta tristesa. També és seva la nit en la qual, any rere any i fotografiada per milions de càmeres, tot comença. Xavier Miserachs ens va regalar una icona, en el seu millor estil en blanc i negre, per simbolitzar aquell altre gener de màgia i il·lusió oposat a la pena de l'exili i de la guerra. Al centre de la foto, una nena de mirada expectant i feliç, abrigada amb polaines i abriguet, tiba de la seva mare per lliurar una carta segellada al buit, omplint-lo de calor i de color. En aquest full en blanc viatgen tots els desitjos. Qui diu que no s'han d'acomplir?

JORDI COTRINA. A BARCELONA, A LES 12:12 H. | 01_01_14

EL PRIMER DIA DE L'ANY. El CN Atlètic Barceloneta organitza des de 1996 el primer bany de l'any, de llarga tradició a Europa, a la platja de Sant Sebastià. La gresca es barreja amb els barrets de Nadal entre els centenars de valents

Deixa que el **Jordi** t'expliqui la seva foto.

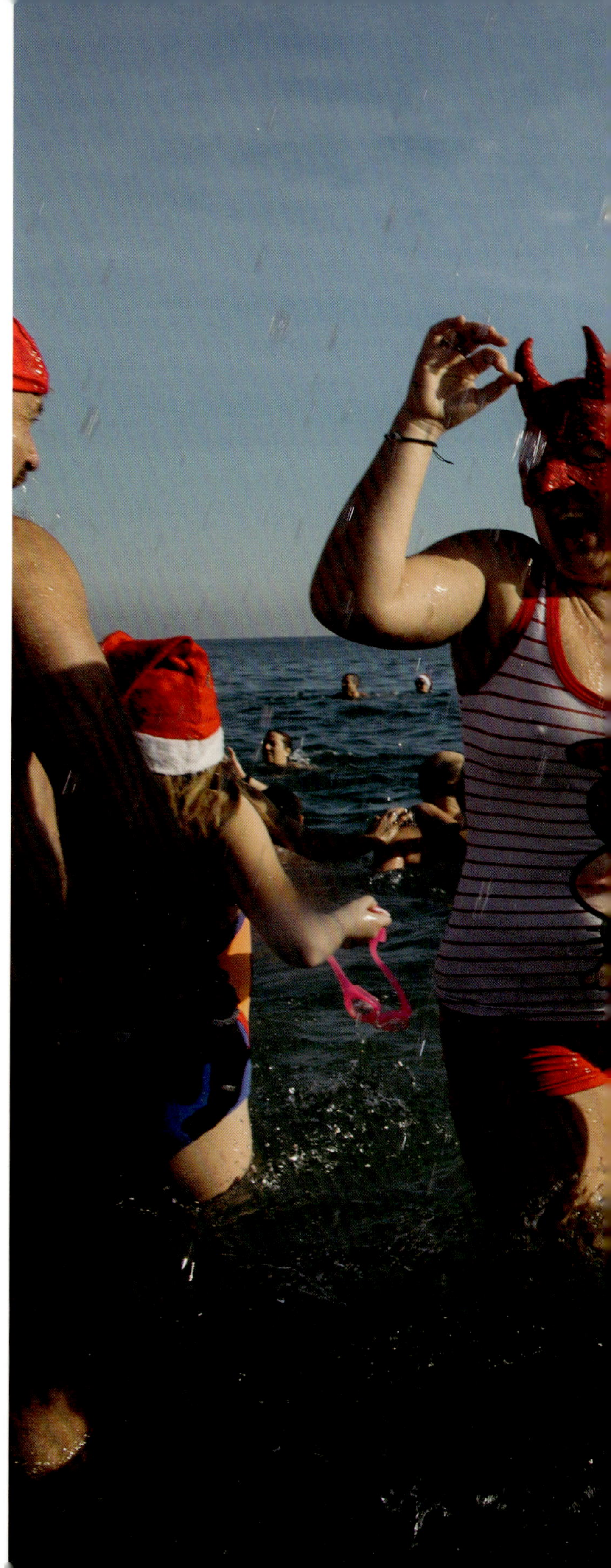

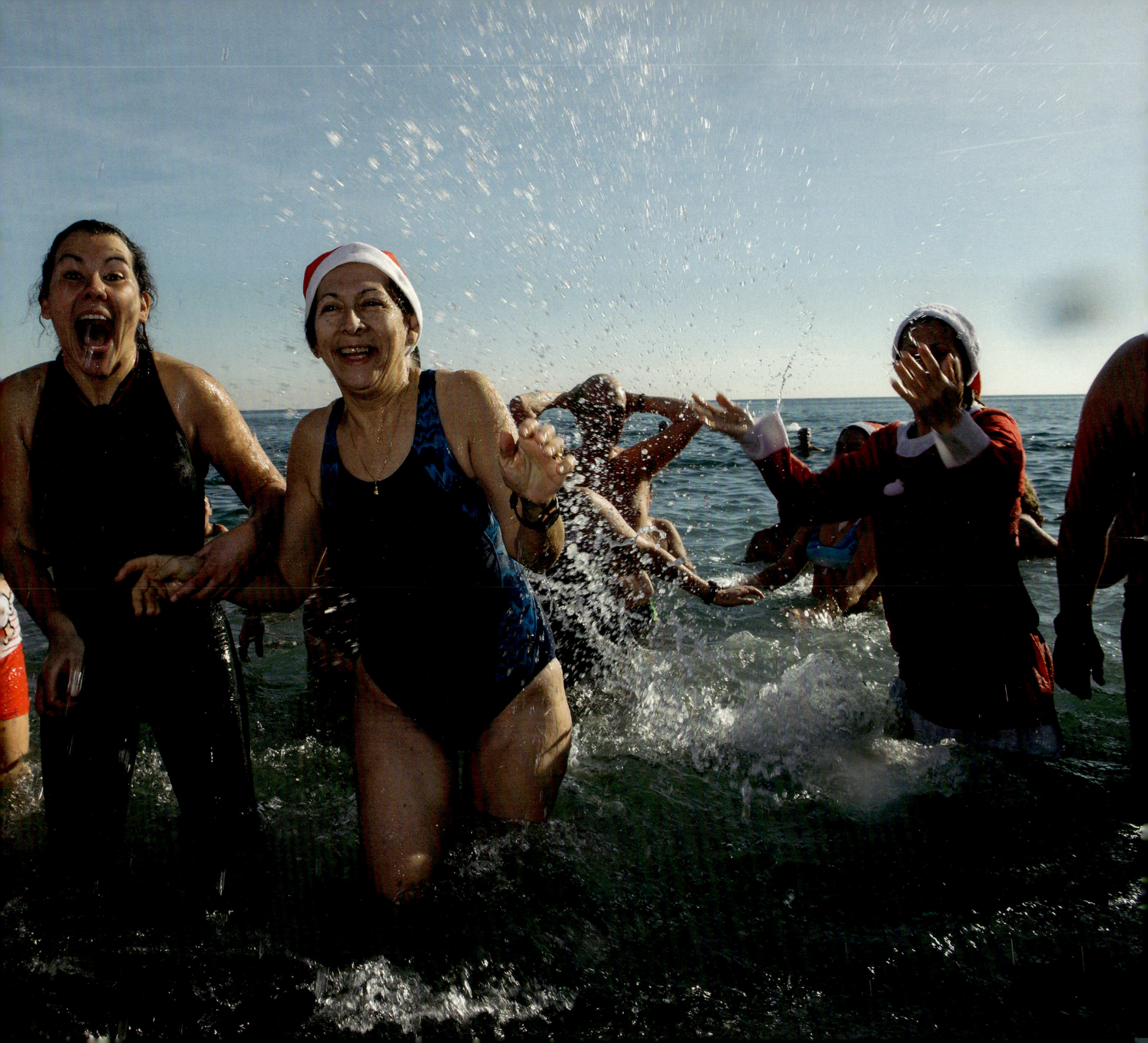

02_01_14 | JOAN GUERRERO. A SANTA COLOMA DE GRAMENET (BARCELONÈS), A LES 12:28 H.

JUBILACIÓ. La gran conquesta del segle XX trontolla.
La factura del sistema de jubilacions s'ha duplicat en 10 anys.
El futur incert amenaça els 'nous' jubilats.

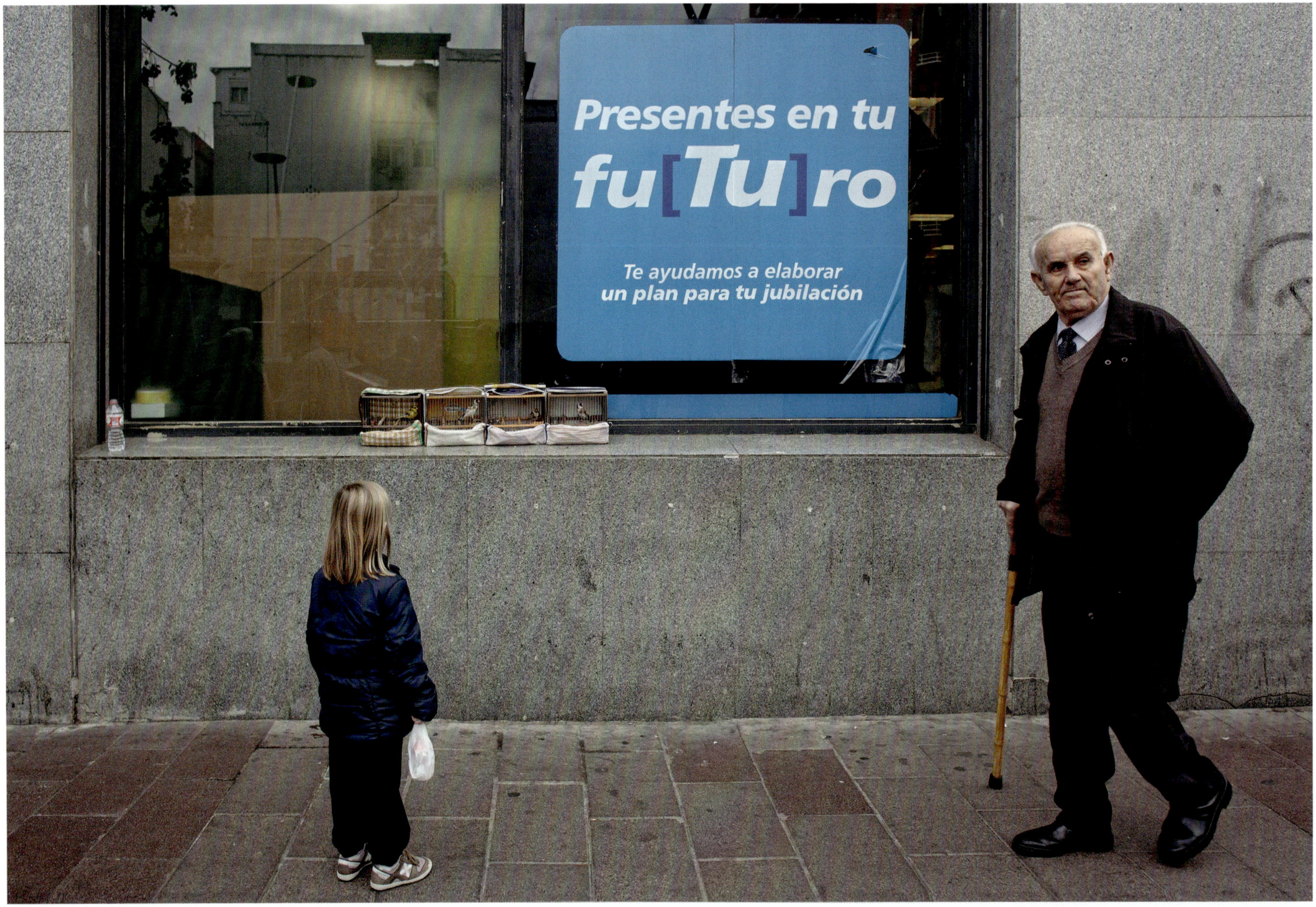

SANTI COGOLLUDO. A BARCELONA, A LES 20:03 H. | 03_01_14

ISLAM. El pakistanès Mudassar Hussein resa al supermercat on treballa. Catalunya, amb mig milió de musulmans, acull la comunitat més gran d'aquest col·lectiu a l'Estat espanyol.

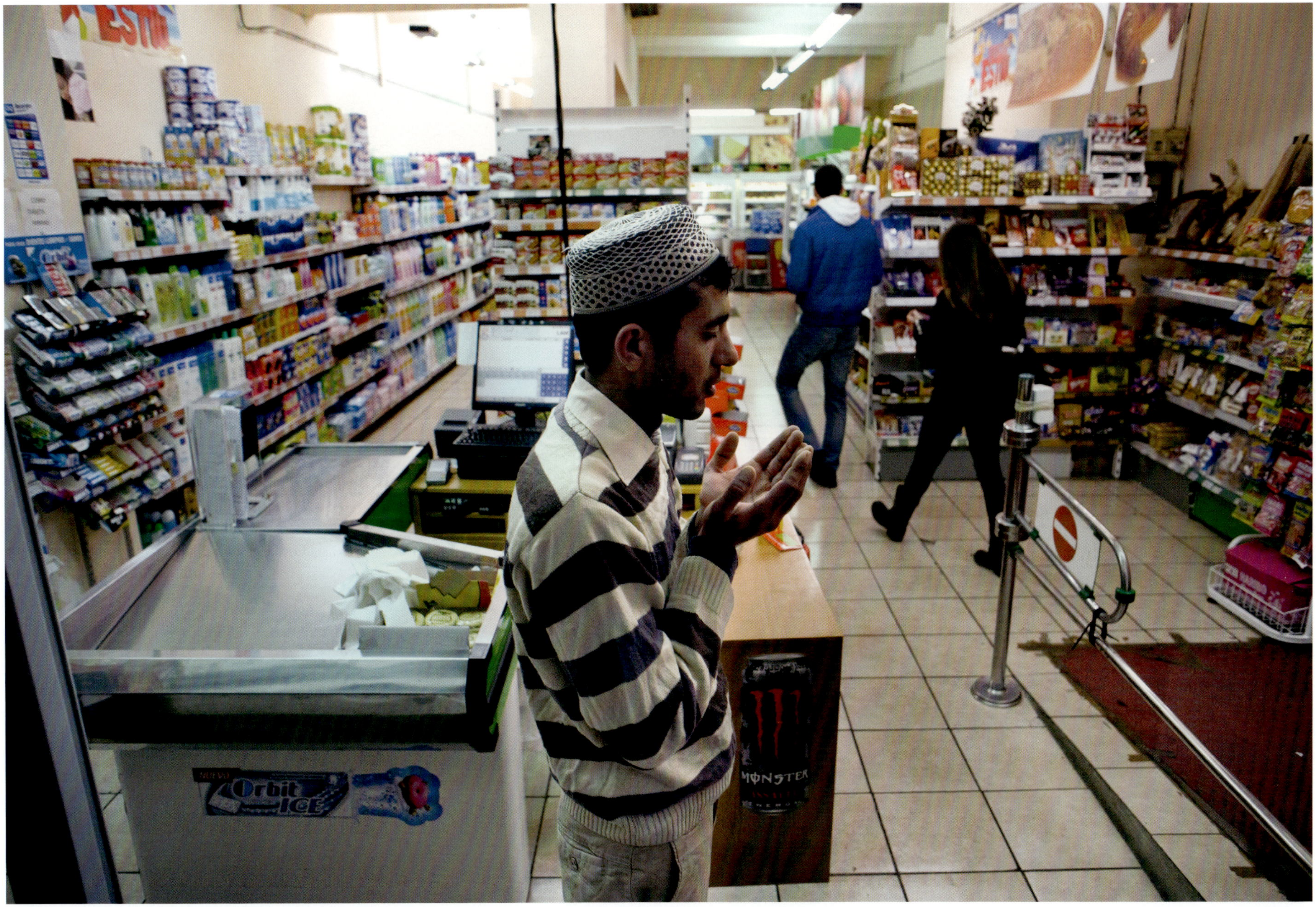

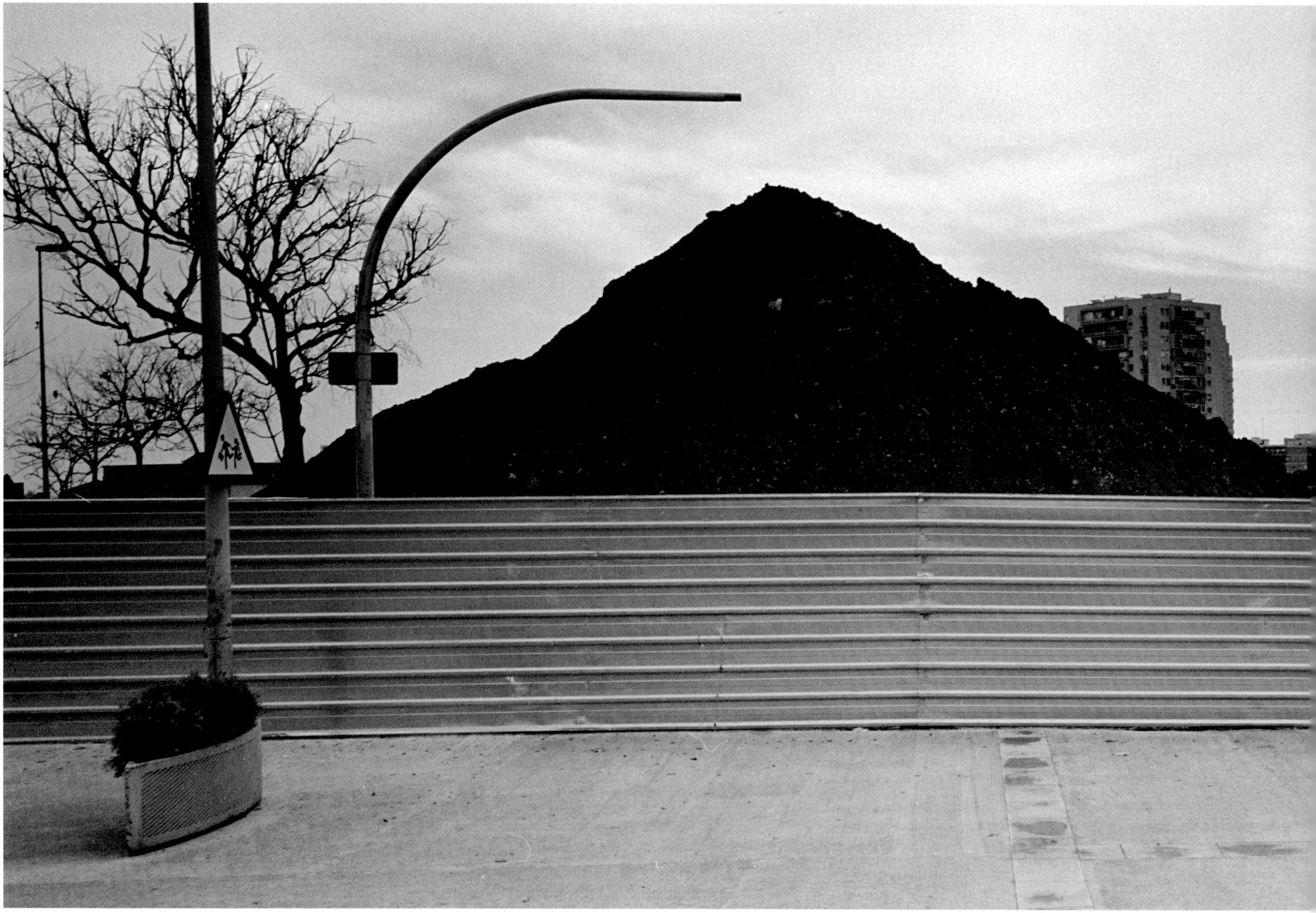

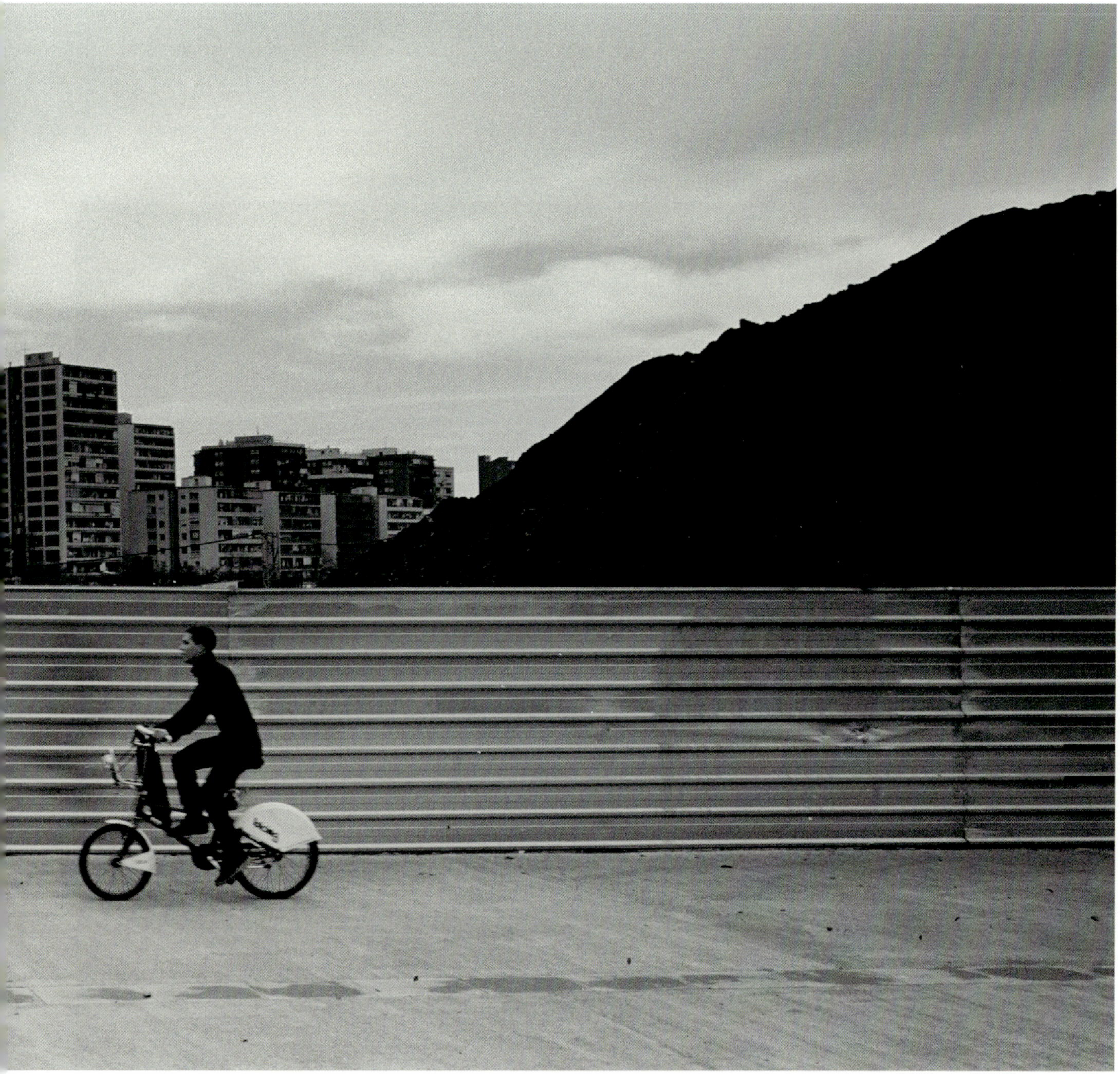

04_01_14 | FRANCESC MELCION
A BARCELONA, A LES 18:05 H.

INVERSIONS. Obres per al corredor ferroviari del TGV al barri de la Sagrera. Reiniciades el mes de març, l'estrena de la macroestació es preveu per al 2019.

05_01_14 | **SUSANNA SÁEZ.** A IGUALADA (ANOIA), A LES 18:36 H.

NIT MÀGICA. Igualada celebra la Cavalcada de Reis més antiga i genuïna de Catalunya (1895): Creu de Sant Jordi 2013 i Festa Popular d'Interès Nacional.

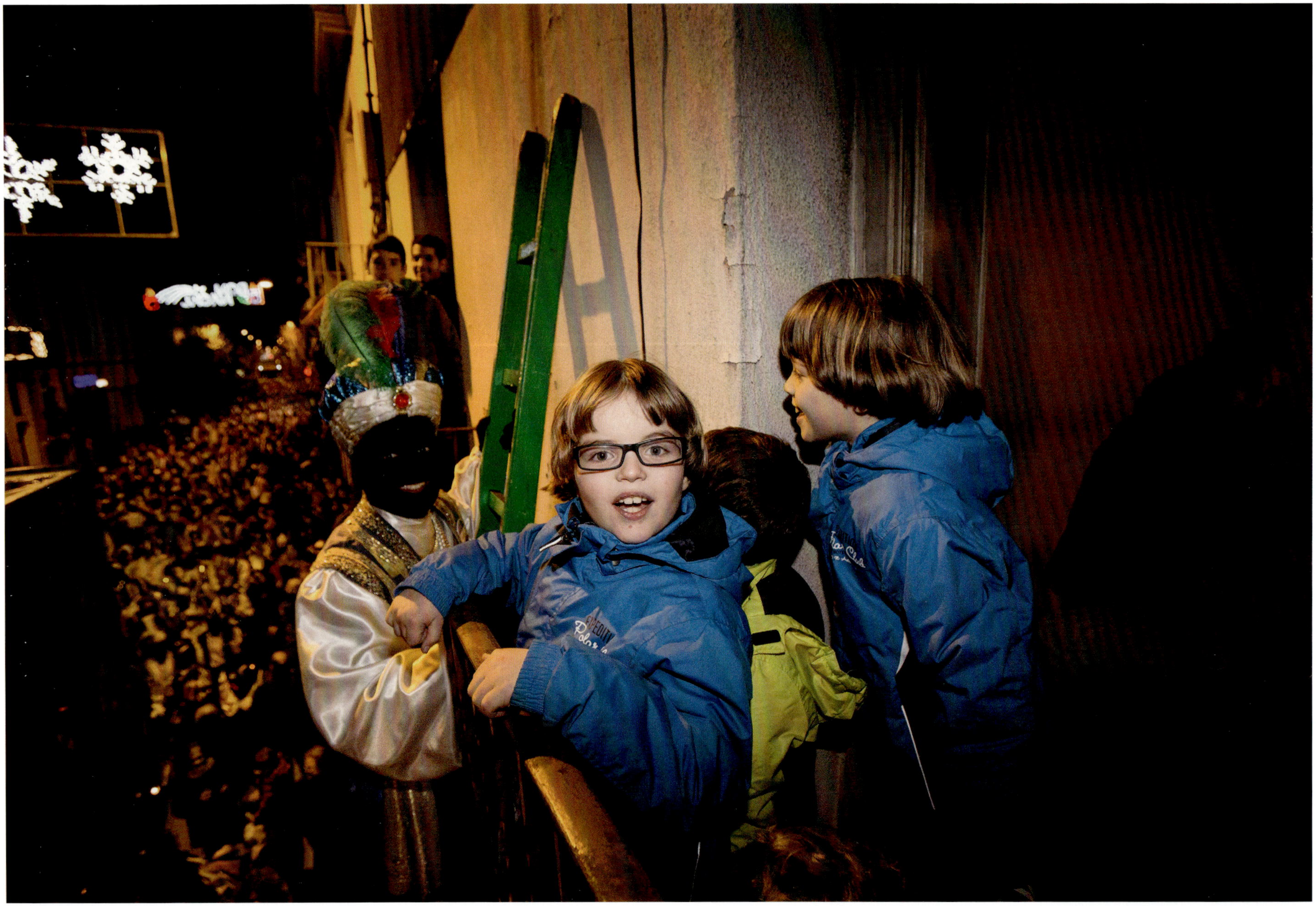

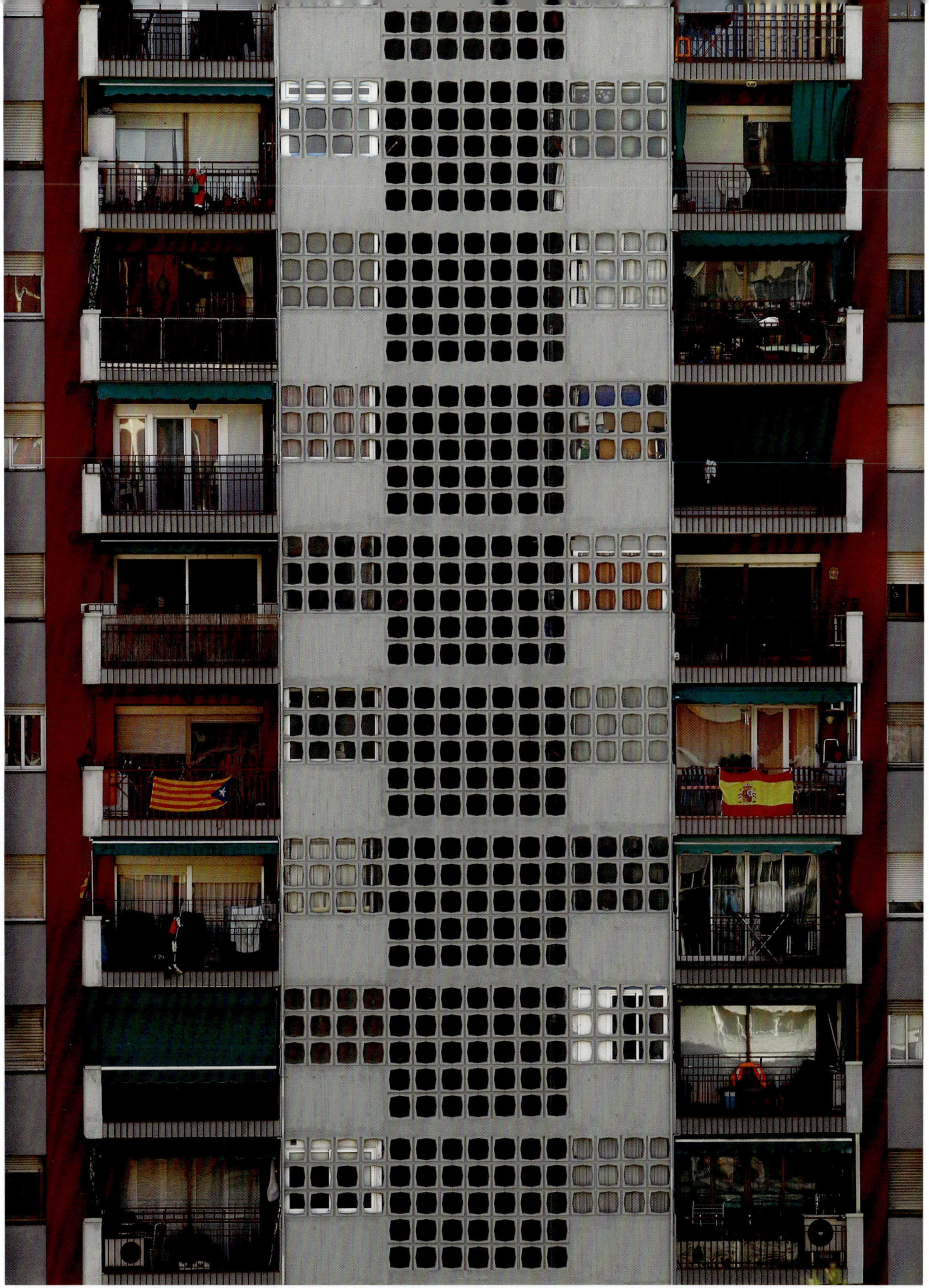

06_01_14 | QUIQUE GARCÍA.
A BARCELONA, A LES 12:21 H.

SÍMBOLS. L'estelada i la bandera espanyola rivalitzen a Ciutat Meridiana. La Llei de banderes de 1981 determina un lloc preeminent per a la de l'Estat espanyol en entitats oficials.

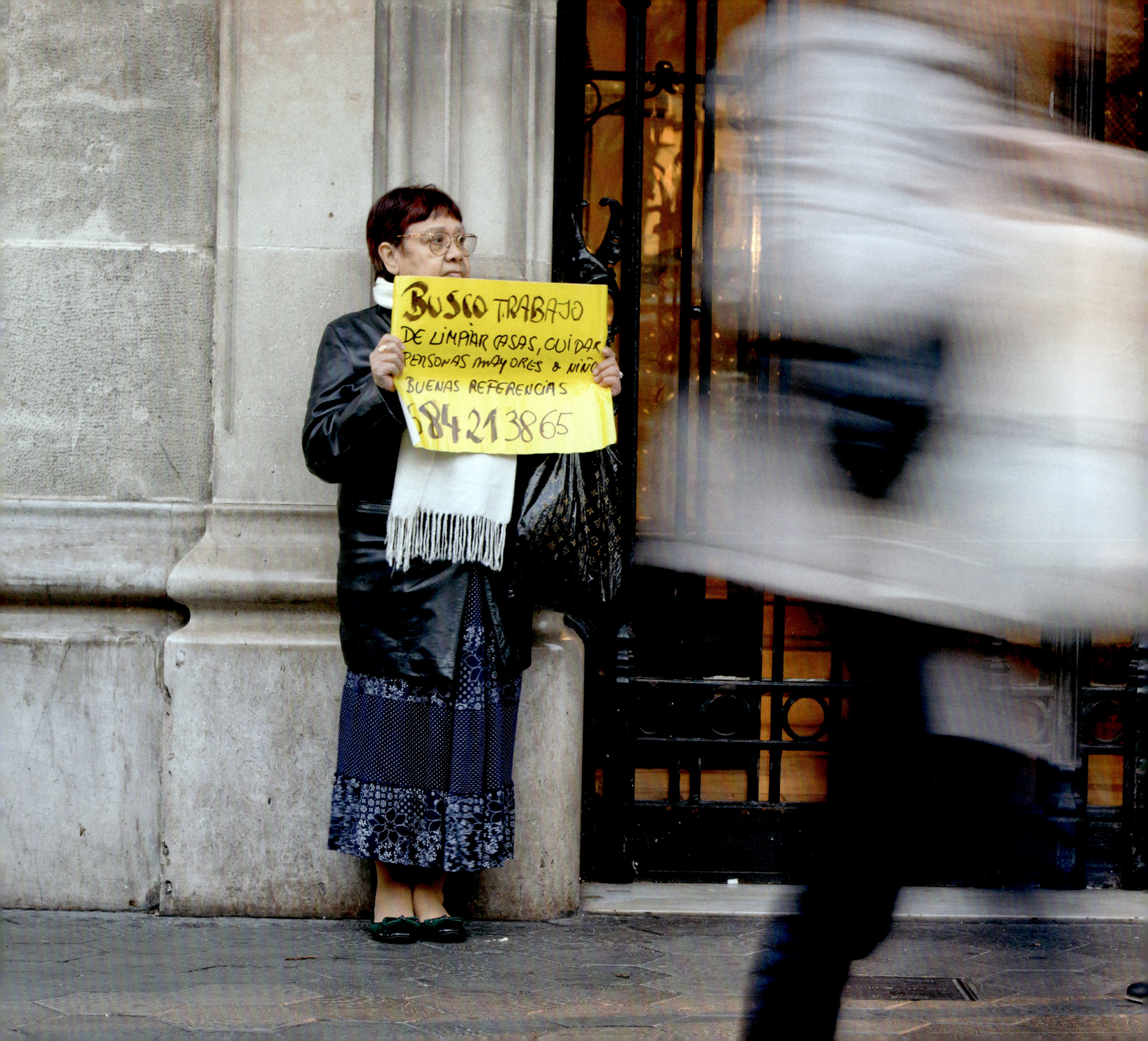
BUSCO TRABAJO
DE LIMPIAR CASAS, CUIDAR
PERSONAS MAYORES & NIÑ
BUENAS REFERENCIAS
84213865

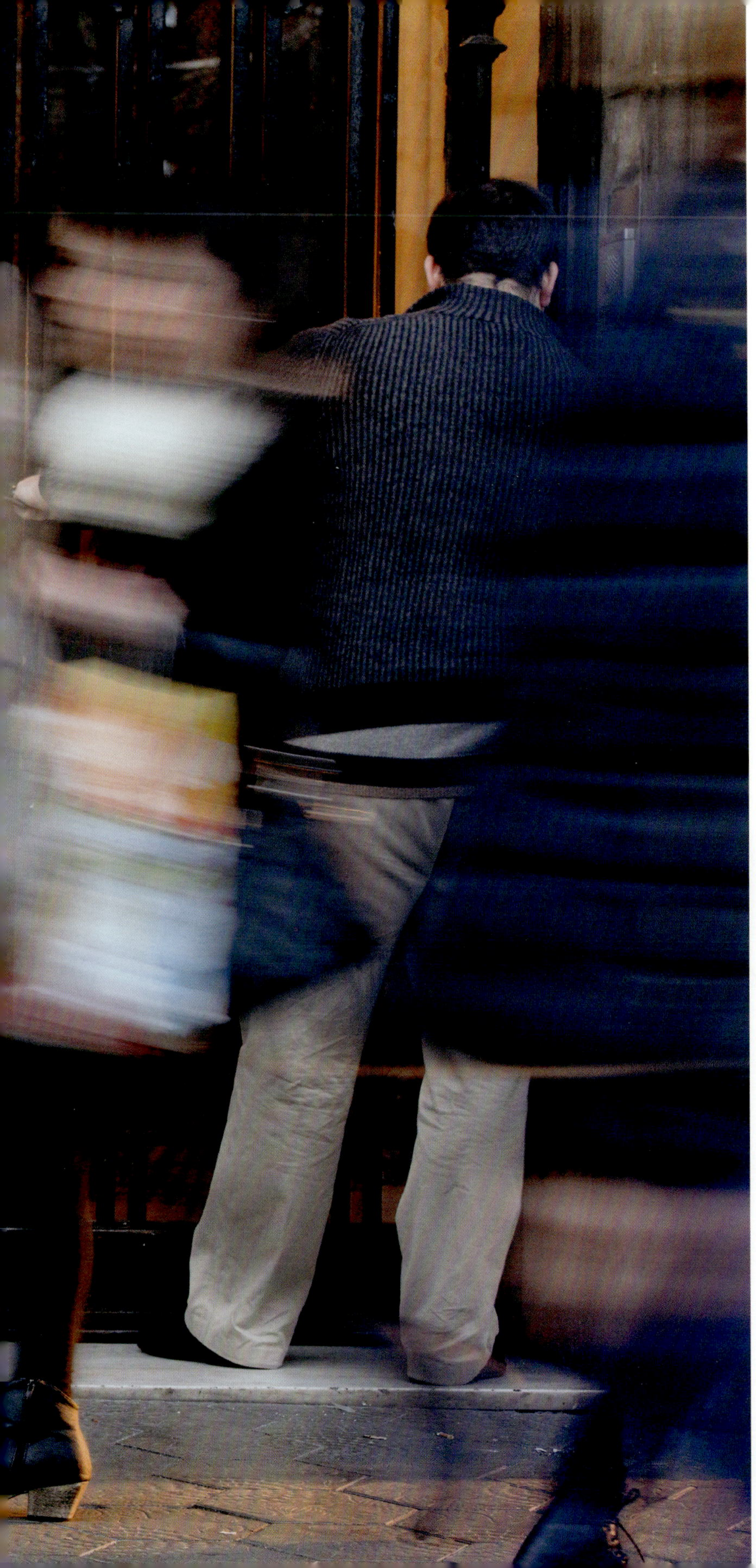

07_01_14 | ÀLEX GARCIA. A BARCELONA, A LES 18:10 H.

CRISI. Primer dia de les rebaixes d'hivern al passeig de Gràcia. Zulma Borba, uruguaiana de 70 anys, s'anuncia en persona. Fa 12 anys que és a Espanya. Busca feina. La taxa d'atur entre la població immigrant arriba ja al 40%.

Deixa que l'Àlex t'expliqui la seva foto.

08_01_14 | DANNY CAMINAL. A BARCELONA, A LES 10:13 H.

EXPIATORI. Amb prop de 3 milions de visites a l'any, la Sagrada Família bat rècords de turistes. A la foto, sobre un dels ponts que uneixen les torres del temple.

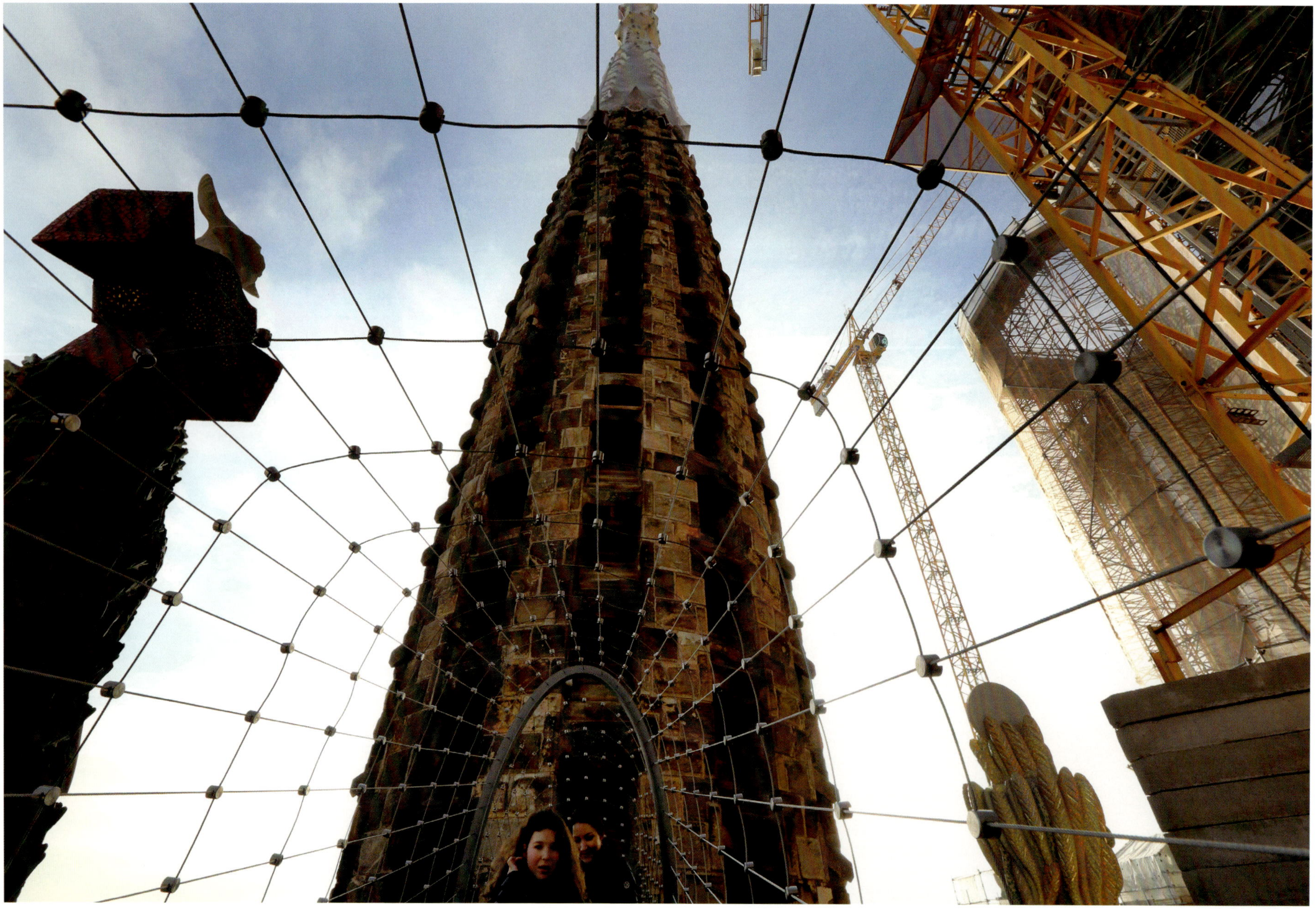

ANA JIMÉNEZ. A SANTA COLOMA DE GRAMENET (BARCELONÈS), A LES 17:30 H. | 09_01_14

POBRESA. Entitats com la Creu Roja ajuden a completar la dieta dels menors amb el projecte Tekombo'e. 69.000 infants van rebre beques menjador el 2014.

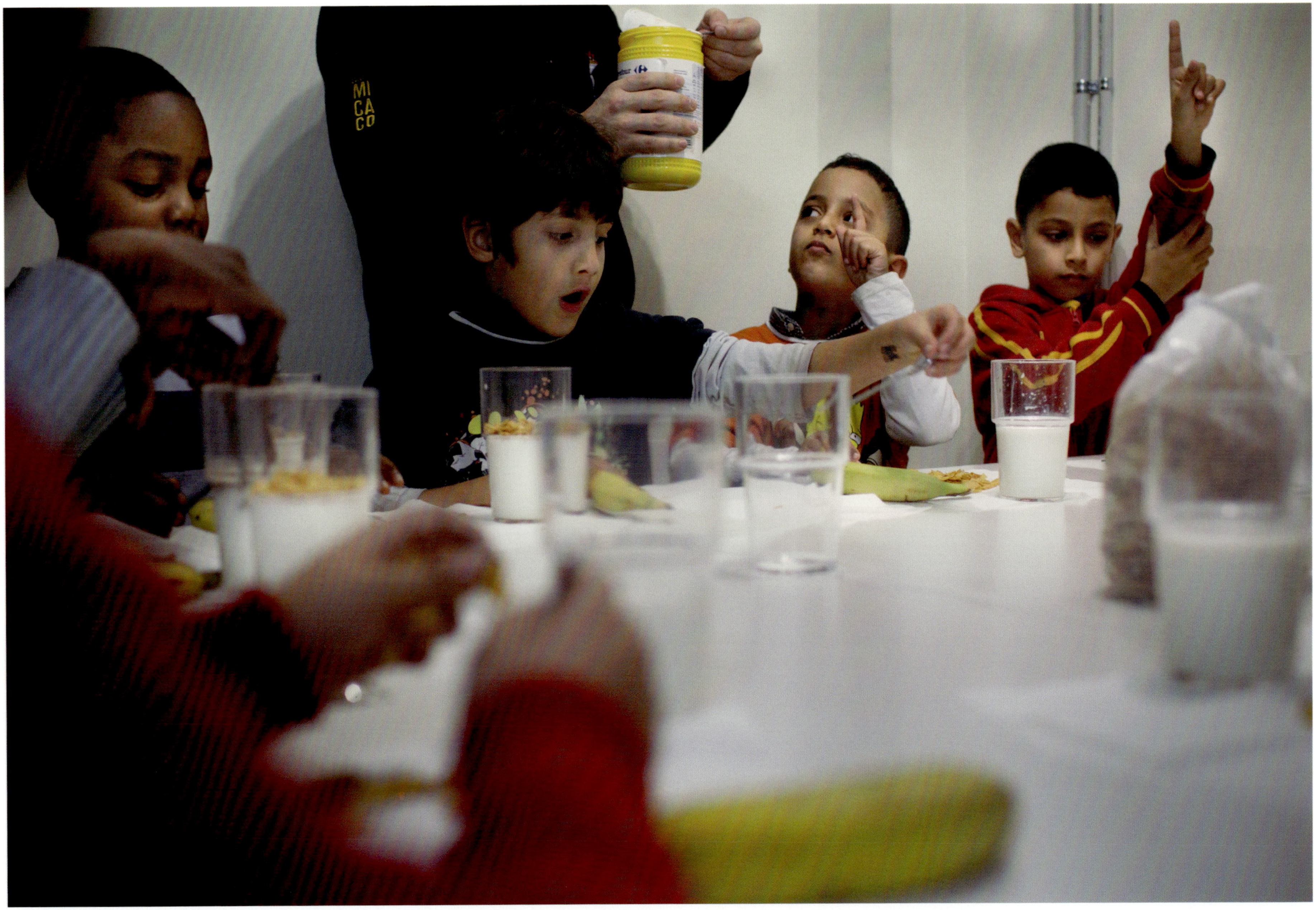

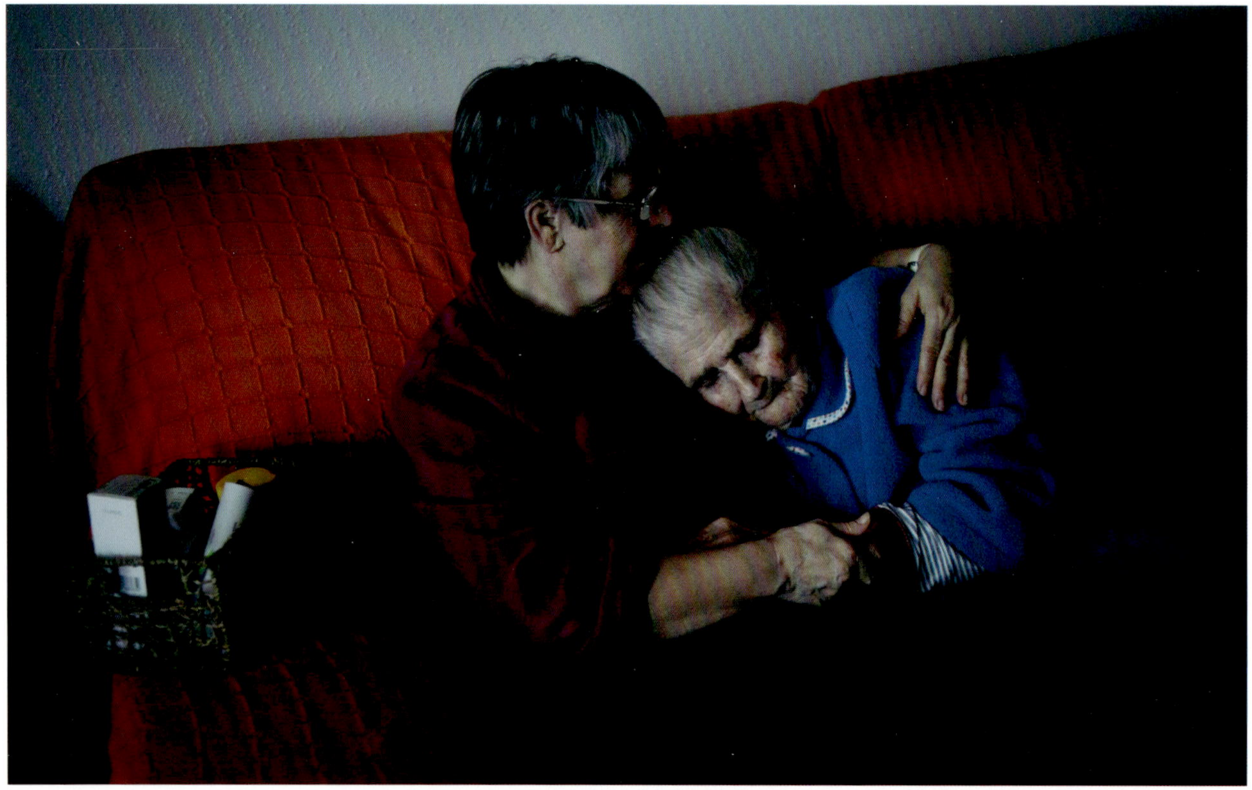

10_01_14 | LAURA GUERRERO.
A SANTA COLOMA DE GRAMENET
(BARCELONÈS), A LES 11:56 H.

MARES. Ana (97 anys) dorm abraçada a la seva filla María, que des de fa 2 anys es dedica només a cuidar-la. És quan al final la filla es converteix en mare i la mare en filla.

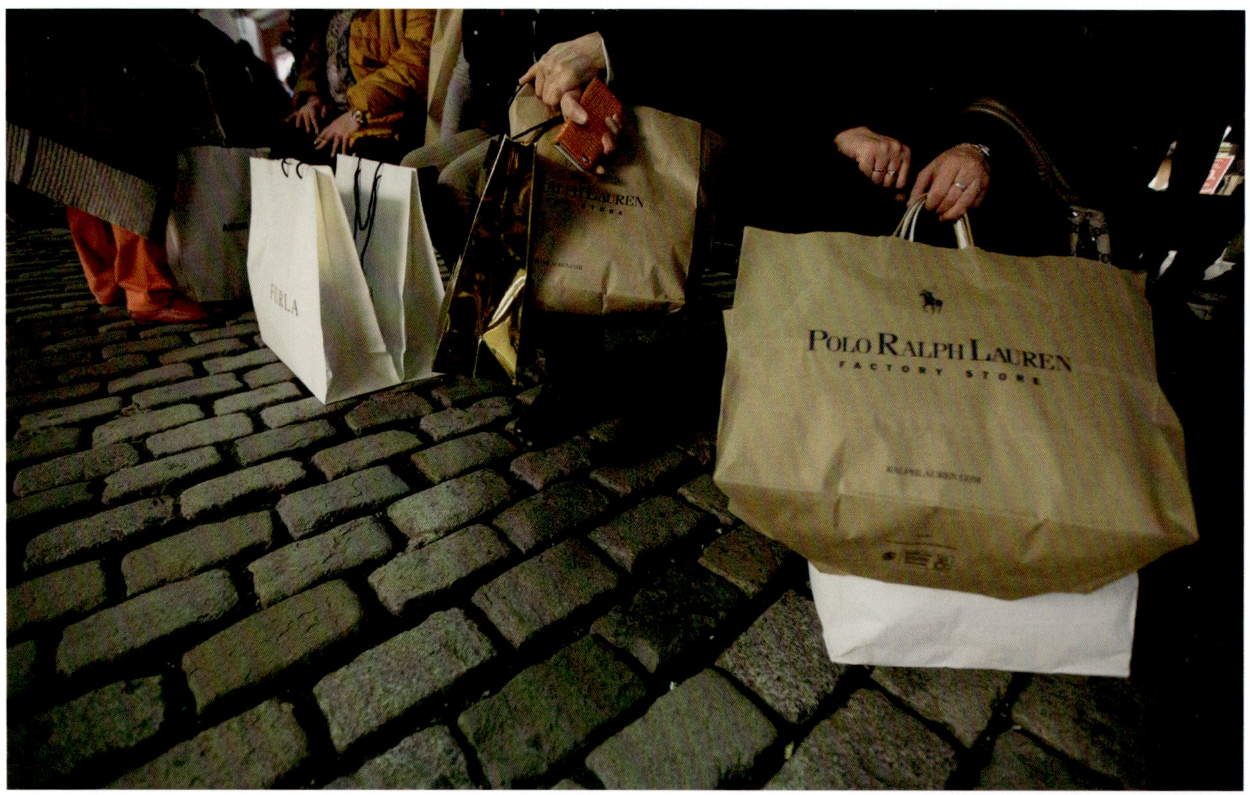

11_01_14 | JULIO CARBÓ.
A LA ROCA VILLAGE
(VALLÈS ORIENTAL), A LES 19:34 H.

'SHOPPING'. El turisme de compres té un mercat potencial de 15 milions de visitants. Les 300 plataformes en línia d'operadors sumen 700 milions.

CARLES RIBAS. A BANYOLES (PLA DE L'ESTANY), A LES 08:41 H. | 12_01_14

POPULAR. Dos corredors prop de l'estany de Banyoles diumenge al matí. La moda del 'running' creix al mateix ritme que les curses populars, al voltant de 300 per any.

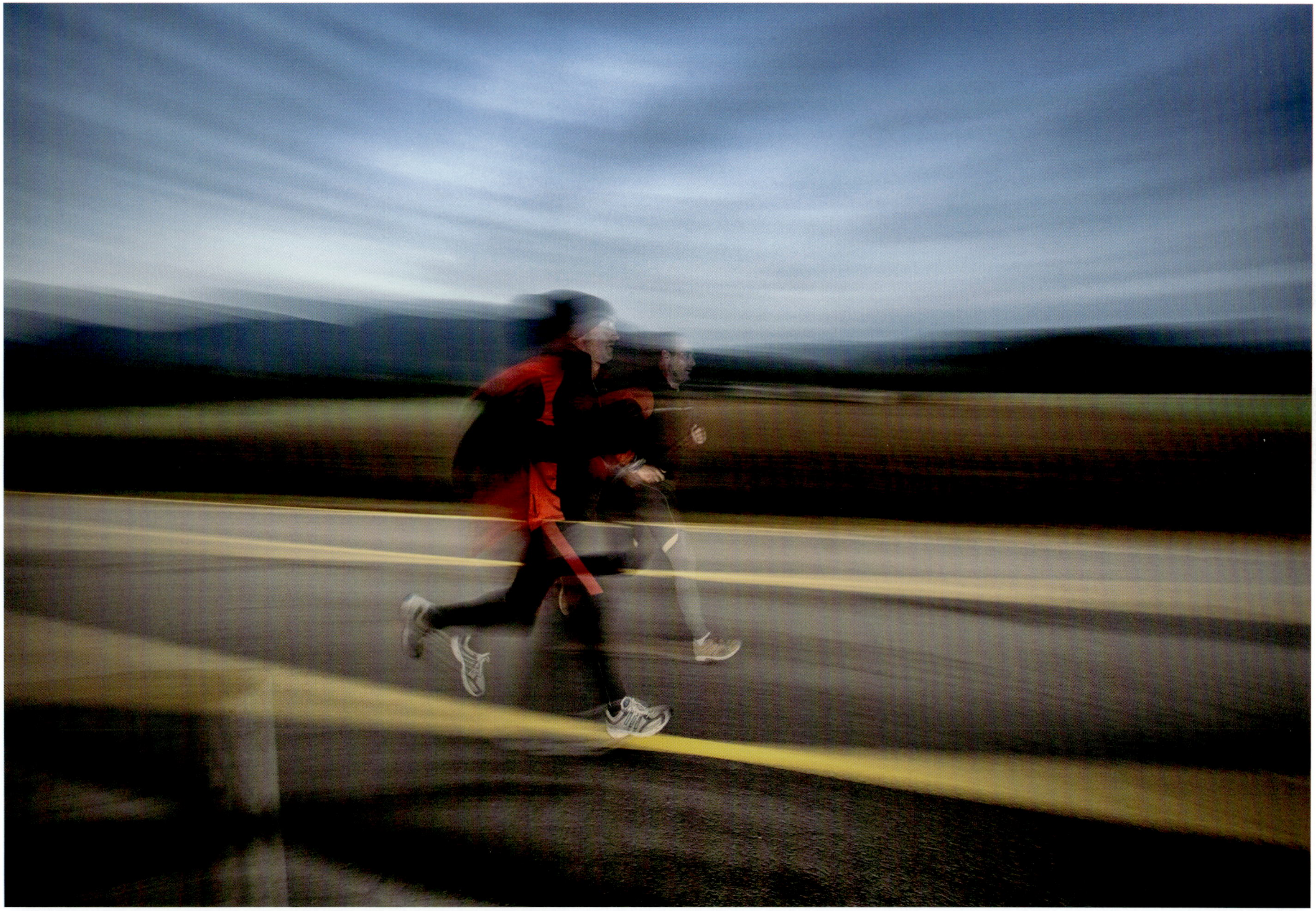

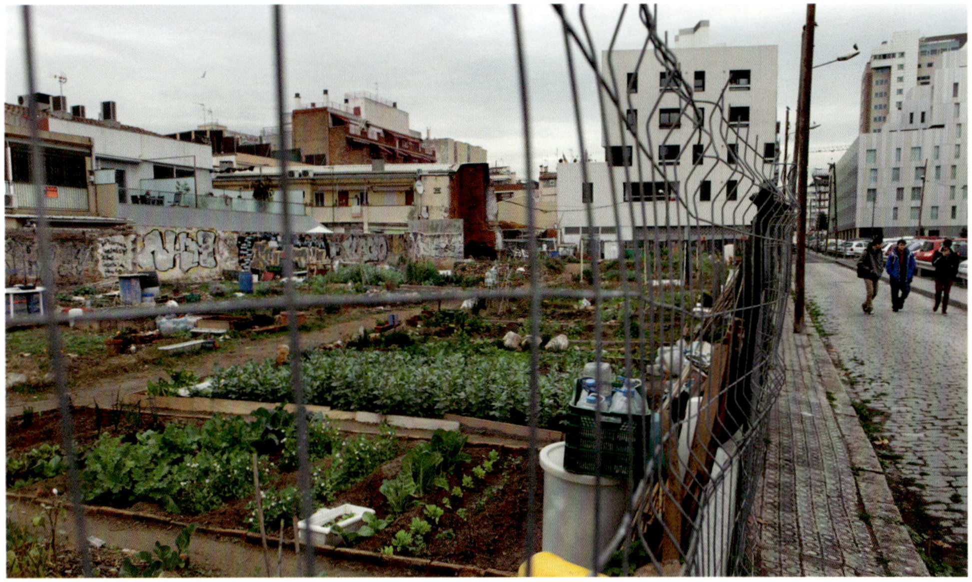

13_01_14 | **ALBERT MASIAS.** A BARCELONA, A LES 13:58 H.

ACCIÓ VEÏNAL. Solars en desús al Poblenou ocupats pels veïns per fer-hi horts urbans i que s'han convertit en punt de trobada i d'activitats gràcies al ric teixit social del barri.

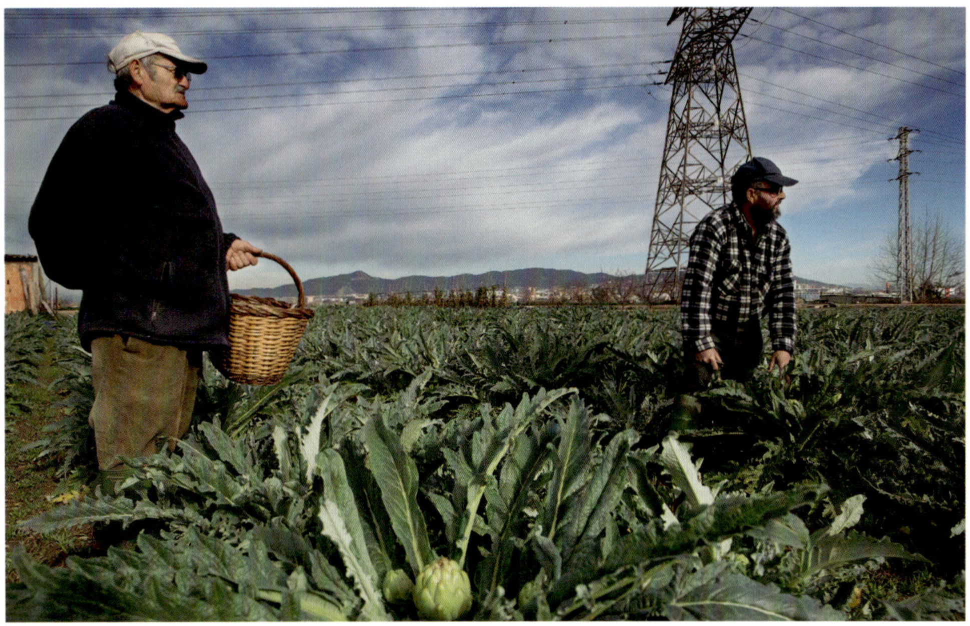

14_01_14 | **MARCEL·LÍ SÀENZ.** A SANT BOI DE LLOBREGAT (BAIX LLOBREGAT), A LES 11:05 H.

SENSE RELLEU. Albert Bou Cantarell (80 anys) i Albert Bou Samsó (54) recullen carxofes a Cal Coracero. A Sant Boi hi ha 114 pagesos censats i només 5 continuen al camp.

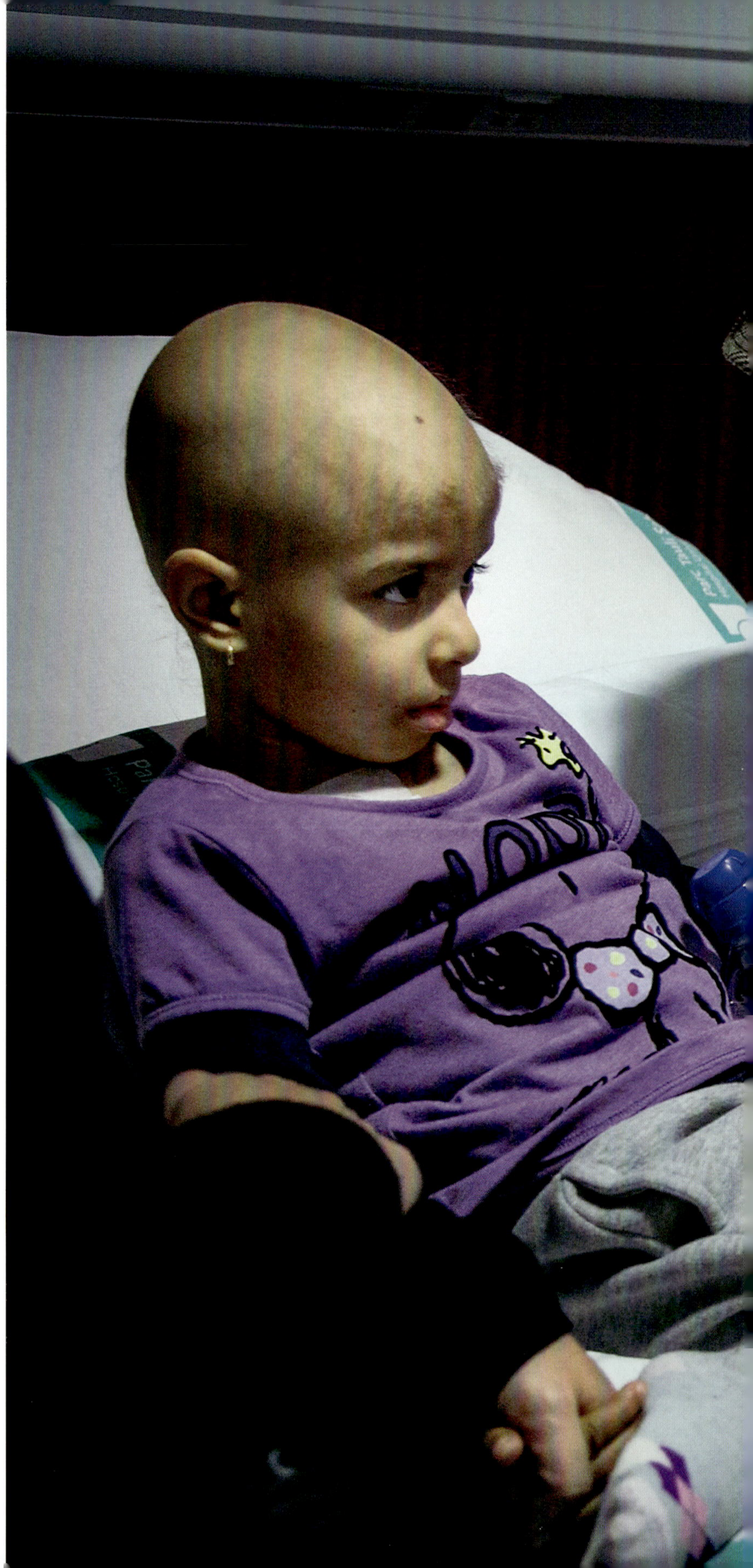

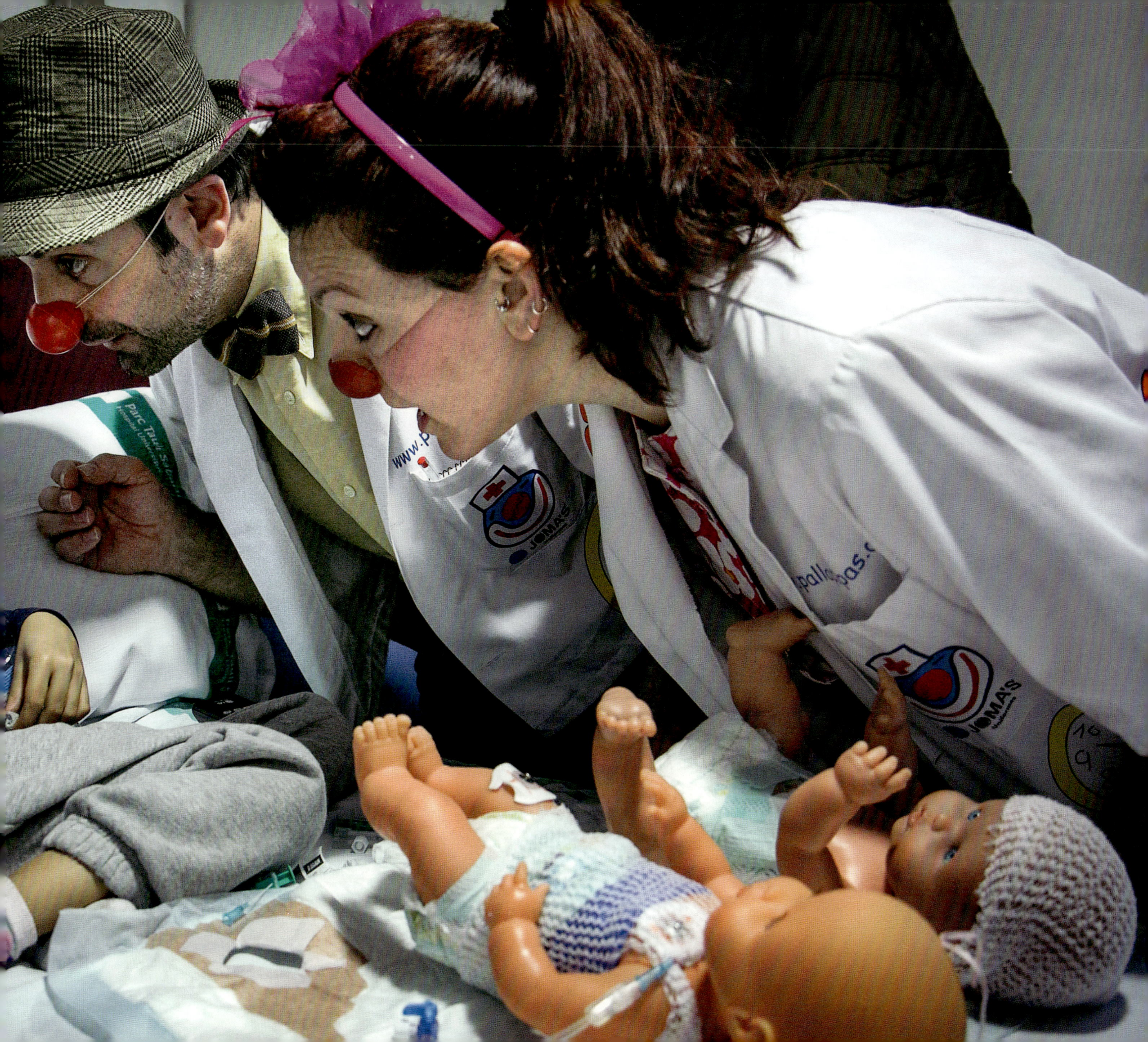
Parc Taulí
JOMA'S
JOMA'S

‹ PÀG. 23

15_01_14 | **CRISTINA CALDERER.** A SABADELL (VALLÈS OCCIDENTAL), ALES 17:00 H.

SOLIDARITAT. Els Pallapupas recepten somriures. Amina Vitamina i el Doctor Termòmetre passen visita a la Isabella (6 anys) en tractament de quimioteràpia a l'Hospital Taulí.

16_01_14 | **PERE TORDERA.** A GURB (OSONA), A LES 10:30 H.

D'OFICI. Joan Badia fill necessita pots i galledes per munyir la trentena de vaques del seu mas de Vilanera. La nova sala de munyir automatitzada encara ha d'arribar.

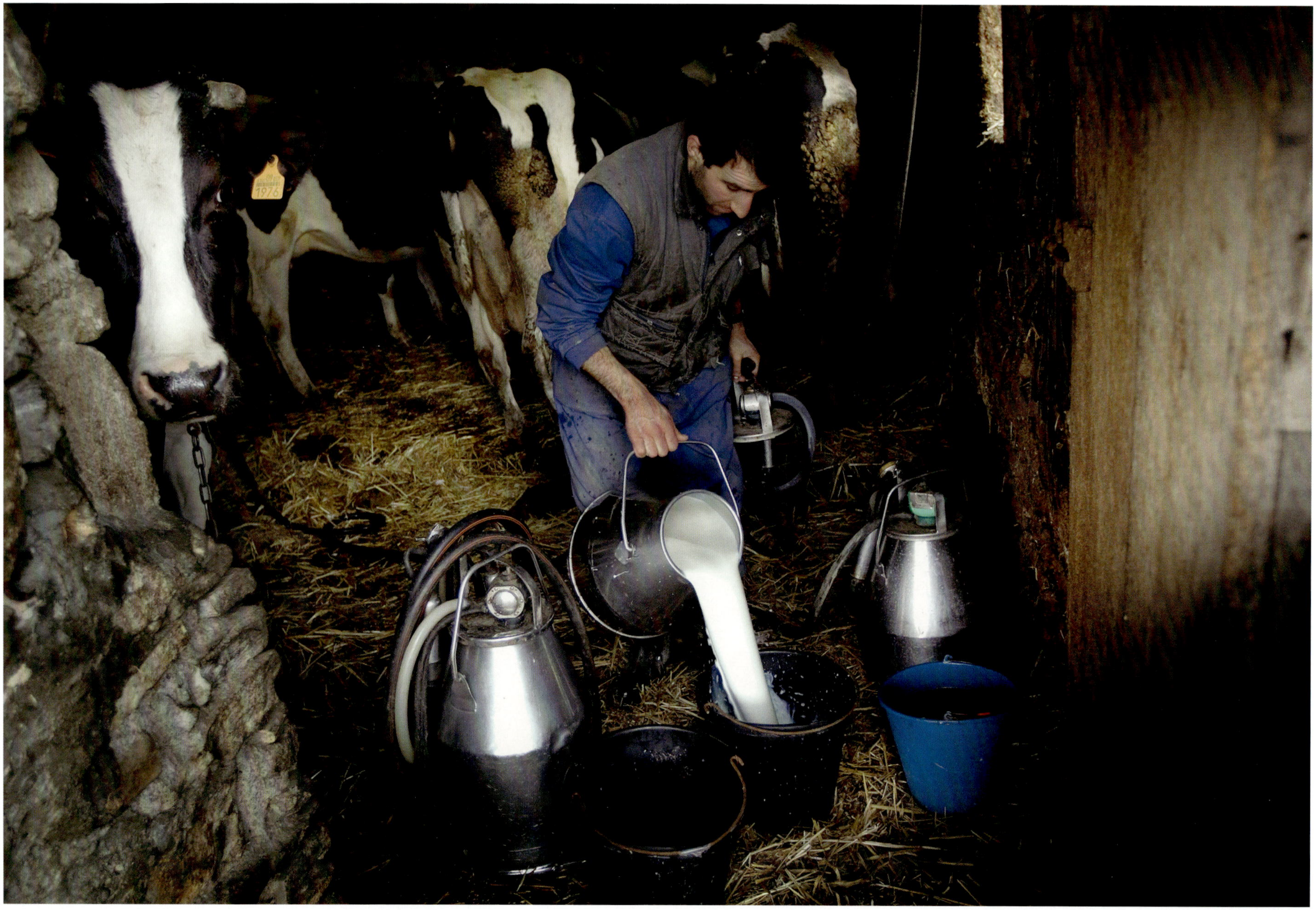

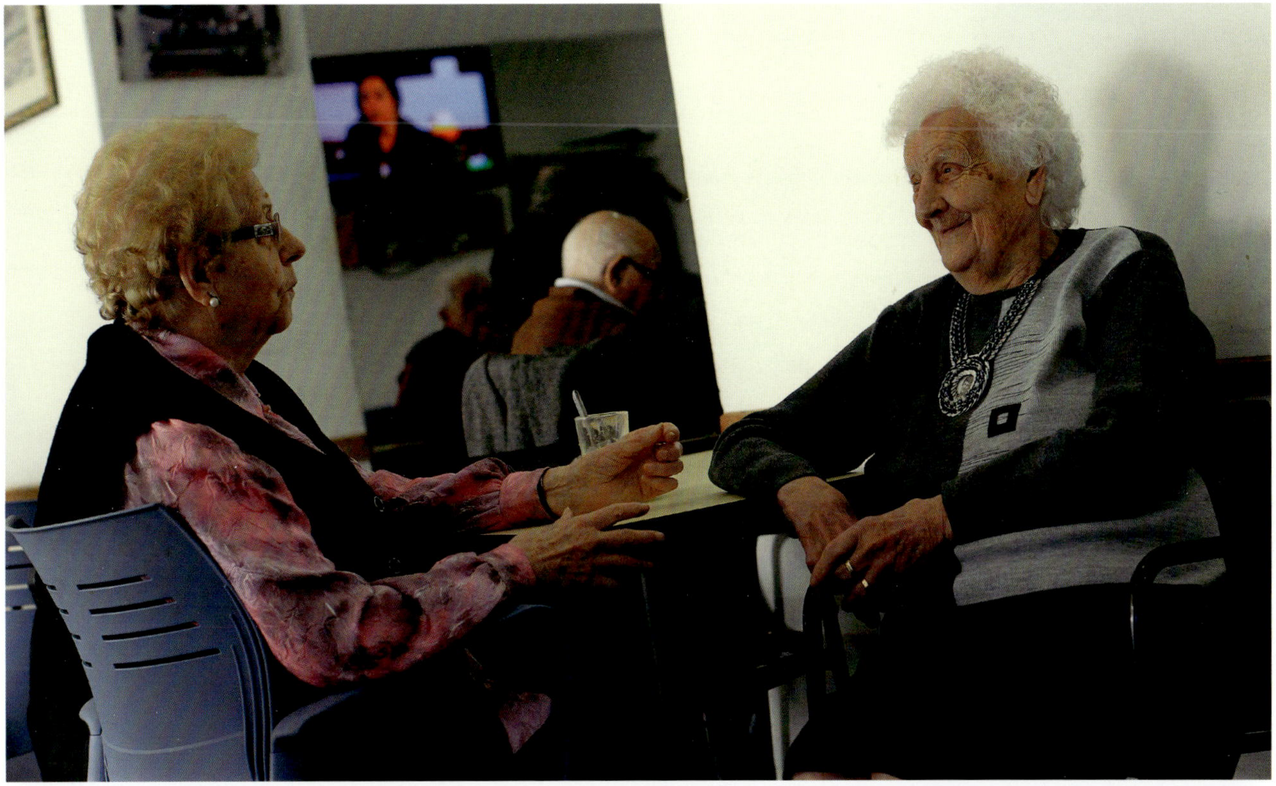

17_01_14 | TONI ALBIR.
A L'HOSPITALET DE LLOBREGAT (BARCELONÈS), A LES 12:20 H.

GRANS. La Pepita (dreta) conversa amb la Rosa al casal de la gent gran del barri. La Pepita té 92 anys i n'és la sòcia més antiga. L'esperança de vida a Catalunya és de 82,5 anys.

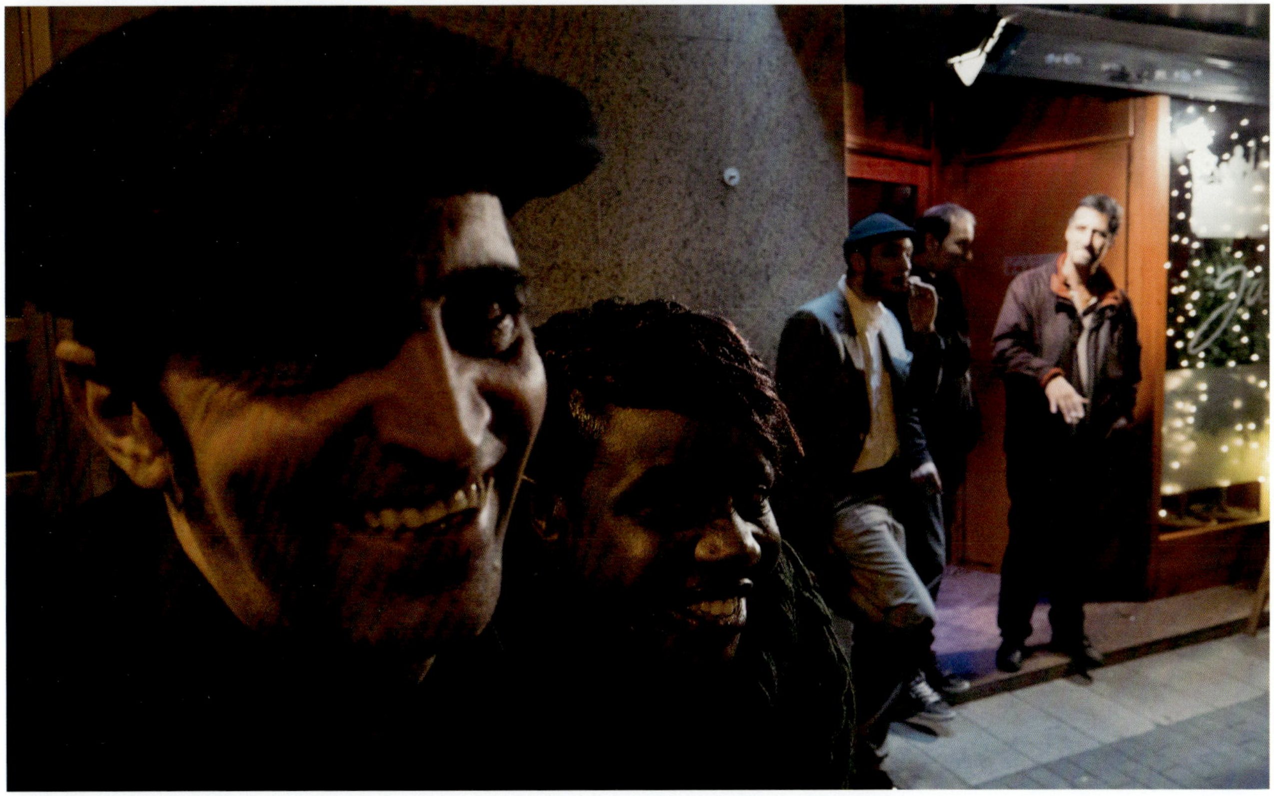

18_01_14 | MIQUEL ANGLARILL.
A SABADELL (VALLÈS OCCIDENTAL), A LES 00:20 H.

'JAM-SESSION'. El saxo Ignasi Morral, la cantant Rocío Angue i, més enrere, el pianista Ernesto Olvera surten al carrer després d'entusiasmar el públic de Sabadell.

19_01_14 | DAVID AIROB.
A PUIG-REIG (BERGUEDÀ), A LES 15:28 H.

RETORN AL PASSAT. Una noia acaricia uns ases durant la festivitat de 'La Corrida', celebració amb més de 125 anys de tradició i lligada a la festa dels Tres Tombs.

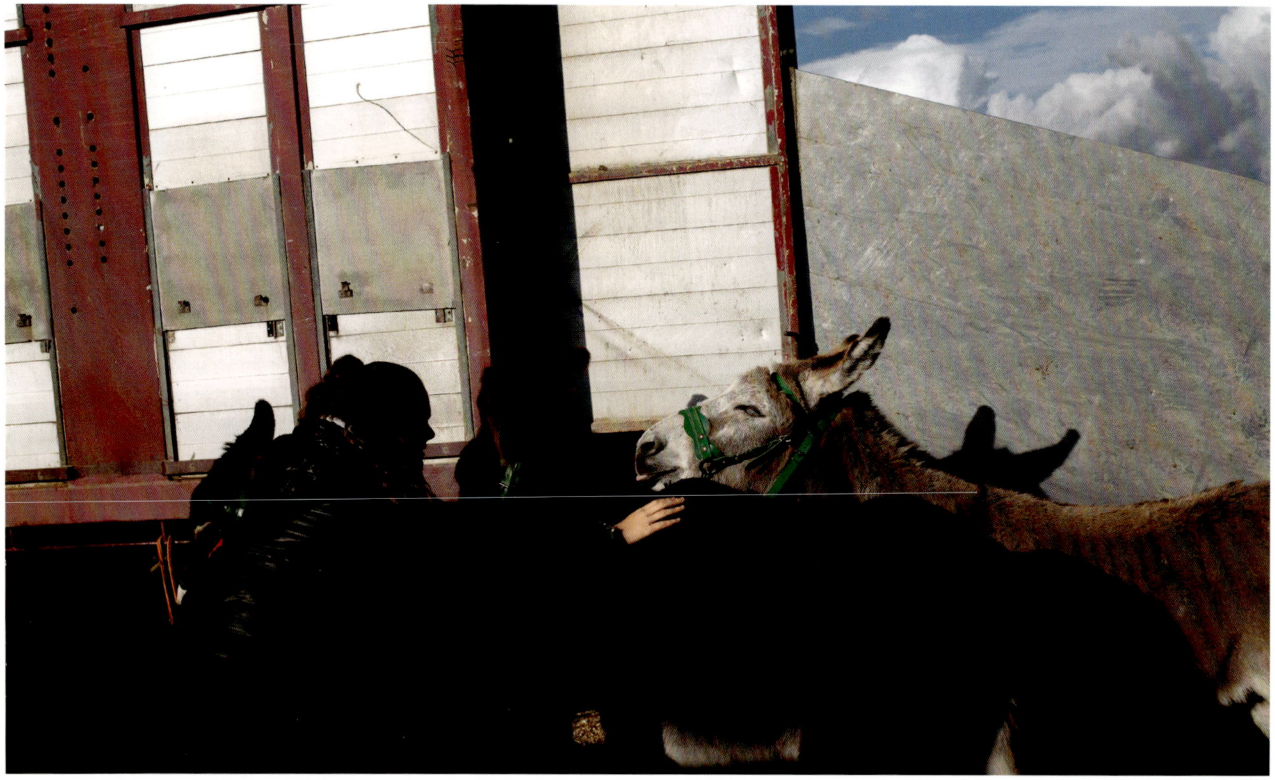

20_01_14 | JOAN MANUEL BALIELLAS.
A BARCELONA, A LES 11:25 H.

ENVELLIMENT. La Montserrat (88 anys) rep atenció a la residència Inmaculada de las Carmelitas de San José. La població de més de 85 anys augmenta a un ritme més alt que l'europea.

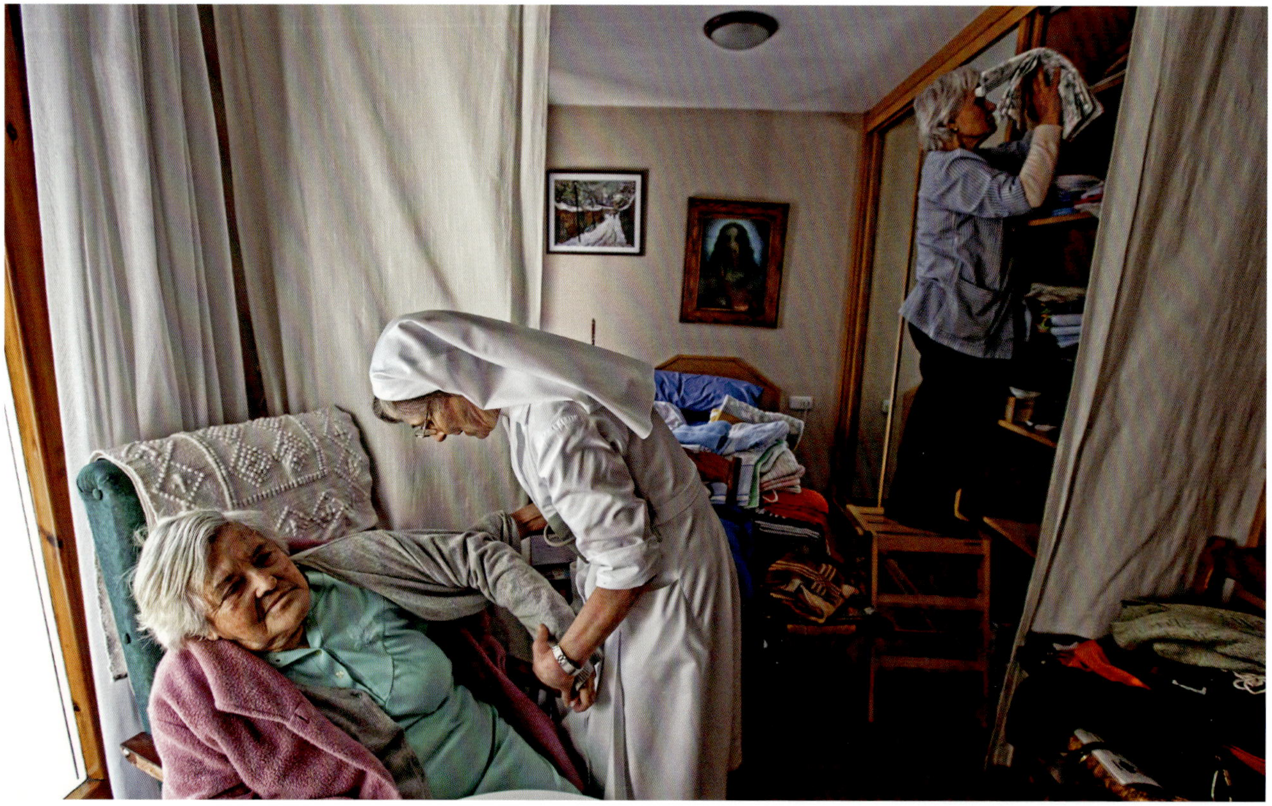

JOSEP LOSADA. A BARCELONA, A LES 12:00 H. | 21_01_14

EL LLEGAT FABRIL. Passatge de les Manufactures, que connecta els carrers de Sant Pere Més Alt amb Trafalgar, on la casa-fàbrica formava un tot com a model industrial.

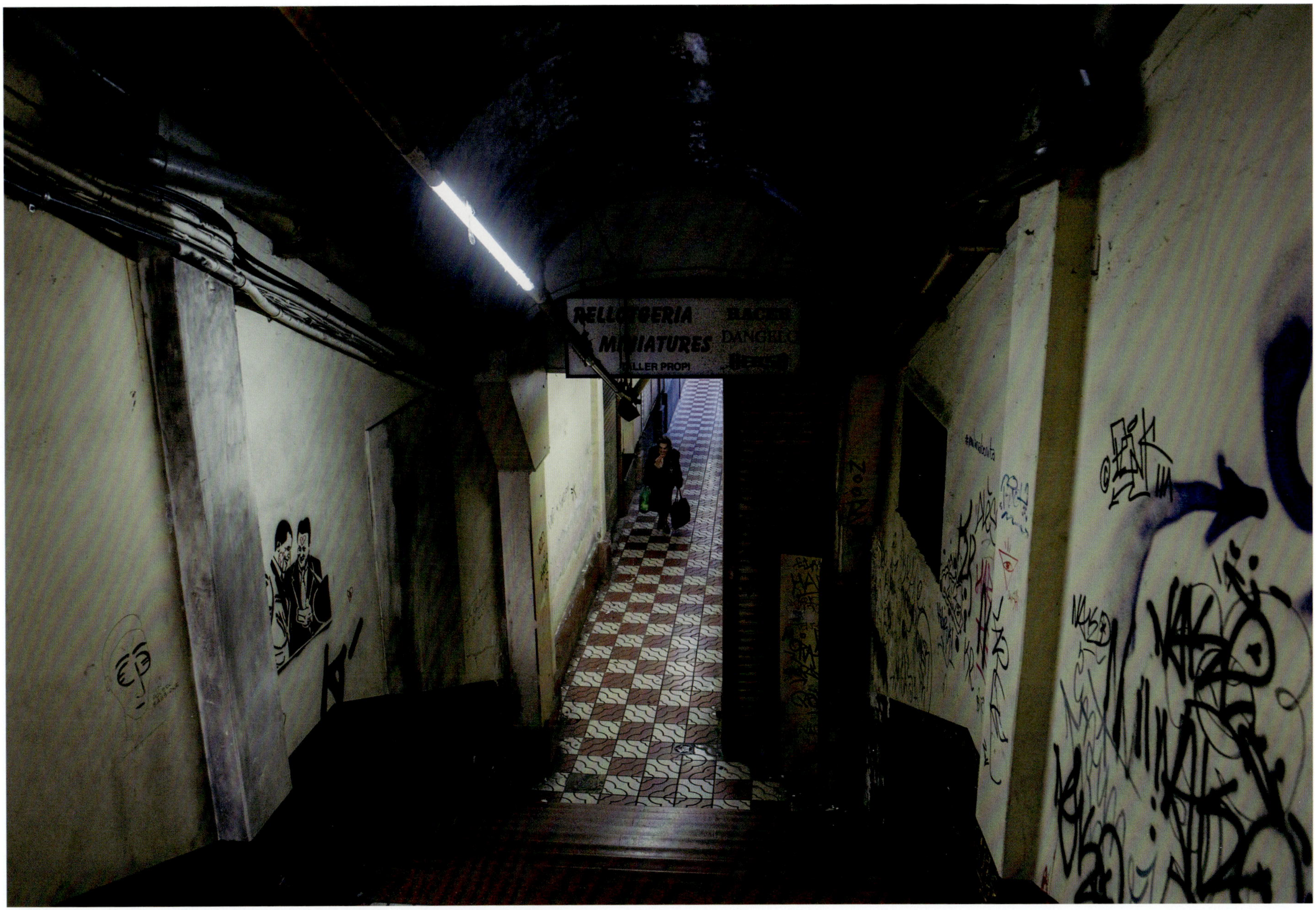

22_01_14 | INÉS BAUCELLS. A GRANOLLERS (VALLÈS ORIENTAL), A LES 20:36 H.

VIDA CULTURAL I ASSOCIATIVA. A Catalunya hi ha 7.000 entitats. El Fernando i la Míriam, de la companyia de dansa integrada Liant la Troca, en un assaig a la Fàbrica Roca Umbert de les Arts, convertida en gran espai cultural.

Deixa que la Inés t'expliqui la seva foto.

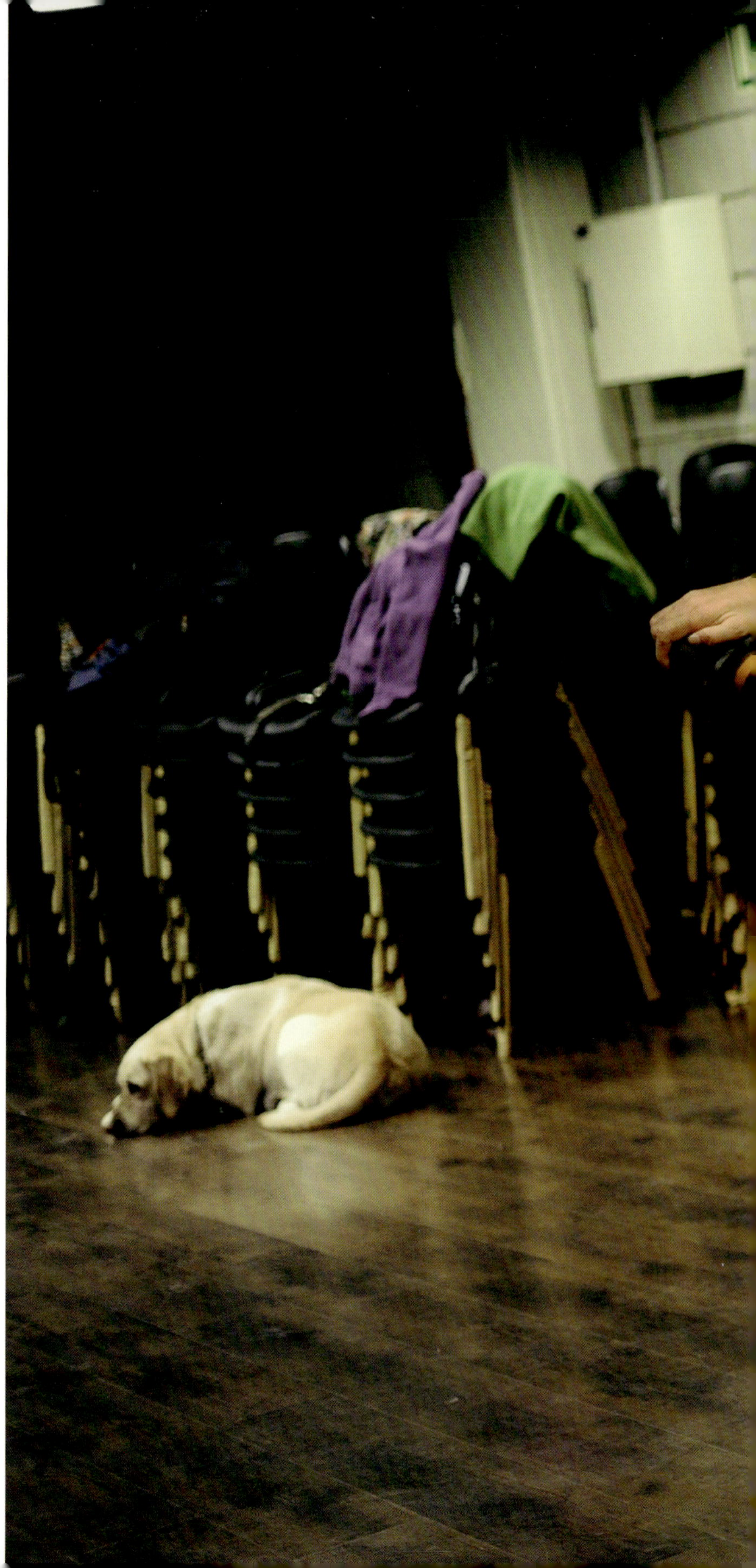

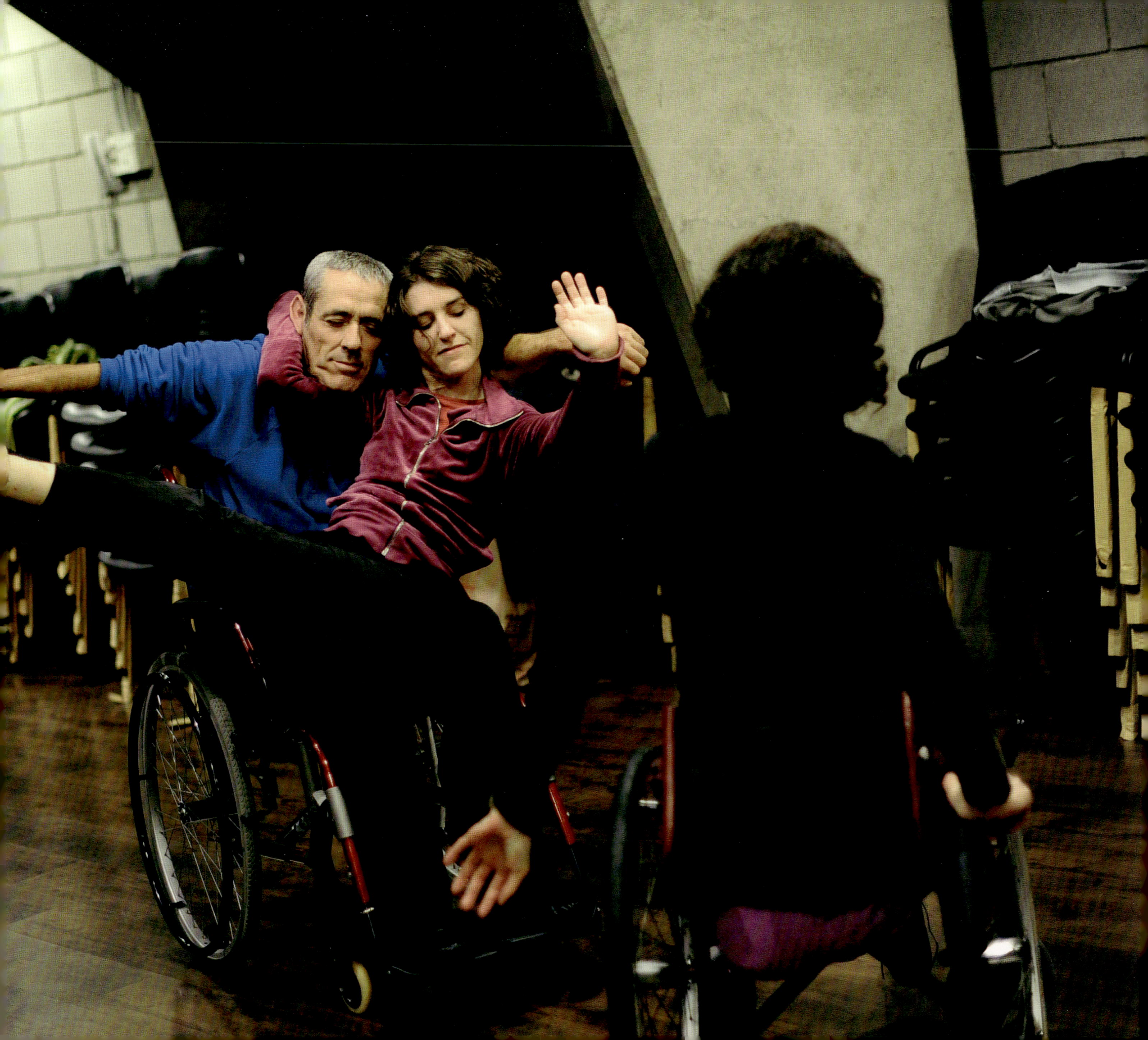

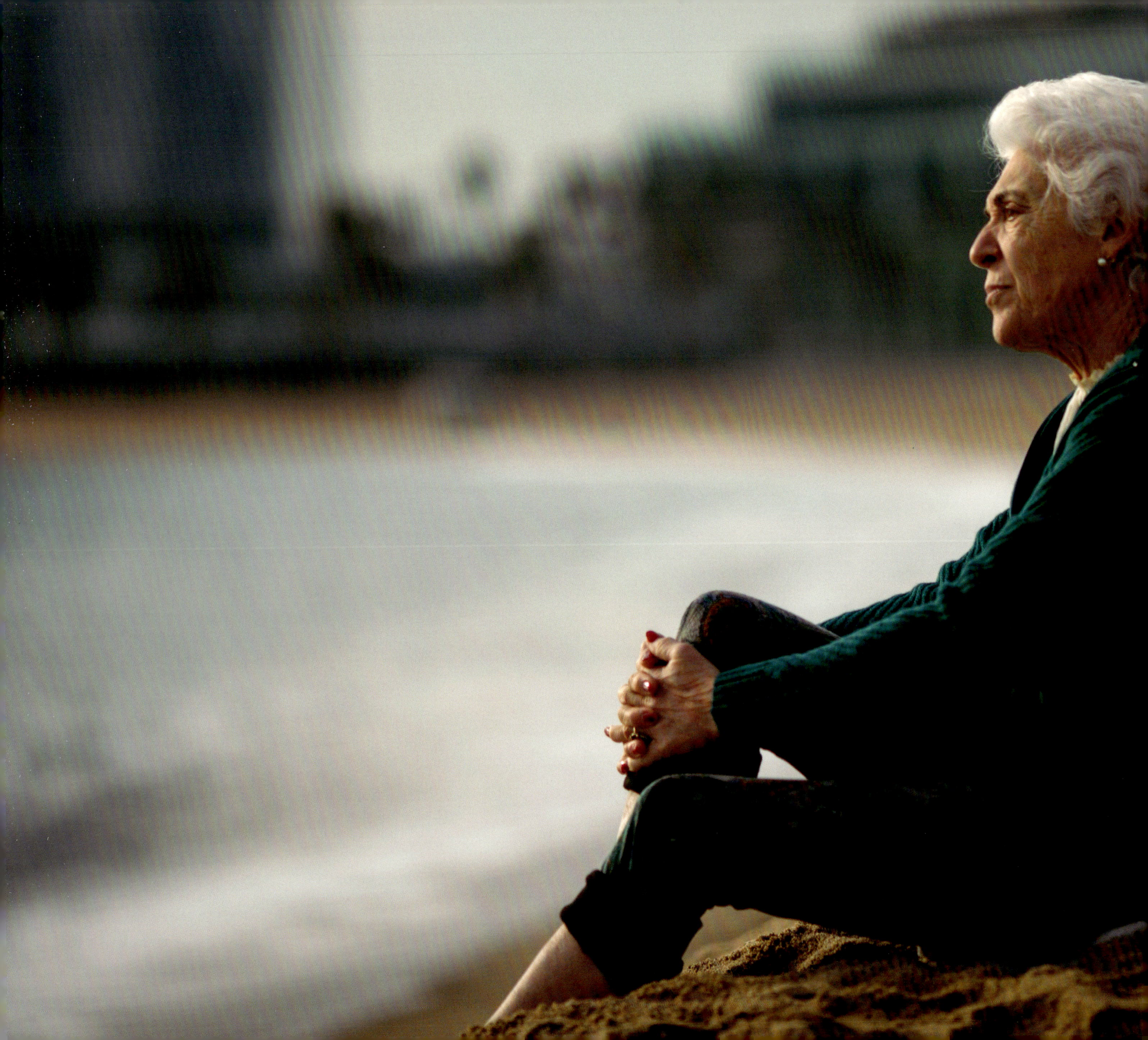

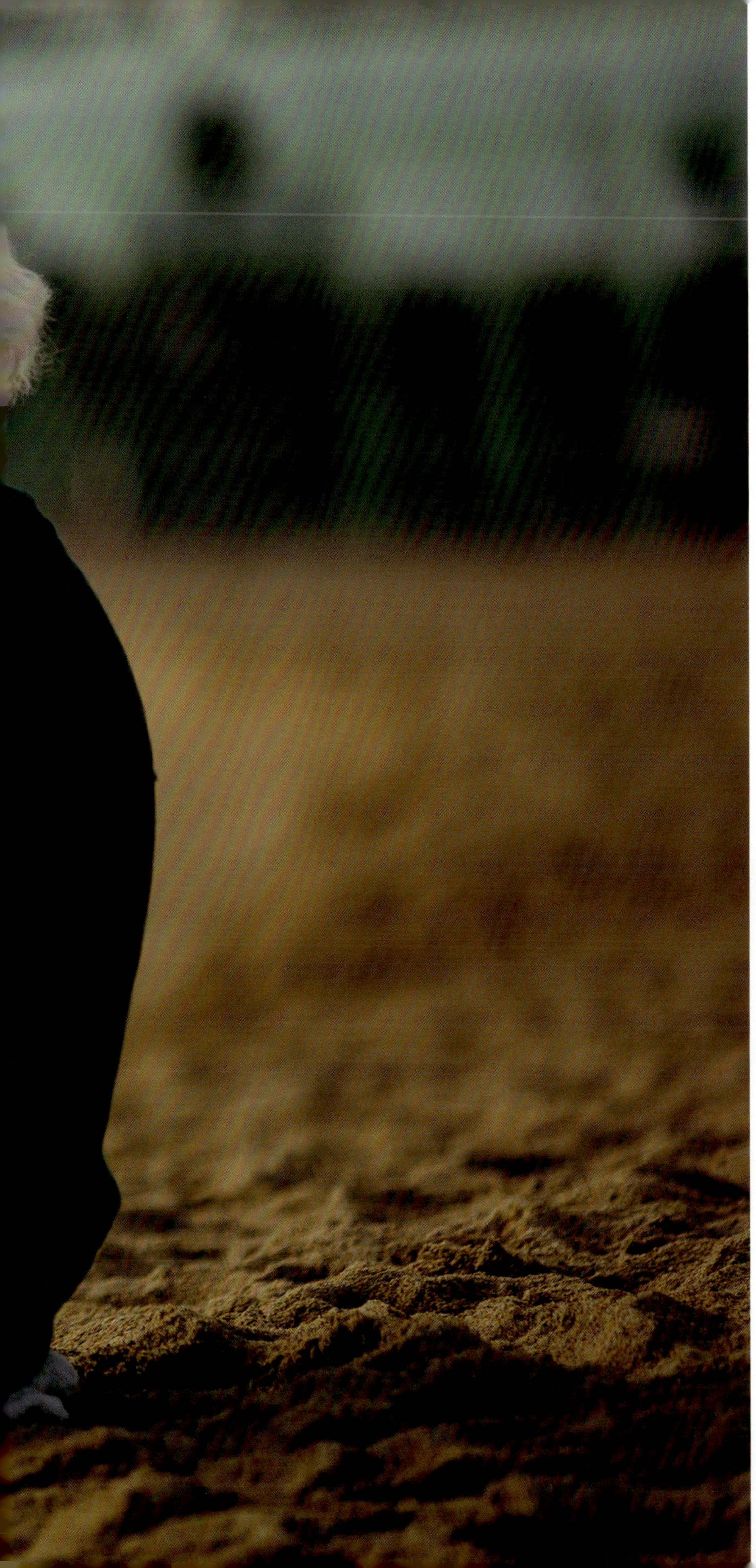

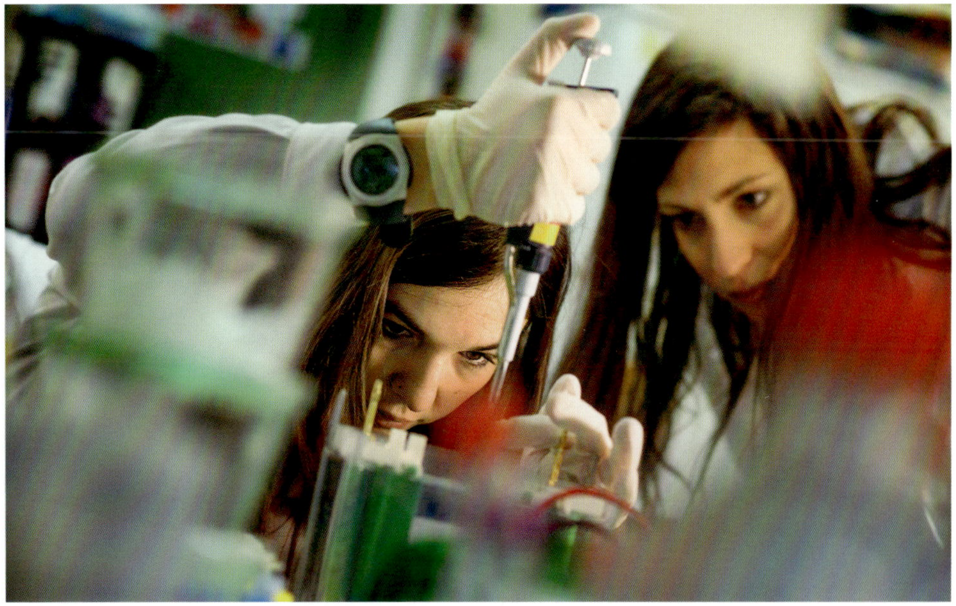

24_01_14 | JORDI V. POU. A LLEIDA, A LES 09:51 H.

R+D. Al laboratori de l'ETSEA de la Universitat de Lleida, la Gemma i la Daniela investiguen com desenvolupar un cereal transgènic amb anticossos contra la sida.

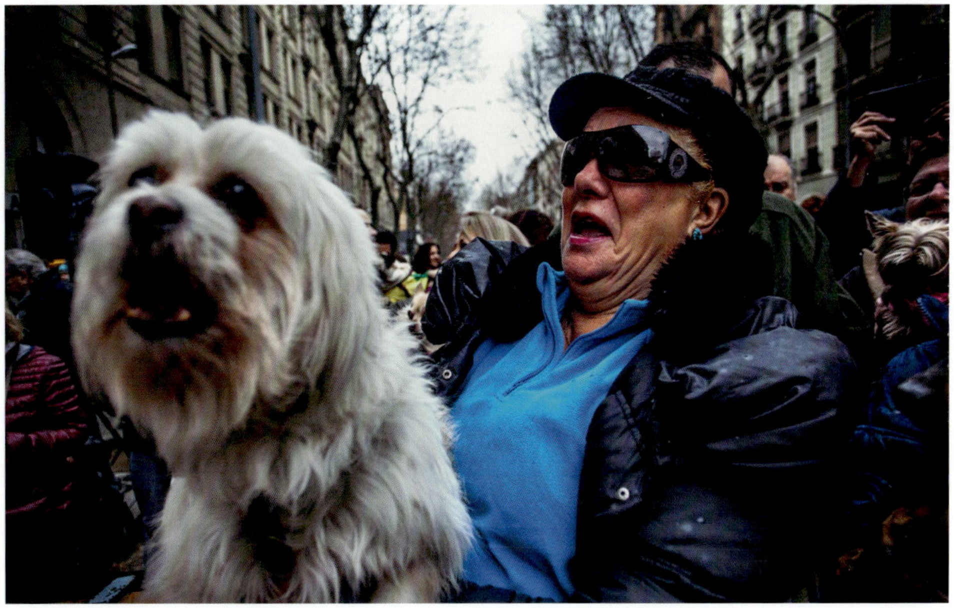

25_01_14 | CARMEN SECANELLA. A BARCELONA, A LES 12:31 H.

RUCS... A la cavalcada de traginers i mulaters de Sant Antoni, patró dels animals, els amos busquen la benedicció que farà que les seves mascotes creixin sanes i fortes.

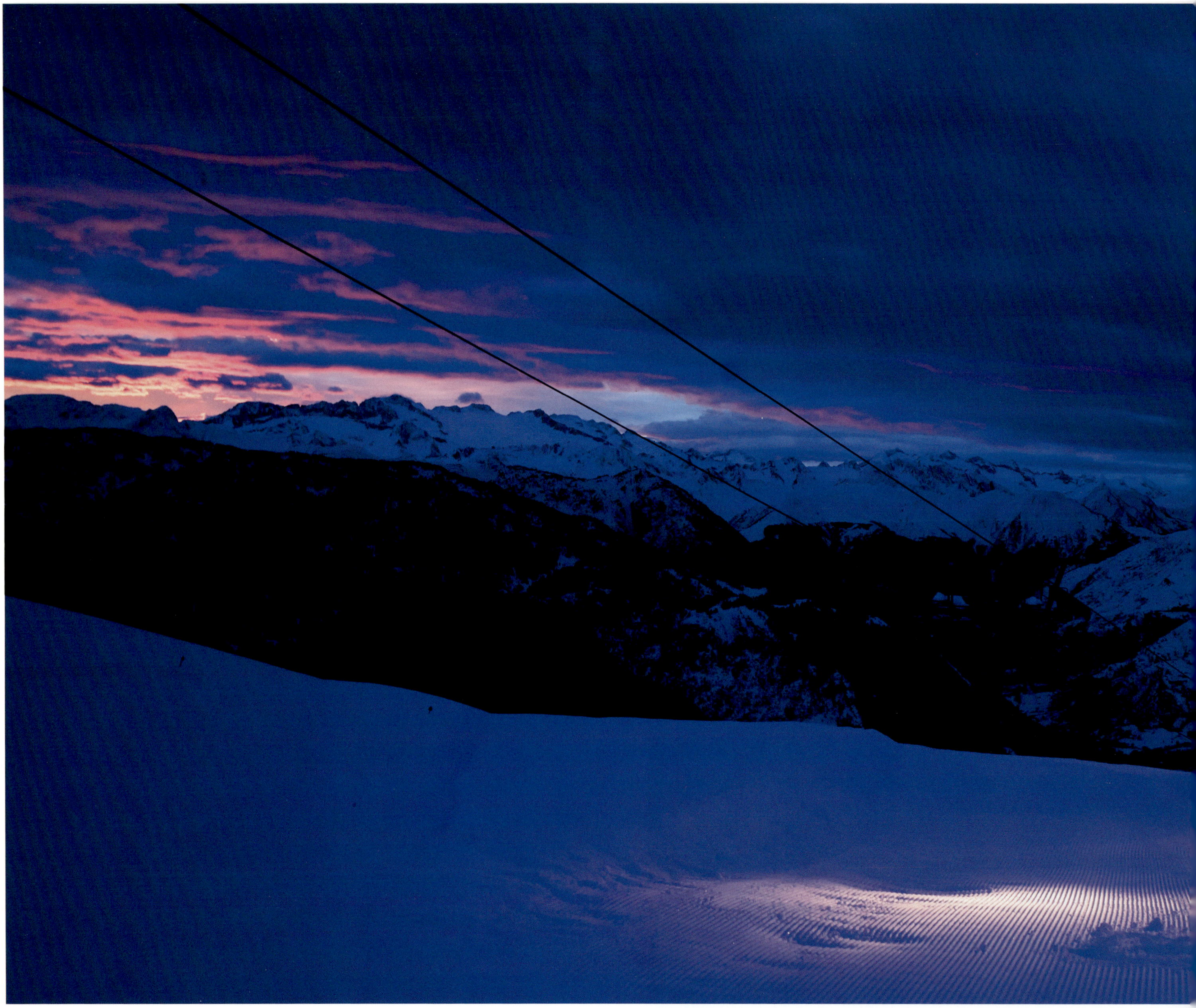

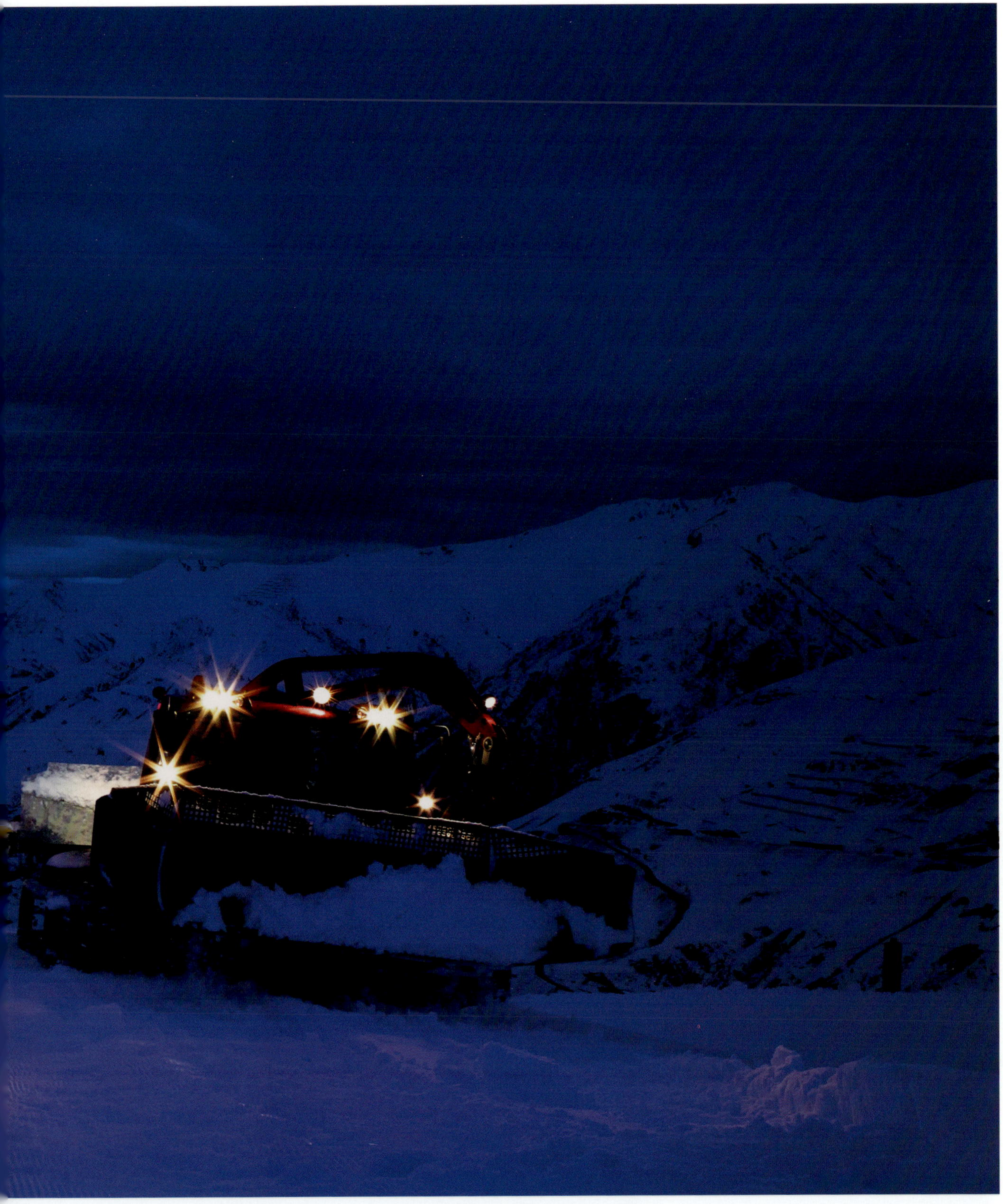

< PÀG. 30

23_01_14 | JOAN MONFORT.
A BARCELONA, A LES 10:06 H.

CATALANA DE L'ANY. L'oceanògrafa Josefina Castellví (Barcelona, 1935) va ser la primera dona directora d'una base científica a l'Antàrtida. Pionera en un món d'homes.

26_01_14 | AGUSTÍ CARBONELL.
A VAQUÈIRA (VALL D'ARAN),
A LES 17:21 H.

50 ANIVERSARI. Dani Moya condueix una màquina fresadora de pistes a la cota 2.000 de la estació d'esquí de Baqueira Beret, que va obrir per primera vegada el 1964.

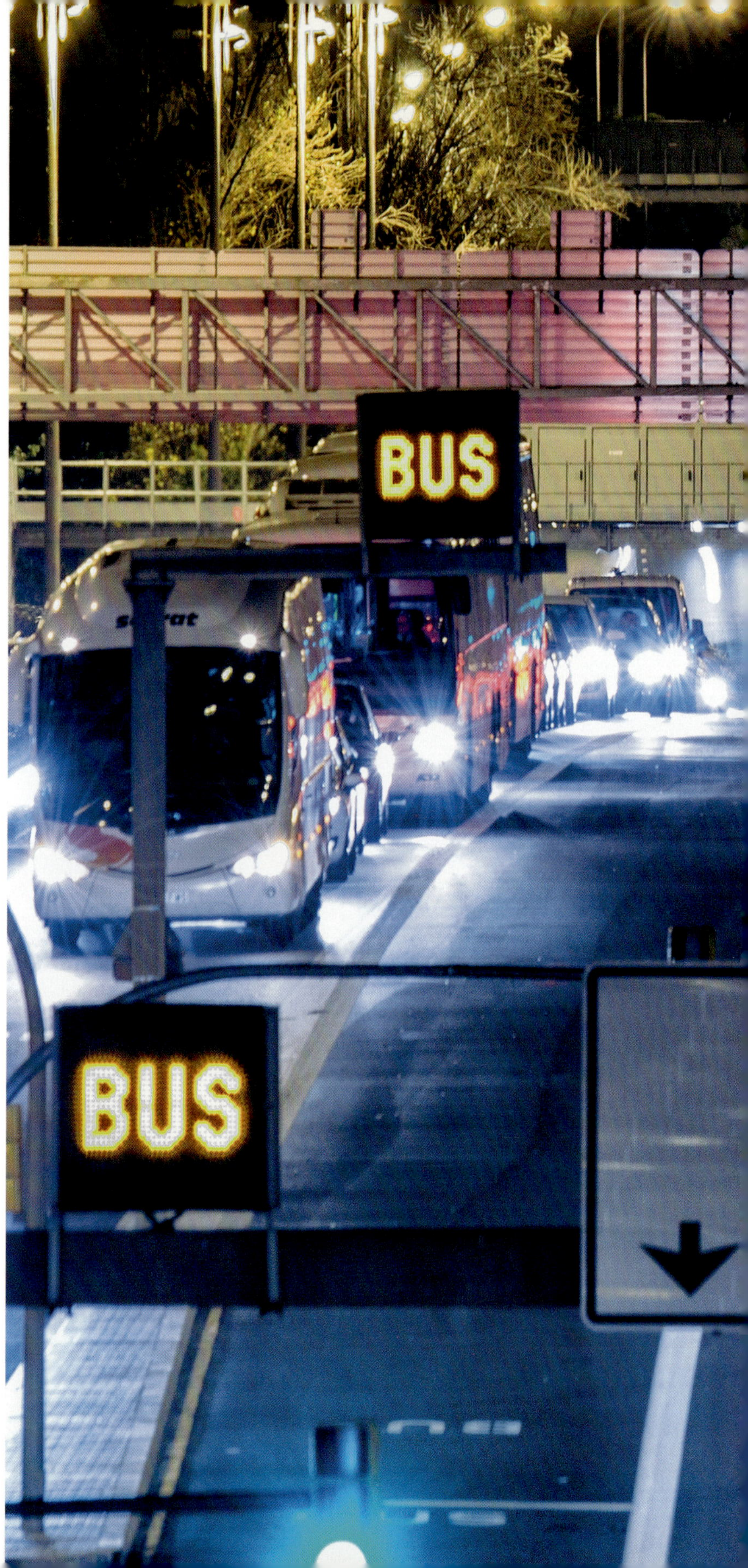

27_01_14 | VICENS GIMÉNEZ. A BARCELONA, A LES 07:39 H.

MERIDIANA 07:00 H. Quasi un milió de cotxes circulen a diari per Barcelona, 350.000 dels quals són de residents de la perifèria que entren i surten cada dia i col·lapsen les artèries a les hores punta, sobrepassant els límits permesos de contaminació.

Deixa que el Vicens t'expliqui la seva foto.

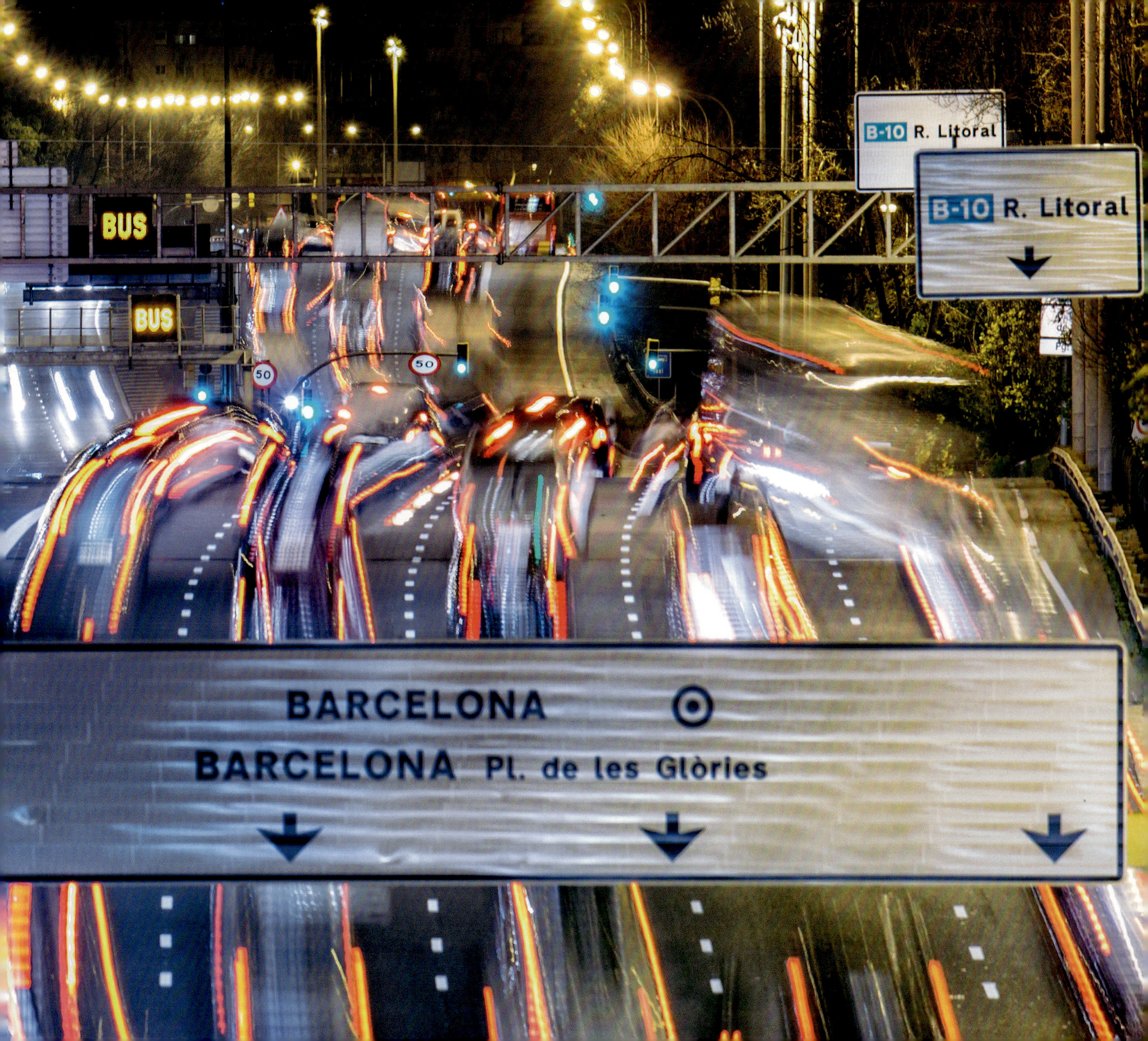
BUS
BUS
50
50
B-10 R. Litoral
B-10 R. Litoral
BARCELONA
BARCELONA Pl. de les Glòries

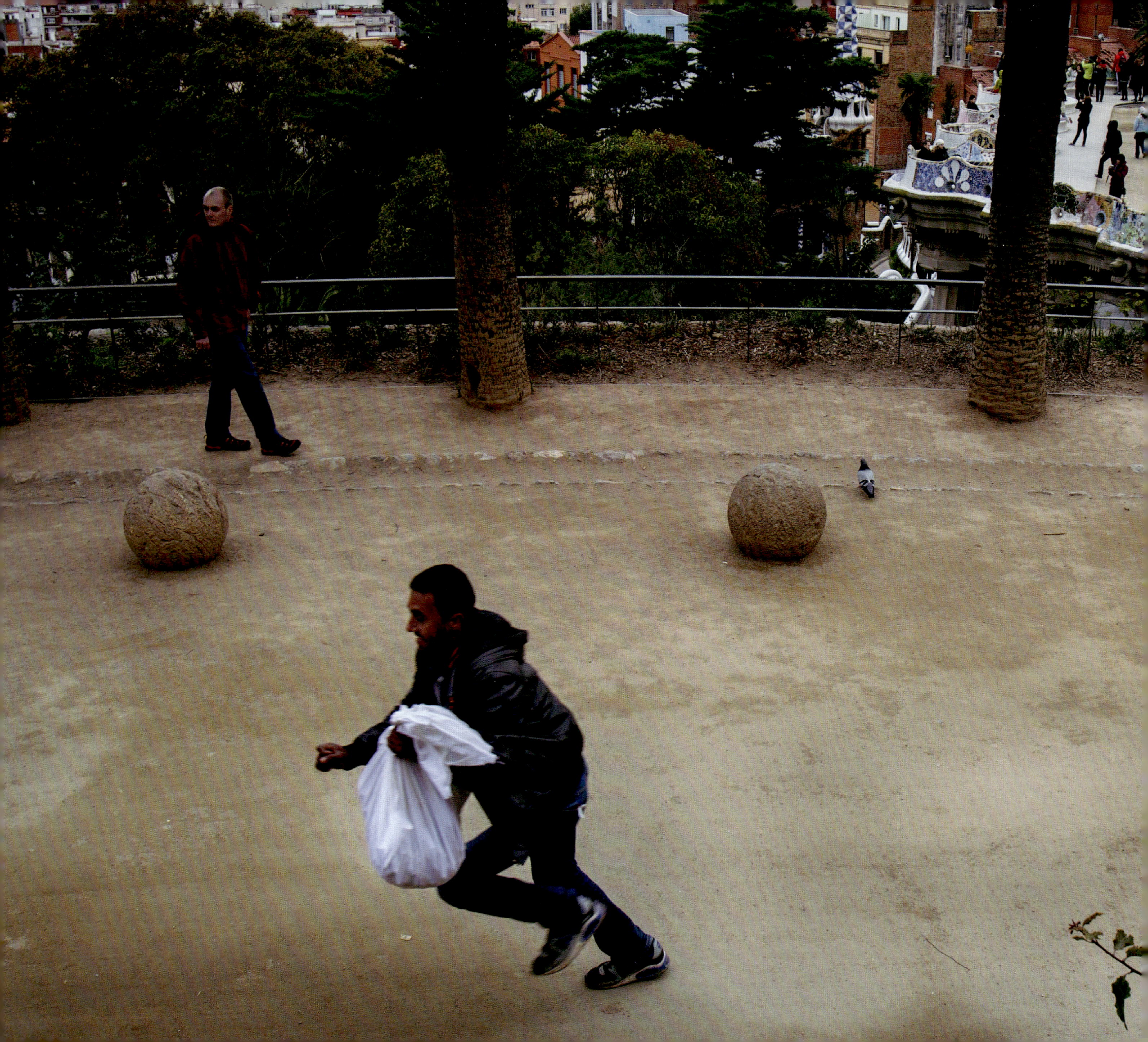

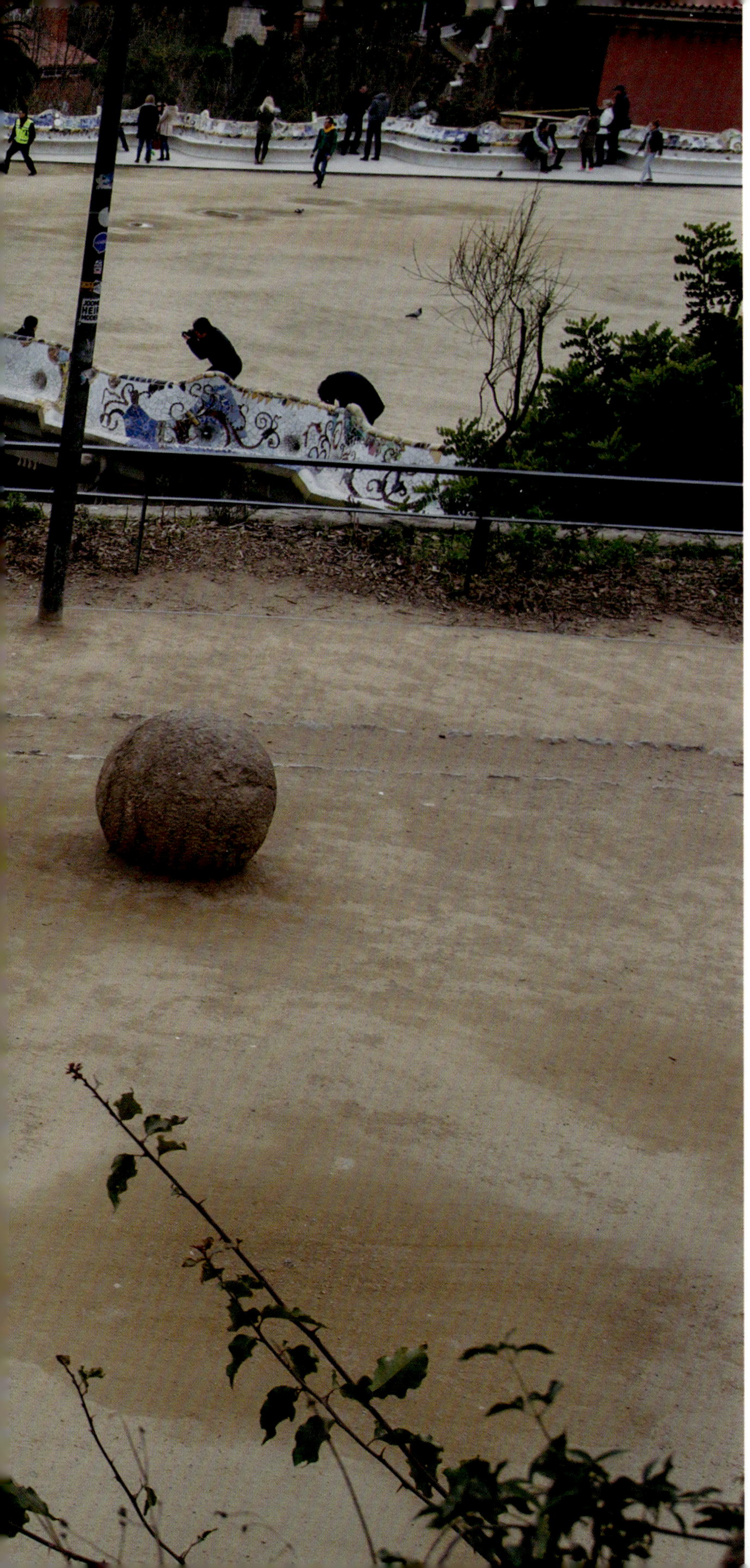

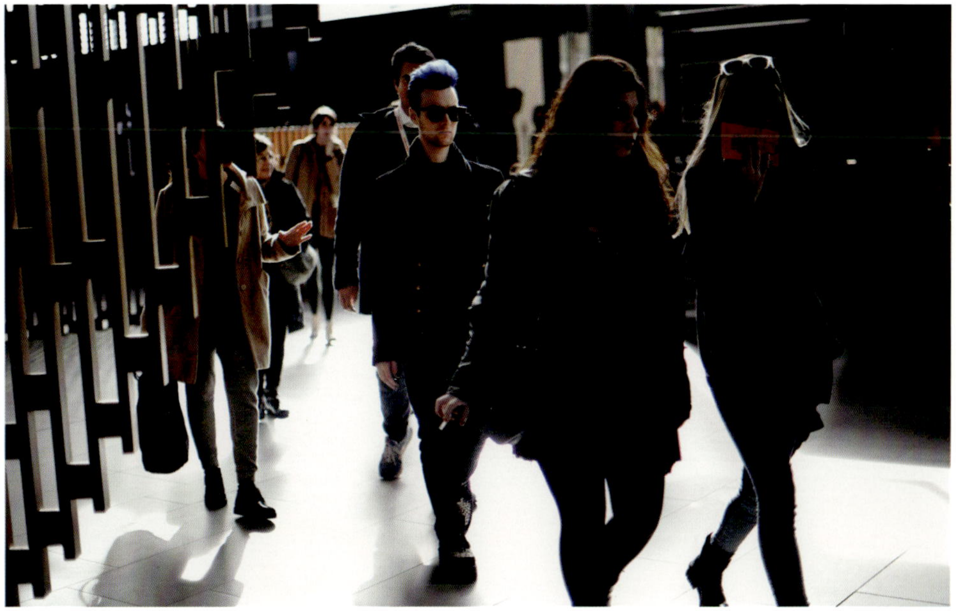

29_01_14 | JOSEP LAGO. A BARCELONA, A LES 13:31 H.

BARCELONA ÉS GUAPA. Visitants de la 080 Barcelona Fashion Week Tardor-Hivern entren al recinte del Born Centre Cultural per veure una desfilada.

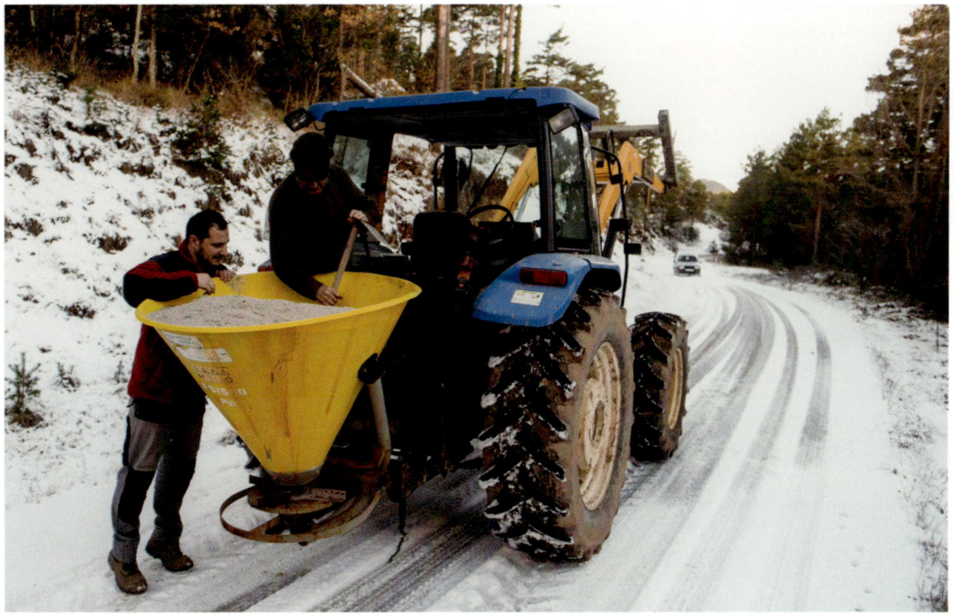

30_01_14 | PERE PUNTÍ. A SANT JAUME DE FRONTANYÀ (BERGUEDÀ), A LES 17:05 H.

ALCALDE PER A TOT. Rubén Lladós, alcalde del poble més petit (24 habitants), i Manel Serres arreglen la màquina escampadora de potassa per evitar gelades.

< PÀG. 36

28_01_14 | **CONSUELO BAUTISTA.** A BARCELONA, A LES 13:20 H.

CONTROLS I TAXES. Un venedor de manta fuig de la Guàrdia Urbana al Park Güell. Des de l'octubre passat turistes i residents han de passar per caixa per visitar aquest recinte.

31_01_14 | **ALBERT BERTRAN.** A ALELLA (MARESME), A LES 08:10 H.

FACCIOSOS I FOLKLÒRICS. David Lluch, cap de colla dels Trabucaires del Vi d'Alella, galeja de la seva arma. Els trabucaires van ser els bandolers dels humils i antics herois en època de crisi econòmica, ara reconvertits en grup folklòric.

Deixa que l'**Albert** t'expliqui la seva foto.

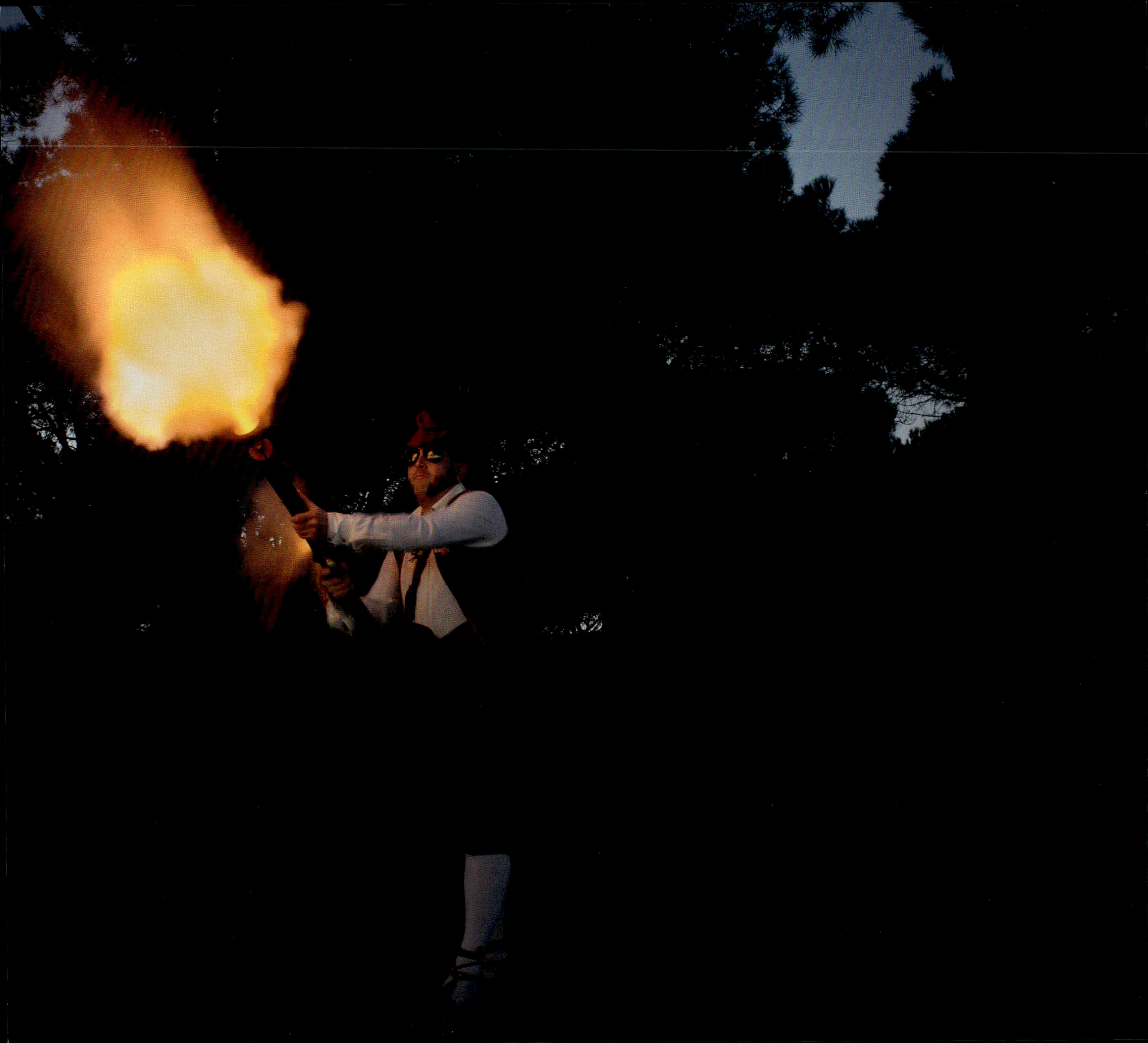

Llucia Ramis
ESCRIPTORA

FEBRER va ser trist i ventós. Estremia els arbres i arrossegava els núvols i sovint deixava un dia massa clar, poc escaient amb les males notícies que, en comptes d'escampar, s'amuntegaven com fulles mortes.

No va fer fred. A les enquestes, l'atur, la corrupció i la sanitat eren les qüestions que més preocupaven els ciutadans. WhatsApp va caure durant quatre hores, tres dies després que l'adquirís Facebook i un abans que començàs el Mobil World Congress a Barcelona. Es celebraren els premis Gaudí, i als Goya, David Trueba digué: "S'ha d'anar més a Catalunya a dir-los que els estimem". Hi va haver vagues a TV3, manifestacions contra els desnonaments. L'històric Colmado Quílez va estar a punt de tancar per la pujada del lloguer, l'alcalde ho va evitar, i dos bars del meu carrer baixaren la persiana perquè no eren històrics.

Un dia vaig veure el propietari d'una pizzeria on anava d'estudiant. Assegut a l'esglaó d'una sucursal, vora l'animada plaça Molina, desfigurat com desfiguren la pobresa o la malaltia, l'home es menjava un entrepà. Hi ha una cosa pitjor que no veure un indigent i és retirar la mirada perquè l'has reconegut.

El Barça guanyà el partit d'anada contra el Manchester, Jordi Évole revolucionà els tertulians amb un fals documental sobre el 23-F, continuaven les rebaixes, moriren persones, naixeren d'altres, s'atorgà el Biblioteca Breve, el 14 hi hagué lluna plena.

Floriren els ametllers de Regencós. La inflació va baixar dues dècimes i se situà a zero. Hi havia obres al passeig de Sant Joan i a Gal·la Placídia. La gent seia a les terrasses, les estelades onejaven als balcons, els coloms es cagaven en els vianants i els vianants es cagaven en els coloms, la roba dansava als estenedors, els turistes feien cua a la Sagrada Família i els nins cridaven a l'hora del pati. A les nits, passava el camió de les escombraries.

El dia 1 el sol va sortir a les 8.25 h i el 28, a les 7.51 h. Es ponia cada dia un minut més tard. Va ser Sant Blai, Santa Escolàstica, Sant Policarp. I com si volgués acabar aviat (abans que qualsevol altre mes), el darrer cap de setmana encetà el Carnestoltes. Llavors deixà de ser febrer.

JORDI COTRINA. A BARCELONA, A LES 08:30 H. | 01_02_14

DRETS DELS ANIMALS. Dos voluntaris passegen gossos de la Protectora del Tibidabo per la carretera de les Aigües. Catalunya va prohibir el sacrifici d'animals el 2008.

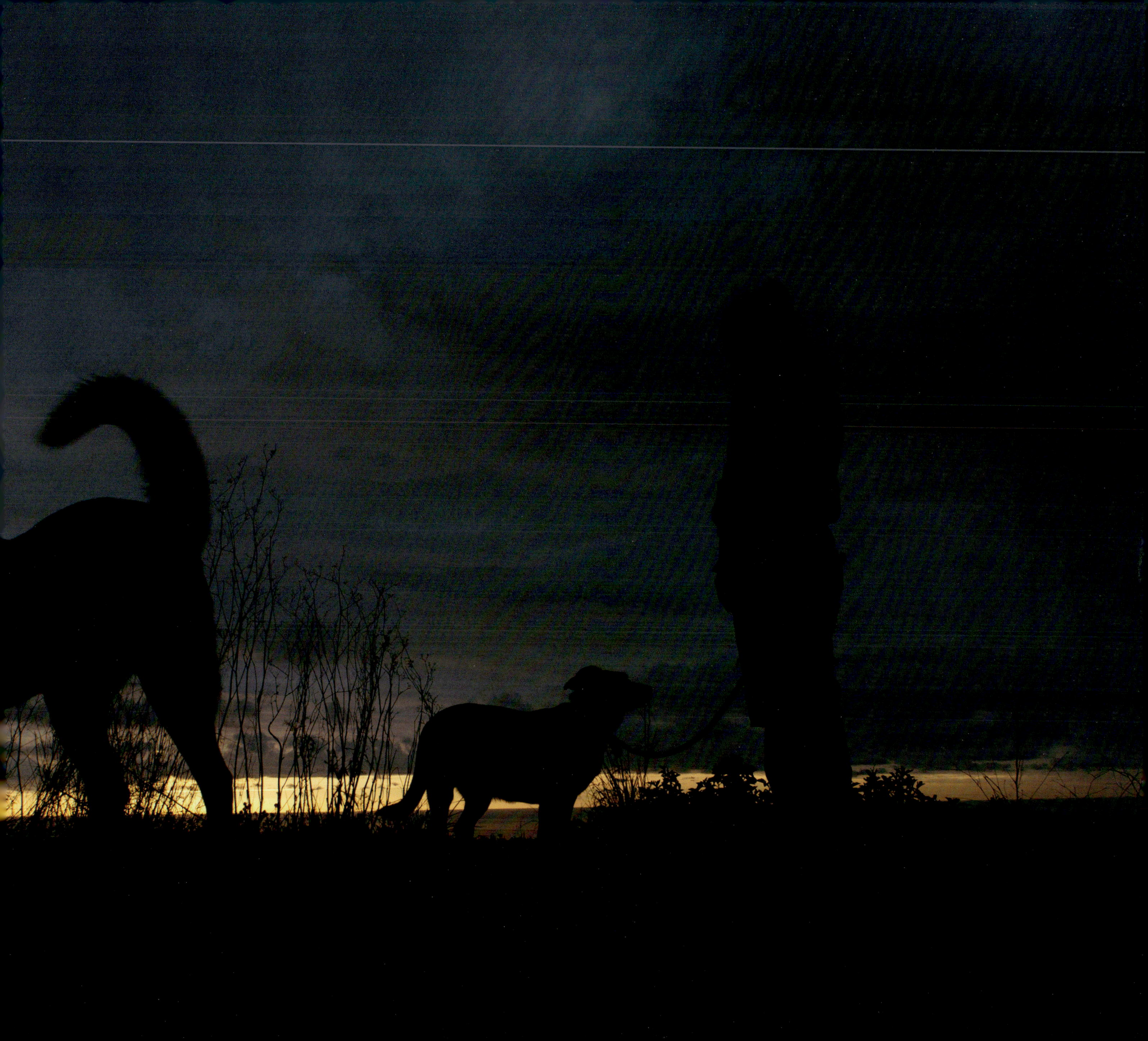

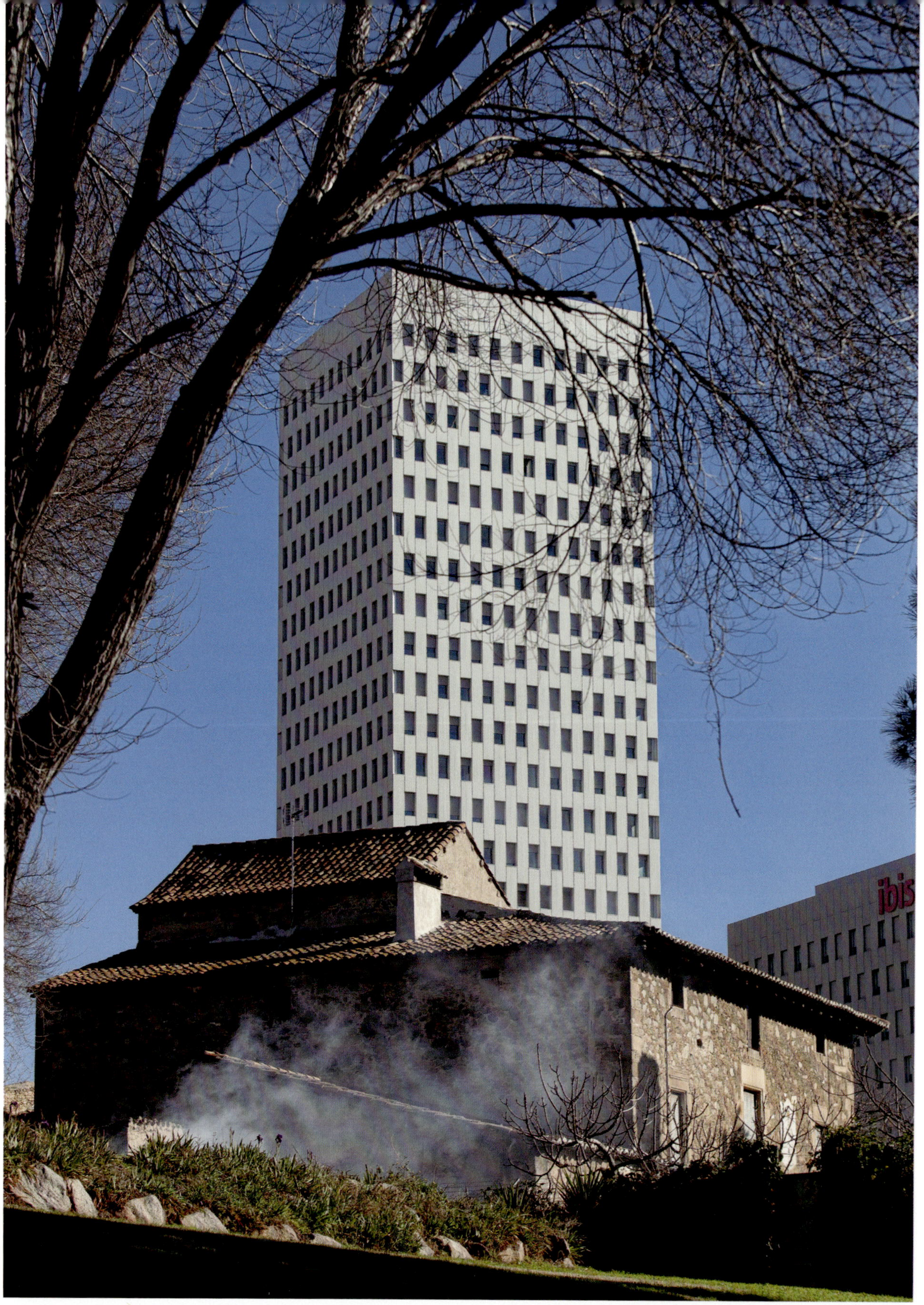

02_02_14 | **JOAN GUERRERO.**
A SANTA COLOMA DE GRAMANET (BARCELONÈS), A LES 12:21 H.

ESPECULACIÓ. La masia de Can Zam, bé cultural d'interès local, conviu amb els edificis del polèmic complex residencial i d'oci Cúbics sota sospita de corrupció urbanística en el cas Pretoria, que va modificar per sempre el perfil de la ciutat.

Deixa que el **Joan** t'expliqui la seva foto.

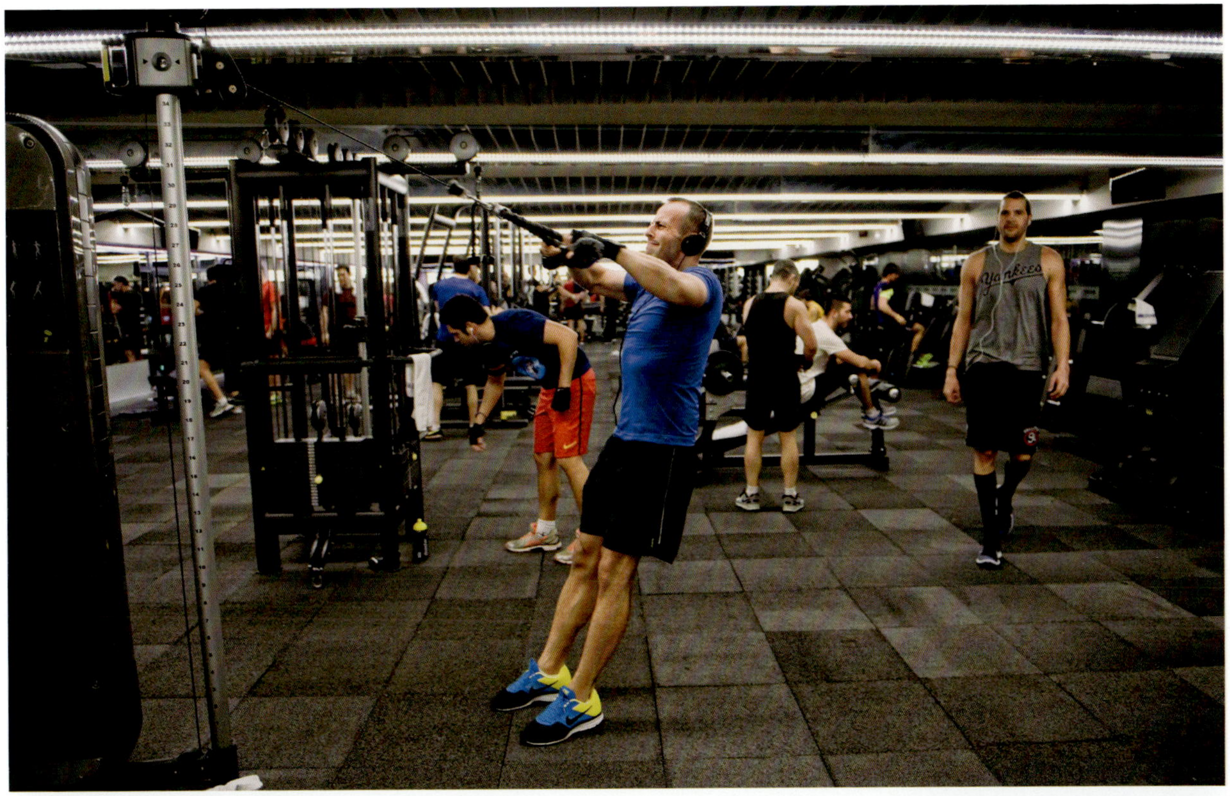

03_02_14 | SANTI COGOLLUDO.
A BARCELONA, A LES 18:37 H.

EN FORMA? Ambient a la sala de fitnes del gimnàs DIR del carrer de Tuset. El culte al cos ha derivat en una nova addicció fins ara desconeguda: la vigorèxia.

04_02_14 | FRANCESC MELCION.
A BARCELONA, A LES 13:00 H.

PLAÇA CULTURAL. La plaça dels Àngels és un focus de reunió privilegiat entre museus, cultura urbana, disseny i diversitat, flanquejat pel MACBA i el CCCB.

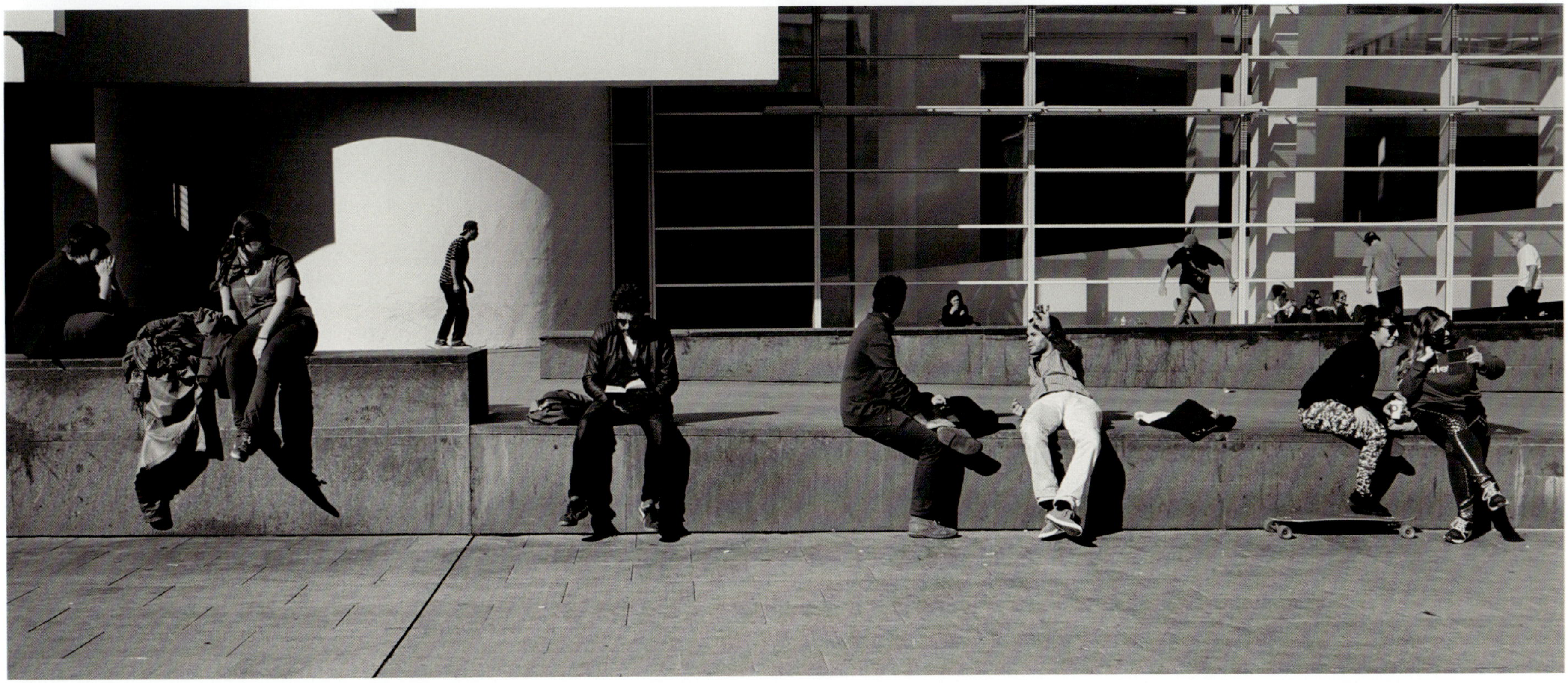

05_02_14 | **SUSANNA SÁEZ.** A IGUALADA (ANOIA) , A LES 15:30 H.

PATRIMONI. Adoberia Magí Puig, fundada el 1889. Un dels tres treballadors, Jordi Puig, despenja les pells ja assecades, un ofici que es remunta a plena edat mitjana.

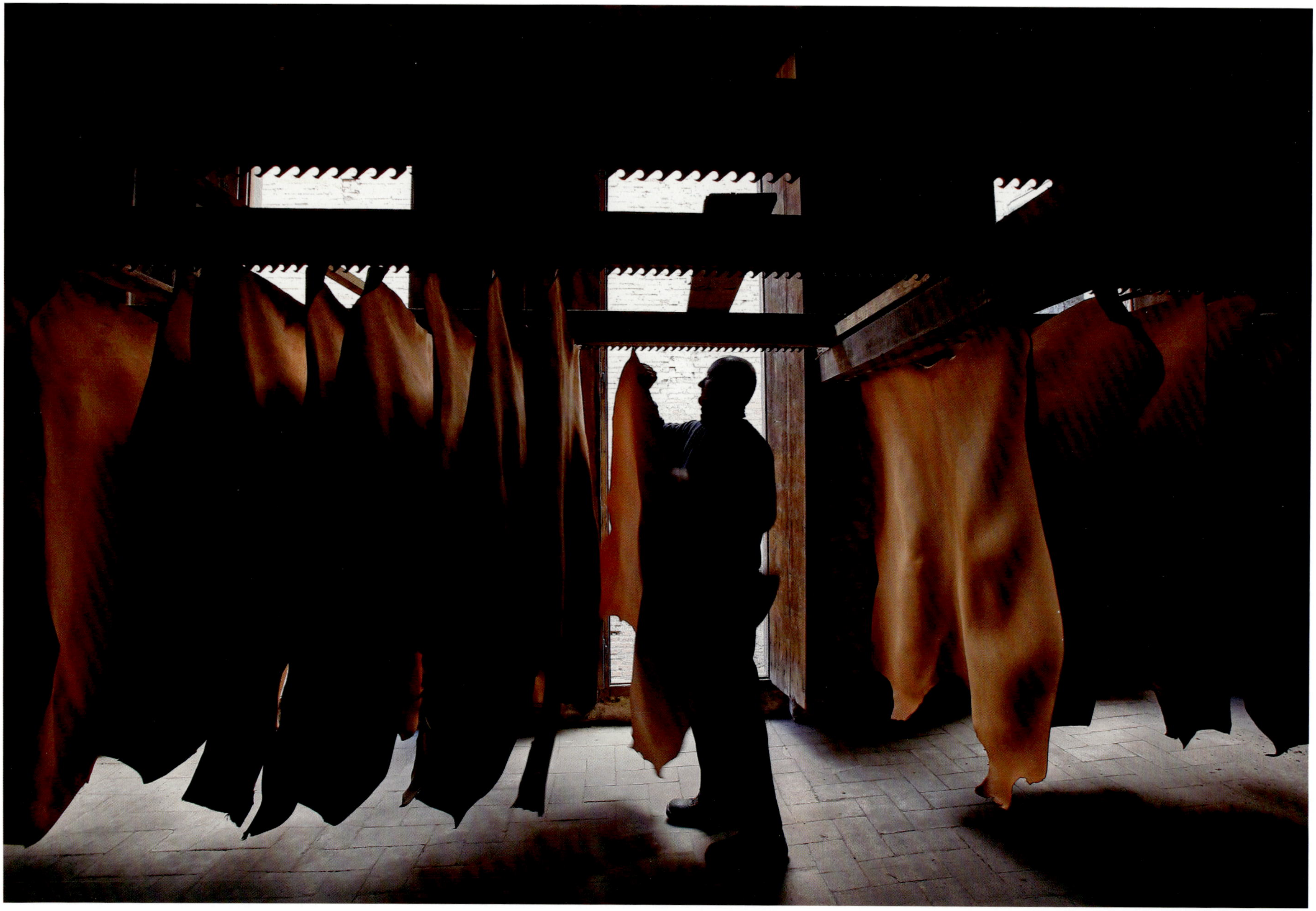

CRUÏLLA PER A LA HISTÒRIA. Independència creua amb Catalunya com quan dos rius conflueixen per formar-ne només un en aquesta cruïlla de carrers tan simbòlica.

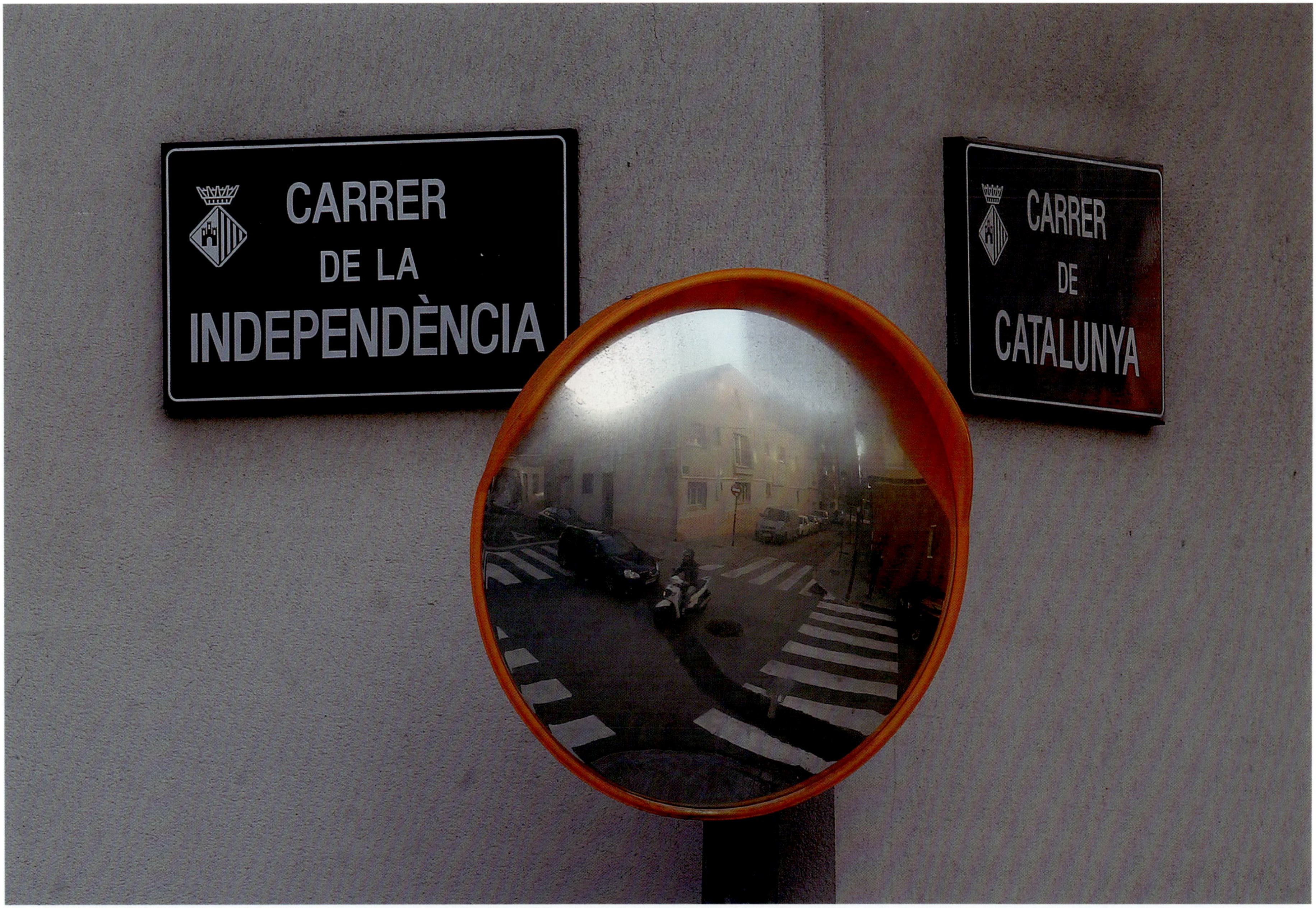

07_02_14 | **ÀLEX GARCIA.** A CORNELLÀ DEL LLOBREGAT (BAIX LLOBREGAT), A LES 17:43 H.

SECTOR A LA BAIXA. La crisi de les sales de cinema sembla imparable. A la foto, primera sessió de l'estrena de 'Lego' als Cinemes FULL HD del Centre Comercial Splau.

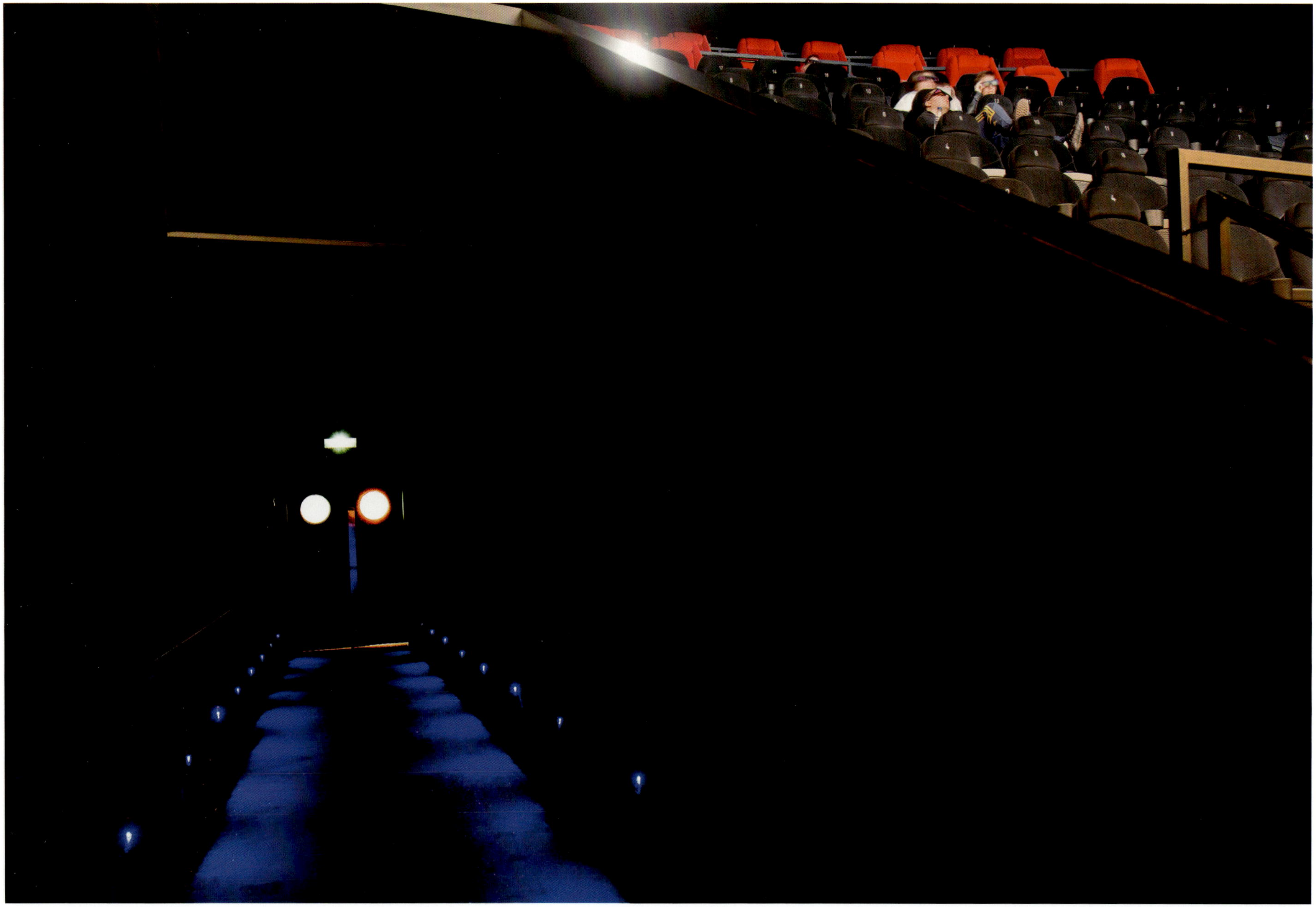

08_02_14 | **DANNY CAMINAL.** A BARCELONA, A LES 11:07 H.

ENCANTS VELLS. El passadís central del remodelat mercat bull de gent. Fins a 100.000 persones passen durant la setmana sota el lluent sostre de 25 metres d'altura.

PÀG. 48 >

09_02_14 | **INÉS BAUCELLS.** A BARCELONA, A LES 15:08 H.

AMUNT. La Julieta, l'enxaneta dels Castellers de la Sagrada Família, puja al balcó de l'Ajuntament. Els castells són patrimoni cultural immaterial de la humanitat per la Unesco.

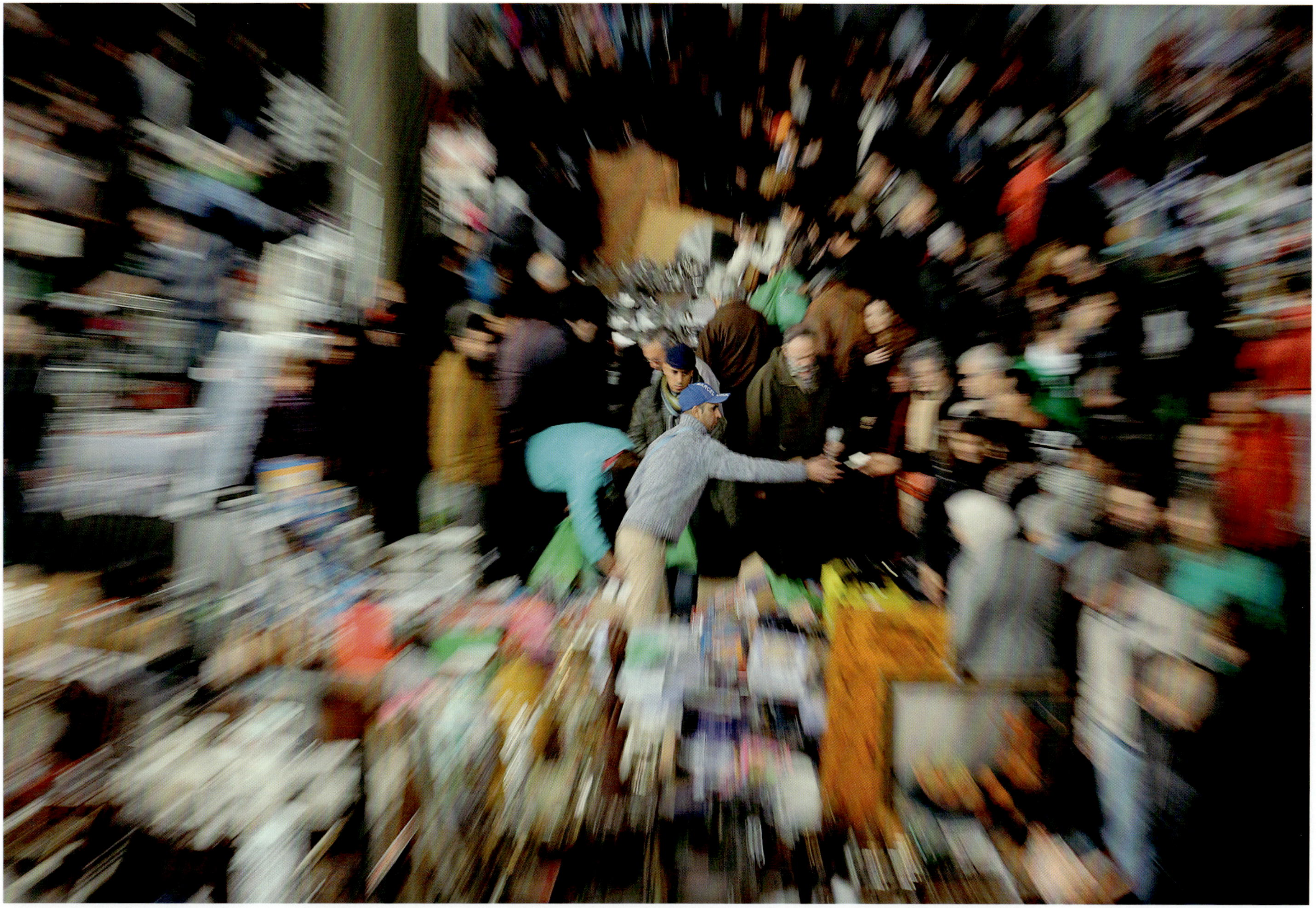

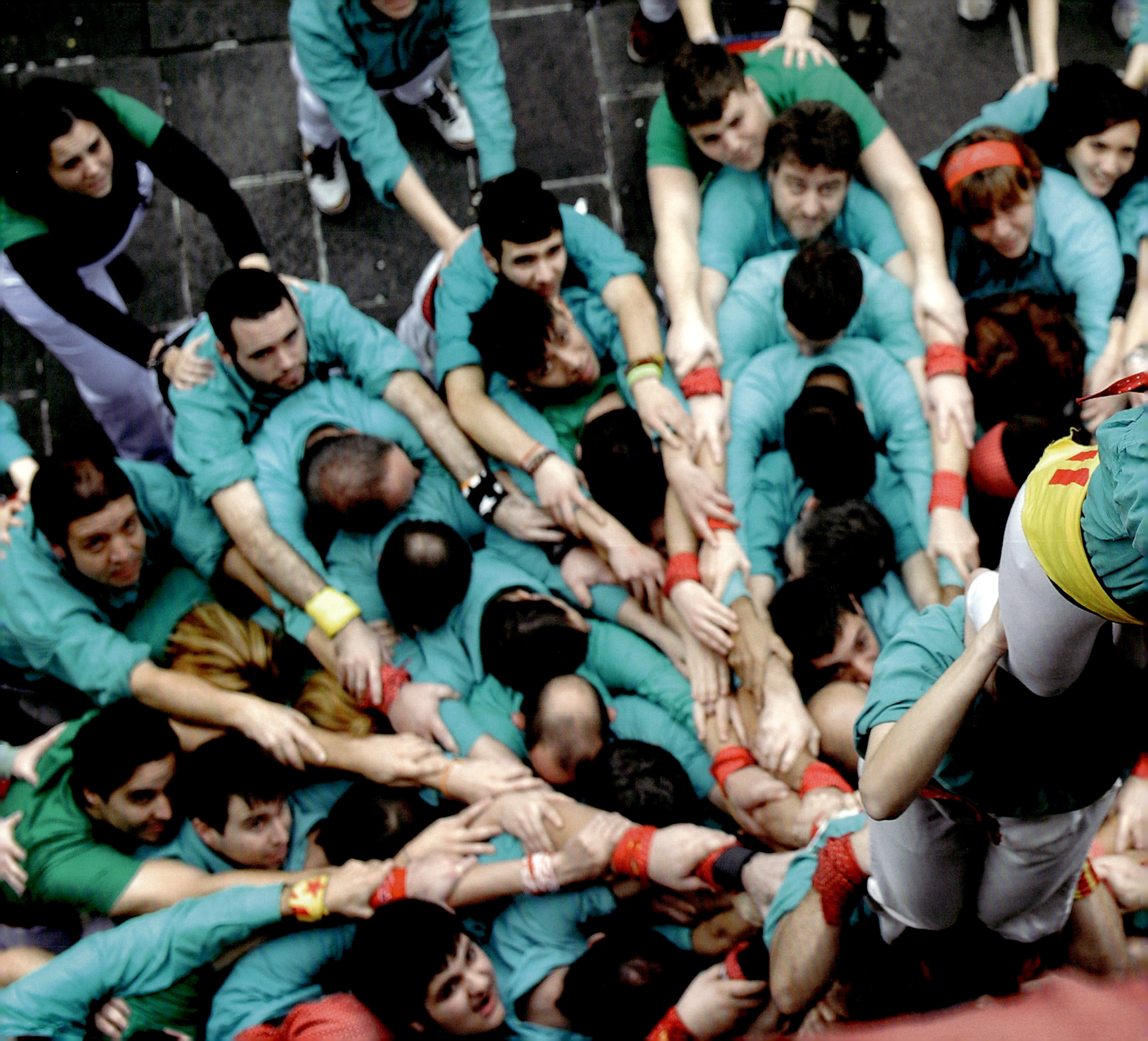

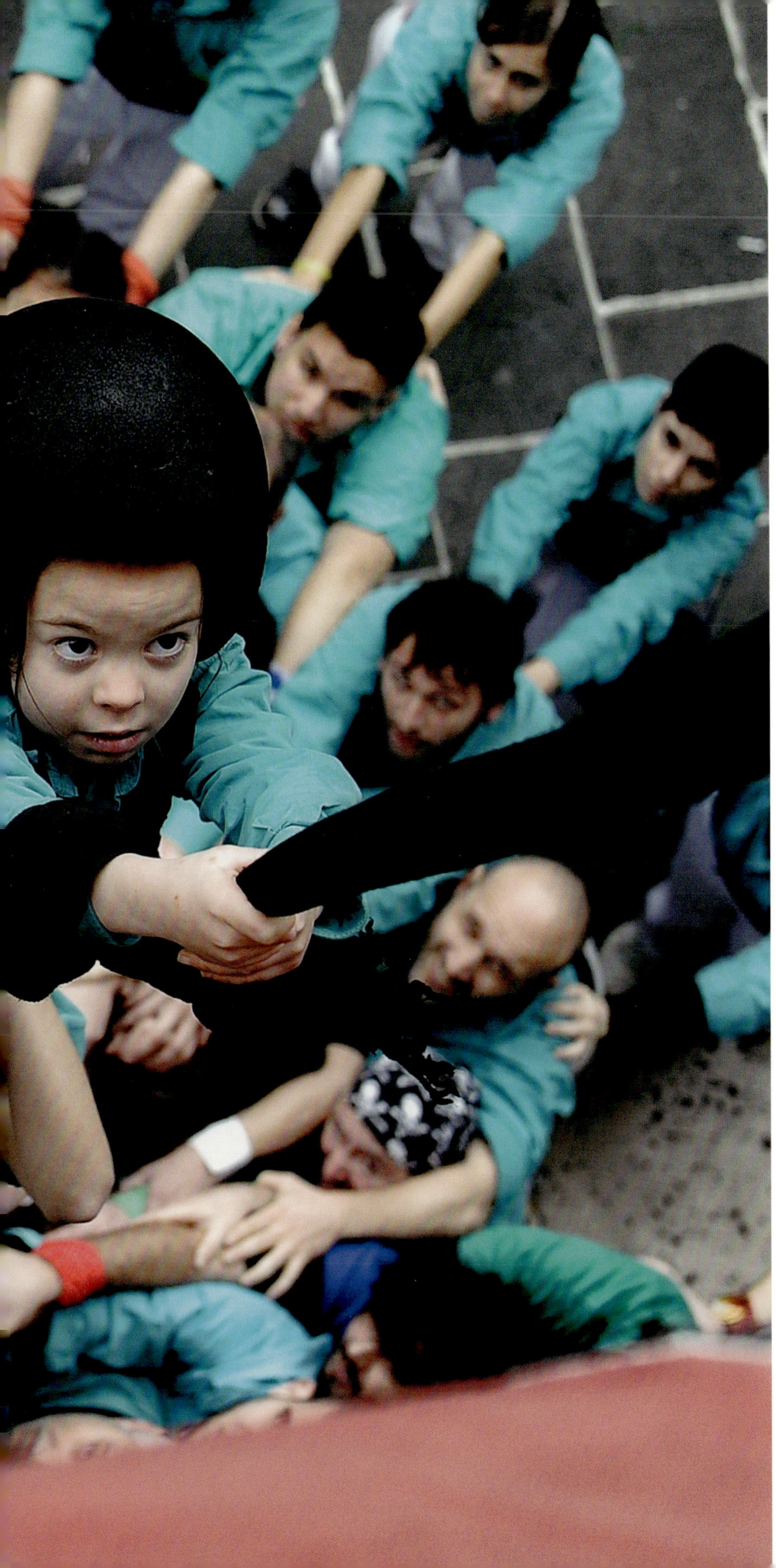

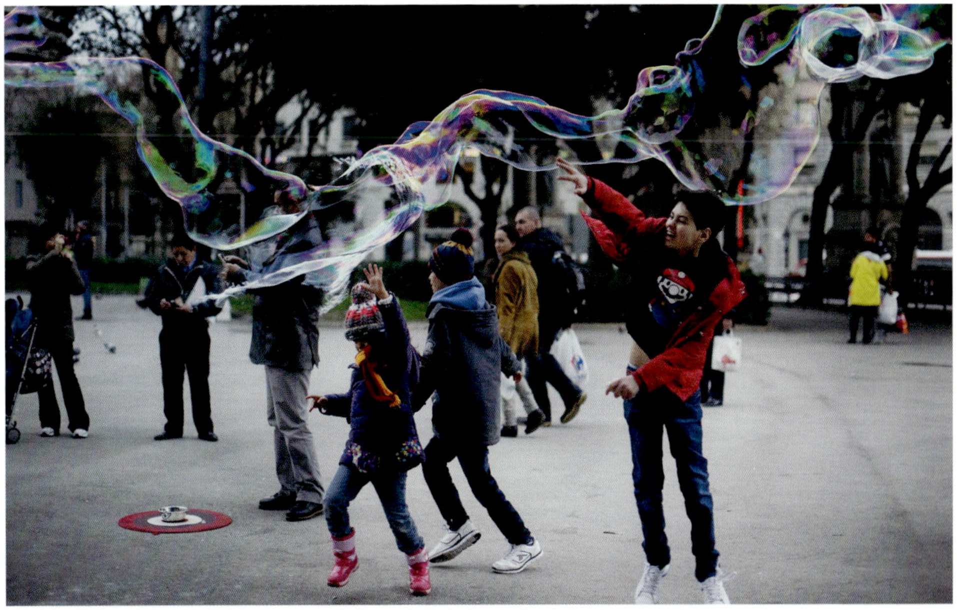

10_02_14 | LAURA GUERRERO. A BARCELONA, A LES 17:00 H.

BUSCAR-SE LA VIDA. Bombolles de sabó a canvi d'unes monedes a la plaça de Catalunya. A Barcelona, l'esperit de supervivència idea noves formes de pidolar pels carrers.

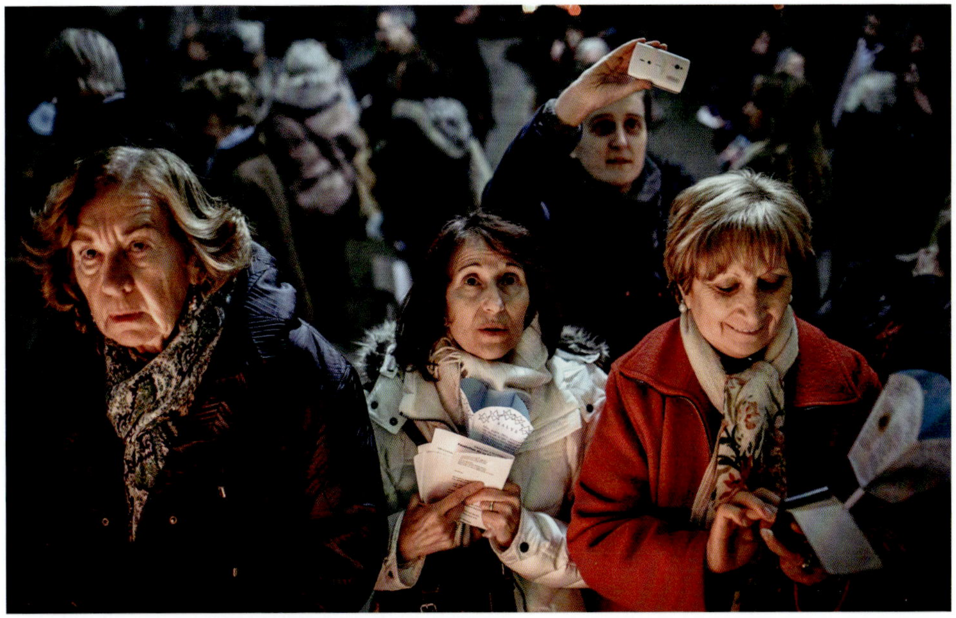

11_02_14 | DAVID AIROB. A BARCELONA, A LES 20:07 H.

CULTES. Tres devotes de la Mare de Déu de Lourdes preguen al claustre de la Catedral. A Catalunya conviuen 13 religions, amb majoria de la catòlica, seguida de la evangèlica i la islàmica.

12_02_14 | CARLES RIBAS. A BARCELONA, A LES 18:30 H.

NOUS COSTUMS. Yu, cambrera del restaurant Visual a la Torre Catalunya, para les taules per sopar seguint, és clar, l'horari europeu. Barcelona continua batent rècords amb 7,5 milions de turistes i s'acomoda als seus nous visitants.

Deixa que el Carles t'expliqui la seva foto.

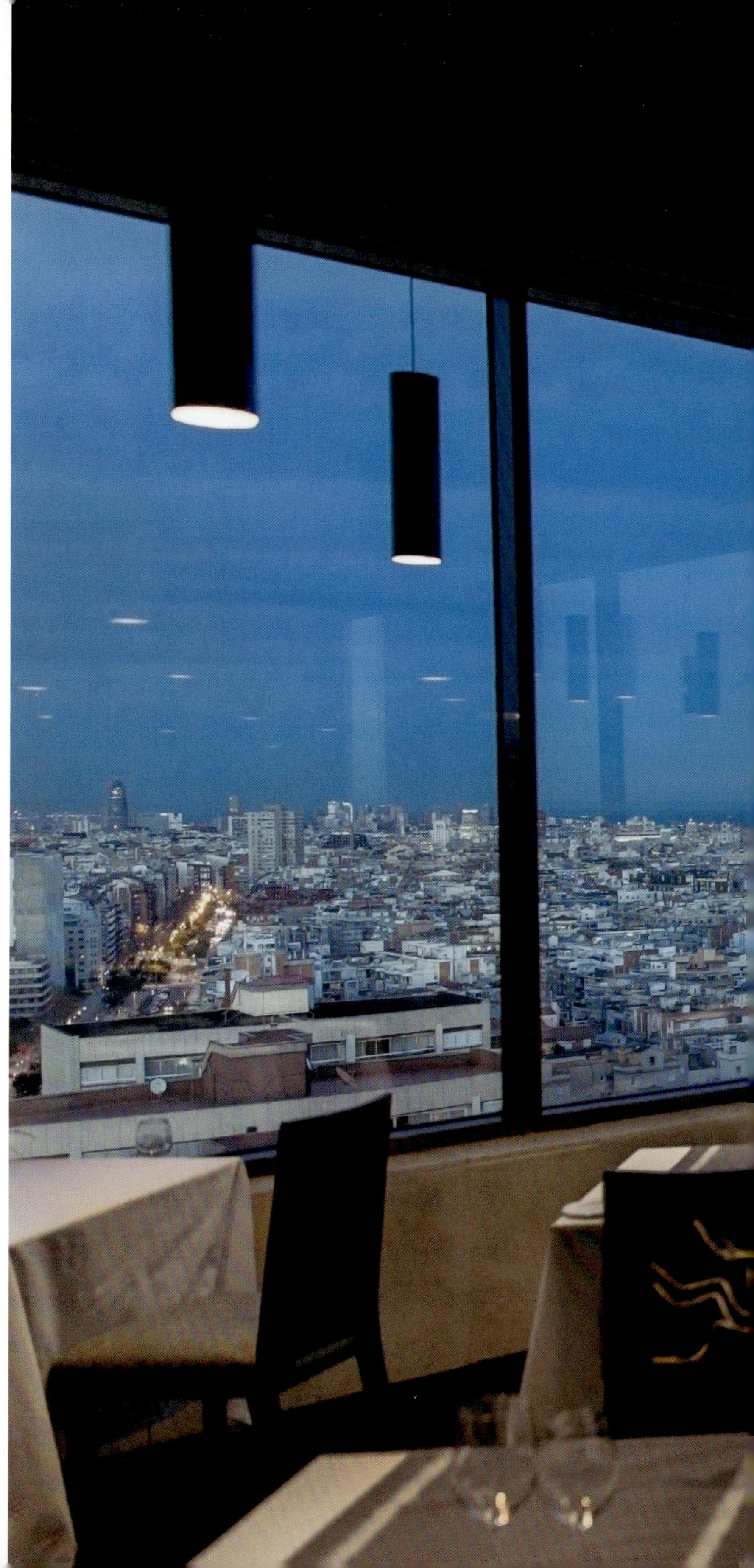

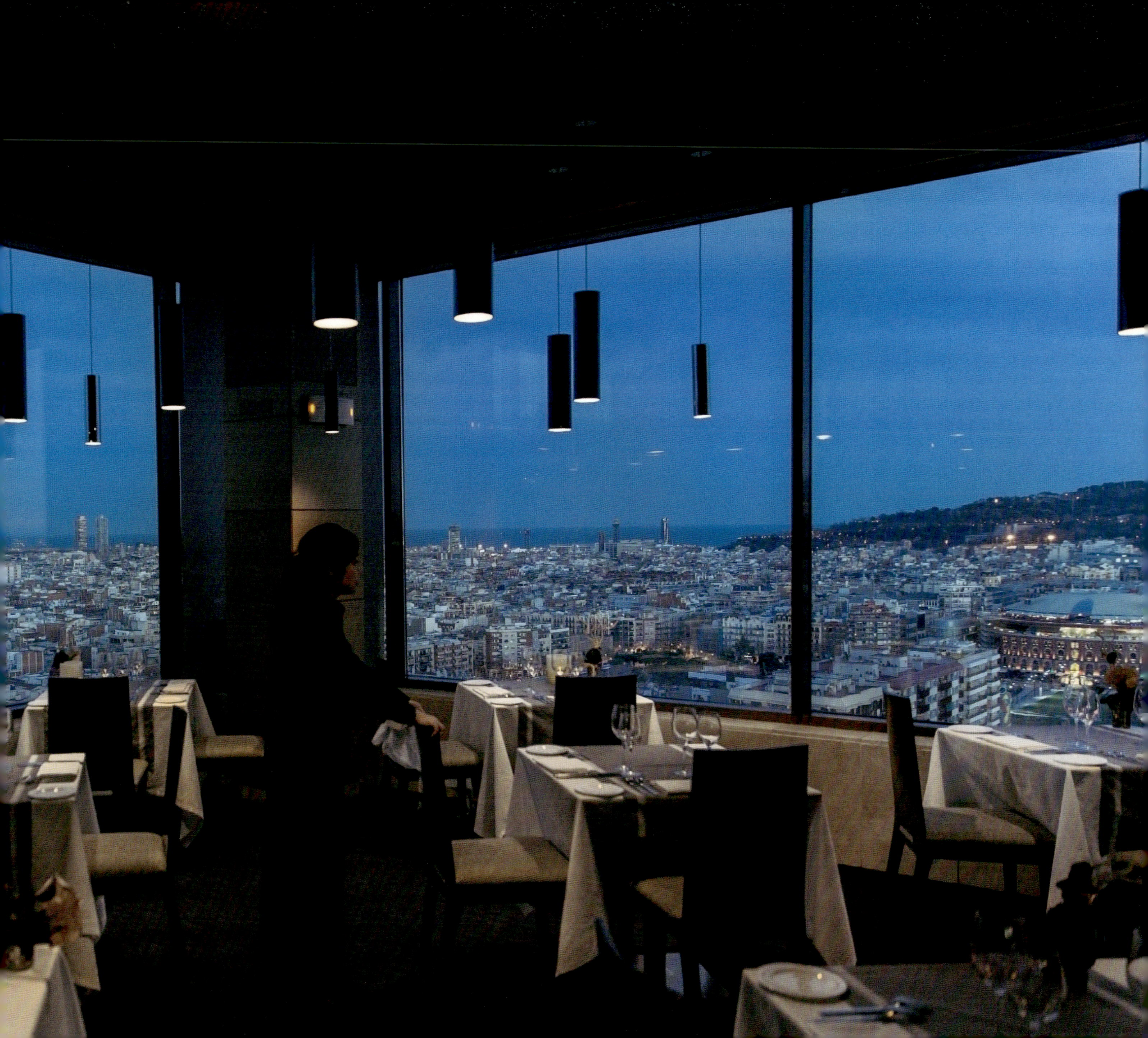

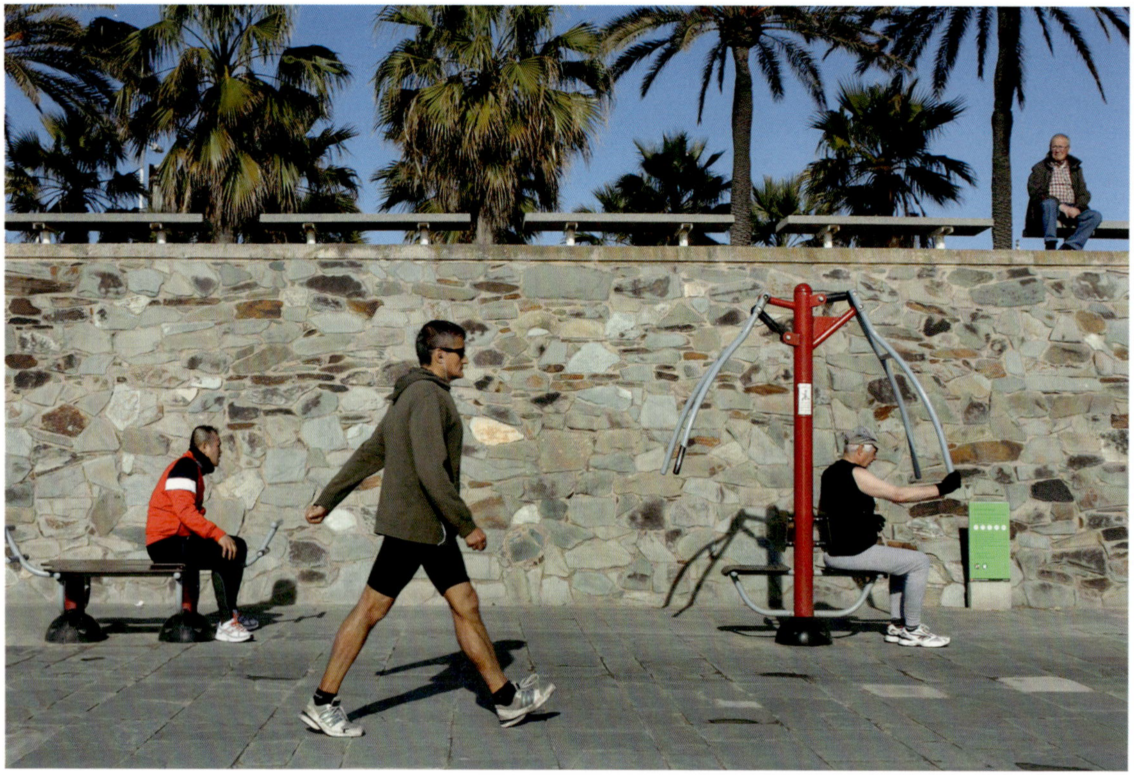

13_02_14 | ALBERT MASIAS. A BARCELONA, A LES 11:00 H.

FRONT LITORAL REGENERAT. Matí de sol hivernal al passeig Marítim de Barcelona. La Vila Olímpica és un dels grans exemples de regeneració urbana.

MARCEL·LÍ SÀENZ. A SANT PERE DE RIBES (GARRAF), A LES 17:48 H. | 14_02_14

TORNAR ALS ORÍGENS. Ricard Huguet treballa l'horta de la seva finca de Les Casetes d'en Portacreu, recuperant la tracció animal i ajovant el Negre, un cavall pirinenc català. L'interès creix per motius econòmics i mediambientals.

Deixa que el Marcel·lí t'expliqui la seva foto.

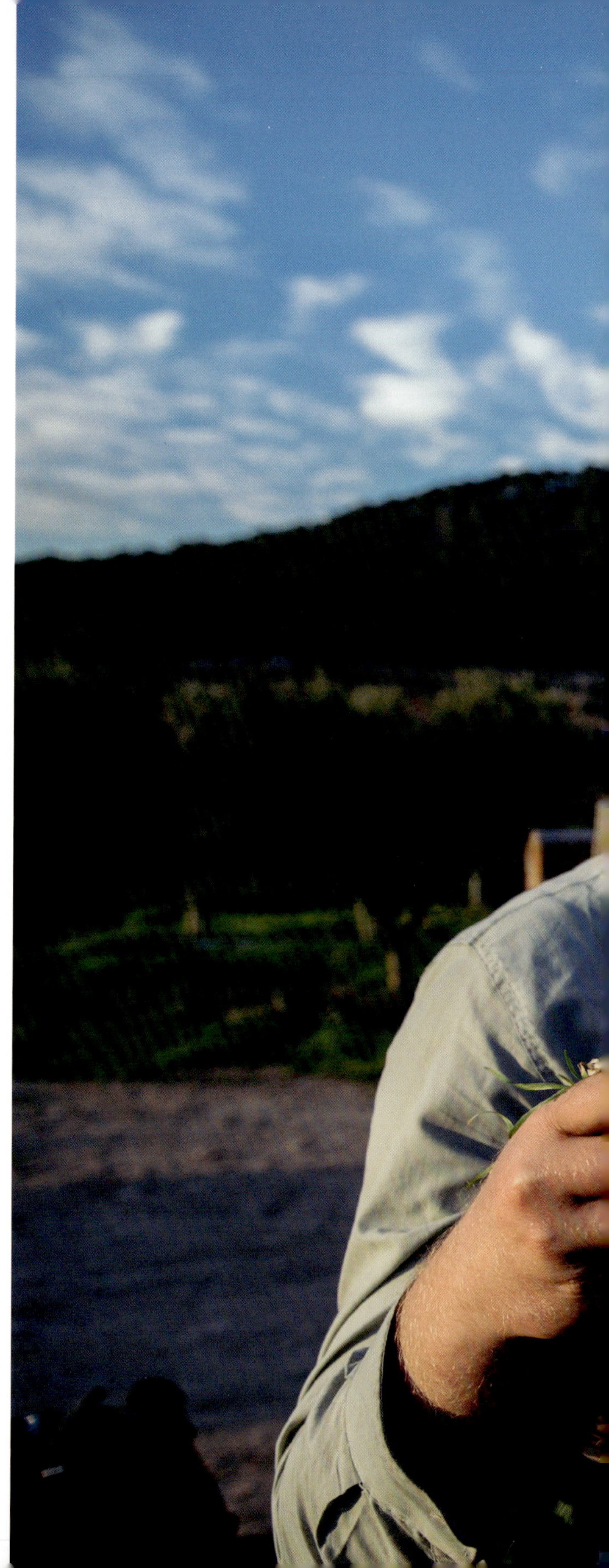

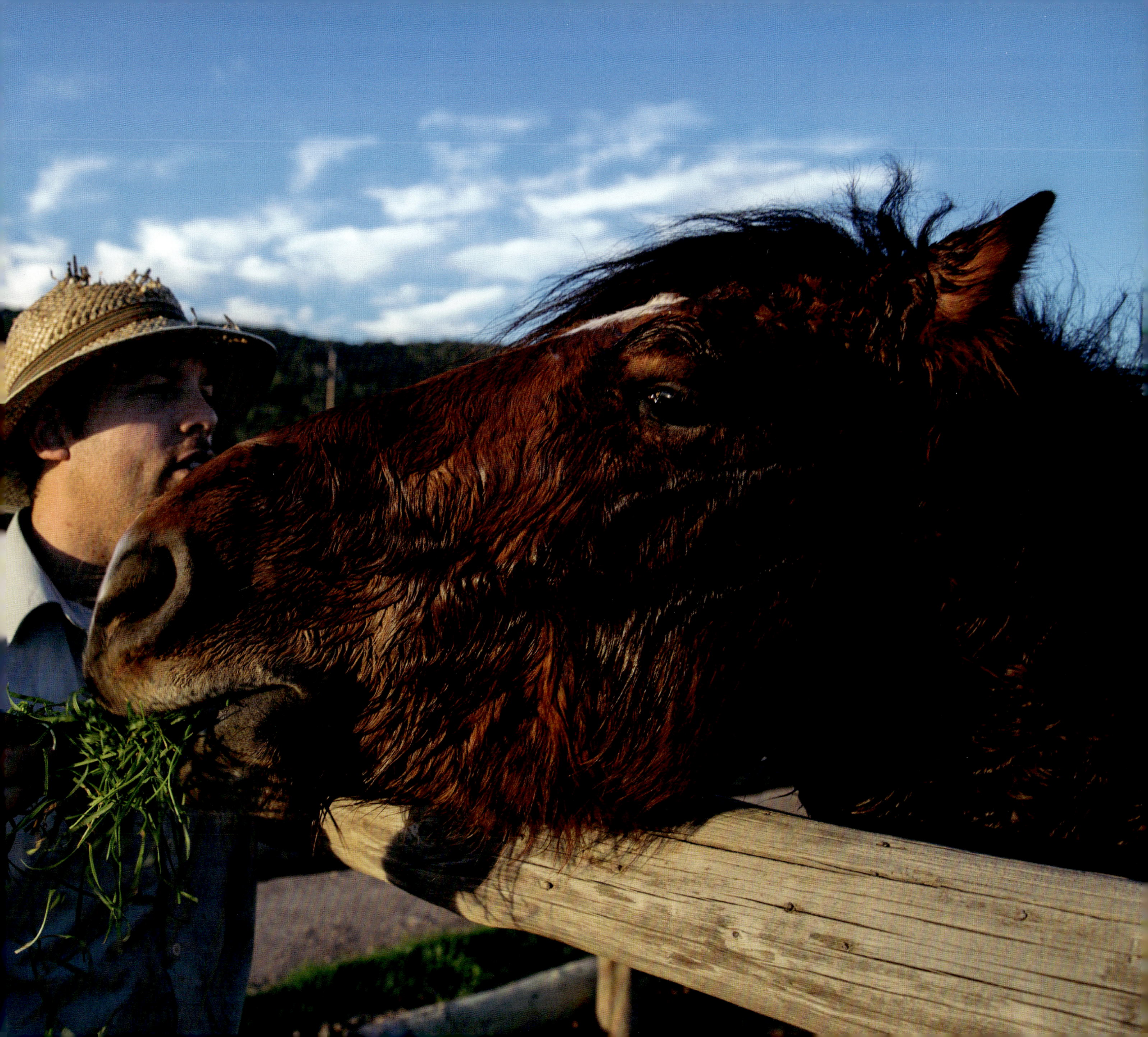

15_02_14 | **MIQUEL ANGLARILL.** A CALAF (ANOIA), A LES 12:42 H.

TRADICIÓ I DIVERSITAT. El Mercat de Calaf continua omplint de colors i olors el Raval de Sant Jaume amb varietat de parades com cada dissabte des de 1226.

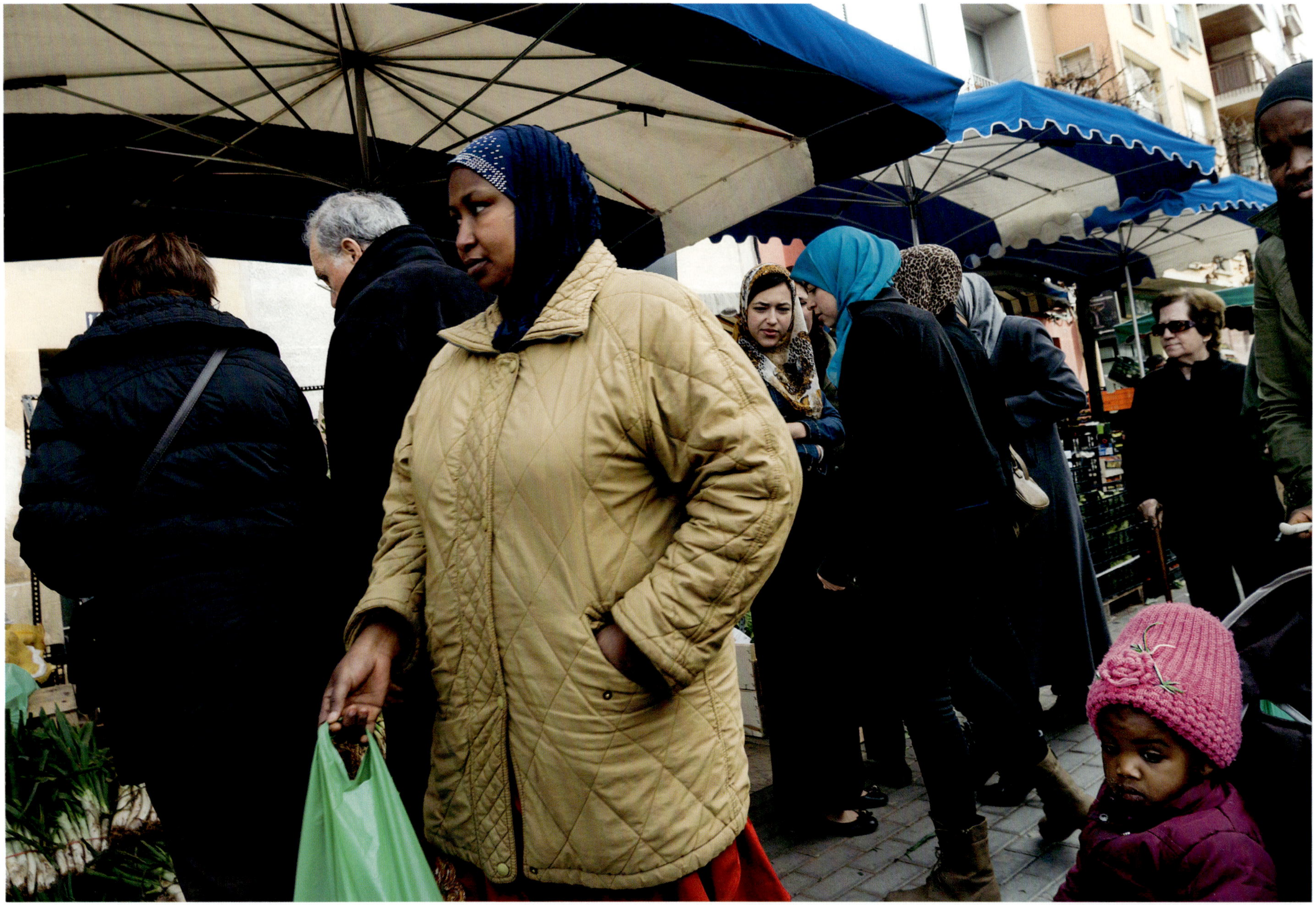

PERE TORDERA. A SABADELL (VALLÉS OCCIDENTAL), A LES 11:40 H. | 16_02_14

ESPORT DE MASSES. L'equip aleví de l'AEC Manlleu es prepara per sortir a jugar contra el CE Sabadell. Es calcula que 300 milions de persones juguen a futbol al món.

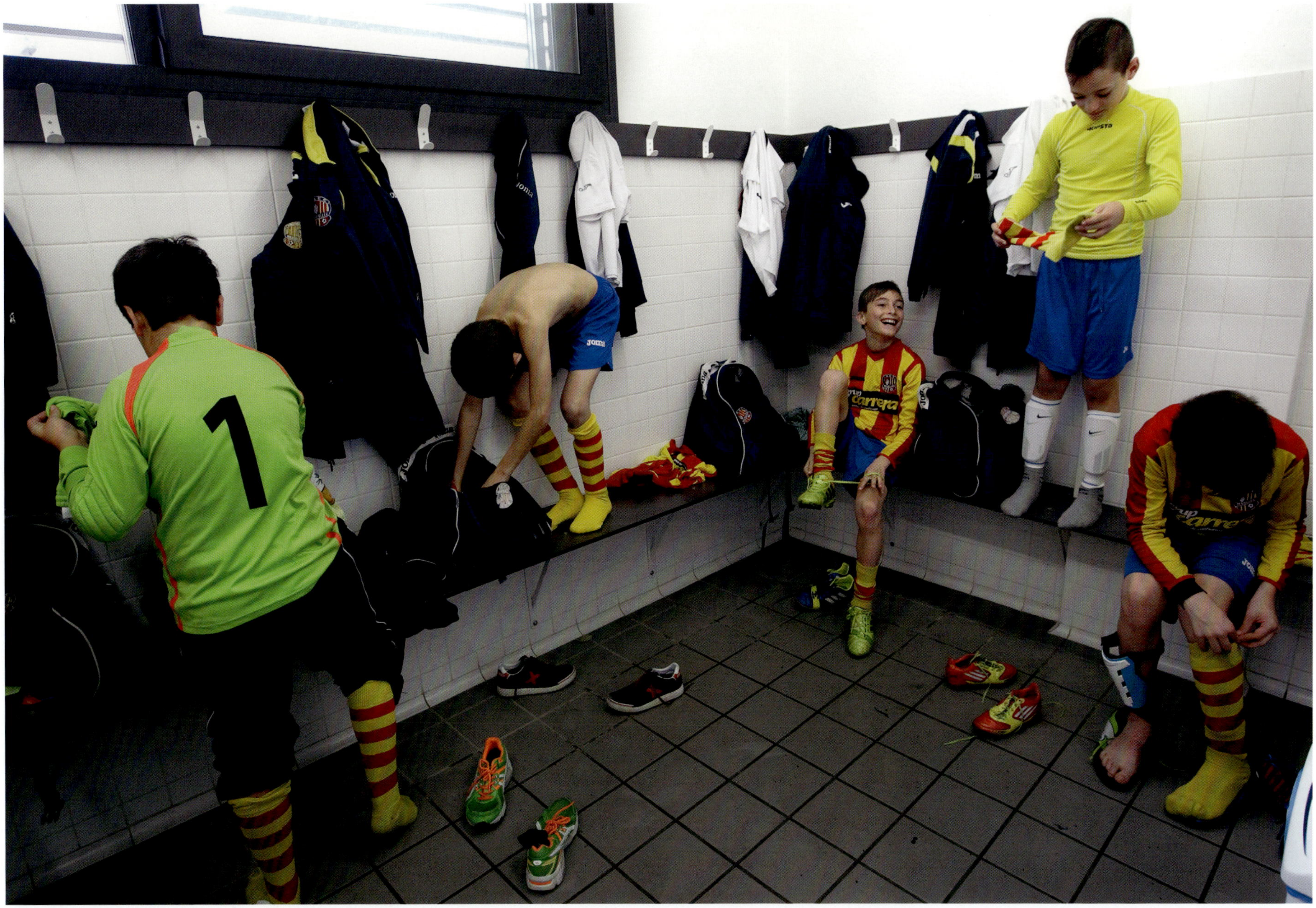

17_02_14 | TONI ALBIR.
A VILADECANS (BAIX LLOBREGAT),
A LES 09:48 H.

TRILINGÜISME. El Víctor (esquerra) i el Bilal, alumnes de 1r d'ESO de l'INS Miramar a classe d'anglès. Els universitaris han d'assolir el nivell B2 a Catalunya.

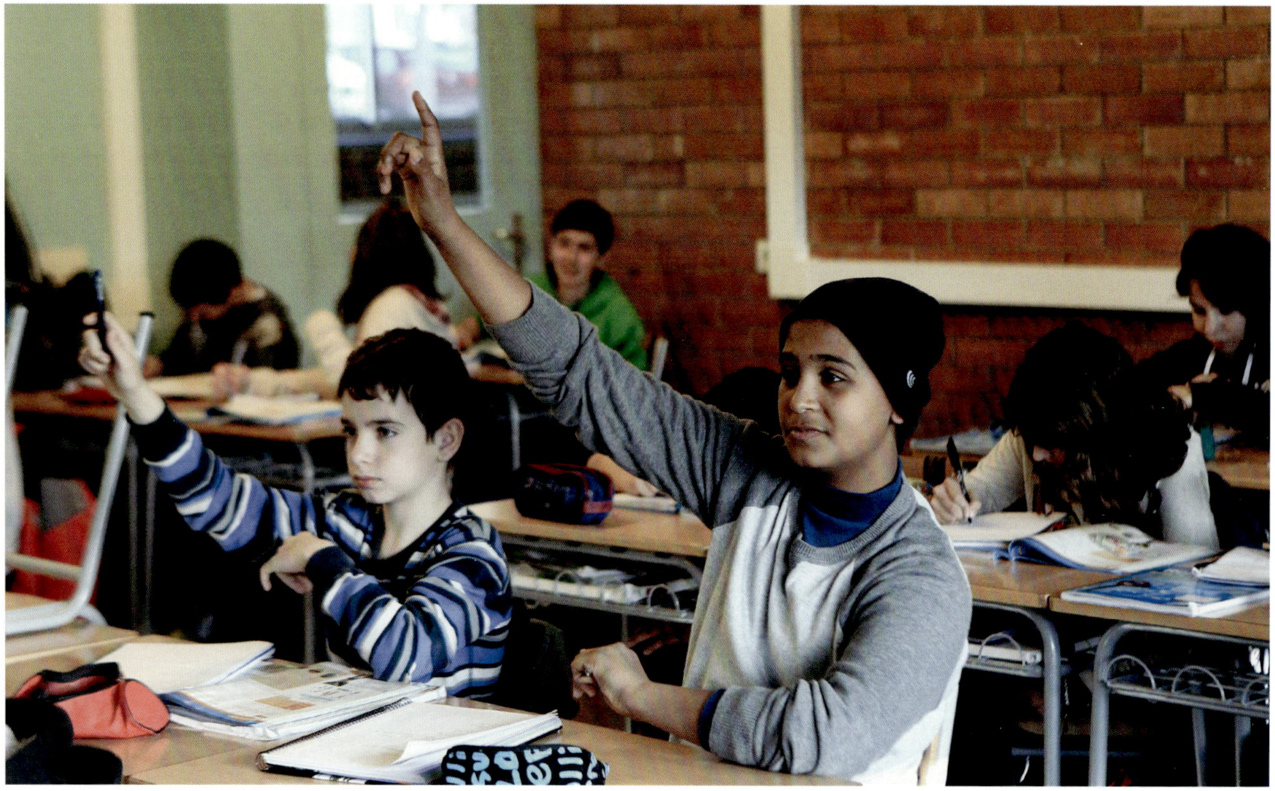

18_02_14 | JULIO CARBÓ.
A L'HOSPITALET DE L'INFANT
(BAIX CAMP), A LES 11:51 H.

ENERGIA NUCLEAR. Vandellòs II és la tercera central nuclear de Catalunya i la vuitena de l'Estat espanyol. Té un parell d'incidents en el seu historial: el 2005 i el 2012.

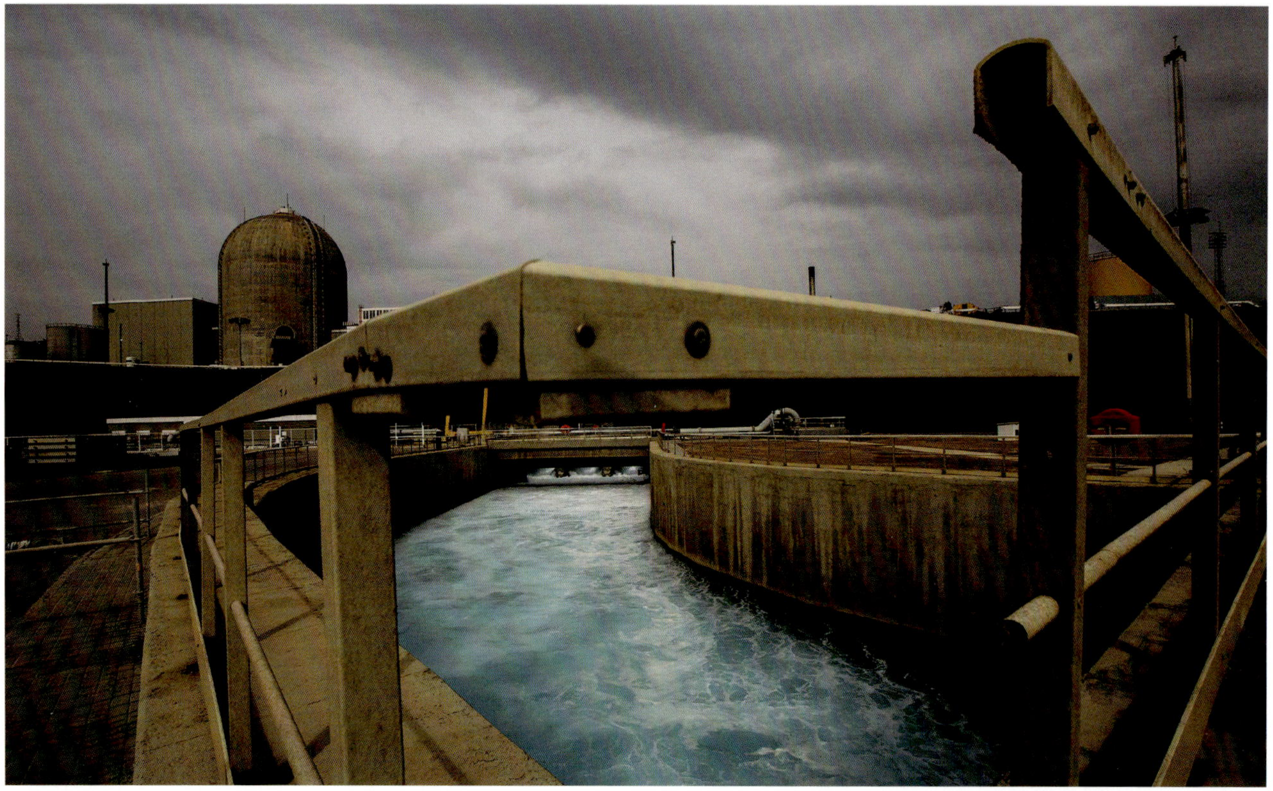

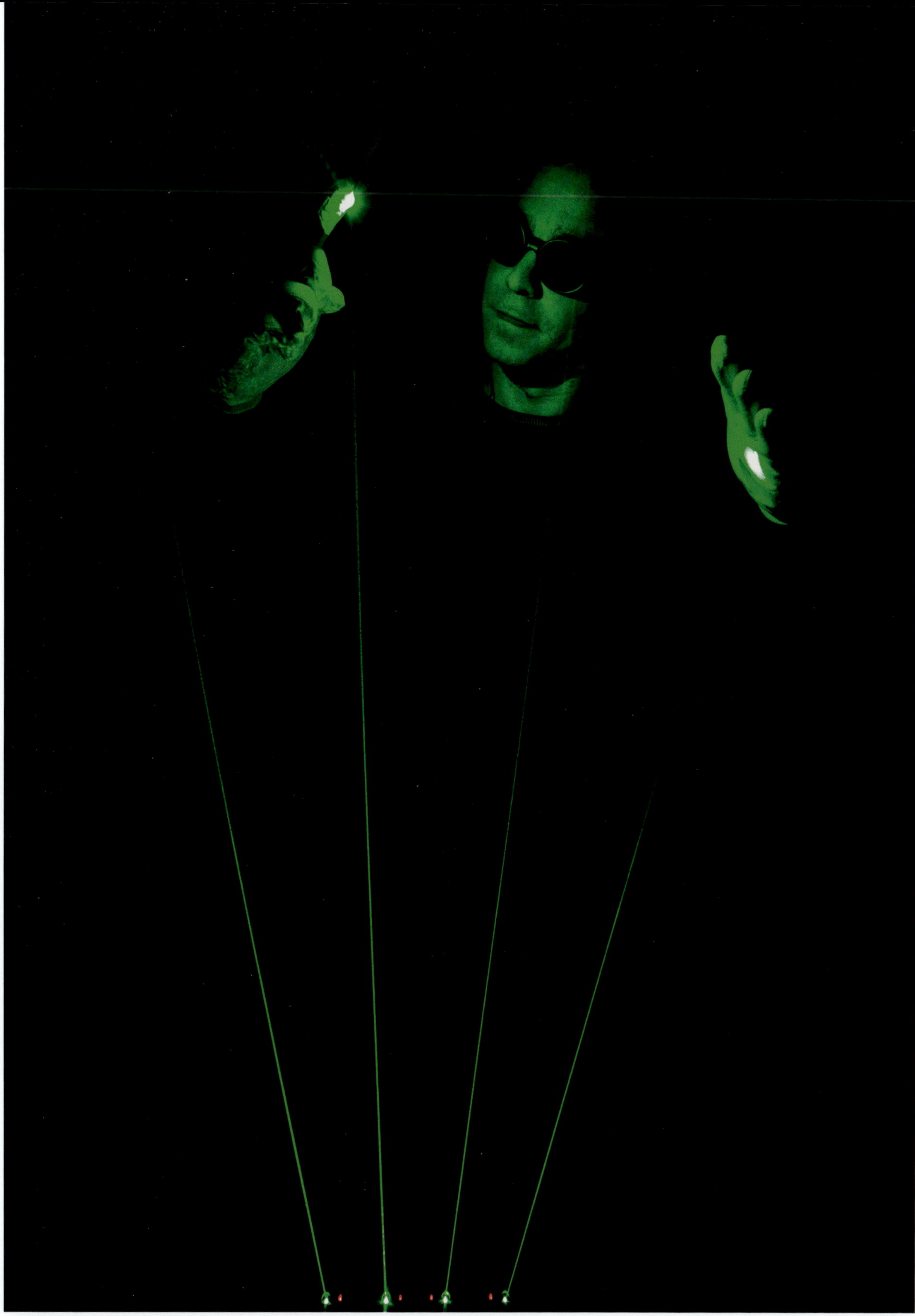

19_02_14 | CRISTINA CALDERER.
A CASTELLDEFELS
(BAIX LLOBREGAT), A LES 11:20 H.

AVENÇOS. La llum és la base de noves tecnologies en salut, renovables, informació... i instruments musicals, com l'arpa làser, dissenyada pel Dr. Jordi Andilla, de l'ICFO.

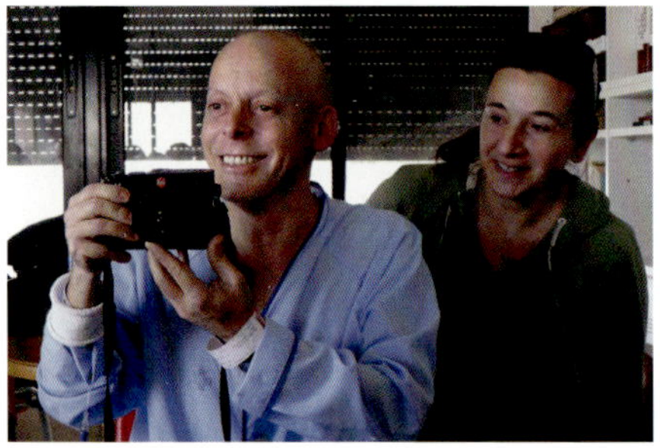

SOBRETOT, REPORTERS. Al Bali –així el coneix la professió– li van extirpar un pulmó malalt de càncer el 12 de febrer. Vuit dies després, ja a planta, va demanar la càmera a la seva dona Anna per fer la foto i, en cadira de rodes, anar a complir amb la seva feina.

20_02_14 | JOAN MANUEL BALIELLAS. A BARCELONA, A LES 11:17 H.

MAGIATERÀPIA. Anoar el Aadmi, ingressat a l'Hospital Materno-Infantil de la Vall d'Hebron, rep de la Joana i l'Ismael (Somriures sense Fronteres) una teràpia singular. Els drets dels nens hospitalitzats estan regulats pel Parlament Europeu.

Deixa que el **Bali** t'expliqui la seva foto.

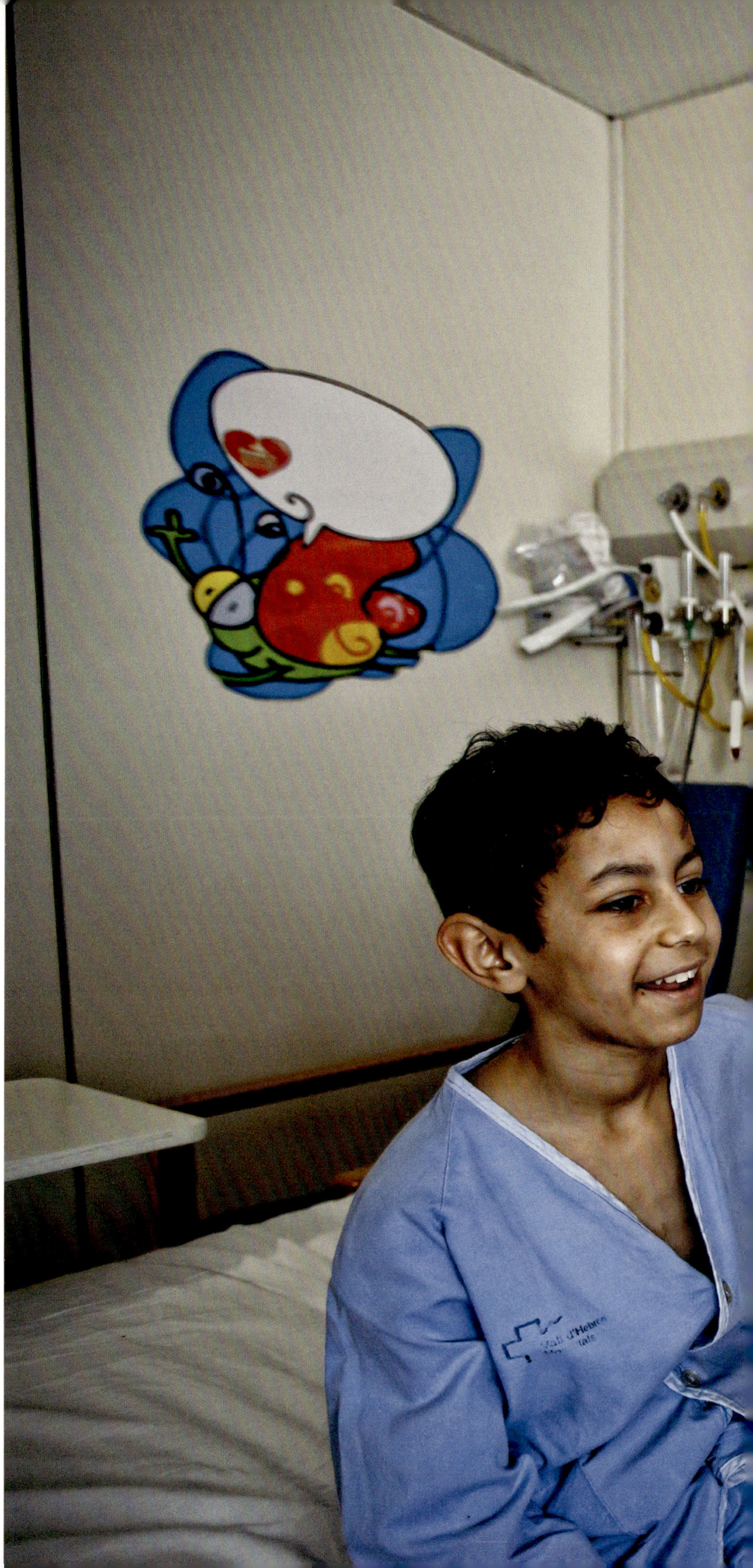

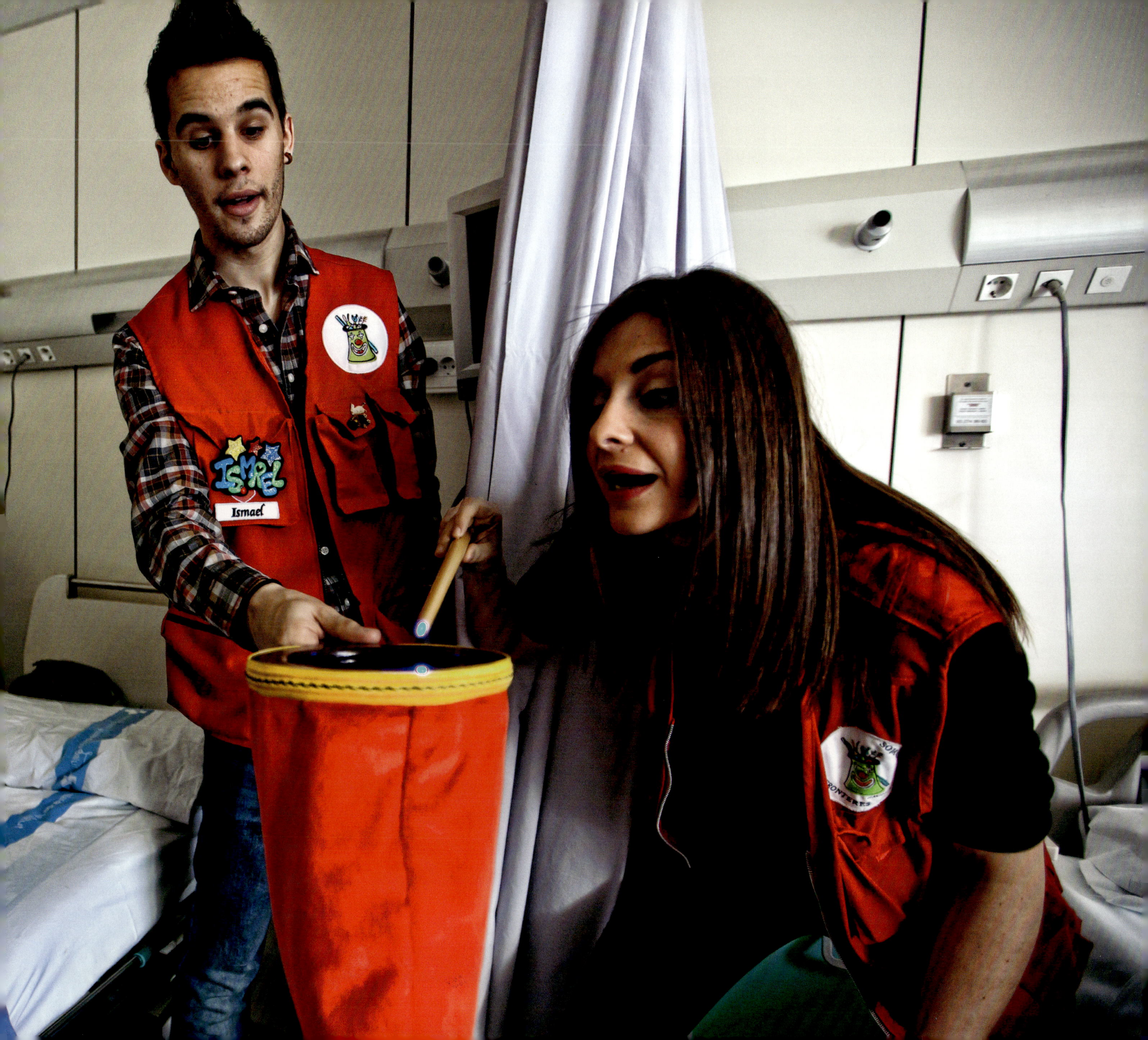
Ismael

21_02_14 | JOSEP LOSADA.
A BARCELONA, A LES 13:30 H.

OBRES. Les obres al tram central de la Diagonal omplen d'entrebancs la via pública. Les de Glòries, ronda del Mig, Balmes i passeig de Gràcia compliquen la mobilitat.

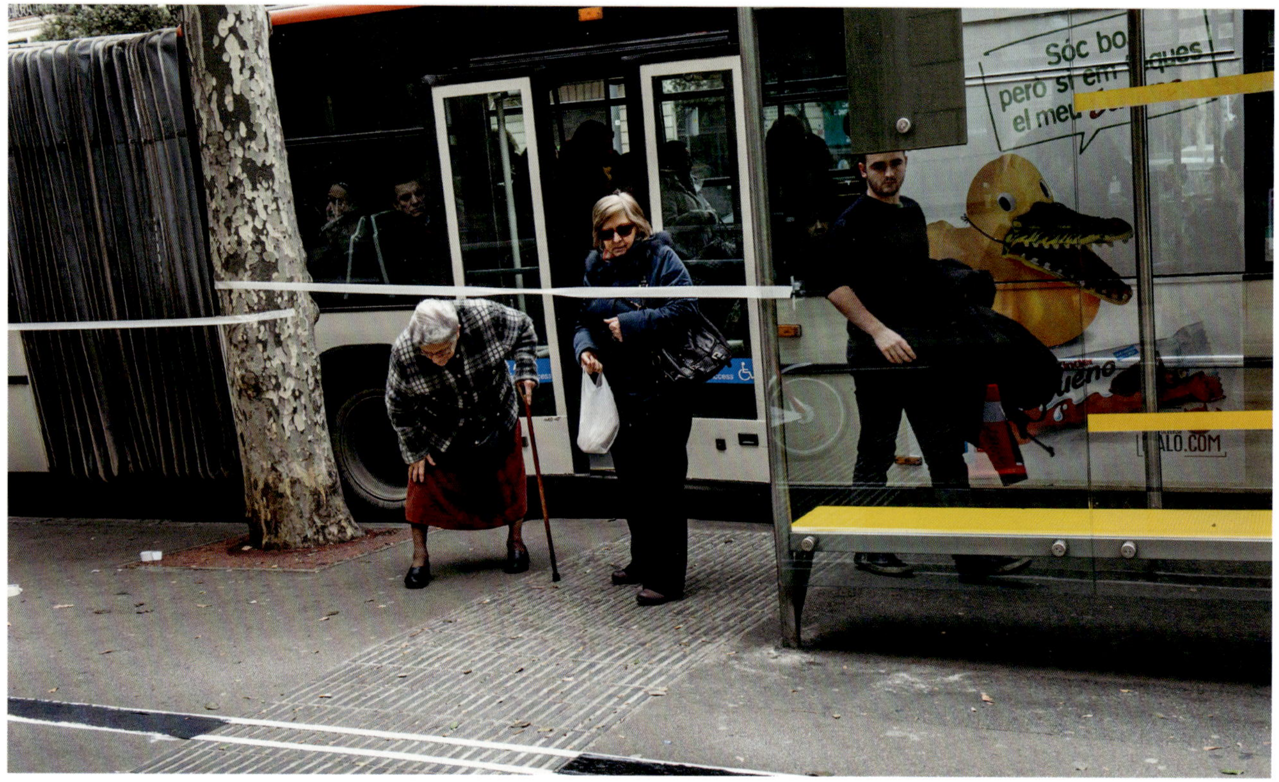

22_02_14 | ANA JIMÉNEZ.
A MATARÓ (MARESME),
A LES 11:15 H.

ACOLLIDA. Catalunya té 1.634 places concertades en centres d'acollida. Al de Can Soleret, gestionat per la Creu Roja, hi viuen persones amb dificultats per pagar un habitatge.

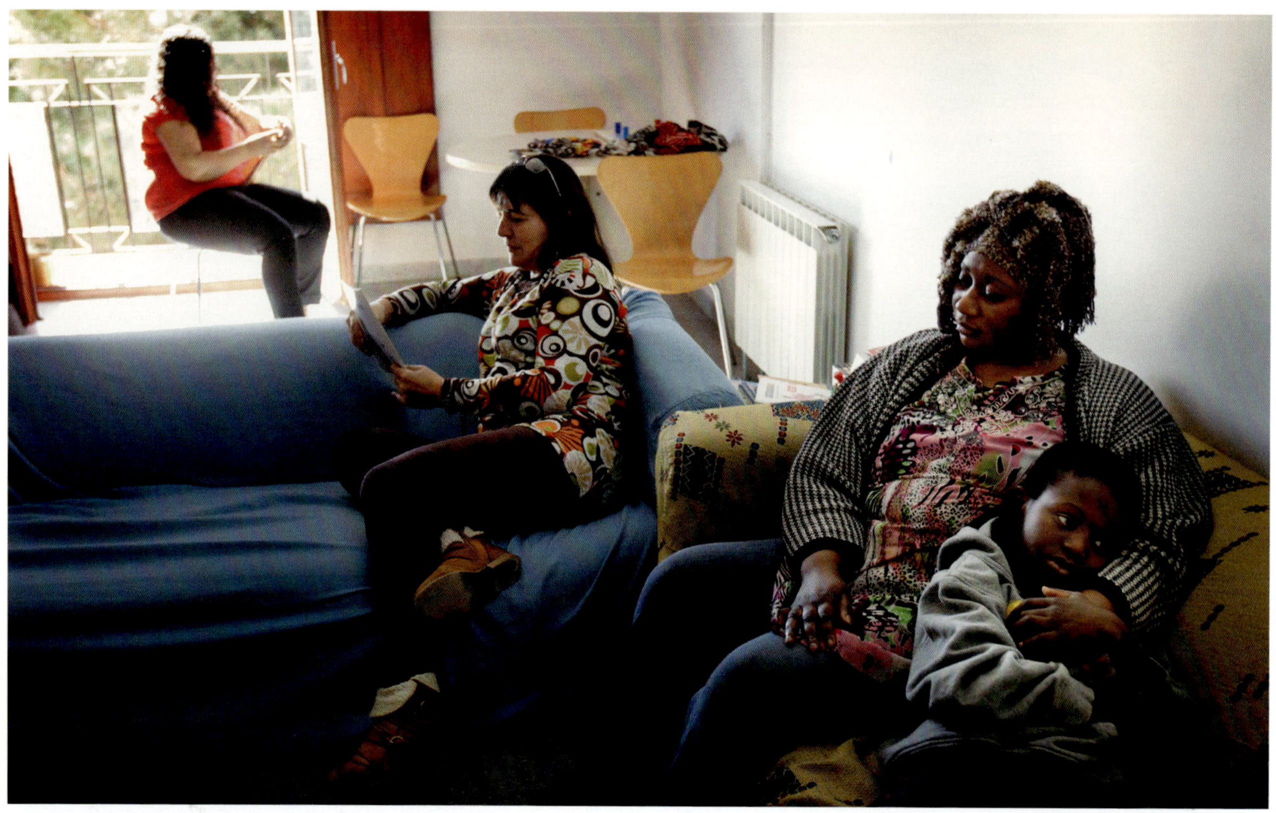

CONTRA EL VIH. Els doctors B. Clotet (a la foto amb l'Uma), J.M. Gatell i C. Brander dirigeixen l'HIVACAT, que té molt avançada una vacuna terapèutica de la sida.

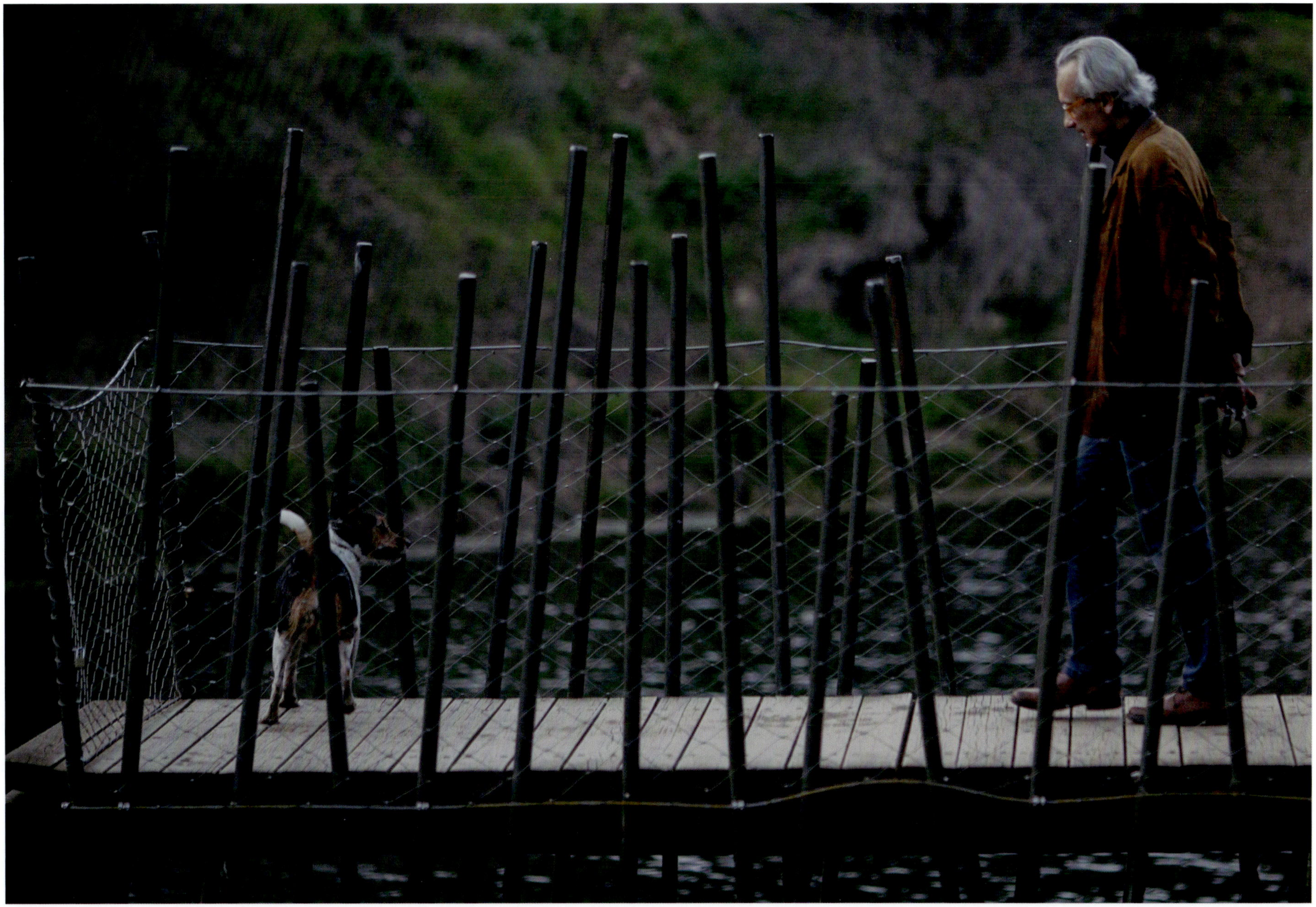

24_02_14 | **JOSEP LAGO.** A BARCELONA, A LES 10:15 H.

EN LÍNIA. Visitants el primer dia del Mobile World Congress, a Barcelona des de 2006 i amb un impacte econòmic de 2.500.000 euros des que va arribar a la ciutat.

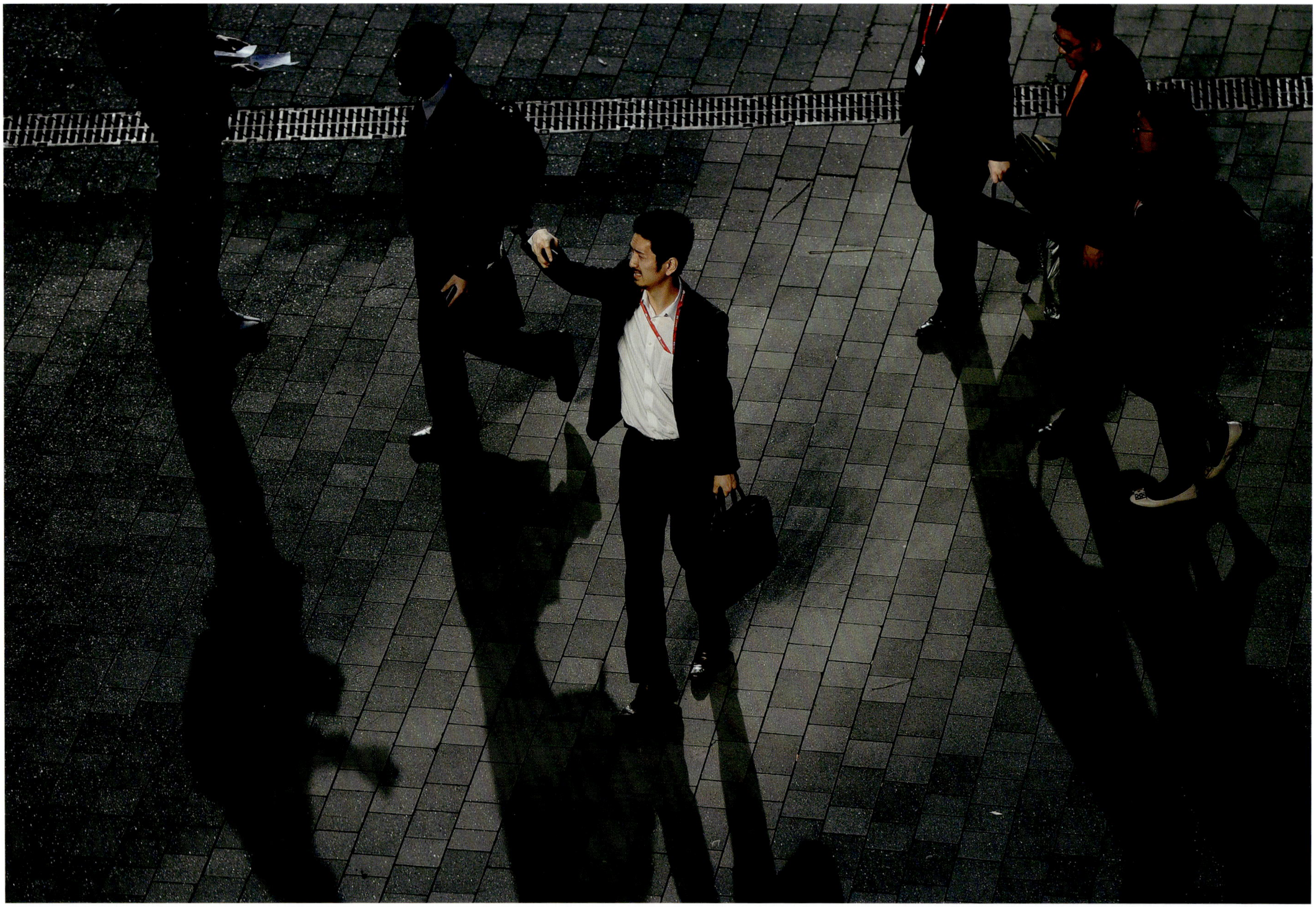

CARA I CREU. Marc Forner (35 anys) treballa en el sector de la metal·lúrgia, amb 250.000 operaris. Marc Balust (38) és director de la Unitat de Consultoria d'Indra a Telecom.

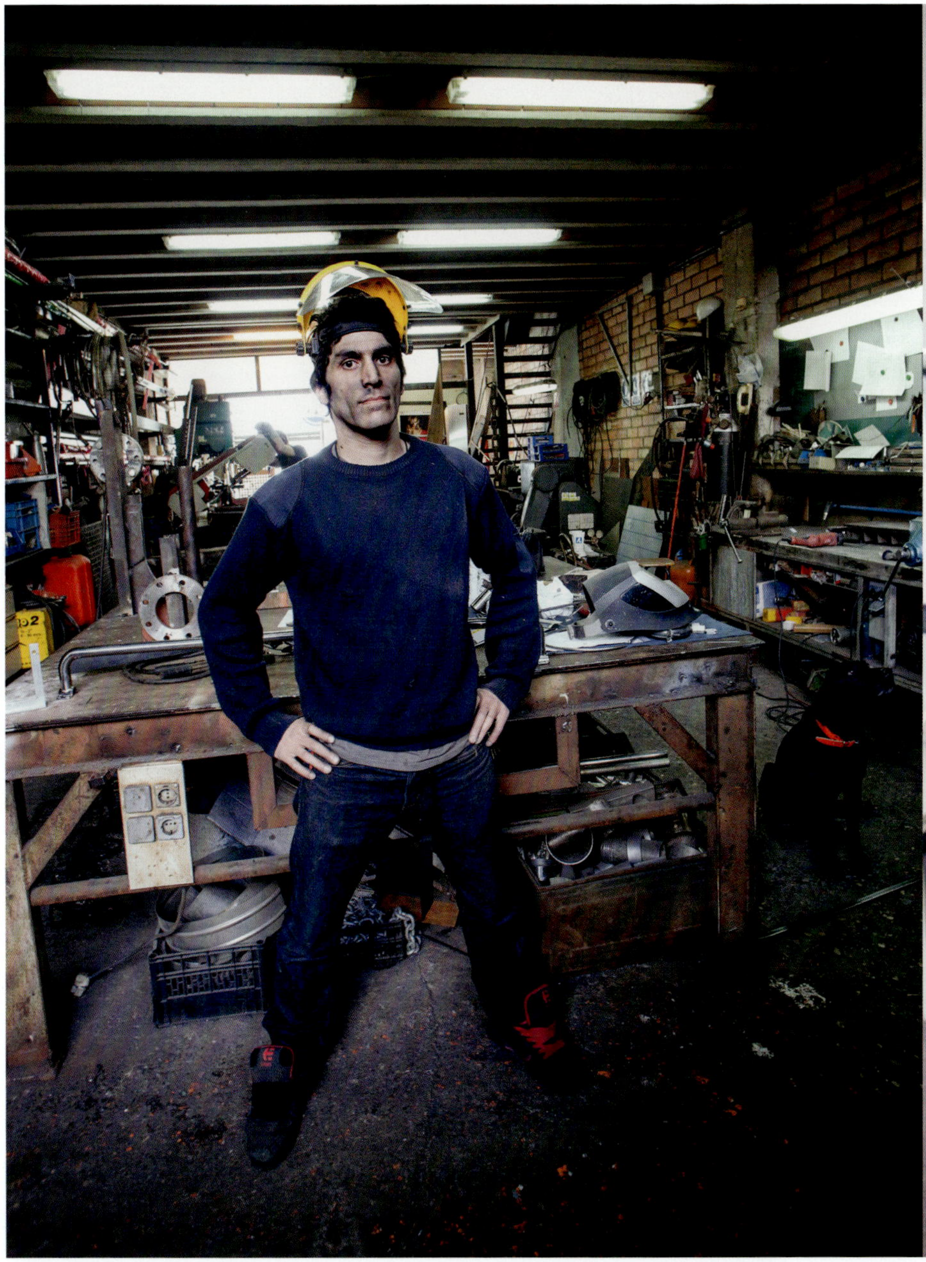

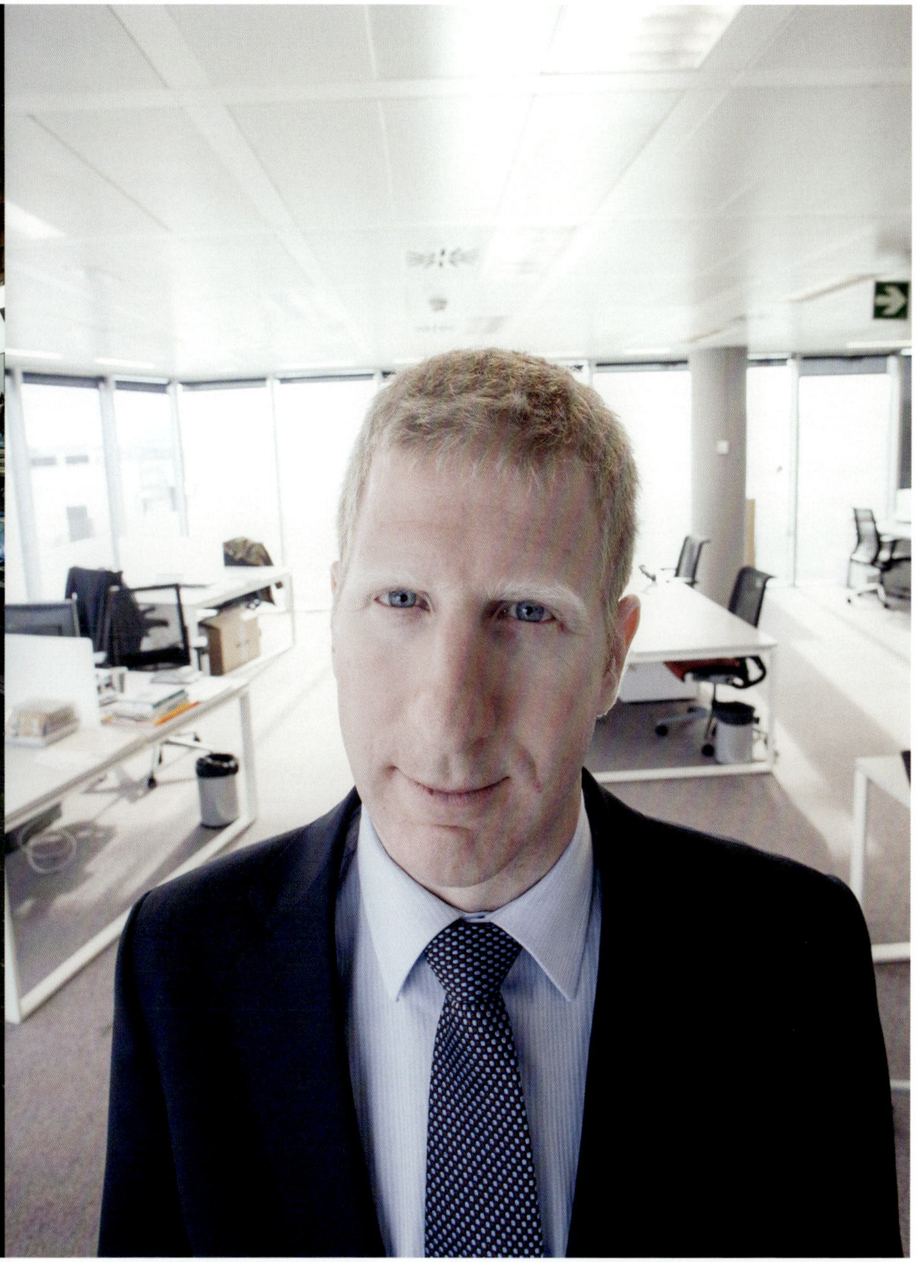

26_02_14 | AGUSTÍ CARBONELL. A CAP DE CREUS (ALT EMPORDÀ), A LES 07:39 H.

«EL SURREALISME SÓC JO». Aquesta roca a cala Culleró del cap de Creus va inspirar el famós quadre 'El gran masturbador' del pintor universal empordanès Salvador Dalí, establert a Cadaqués, i que s'exhibeix al Reina Sofía.

Deixa que l'**Agustí** t'expliqui la seva foto.

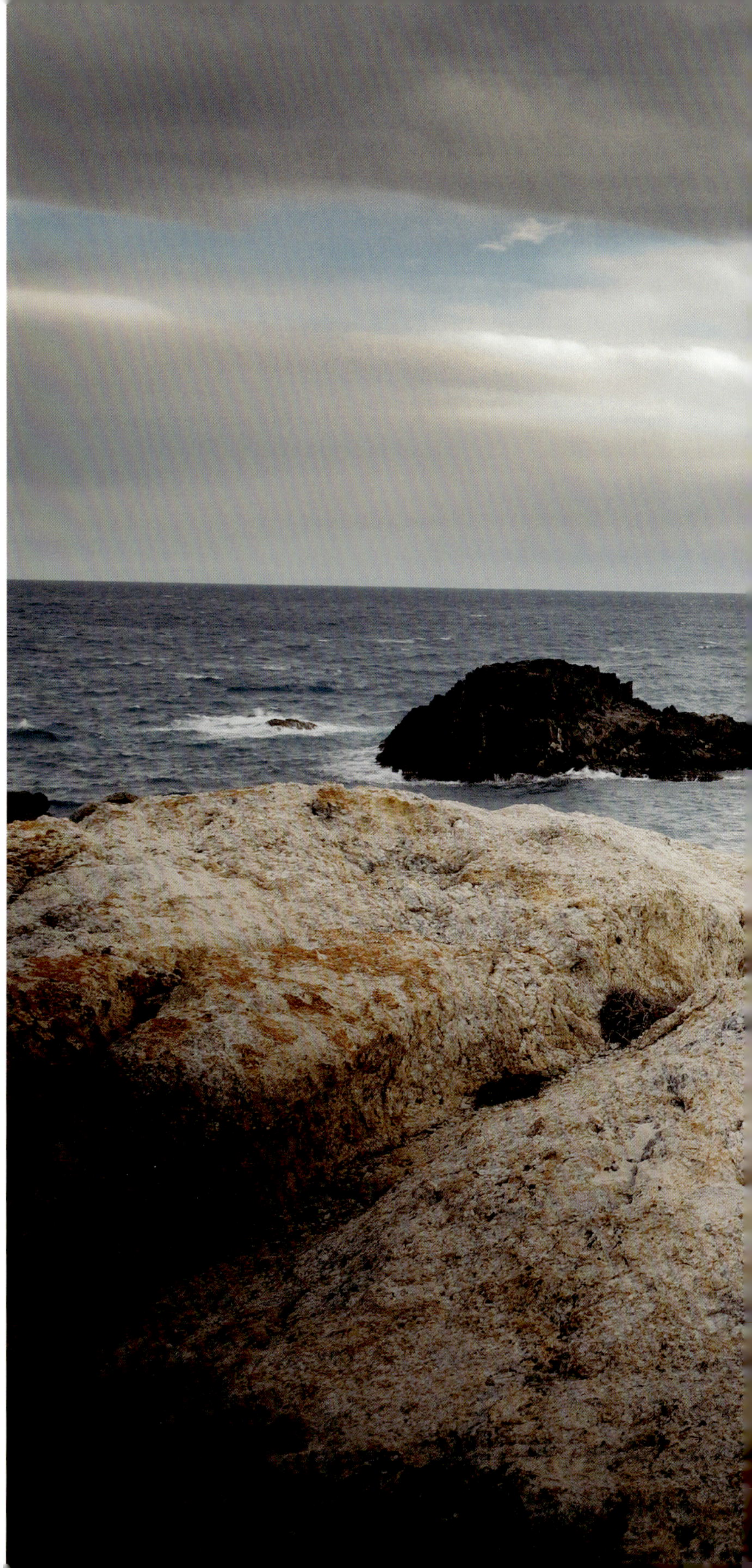

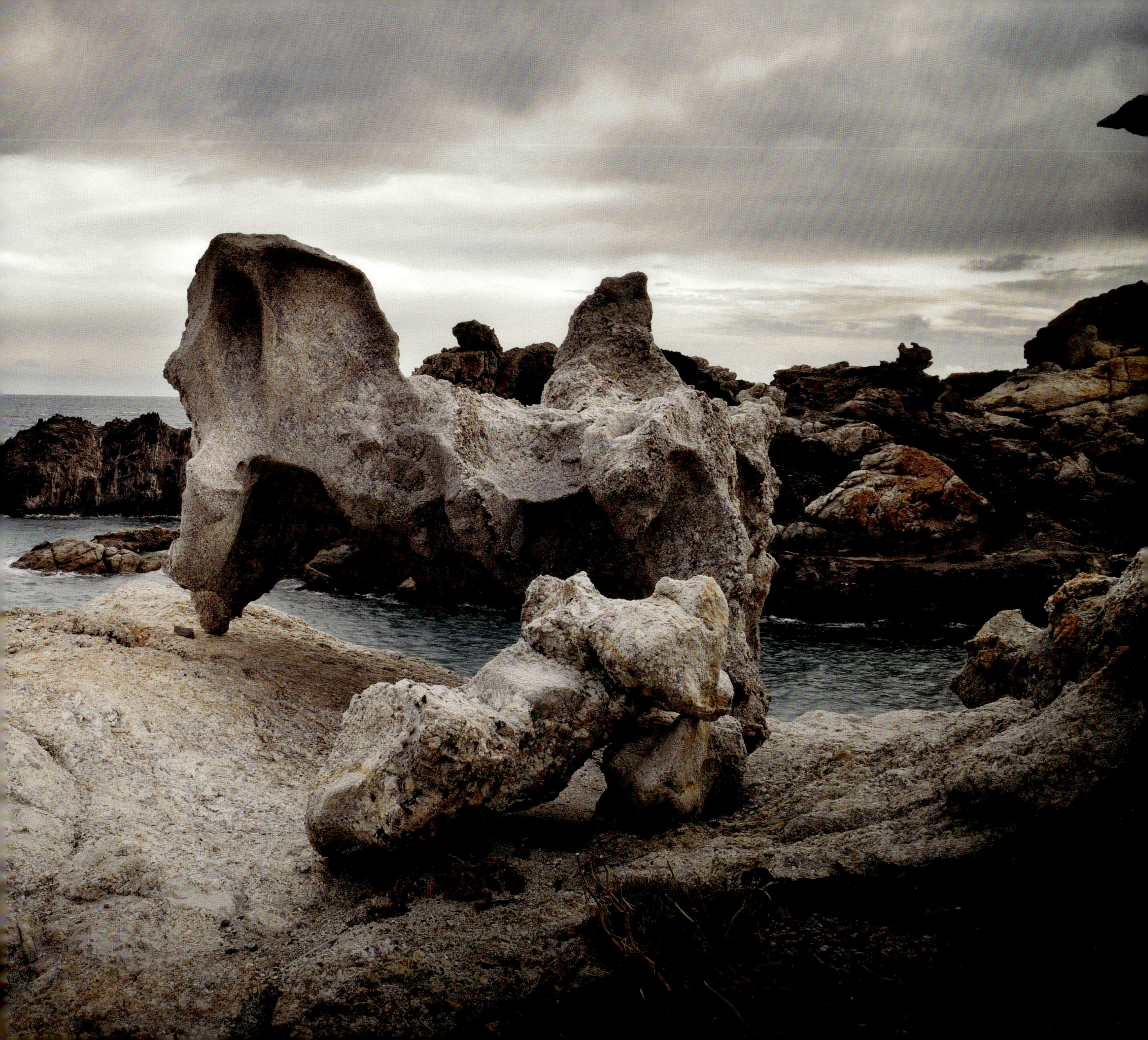

27_02_14 | VICENS GIMÉNEZ. A BARCELONA, A LES 07:07 H.

MONTJUÏC 7:00 H. Façana marítima des del Mirador de l'Alcalde. La transformació urbana ha estat imparable des dels Jocs Olímpics de 1992 i el Fòrum de les Cultures 2004.

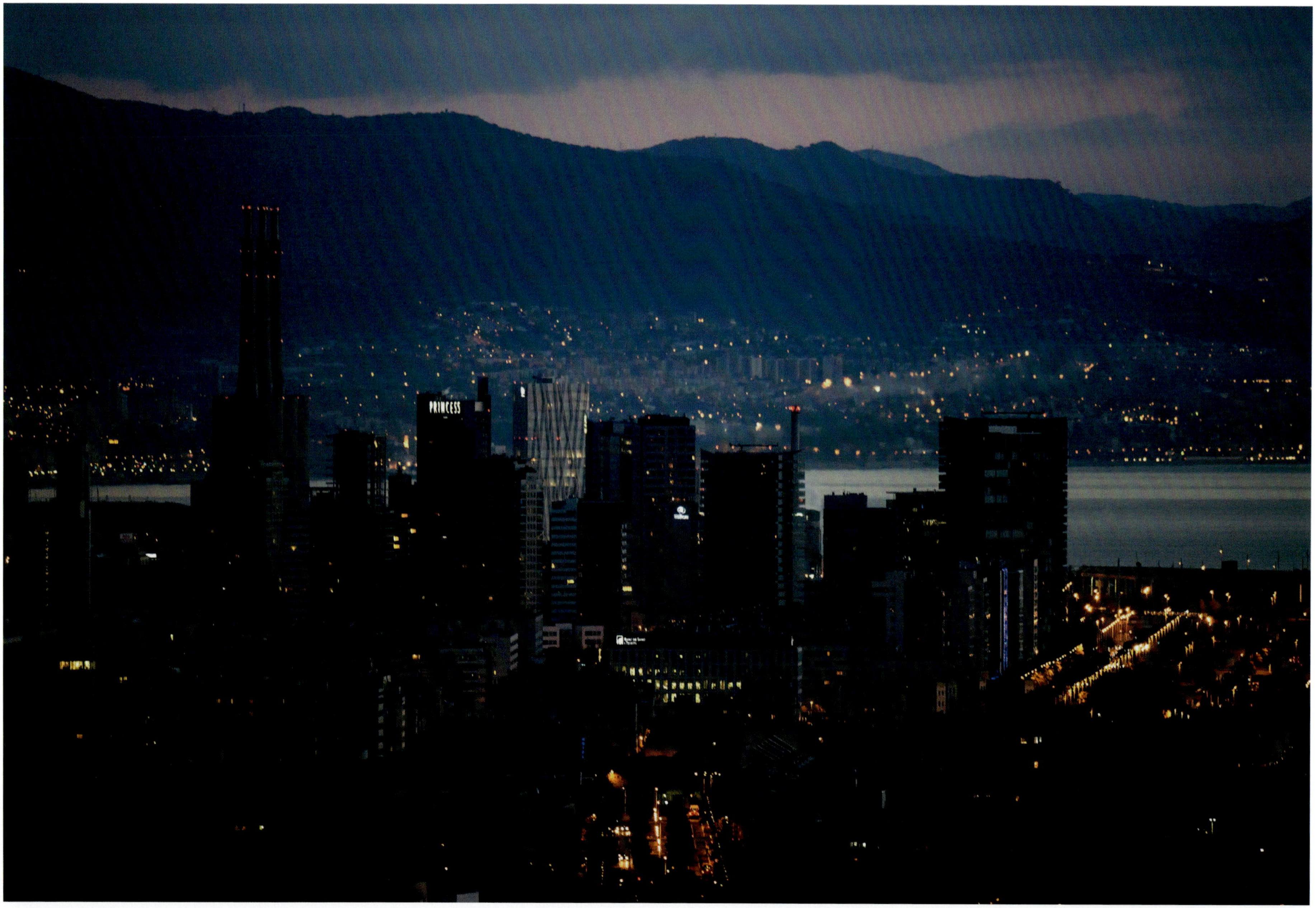

LA CASA DE LA CIUTAT. Una brigada neteja el Saló de la Reina Regent, on se celebren els plens de l'Ajuntament de Barcelona, després d'una sessió del govern de la ciutat.

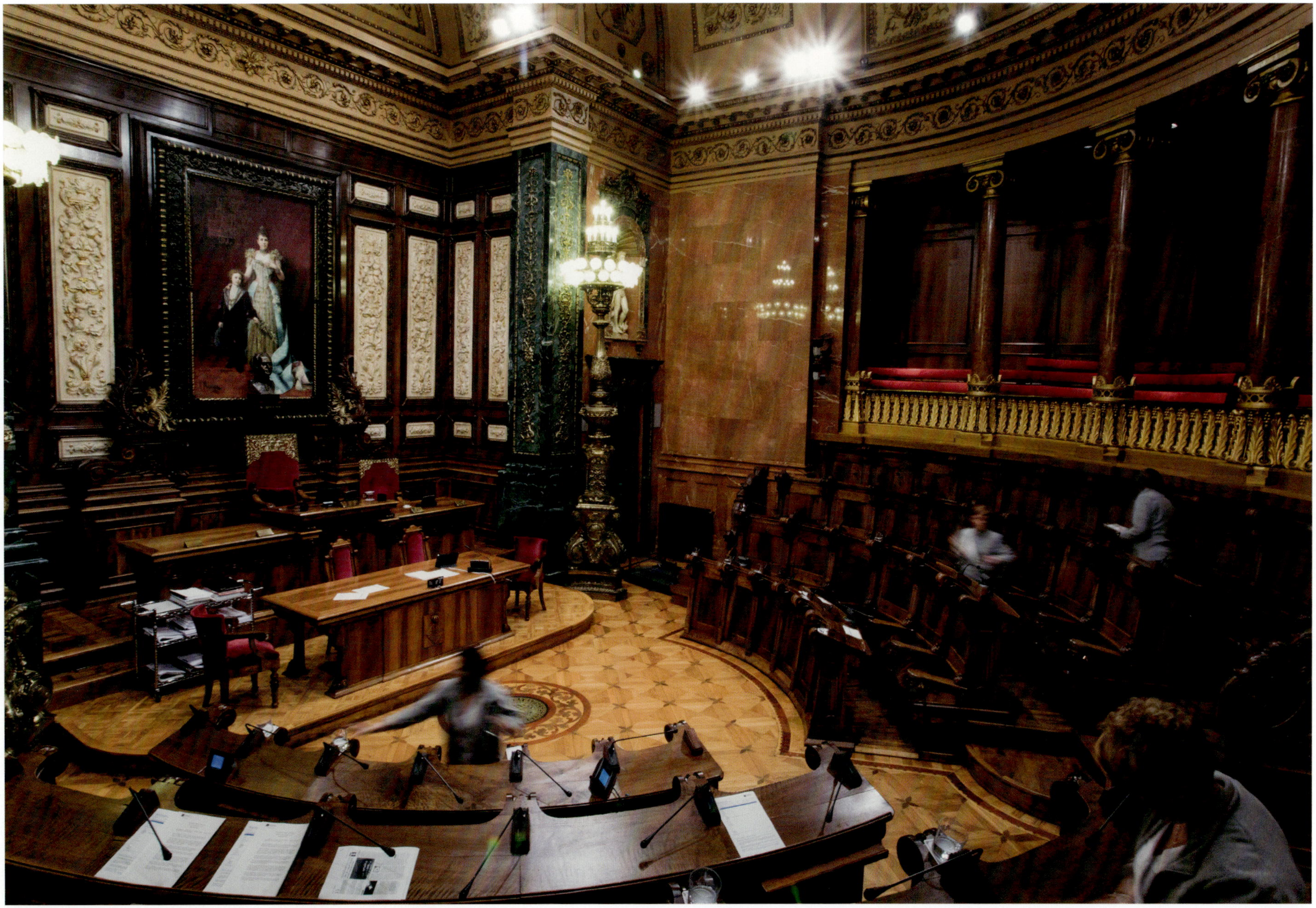

Sergi Pàmies
ESCRIPTOR

MARÇ. L'ull centrifuga. L'ull neteja. Interpreta la llum a través de les formes i les formes a través de la llum.

L'ull és política i història, anècdota i categoria. Si hi ha ombres, les transforma en límits de claror i descobreix formes que, a primera vista, no existien.

Dins de l'ull, la realitat és implacable, tendra, estètica, inapel·lable, notarial, còmica, funeral o grotesca.

L'ull no es cansa, fins i tot quan pateix vista cansada. Continua intervenint en la capacitat acumulativa d'imatges que, a poc a poc, es sedimenten en coneixement. Per simplificar les coses, d'això en diem vida, i en l'abisme o el contrast que hi ha entre la perspectiva i el detall hi deu haver secrets insondables.

Silueta o núvol, petó o grafit, festa o memòria. Ordena els trenta-un dies del mes de març de la manera que vulguis i el resultat sempre sembla el mateix, malgrat el calendari.

La fotografia és un art artificial i un ofici real. A la vida de debò, res no s'atura i tot flueix. La grandesa o la misèria de la fotografia rau a caçar l'instant i a servir-lo fora de context. Però compte: aquesta operació d'extracció del corrent continu ens dóna una informació valuosa i precisa d'una realitat que seria massa difícil d'abastar (igual que una gota de sang ens informa, amb una precisió científica, de l'estat de salut d'un organisme monstruosament més gran). Aquesta realitat retallada constitueix una part de l'actualitat.

Els fotògrafs són una mena de metges visuals que detecten símptomes i malalties, però també emocions que, situades dintre del corrent que flueix de manera incessant, passarien desapercebudes. De vegades la realitat, fins i tot la més tràgica, està a l'altura de la intenció del fotògraf, i de vegades el fotògraf no aconsegueix estar a l'altura de la intenció d'una realitat que busca ser triada i convertida en un instant estàtic i, amb una mica de sort, memorable.

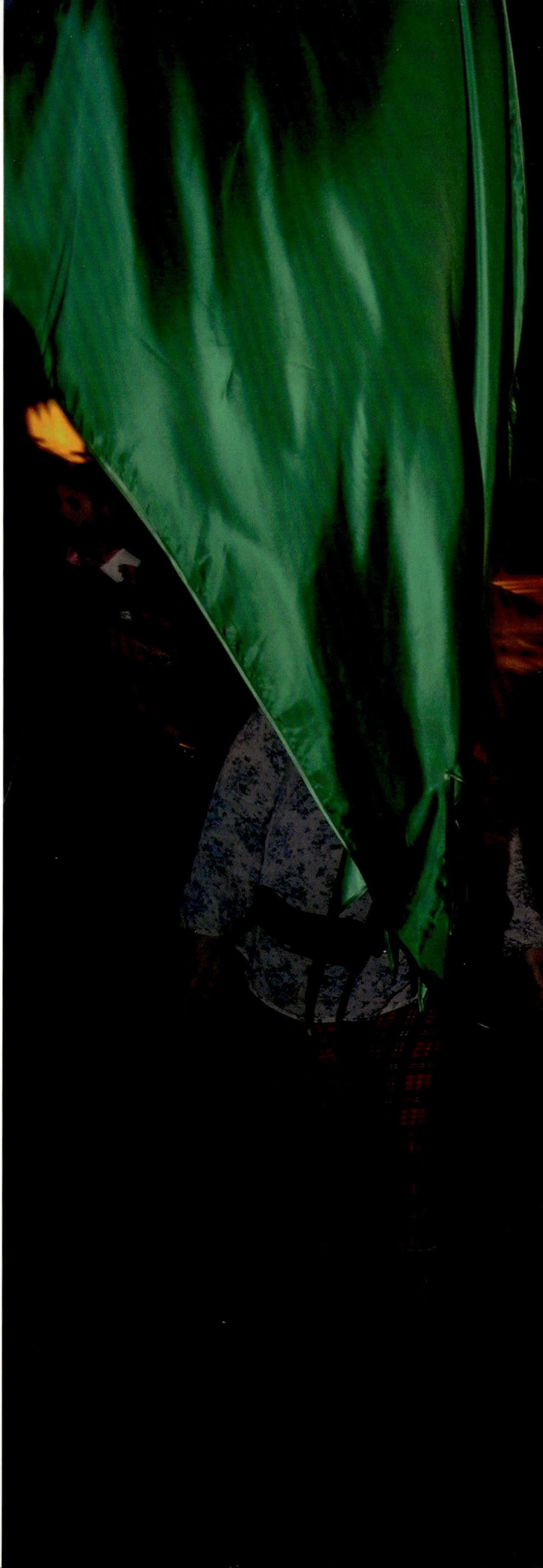

JORDI COTRINA. A BARCELONA, A LES 18:50 H. | 01_03_14

EL REI DE LA LLIBERTAT. Carnestoltes vesteix els set colors de l'arc de Sant Martí, tants com ambaixadors té. Calicut de Malaba és el seu enviat a les festes de Sarrià.

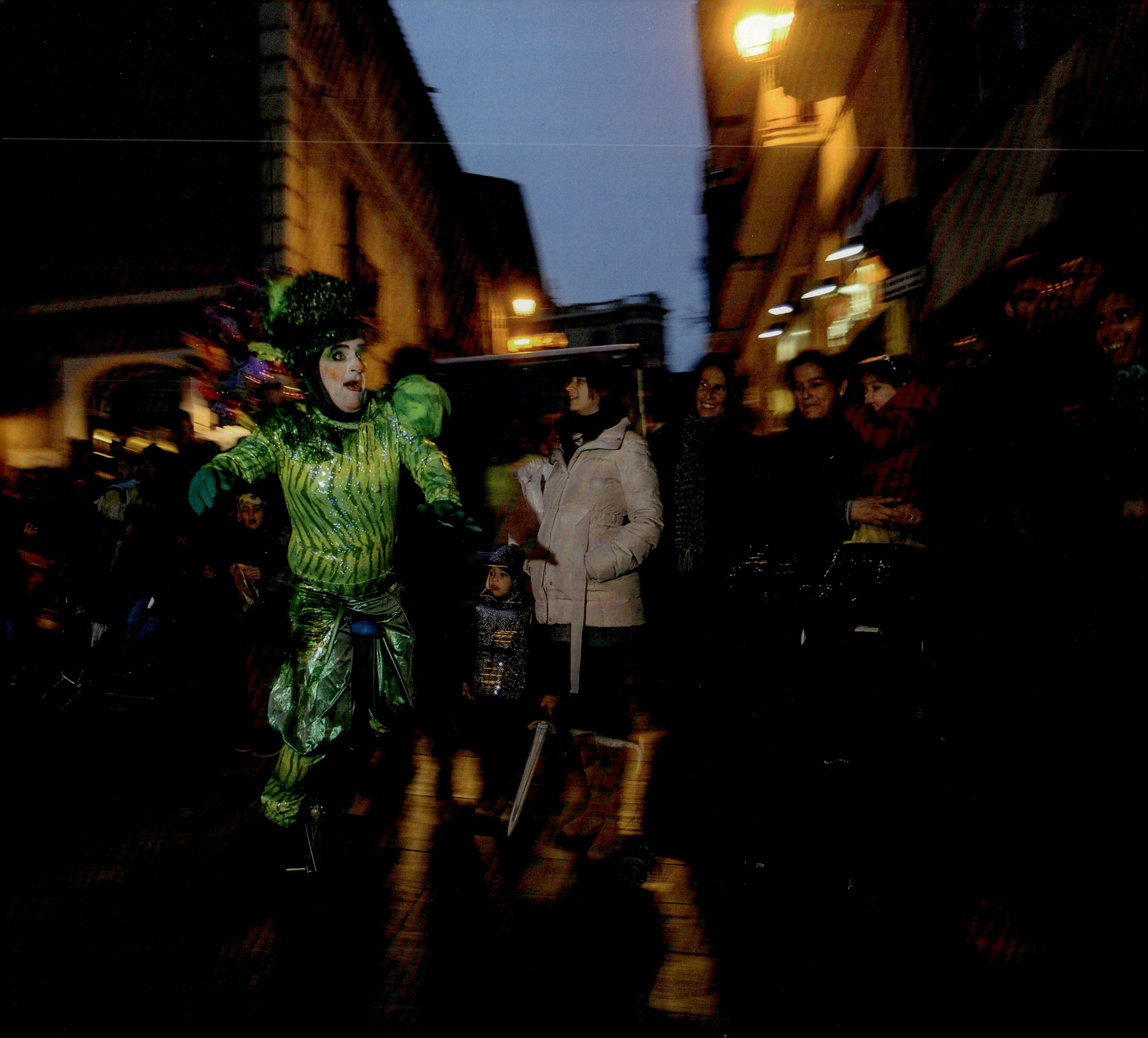

02_03_14 | **FRANCESC MELCION.** A BARCELONA, A LES 11:00 H.

TOT ESPERANT LA QUARESMA. Les rues de nens disfressats omplen la ciutat. Són dies de diversió amb comparses i excessos gastronòmics abans del dejuni.

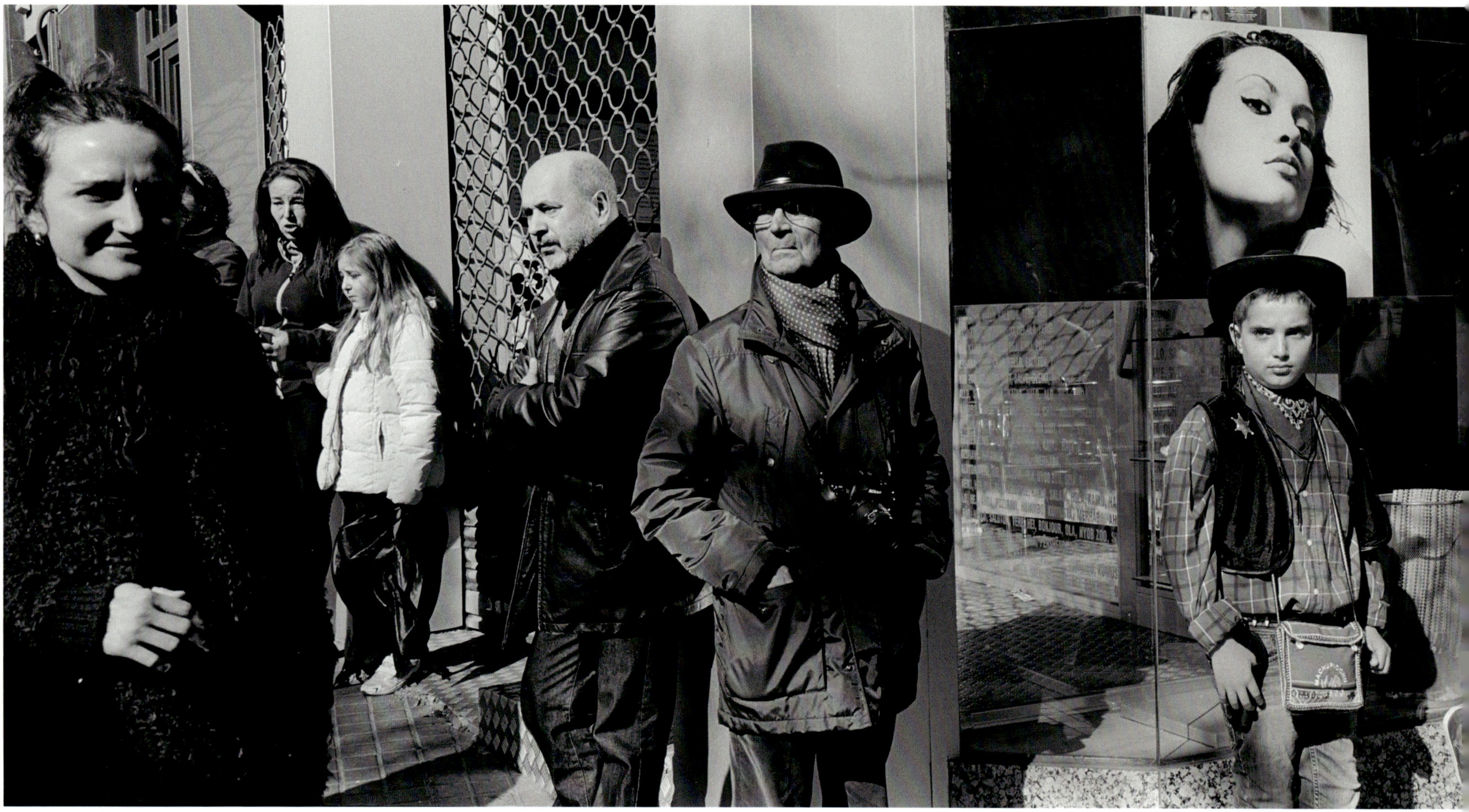

SANTI COGOLLUDO. A SANT CUGAT (VALLÈS OCCIDENTAL), A LES 12:48 H. | 03_03_14

DOLÇA FESTA. Romeria de Sant Medir a l'ermita del sant situada a la serra de Collserola. L'orquestrina obre el camí cap a missa després de llançar dolços i caramels.

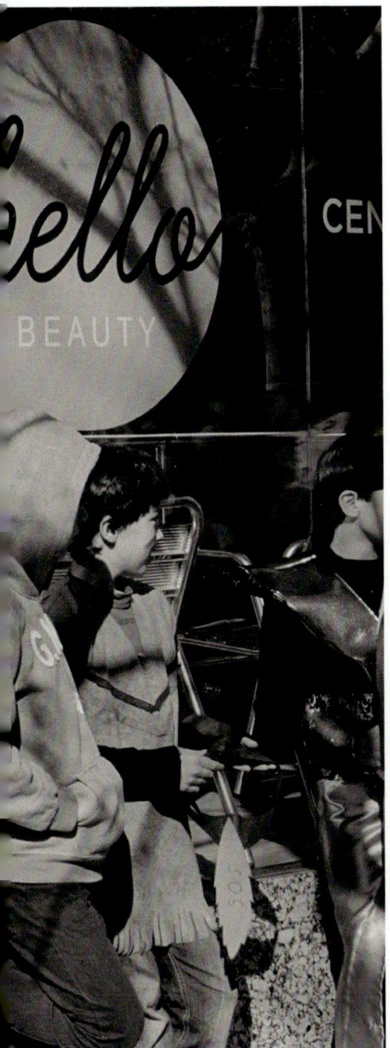

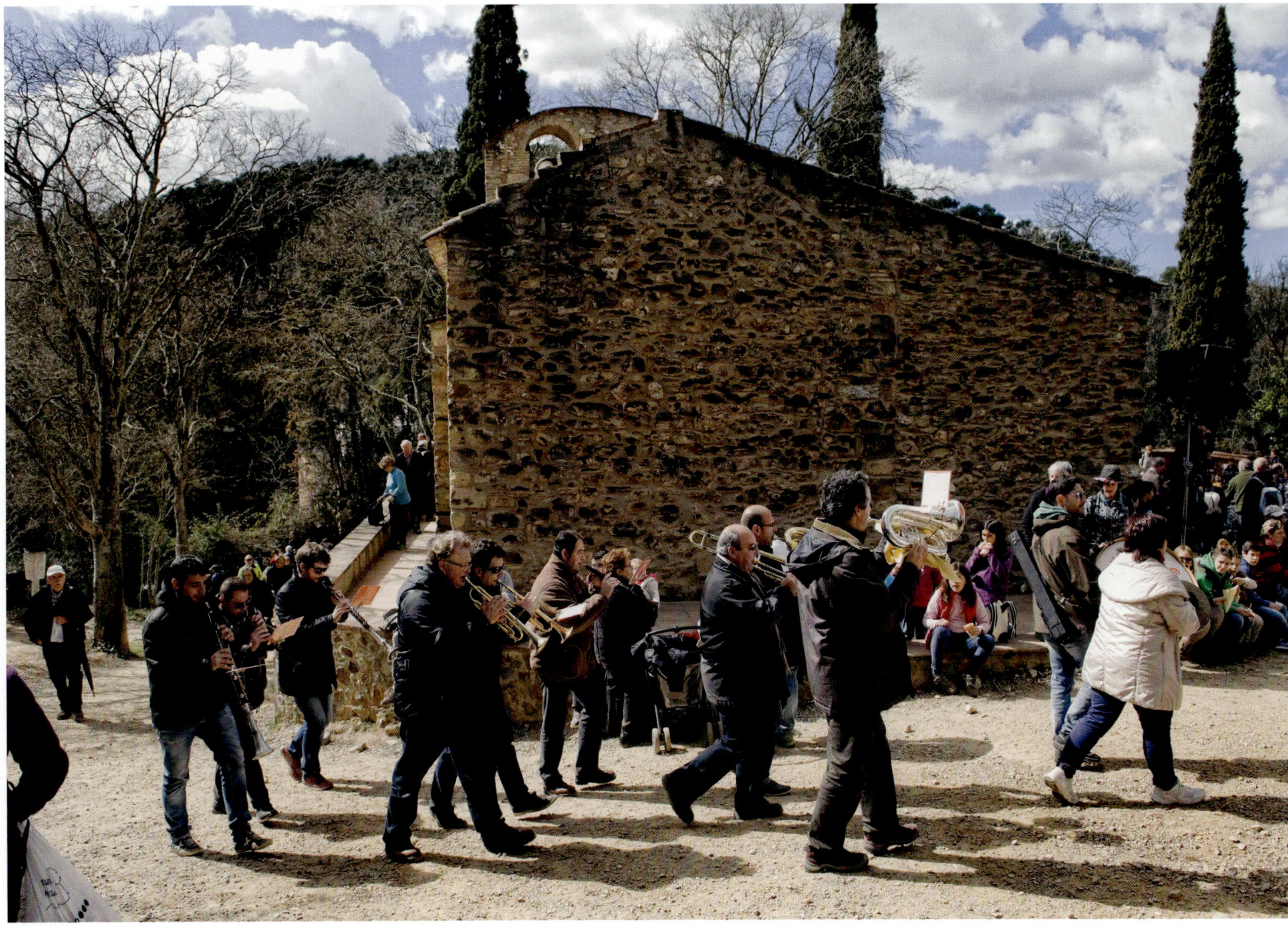

04_03_14 | LAURA GUERRERO. A BARCELONA, A LES 17:13 H.

D'AMOR I DESAMOR. Una parella es petoneja a la plaça de la Universitat. Darrere seu, hi ha qui ofega les penes amb el cap cot. La crisi ha fet augmentar en un 19% els casos de depressió a Espanya. 350 milions de persones al món en pateixen.

Deixa que la **Laura** t'expliqui la seva foto.

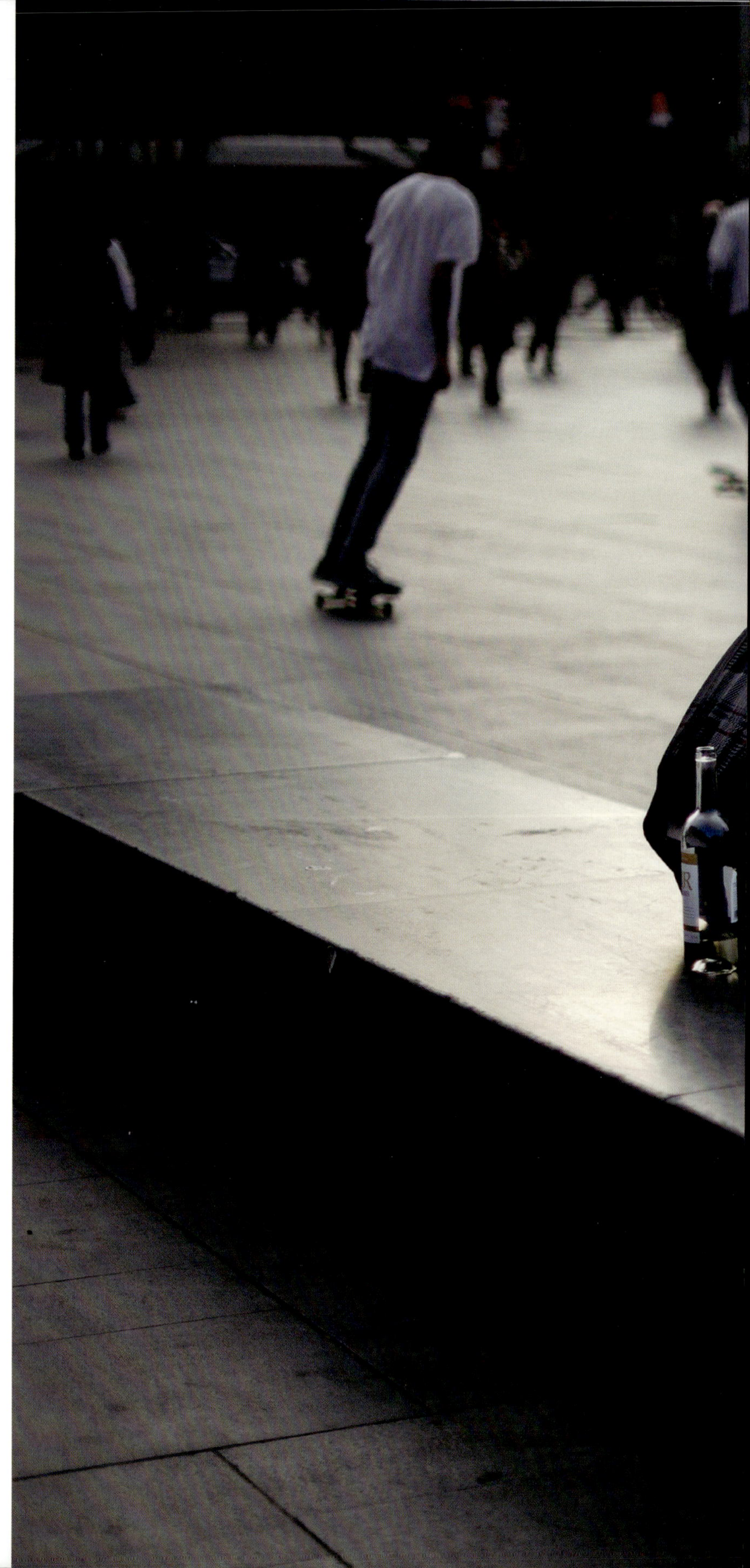

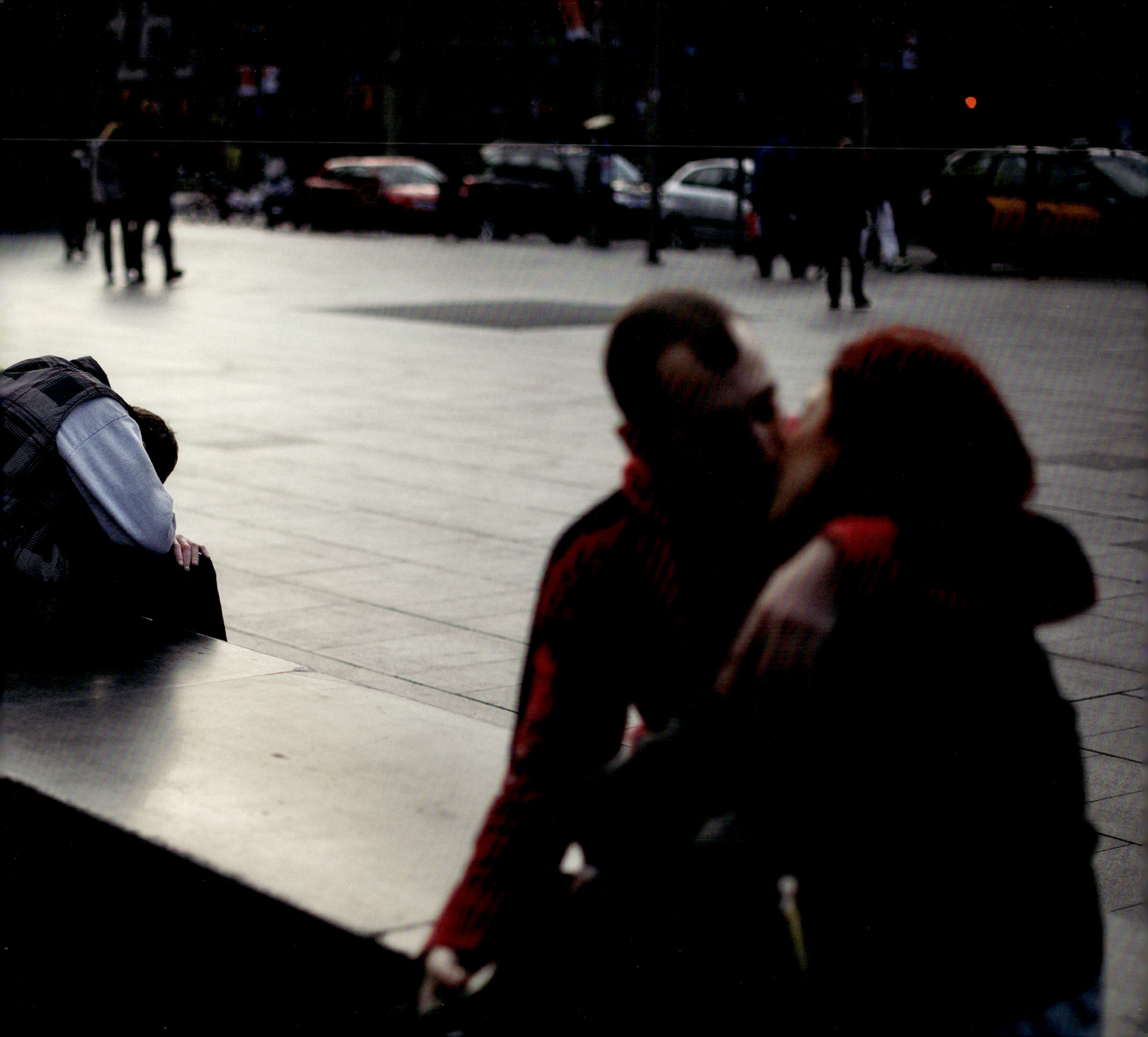

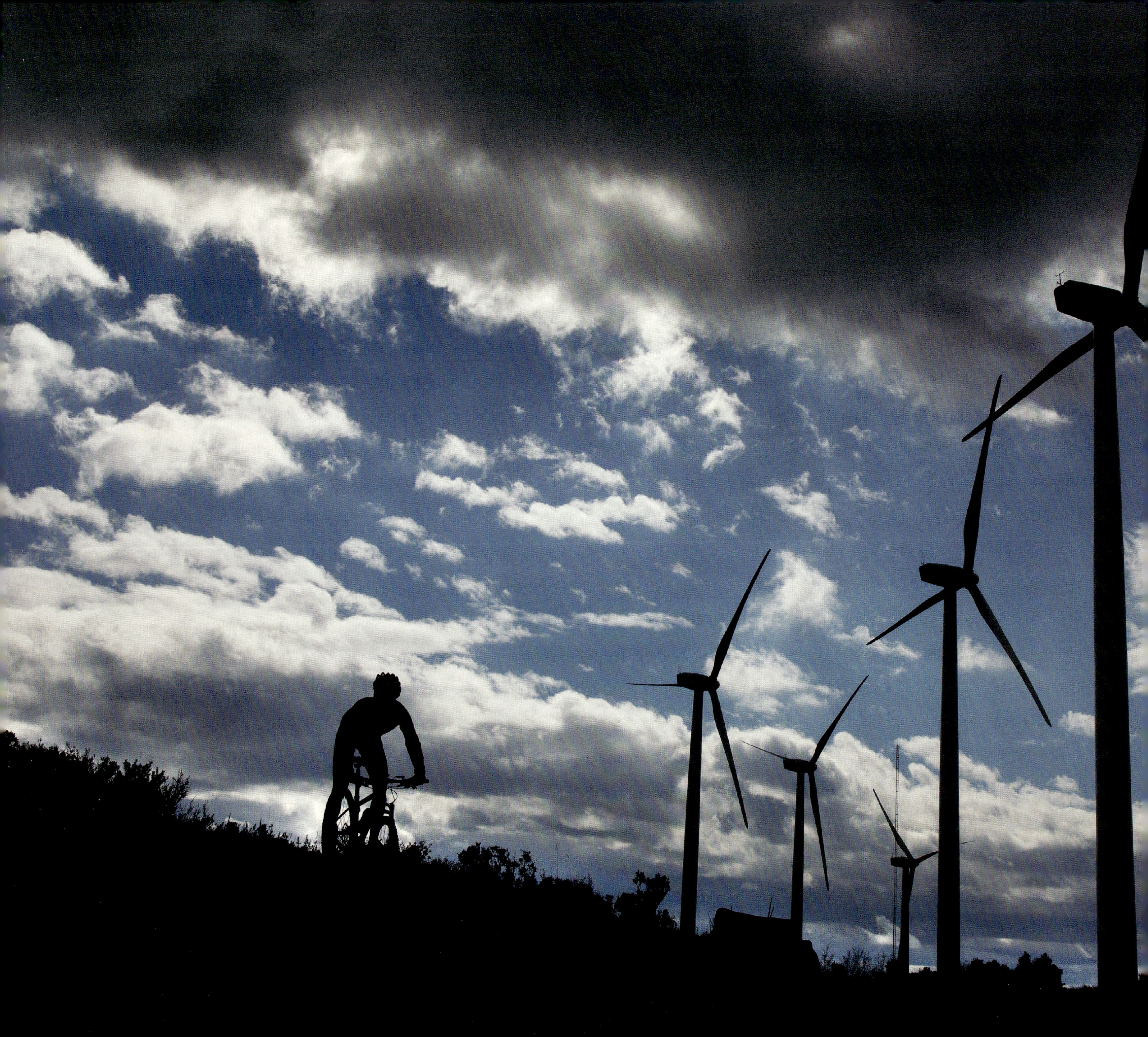

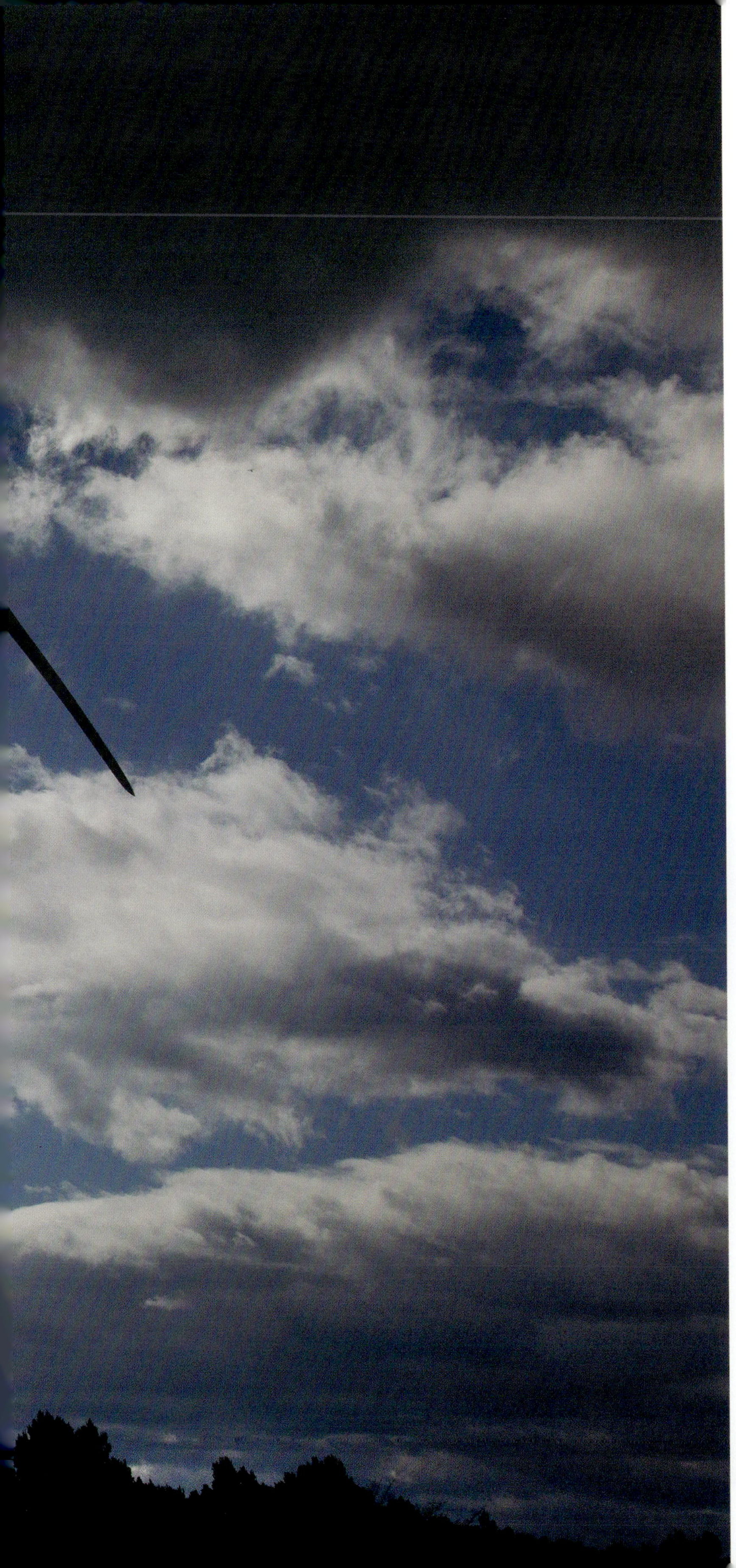

05_03_14 | SUSANNA SÁEZ. A CASTELLFOLLIT DEL BOIX (BAGES), A LES 12:10 H.

RENOVABLES. Kenneth Molas roda pel parc eòlic de la serra de Rubió. Avui es el Dia Mundial de l'Eficiència Energètica, data per reflexionar després de la desinversió per la interrupció sobtada de la retribució especial al sector.

Deixa que la Susanna t'expliqui la seva foto.

06_03_14 | **QUIQUE GARCÍA.** A CERDANYOLA DEL VALLÈS (VALLÈS OCCIDENTAL), A LES 20:41 H.

"PER UNA CATALUNYA MILLOR". Una treballadora de Seat espera l'autobús d'empresa a Cerdanyola del Vallès al costat d'una gran estelada reivindicativa.

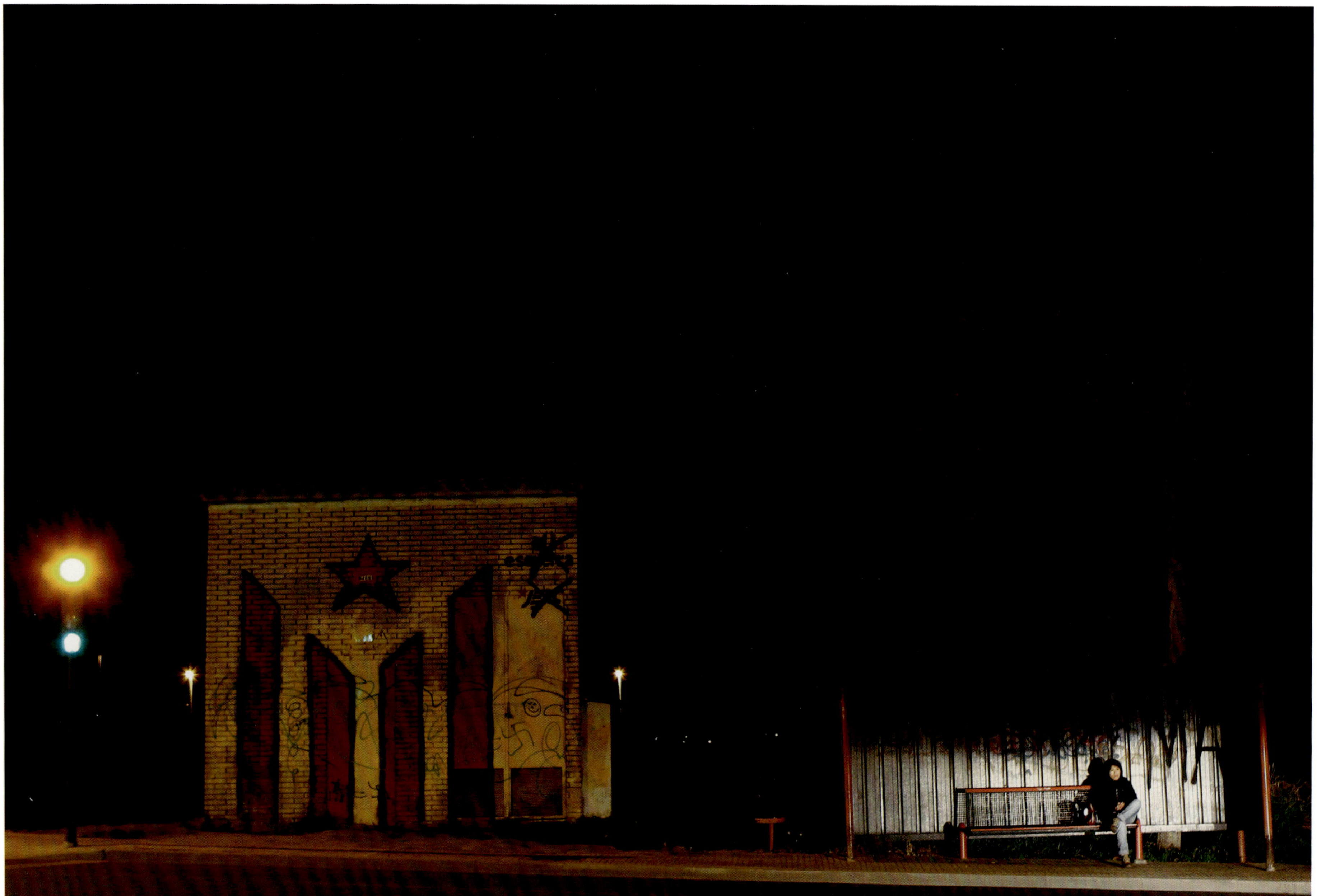

DESNONAMENTS. Catalunya n'encapçala el rànquing. La Janet, equatoriana i mare de tres fills, espera al seu pis de Ciutat Meridiana l'arribada de la comitiva judicial.

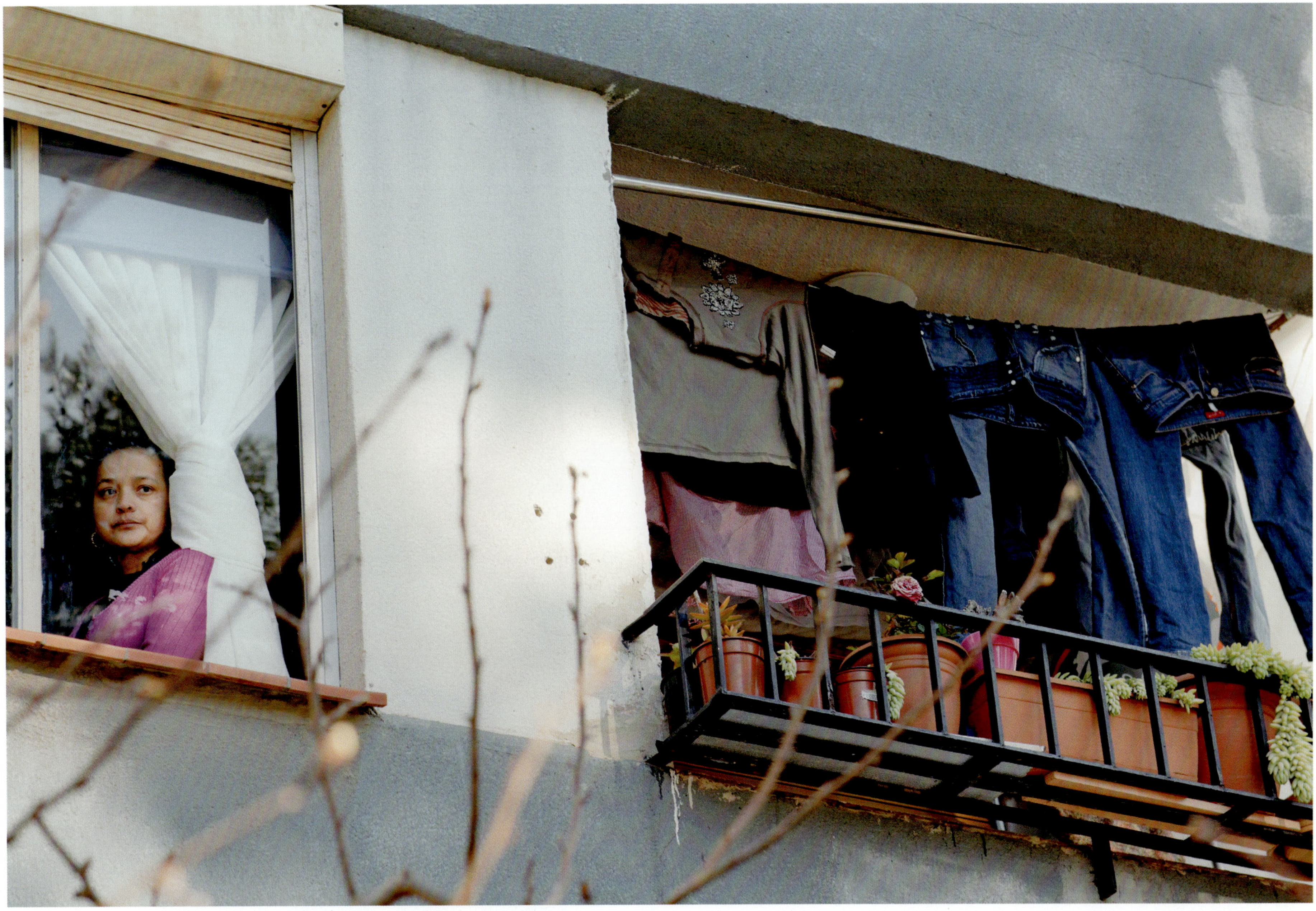

08_03_14 | DANNY CAMINAL. A BARCELONA, A LES 19:29 H.

CONTRA LA VIOLÈNCIA DE GÈNERE. El grup d'expressió corporal Dones de Blanc va néixer fa 10 anys per denunciar la violència masclista. Actua amb 'Dones en Llibertat'. Cada any moren assassinades a Catalunya una desena de dones.

Deixa que el Danny t'expliqui la seva foto.

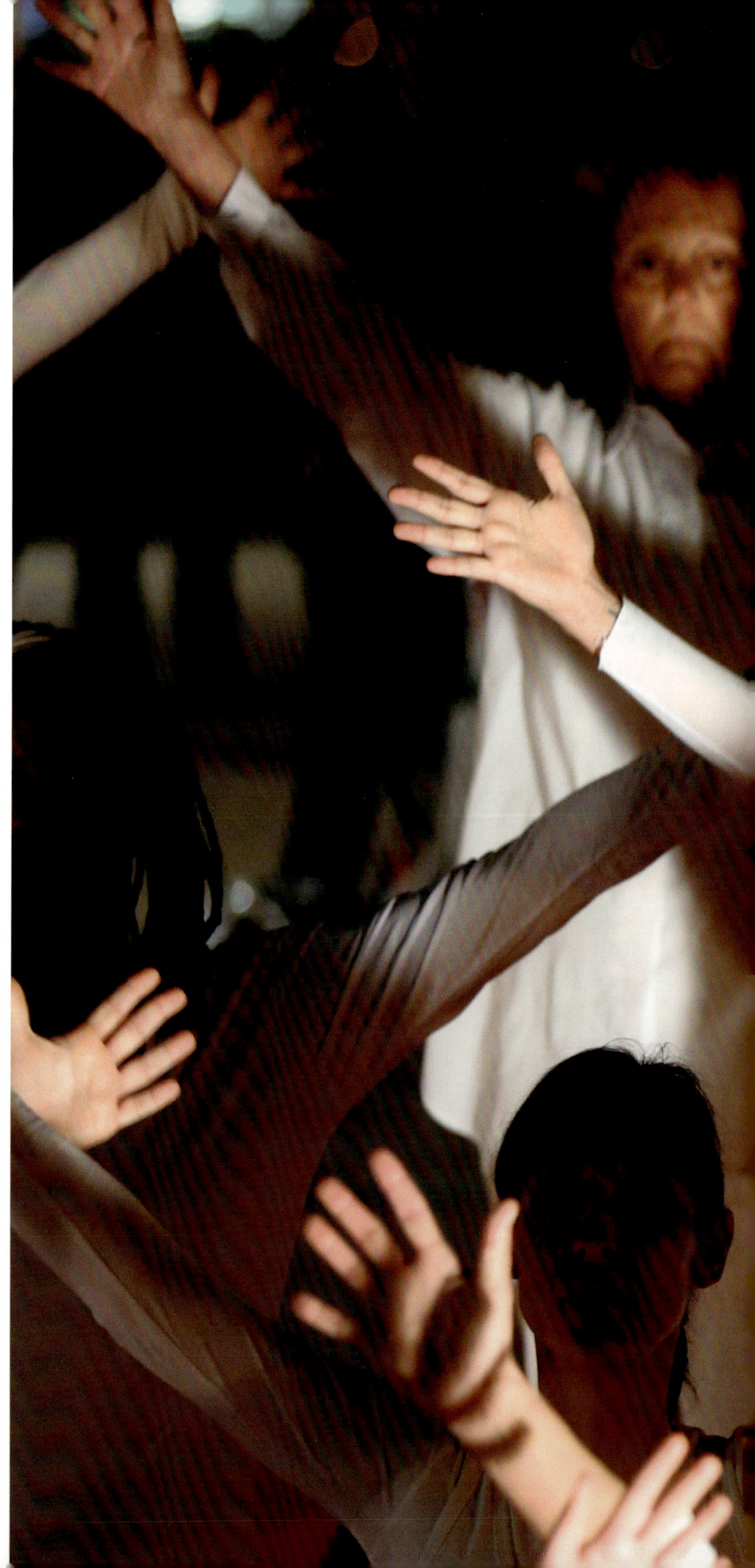

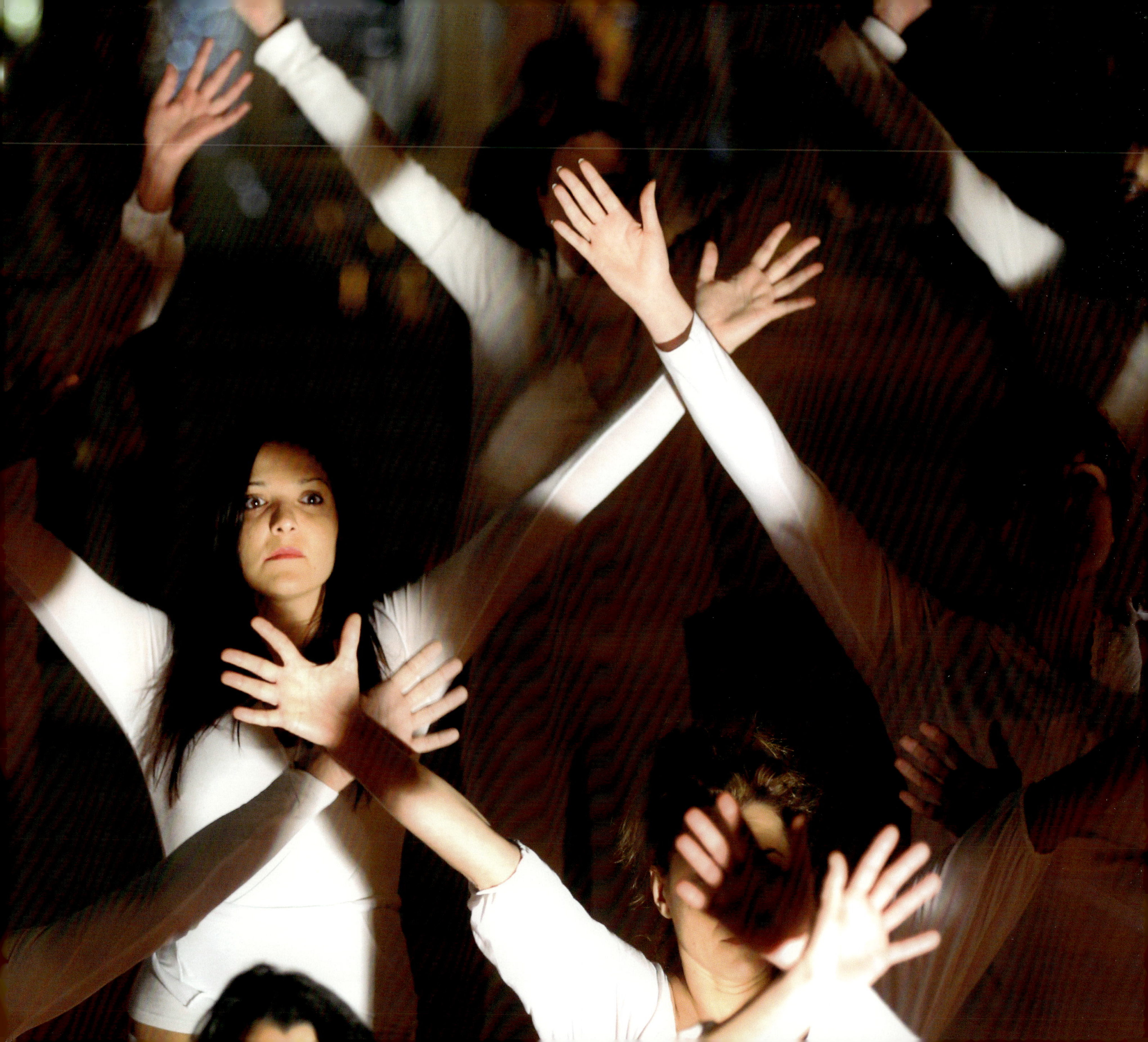

09_03_14 | ANA JIMÉNEZ.
A L'HOSPITALET DEL LLOBREGAT (BARCELONÈS), A LES 17:50 H.

20 ANYS DE MANGA. Visitants del Japan Weekend, que se celebra des de 2008 sota el paraigua del Saló del Manga a La Farga de L' Hospitalet.

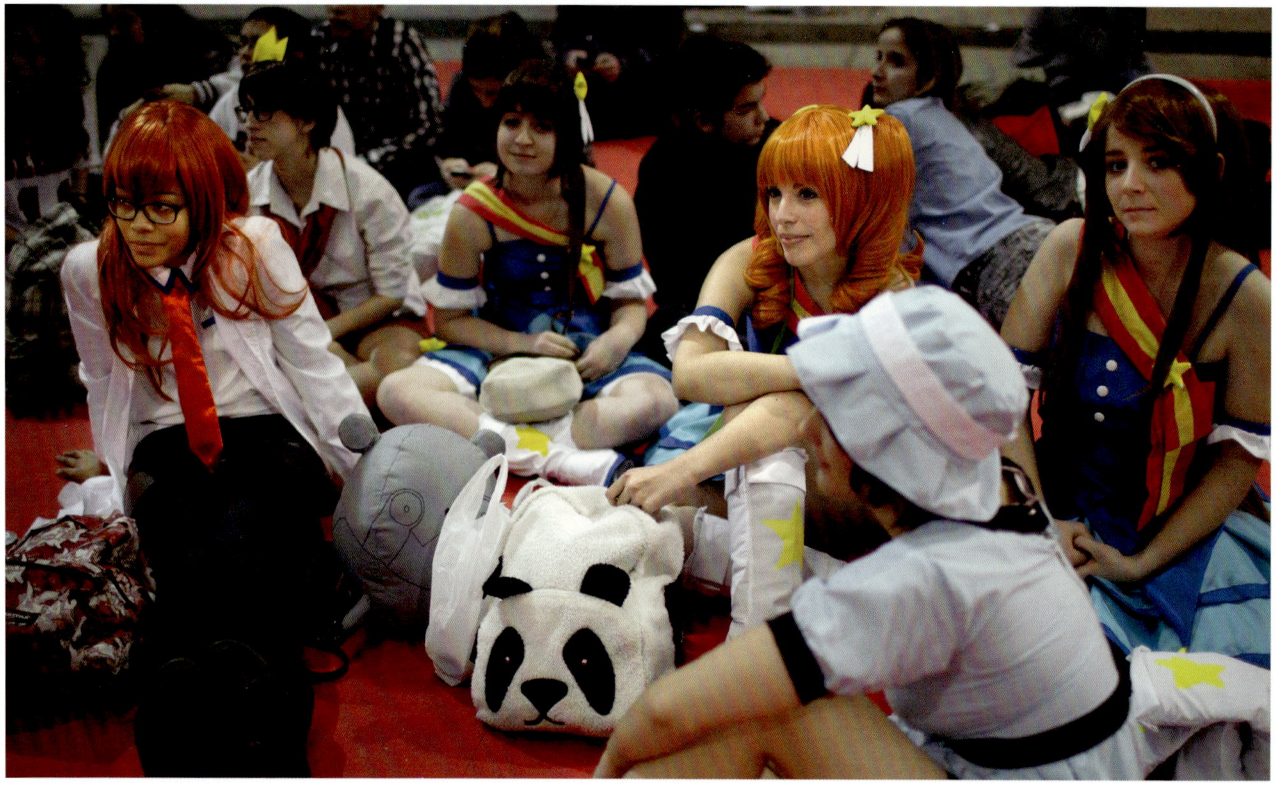

10_03_14 | JOAN GUERRERO.
A SANTA COLOMA DE GRAMENET (BARCELONÈS), A LES 11:26 H.

RESCAT DESIGUAL. Cinc anys i 100.000 milions d'ajudes públiques a la banca després deixen desigualtats. Una dona amb la seva eina de treball davant d'una entitat bancària.

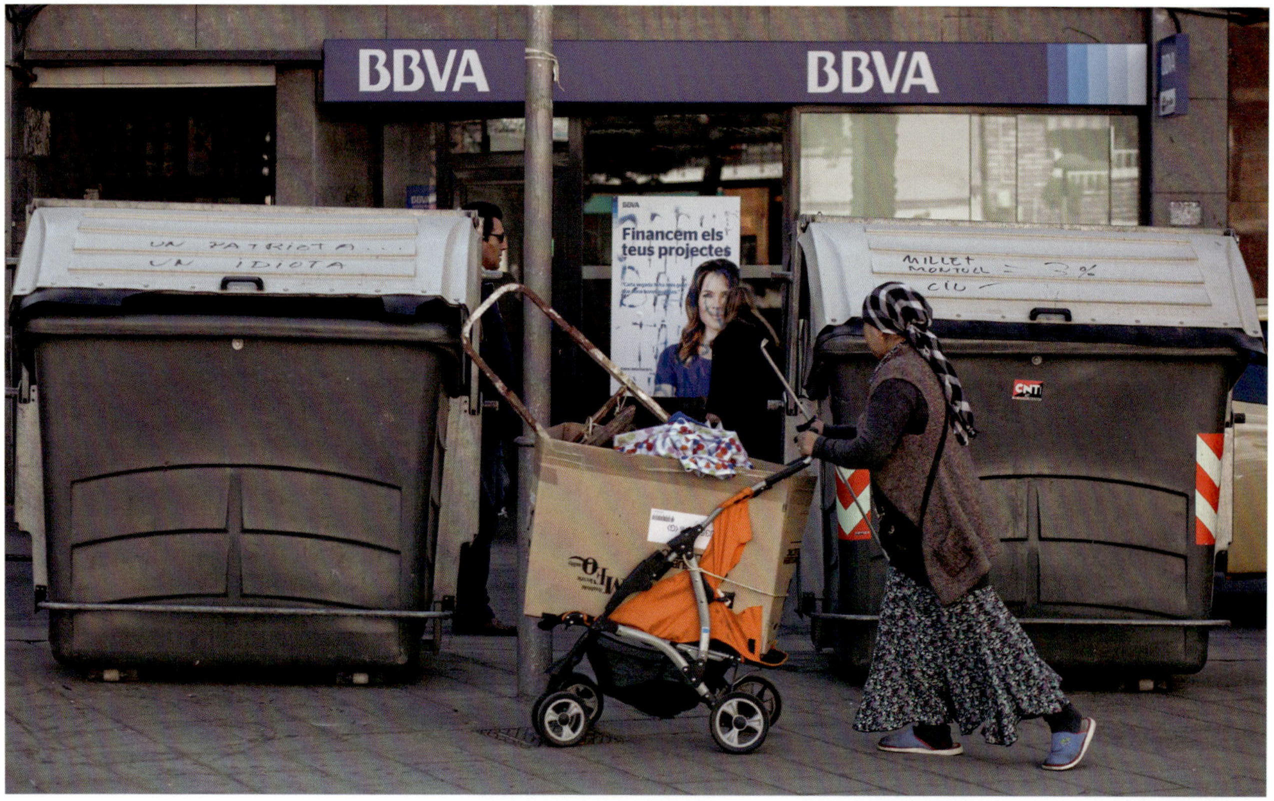

JULIO CARBÓ. A BARCELONA, A LES 11:26 H. | 11_03_14

HEMICICLE SOBIRANISTA. Armari amb el conjunt de claus de la majordomia del Parlament de Catalunya. Dels 135 parlamentaris electes, 87 són sobiranistes.

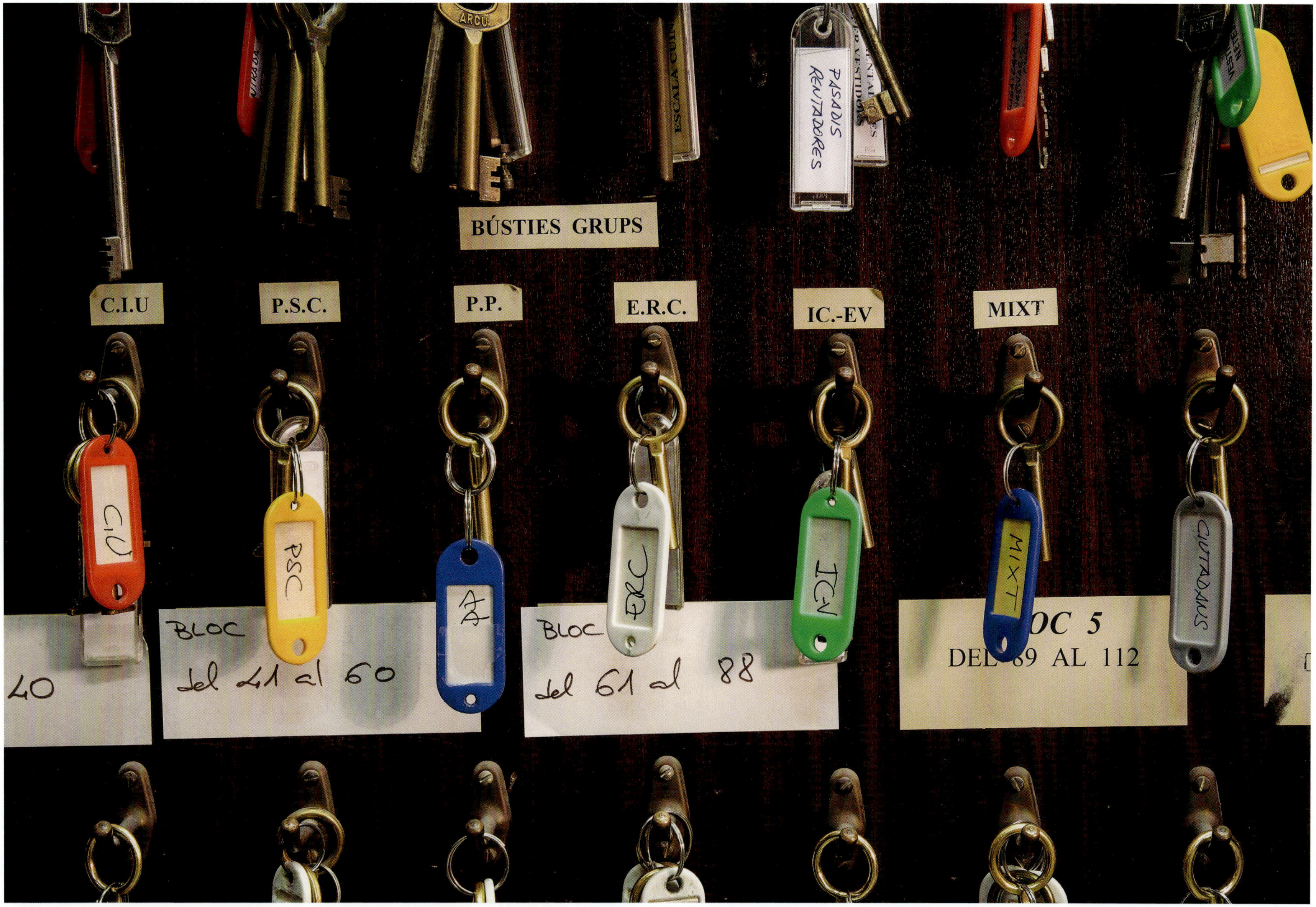

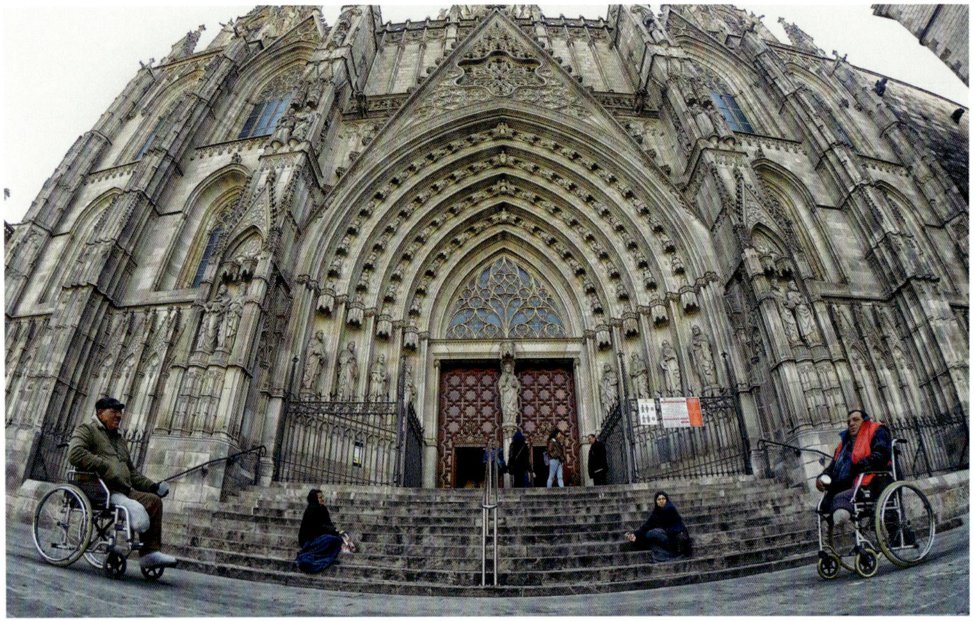

12_03_14 | **CARLES RIBAS.** A BARCELONA, A LES 10:28 H.

PER MISERICÒRDIA. Pidolaires esperen els feligresos i turistes per fer-se un jornal a la Catedral. Unes 3.000 persones viuen al carrer o en habitatges indignes a Barcelona.

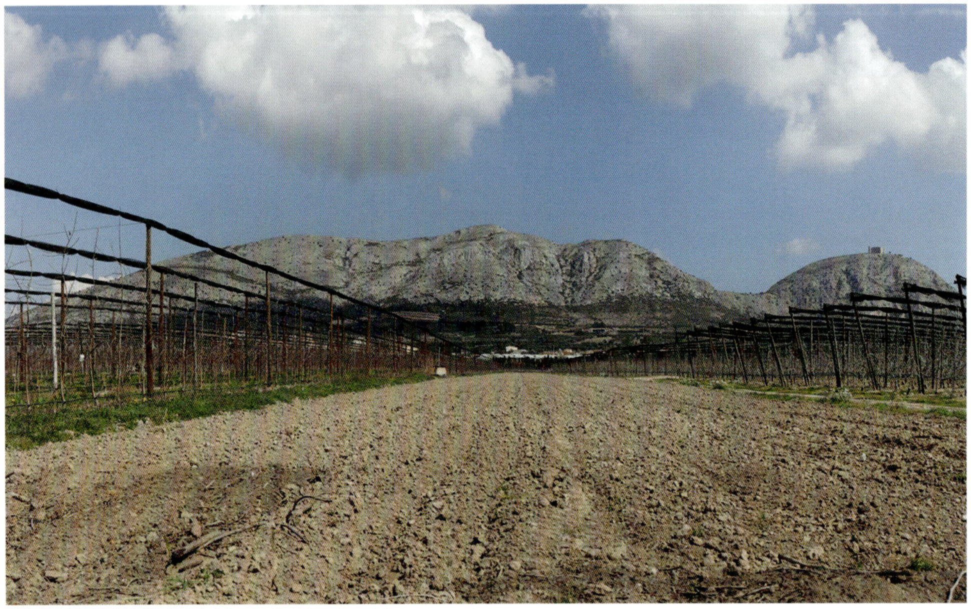

13_03_14 | **ALBERT MASIAS.** A MASSÍS DEL MONTGRÍ (BAIX EMPORDÀ), A LES 13:00 H.

IMAGINARI. El massís del Montgrí separa l'Alt del Baix Empordà, i el seu castell és l'anell de la mà d'un bisbe estirat i petrificat, amb les mans sobre la panxa, diu la llegenda.

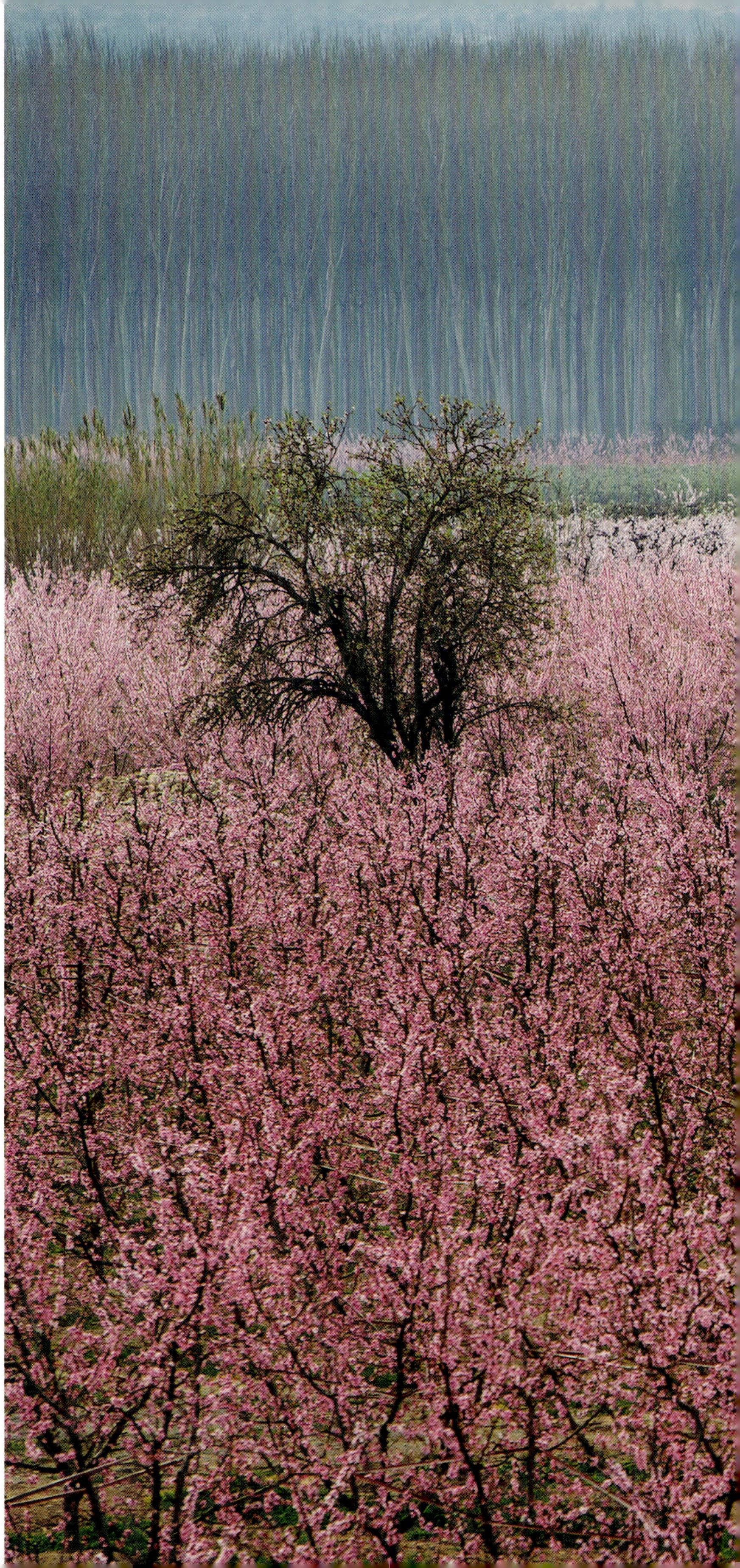

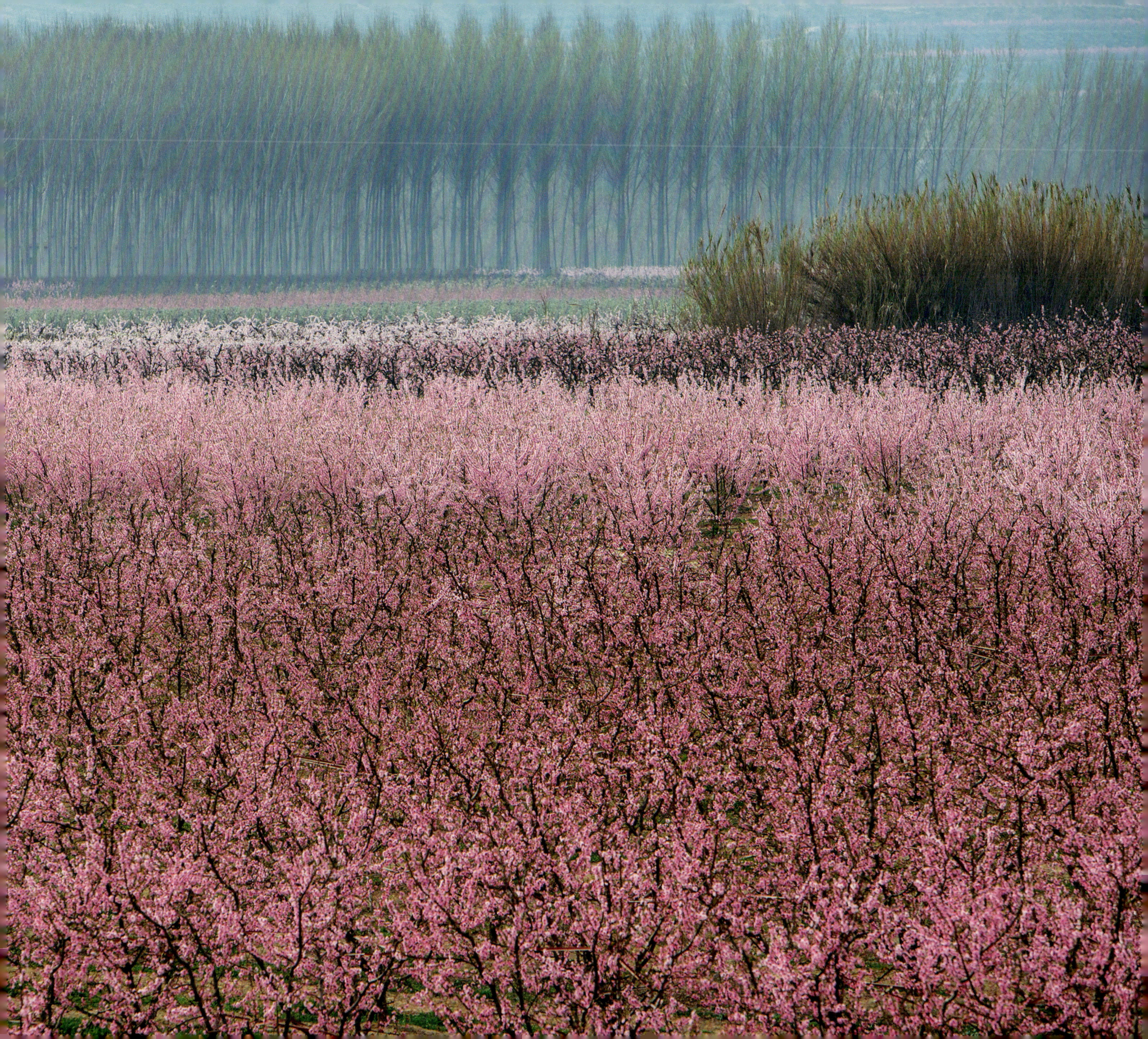

< PÀG. 83

14_03_14 | MARCEL·LÍ SÀENZ.
A AITONA (BAIX SEGRE),
A LES 11:00 H.

PRODUCCIÓ RÈCORD. Presseguers florits a Aitona esperant la recol·lecció al mes de juny. Catalunya ha aconseguit passar per davant de les exportacions d'Itàlia i França.

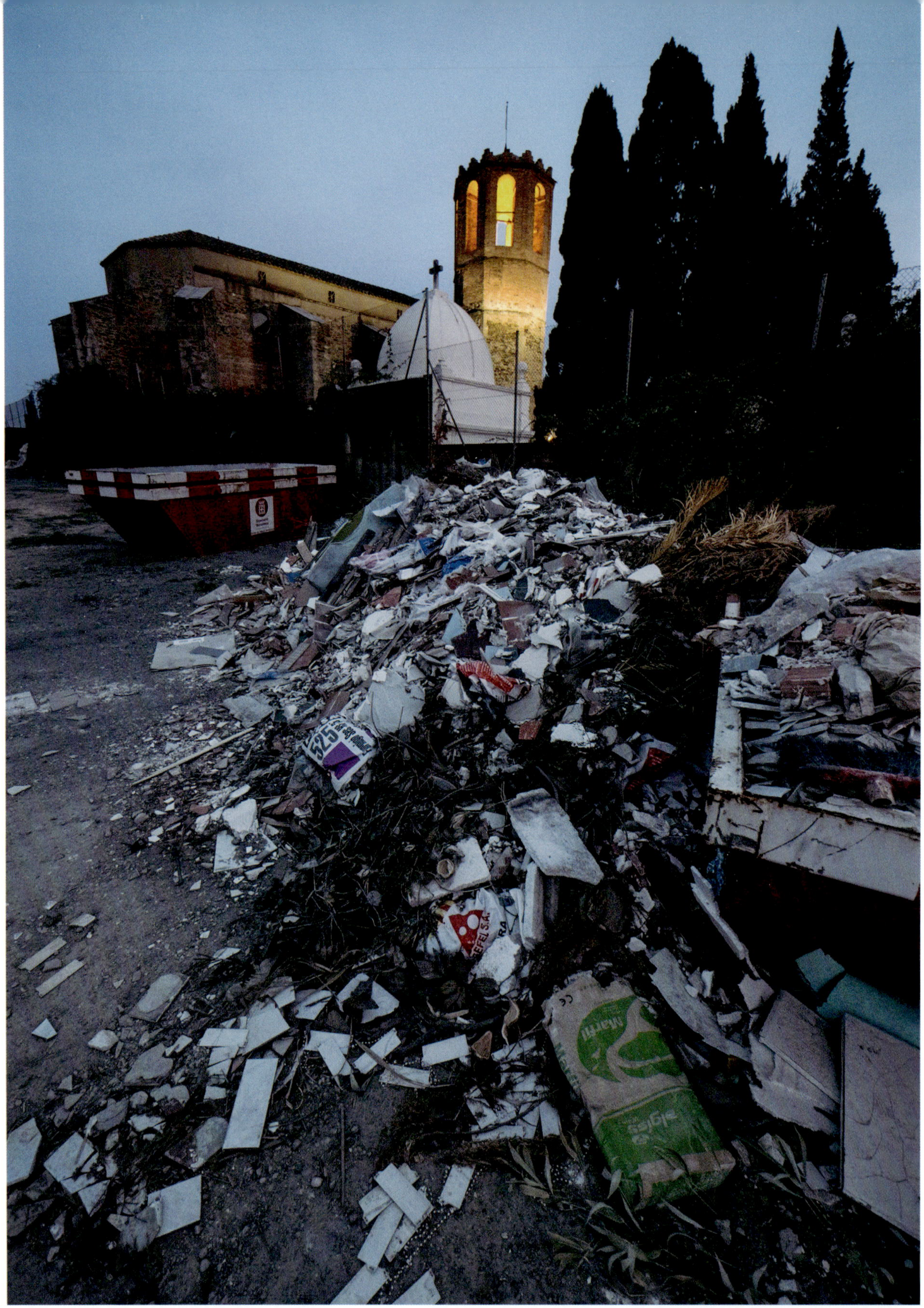

15_03_14 | MIQUEL ANGLARILL.
A CERDANYOLA DEL VALLÈS
(VALLÈS OCC.), A LES 19:12 H.

RESIDUS. Abocador al darrere del recinte del cementiri i l'església vella de Sant Martí. Cerdanyola és una de les localitats més castigades, amb 17 abocadors.

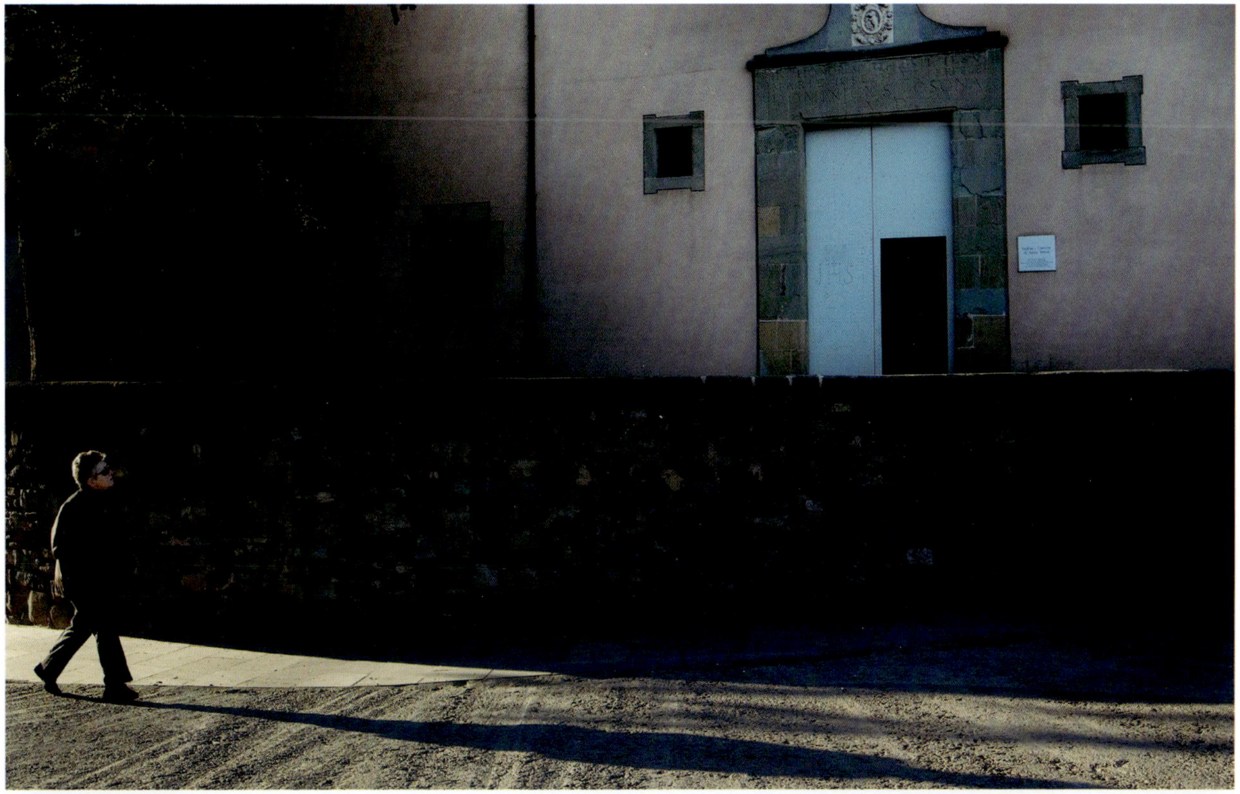

16_03_14 | PERE TORDERA.
A VIC (OSONA), A LES 08:00 H.

VIDA CONTEMPLATIVA. Cap a missa de vuit a l'església del convent de Santa Teresa, una de les quatre congregacions de vida contemplativa del bisbat de Vic.

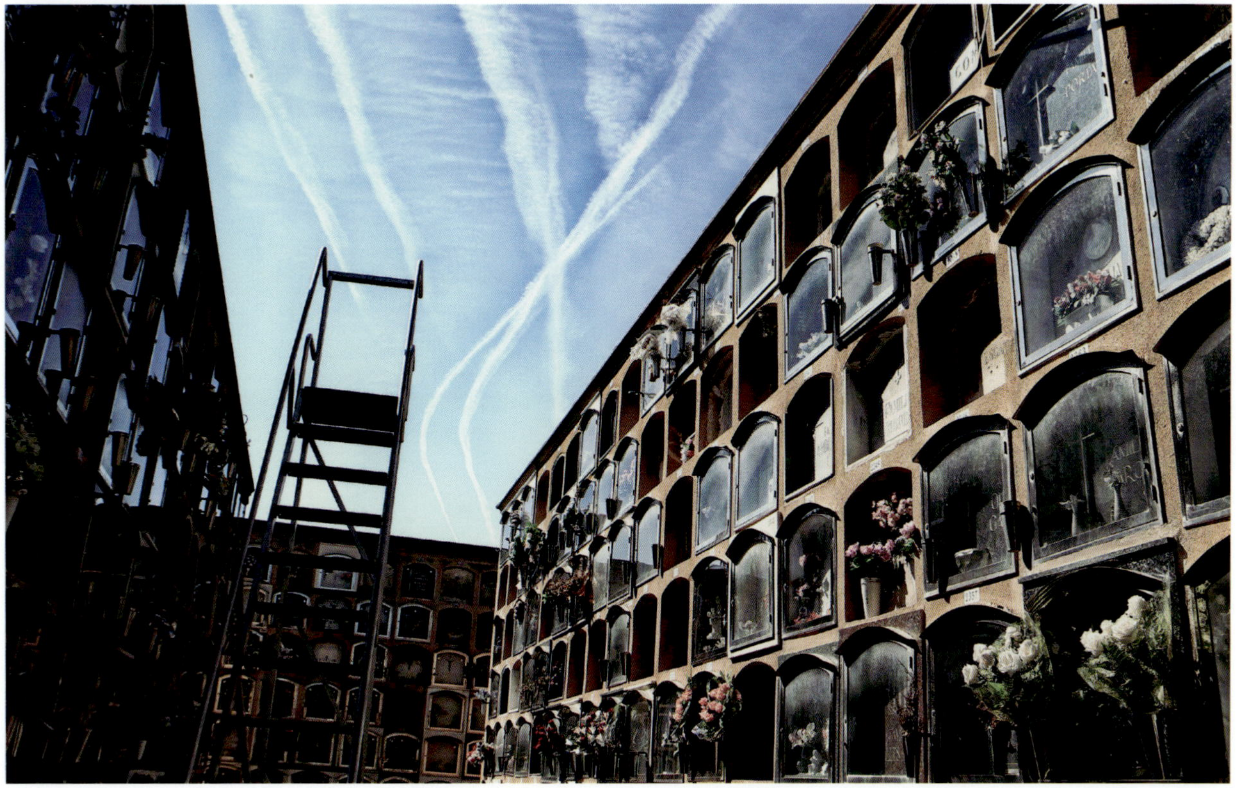

17_03_14 | TONI ALBIR.
A BARCELONA, A LES 19:34 H.

ÀNIMES A LES CORTS. Incapaces de viatjar a la velocitat dels avions, resten al cementiri. Per als terrenals, només la pèrdua temporal de l'ànima provoca 'jet lag', deia Cortázar.

18_03_14 | DAVID AIROB.
A BARCELONA, A LES 14:38 H.

L'ALCALDE DE LA CAPITAL. Convidats a una trobada amb Xavier Trias esperen la seva arribada al vestíbul de l'Hotel Palace. Trias esgota legislatura al maig de 2015.

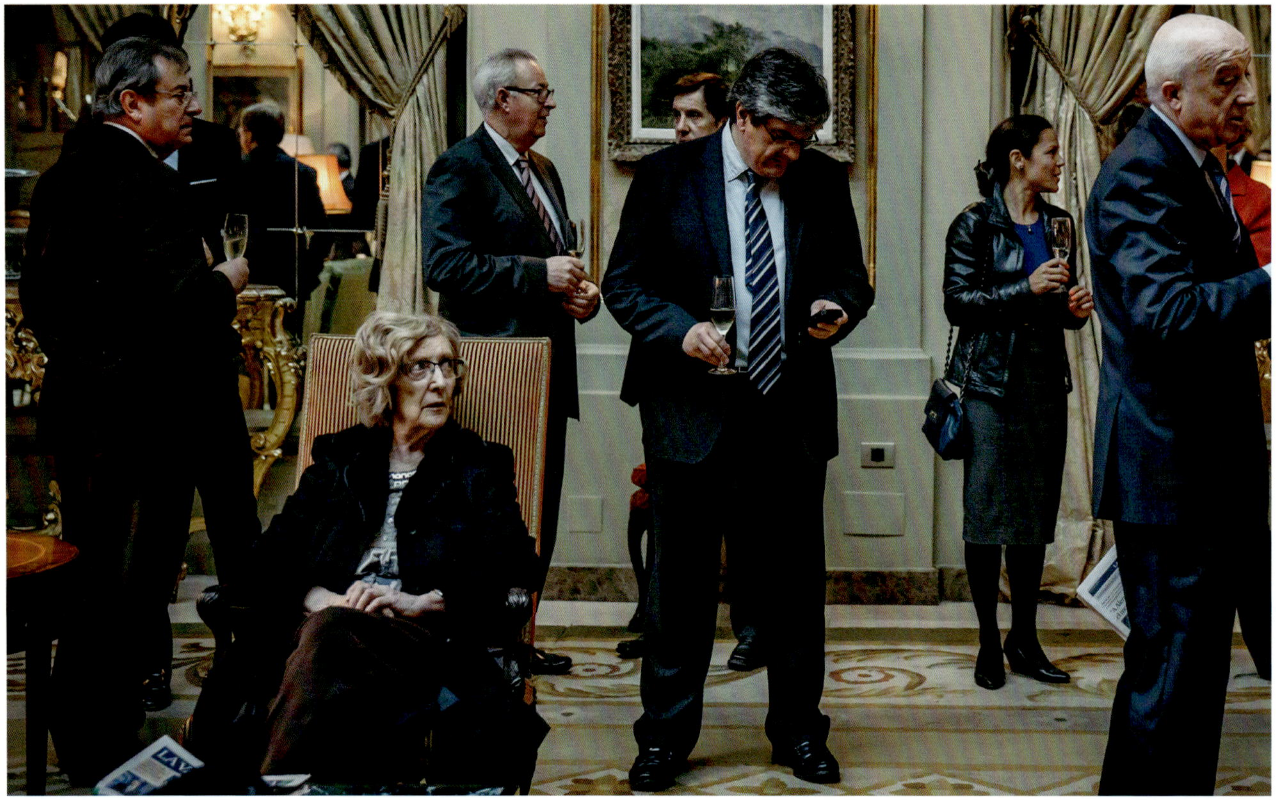

19_03_14 | CRISTINA CALDERER.
A BARCELONA, A LES 14:38 H.

MIRACLES I CIÈNCIA. L'Anna Maria va néixer el 2 de març a les 25 setmanes de gestació a l'Hospital Sant Joan de Déu. La mare, Alba, no se'n separa.

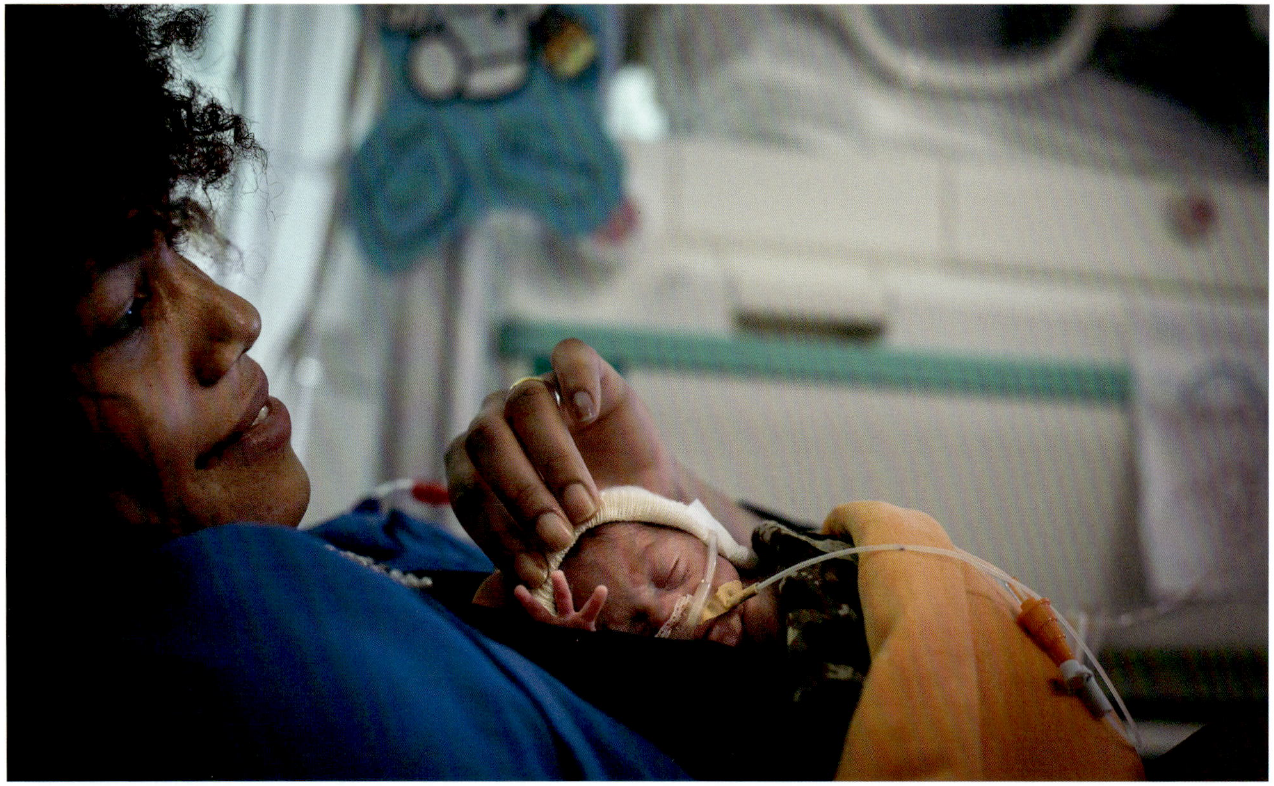

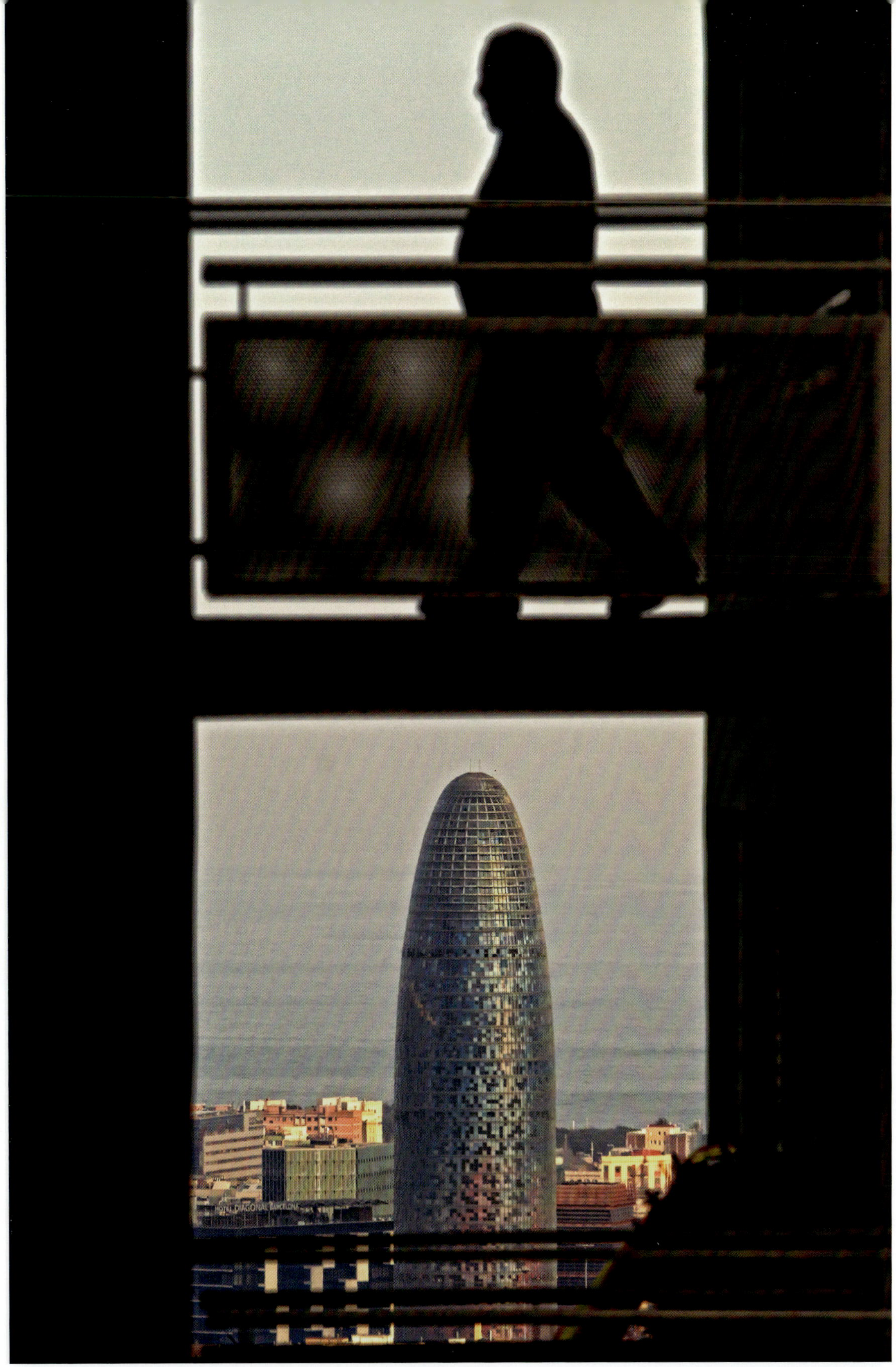

20_03_14 | JOAN MANUEL BALIELLAS.
A BARCELONA, A LES 17:48 H.

DALT DEL TURÓ. Des del Carmel s'obre una finestra a la modernitat amb la torre Agbar al fons, en contrast amb l'antic barri de barraques, ara recuperat.

21_03_14 | **JOSEP LOSADA.** A BARCELONA, A LES 13:40 H.

SELFIE. Turistes al Mercat de la Boqueria. Barcelona ha triplicat en 20 anys el nombre de turistes. El considerat millor mercat d'Europa rep diàriament al voltant de 45.000 visitants, no tots clients.

Deixa que el **Josep** t'expliqui la seva foto.

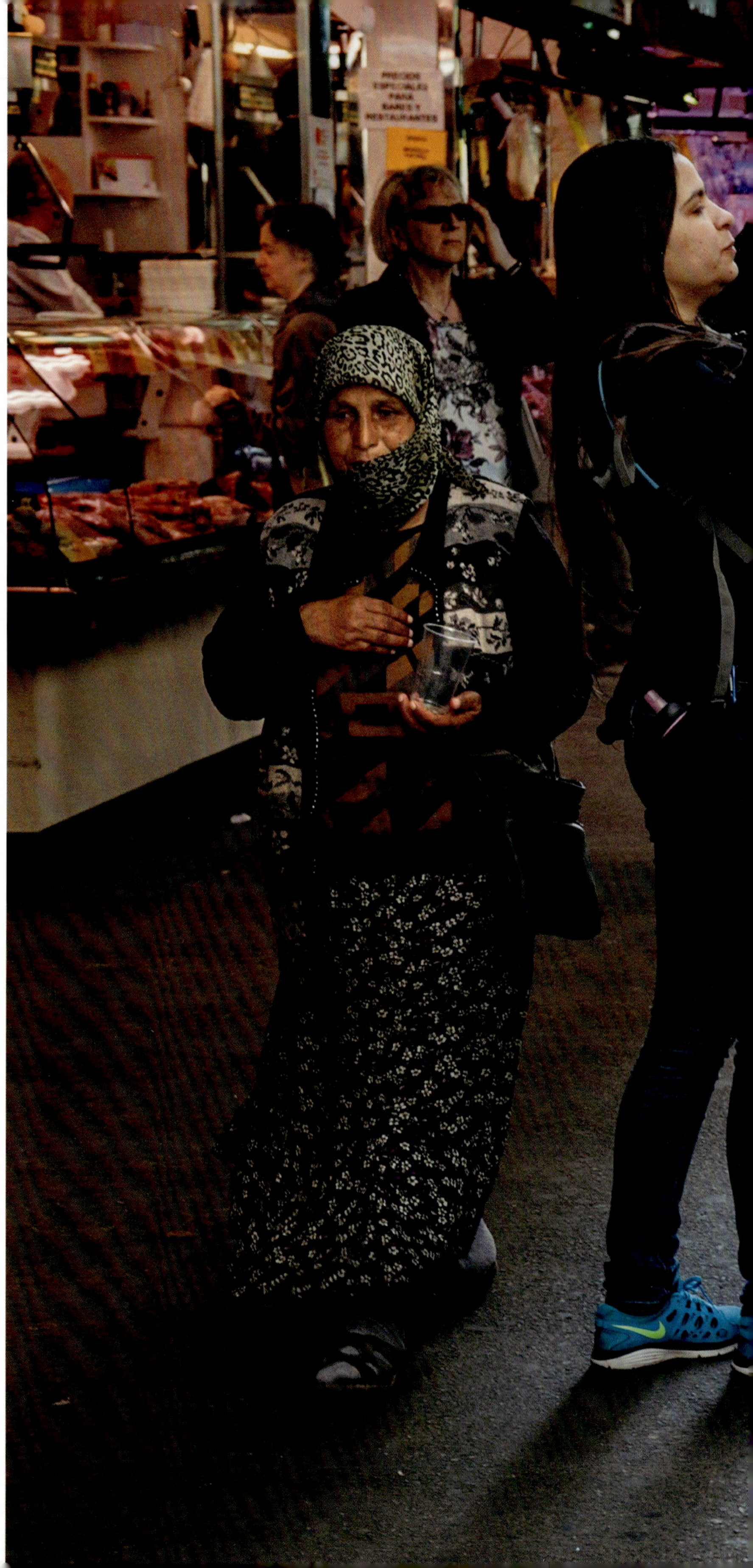

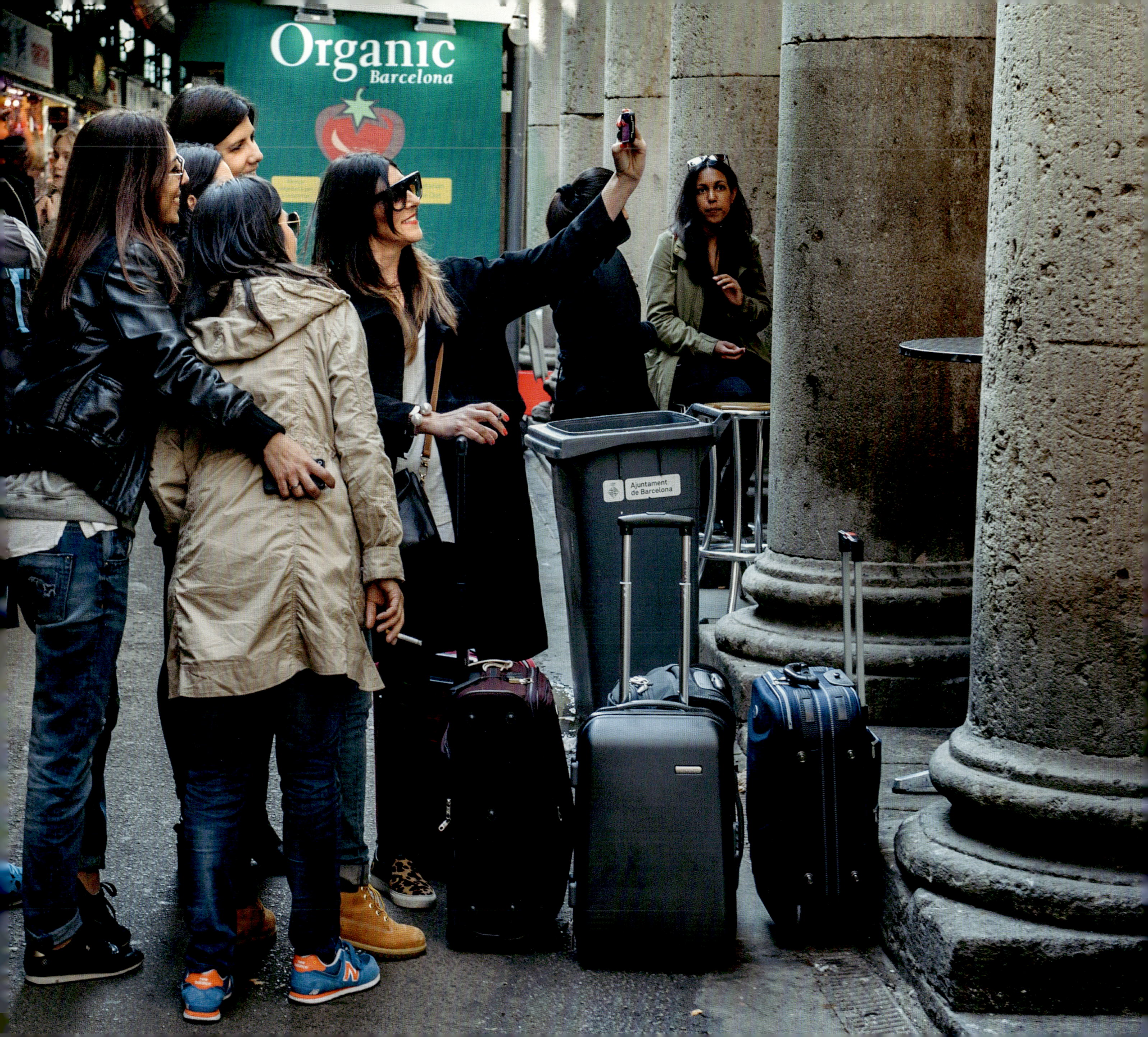
Organic
Barcelona
Ajuntament
de Barcelona

22_03_14 | **INÉS BAUCELLS.** A MOIÀ (MOIANÈS), A LES 14:20 H.

DINOSAURES CATALANS. Anna Guiteras, guia de les coves prehistòriques del Toll, espera els visitants. Són unes de les més riques d'Europa en fauna del Quaternari.

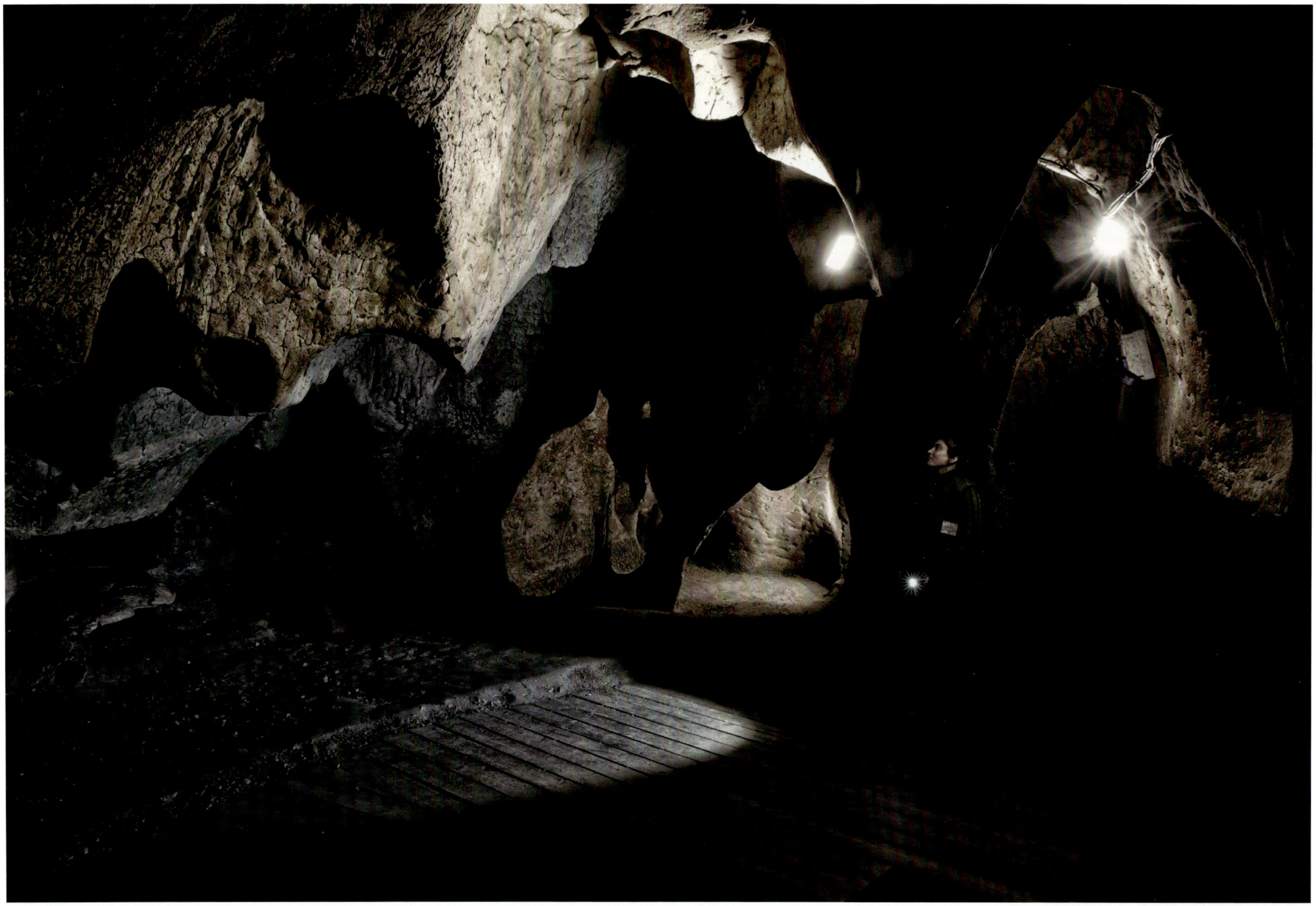

ANIMAL DE CIRC. En Jaume Mateu, més conegut com a Tortell Poltrona, lluita amb la camisa acabada la seva funció. És l'ànima de Pallassos sense Fronteres.

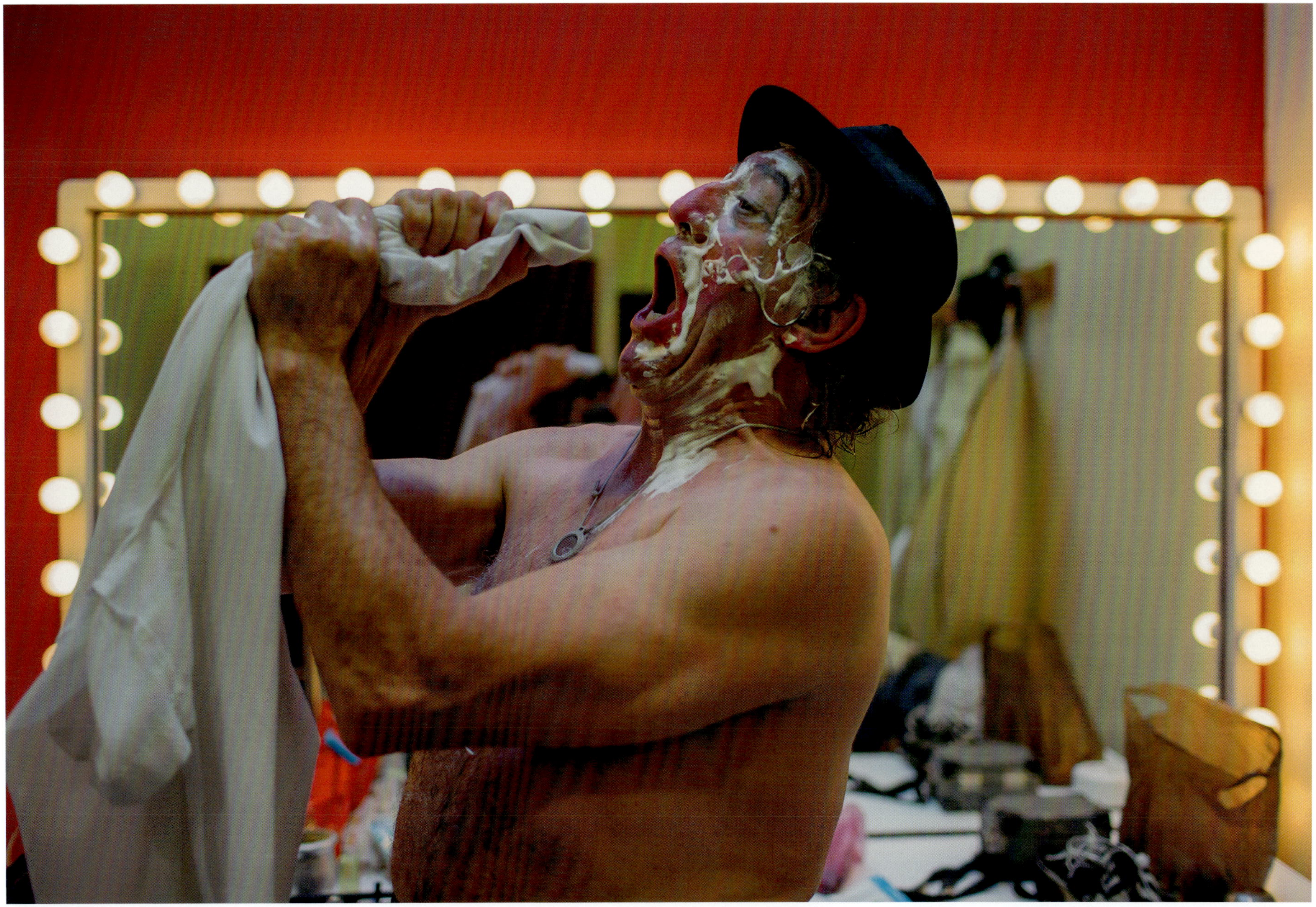

24_03_14 | **JOSEP LAGO.** CALELLA DE MAR (MARESME), A LES 12:45 H.

LA VOLTA. Els corredors de la Volta Ciclista a Catalunya, una de les curses per etapes més antigues que se celebren a la Península, al seu pas pel far de Calella.

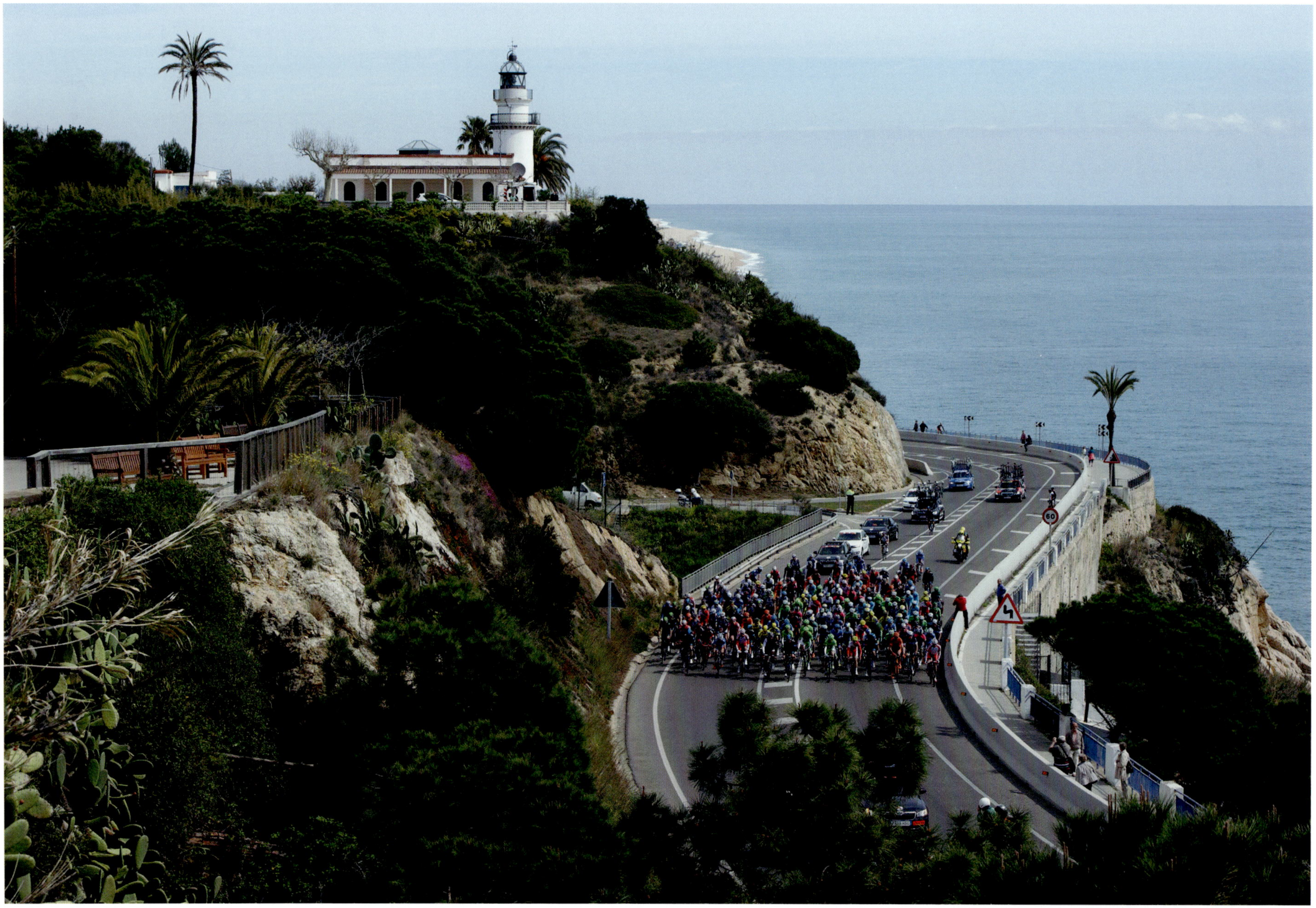

SABOR MARINER. Hora de dinar a Can Maño de la Barceloneta, antiga casa de menjars de tradició familiar. En el barri mariner, el temps s'atura aliè a la metròpoli.

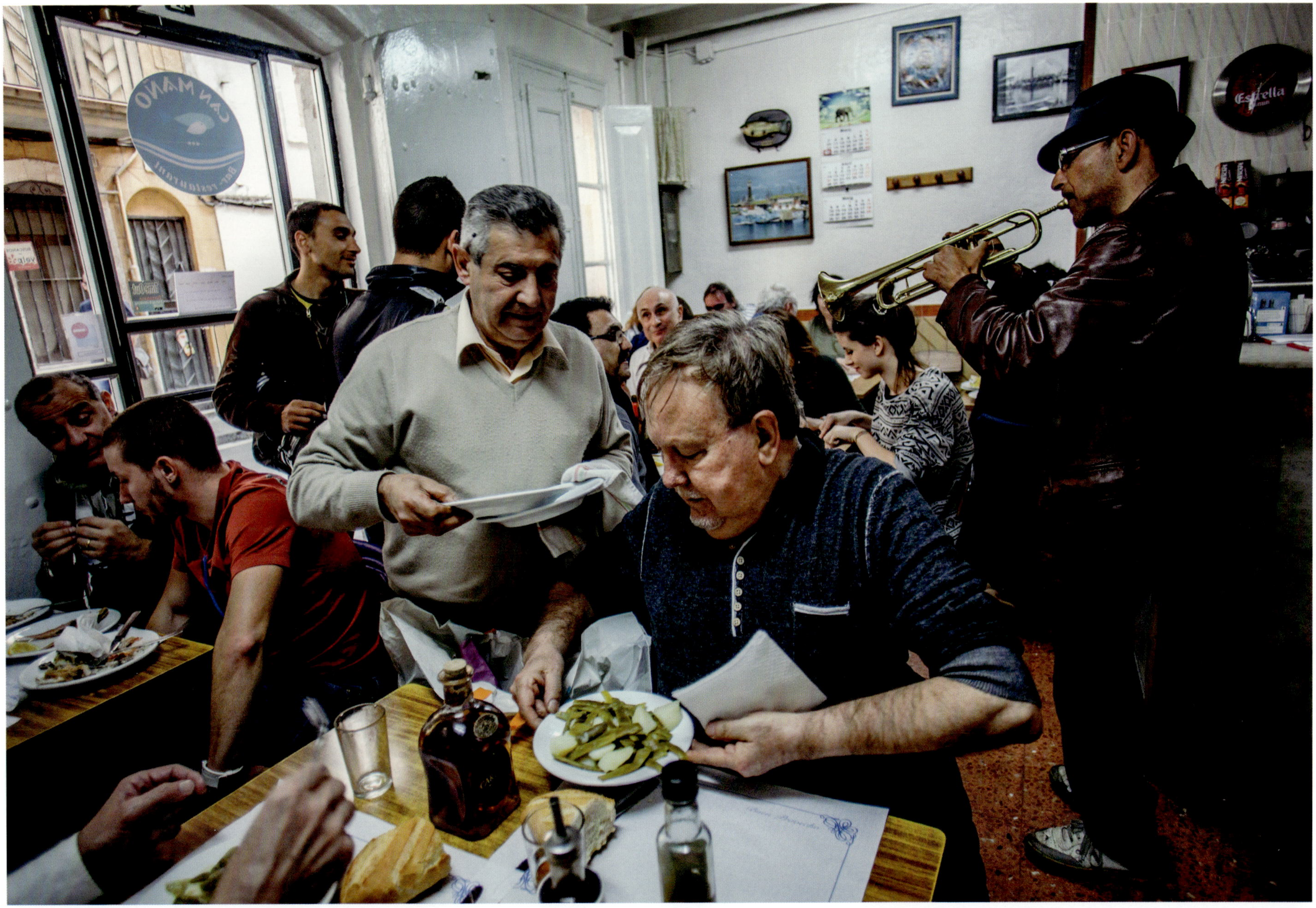

26_03_14 | **AGUSTÍ CARBONELL.** A FAIÓ (MATARRANYA), A LES 06:47 H.

ELS CATALANS DE LA FRANJA. Els rius Ebre i Matarranya (dreta) separen a ponent Catalunya d'Aragó, un entramat geogràfic amb la llengua com a element comú.

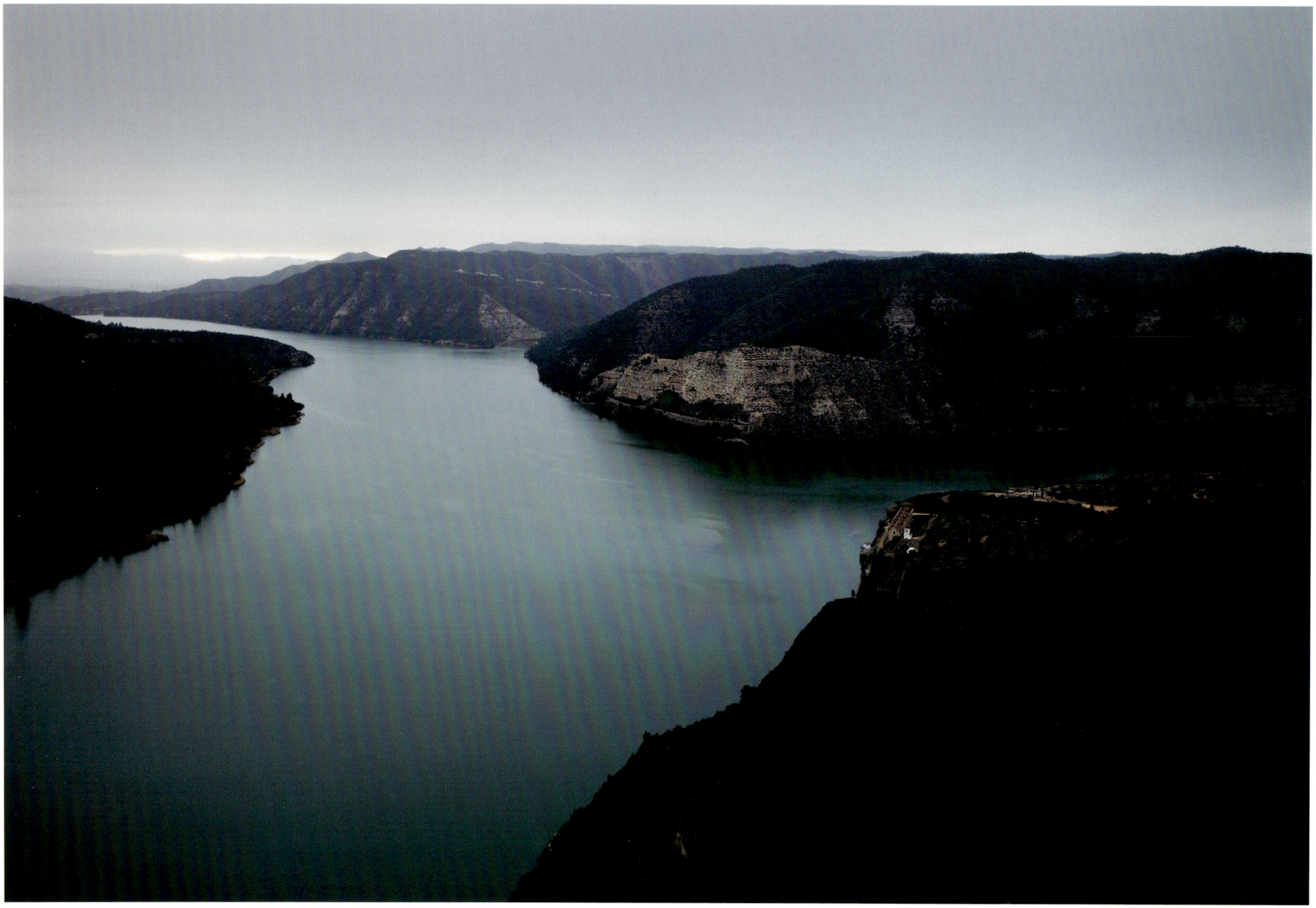

VICENS GIMÉNEZ. A BARCELONA, A LES 07:49 H. | 27_03_14

LITORAL 7:00 H. Inaugurada l'estiu de 2009, la plaça del Mar s'obre a la platja de San Sebastià, la de més tradició de la Barceloneta i antic punt nudista.

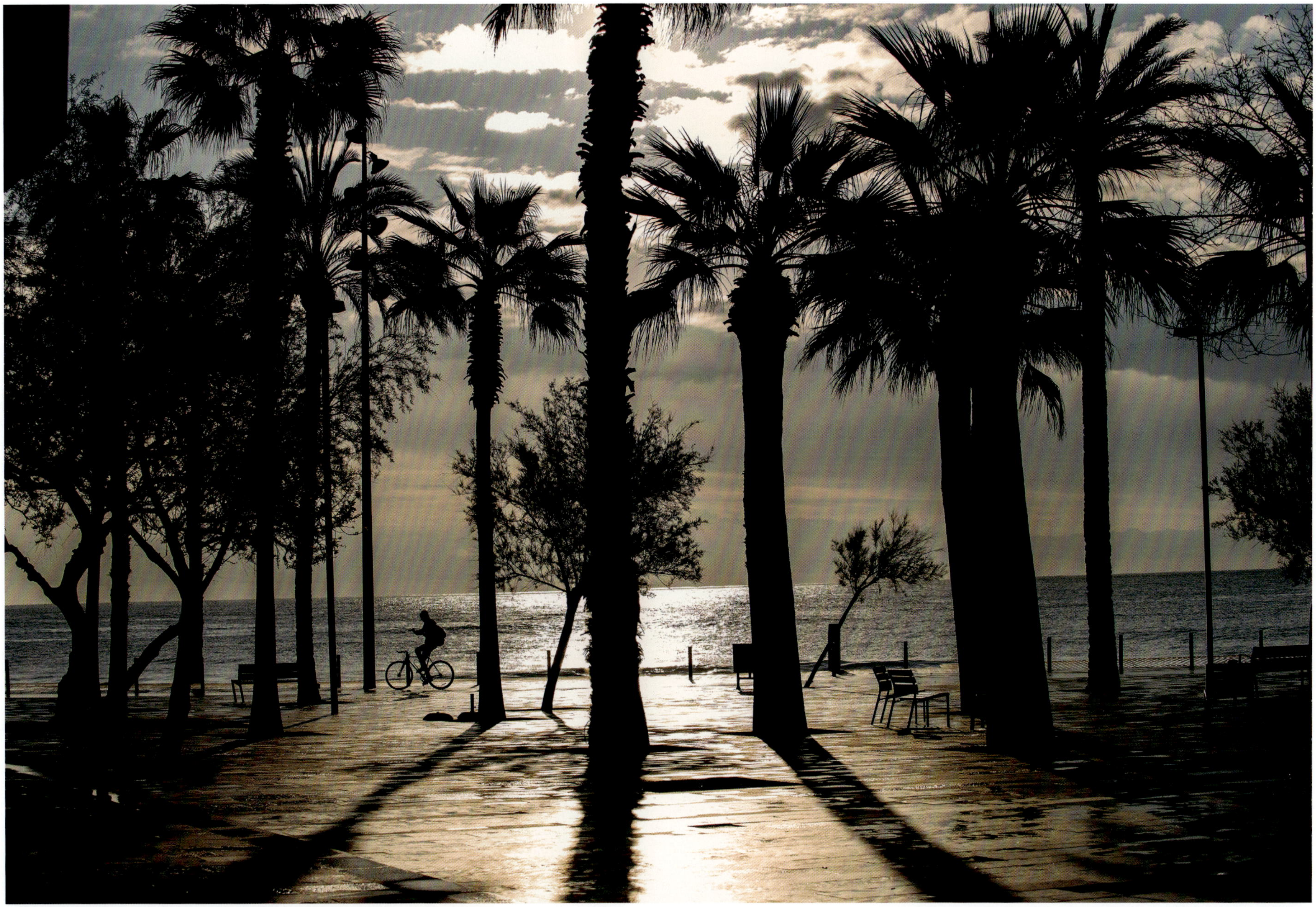

28_03_14 | CONSUELO BAUTISTA. A BARCELONA, A LES 20:15 H.

AL BALUARD CATALÀ. Al cor administratiu de Barcelona, els batecs del dia a dia impulsen la ciutat. Al fons, la Generalitat de Catalunya regeix la vida de tots els catalans. A l'esquerra, la vida passa davant del frankfurt Sant Jaume.

Deixa que la **Consuelo** t'expliqui la seva foto.

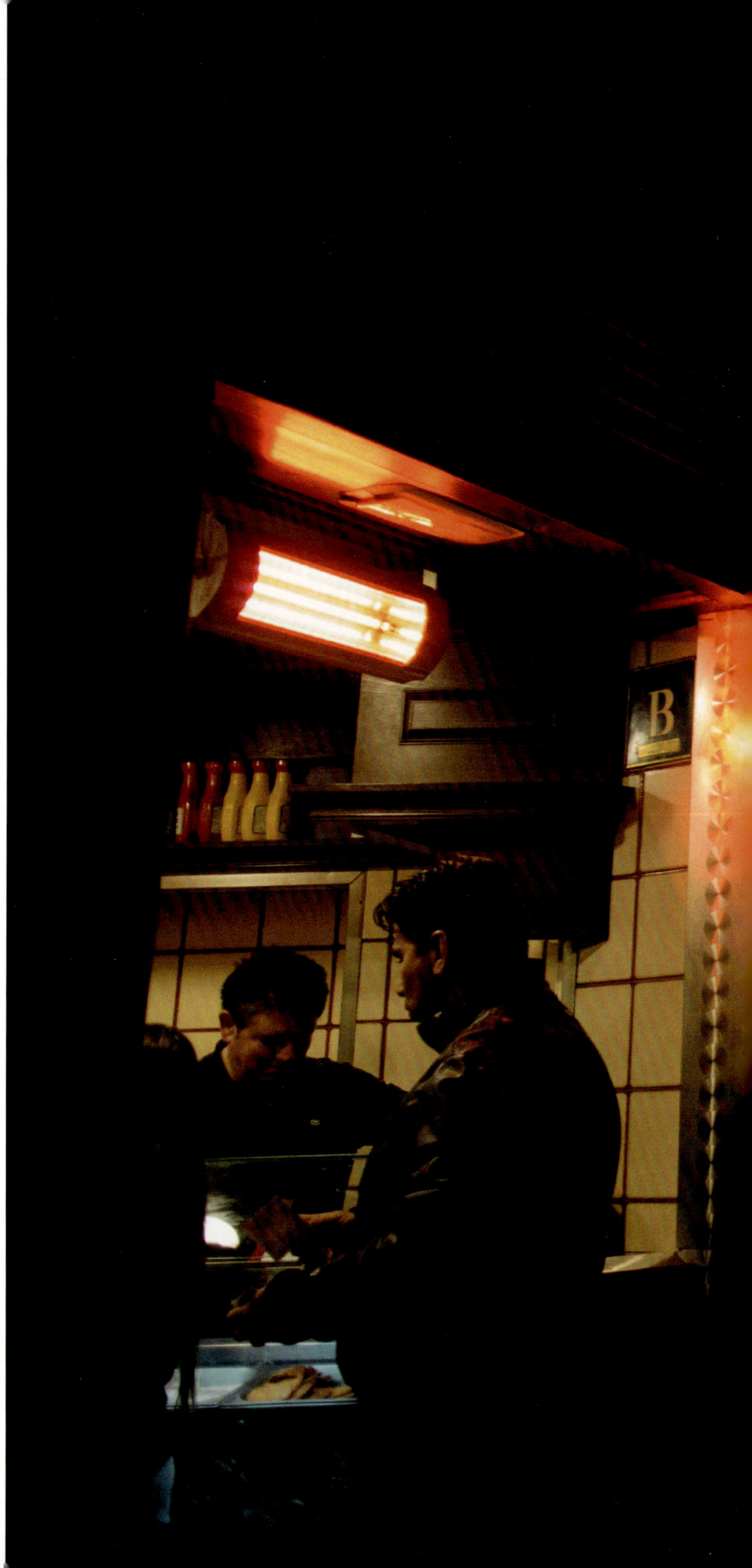

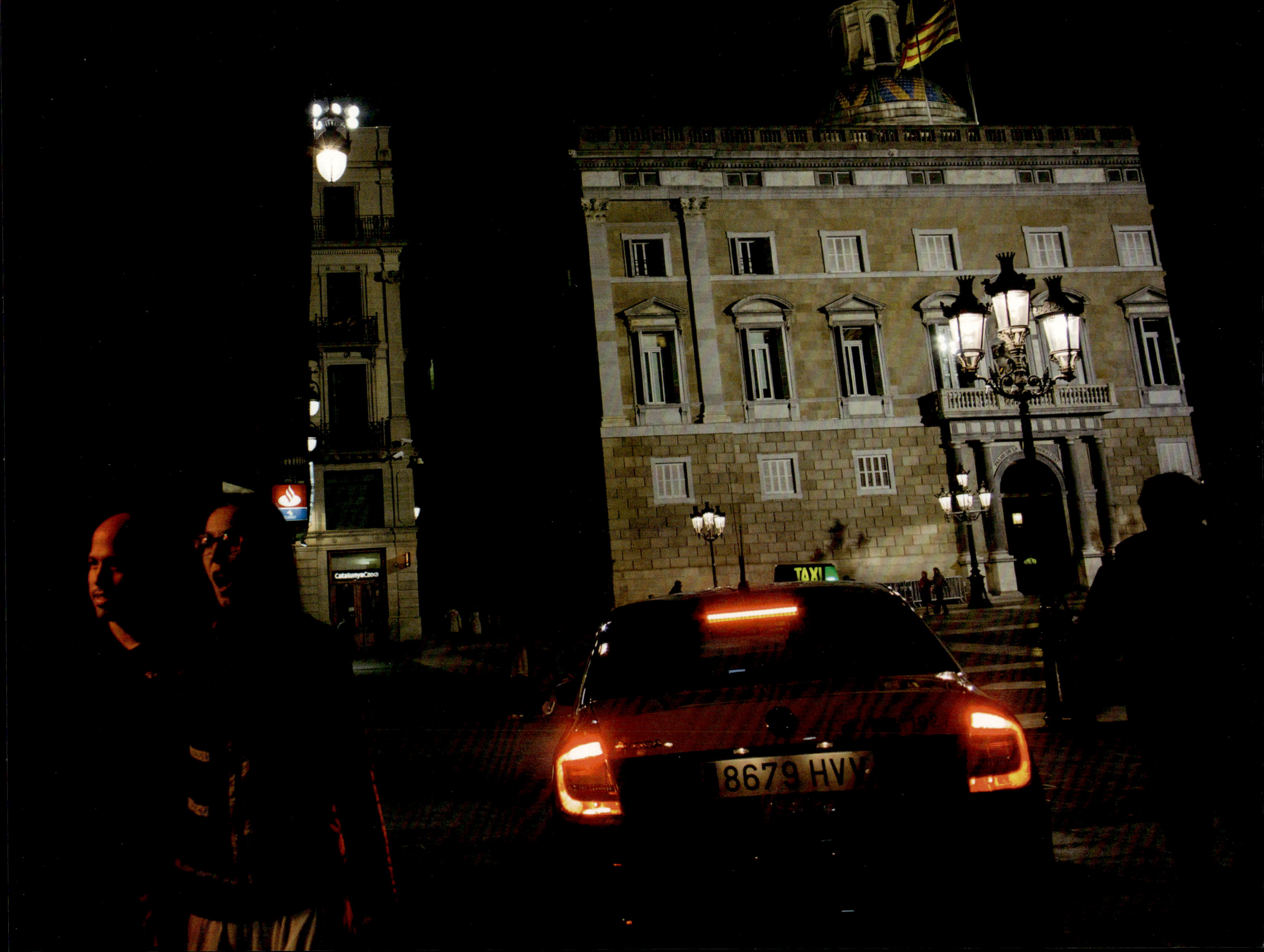
CatalunyaCaixa
TAXI
8679 HVY

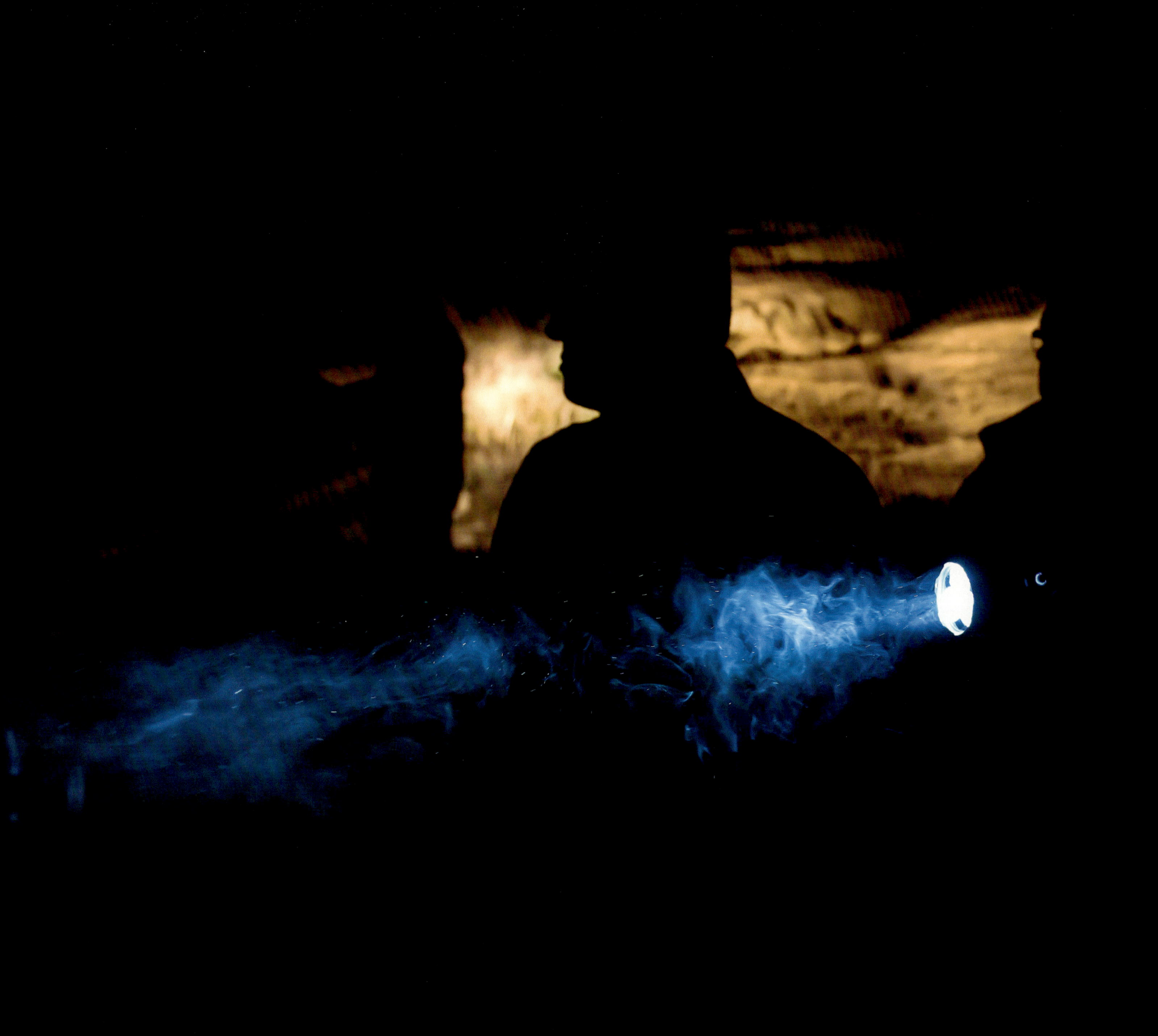

29_03_14 | **JORDI V. POU.** A ALCARRÀS (SEGRIÀ), A LES 00:05 H.

TORNA EL SOMETENT. **Patrulla nocturna del Sometent d'Alcarràs, primer municipi a organitzar patrulles per evitar robatoris. Dissolt pel Senat espanyol el 1978, va ser una organització paramilitar d'autoprotecció civil típica catalana.**

Deixa que el **Jordi** t'expliqui la seva foto.

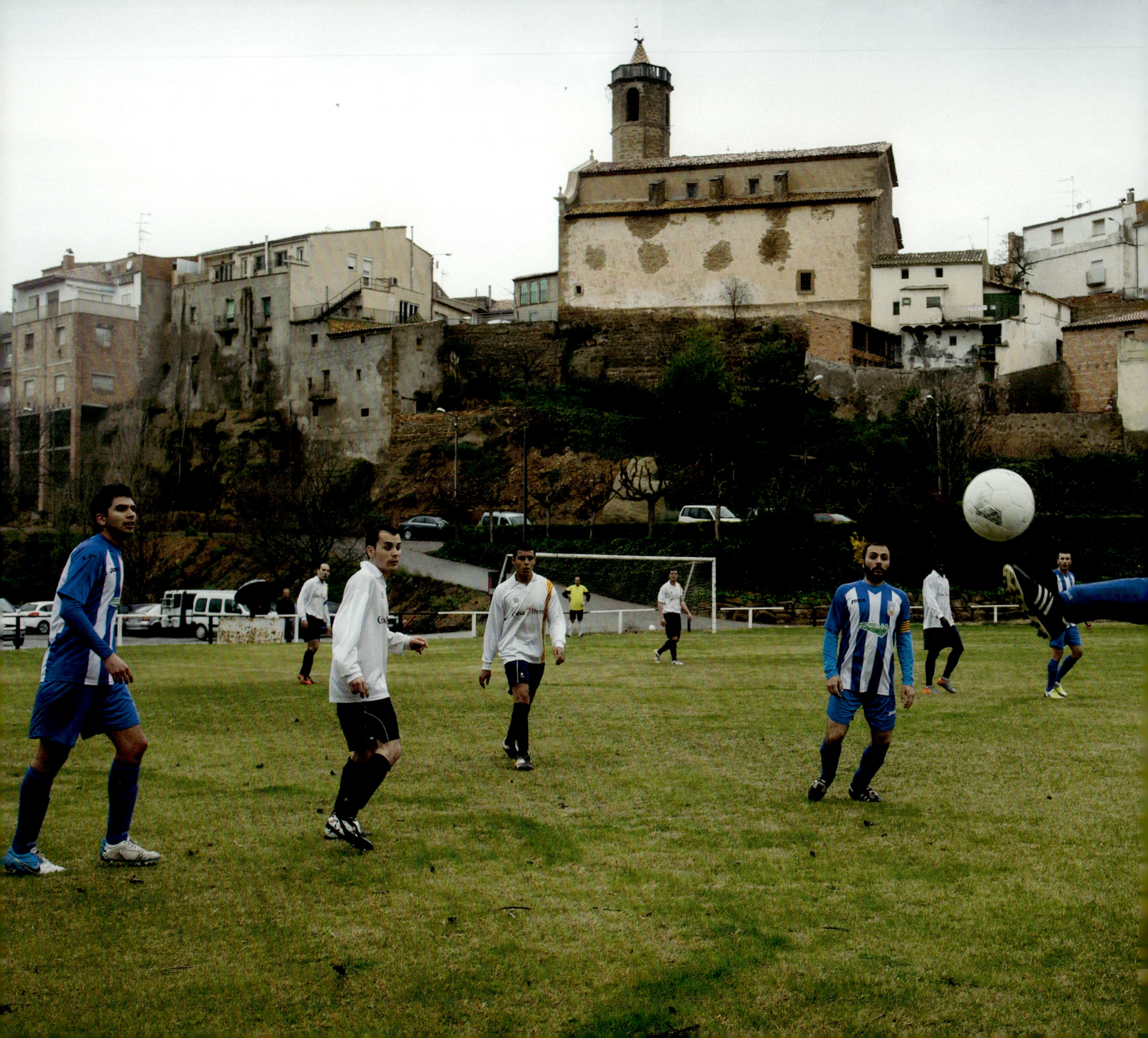

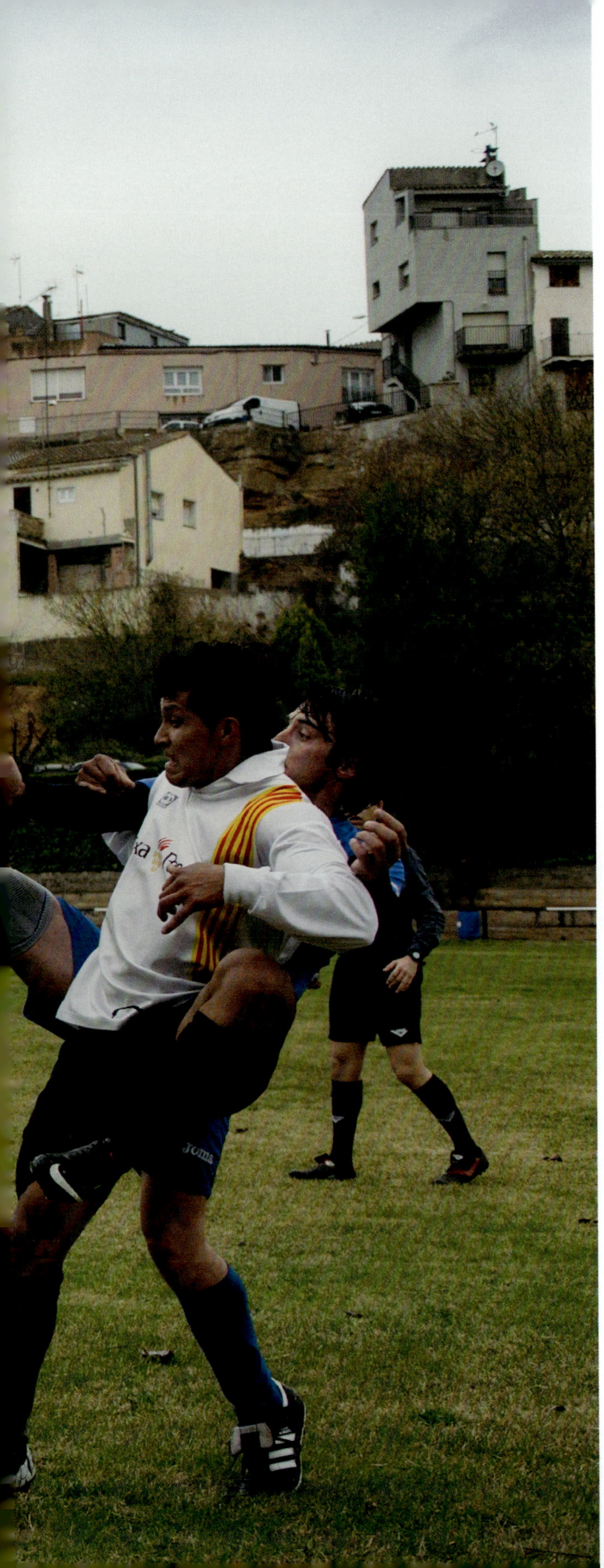

30_03_14 | **PERE PUNTÍ.** A BUTSÈNIT D'URGELL (NOGUERA), A LES 17:25 H.

ESPORT D'ARREL. El Butsènit C.A. de la quarta divisió catalana no ha pogut evitar quedar últim del seu grup tot i la victòria per 3-1 contra el Vilanova de l'Aguda. A Catalunya hi ha quasi 9.000 clubs i llicències adscrits a diferents federacions.

Deixa que el **Pere** t'expliqui la seva foto.

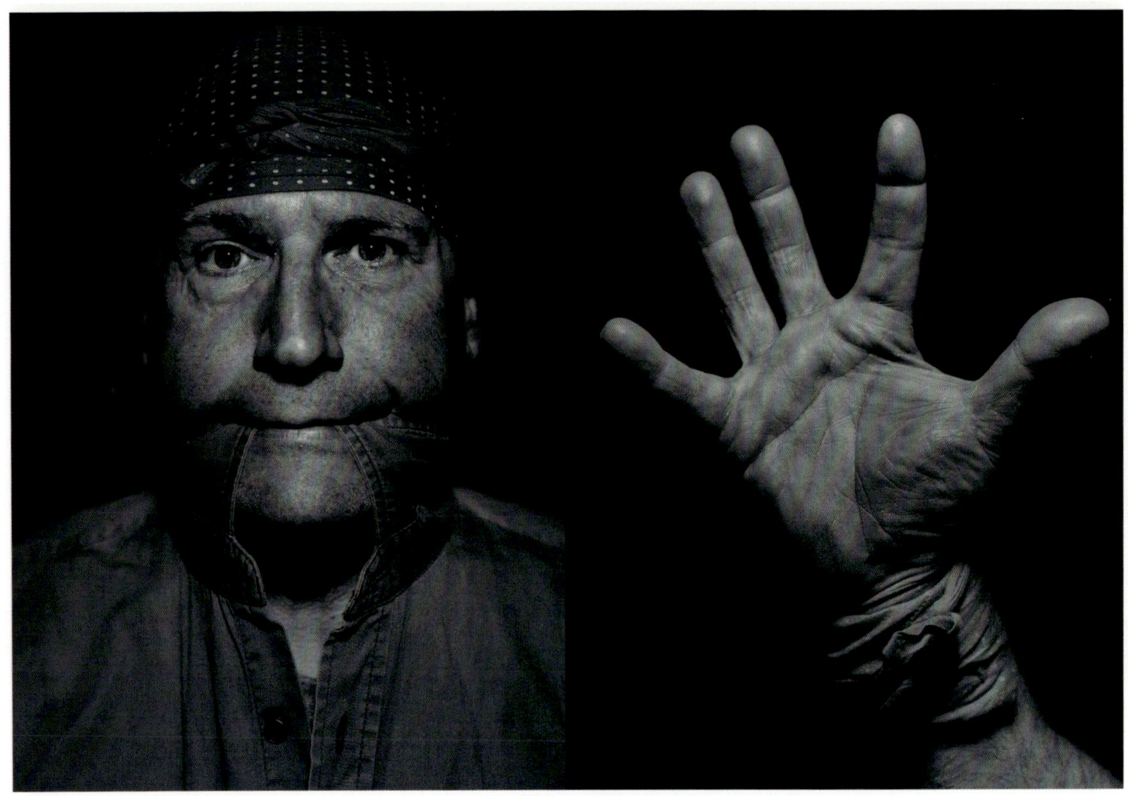

31_03_14 | **ALBERT BERTRAN.** A VILAFRANCA DEL PENEDÈS (ALT PENEDÈS), A LES 20:17 H.

"FORÇA, EQUILIBRI, VALOR I SENY". Manel Martín, vicepresident dels Castellers de Vilafranca, mostra el canell i es mossega el coll de la camisa. Així s'aixeca un castell.

Eduardo Mendoza
ESCRIPTOR

ABRIL. Abril, amb sort, és l'únic mes de primavera que ens toca, entre un hivern molt poc heroic, més humit que fred, i un estiu primerenc, angoixant i prolongat. Malgrat la seva singularitat, el seu caràcter d'espècie en extinció, la presència del dia de Sant Jordi al mes d'abril és tan poderosa que sembla que sigui sant Jordi en persona qui porta el bon temps: fulles verdes, aire tebi i cel blau, barrejats amb xàfecs traïdors. Sigui com vulgui, el 23 d'abril és festa laica i Barcelona surt al carrer. En la meva infància, del 23 d'abril abans se'n deia Dia del Llibre, després va ser el Dia de Sant Jordi, i els últims temps, la Diada de Sant Jordi, potser en un intent de donar a la festa una connotació política per analogia. Un intent amb resultat marginal, ni tan sols anecdòtic. El Dia de Sant Jordi, els barcelonins surten al carrer perquè sí. Als barcelonins els entusiasma sortir al carrer, demostrar la seva extraordinària capacitat de mobilització. No sé si els catalans som una nació, però no hi ha dubte que som un clan. A totes les ciutats del món, la gent surt al carrer a protestar. A Barcelona, al contrari: de bon rotllo. A favor, no en contra. Si cal protestar, se surt a favor d'anar-hi en contra. Pacífic, alegre i disciplinat, el barceloní gaudeix amb les aglomeracions, com el madrileny es deleix per les cues, veritables tertúlies quilomètriques a l'aire lliure i en fila índia. Els barcelonins preferim fer pinya. El fenomen atreu cada any molts estrangers. Als seus països surten de l'hivern i aquí ja deambulem i fem el vermut a les terrasses dels bars. El clima, la gentada i l'alegria que es respira deixen meravellat el foraster. Tot això és pels llibres? Sí i no. Al cap i a la fi, els llibres es poden comprar qualsevol dia. Doncs, si no és pels llibres, on va tanta gent? I el barceloní esbossa un somriure condescendent i respon: "Però, home, que no ho veieu? Enlloc!".

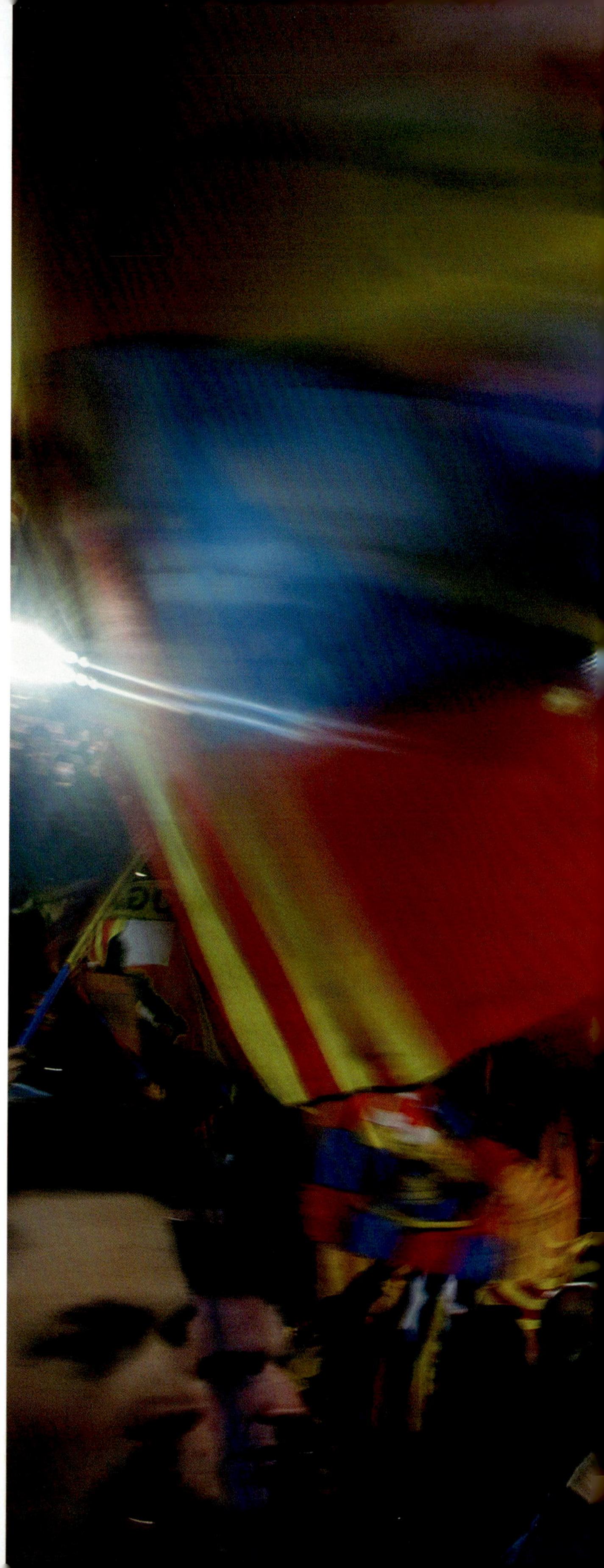

JORDI COTRINA. A BARCELONA, A LES 19:40 H. | 01_04_14

MÉS QUE UN CLUB. Senyeres i banderes del FC Barcelona onegen al Camp Nou abans de l'inici del partit de la Champions contra l'Atlético de Madrid.

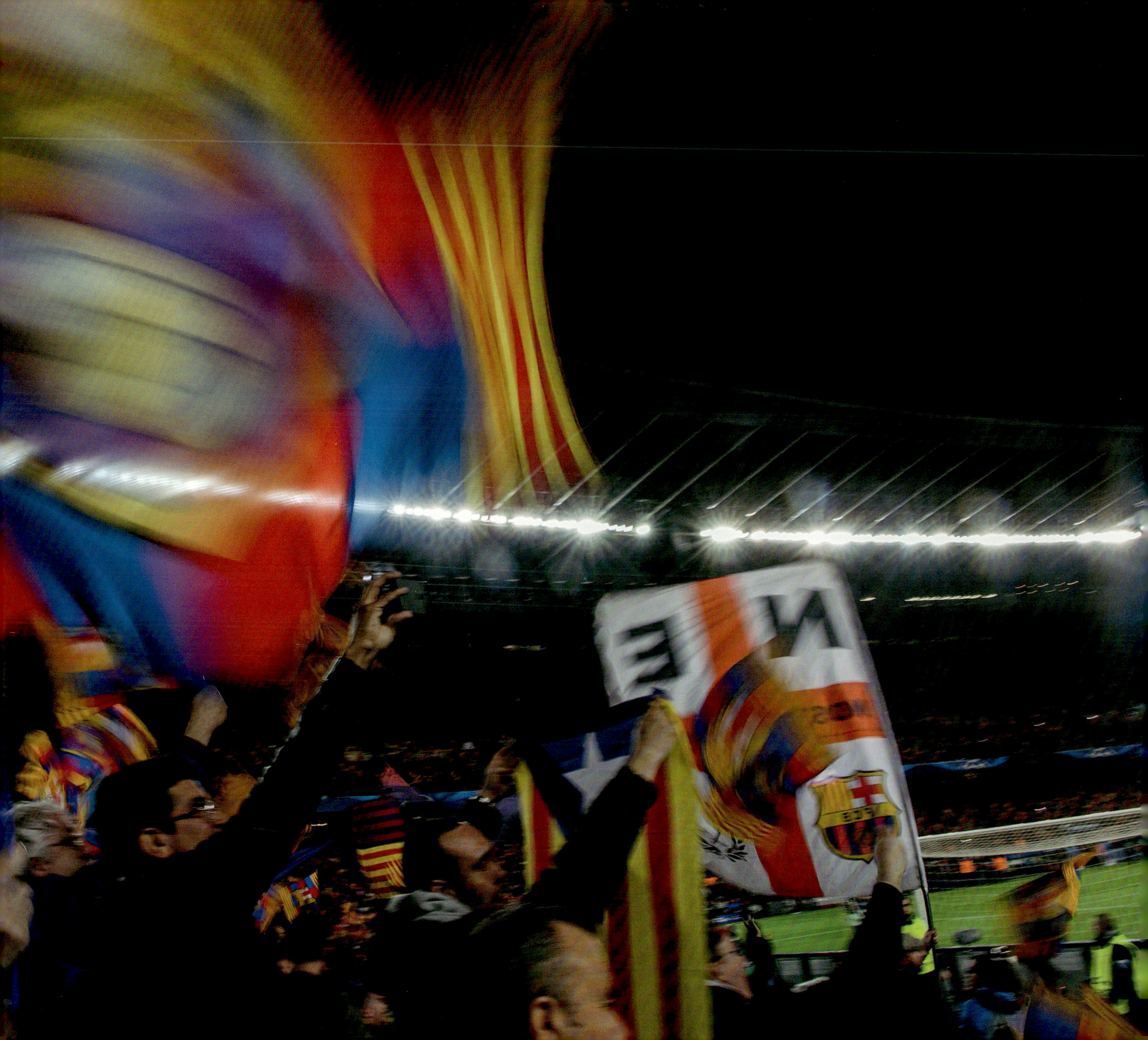

02_04_14 | JOAN GUERRERO. A SANTA COLOMA DE GRAMENET (BARCELONÈS), A LES 11:30 H.

UN NEGOCI PRÒSPER. La crisi ha fet augmentar quasi en un 25% els negocis de compra-venda d'or que s'anuncien en grans cartells.

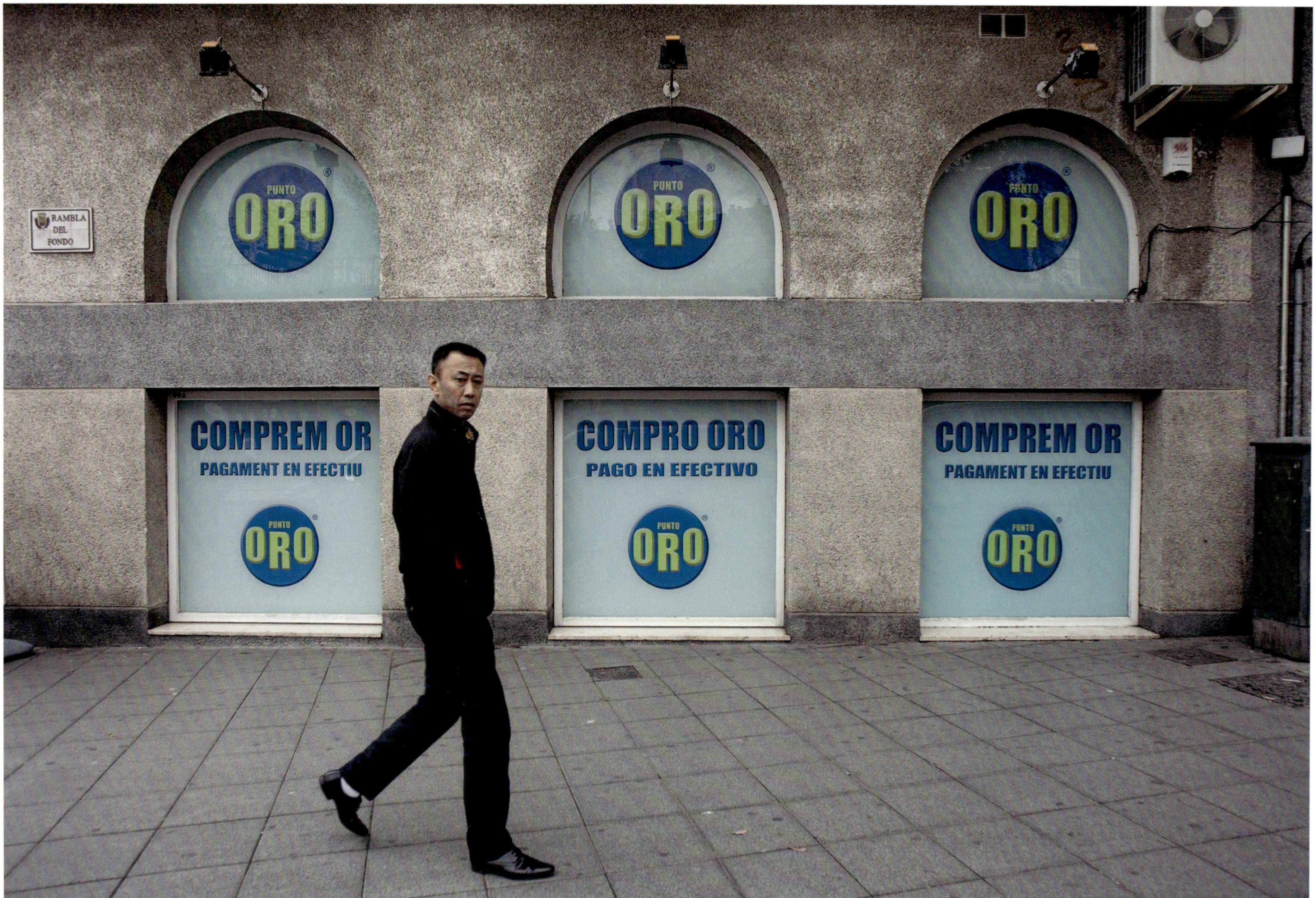

SANTI COGOLLUDO. A TARRAGONA, A LES 13:27 H. | 03_04_14

CIUTAT ROMANA. Una petita botiga a la baixada de la Misericòrdia. Sota la major part dels edificis actuals, s'hi amaguen les restes de l'antiga ciutat romana.

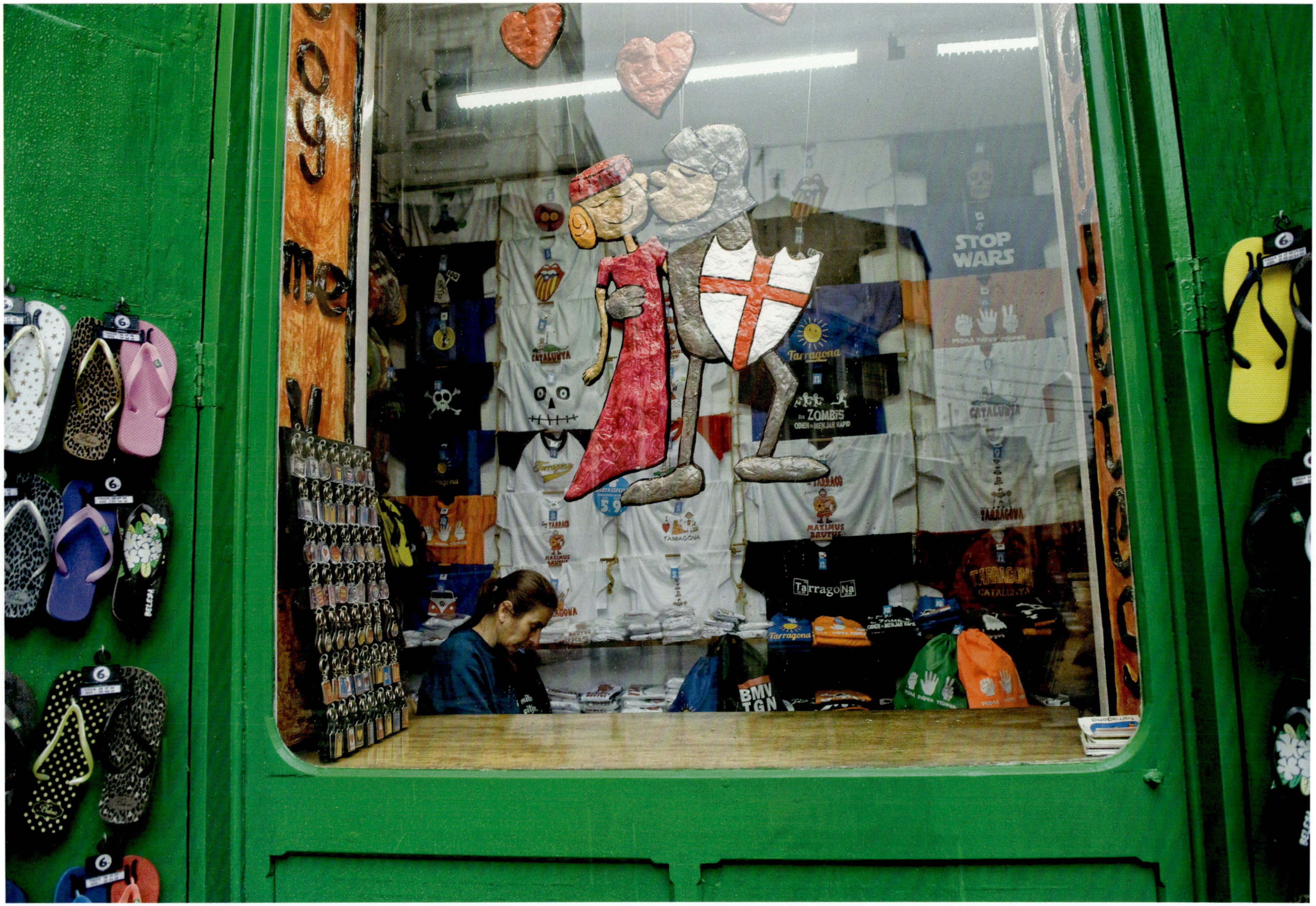

04_04_14 | **FRANCESC MELCION.** A BARCELONA, A LES 19:30 H.

ESPERANT AVANÇAR. Semàfor a la plaça de Catalunya, que connecta el nucli antic amb l'Eixample de Barcelona i és punt de partida de les principals artèries.

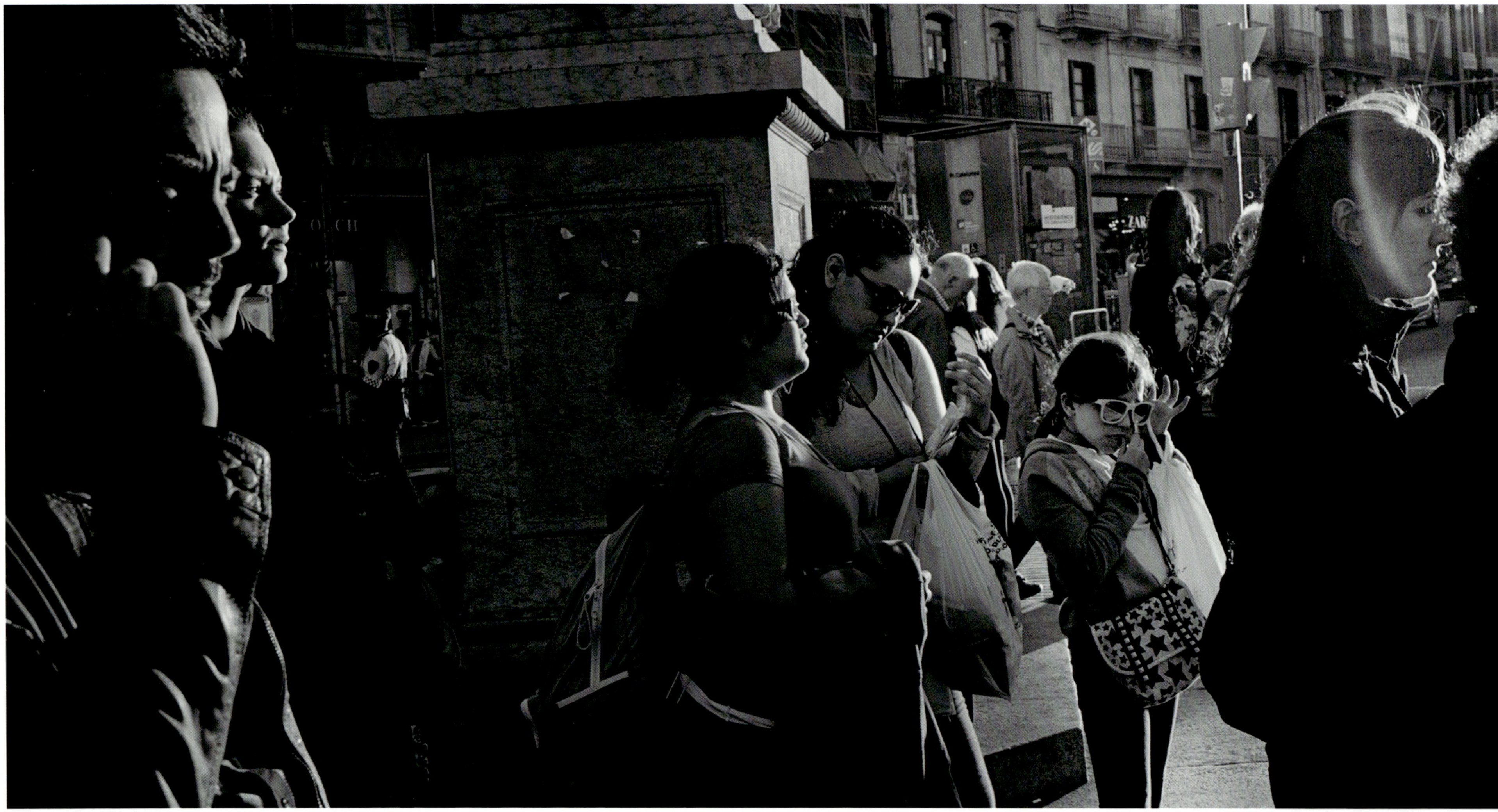

SUSANNA SÁEZ. A CASTELLLET I LA GORNAL (ALT PENEDÈS), A LES 09:17 H. | 05_04_14

PRESERVACIÓ. El castell de Castellet, un dels 560 centres que la Unesco té repartits a 110 països per a la reserva de la biosfera, està dedicat al Mediterrani.

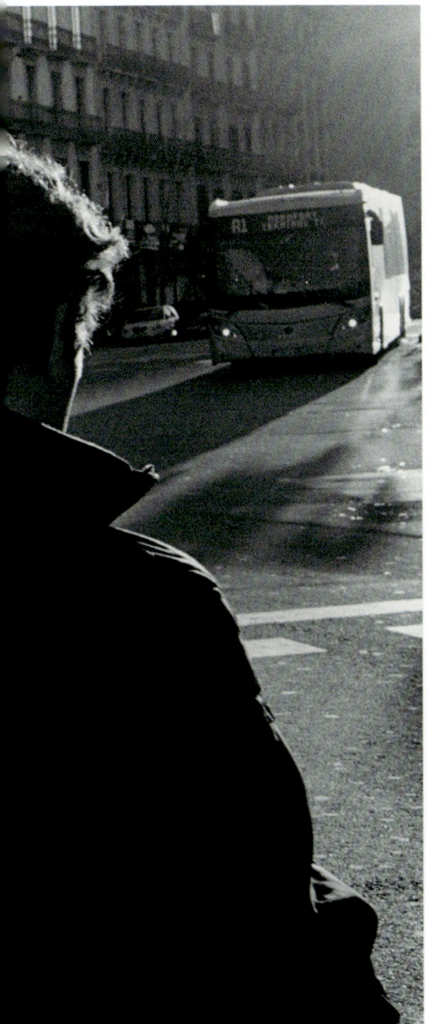

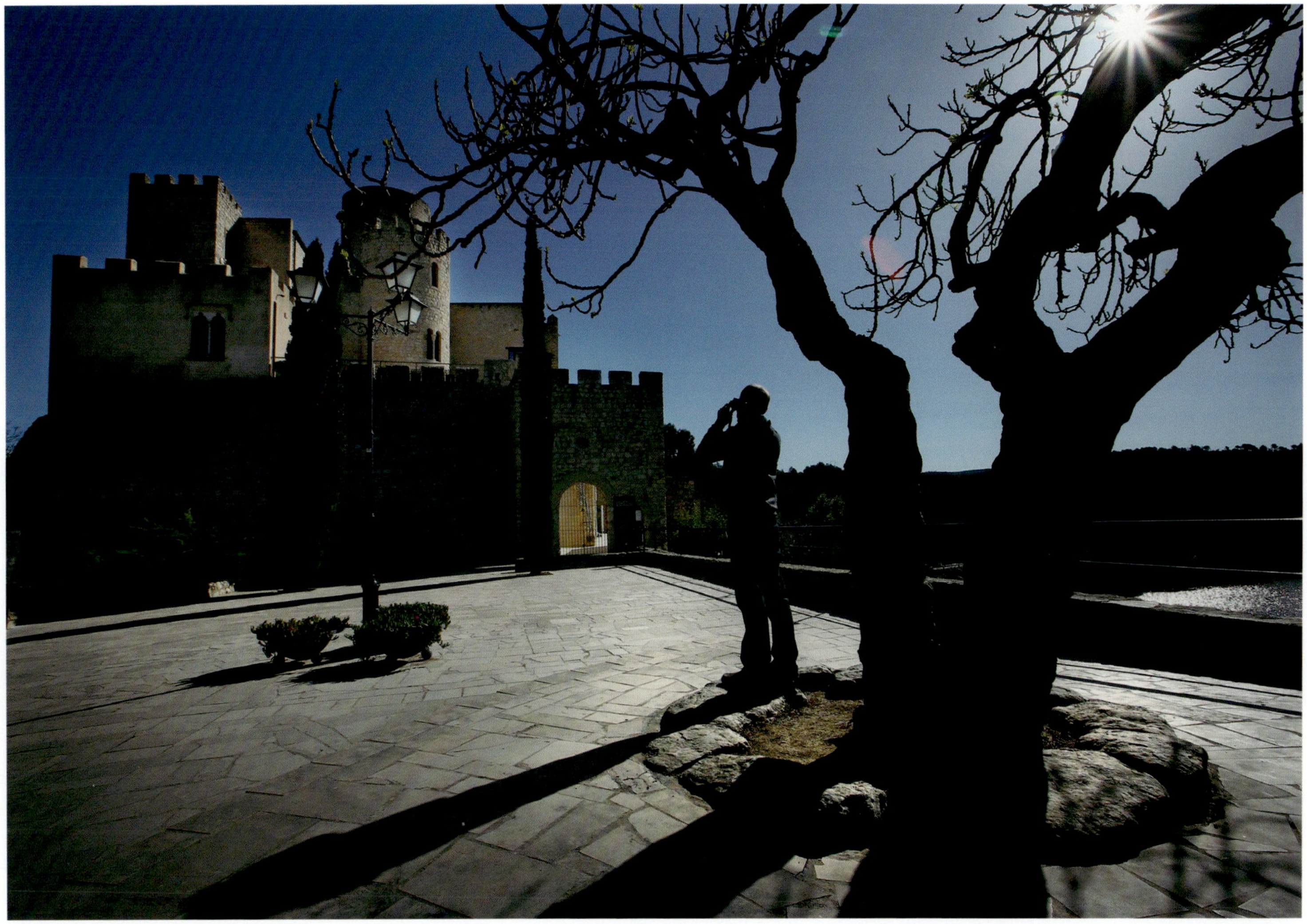

06_04_14 | **TONI ALBIR.** A BARCELONA, A LES 13:30 H.

FESTIVAL DE COLORS. Els colors de l'Índia donen la benvinguda a la primavera a la festa del Holi, organitzada per Bollywood Sitare, on el seny deixa pas a la rauxa.

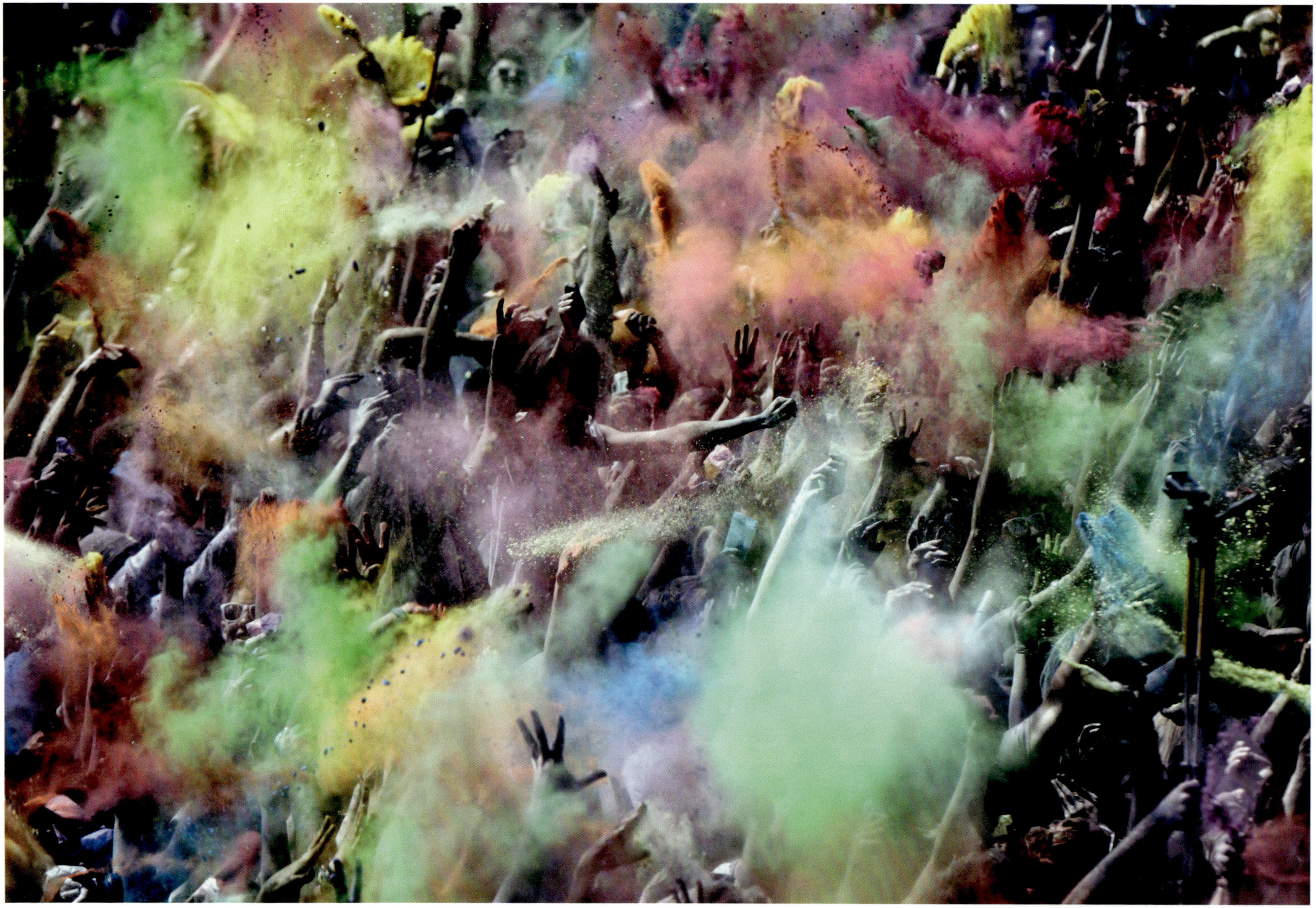

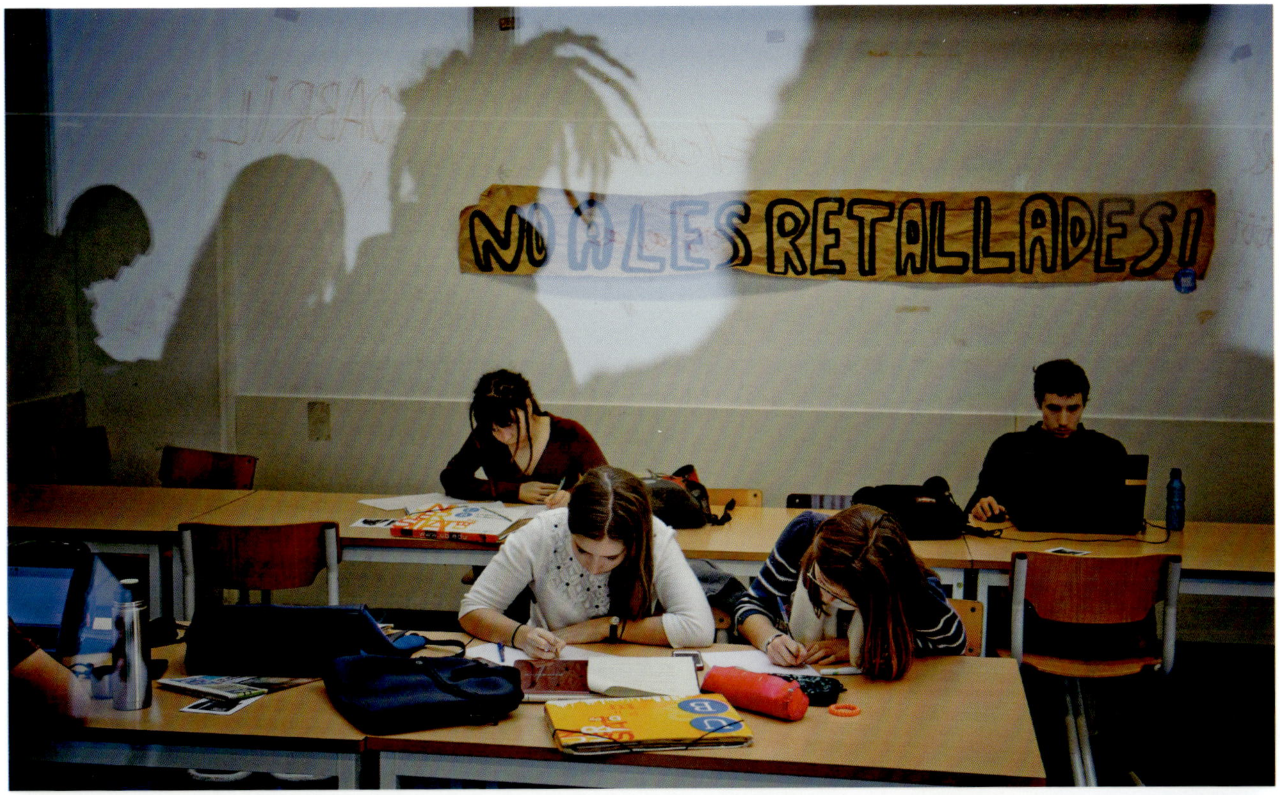

07_04_14 | ÀLEX GARCIA.
A BARCELONA, A LES 11:30 H.

NO A LES RETALLADES. Aula de treball per a estudiants a la Facultat de Física i Química de la UB. Les dràstiques mesures d'austeritat afecten beques i investigació.

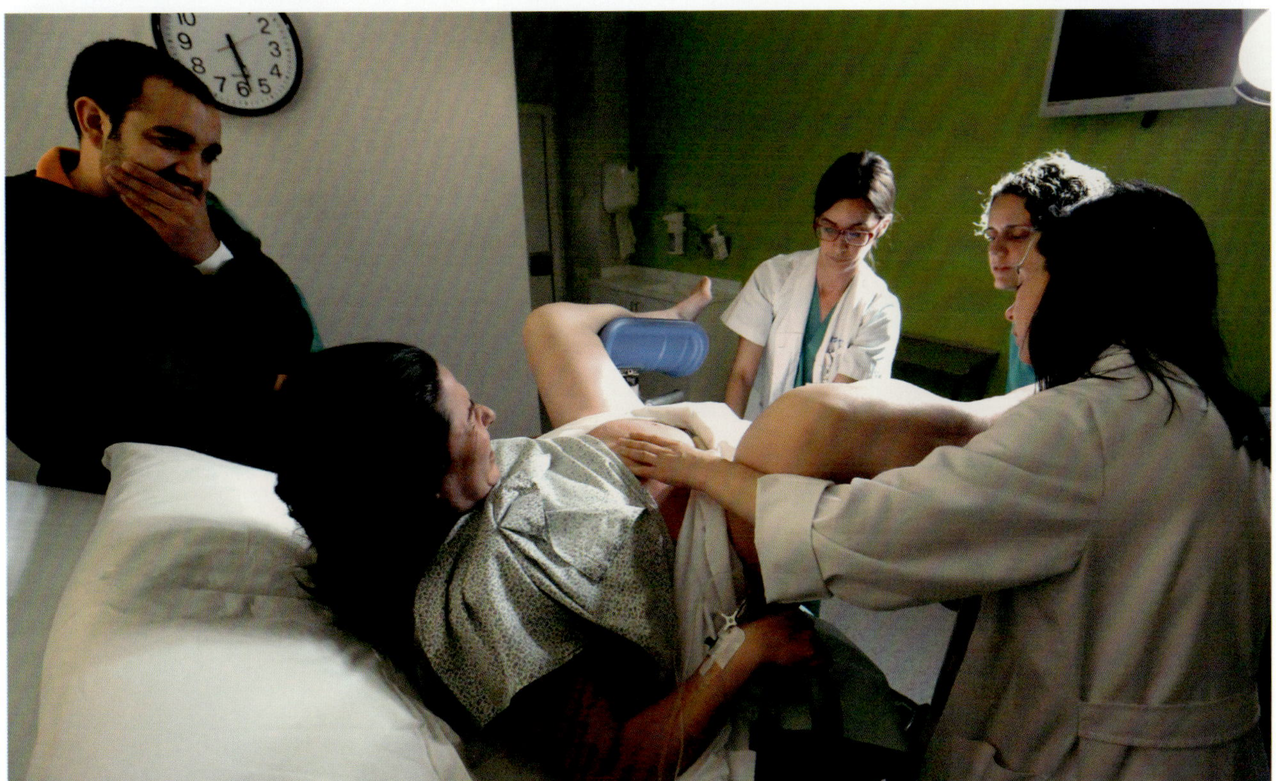

08_04_14 | DANNY CAMINAL.
ESPLUGUES DE LLOBREGAT (BARCELONÈS), A LES 17:28 H.

NATALITAT. L'Anna dóna a llum el seu segon fill, l'Adriana, amb l'Antonio al seu costat, a l'Hospital de Sant Joan de Déu. La natalitat continua sense remuntar per cinquè any.

09_04_14 | **ANA JIMÉNEZ.** A ESPLUGUES DE LLOBREGAT (BARCELONÈS), A LES 17:00 H.

BANC D'ALIMENTS. Les cues del repartiment setmanal d'aliments a la central de la Creu Roja d'Esplugues, on s'atenen 130 famílies, es perpetuen amb la crisi.

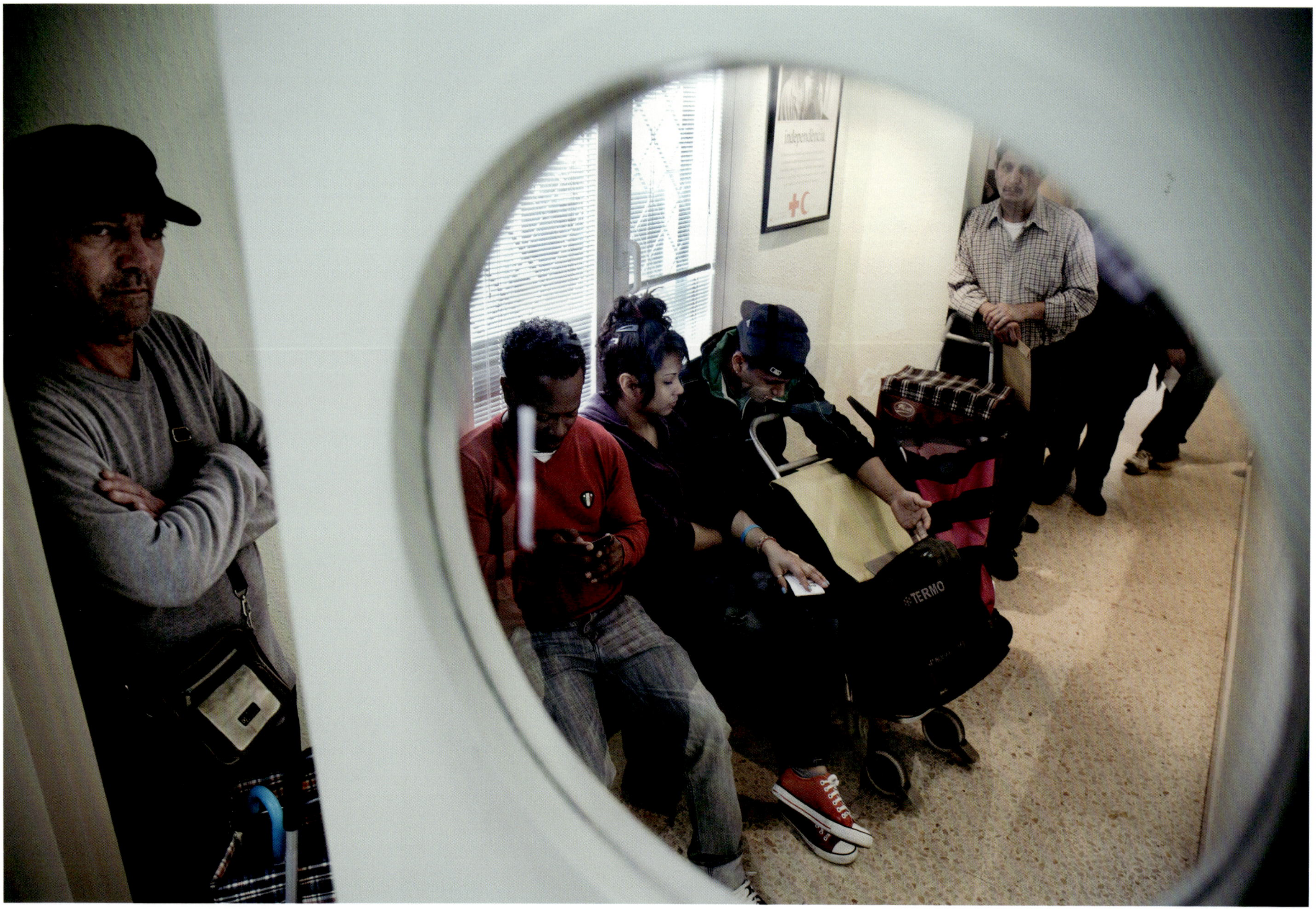

LAURA GUERRERO. A BARCELONA, A LES 01:04 H. | 10_04_14

GRAN METRO. Viatge al passat en un dels trens del primer metro barceloní entre el tram Catalunya-Lesseps. La L3 va ser inaugurada el 1924 i batejada com a Gran Metro.

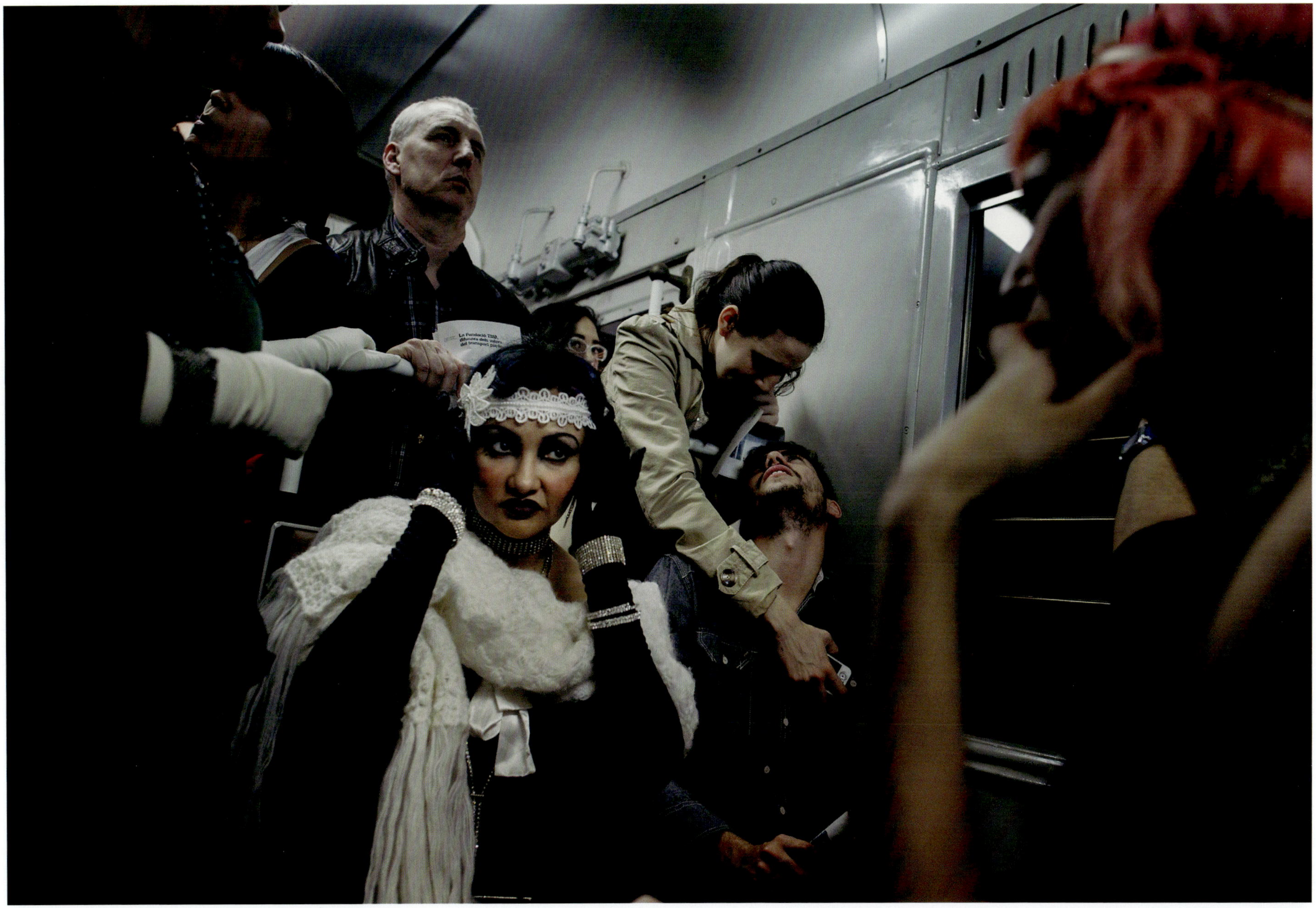

11_04_14 | DAVID AIROB.
A BARCELONA, A LES 15:18 H.

LICEU. Dos violinistes de l'Orquestra del Liceu conversen abans de l'assaig de l'òpera 'La llegenda de la ciutat invisible de Kítej i la donzella Fevrònia' de Rimski-Kórsakov.

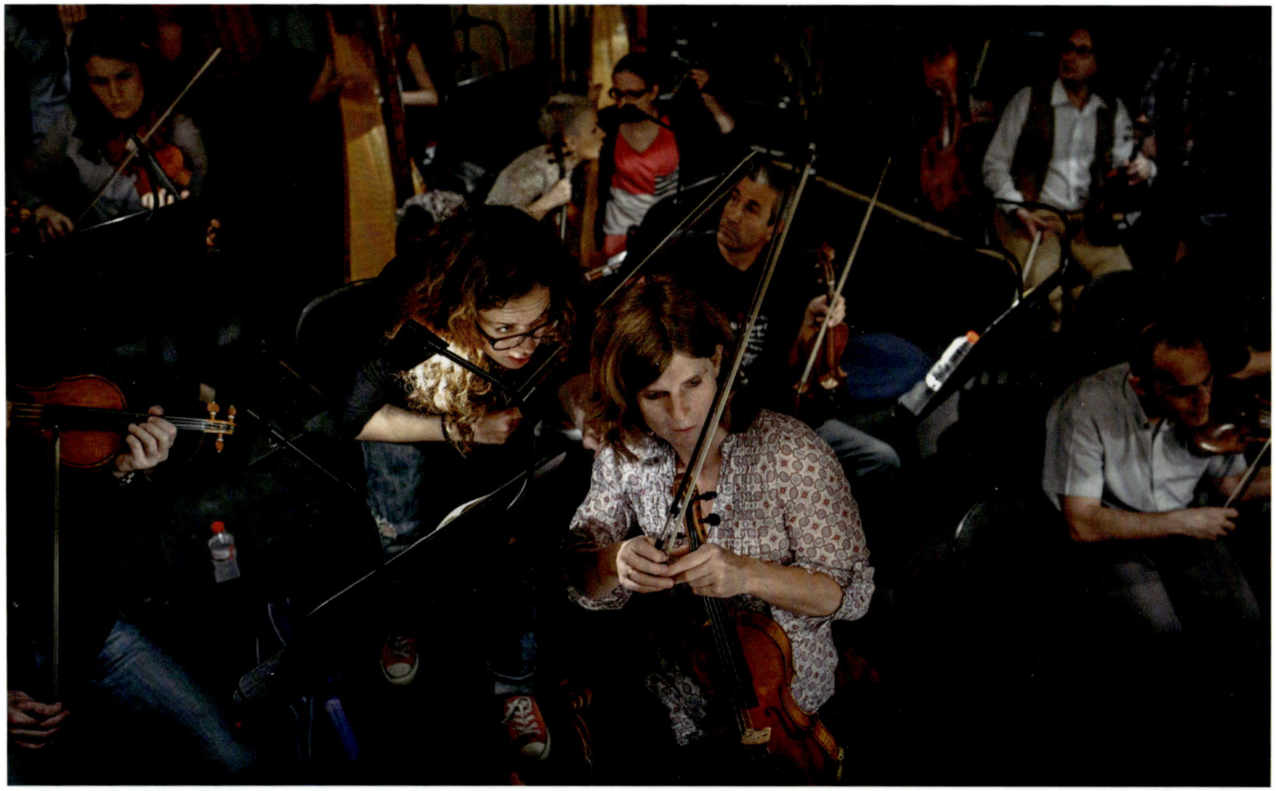

12_04_14 | CARLES RIBAS.
A BARCELONA, A LES 22:23 H.

'BOOM'. La cervesa artesanal ofereix noves oportunitats de negoci i associatives. Un grup de joves d'Àgora Cervesera durant la 3a edició del Barcelona Beer Festival.

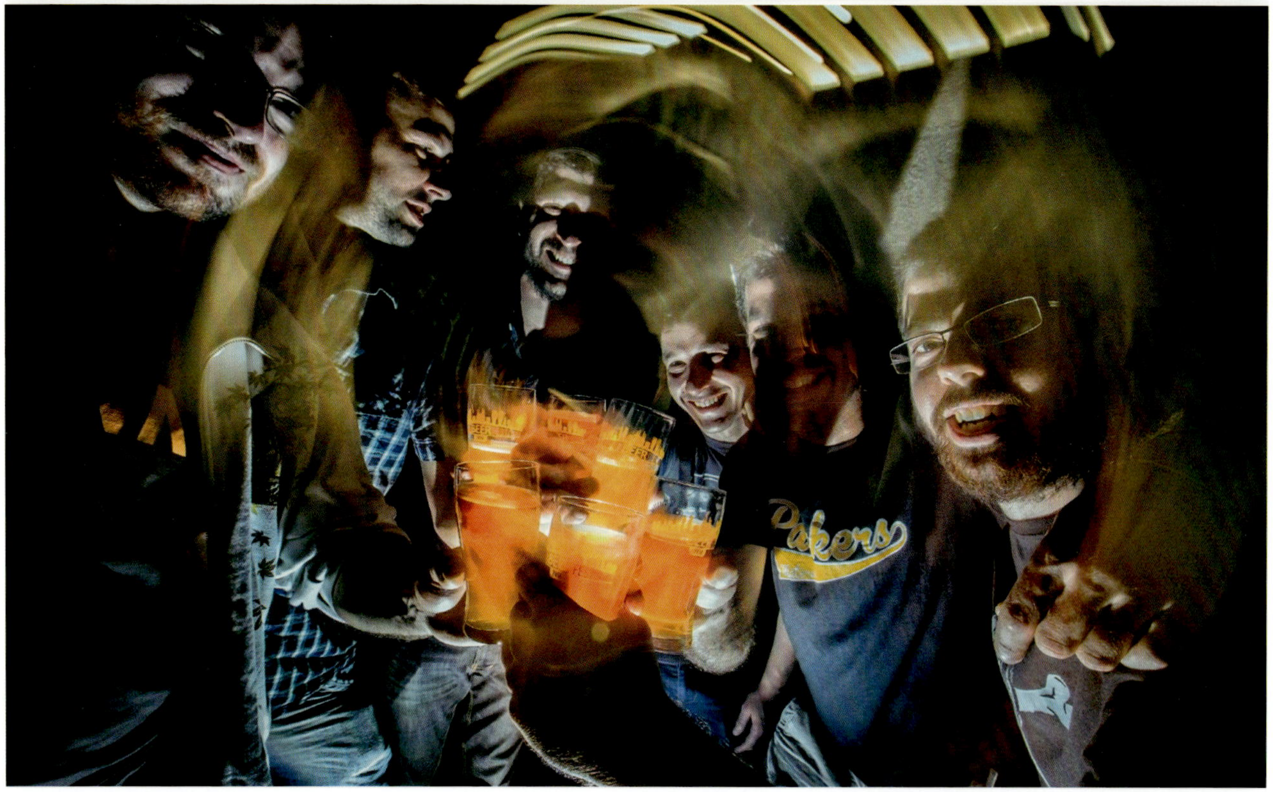

ON BUFA EL VENT. La renovació de l'estelada de Collbaix s'ha convertit en una tradició any rere any. La secció de parapent del Centre Excusionista n'és la responsable.

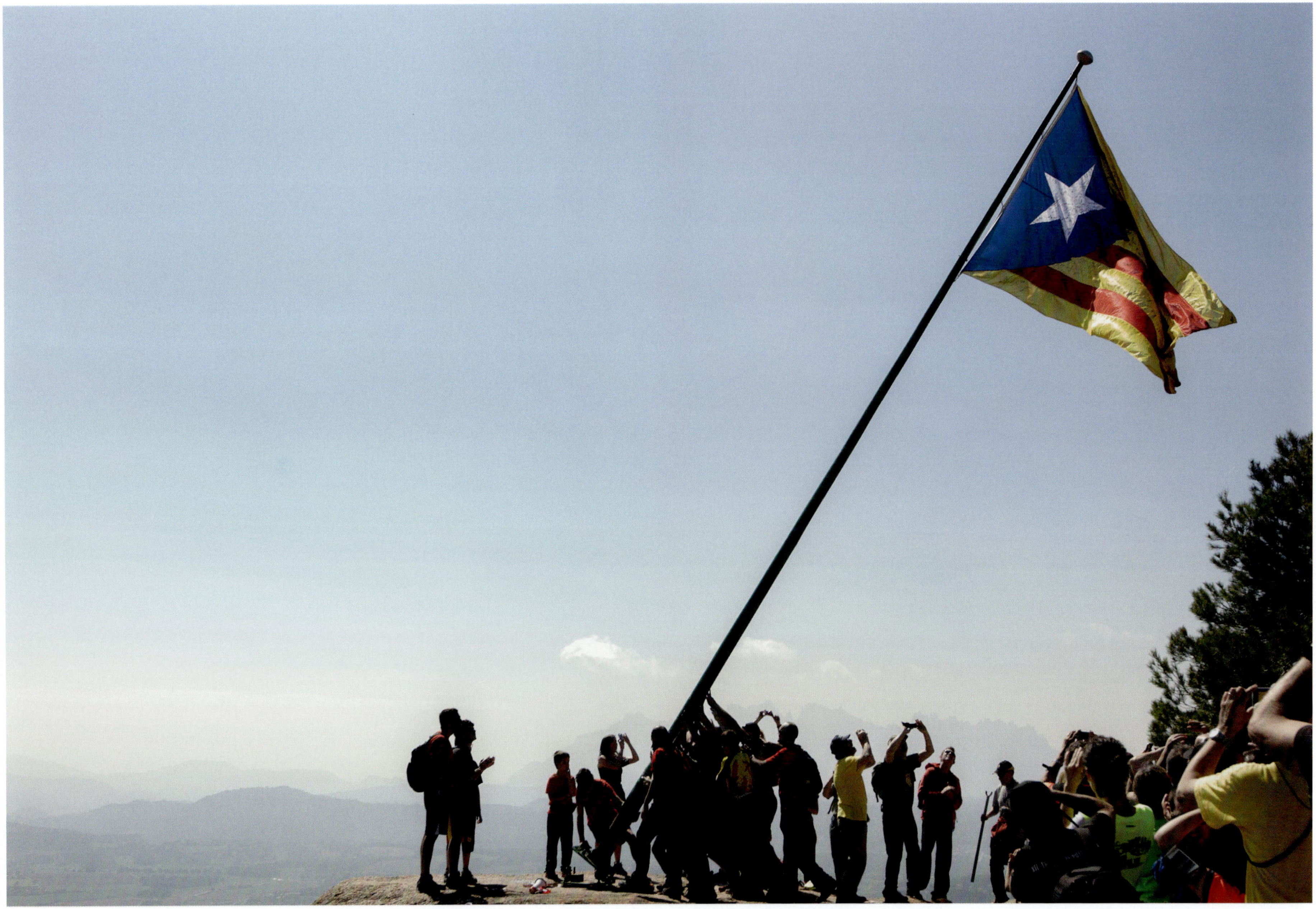

14_04_14 | **MARCEL·LÍ SÀENZ.** AL PARC DE MONTNEGRE I EL CORREDOR (MARESME I VALLÈS ORIENTAL), A LES 16:45 H.

SALVADES. Ramon Masnou és l'impulsor de la introducció de les vaques de L'Albera, en perill d'extinció, a la Vall de Fuirosos. El toro Felip és qui s'ocupa de mantenir el ramat.

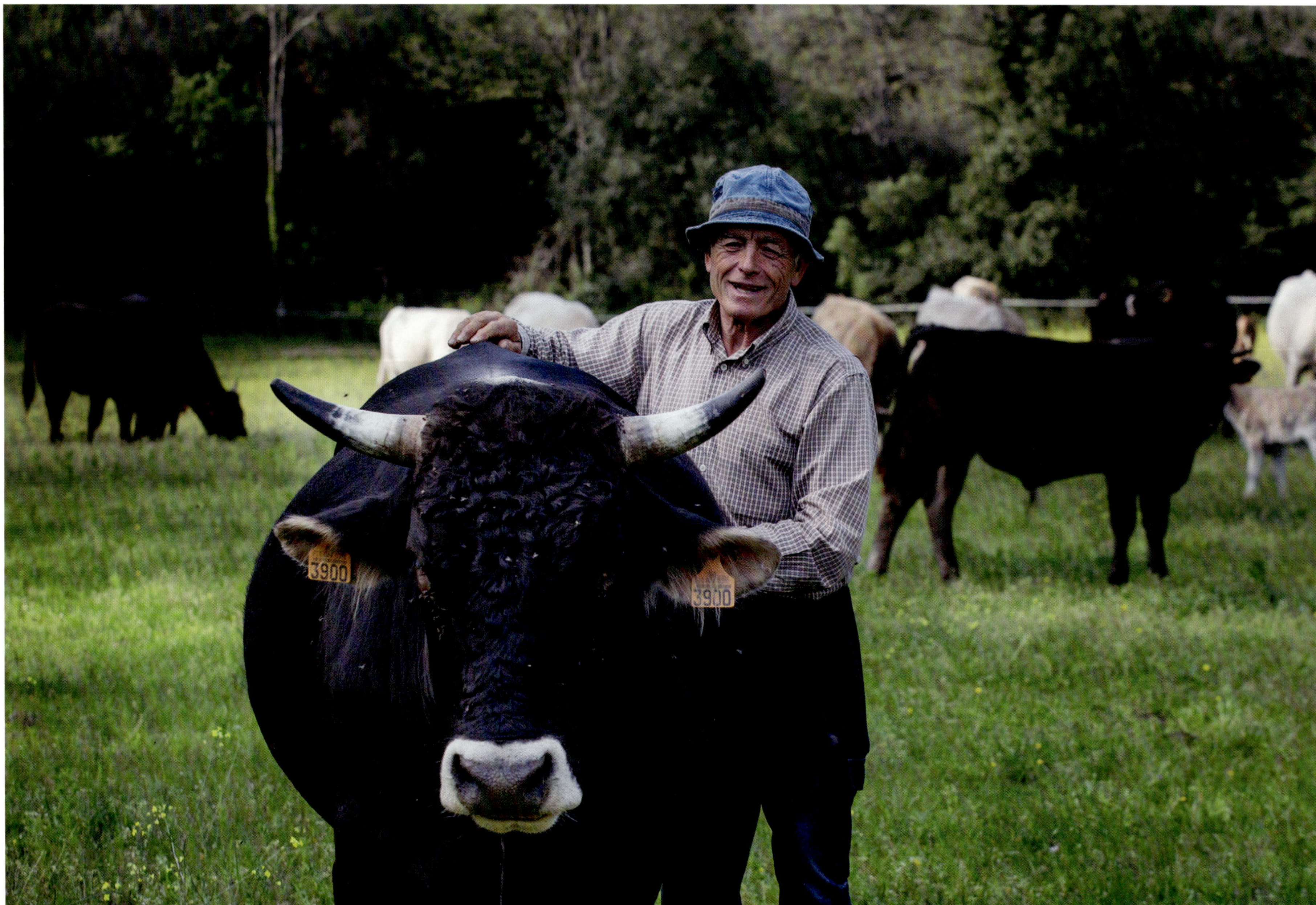

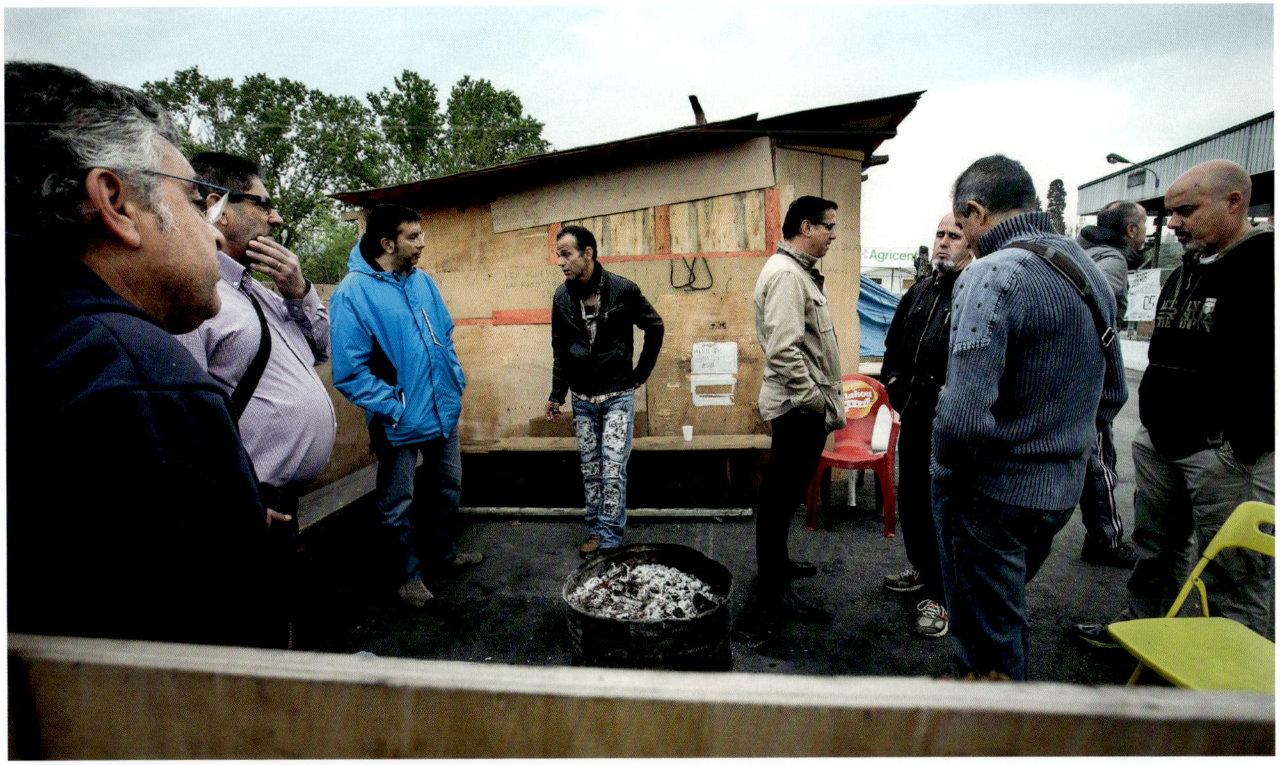

15_04_14 | CRISTINA CALDERER.
SANTA PERPÈTUA DE LA MOGODA (VALLÈS OCC.), A LES 08:00 H.

DRET A VAGA. Treballadors de Panrico en el 182è dia de vaga, la més llarga en quatre dècades des de la restauració de la democràcia. Va durar vuit mesos.

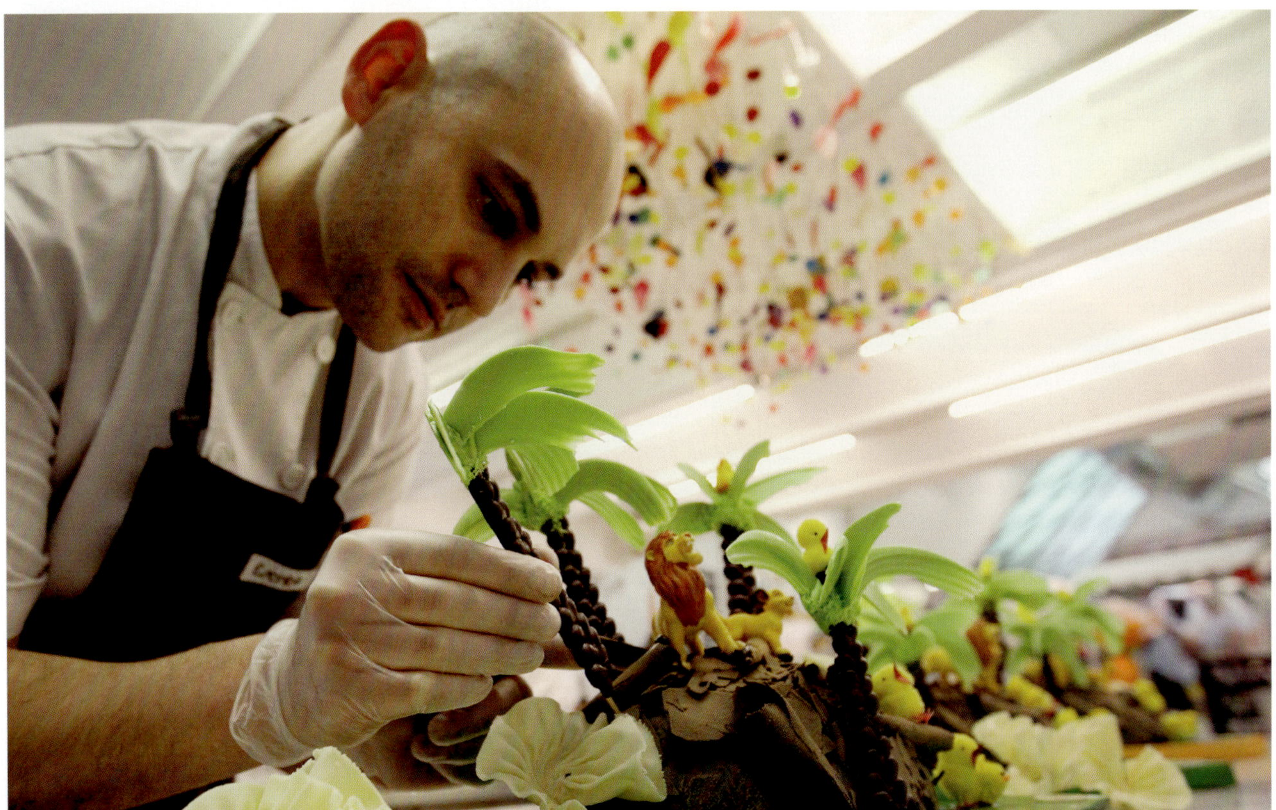

16_04_14 | PERE TORDERA.
A BARCELONA, A LES 11:00 H.

DOLÇ CELESTIAL. A la pastisseria Escribà es preparen mones des de fa 60 anys per Setmana Santa. Els padrins en regalen al seus fillols el Diumenge de Pasqua.

17_04_14 | **ALBERT MASIAS.** A VERGES (BAIX EMPORDÀ), A LES 19:30 H.

RITUS ANCESTRALS. La tradició de la Dansa de la Mort de Dijous Sant perviu només a Verges. Els vestits es guarden en una casa particular, conservant així el misteri.

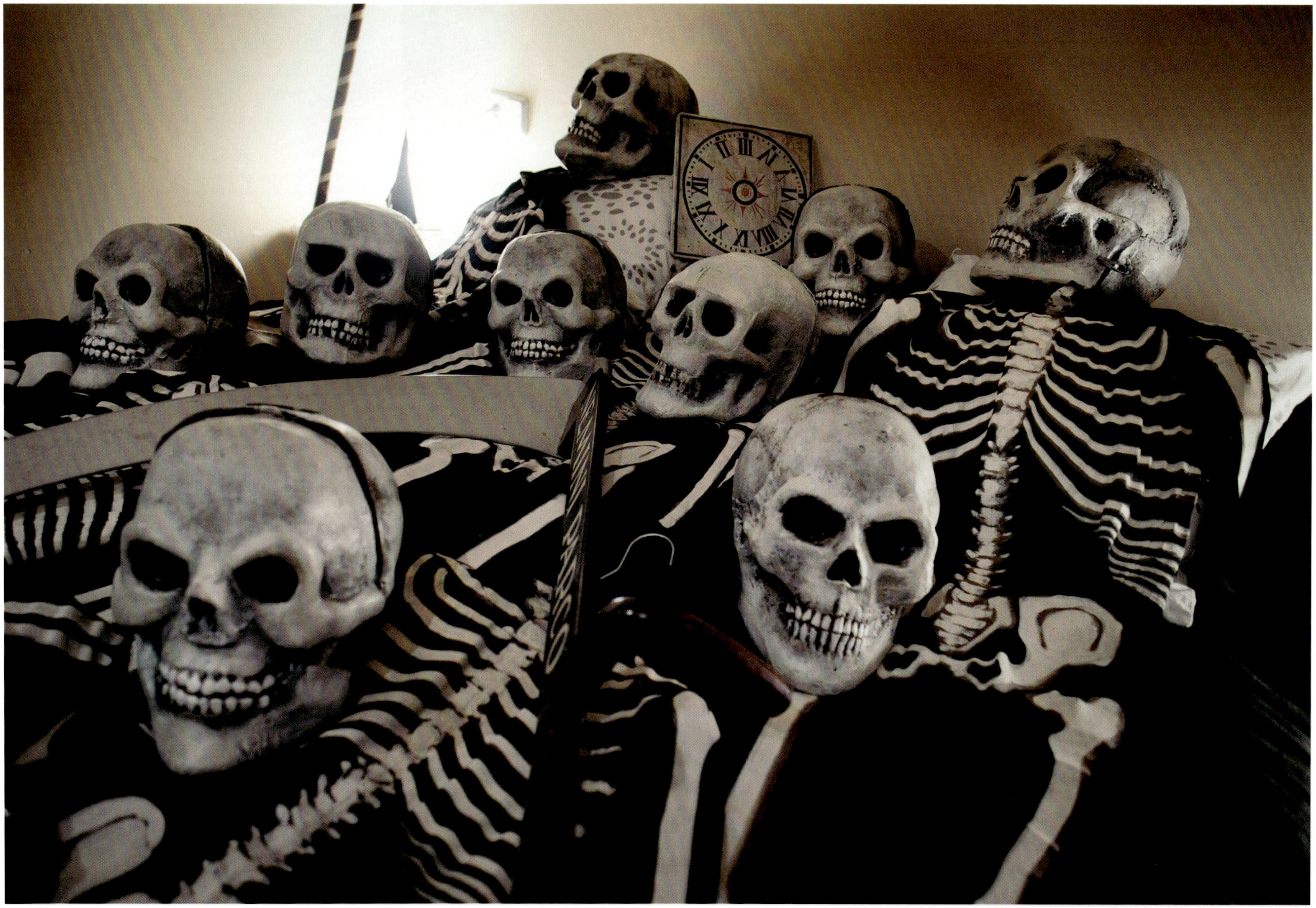

JULIO CARBÓ. A ESPARREGUERA (BAIX LLOBREGAT), A LES 11:04 H. | 18_04_14

PASSIÓ. Un miler de persones, 500 dalt de l'escenari, fan possible cada any la 'Passió' d'Esparreguera. Manel Llopart és Jesucrist a l'escena del Sermó de la Muntanya.

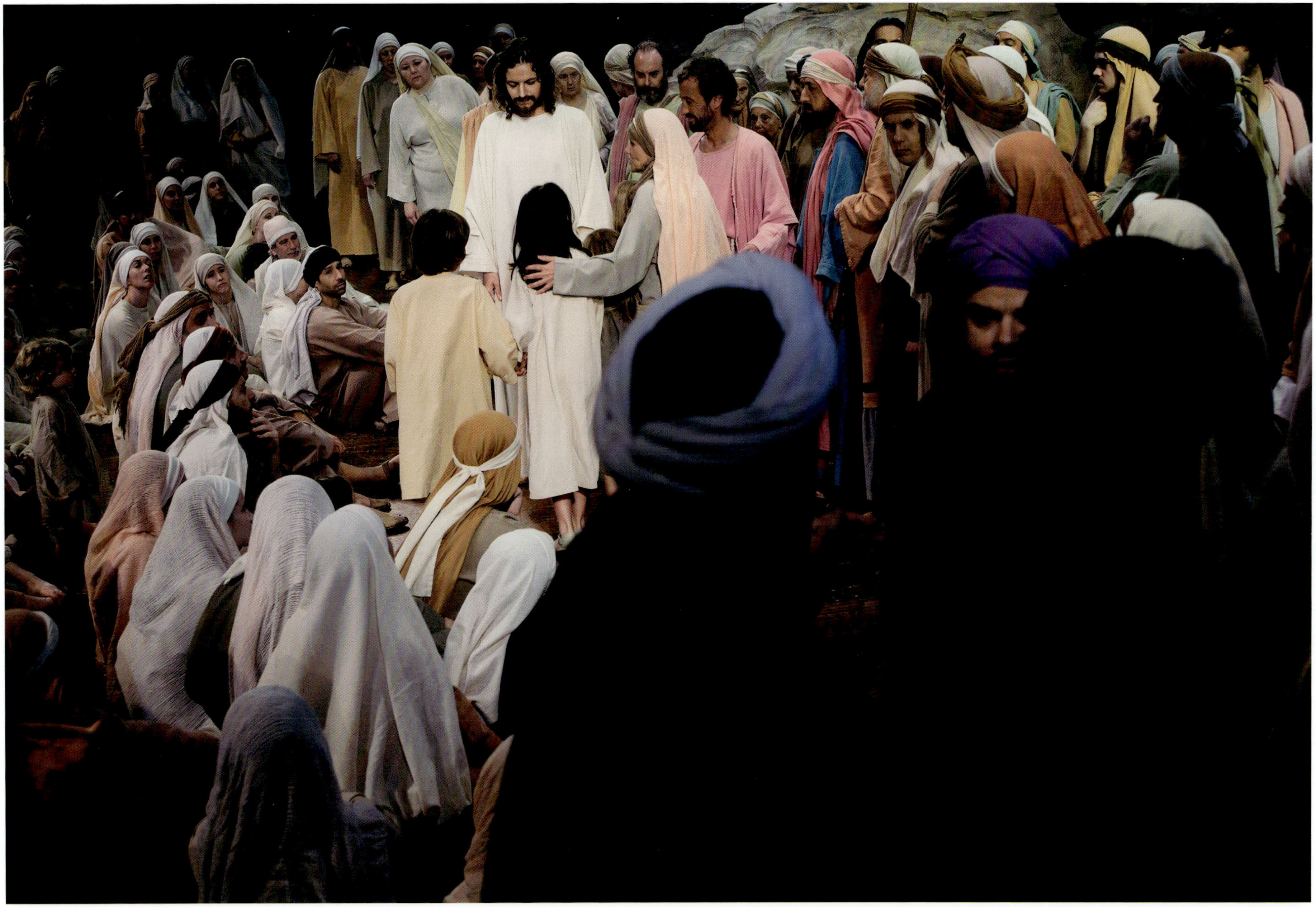

19_04_14 | MIQUEL ANGLARILL.
ELS PRATS DE REI (ANOIA),
A LES 20:00 H.

TRICENTENARI. Cal Codina de la Quadra va ser l'escenari d'un dels episodis de la Guerra de Succesió el 1711. La batalla va endarrerir tres anys la derrota de 1714.

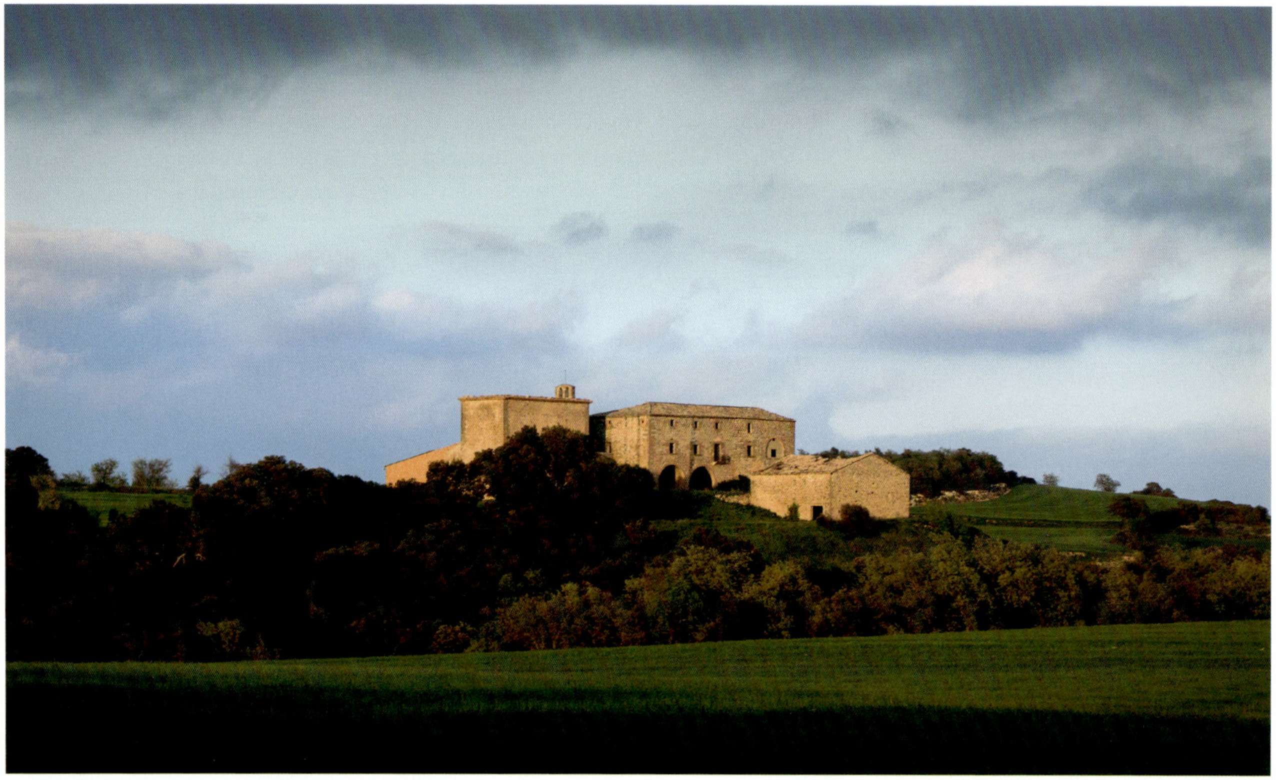

20_04_14 | JOAN MANUEL BALIELLAS.
A CORNELLÀ DEL LLOBREGAT
(BAIX LLOBREGAT), A LES 19:00 H.

ÈXIT. El Pressing Catch combina la teatralitat amb una gran preparació física. Spanish Pro Wrestling, dirigida per Axel Salazar, n'és una de les tres escoles al territori espanyol.

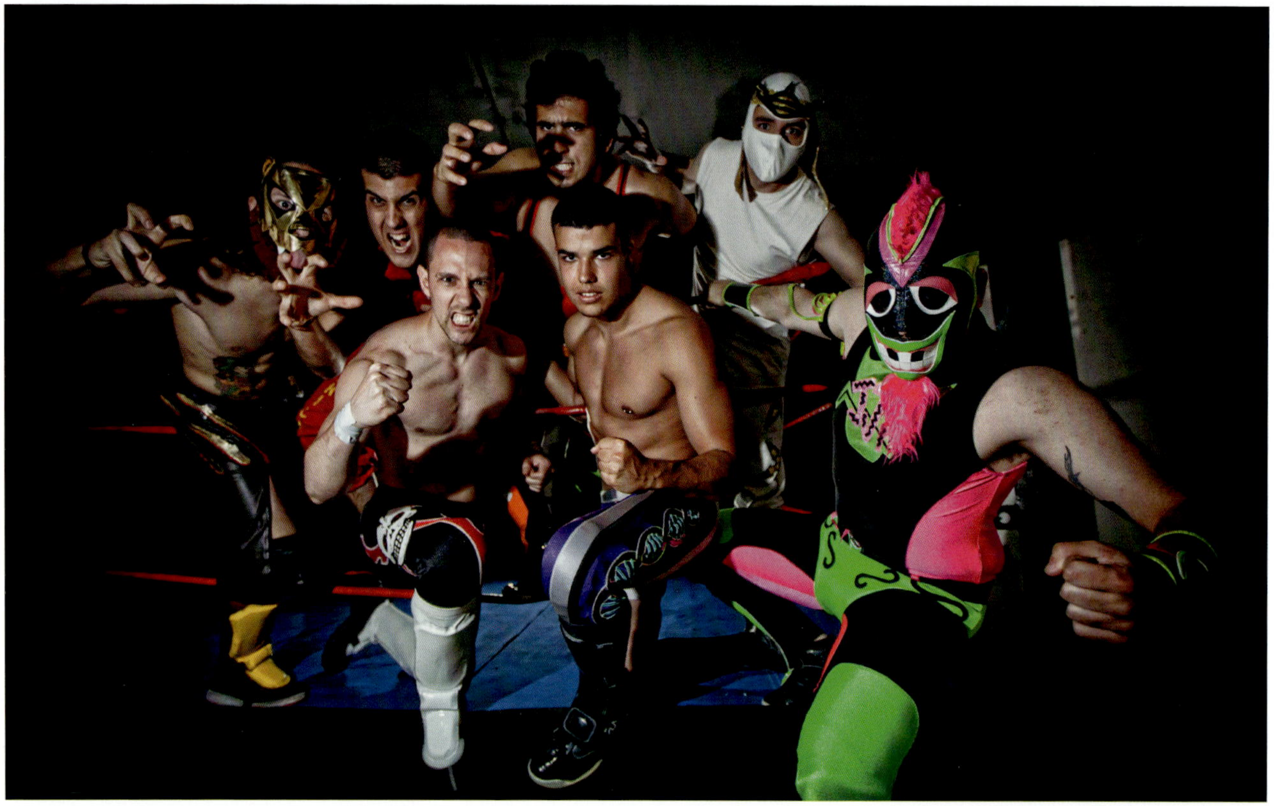

JOSEP LOSADA. A BADALONA (BARCELONÈS), A LES 11:17 H. | 21_04_14

A PEU DE CARRER. Badalona celebra les Caramelles a Baix Mar amb cantades i balls tradicionals el Dilluns de Pasqua, recorrent carrers i omplint el cistell de queviures.

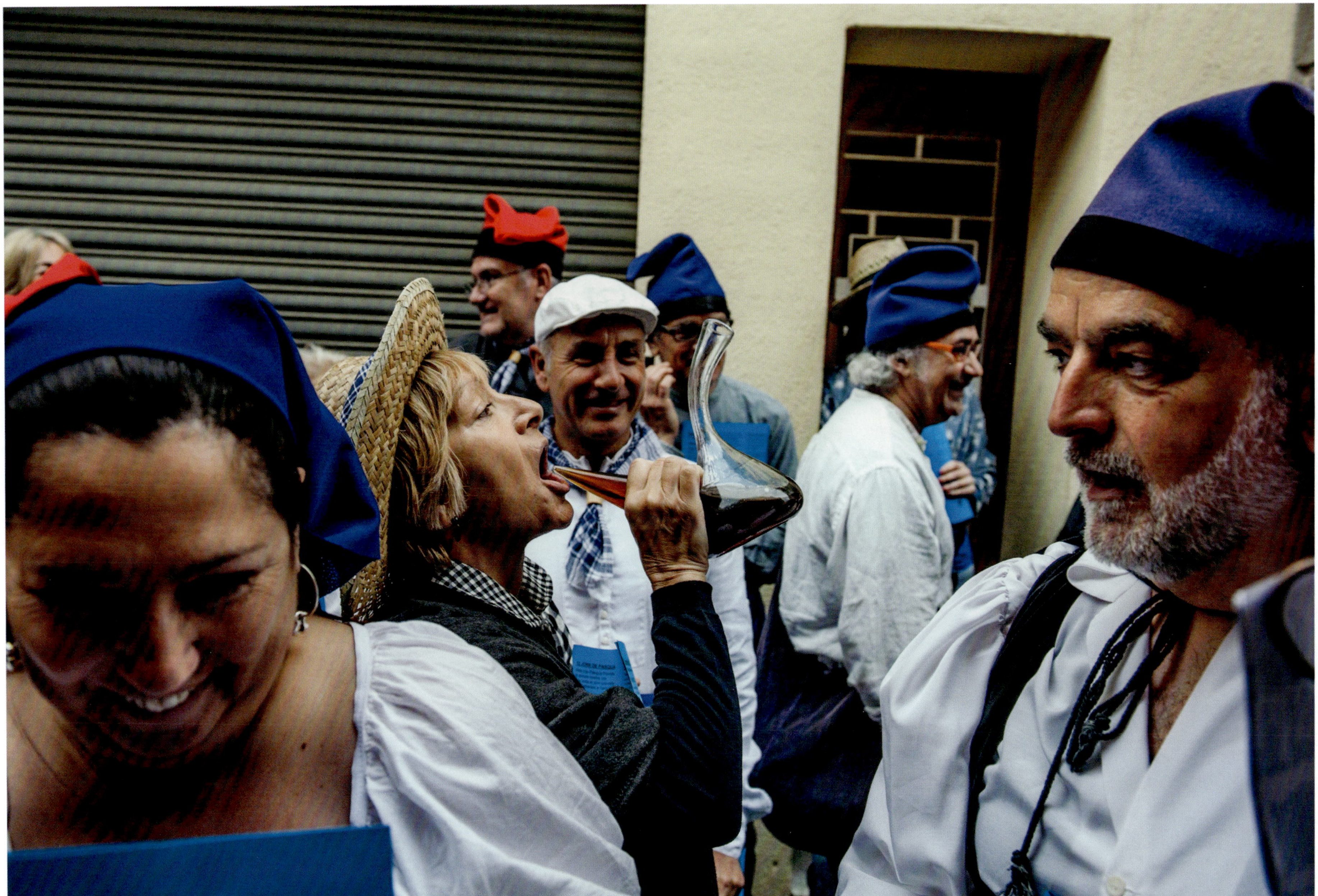

22_04_14 | **INÉS BAUCELLS.** A SANT BOI DE LLOBREGAT (BAIX LLOBREGAT), A LES 13:32 H.

LA ROSA. Tràfec de roses al Mercabarna-Flor per als preparatius de la diada de Sant Jordi. A Catalunya es van comercialitzar 6 milions de roses el 2014.

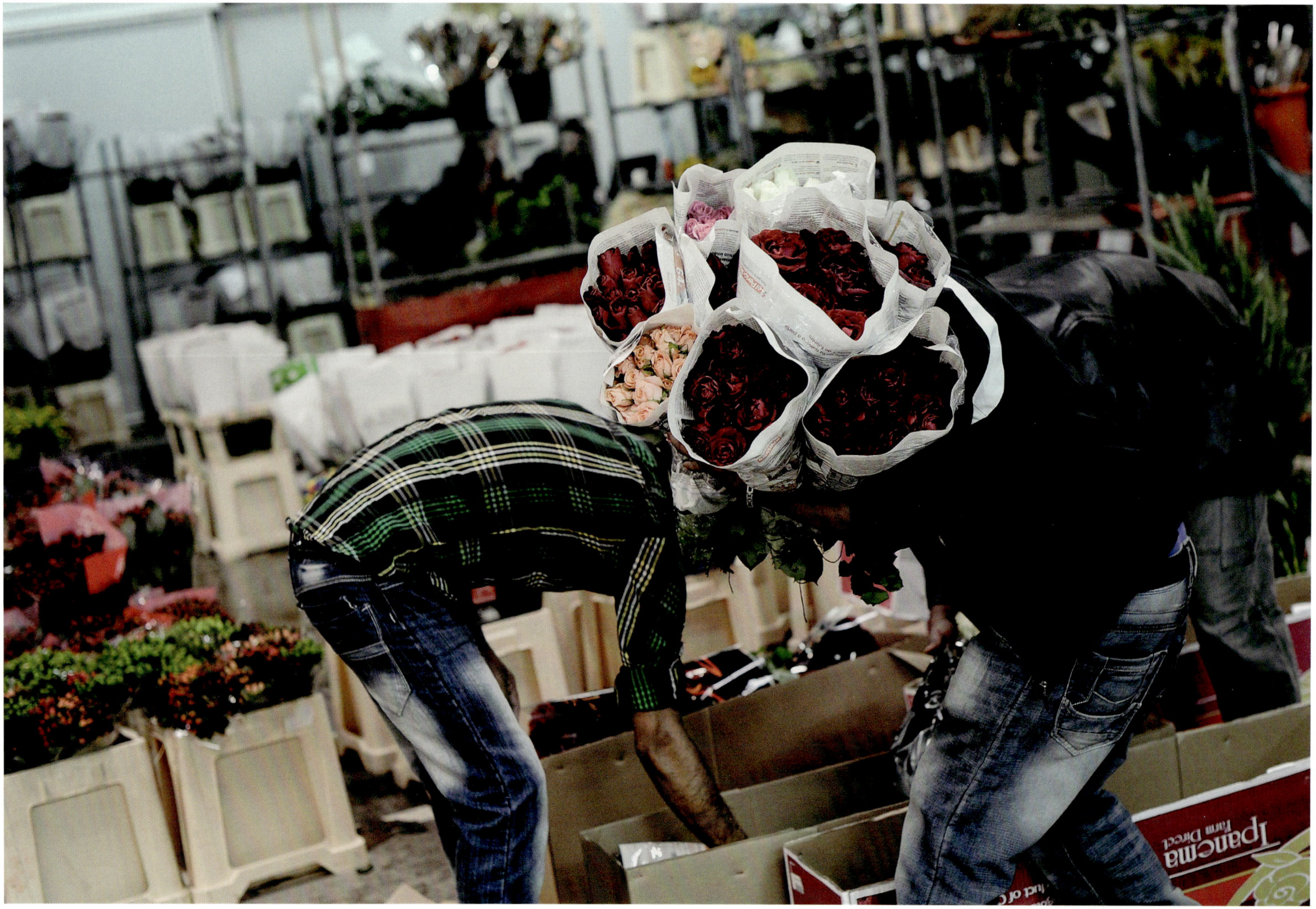

JOAN MONFORT. A ESPLUGUES DE LLOBREGAT (BAIX LLOBREGAT), A LES 13:19 H. 23_04_14

DIADA BLAUGRANA. Manxec il·lustre i català d'honor per adopció, Andrés Iniesta fa justícia al seu tarannà tranquil llegint un llibre al sofà de casa seva el dia de Sant Jordi.

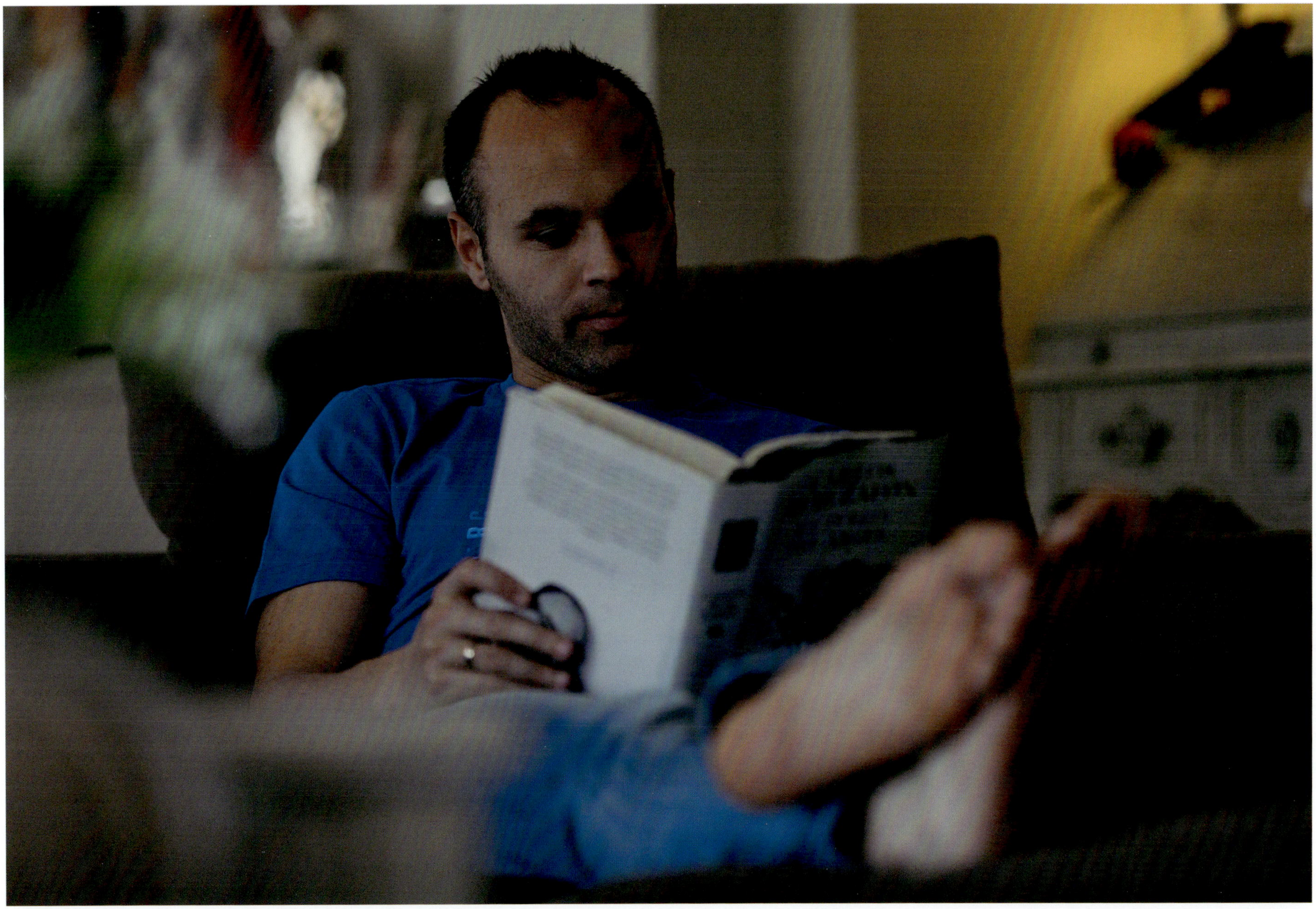

24_04_14 | **JOSEP LAGO.** A BARCELONA, A LES 17:07 H.

AL VILLAGE. Ambient al Trofeu Compte de Godó de tennis. Helena Rakosnik, esposa d'Artur Mas, mira les sabates de l'escriptor i personatge televisiu Boris Izaguirre.

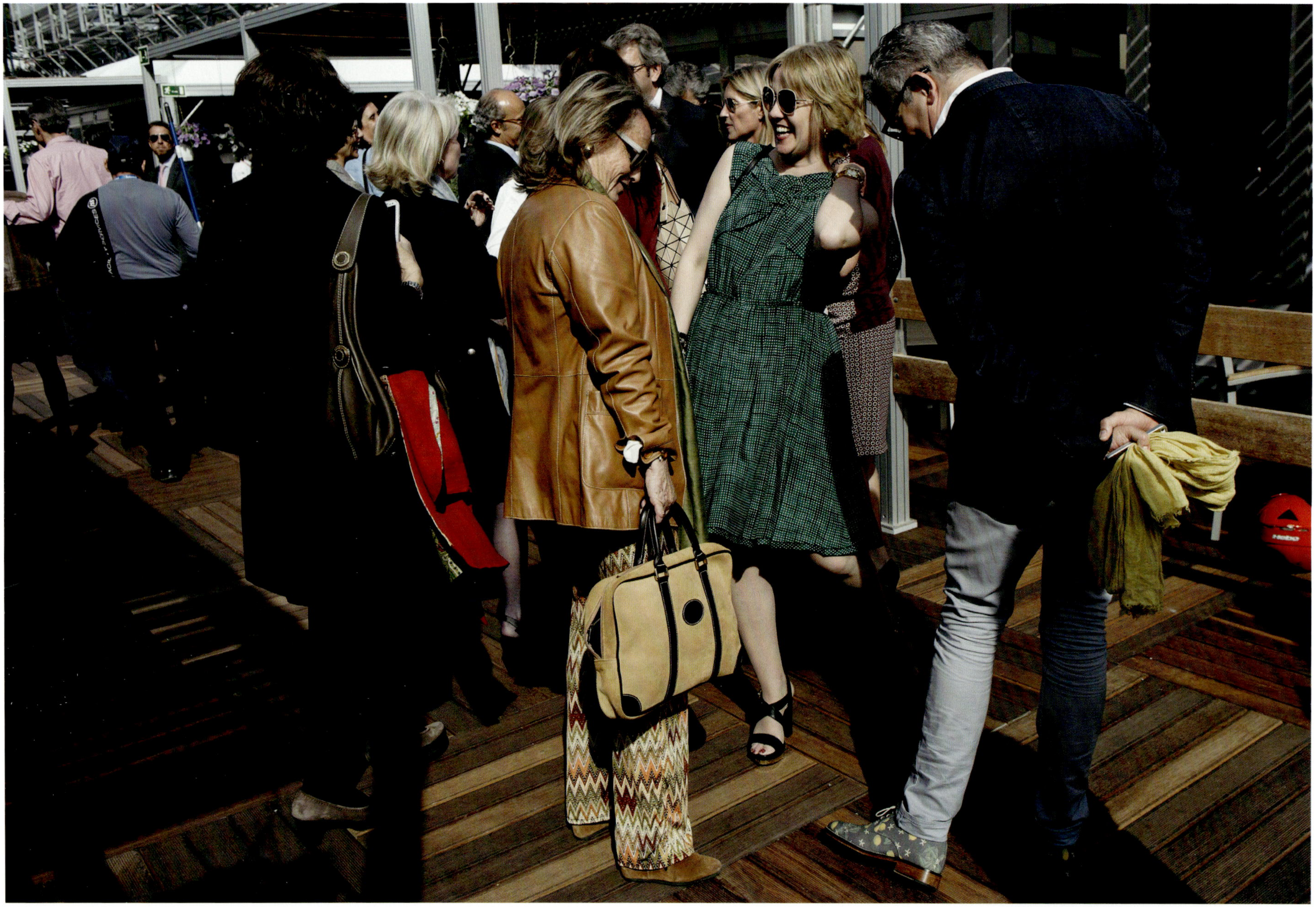

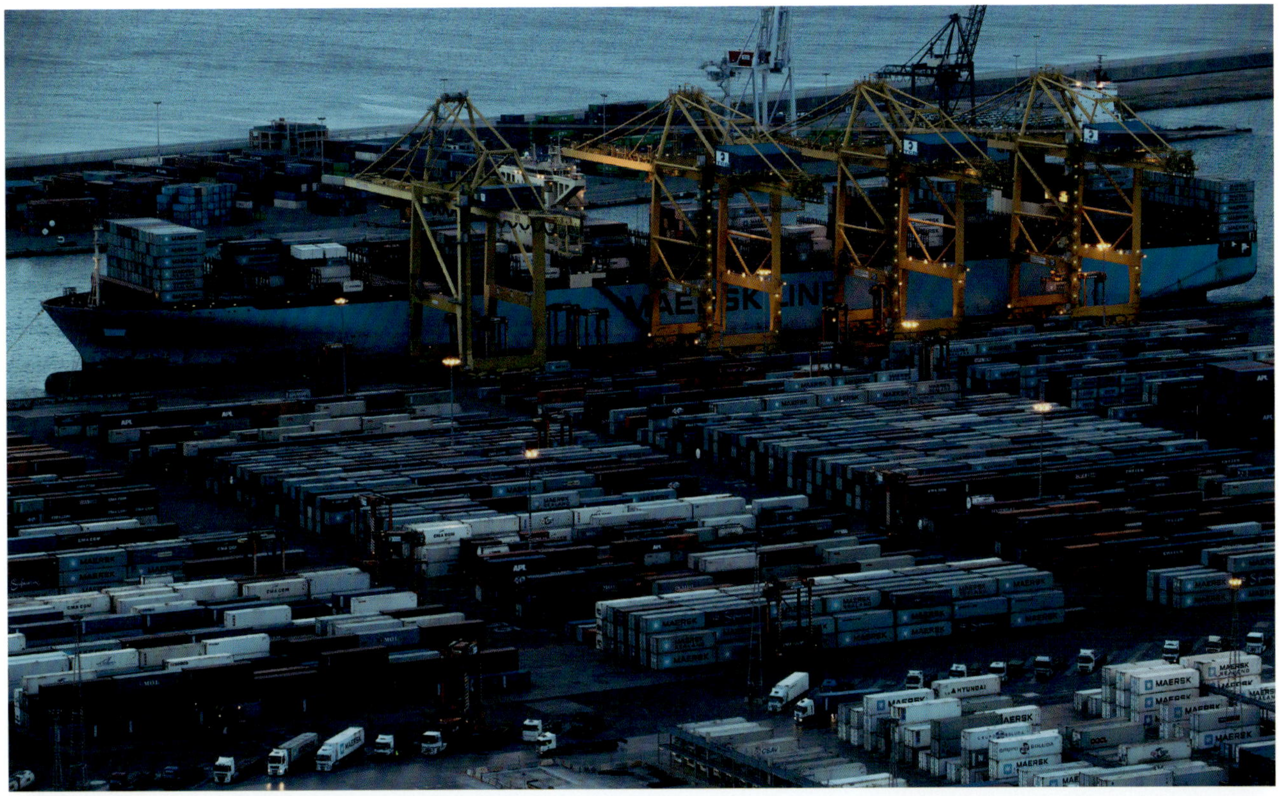

25_04_14 | VICENS GIMÉNEZ.
A BARCELONA, A LES 07:00 H.

PORT 7:00 H. Barcelona Europe South Terminal, la nova terminal de contenidors del Port de Barcelona, lluita per ser la millor del Mediterrani des de la seva inauguració el 2012.

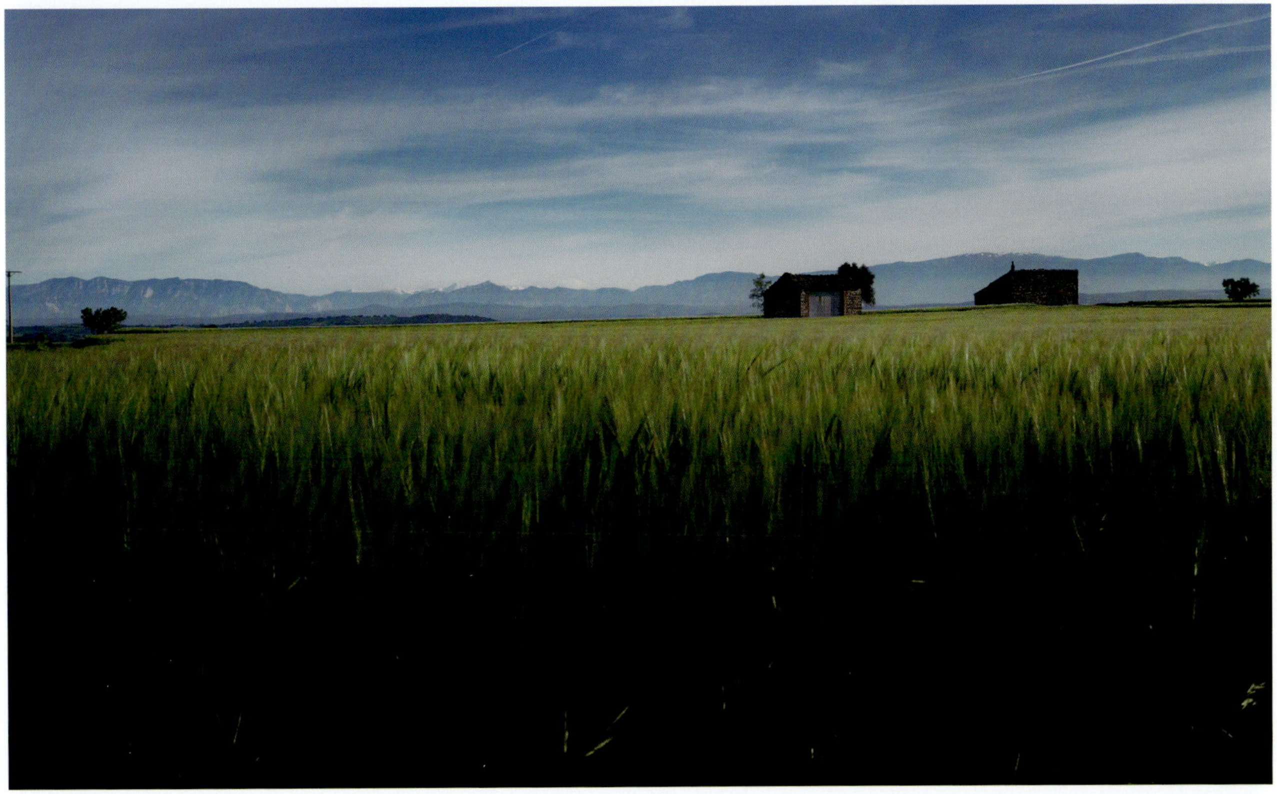

26_04_14 | AGUSTÍ CARBONELL.
RIBERA DE SIÓ
(LA SEGARRA), A LES 08:19 H.

EL GRANER DE CATALUNYA. A l'Alt Sió, la zona de secà de la Ribera del Sió, els camps de blat i ordi fan del paisatge un paratge inconfusible a l'altiplà central.

27_04_14 | **CARMEN SECANELLA.** A BARCELONA, A LES 13:30 H.

AIRES DE FIRA. Interior d'una caseta al Fòrum. La Fira d'Abril és l'esdeveniment més multitudinari de Catalunya i supera en visitants el nombre d'habitants de Barcelona.

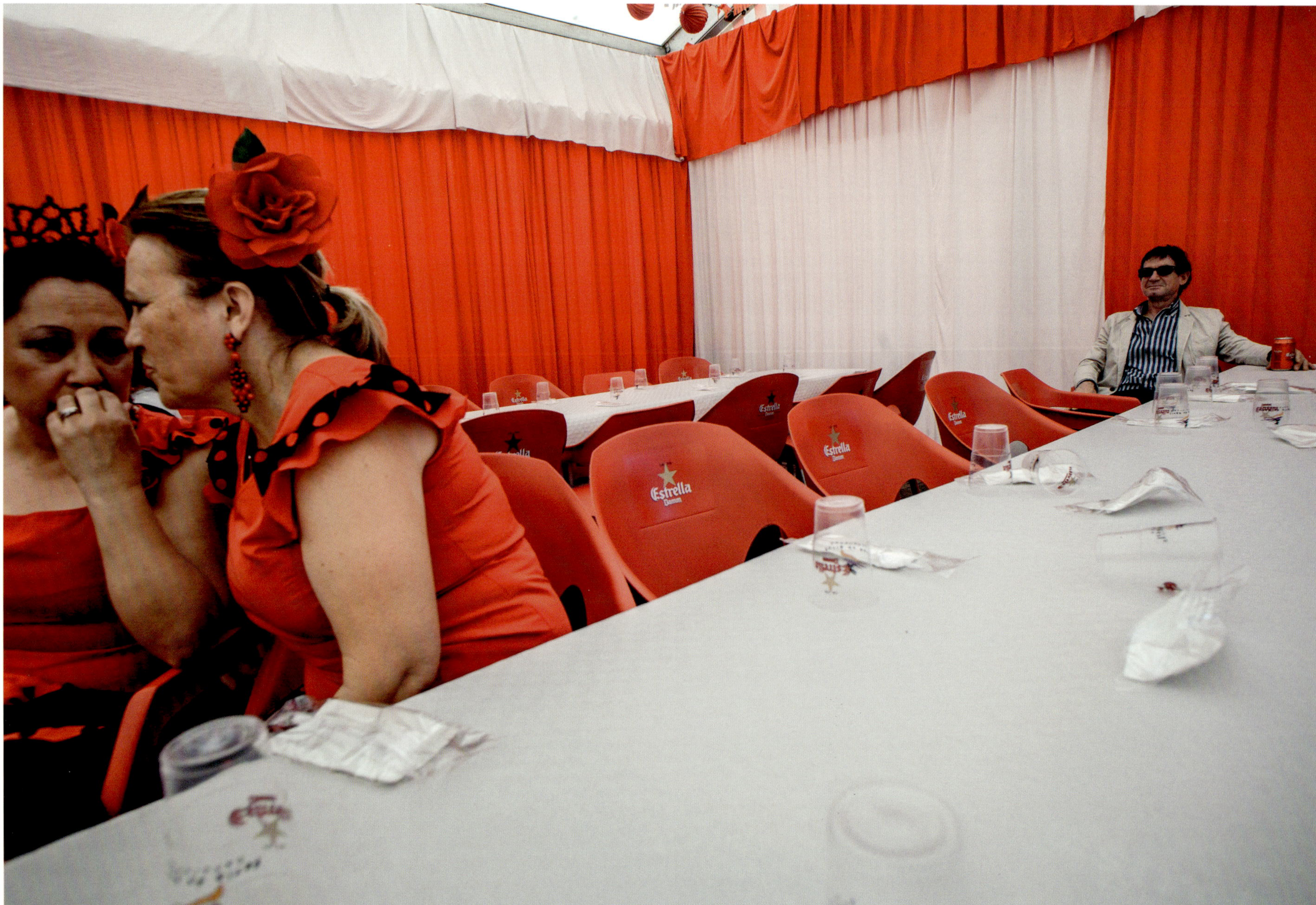

CONSUELO BAUTISTA. A BARCELONA, A LES 18:18 H. | 28_04_14

LA PEDRERA. Una lona mimètica cobreix la façana de la centenària Casa Milà d'Antoni Gaudí, en rehabilitació. La pedra del Penedès recuperarà el seu aspecte en un any.

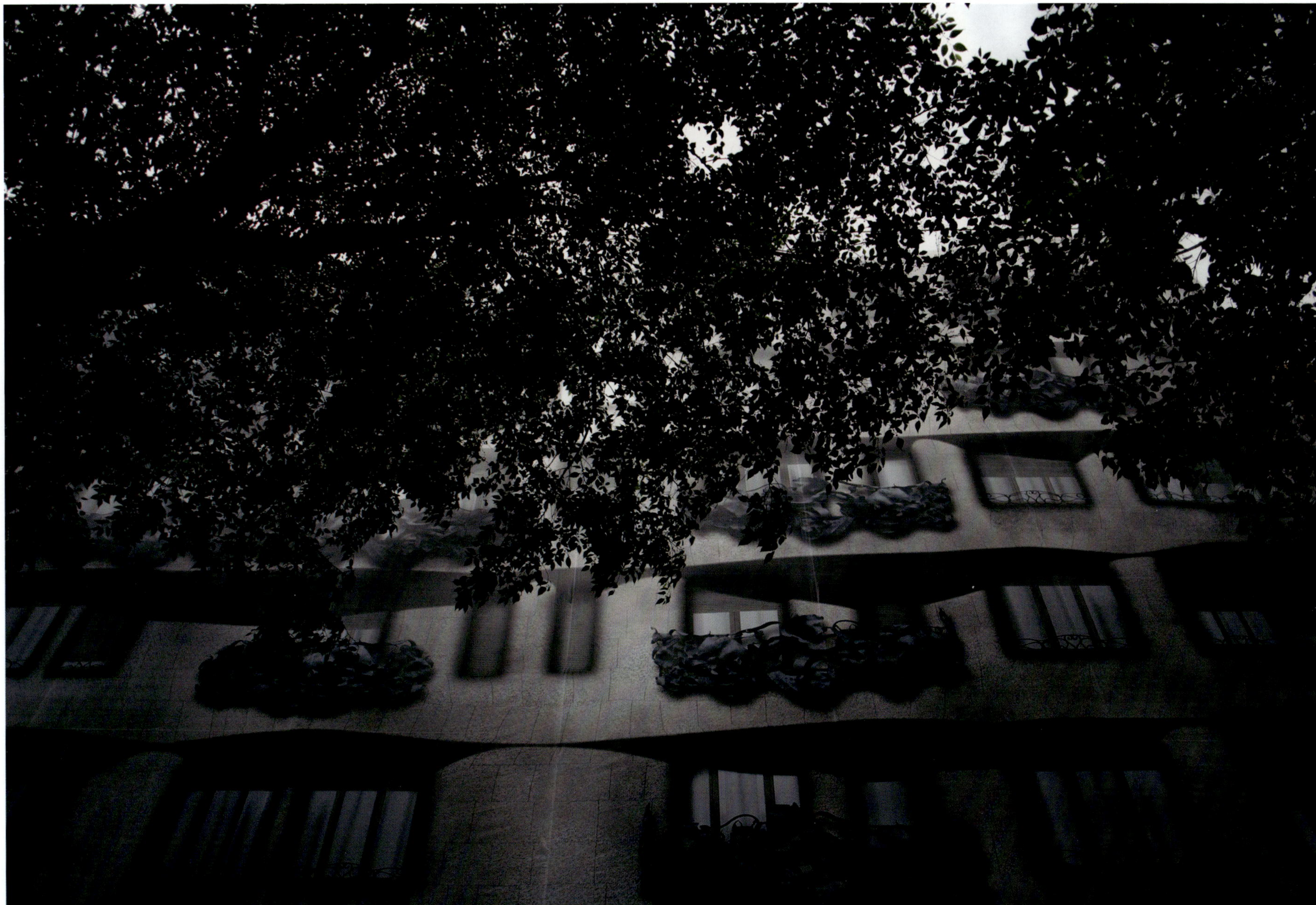

29_04_14 | JORDI V. POU. A LLEIDA, A LES 20:54 H.

EX-MILITAR. La caserna General Sanjurjo, amb nom de militar colpista, en estat de deteriorament des que va finalitzar la seva activitat l'octubre de 1995.

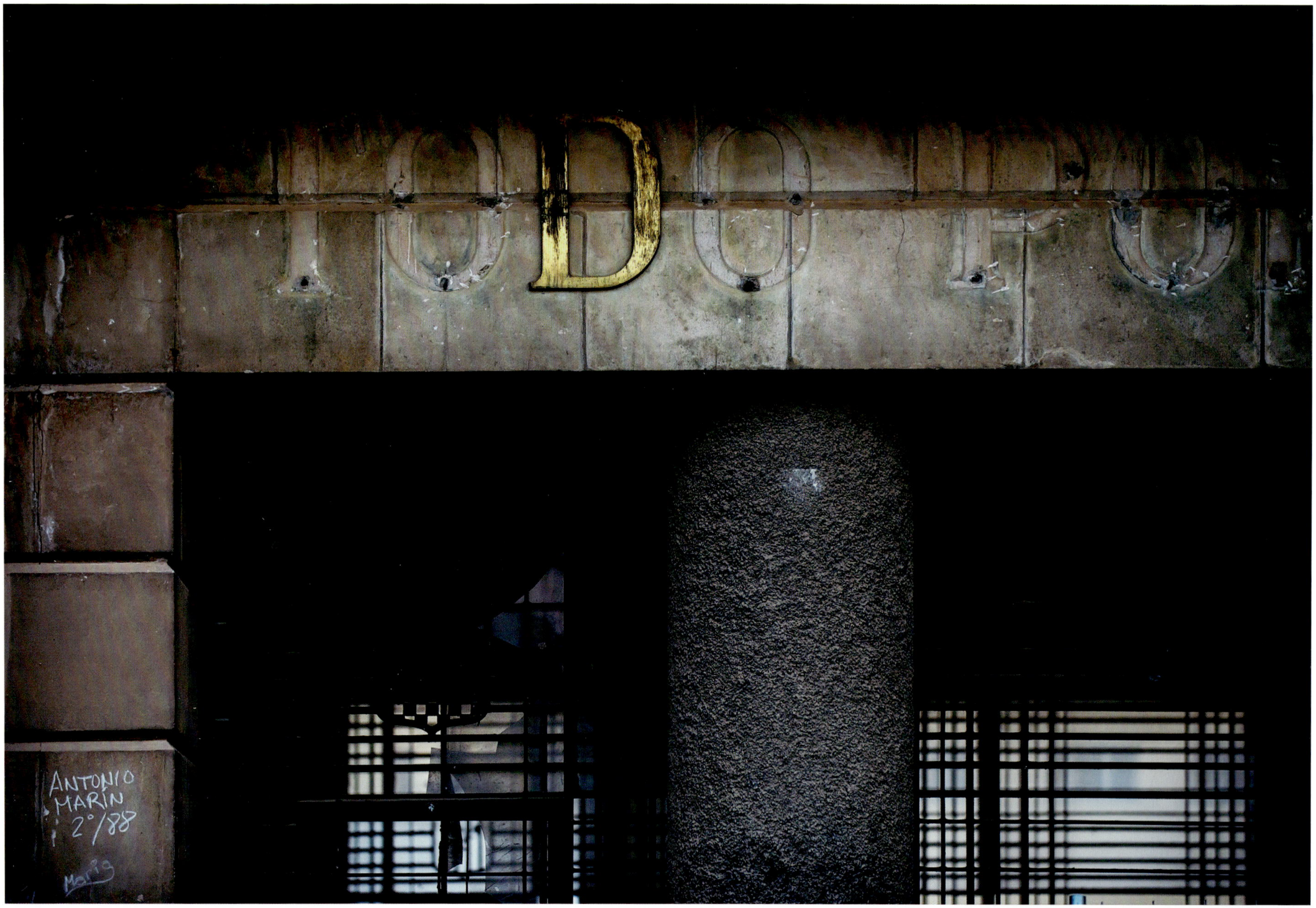

EL MILLOR DEL MÓN. Jordi Roca és felicitat pels seus germans i companys després de rebre a Londres el premi Millor Xef Pastisser del Món, al Celler de Can Roca.

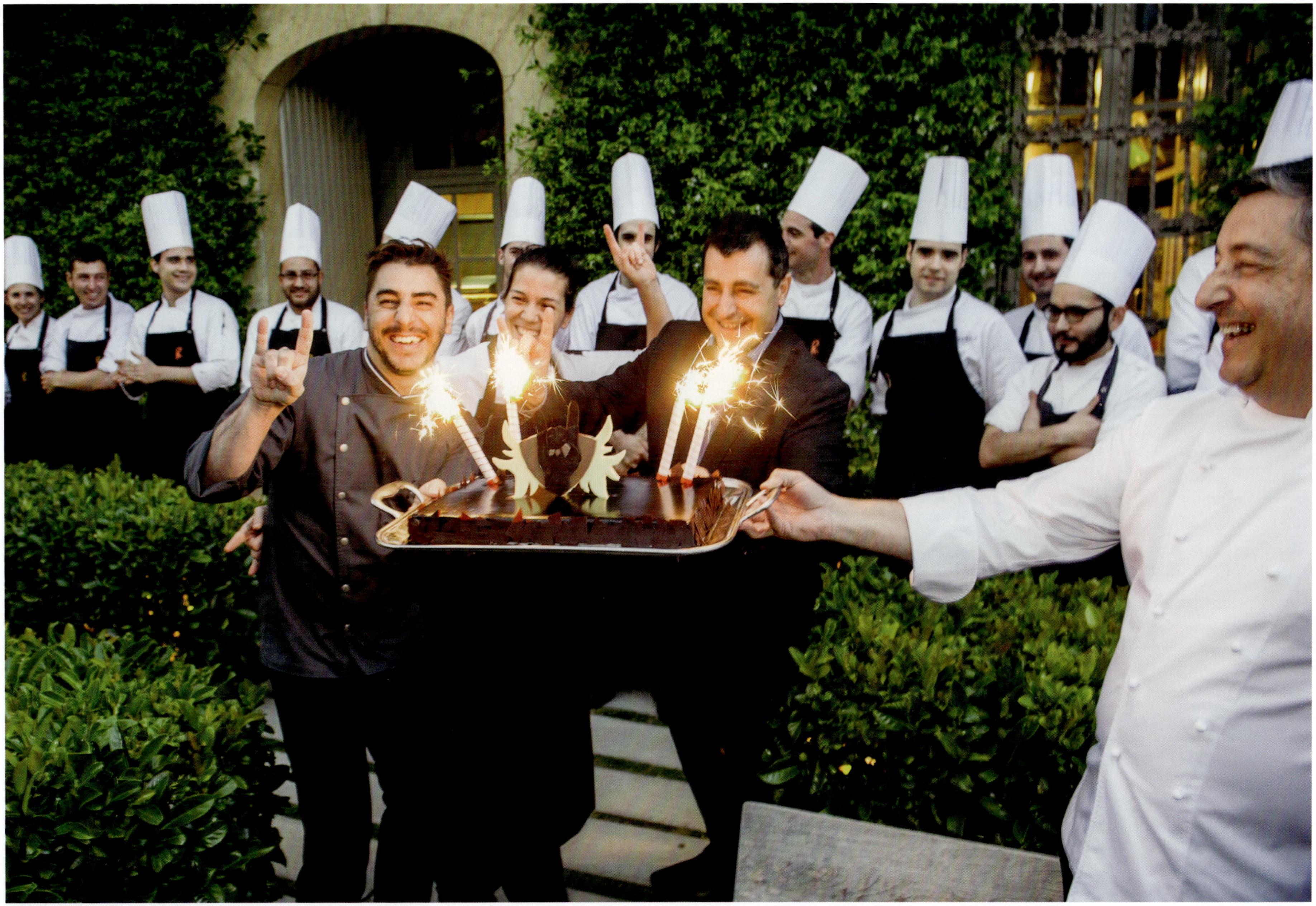

Kiko Amat
ESCRIPTOR

MAIG. –Pum, pum, KA, KA, PUM-KA! –diu.
–Pum, pum, KA, KA, PUM-KA! –cridem, colpejant-nos les anques i els pectorals.
Sóc a la classe oberta d'un taller de música per a infants. He vingut aquí enganyat per la meva dona, Naranja, que va dir que només ens explicarien de què tractava el curs. Una vegada aquí, un home amb somriure desencaixat, shorts massa curts per a un heterosexual no tennista i pentinat Elèctrica Dharma ens obliga a participar-hi. Merda. Quan en algun espectacle detecto indicis d'interacció amb el públic, el terror em paralitza i només vull escapar.
–Pum, pum, KA, KA, PUM-KA! –crida, mentre jo simulo castigar-me les cuixes amb una alienació rítmica semblant.
–Doncs a mi aquestes reunions m'agraden –em diu a l'orella Naranja, que acaba de sorprendre'm jurant insults atroços–. Quan m'avorreixo, desconnecto.
–Jo també! –li xiuxiuejo, sense parar de bufetejar-me els mugrons. Encara et diré més: mai no he participat en una maleïda reunió de l'AMPA. El meu cos era allà, encara que desdoblat astralment. Però aquí em pot tocar en qualsevol moment! És com Auschwitz!
–No serà tan terrible –em diu ella–. La resta de la gent s'ho està passant molt bé.
En efecte, tot el personal està entusiasmat repetint les impetuoses seqüències rítmiques. Un pobre home fins i tot s'ha vist abocat a un frenesí d'improvisació i s'està etzibant furioses plantofades en parts del seu cos que no eren al programa. La resta de pares s'autocolpegen seguint una luxuriosa cadència tribal, tots en la seva salsa. Tots semblen feliços, i jo aquí lluitant per no colpejar el cap del hippy contra el dur piano.
–Per què sempre ets el rar, Kiko? –murmura la meva dona.
Bé: aquesta és la creu que arrossego, dona. Veig els altres pares ballant l'*Ai se eu te pego* a la funció de "Pares amb ritme" i vull ser com ells, però no sóc com ells. I una tristesa tremenda m'inunda a l'escola de música. La vella tristesa de saber que sempre seràs el que ets, i res no ho pot canviar.
–Pum, pum, KA, KA, PUM-KA! –diu el paio.
–Pum, pum, KA, KA, PUM-KA! –repeteixo jo.

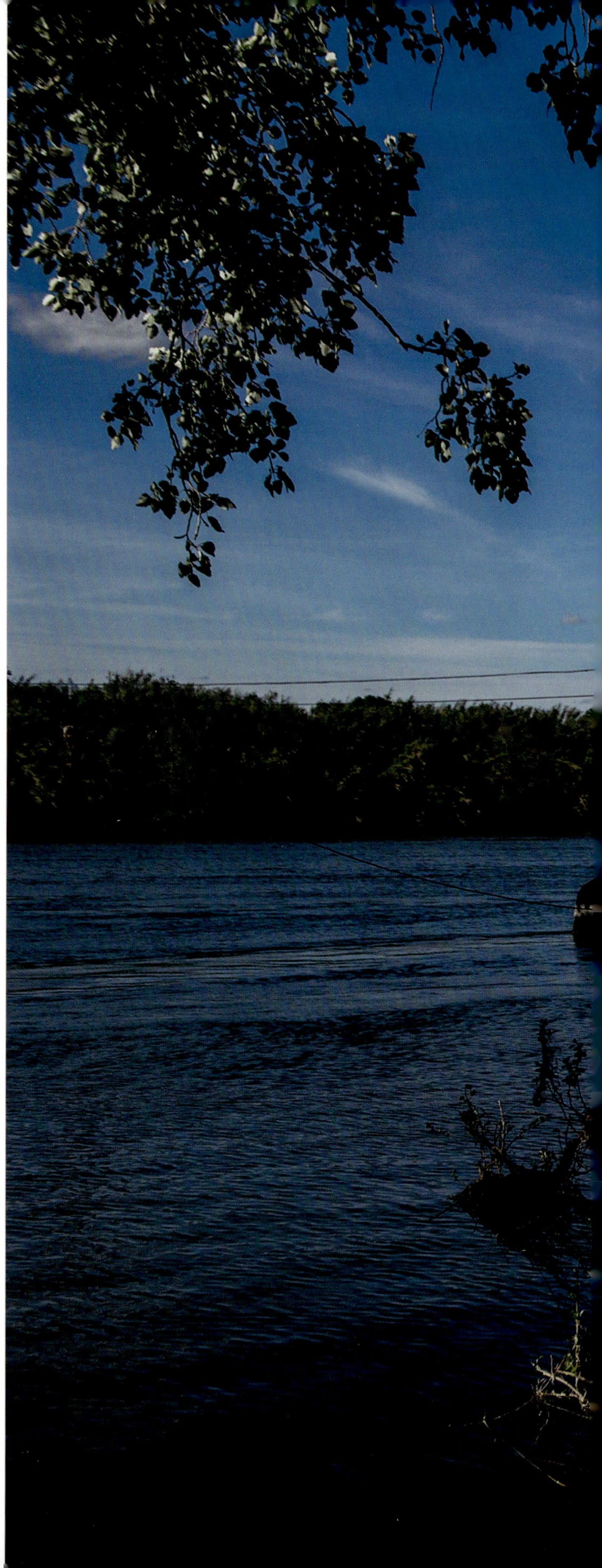

JORDI COTRINA. A MIRAVET (RIBERA D'EBRE), A LES 18:06 H. | 01_05_14

EL DARRER. El pas de barca de Miravet és l'últim pas sense motor que creua el riu Ebre seguint el mètode ancestral del cabal de l'aigua i connecta amb la C-12.

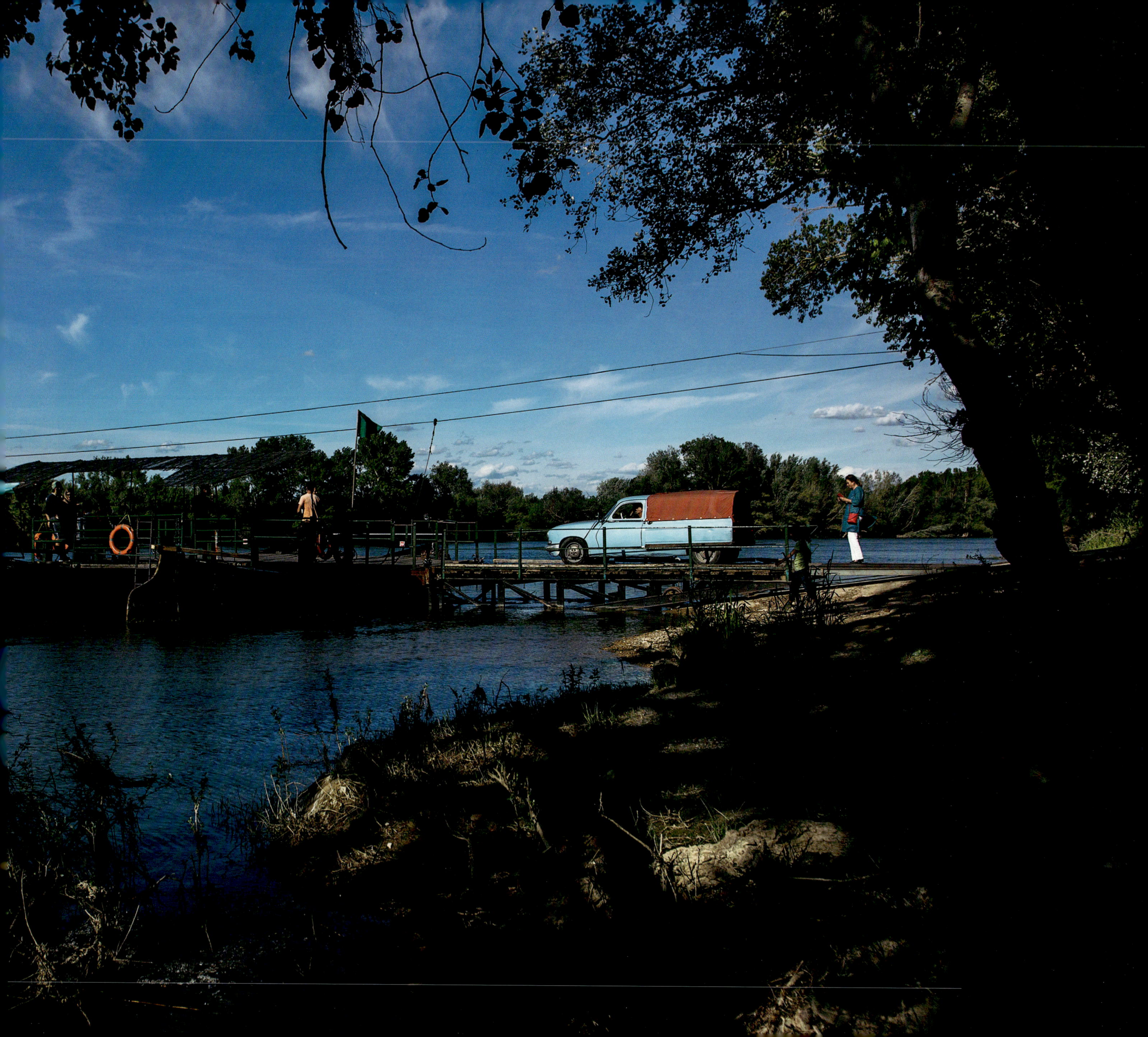

02_05_14 | **JOAN GUERRERO.** A BARCELONA, A LES 10:34 H.

"JO FAIG EL CARRER". El MNAC conserva el tresor fotogràfic de més de 9.000 imatges de Joan Colom, pioner i cronista als anys seixanta de la vida al Barri Xinès, ara Raval.

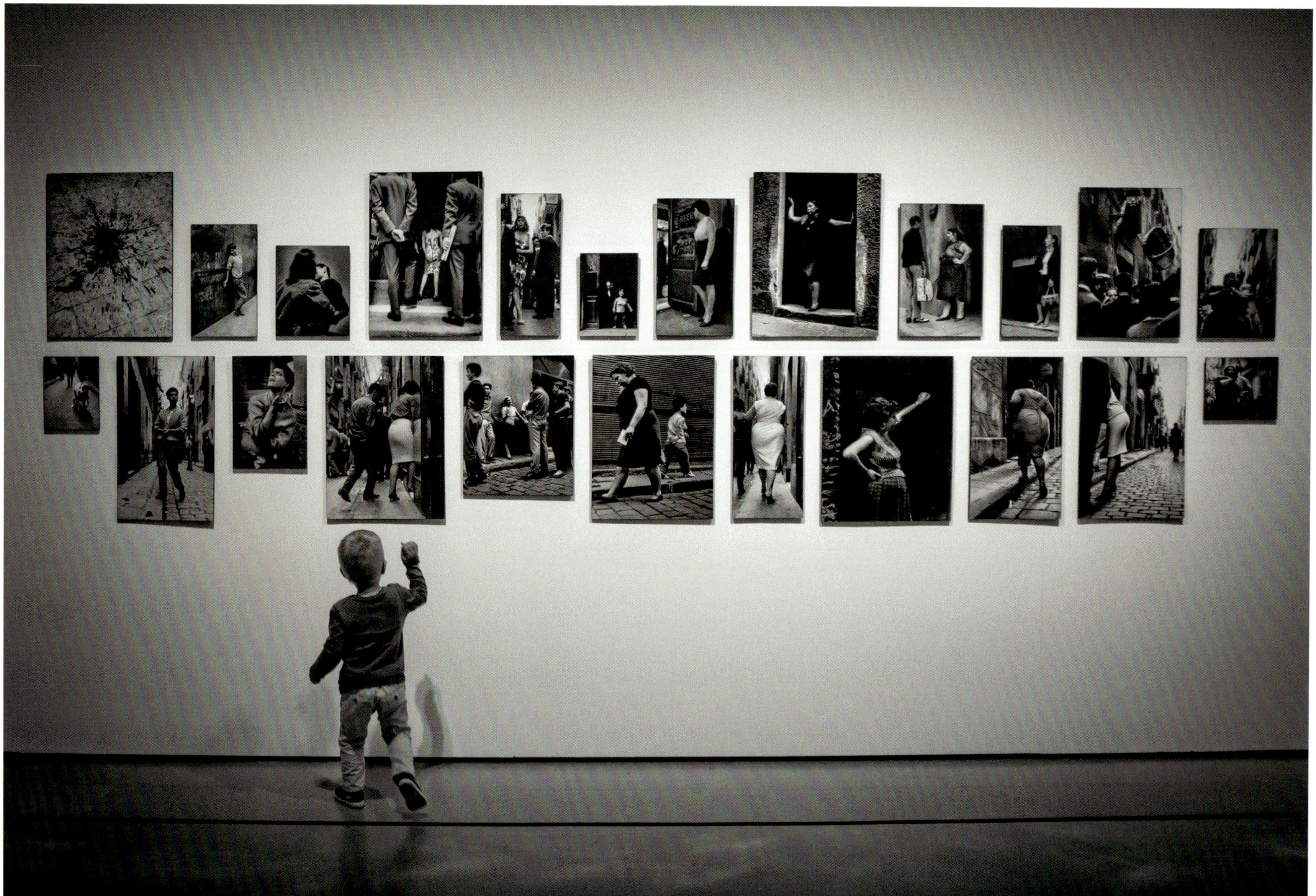

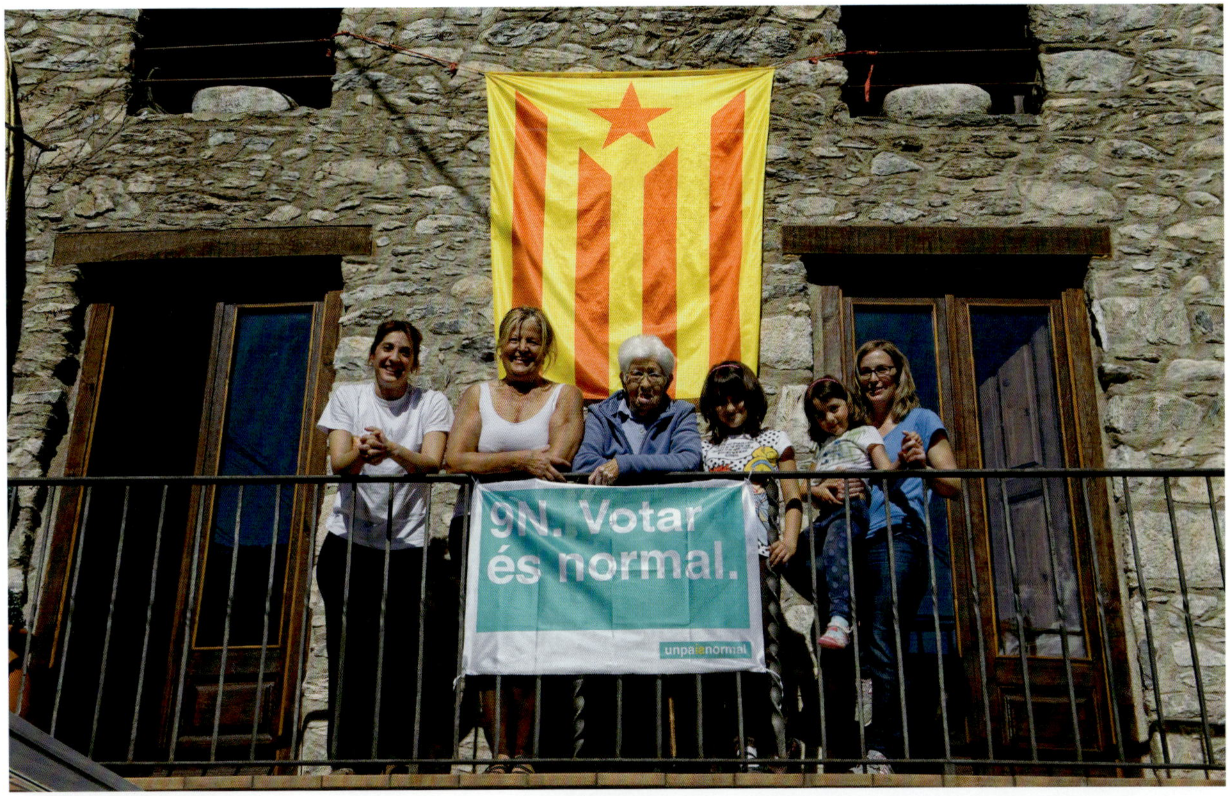

03_05_14 | SANTI COGOLLUDO.
A BEGET (RIPOLLÈS), A LES 17:10 H.

LLINATGE. Quatre generacions de dones descendents de Josep Duñach, 'en Feliça', l'últim alcalde republicà de Beget, posen al balcó de la casa on va néixer i morir.

04_05_14 | FRANCESC MELCION.
A BARCELONA, A LES 16:00 H.

NOVA CIUTADANIA. Estampa d'interculturalitat al metro. Barcelona ha definit el 2014 un pla per combatre estereotips i promoure la diversitat cultural.

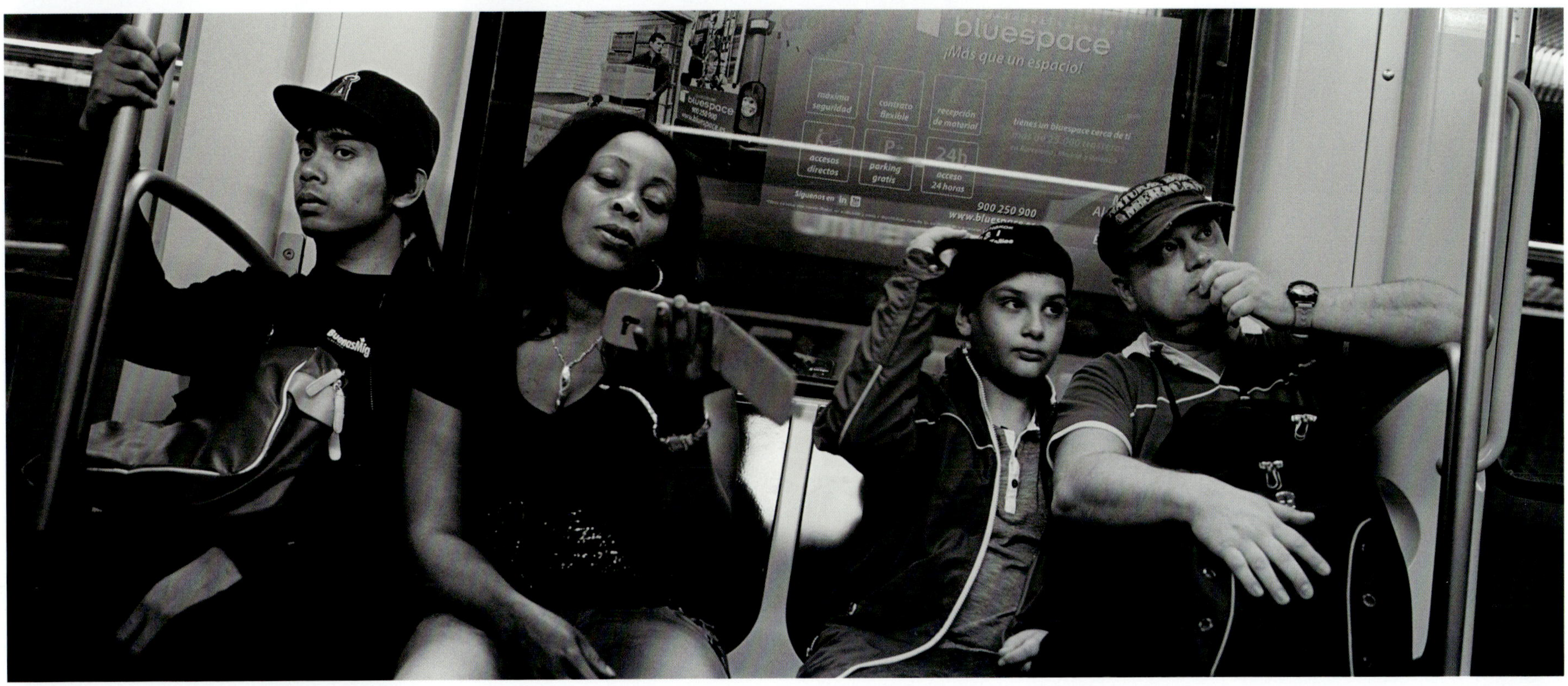

05_05_14 | **SUSANNA SÁEZ.** A MONTSERRAT (ANOIA, BAGES I BAIX LLOBREGAT), A LES 09:45 H.

MONTSERRAT. Turistes omplen de bon matí la plaça de la Basílica del monestir, amb les muntanyes de Montserrat al fons i la seva topografia tan característica.

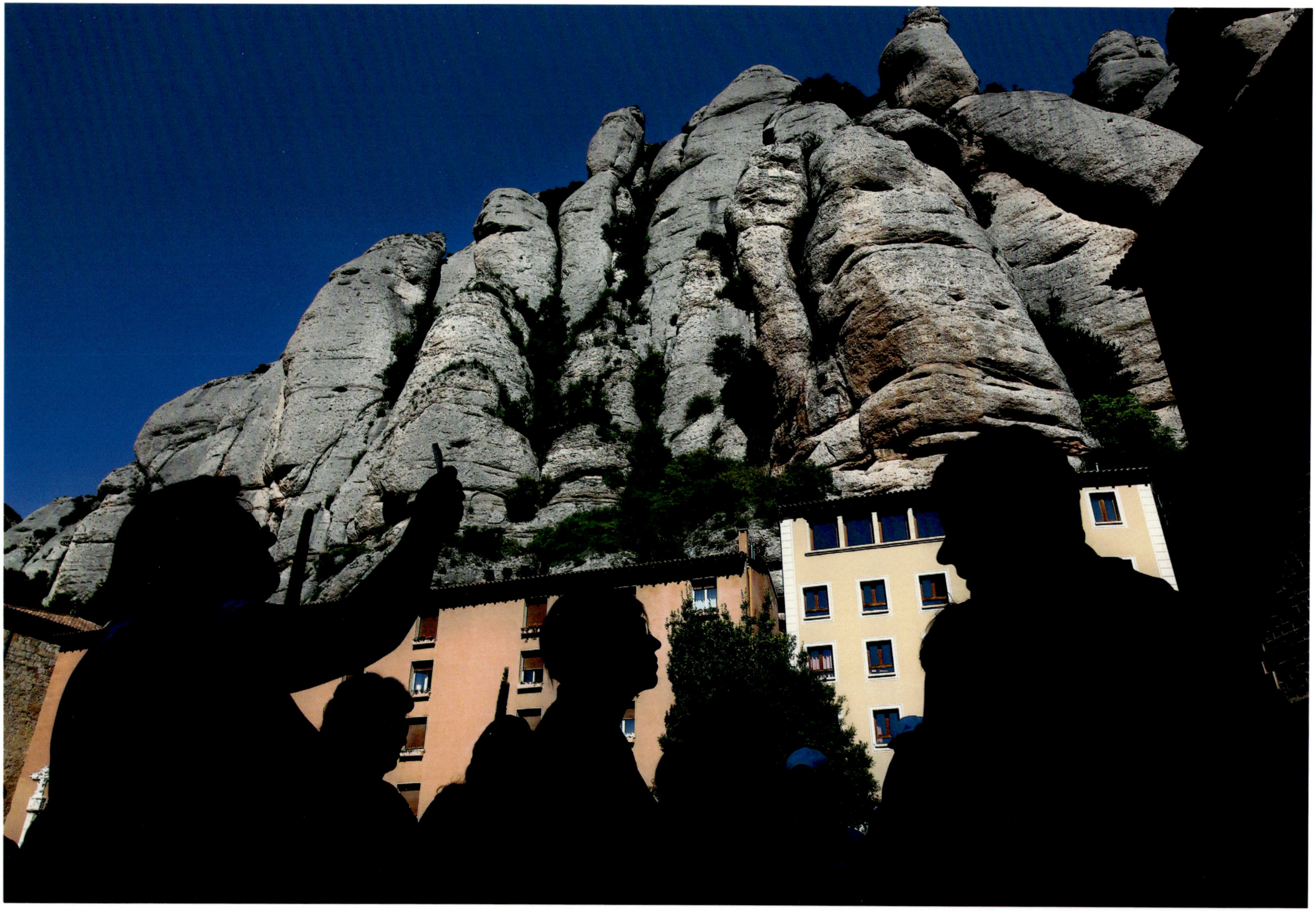

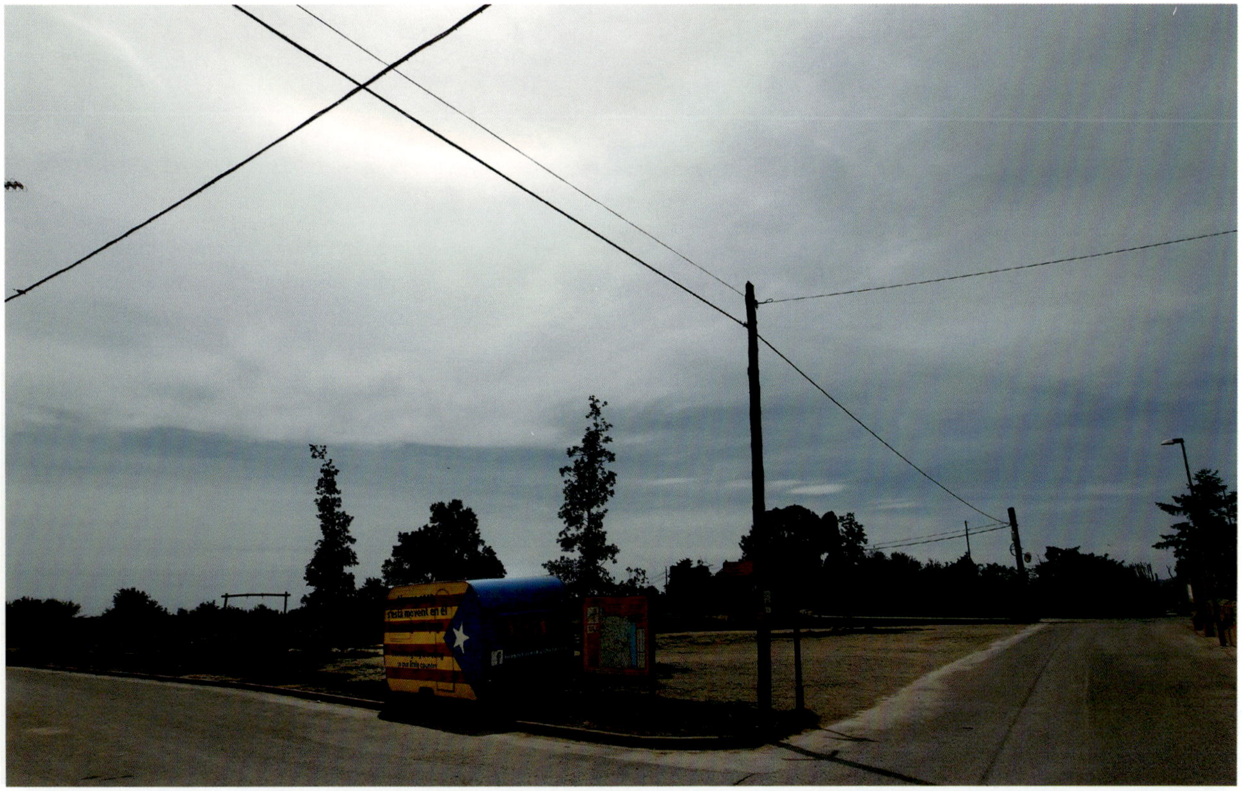

06_05_14 | **QUIQUE GARCÍA.**
VILAMACOLUM
(ALT EMPORDÀ), A LES 12:00 H.

REIVINDICACIÓ. El 2013 set regidors socialistes de l'Ajuntament de Vilamacolum es van passar en bloc a ERC en contra de la postura del PSC sobre el procés sobiranista.

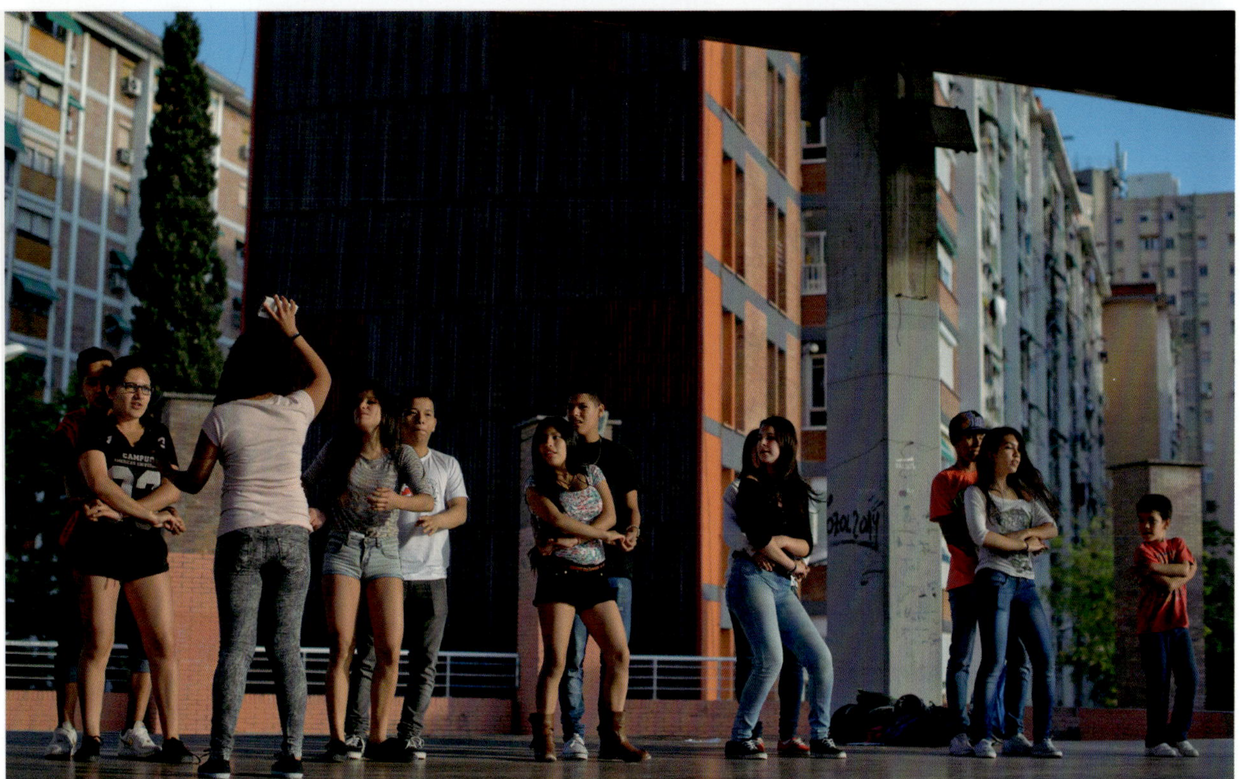

07_05_14 | **ÀLEX GARCIA.**
A CORNELLÀ DE LLOBREGAT
(BAIX LLOBREGAT), A LES 19:30 H.

CIUTAT SATÈL·LIT. Un grup d'adolescents iberoamericans assagen un ball amb la música d'un mòbil al barri de Sant Ildelfons, zona obrera amb nous immigrants.

08_05_14 | DANNY CAMINAL. A BARCELONA, A LES 13:57 H.

GAIS. L'Adrián i el David surten del Registre Civil després de celebrar el seu casament, legal a Espanya des de 2005. El 2014, Catalunya va aprovar la Llei contra la homofòbia.

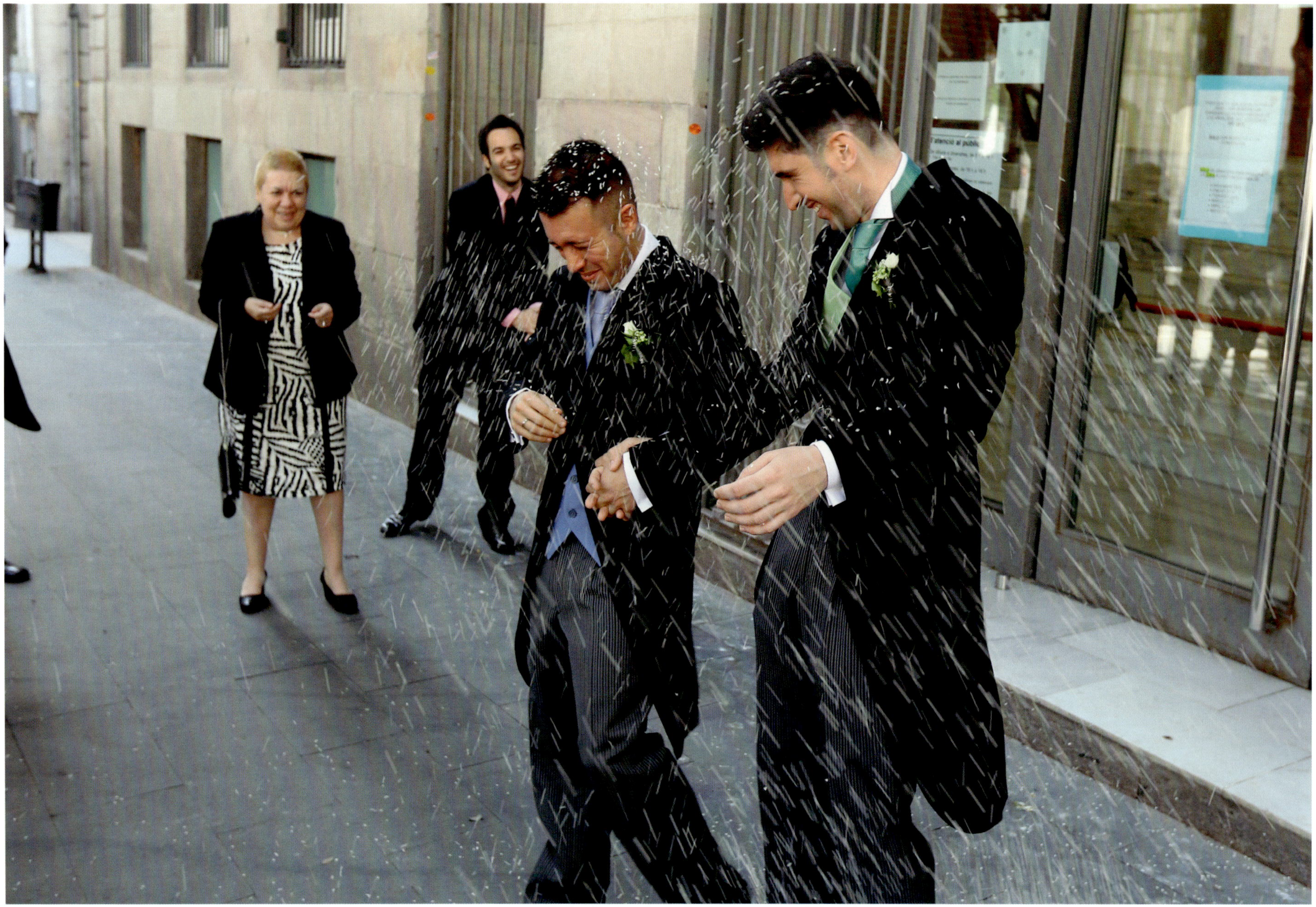

ANA JIMÉNEZ. A BARCELONA, A LES 11:00 H. | 09_05_14

EDUCACIÓ. En el seu centenari, l'Escola del Bosc continua sent fidel als mètodes moderns d'ensenyament basats en l'experimentació implantats per la pionera Rosa Sensat.

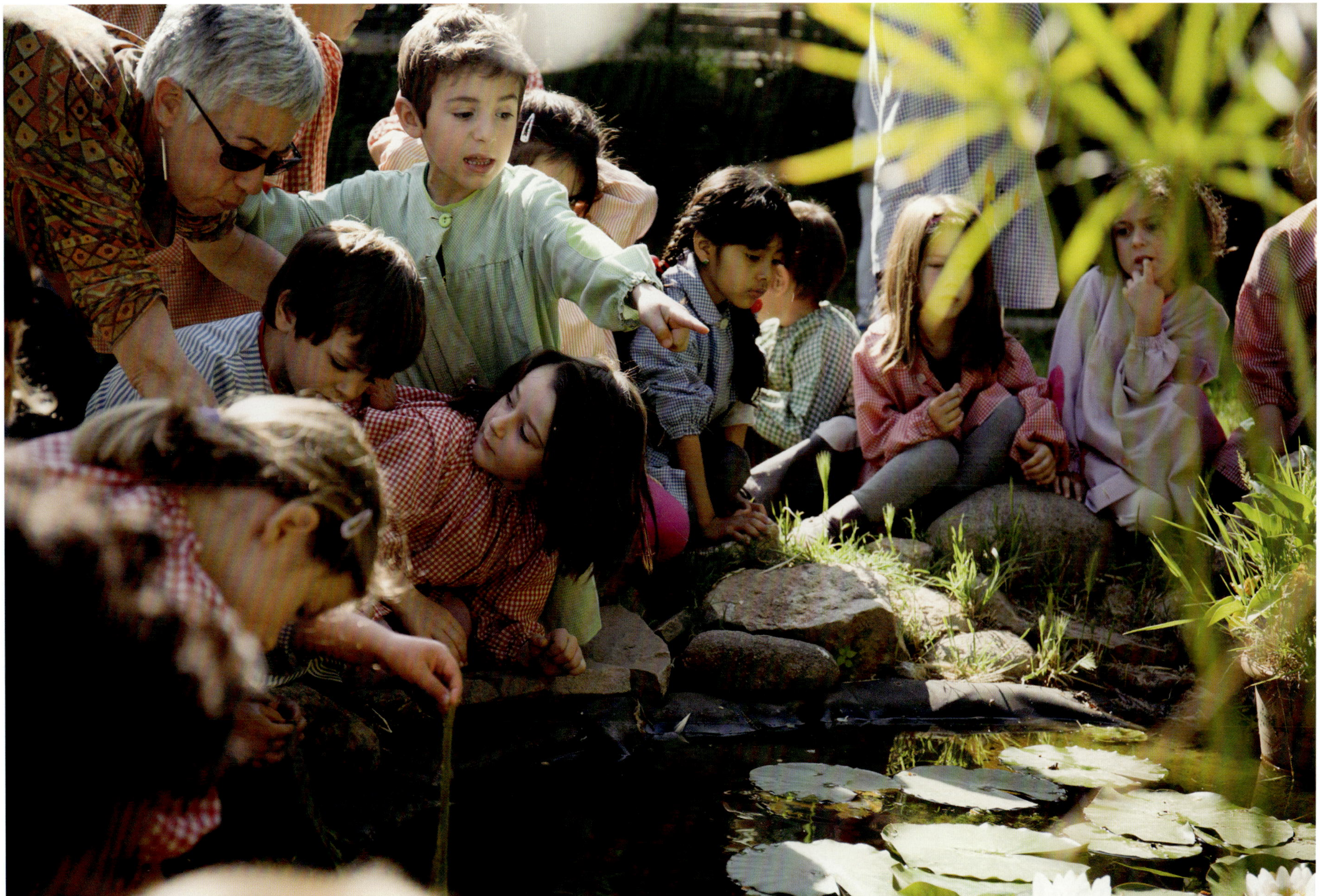

10_05_14 | LAURA GUERRERO. A BARCELONA, A LES 21:22 H.

PETONS SENSE PRESSA. La Mar reparteix petons i tendresa a les seves filles Nerea i Cora al costat de la Font Màgica de Montjuïc. L'OMS defineix aquest vincle com a molt saludable.

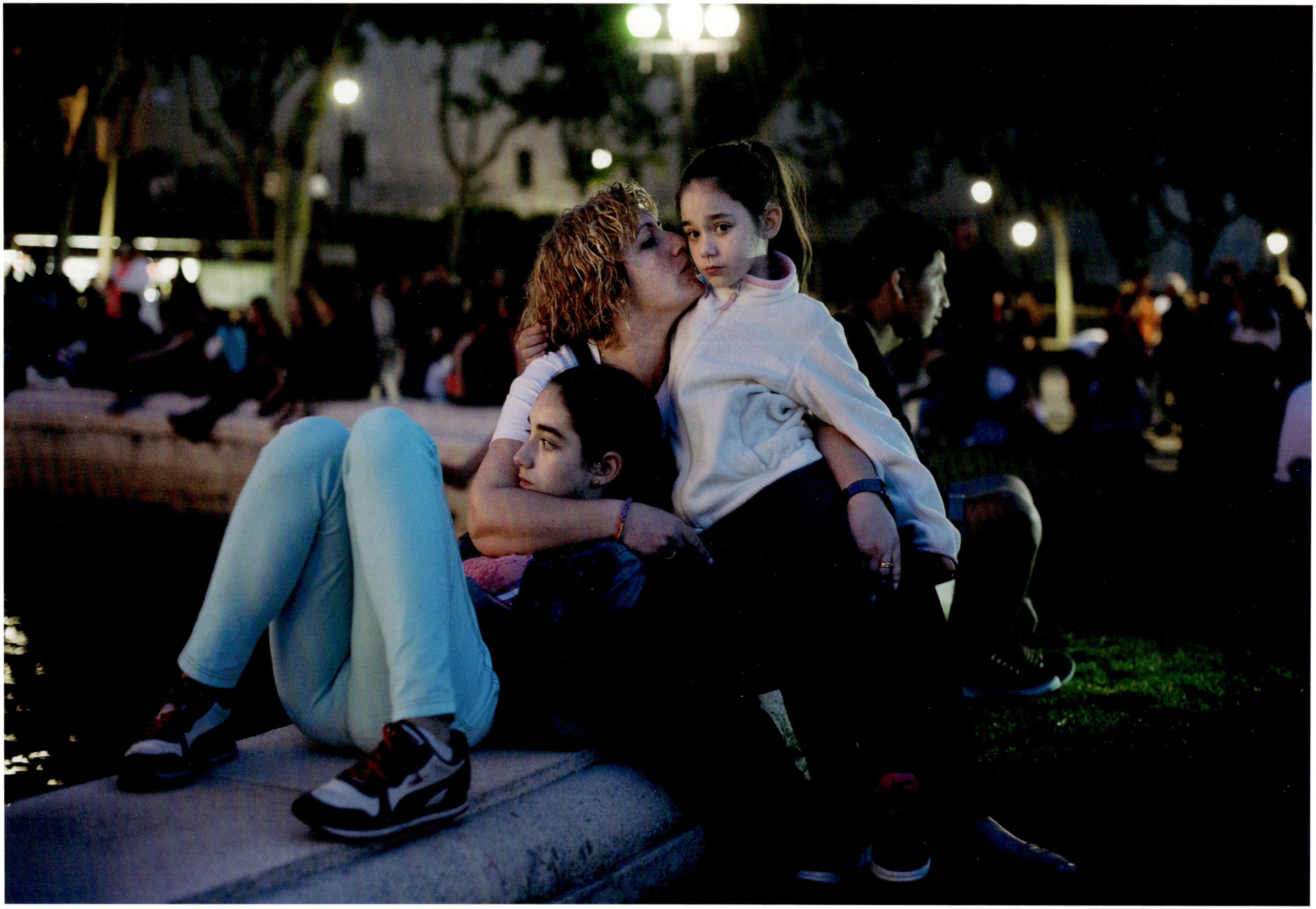

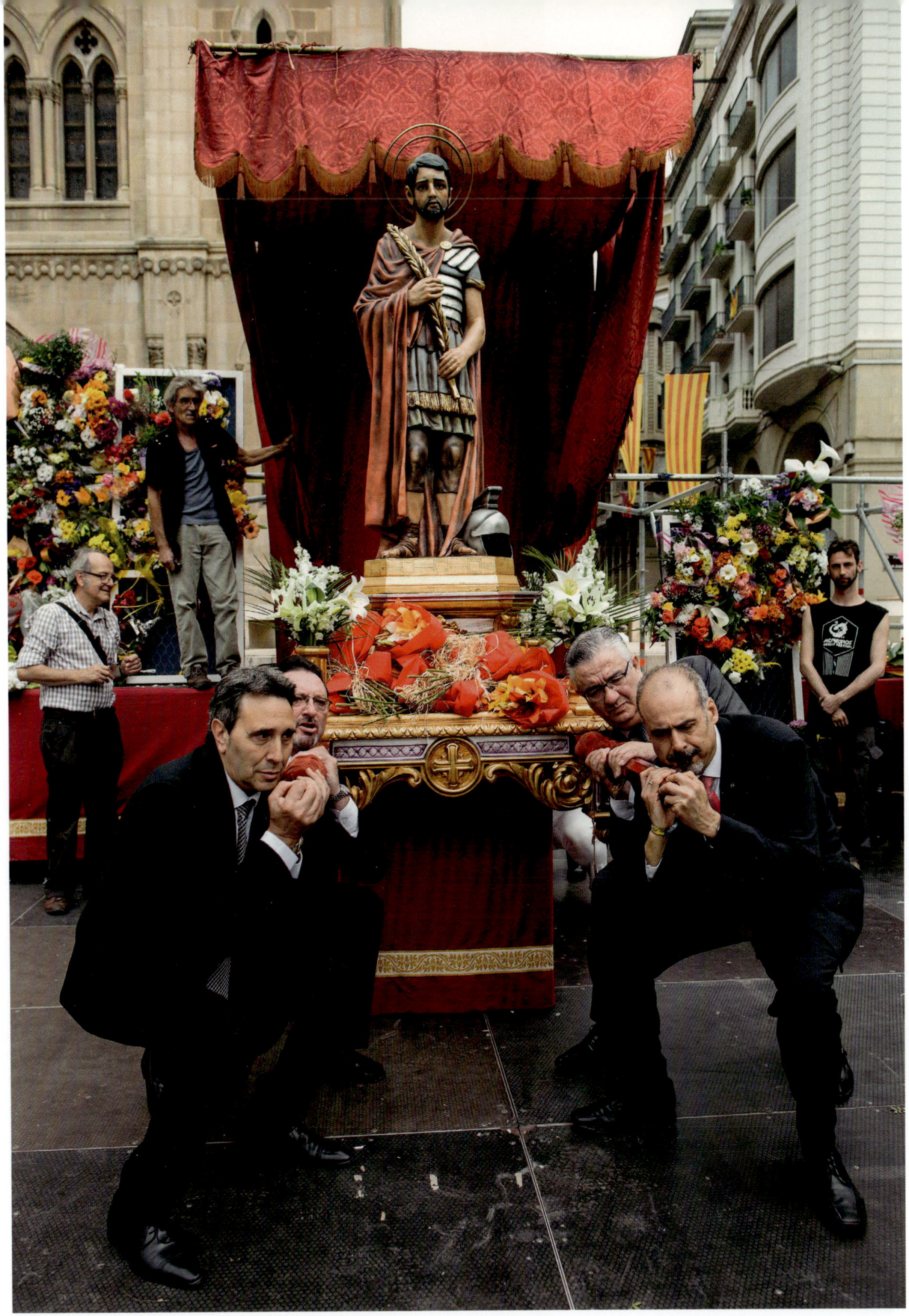

11_05_14 **JORDI V. POU.**
A LLEIDA, A LES 13:45H.

CULTURA POPULAR. **Els Armats de la Sang aixequen a sant Anastasi a la processó que surt de la Catedral fins a la plaça de Sant Joan per a la tradicional ofrena floral.**

PÀG. 139 >

14_05_14 **MARCEL·LÍ SÀENZ.**
A VILANOVA I LA GELTRÚ (GARRAF), A LES 15:10 H.

PESCA. **10 hores pescant, 35 quilos de gambes, 23 de peix i 1.131,56 € de guanys bruts a repartir al 50% entre el patró i els tres tripulants de la 'Toni II', despeses a part.**

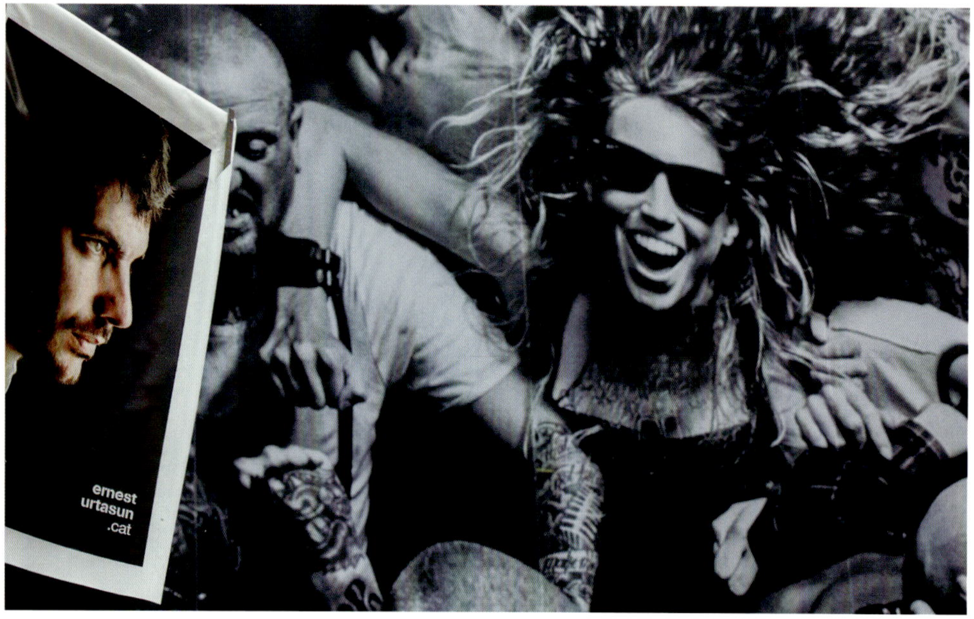

12_05_14 | CARLES RIBAS. A BARCELONA, A LES 11:28 H.

EUROPA NO QUALLA. Un cartell de la candidatura d'Ernest Urtasun (ICV) a la campanya de les eleccions europees, que van tenir una participació del 45,86%.

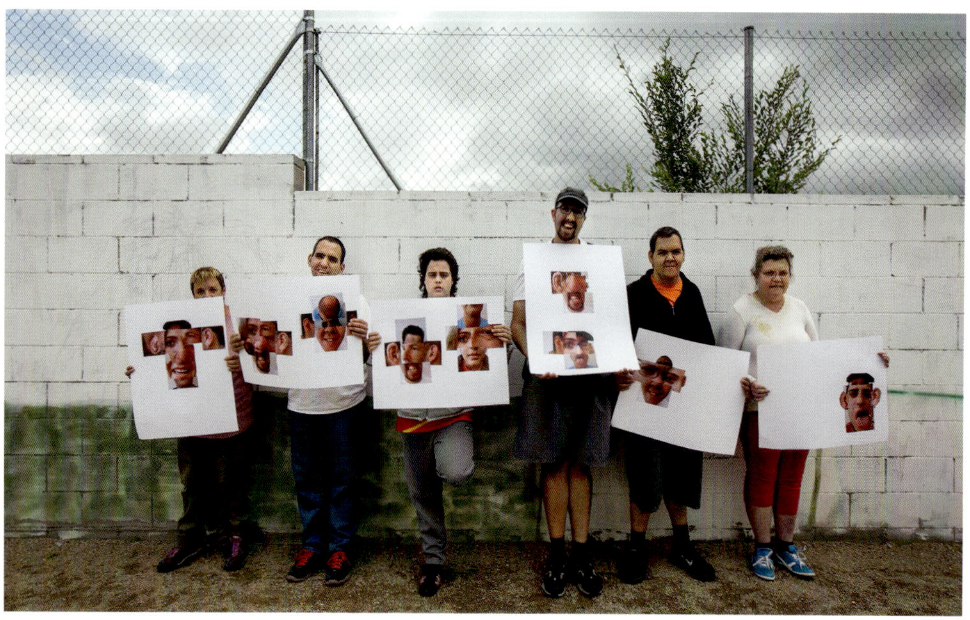

13_05_14 | CRISTINA CALDERER. A BARCELONA, A LES 12:36 H.

INCLUSIÓ SOCIAL. Un grup de discapacitats mentals de la residència Atendis mostra orgullós el resultat del curs que rep de NWN Photography.

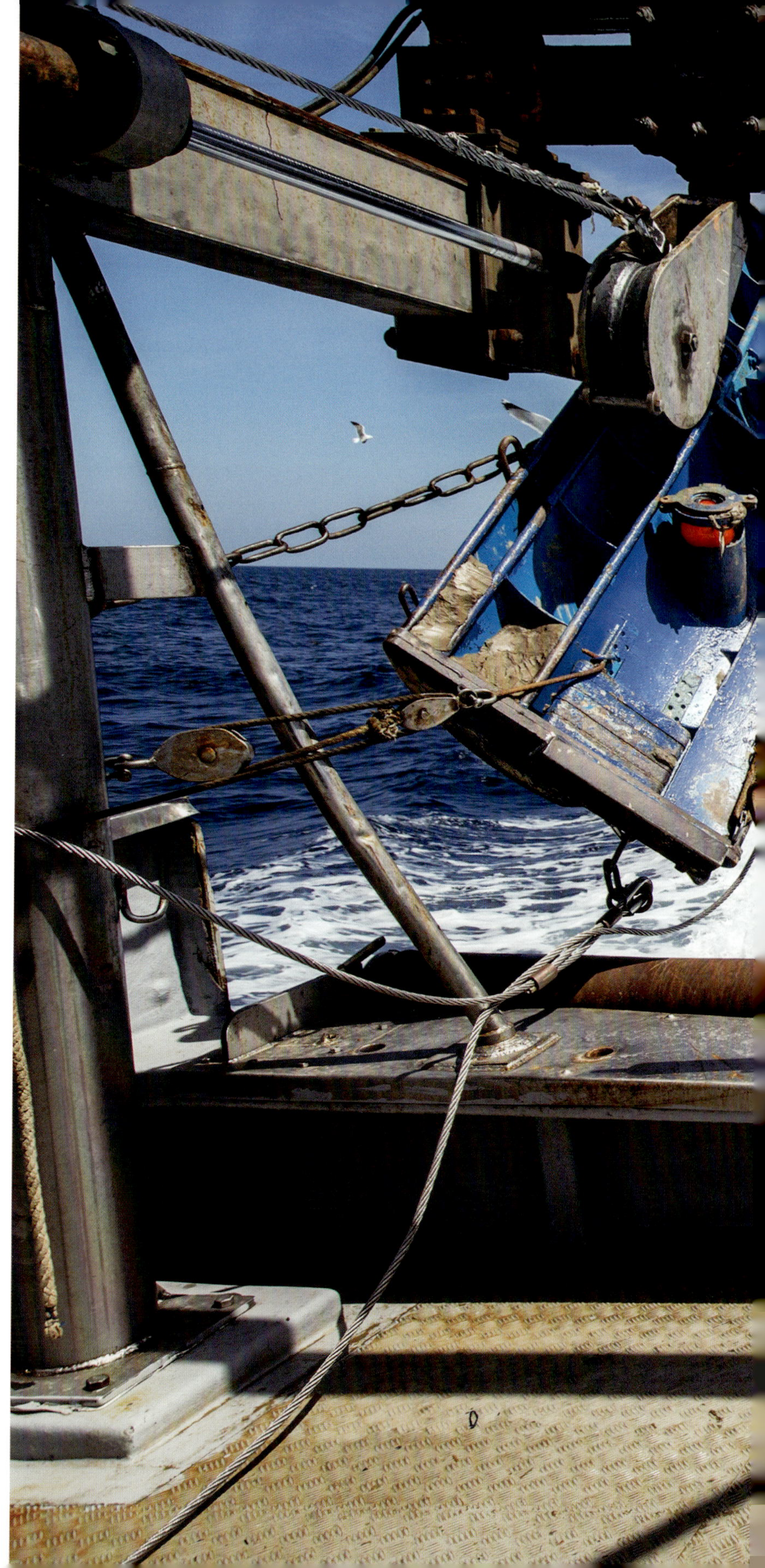

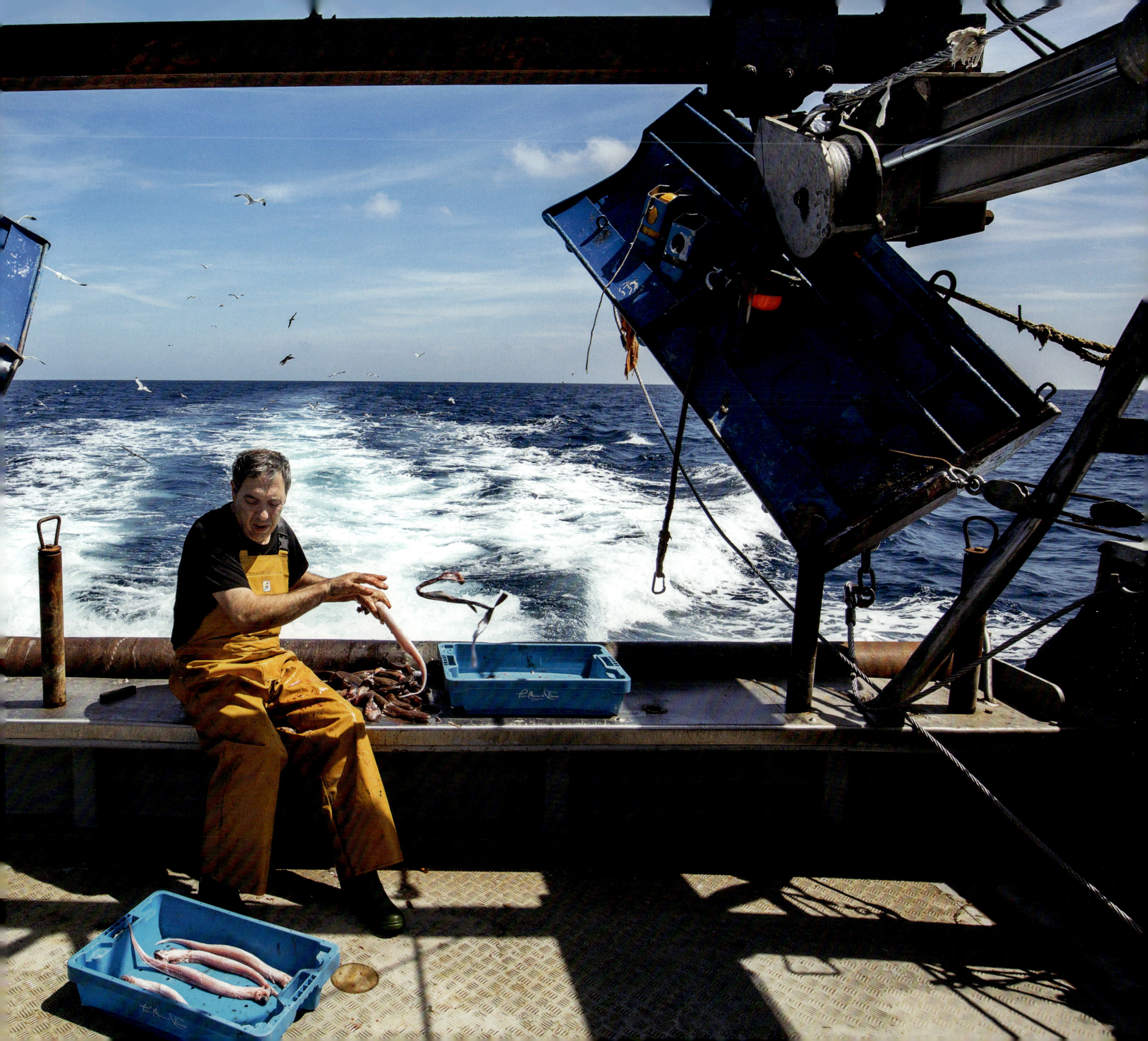

15_05_14 | ALBERT MASIAS.
A BARCELONA, A LES 20:00 H.

COOPERATIVISME. L'Ateneu Flor de Maig del Poblenou torna a ser viver del cooperativisme català, recuperat ara pels veïns. És història viva del moviment obrer.

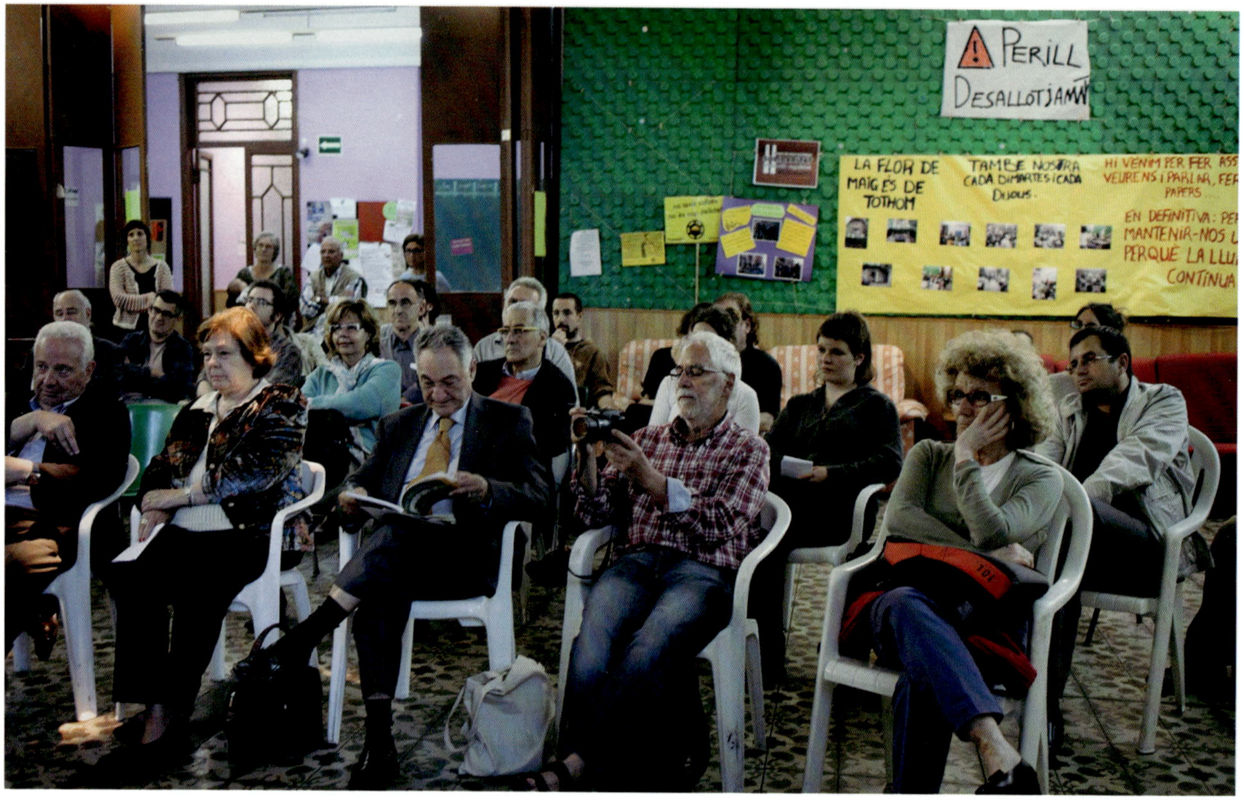

16_05_14 | JULIO CARBÓ.
A GIRONA, A LES 20:23 H.

TEMPS DE FLORS. Turistes al pont de les Peixateries Velles per veure el festival primaveral de Girona. Més de mil voluntaris participen enguany en el muntatge.

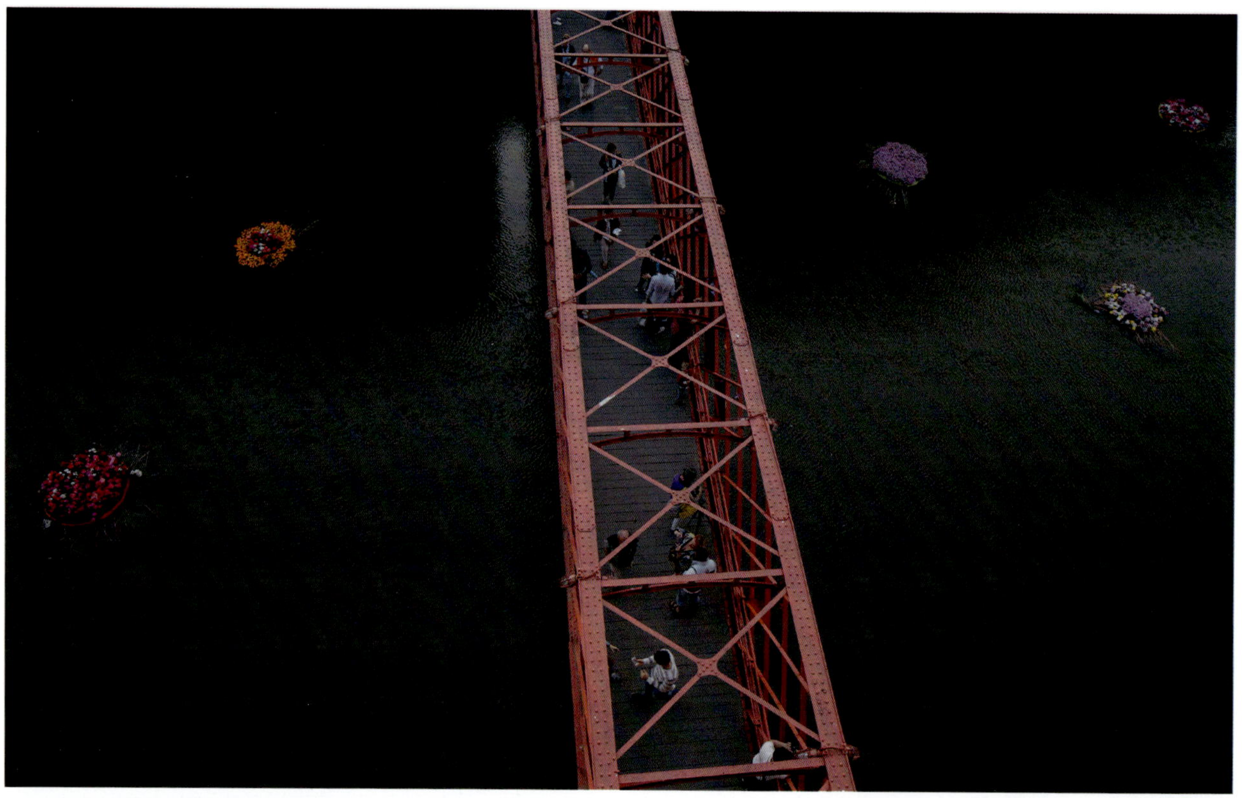

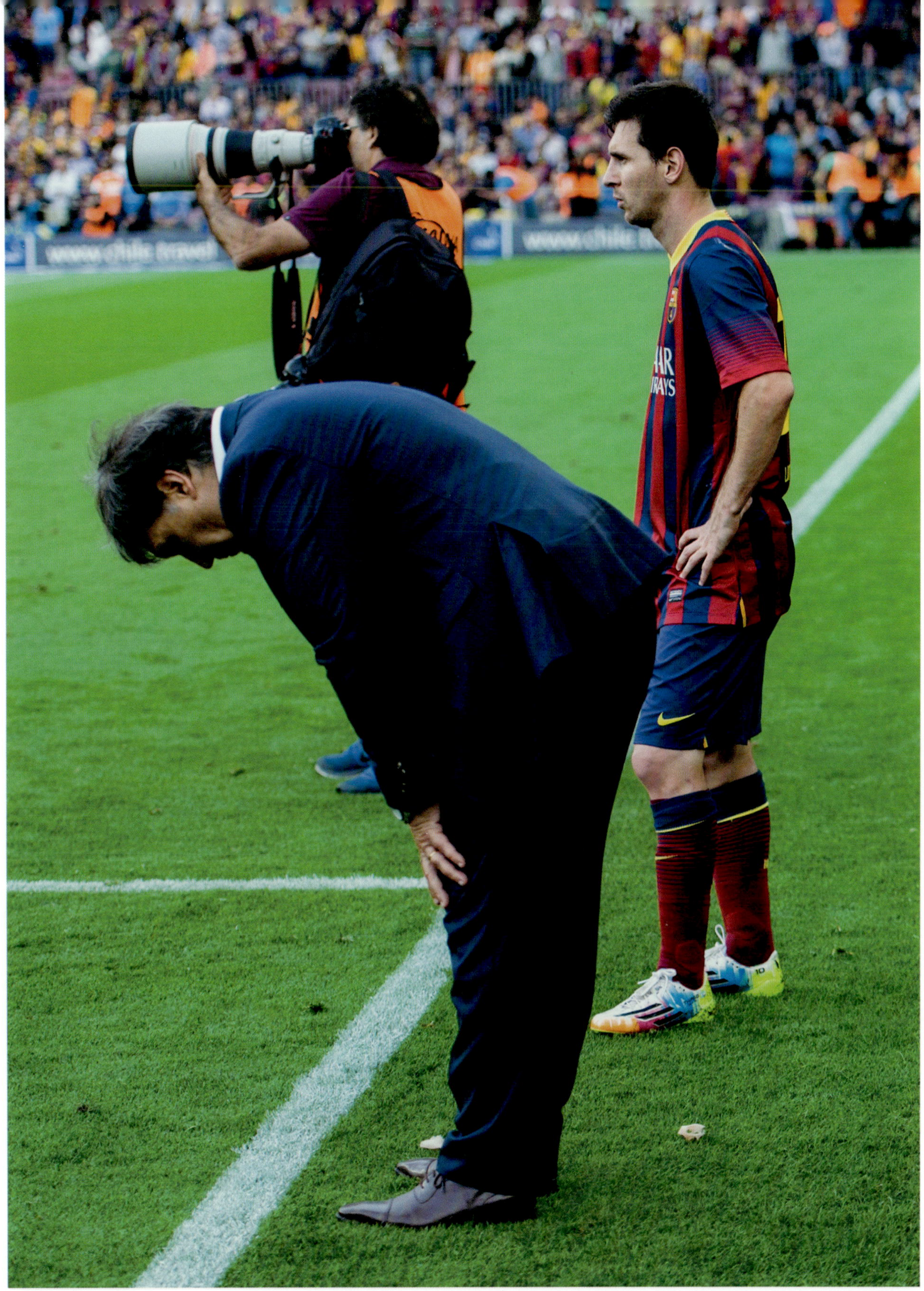

17_05_14 | PERE PUNTÍ.
A BARCELONA, A LES 19:54 H.

AQUEST ANY, NO. El Barça perd la Lliga de futbol. El millor jugador del món, Leo Messi, espera els seus companys a la banda, al costat d'un desolat 'Tata' Martino.

18_05_14 | PERE TORDERA.
A RIPOLL (RIPOLLÈS),
A LES 10:00 H.

CASAMENT A PAGÈS. A la Festa de la Llana de Ripoll s'escenifiquen les noces com al segle XVIII, ara amb un casori real entre Jonathan Hass, amb barret de copa, i l'Ester.

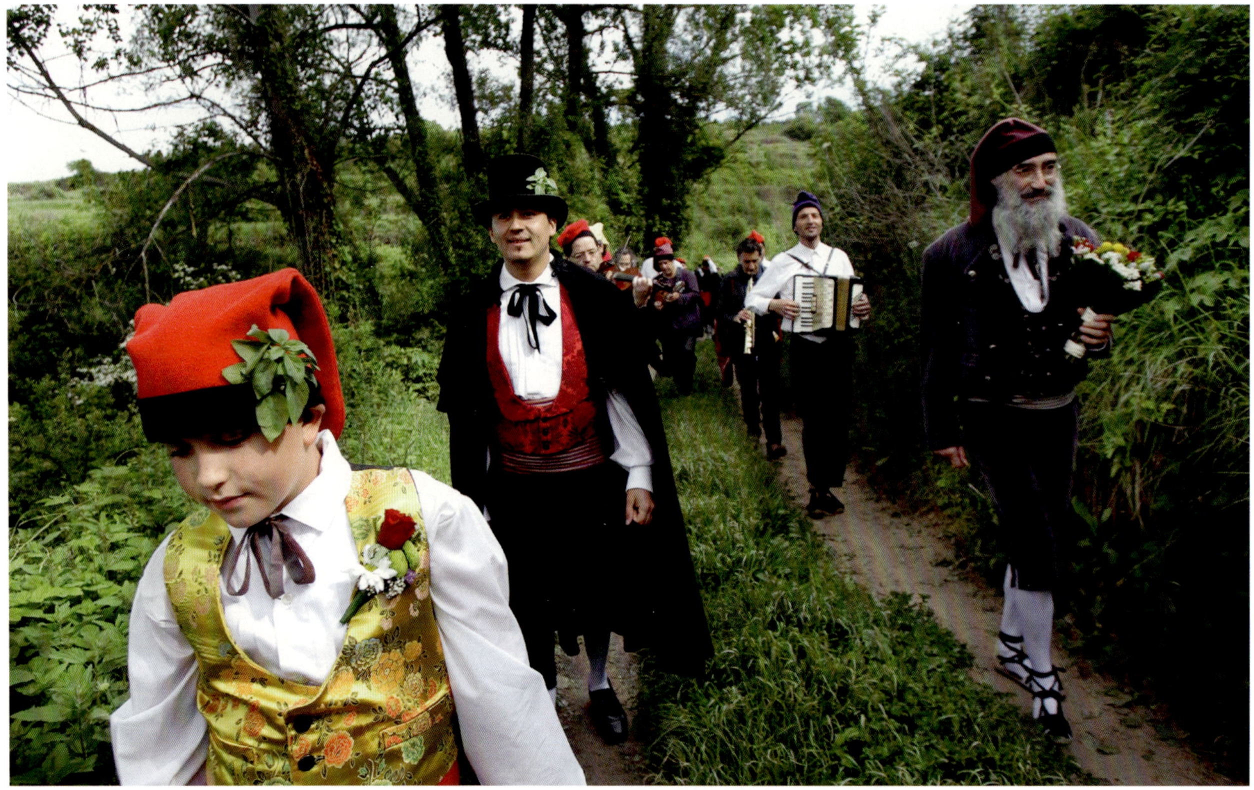

19_05_14 | MIQUEL ANGLARILL.
A RUBÍ (VALLÈS OCCIDENTAL),
A LES 19:15 H.

TESTIMONIAL. Un pastor i els seus 400 xais a la riera de Rubí. La pressió urbanística al Vallès fa perillar la xarxa d'espais agrícoles, forestals i fluvials.

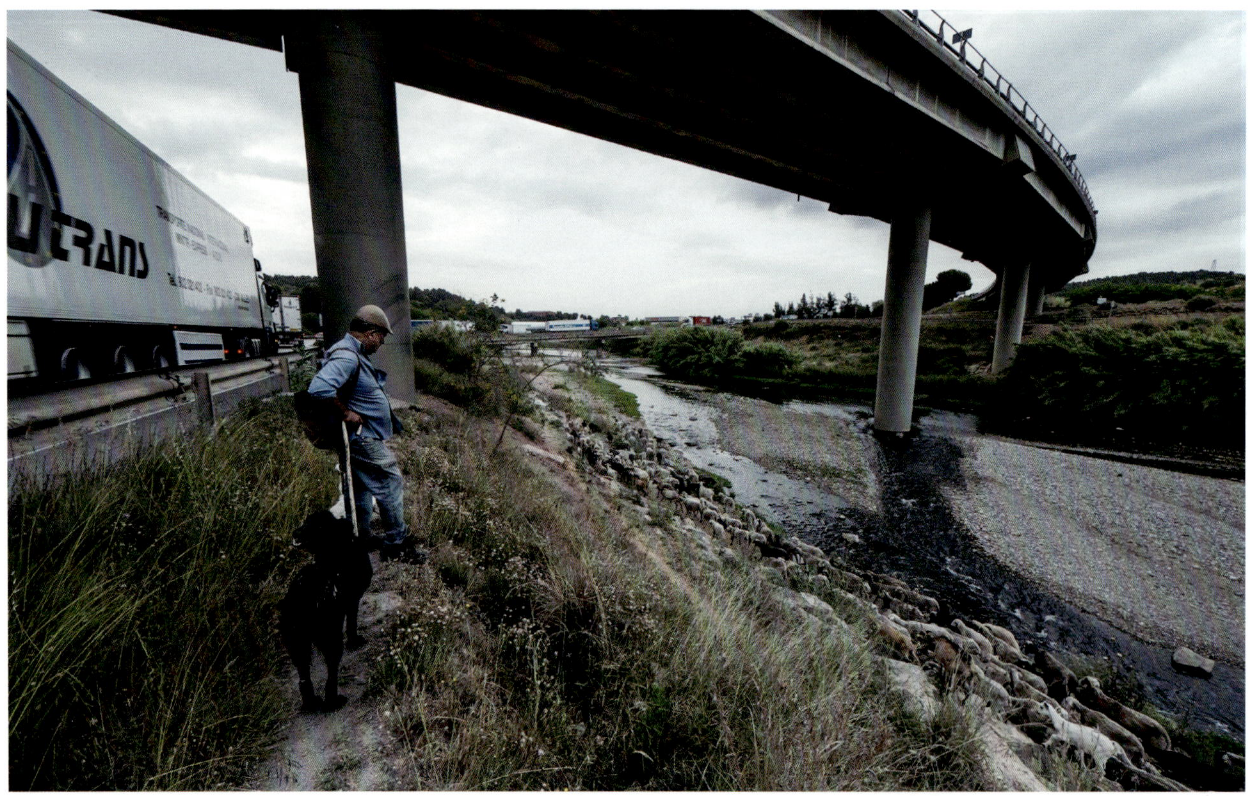

JOAN MANUEL BALIELLAS. A BARCELONA, A LES 10:40 H. | 20_05_14

TATUATGE. La mòmia neolítica Home de Gel, amb 57 tatuatges, dóna fe d'un art que és viu avui dia. Joana Catot acaba el tatuatge de l'Olga al seu estudi.

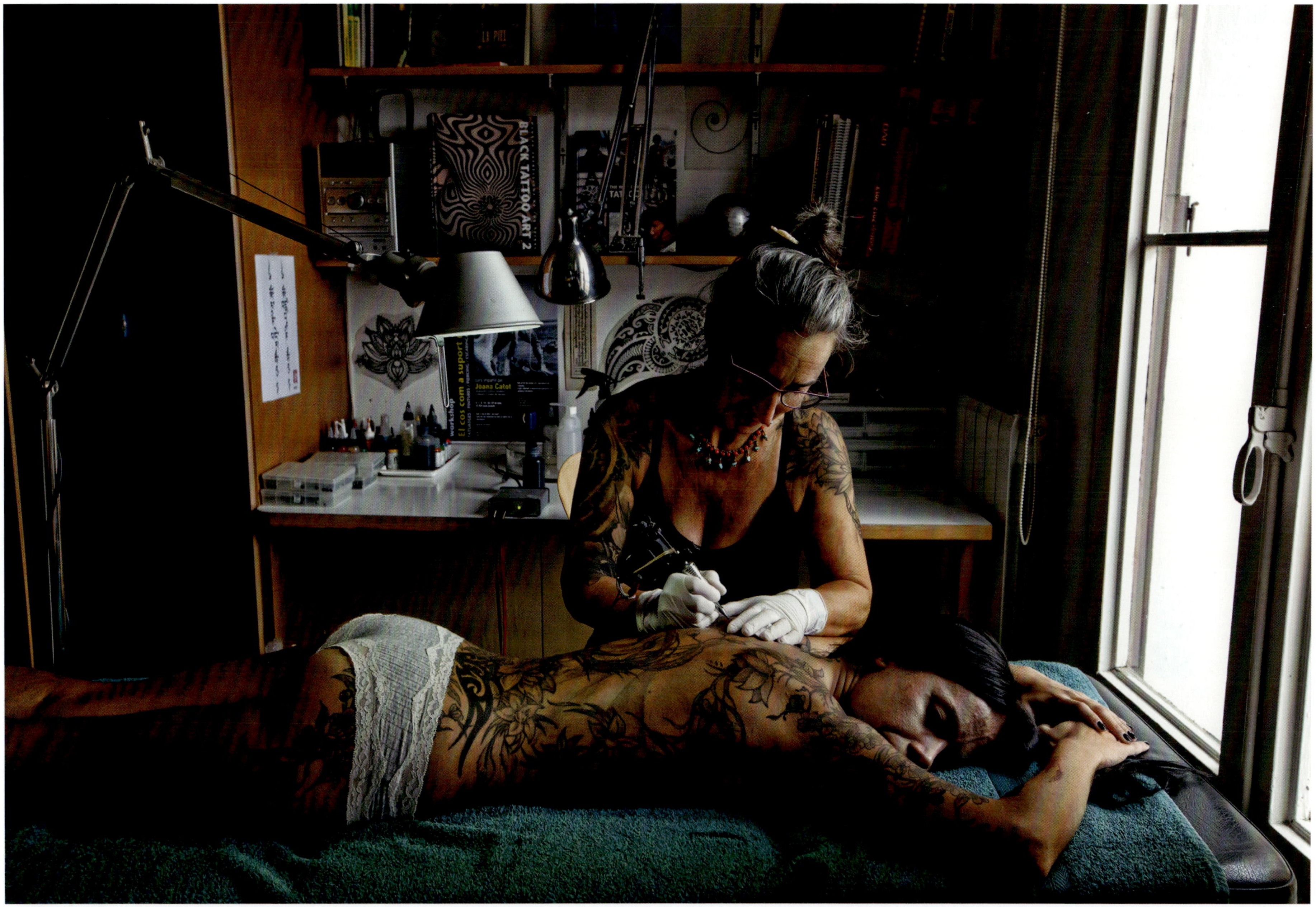

21_05_14 | JOSEP LOSADA.
A L'HOSPITALET DE LLOBREGAT (BARCELONÈS), A LES 13:19 H.

REBEL·LIÓ. Concentració de treballadors sanitaris contra les retallades a l'Hospital de Bellvitge. El tancament de llits a l'estiu va derivar en pacients atrinxerats.

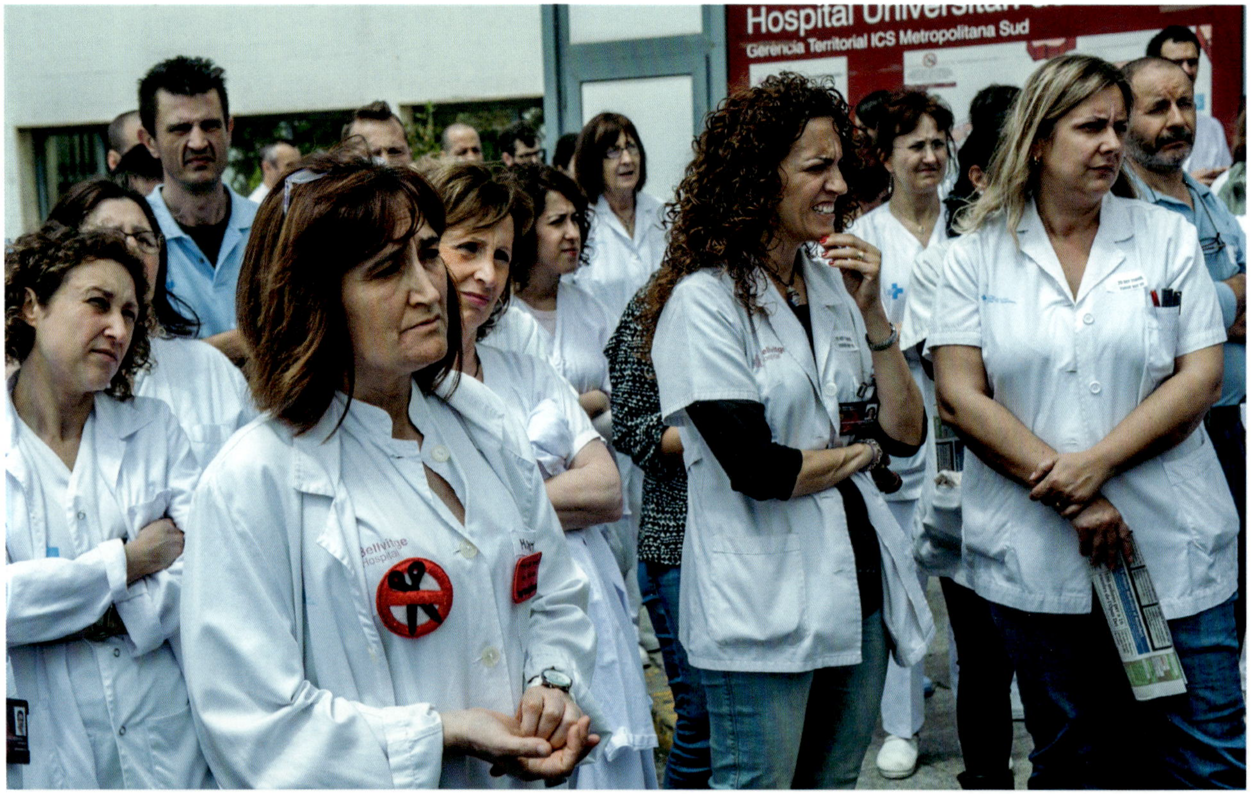

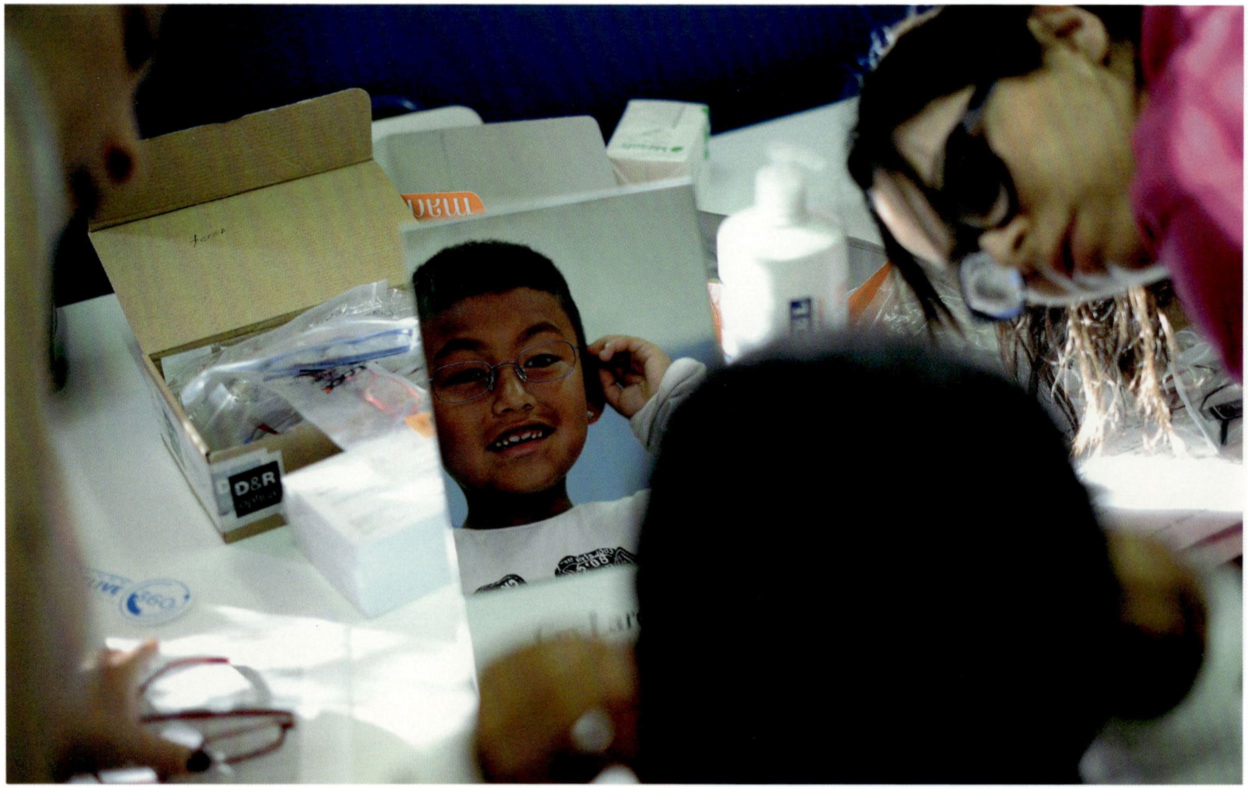

22_05_14 | INÉS BAUCELLS.
A BARCELONA, A LES 19:12 H.

QUASI 600 FUNDACIONS. La Fundació IMO ofereix revisions gratuïtes a infants d'entre 4 i 6 anys. En Bryan ha rebut les seves ulleres graduades de franc.

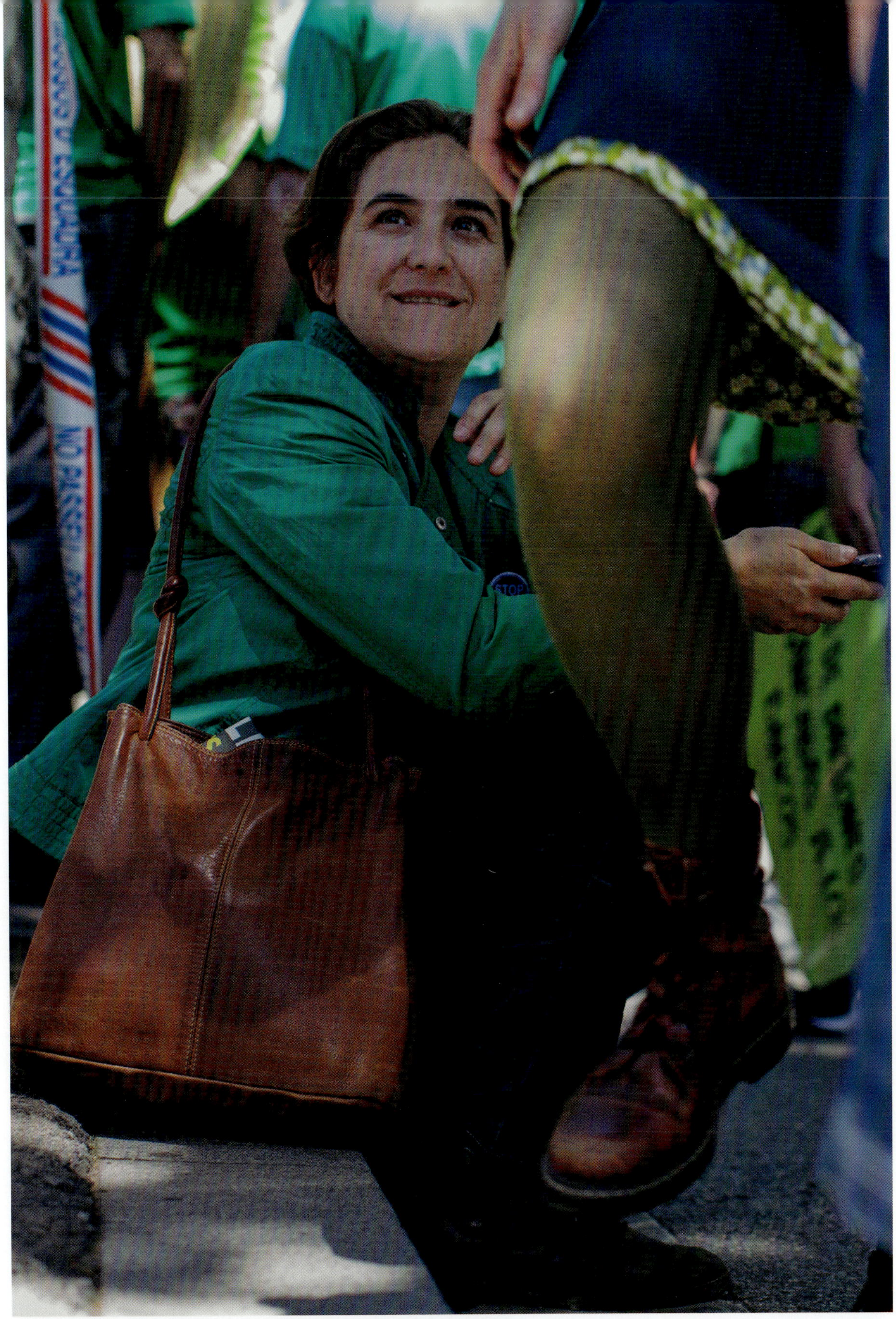

23_05_14 | JOAN MONFORT.
A BARCELONA, A LES 13:40 H.

TREPITJANT FORT. Lluitadora incansable i icona de la lluita contra els desnonaments des de la PAH, Ada Colau presenta ara la seva candidatura a l'alcaldia de Barcelona.

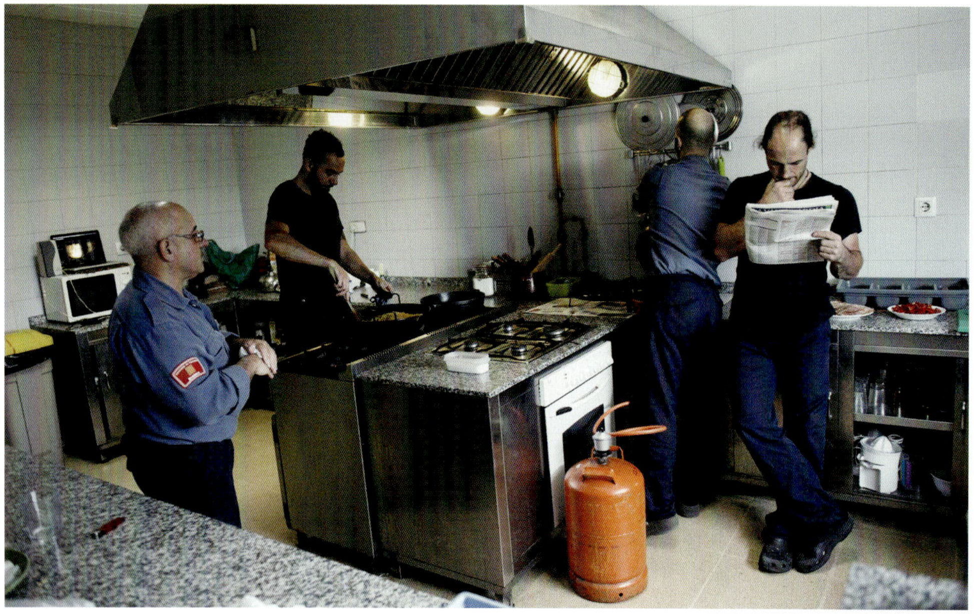

24_05_14 | **JOSEP LAGO.** A RUBÍ (VALLÈS OCCIDENTAL), A LES 12:36 H.

BOMBERS. Els bombers del parc de Rubí cuinen pendents de l'emissora i del telèfon davant una emergència. El 2009, el cos va rebre la medalla d'or de la Generalitat.

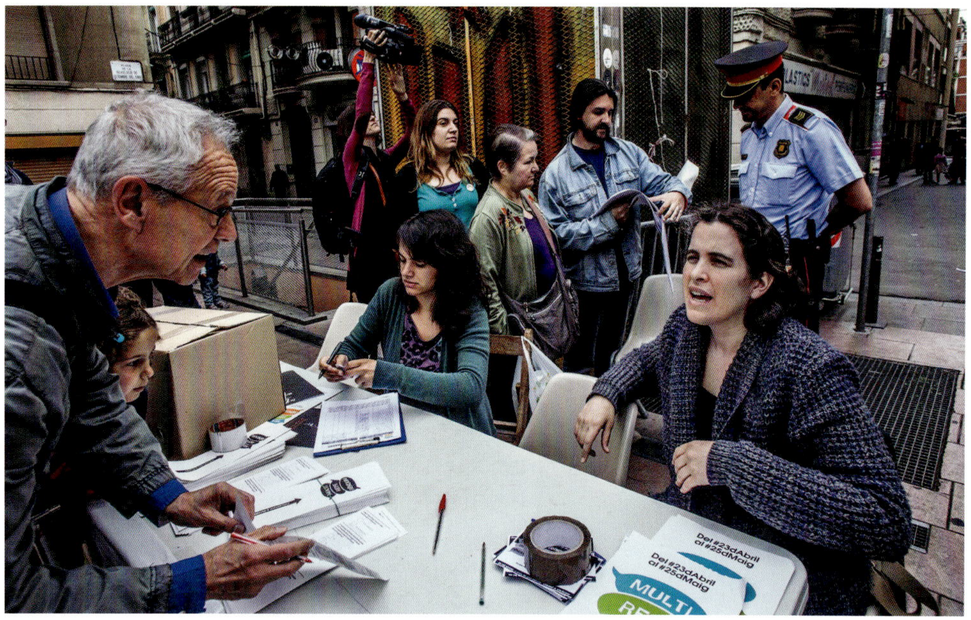

25_05_14 | **CARMEN SECANELLA.** A BARCELONA, A LES 11:40 H.

MULTIREFERÈNDUM. Del 27 d'abril al 25 de maig, ha tingut lloc una convocatòria per expressar la voluntat popular malgrat la prohibició, en un acte de desobediència civil.

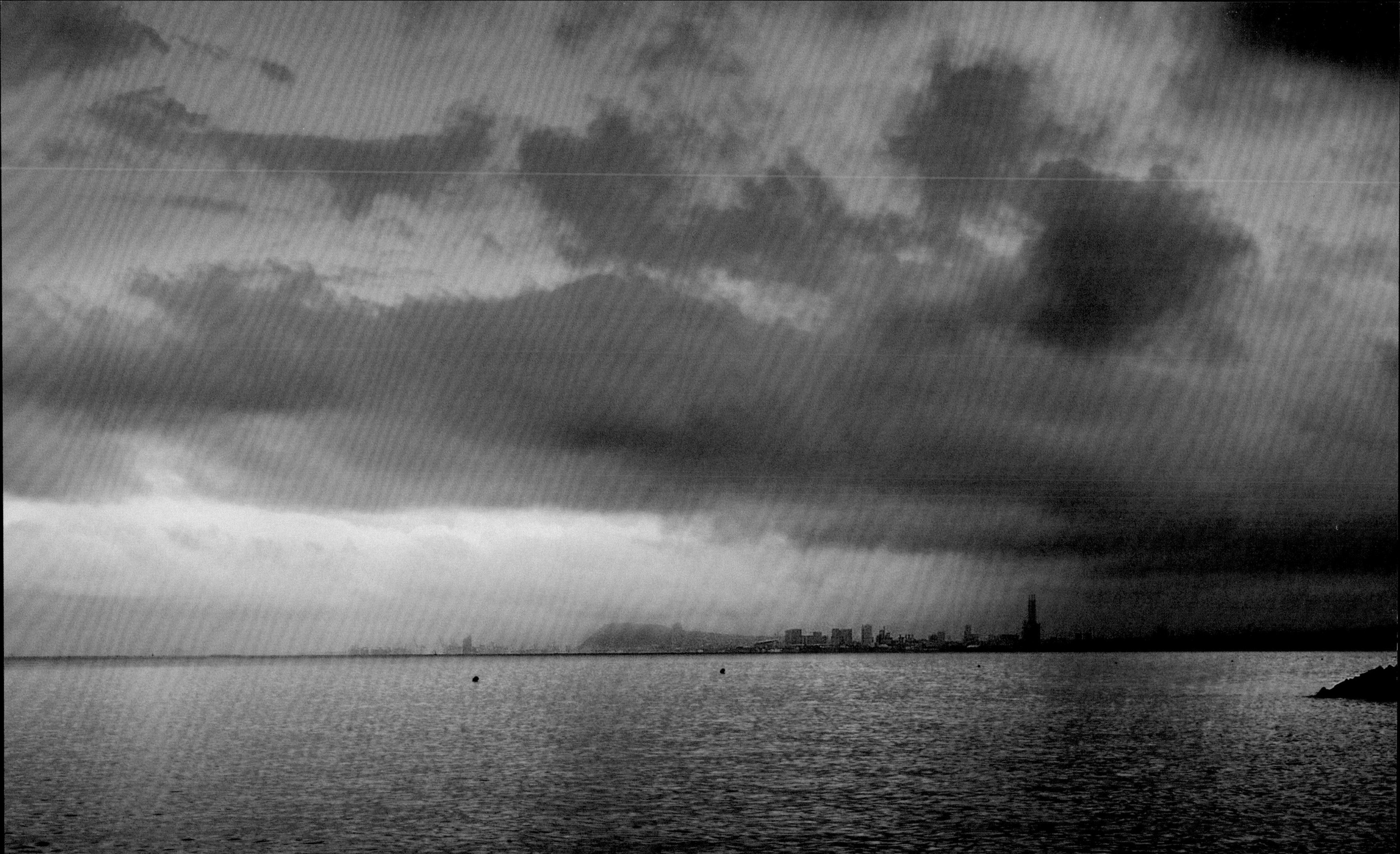

< PÀG. 147

26_05_14 | AGUSTÍ CARBONELL. A PREMIÀ DE MAR (MARESME), A LES 10:32 H.

PLATJA NOVA. L'erosió de la sorra de les platges del Maresme al llarg dels seus 52 km farà que Premià estreni platja nova en una acció de conservació del litoral.

27_05_14 | VICENS GIMÉNEZ. A BARCELONA, A LES 07:04 H.

MERCABARNA 7:00 H. La central majorista de proveïment d'aliments és també consultora de mercats de la Xina i l'Uruguai. A la foto, el Mercat Central del Peix.

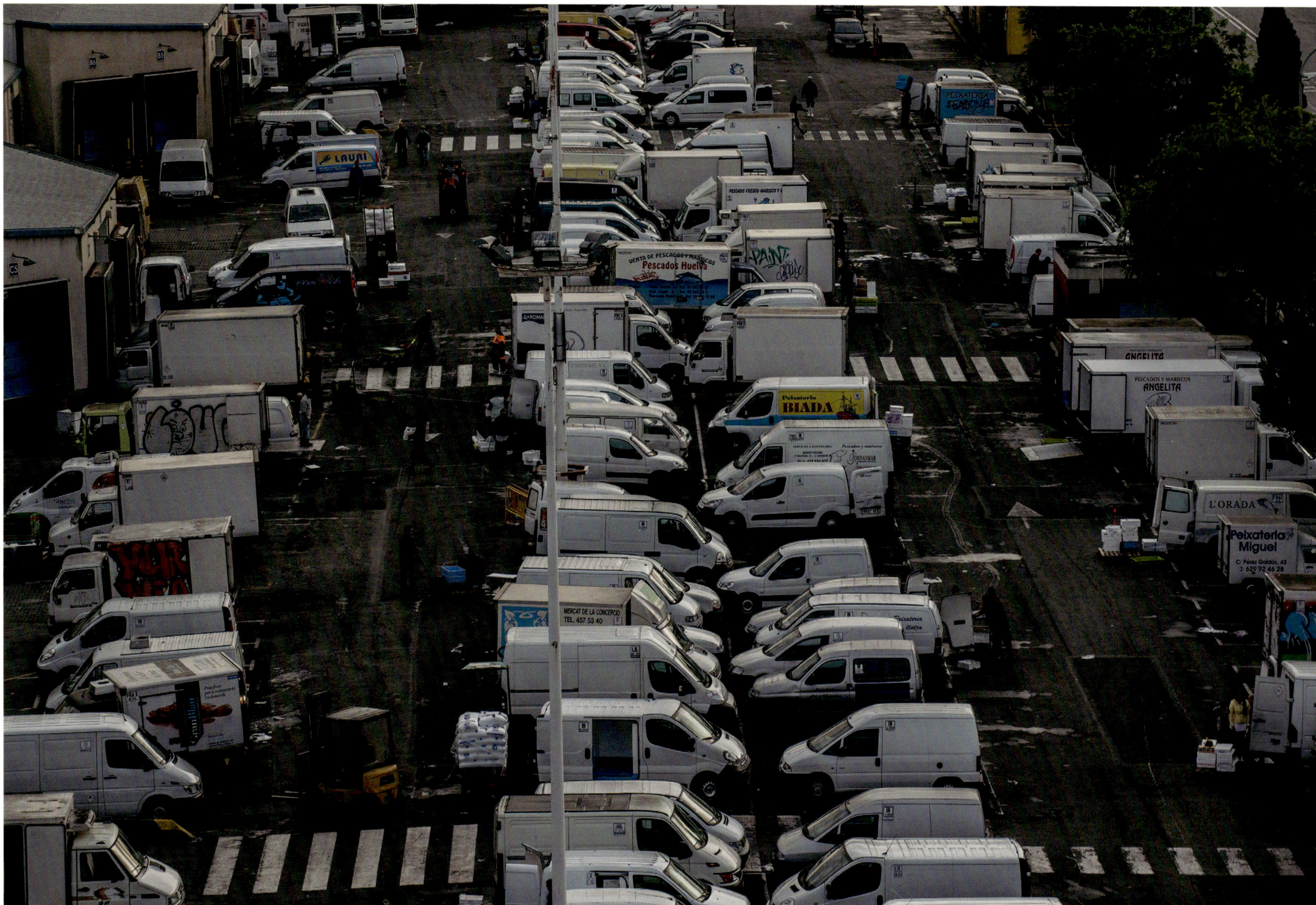

28_05_14 | CONSUELO BAUTISTA. A BARCELONA, A LES 09:29H.

AVE. El tren d'alta velocitat va arribar a Catalunya amb vuit anys de retard. Ara, connecta Barcelona amb Girona en 37 minuts, i 51 fins a Figueres-Viafant, a 300 km/h en alguns trams.

PÀG. 150 >

29_05_14 | DAVID AIROB. A BARCELONA, A LES 09:46 H.

COMMEMORACIÓ. Instal·lació efímera al Parc de la Ciutadella inspirada en l'antiga muralla de Barcelona. L'artista de grafits Sixe interpreta la història dels fets de 1714.

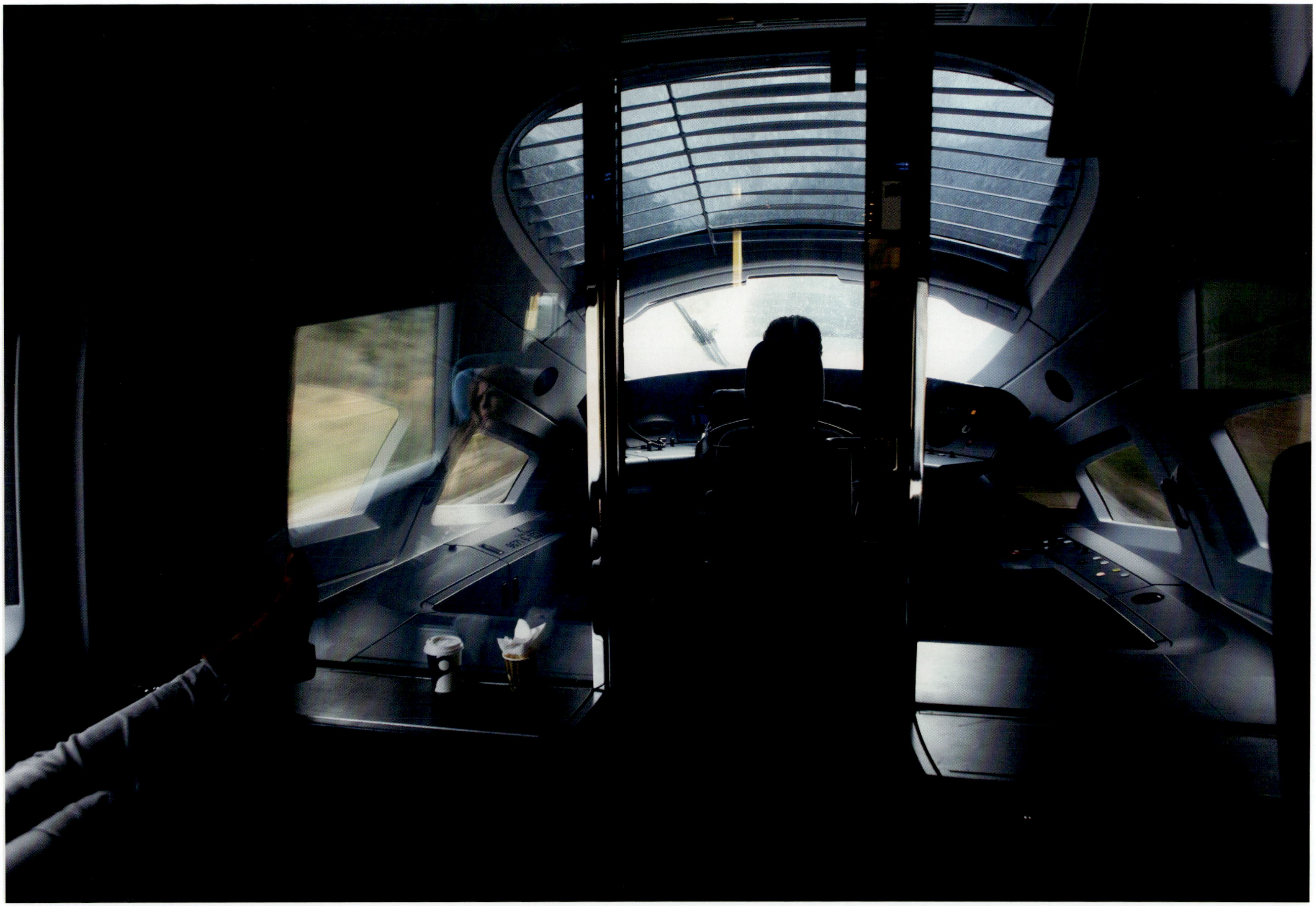

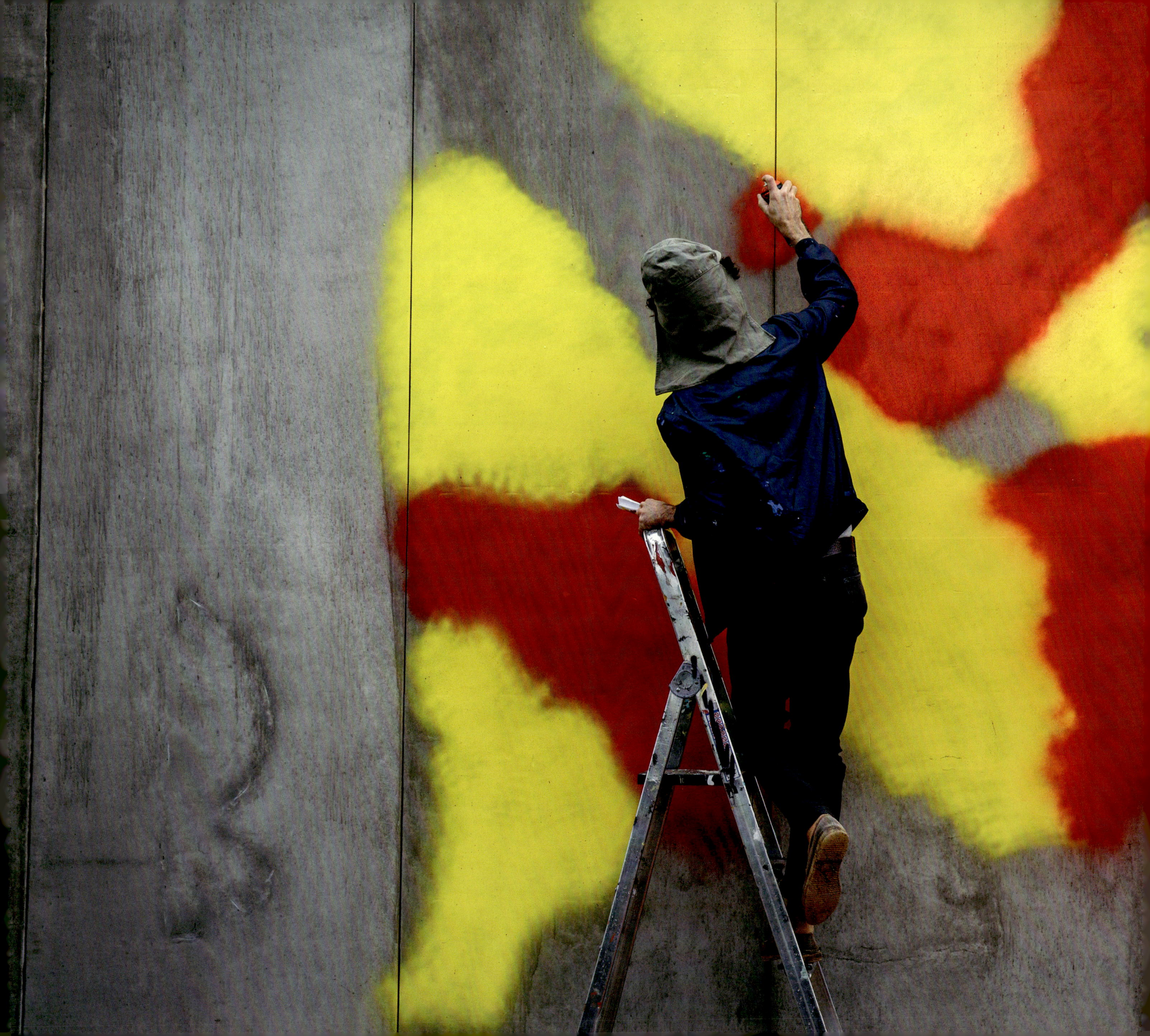

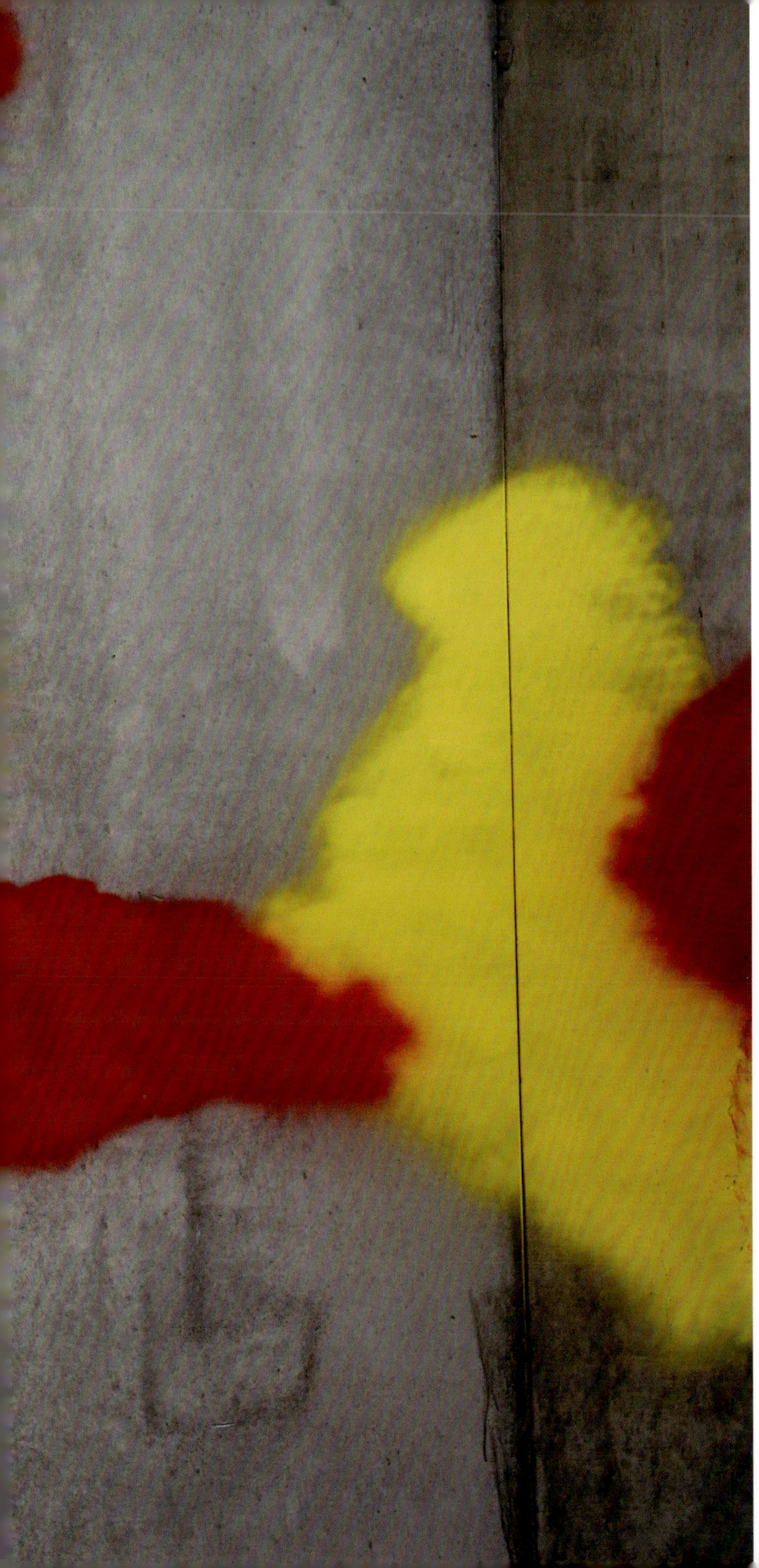

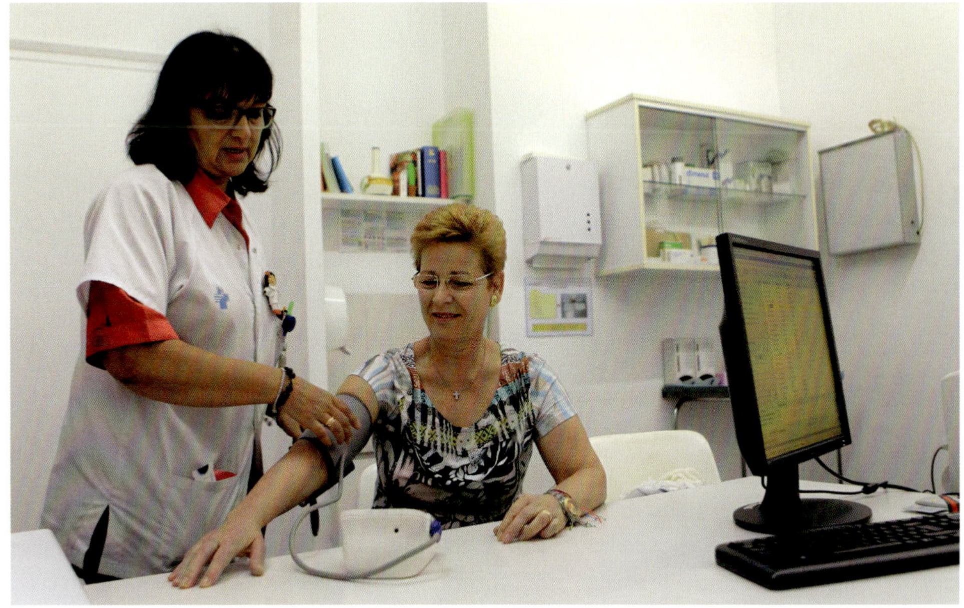

30_05_14 | TONI ALBIR. A L'HOSPITALET DE LLOBREGAT (BARCELONÈS), A LES 09:20 H.

SANITAT. La doctora Dolors Petitbó passa consulta al CAP del carrer de Jacint Verdaguer. El temps d'espera als centres d'atenció primària de la sanitat pública augmenta.

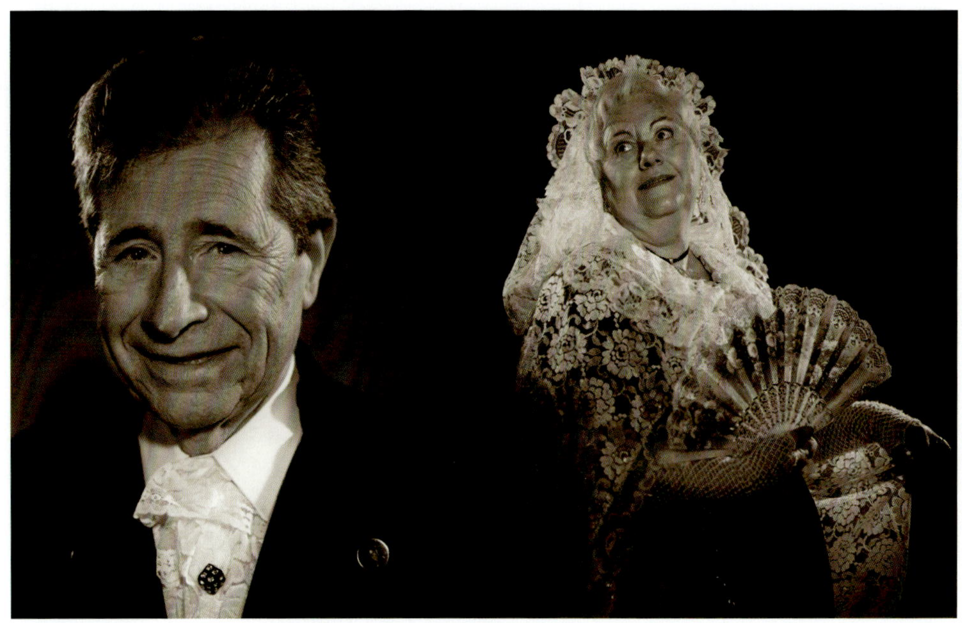

31_05_14 | ALBERT BERTRAN. A BARCELONA, A LES 11:10 H.

FOLKLORE. Cinto de la Vega i Neus Yuste, d'Antics Dansaires de l'Esbart Gaudí, porten el folklore català arreu. L'entitat es manté activa des de 1949.

Marta Rovira Martínez
SOCIÒLOGA

JUNY. Set milions i mig d'habitants, un milió cent mil estrangers. Tres-centes llengües parlades. Dos-cents mil catalans treballant o buscant feina a l'estranger. Un milió i mig d'alumnes i una quarta part que no acaba l'ESO. Un milió tres-cents mil jubilats contra set-centes mil persones desocupades. Cinc mil persones sense llar. Com ens ho farem?

El sol de juny s'escampa pacíficament pels terrats decorats amb trencadís i amarats de turisme. El mateix sol que esclata damunt dels caps de la gent que surt al carrer per alçar la veu i el puny. És temps de segadors que han canviat la falç per noves banderes, sense deixar-ne cap del tot. Aquest país és una amalgama. L'antiga fàbrica d'Espanya es vol reinventar, però haurà de fer-ho sense abandonar les tradicions que han arribat d'arreu. En aquest racó de món, tothom somia a ser lliure per celebrar un correfoc, una romeria o per estimar com vulgui.

El cert és que tot es belluga de pressa. El territori es torna un paisatge endreçat per línies d'asfalt i torres d'alta tensió. Natura domesticada i pagesos en extinció. La Catalunya ciutat té set d'infraestructures i enllaça en la seva trama cada barri i cada poble. De les indústries que havien aixecat els avis, ja no en queda ni memòria per als néts. La pell de la ciutat es renova constantment amb nous projectes, sotmesa a la contínua activitat de les grues. I, tanmateix, les clivelles urbanes no poden absorbir el desencís que camina entre la gent. Ni tota la mentida que es projecta a la pantalla d'un televisor, allà on viuen la política llunyana i els reis extemporanis.

Queda el carrer, la cultura i l'esforç: crear, innovar, gaudir, compartir. Potser somiar un país lliure en un món cada vegada més global i més proper. En tot cas, sense les caduques utopies d'una classe mitjana en declivi: el xalet hipotecat i les vacances pagades; ni tan sols la imatge d'una plàcida jubilació. Les noves generacions estan obligades a canviar-ho tot altra vegada. Tot és a punt de transformar-se. Com ens ho farem?

JORDI COTRINA. A BARCELONA, A LES 18:56 H. | 01_06_14

UNIVERSAL. Visitants entre les xemeneies de trencadís al terrat del Palau Güell, obra d'Antoni Gaudí, únic al món amb set edificis declarats patrimoni de la humanitat.

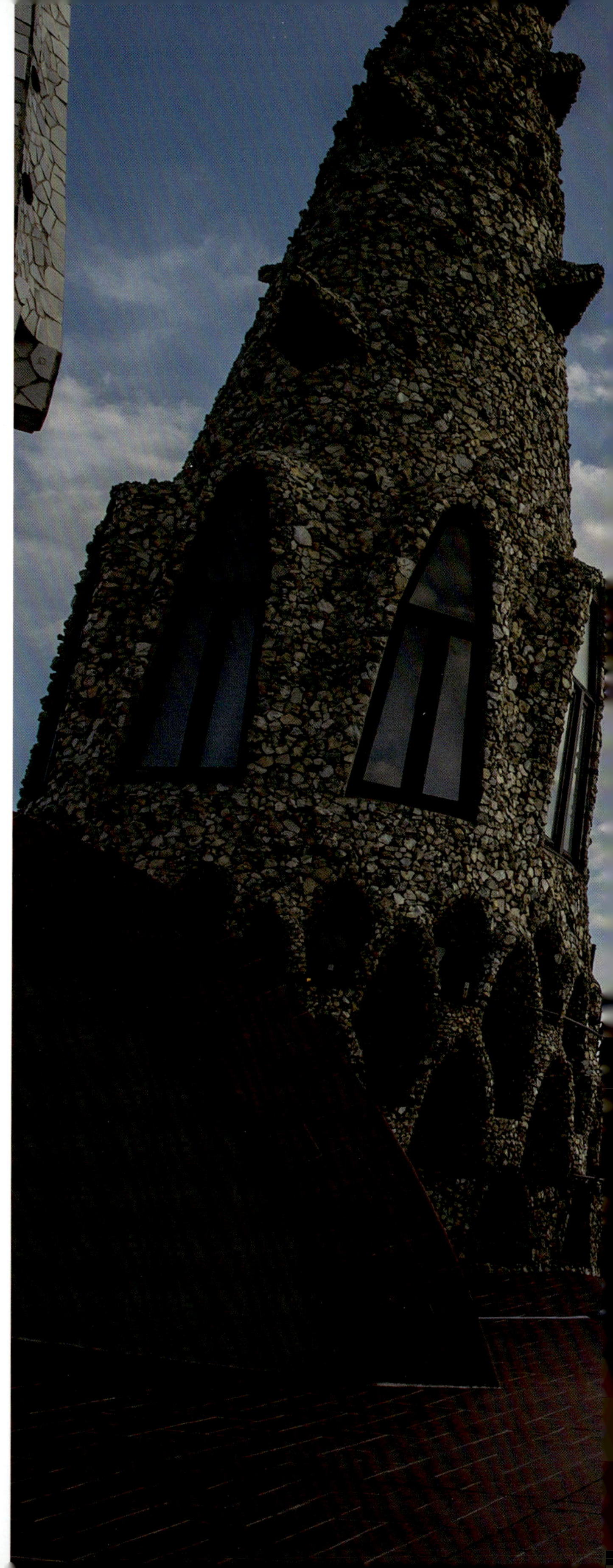

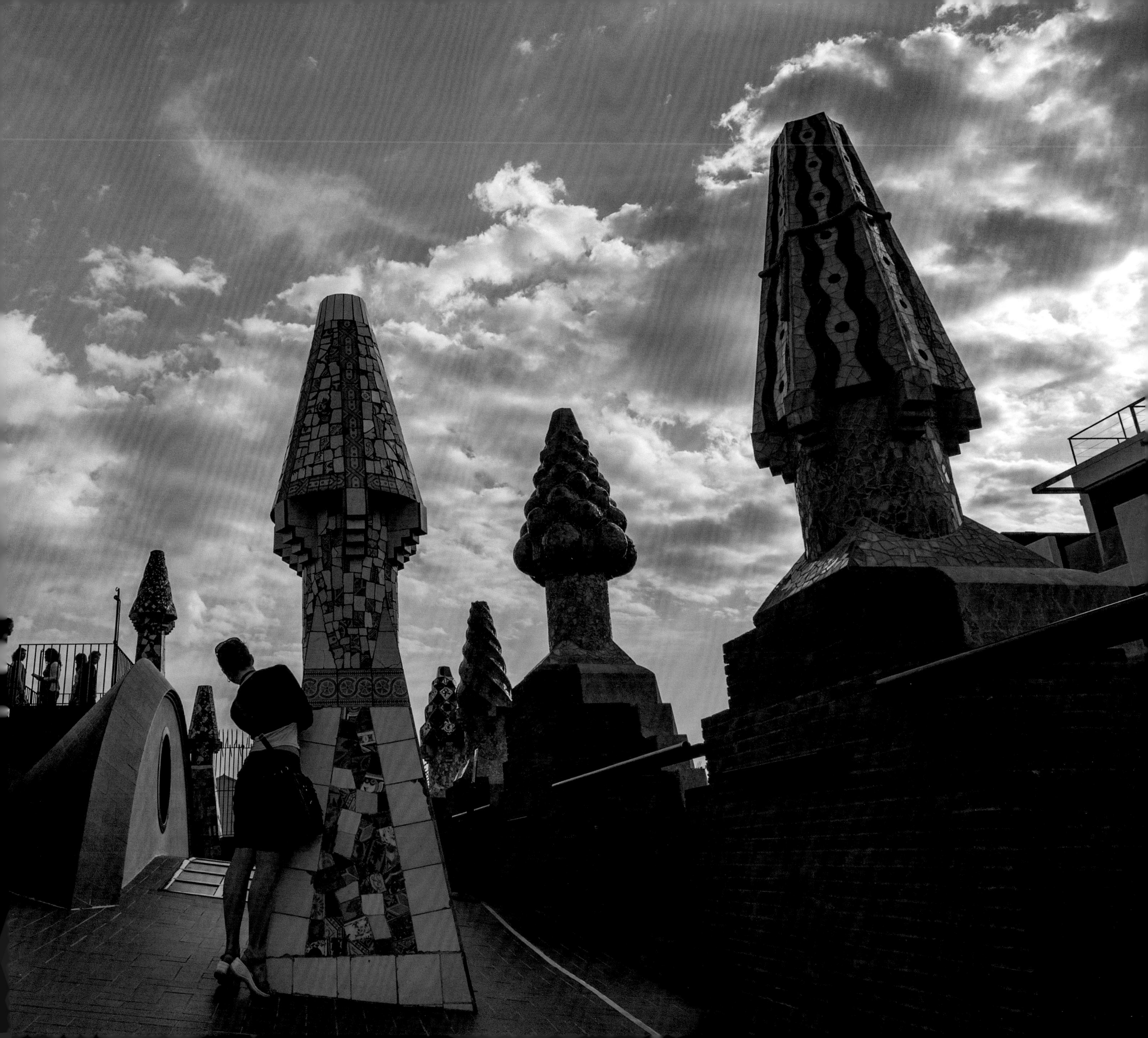

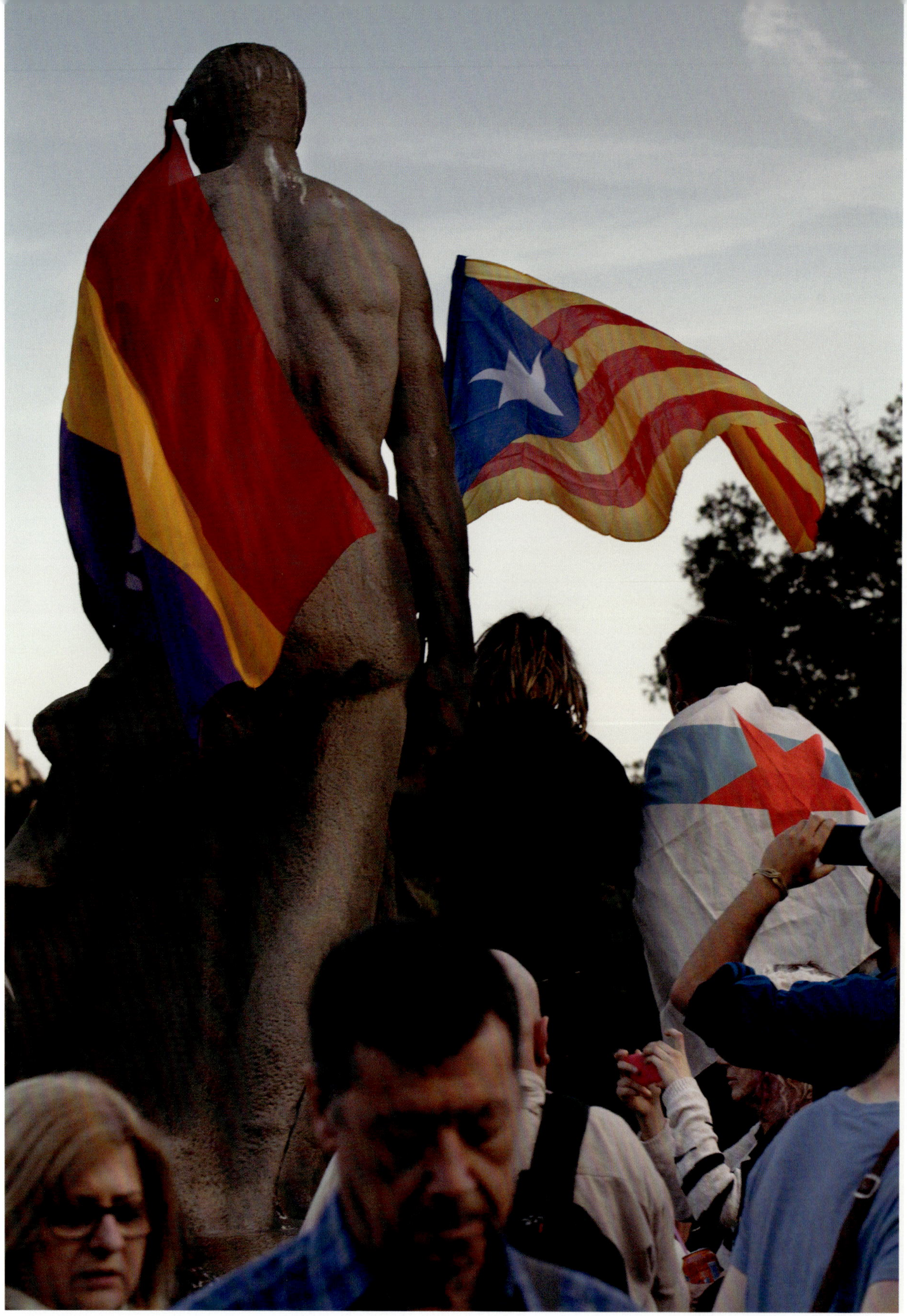

02_06_14 | JOAN GUERRERO.
A BARCELONA, A LES 19:50 H.

LA CORONA. Manifestants a la plaça de Catalunya reclamen un referèndum sobre la monarquia espanyola després de l'abdicació del rei, com a 40 ciutats espanyoles més.

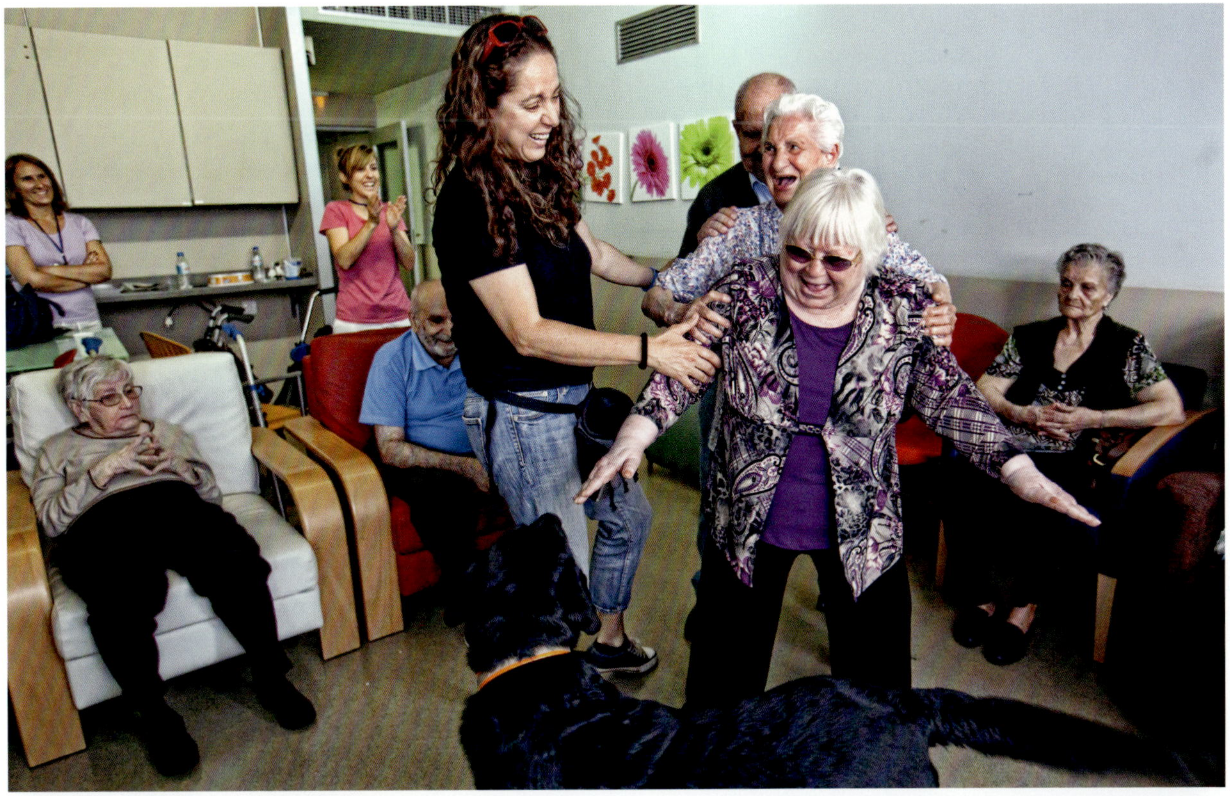

03_06_14 | JOAN MANUEL BALIELLAS.
A BARCELONA, A LES 12:10 H.

ZOOTERÀPIA. La Maribel Vila de Positivas Can fa teràpia amb el seu gos Bau, a la residència d'avis La Torrassa, de malalts d'Alzheimer i amb dificultats de mobilitat.

04_06_14 | FRANCESC MELCION.
A BARCELONA, A LES 10:46 H.

MOVIMENT OKUPA. Veïns i curiosos visiten les runes de Can Vies al barri de Sants. El seu enderrocament parcial va provocar una espiral de violència a Barcelona.

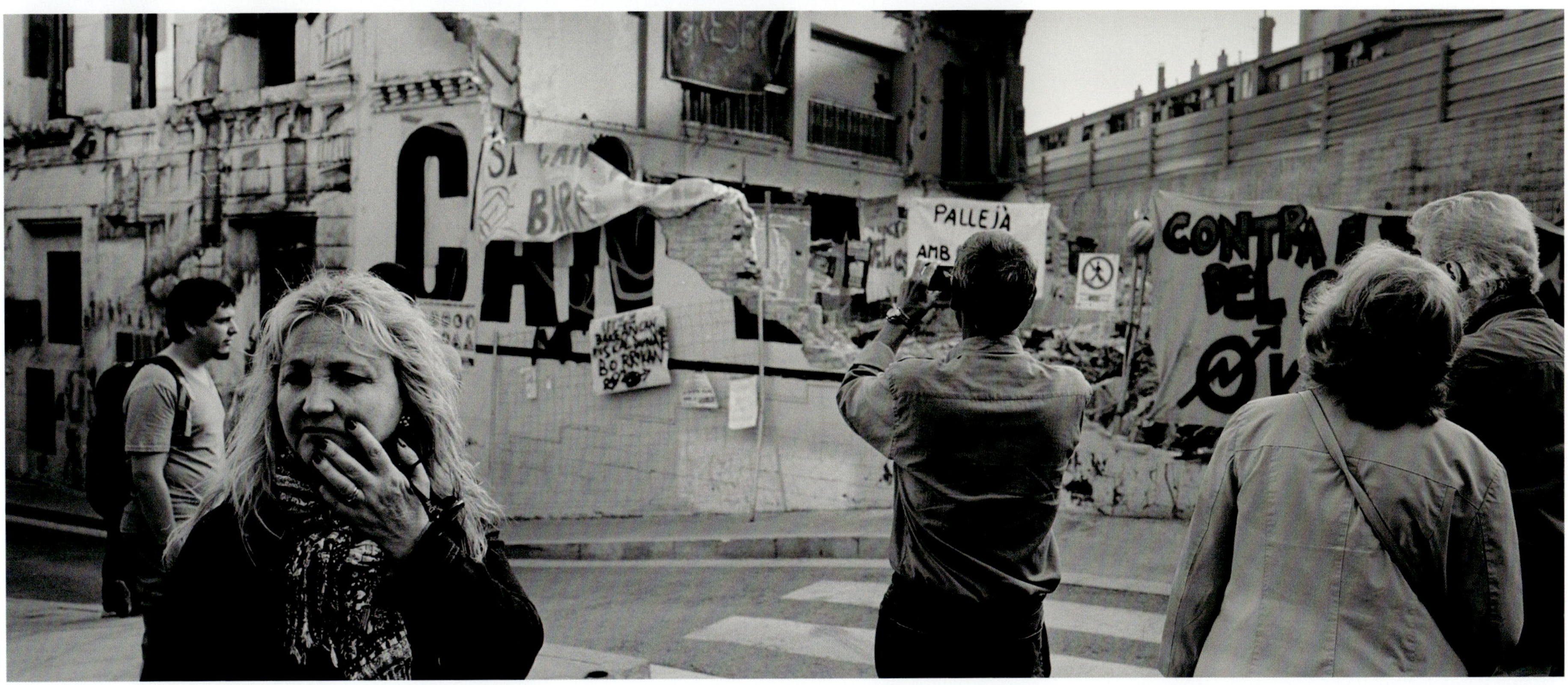

05_06_14 | **SUSANNA SÁEZ.** A IGUALADA (ANOIA), A LES 17:05 H.

'POP UP'. Esdeveniment de referència al barri del Rec. 'REC.0 Experimental Stores: Espais Singulars' transforma durant quatre dies la zona en passarel·la efímera de la moda.

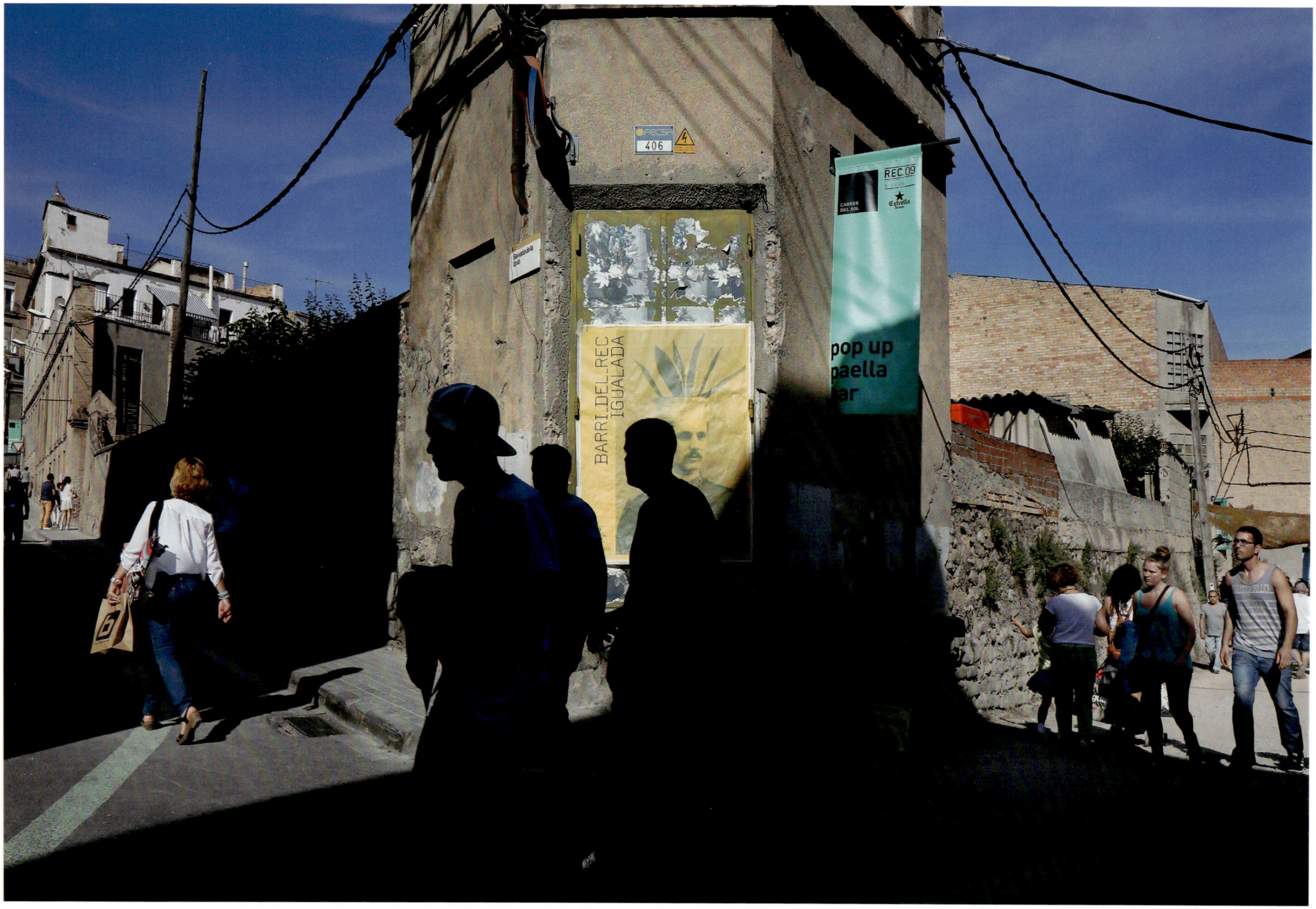

SÍMBOL. La Pilona, avui símbol d'un passat miner, servia per recolzar-hi els cables que transportaven les vagonetes plenes de ferro fins als vaixells de càrrega.

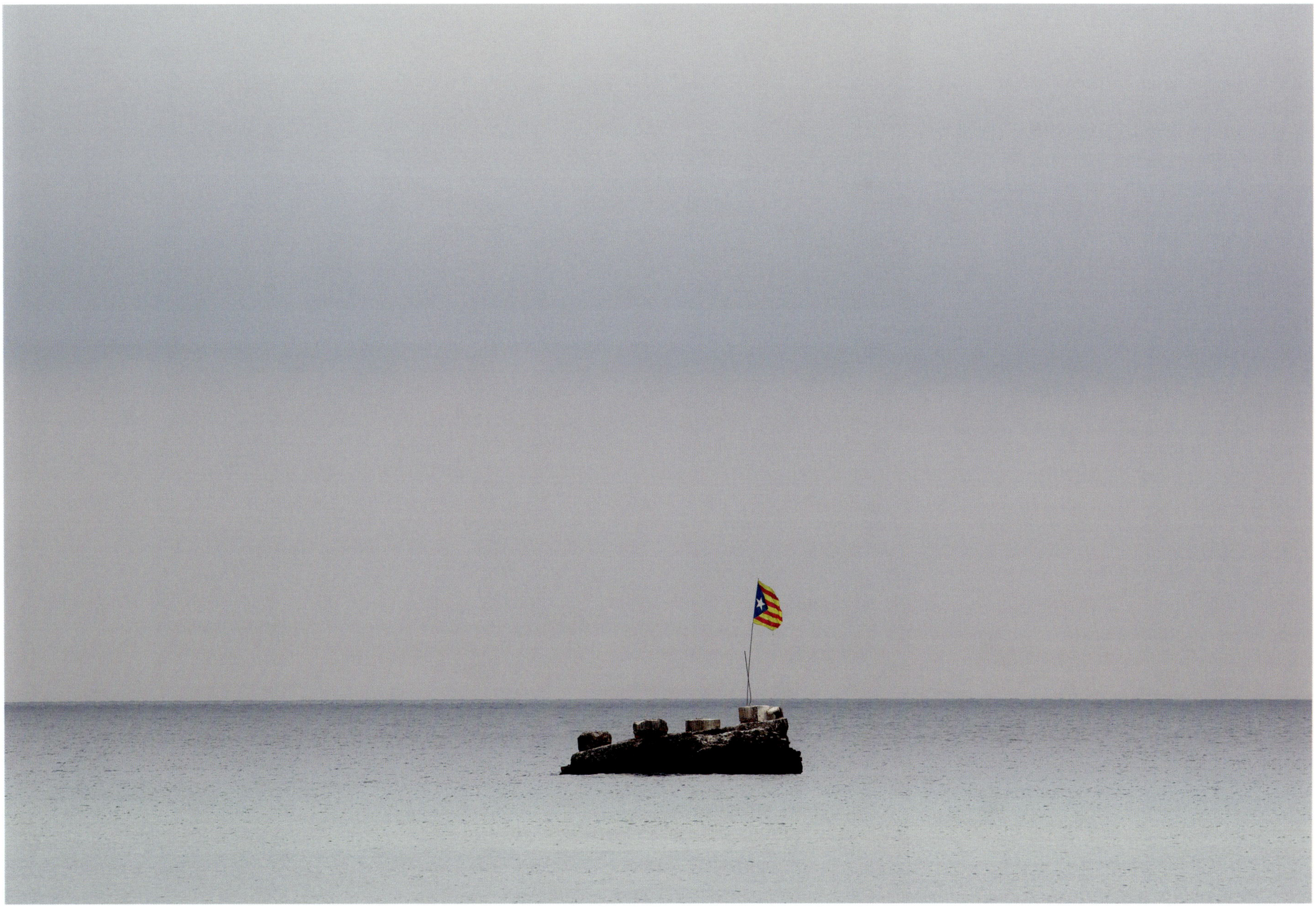

07_06_14 | ÀLEX GARCIA.
A BARCELONA, A LES 13:22 H.

BRUC. La caserna del Bruc va canviar els símbols franquistes pel Timbaler del Bruc el 1980. Avui hi ha jornada de portes obertes amb motiu del Dia de les Forces Armades.

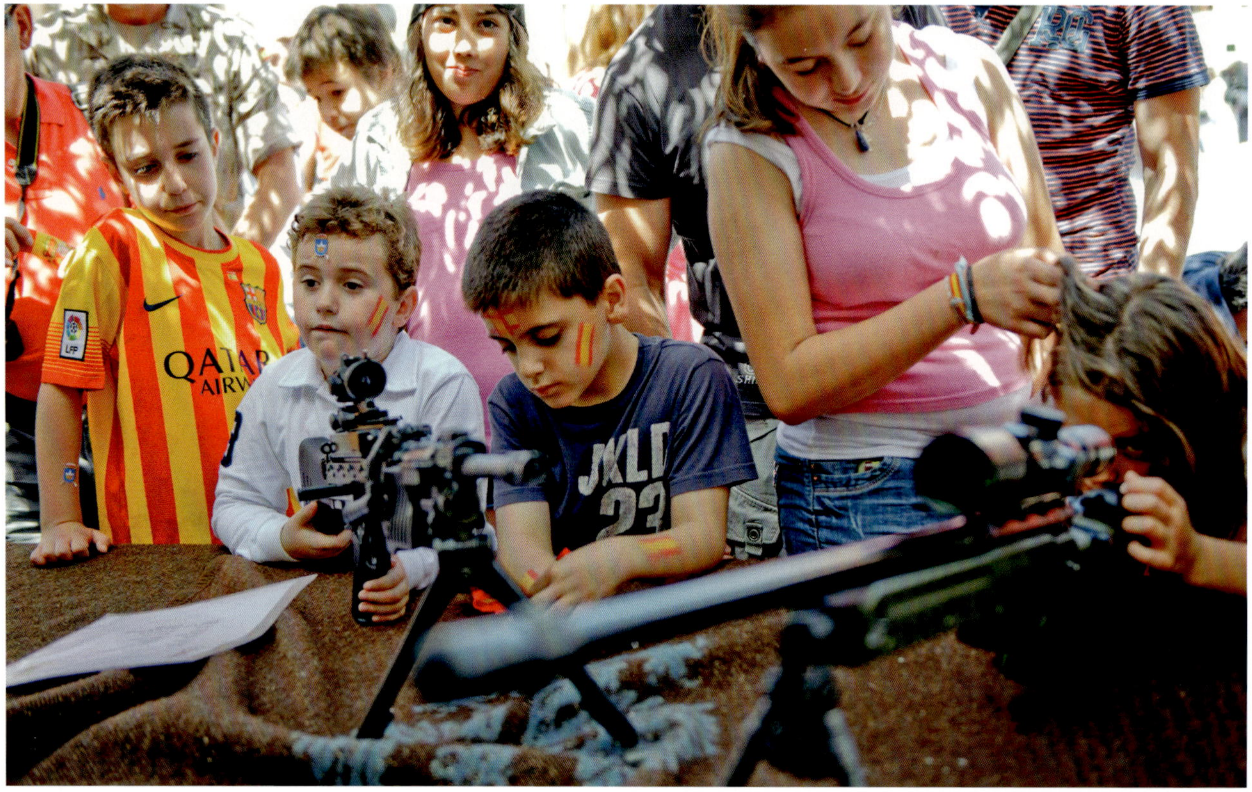

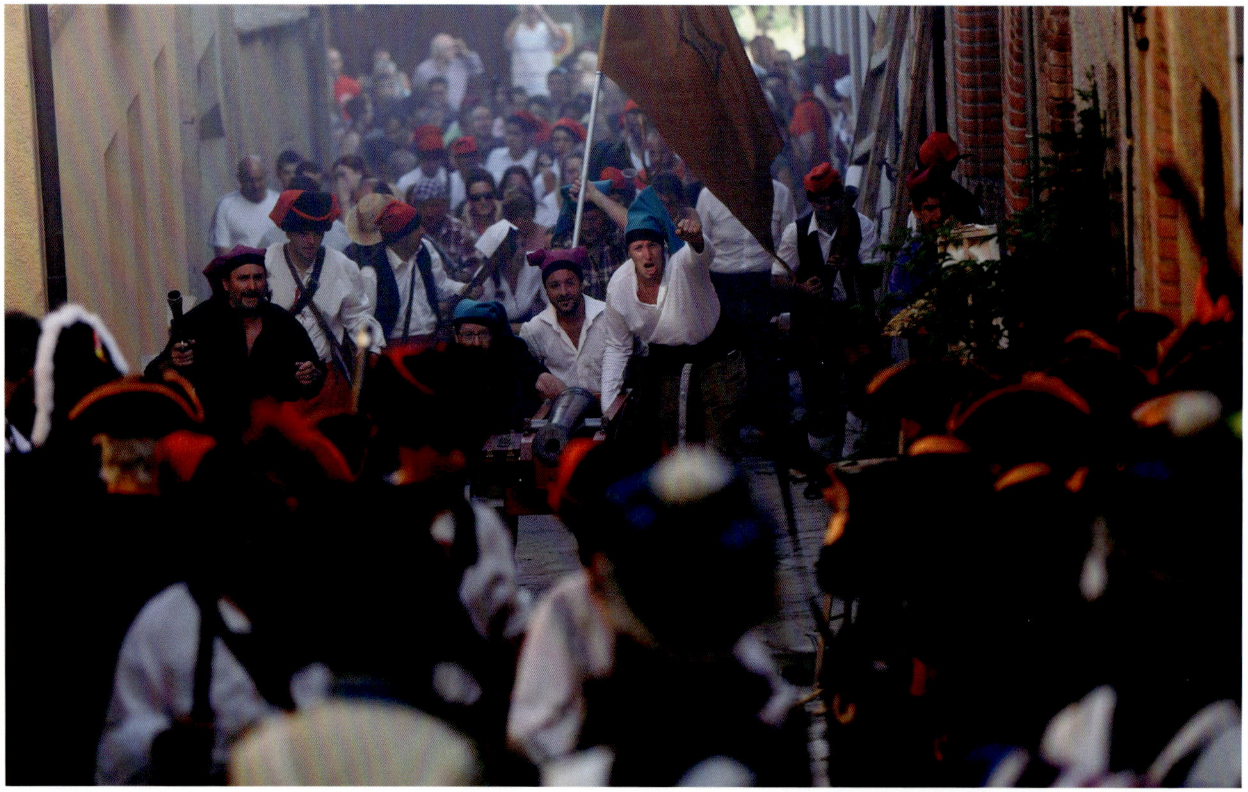

08_06_14 | DANNY CAMINAL.
AL BRUC (ANOIA), A LES 17:22 H.

LA GUERRA DEL FRANCÈS. Representació de la batalla del Bruc (1808). Sometents catalans lluiten contra els soldats francesos animats per les proeses del timbaler.

ANA JIMÉNEZ. A MONTCADA I REIXAC (VALLÈS OCCIDENTAL), A LES 11:00 H. | 09_06_14

LA NOVENA PROVÍNCIA. Els andalusos celebren el Rocío a Catalunya, la seva "novena província" des del flux migratori als anys seixanta. La devoció a la Verge acaba en catarsi col·lectiva.

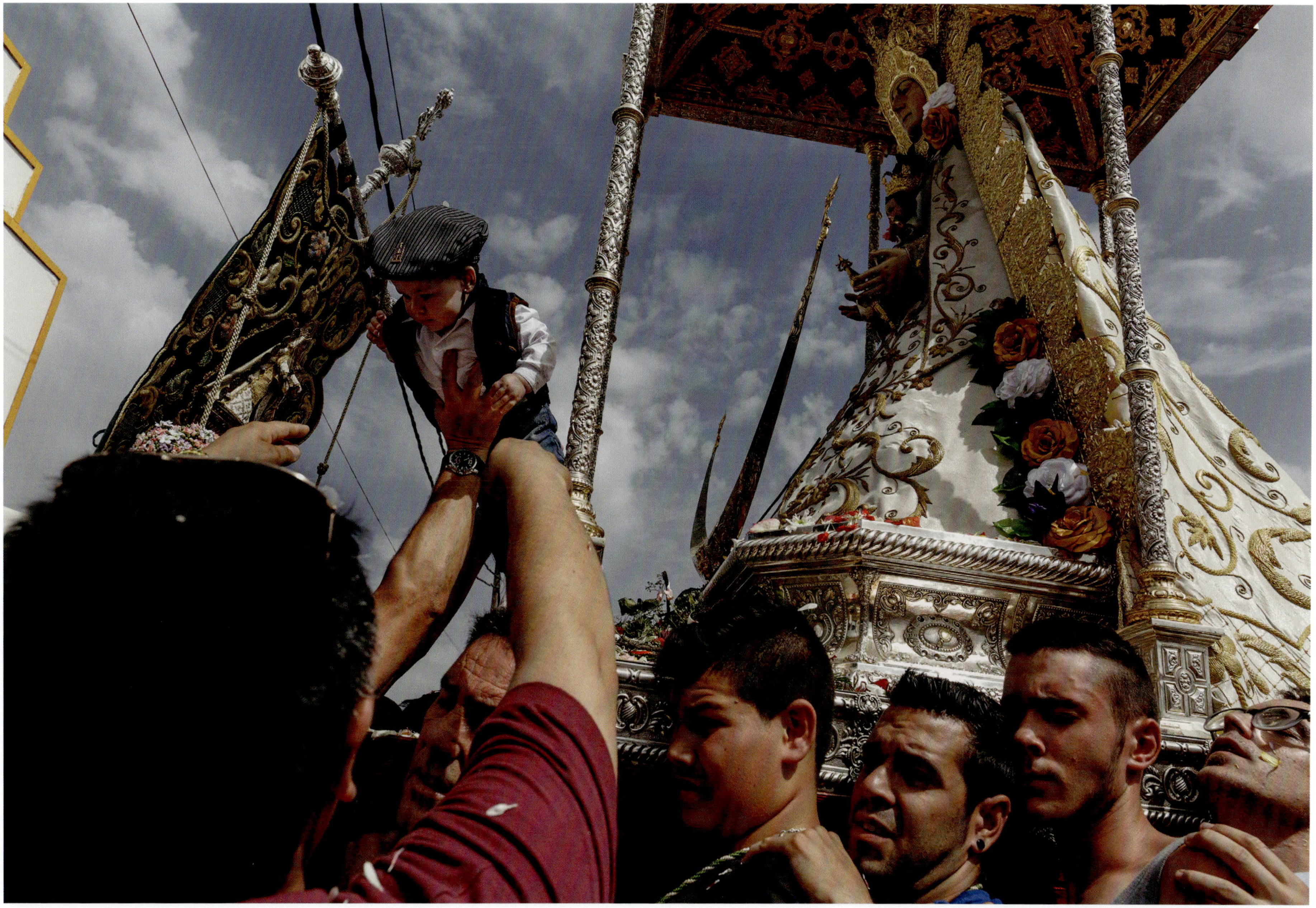

10_06_14 | LAURA GUERRERO. A BARCELONA, A LES 20:38 H.

EL BERENAR. Petons per a la Sandra i la Laura al passeig d'Ítaca. A prop seu, dues gavines mortes de gana esperen que els caiguin algunes molles.

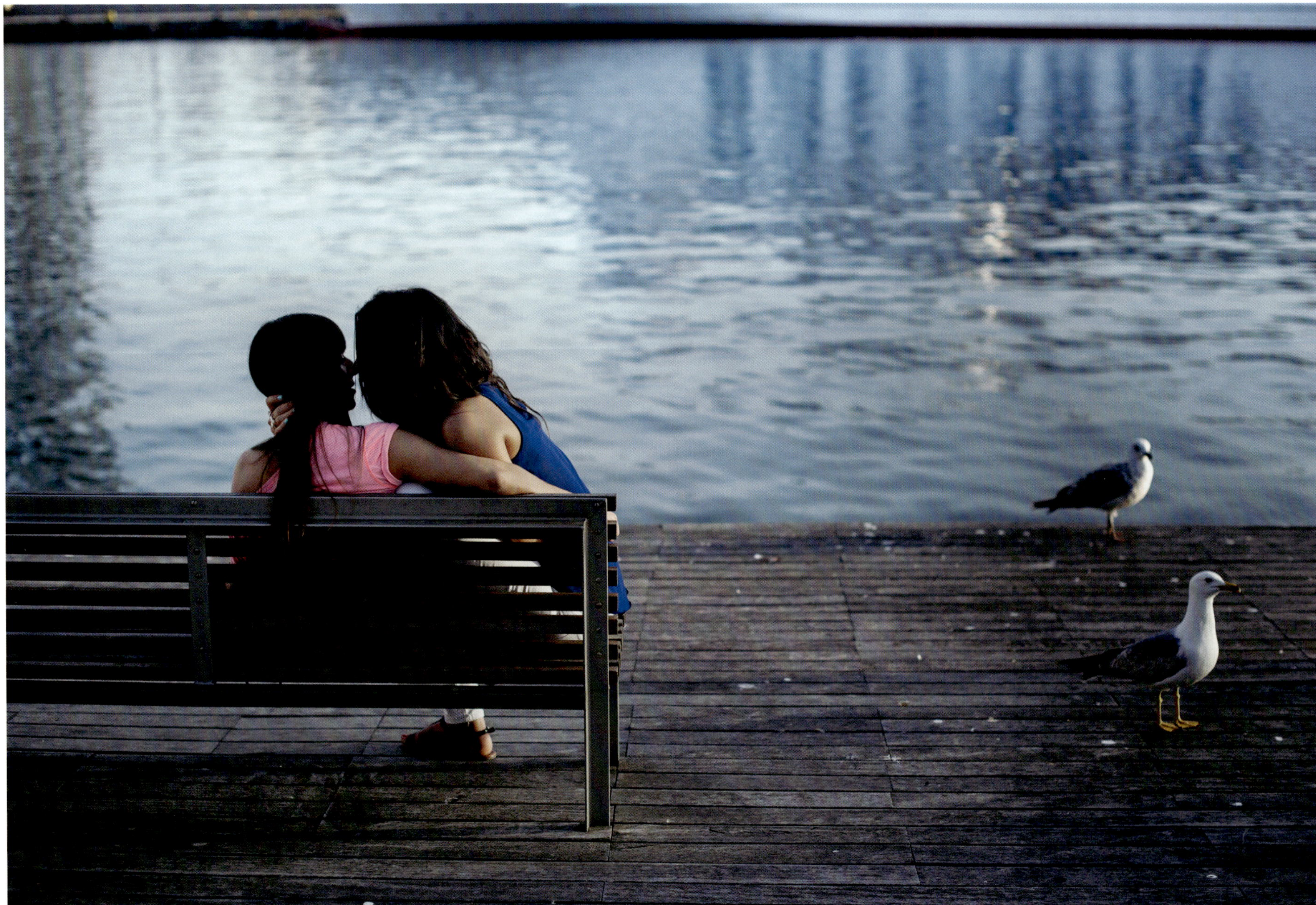

11_06_14 | AGUSTÍ CARBONELL. A SANT CARLES DE LA RÀPITA (MONTSIÀ), A LES 10:45 H.

ISTME I SISME. El projecte Castor va causar sismes prop de l'istme del Trabucador, on es recullen cargolins i navalles aprofitant la calma de la Punta de la Banya.

PÀG. 162 >

12_06_14 | CARLES RIBAS. AL PRAT DE LLOBREGAT (B. LLOBREGAT), A LES 08:55 H.

AMB RETARD. Serà la línia subterrània més llarga d'Europa però mestrestant continua en obres. La L9, que ha d'enllaçar amb l'aeroport del Prat, no arribarà fins al 2016.

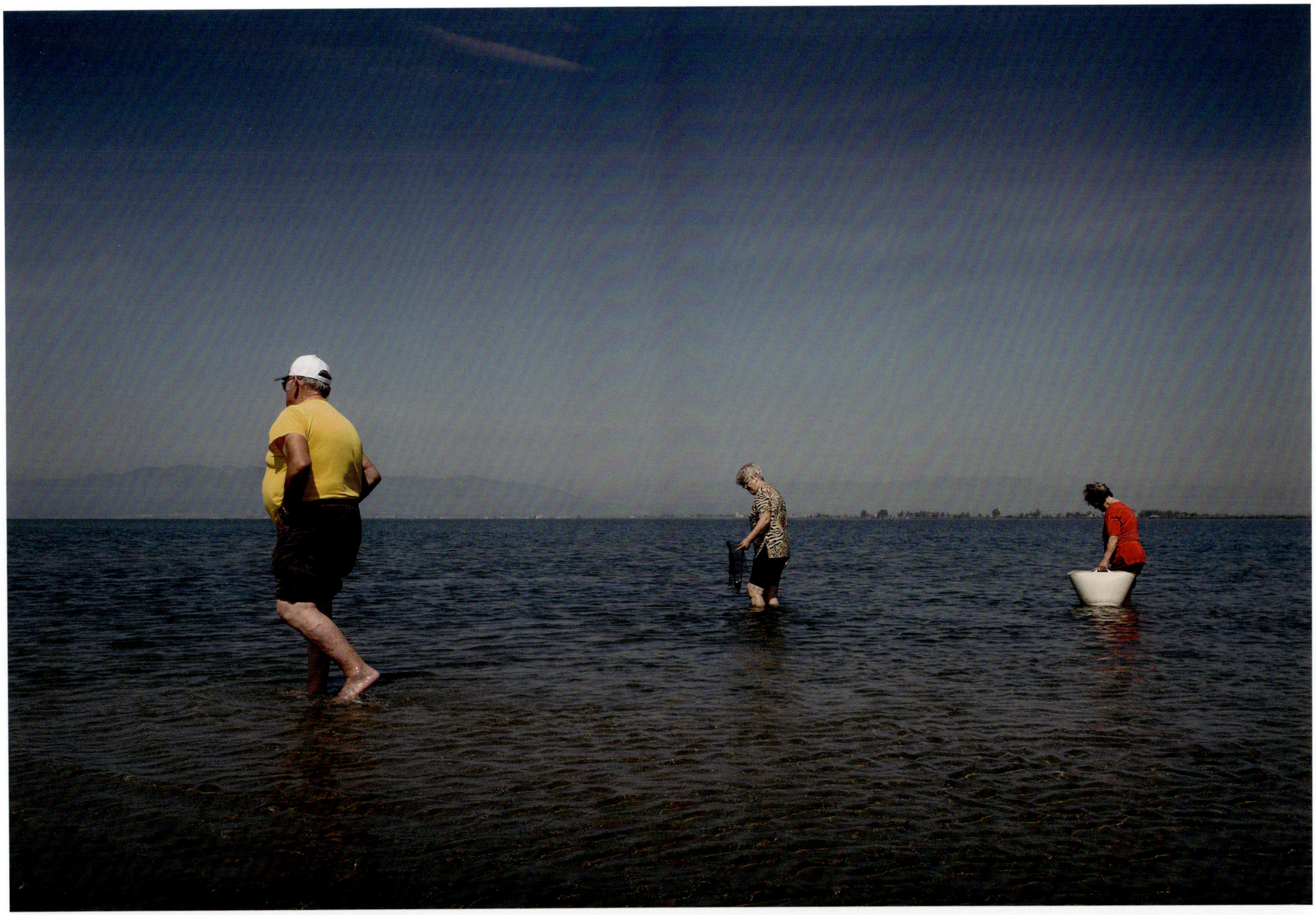

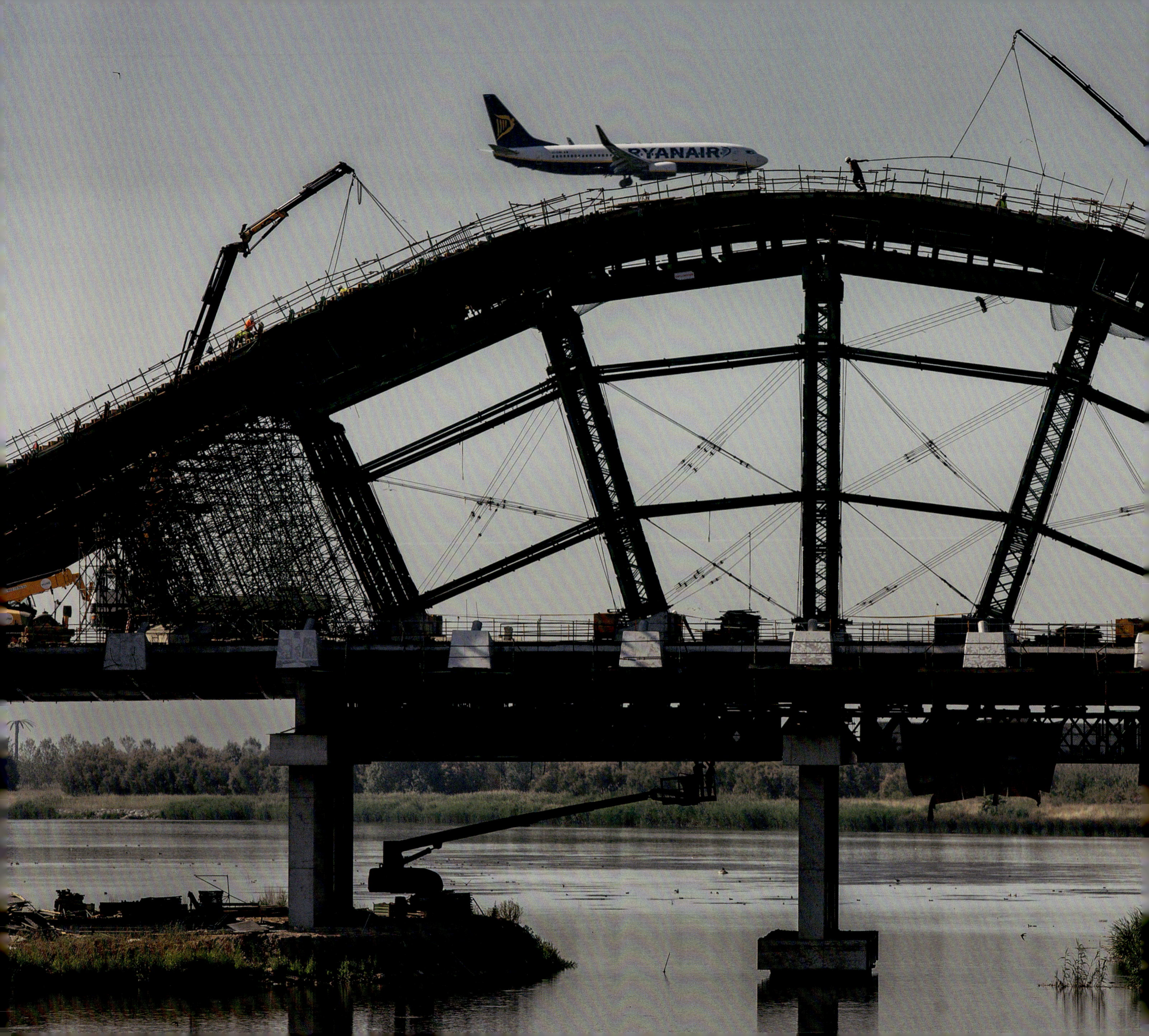
RYANAIR

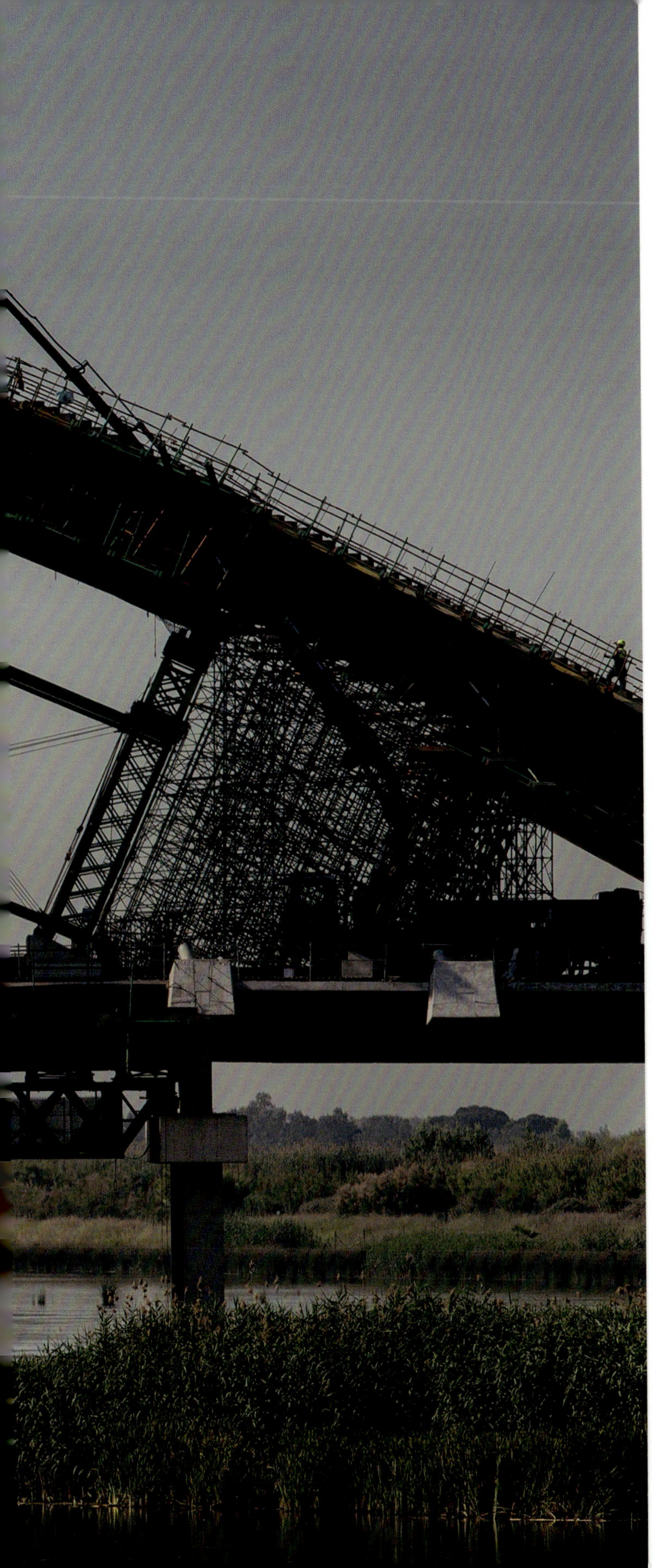

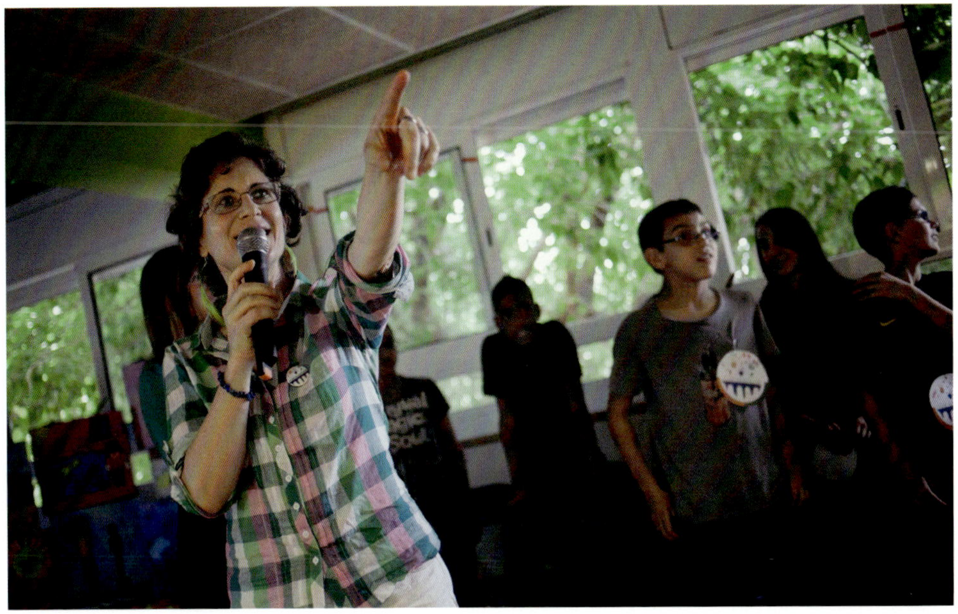

13_06_14 | **ALBERT MASIAS.** A BARCELONA, A LES 16:03 H.

CIUTAT SOLIDÀRIA. L'escola Mestre Morera de Ciutat Meridiana busca afavorir la transformació del barri, un dels més tocats per la crisi, amb el projecte Ciutat Aqüeducte.

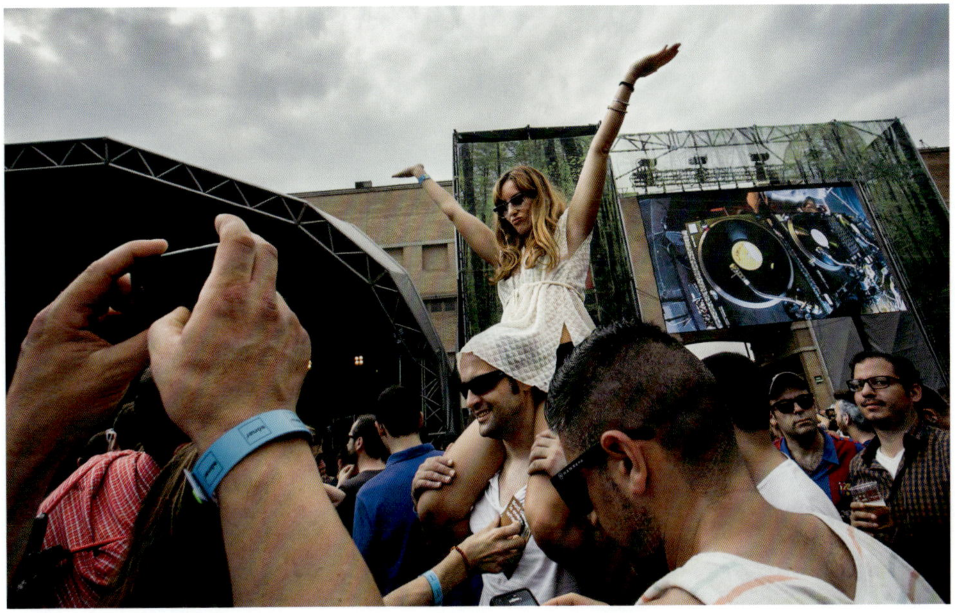

14_06_14 | **CRISTINA CALDERER.** A BARCELONA, A LES 17:44 H.

A L'AVANTGUARDA. A ritme de Kid Koala el darrer dia del 22è Festival Sónar de dia a la fira de Montjuïc. El certamen de música avançada se celebra a deu països.

15_06_14 | **MARCEL·LÍ SÀENZ.** A CARDEDEU (VALLÈS ORIENTAL), A LES 12:22 H.

EN PERILL. Toni Aresté inspecciona uns dels 80 ruscos que té a El Marital i que produiran mel. Les abelles, claus en el cicle de la vida, estan en perill d'extinció.

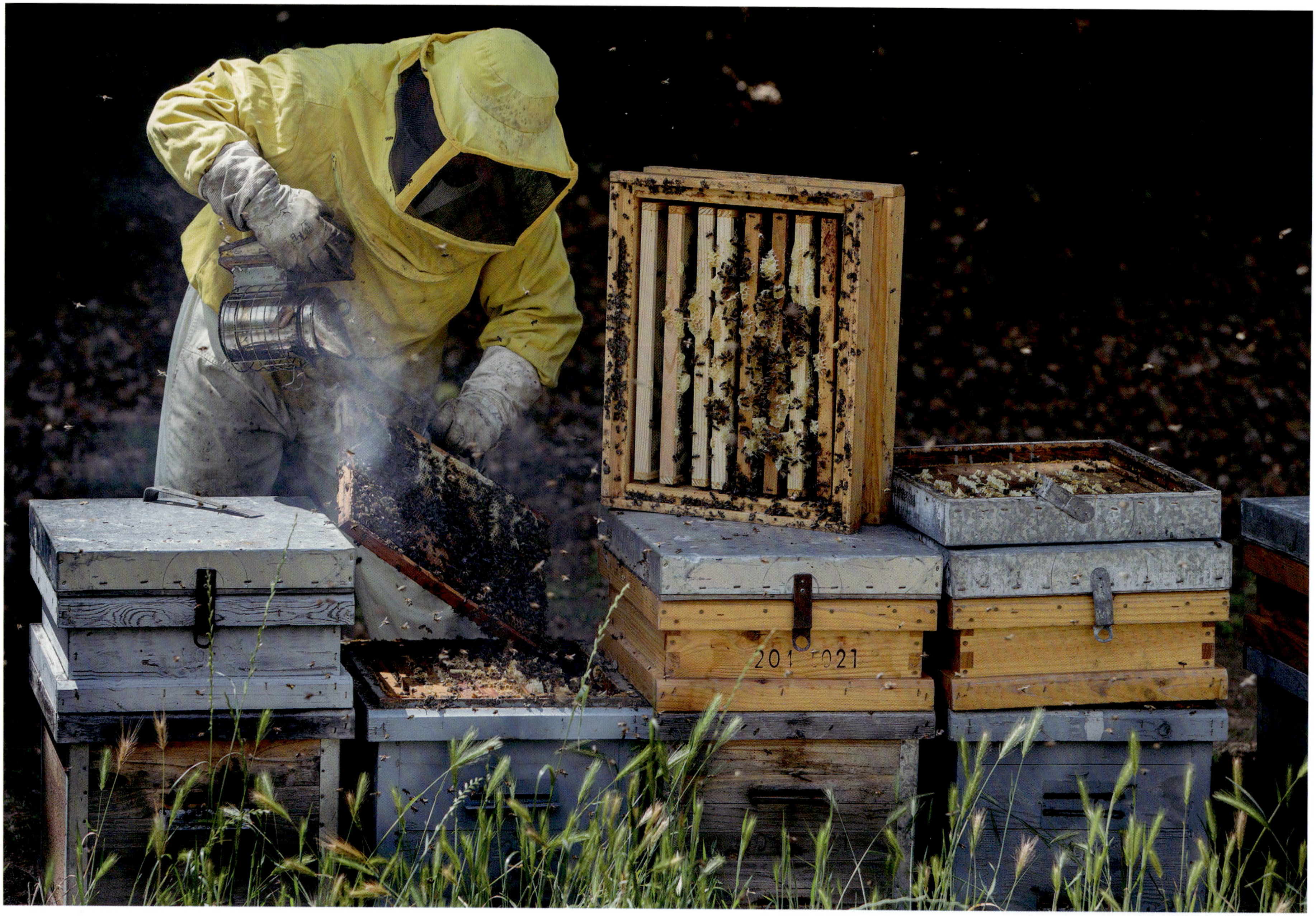

MIQUEL ANGLARILL. A CERDANYOLA DEL VALLÈS (VALLÈS OCCIDENTAL), A LES 20:10 H. 16_06_14

L'ÚLTIM VESTIGI. L'enderrocament de l'antiga fàbrica de plàstics Aiscondel ja no té marxa enrere. L'ús públic reclamat no ha estat considerat pel nou propietari: un banc.

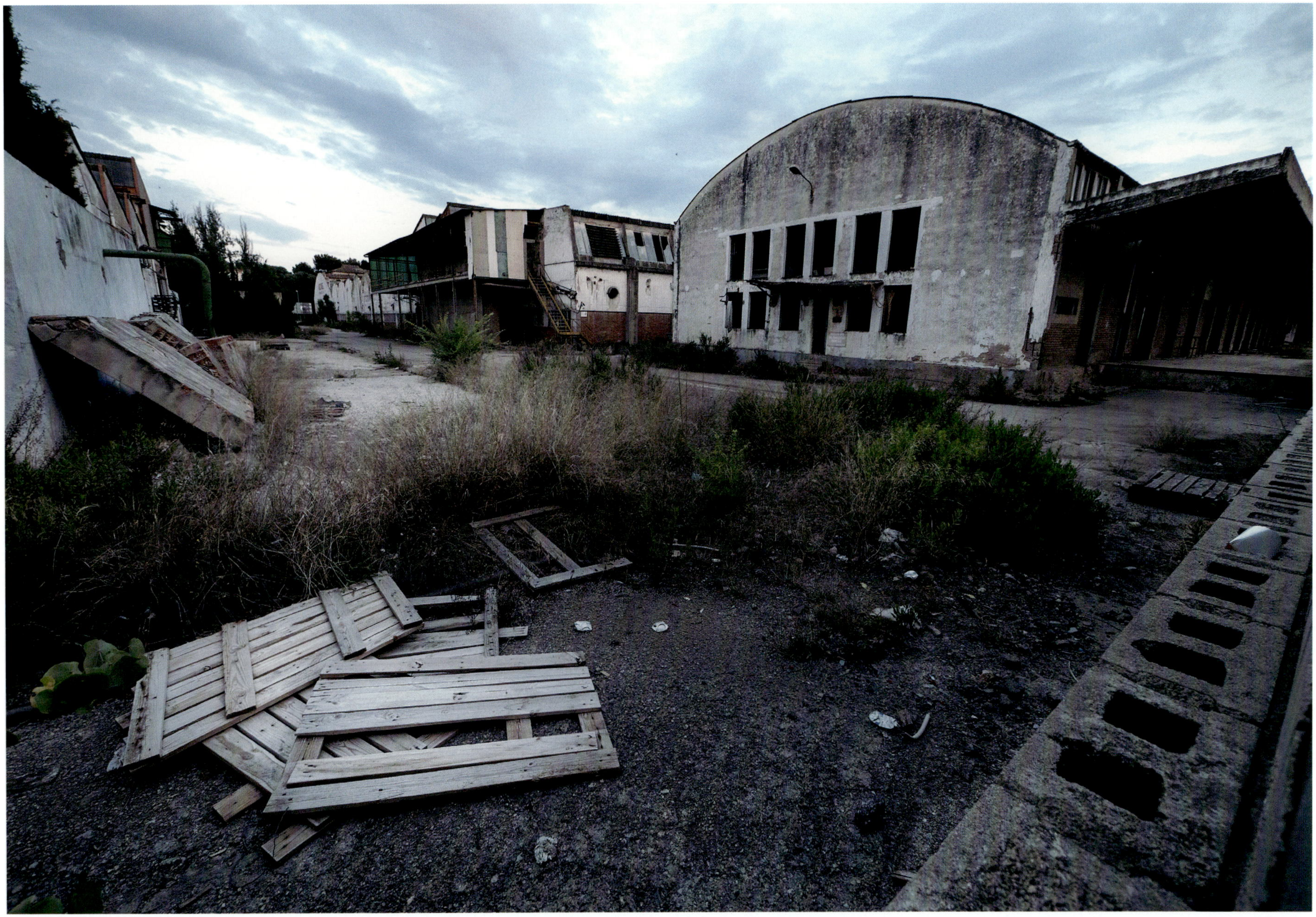

17_06_14 | **TONI ALBIR.** A BARCELONA, A LES 10:45 H.

PER FI. El desmantellament de l'anell de la plaça de les Glòries aixecat pels Jocs Olímpics recuperarà l'espai de centralitat del Pla Cerdà, on Meridiana, Gran Via i Diagonal s'uniran.

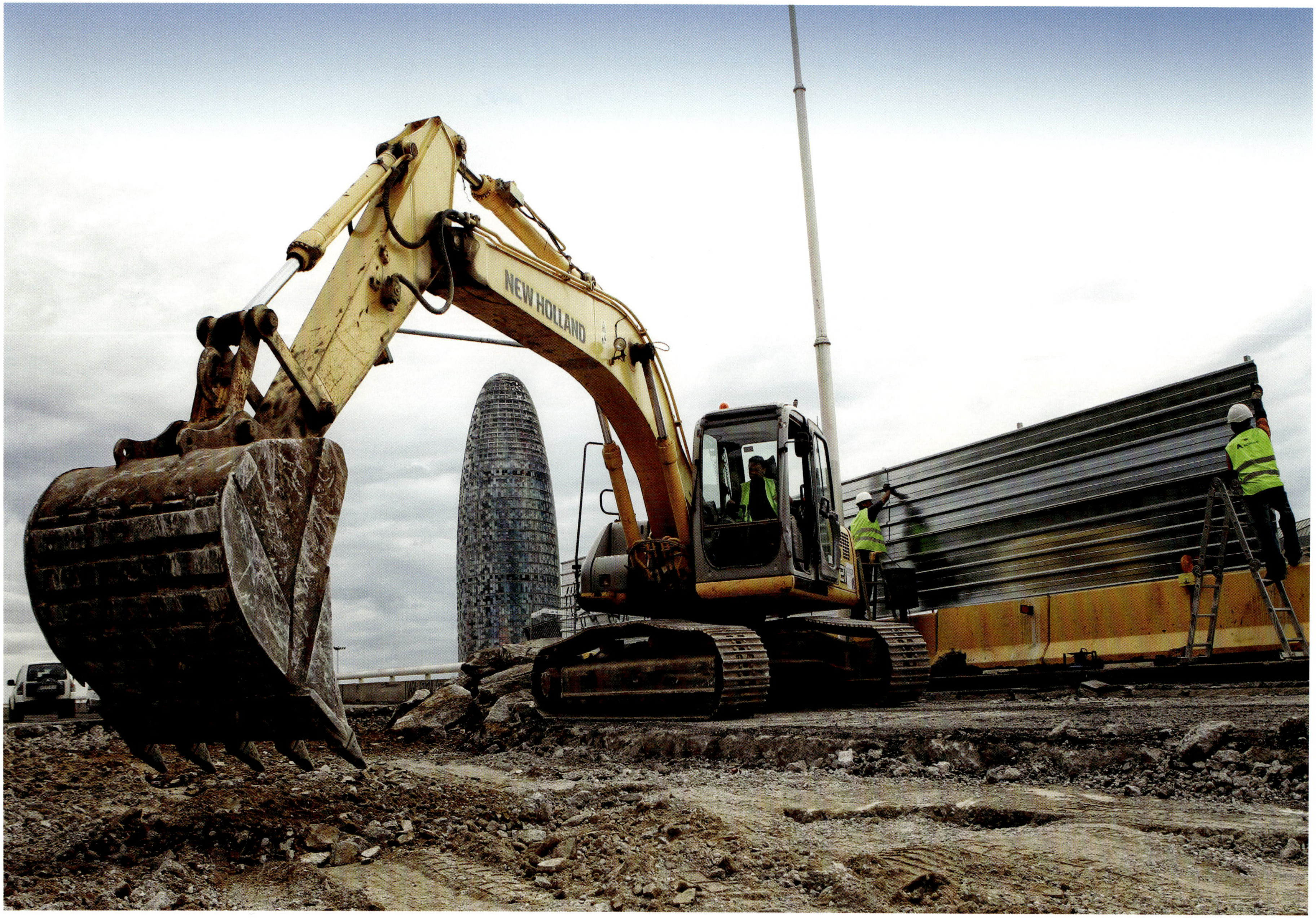

PERE TORDERA. A BERGA (BERGUEDÀ), A LES 20:00 H. | 18_06_14

ENCESSA DE FUETS. Ramon Vilalta obre les festes de la Patum, declarada obra mestra del patrimoni oral i immaterial de la humanitat per la Unesco, abans del salt de maces.

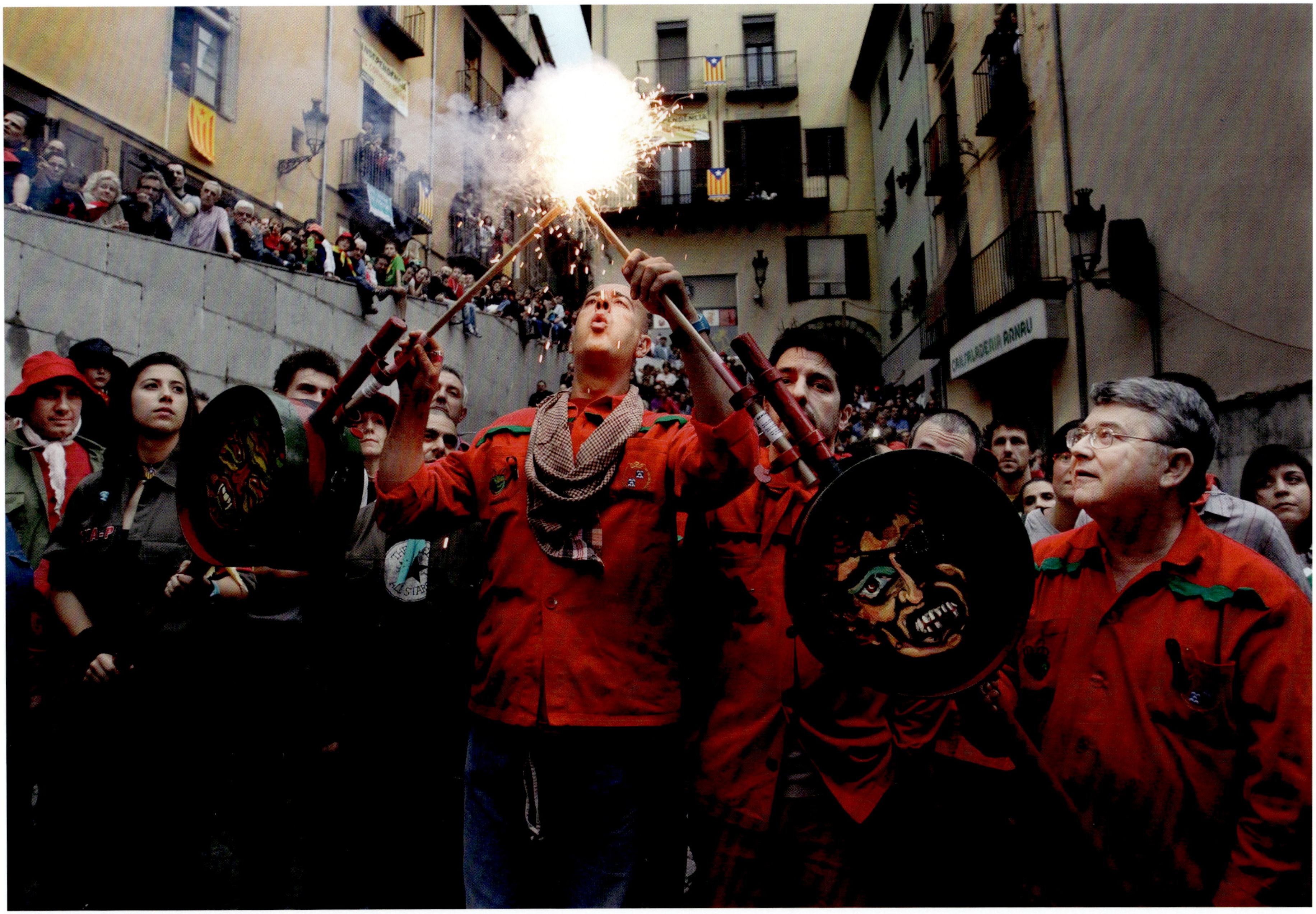

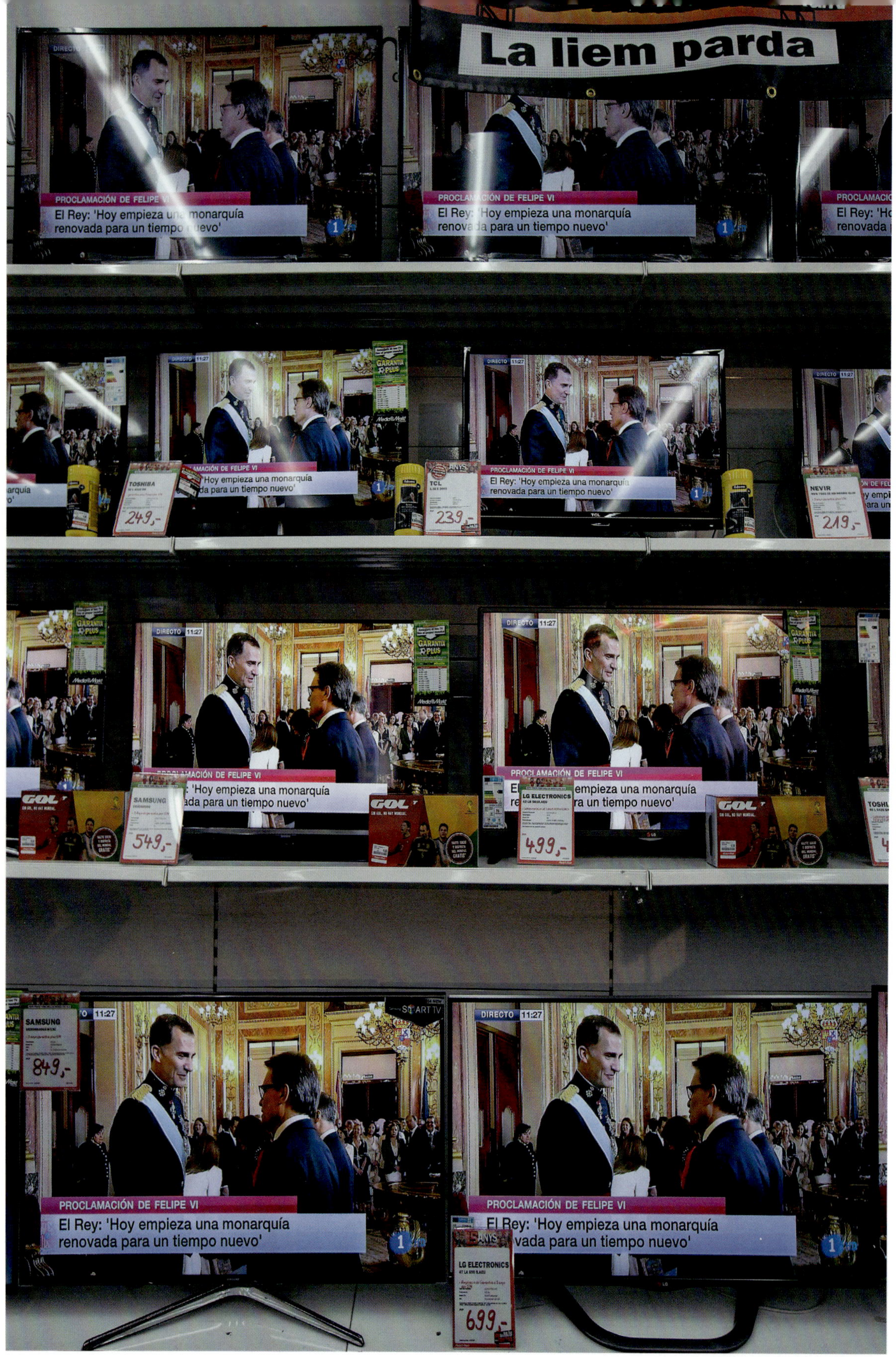

19_06_14 | JULIO CARBÓ.
A MATARÓ (MARESME), A LES 11:27 H.

PER RESPECTE. Televisors en un centre comercial mostren en directe la salutació del president Mas al nou rei d'Espanya, Felip VI, en la seva proclamació, per "respecte institucional".

SANTI COGOLLUDO. A BARCELONA, A LES 15:29 H. | 20_06_14

PER KENYA. El dissenyador nigerià Yemi Kosibah fa els últims retocs per a la desfilada de l'Africa Fashion Week que dóna suport a SOS Àfrica i, aquest any, a Kenya.

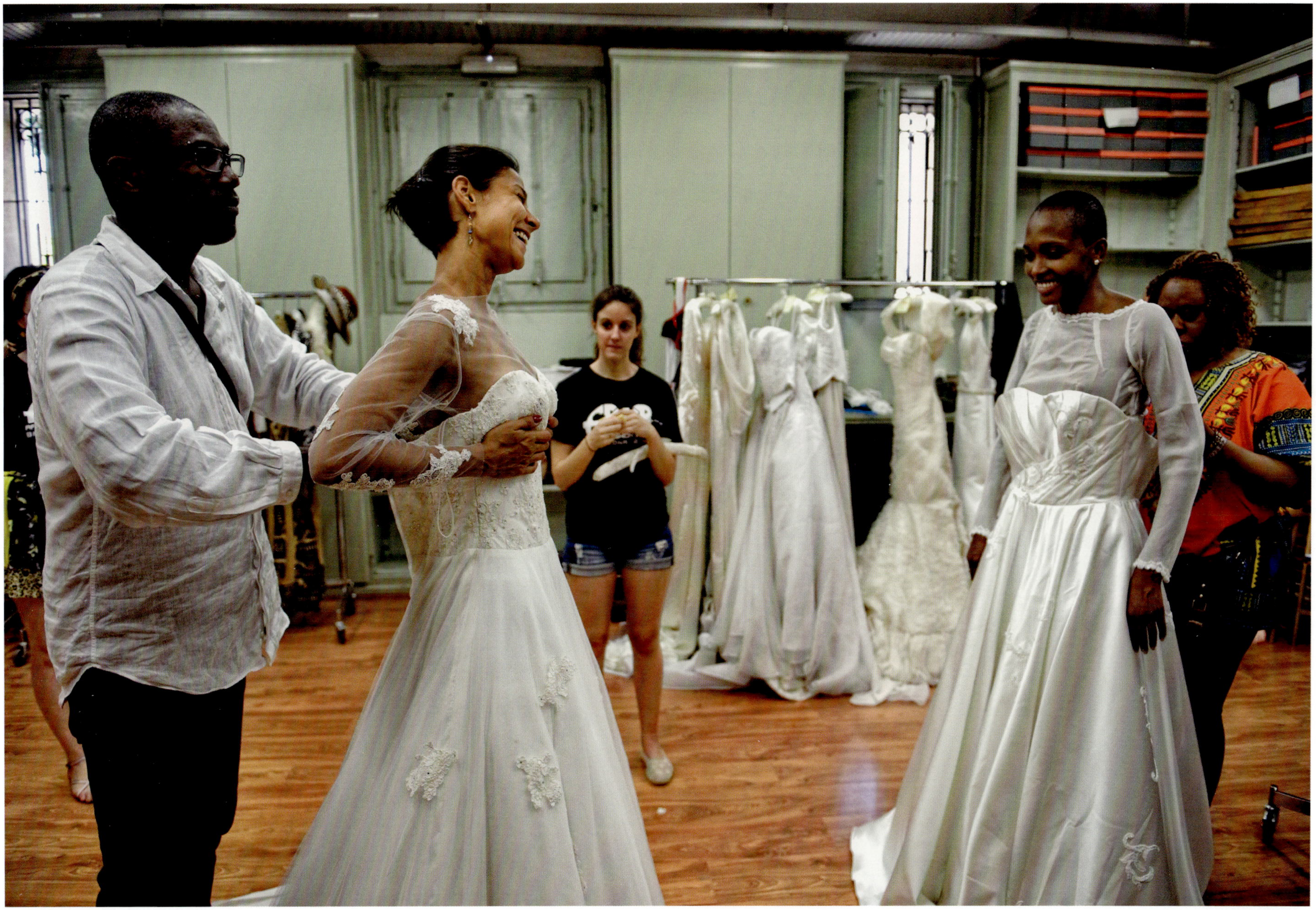

21_06_14 | **JOSEP LOSADA.** A BARCELONA, A LES 21:54 H.

SOLSTICI MUSICAL. Barcelona celebra el Dia Internacional de la Música des de 1982, coincidint amb el solstici d'estiu. L'OBC va actuar a la platja de Sant Sebastià.

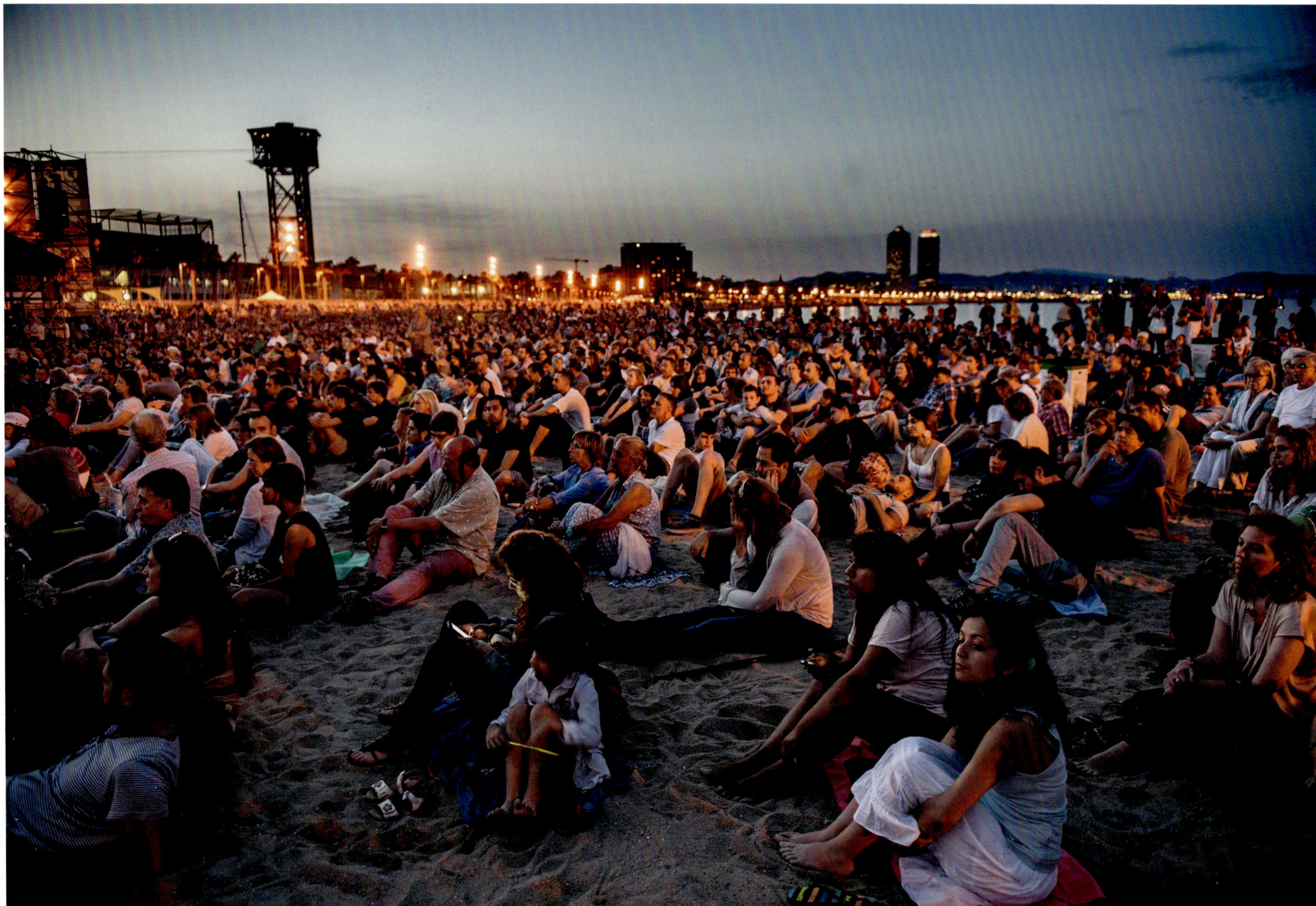

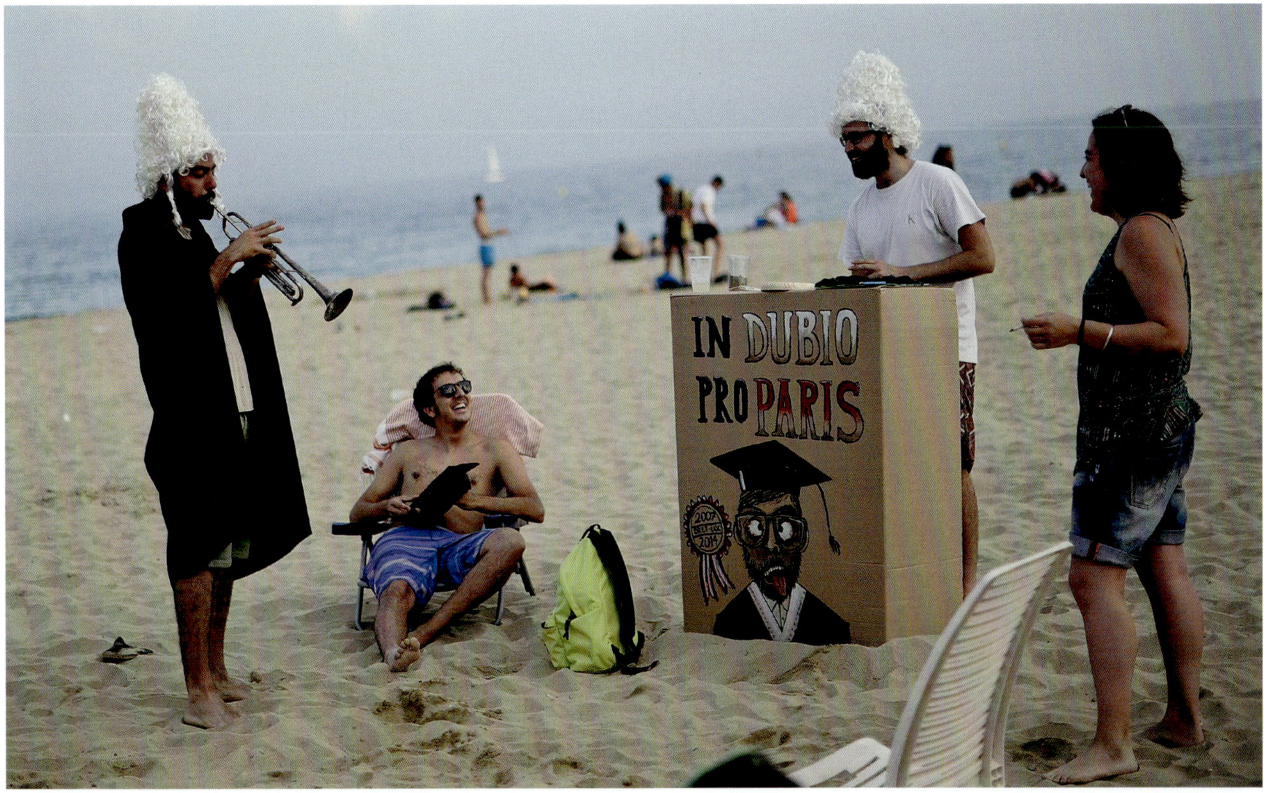

22_06_14 | INÉS BAUCELLS.
A BARCELONA, A LES 20:01 H.

JUDICI RÀPID. Josep Tomàs París celebra la seva llicenciatura com a nou advocat. Els seus amics el jutgen per sorpresa pels 'delictes' comesos en una divertida escena.

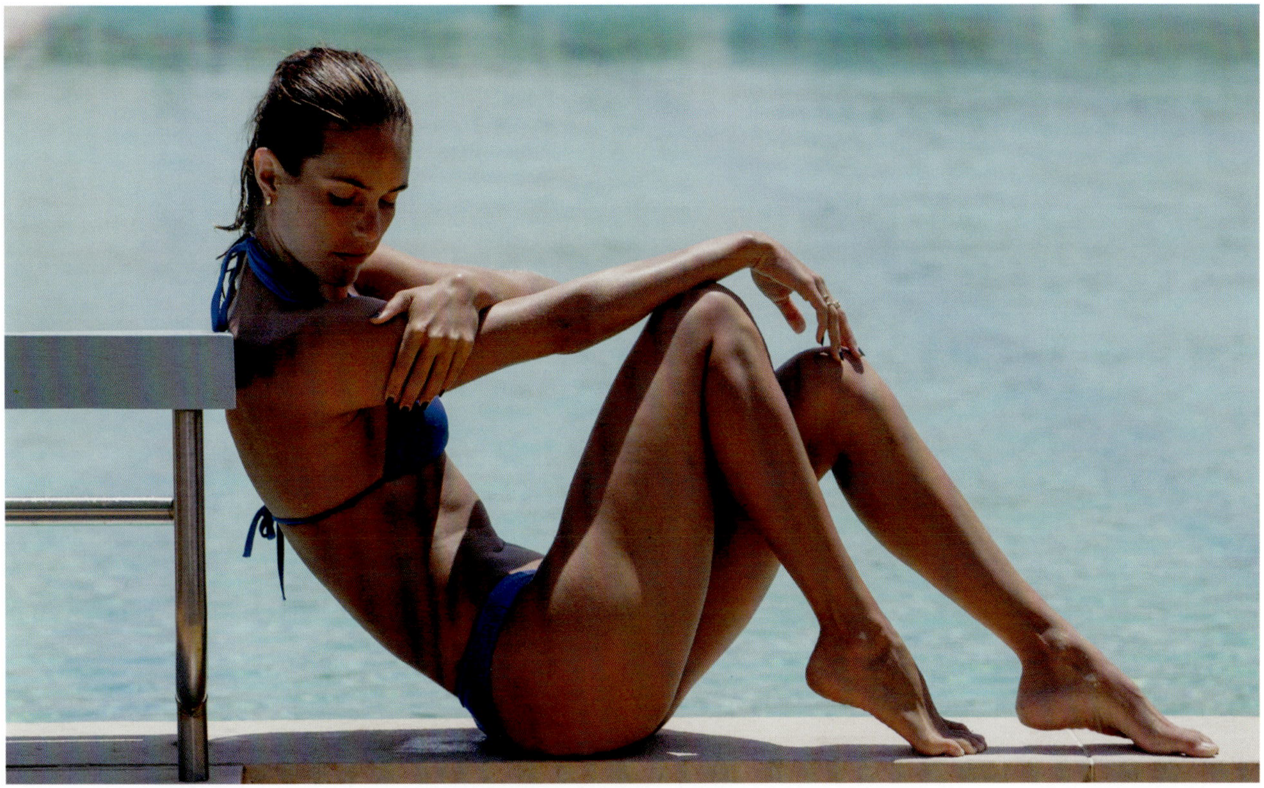

23_06_14 | JOAN MONFORT.
A SANT CUGAT DEL VALLÈS (VALLÈS OCCIDENTAL), A LES 14:22 H.

UN RESPIR. L'equip espanyol de sincronitzada va obtenir quasi el 40% del medaller espanyol als Jocs Olímpics de Londres. Ona Carbonell, la capitana, entrena 10 hores diàries.

24_06_14 | JORDI V. POU.
A ISIL (PALLARS SOBIRÀ),
A LES 00:03 H.

NIT DE SANT JOAN. Ball de bastons per les falles d'Isil al punt final de la baixada de falles, on cremen en grans fogueres, un culte al foc d'orígens ancestrals.

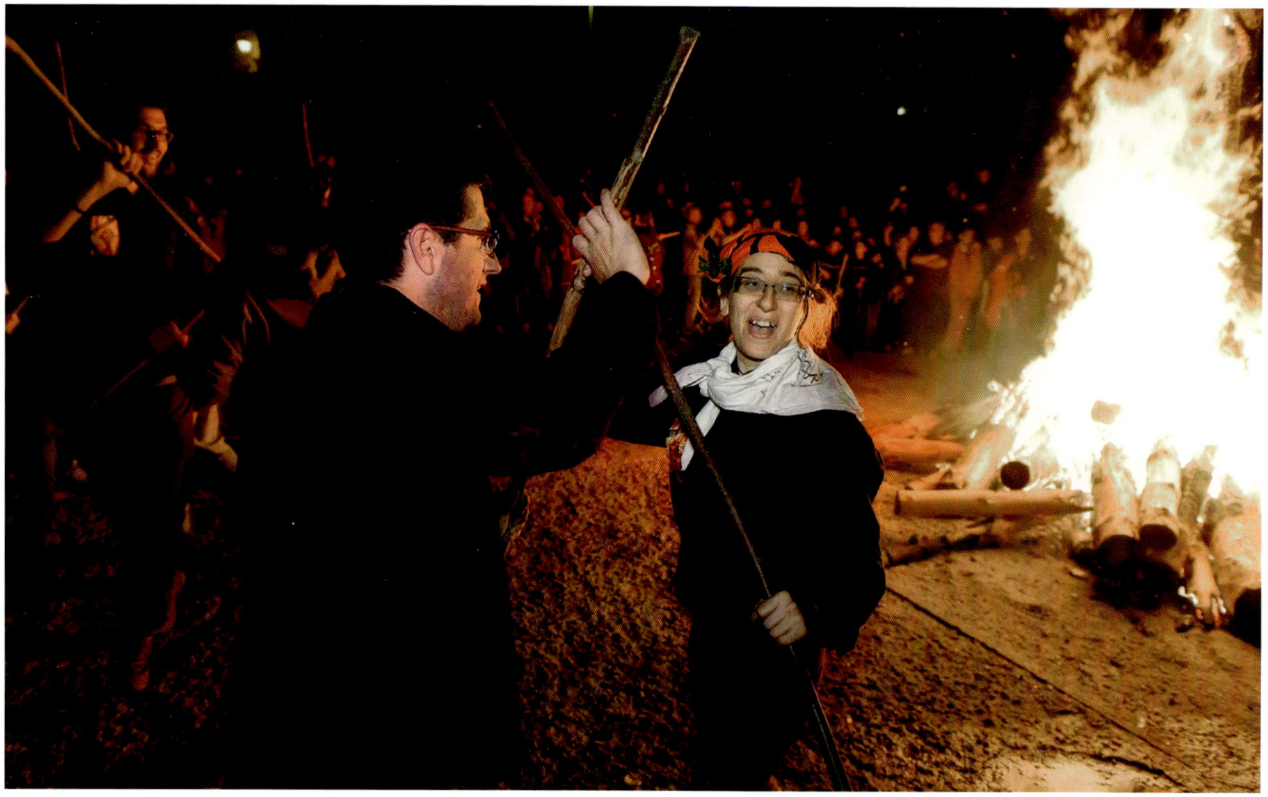

25_06_14 | CARMEN SECANELLA.
A SANT ANDREU DE LLAVANERES
(MARESME), A LES 21:45 H.

CIUTAT DORMITORI. Sant Andreu de Llavaneres, antiga població agrícola, s'ha convertit en nou focus residencial de barcelonins. El metre quadrat es paga a 2.300 €.

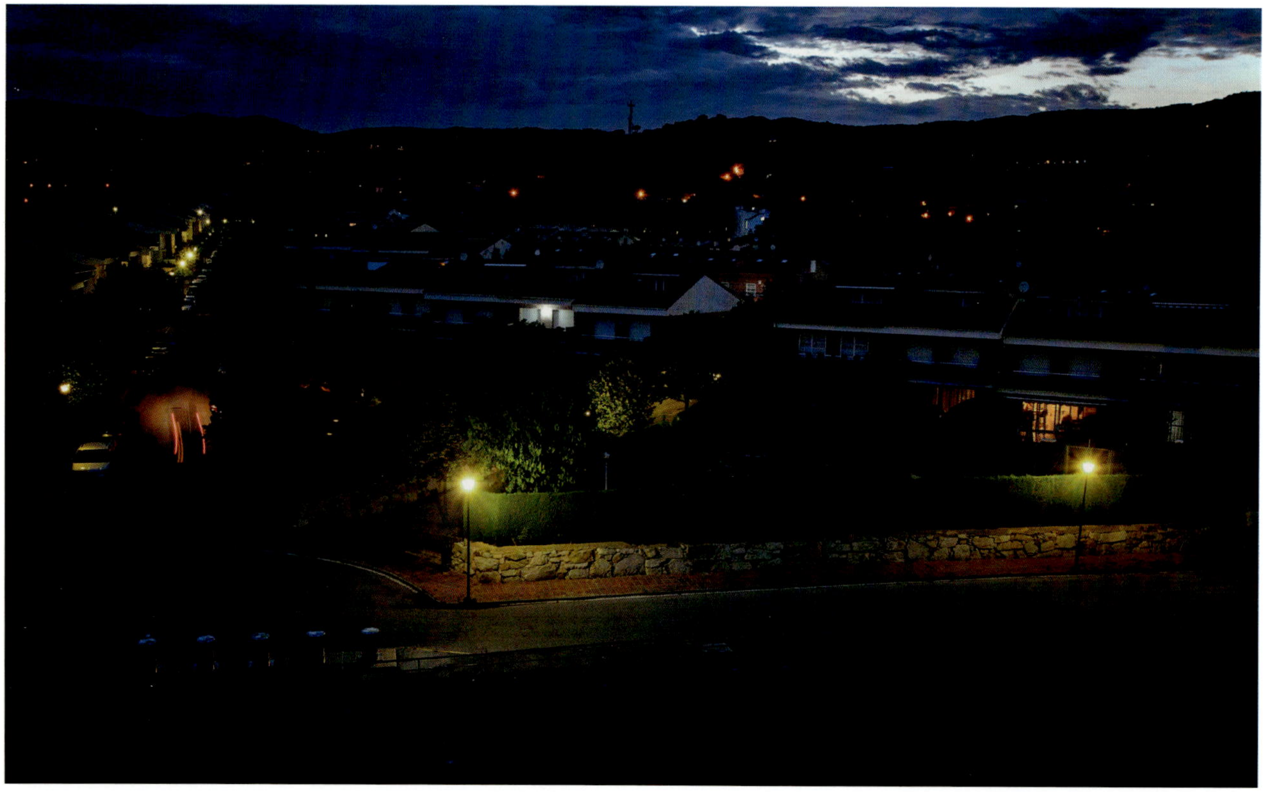

DAVID AIROB. A EL PRAT DE LLOBREGAT (BAIX LLOBREGAT), A LES 18:31 H. | 26_06_14

RÈCORD DE VIATGERS. El trànsit d'avions a l'aeroport del Prat de Barcelona supera el de Barajas, a Madrid, teòricament el més important de la xarxa espanyola.

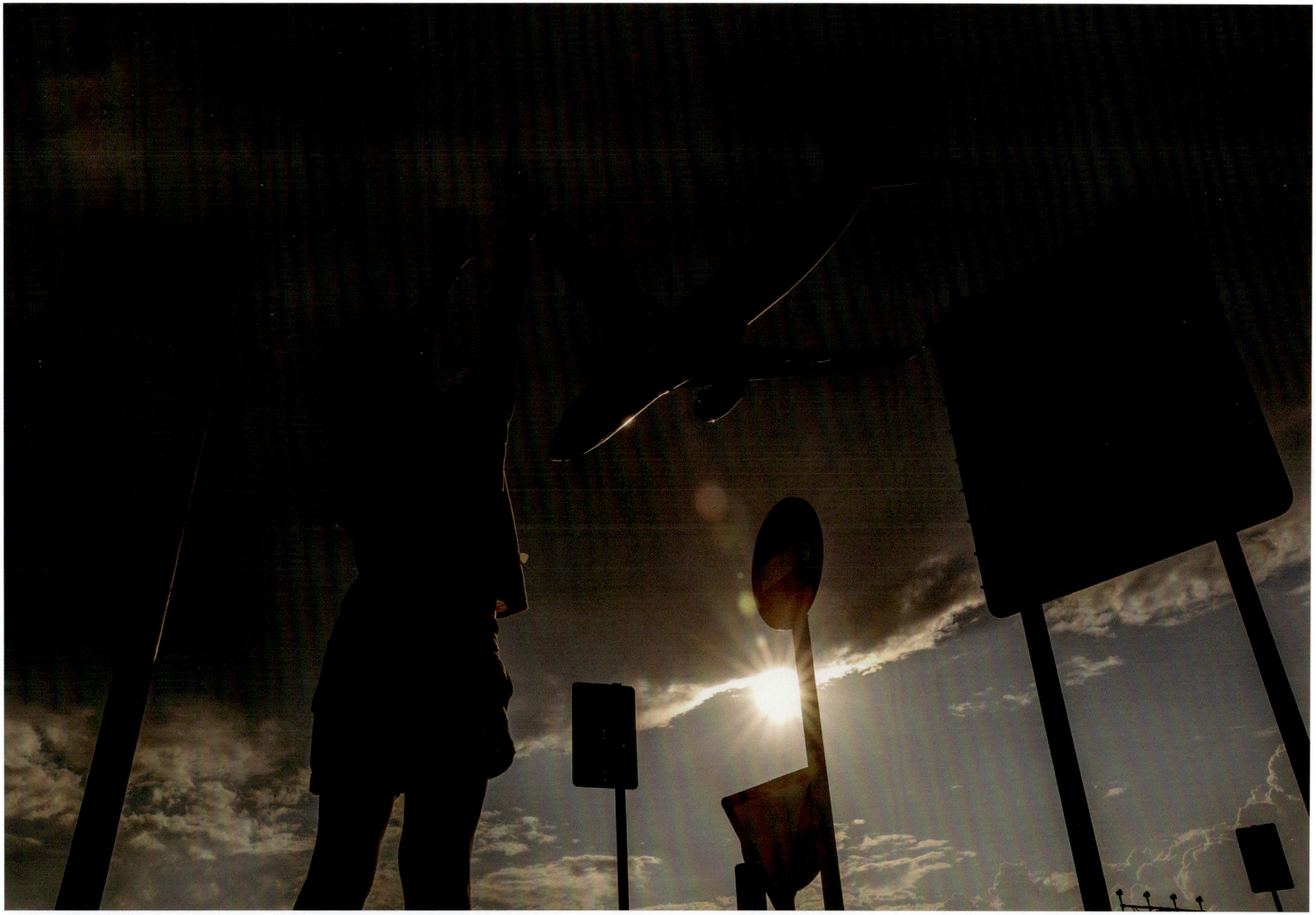

27_06_14 | VICENS GIMÉNEZ. A BARCELONA, A LES 07:04 H.

BARCELONETA 7:00 H. El forn Baluard en plena activitat des de bon matí. El preu del pa determina, entre altres productes, el cost de la vida a molts països.

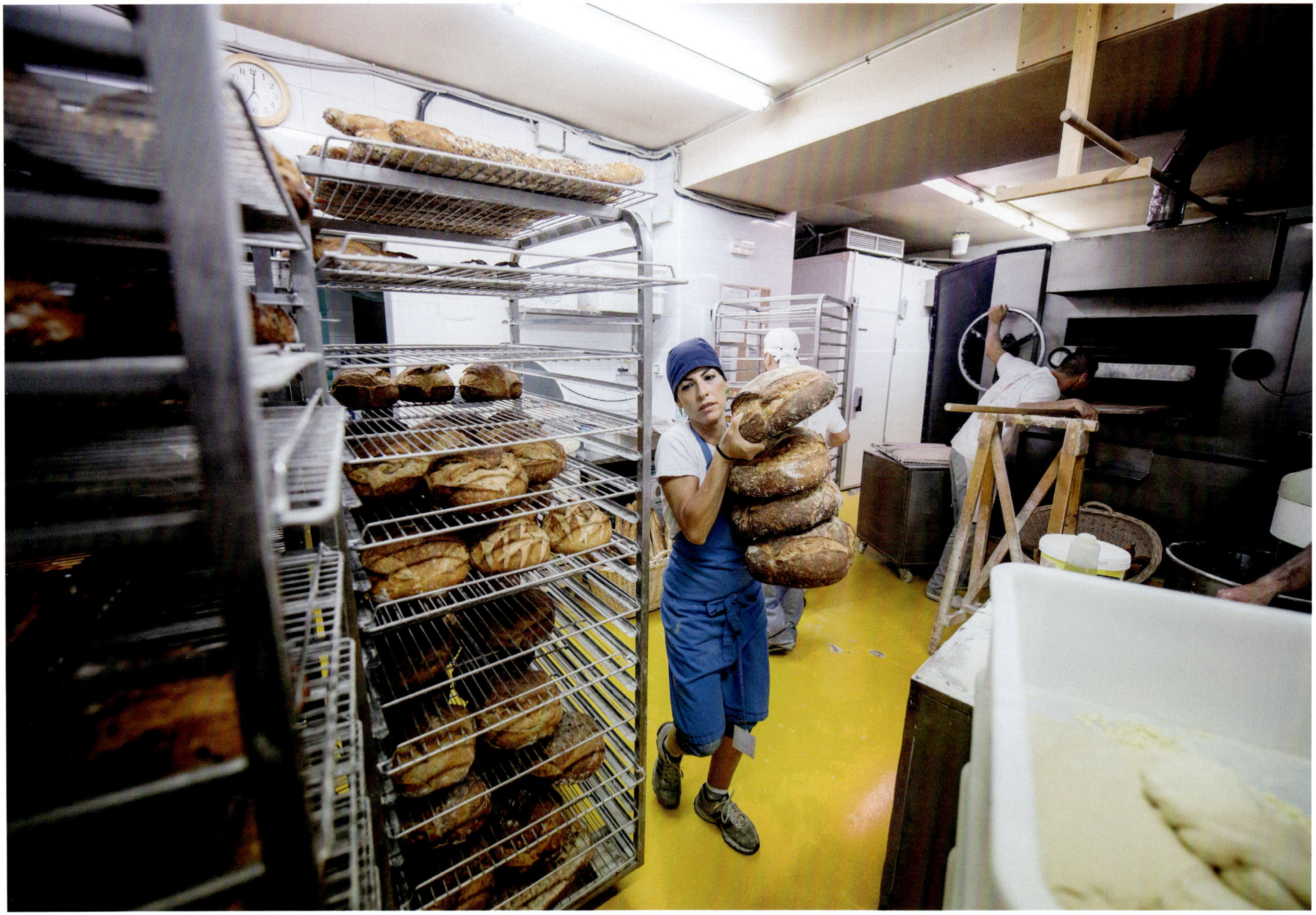

CONSUELO BAUTISTA. A BARCELONA, A LES 18:15 H. | 28_06_14

PRIDE. És el nom de la desfilada del Dia de l'Orgull Gai, a la foto al seu pas per l'avinguda del Paral·lel. El dia commemora els disturbis de Stonewallde, inici de la lluita homosexual.

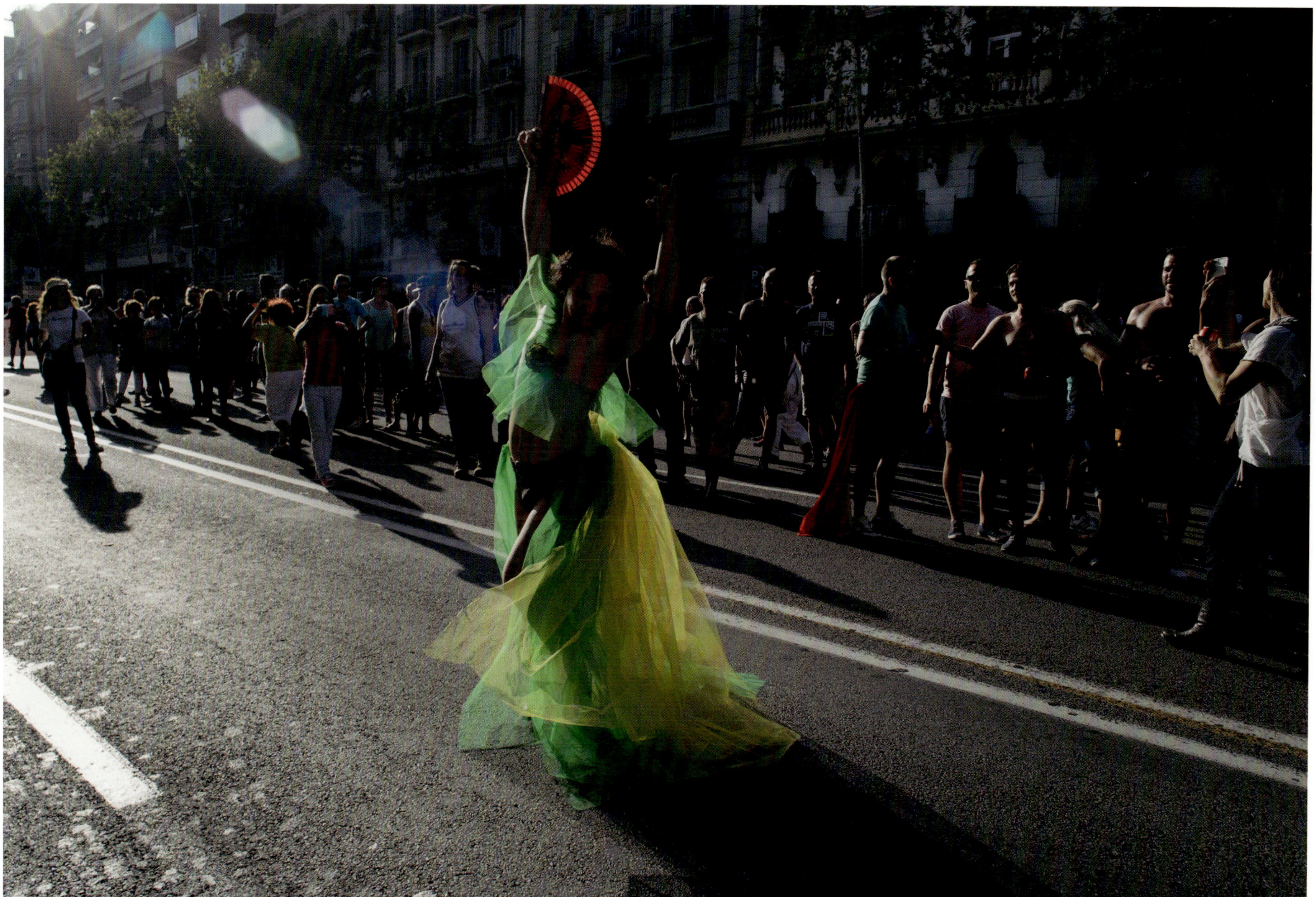

29_06_14 | JOSEP LAGO. A BARCELONA, A LES 11:39 H.

ESPORT URBÀ. Un 'rider' practica amb la seva BMX en una de les instal·lacions de la zona del Fòrum on se celebra l'Extreme Barcelona. L'esport urbà enganxa els joves.

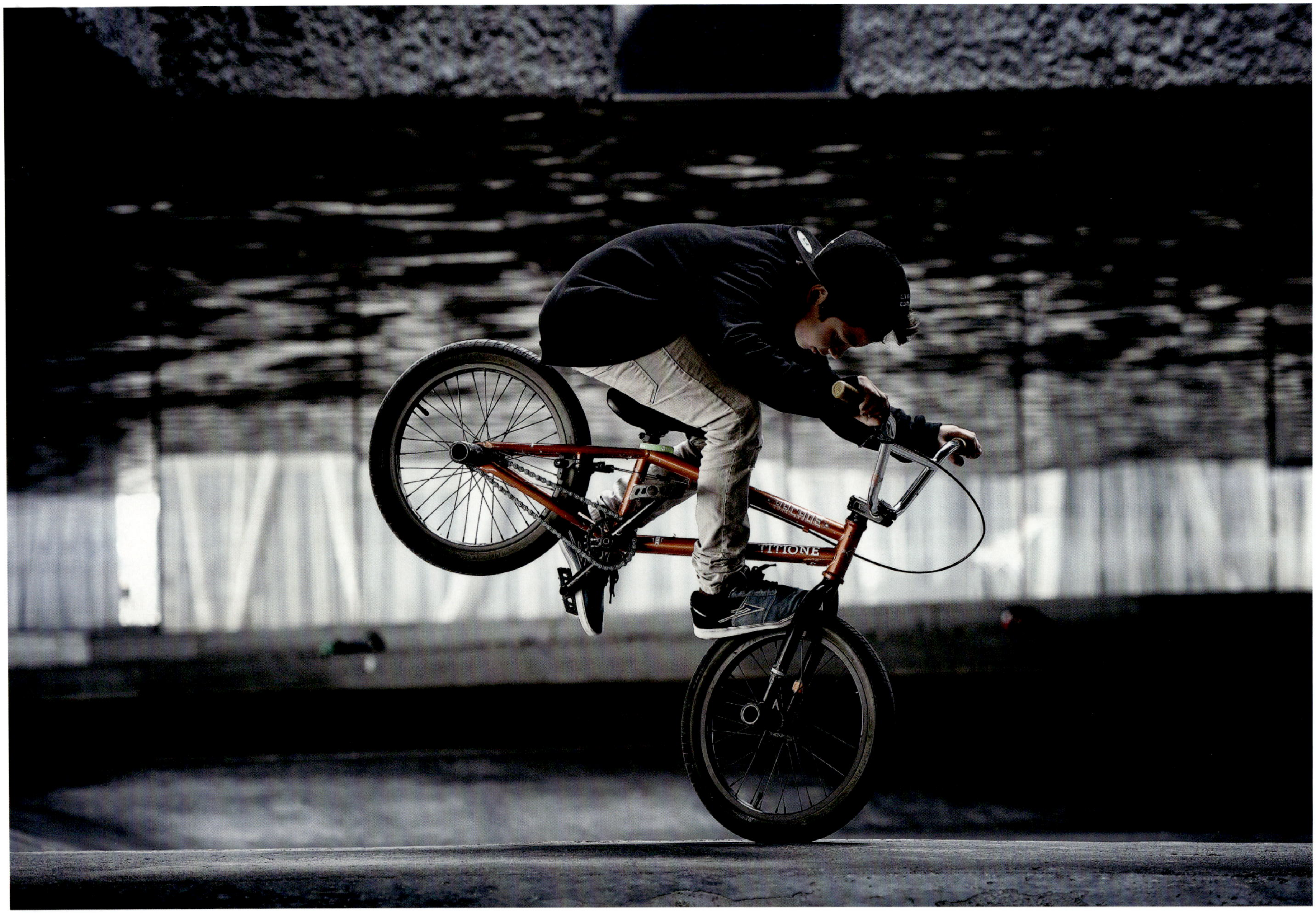

TRUMFO. Veïns d'Amer juguen al joc de cartes de la botifarra al Cafè de la Nita a la plaça Major del poble, activitat lúdica molt popular i arrelada a Catalunya.

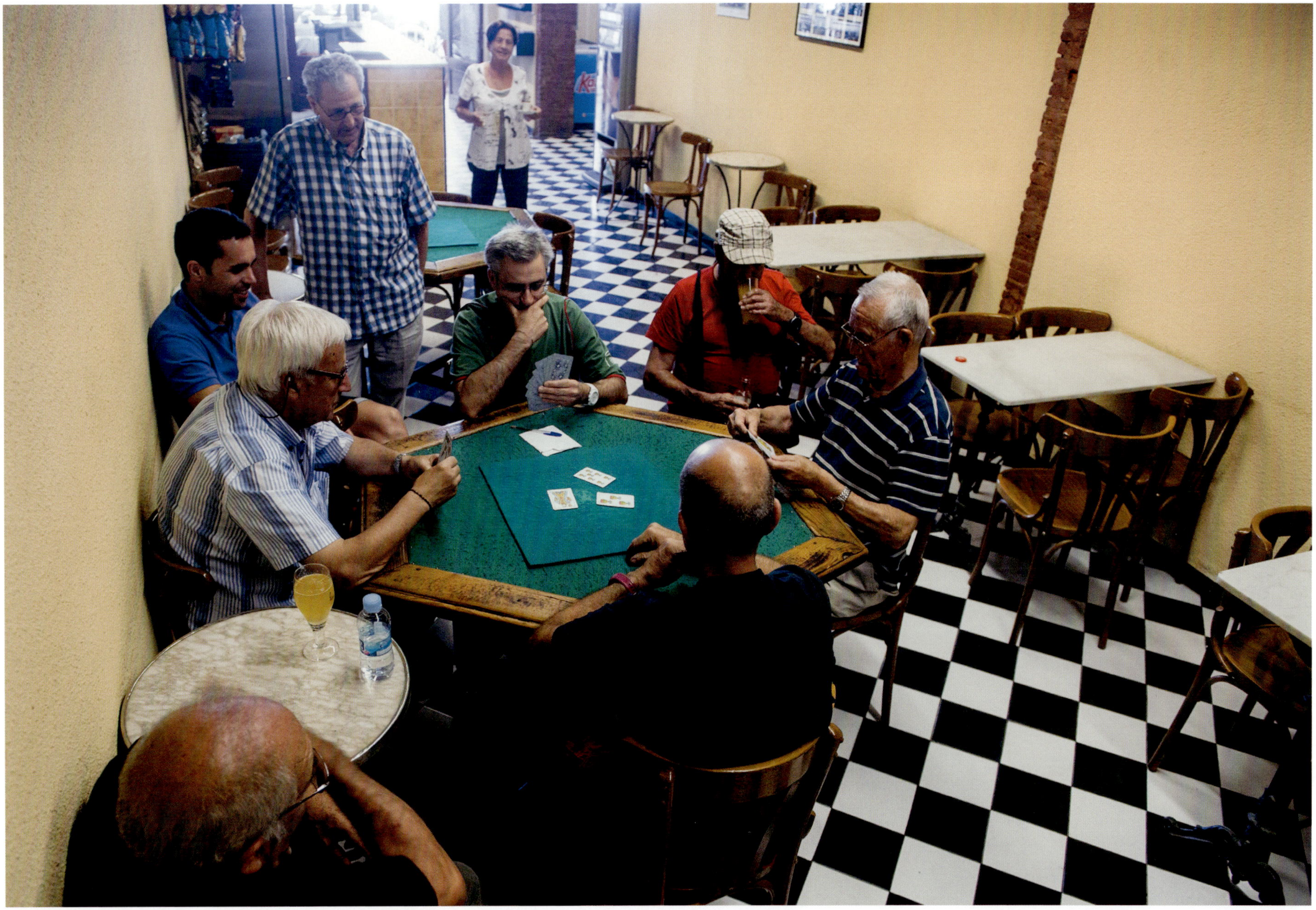

Najat El Hachmi
ESCRIPTORA

JULIOL. Ja ni l'acció de fer turisme al turisme, passejant per les Rambles entre tanta gent arribada de tot el món, no compensa el malestar que aquesta indústria provoca als barcelonins. Abans que les nostres queixes siguin excessives, però, ens alerten dels perills de la "turistofòbia", neologisme que anirà agafant cos. És cert, el turisme per si sol no és un problema. De fet, molta gent a la ciutat en viu i, en segons quins barris, els veïns coexisteixen sense problemes amb els visitants temporals, però al centre pocs recorden haver-hi viscut sense tràfec de desconeguts. El problema és el monocultiu i la creixent dependència del sector. O que fa tants anys que dura la crisi que ja ningú espera tornar a viure una altra cosa; la depressió col•lectiva s'ha fet permanent en el nostre imaginari. És a dir, que ja no tornarem a fer vacances com abans, ni tornarem a ser nosaltres els que ens n'anem a envair països estrangers. Entès així, la "turistofòbia" seria pura enveja, però alguna cosa més hi ha darrere l'augment d'incomoditat que provoca el fenomen. De vegades, com en les parelles o les famílies, la bona convivència es trenca per un detall, una cosa petita que suposa una esquerda en tot el conjunt. Encara que la queixa constant de l'estiu era la falta de bon temps, el cert és que la ciutat no ha deixat de produir aquella sensació de xafogor, d'ofec. Què fem els que passem l'estiu a Barcelona per treure'ns de sobre l'aire contaminat que se'ns enganxa a la pell? Ens precipitem cap a la mar, enduts pels vehicles públics que tinguem a l'abast, i asseguts a la sorra, ens alleugem de totes les pressions que la vida urbana comporta; la nostra mirada, atrapada en petits aparells i distàncies curtes, s'esplaia en l'horitzó infinit que dibuixen el cel amb l'aigua. Aquest any, però, ja a les acaballes de juny descobríem que, oh maleïts gestors de l'espai públic, bona part de les platges de la Barceloneta havien estat encatifades de para-sols a preu d'or que només uns privilegiats amb més recursos que nosaltres es podran permetre.

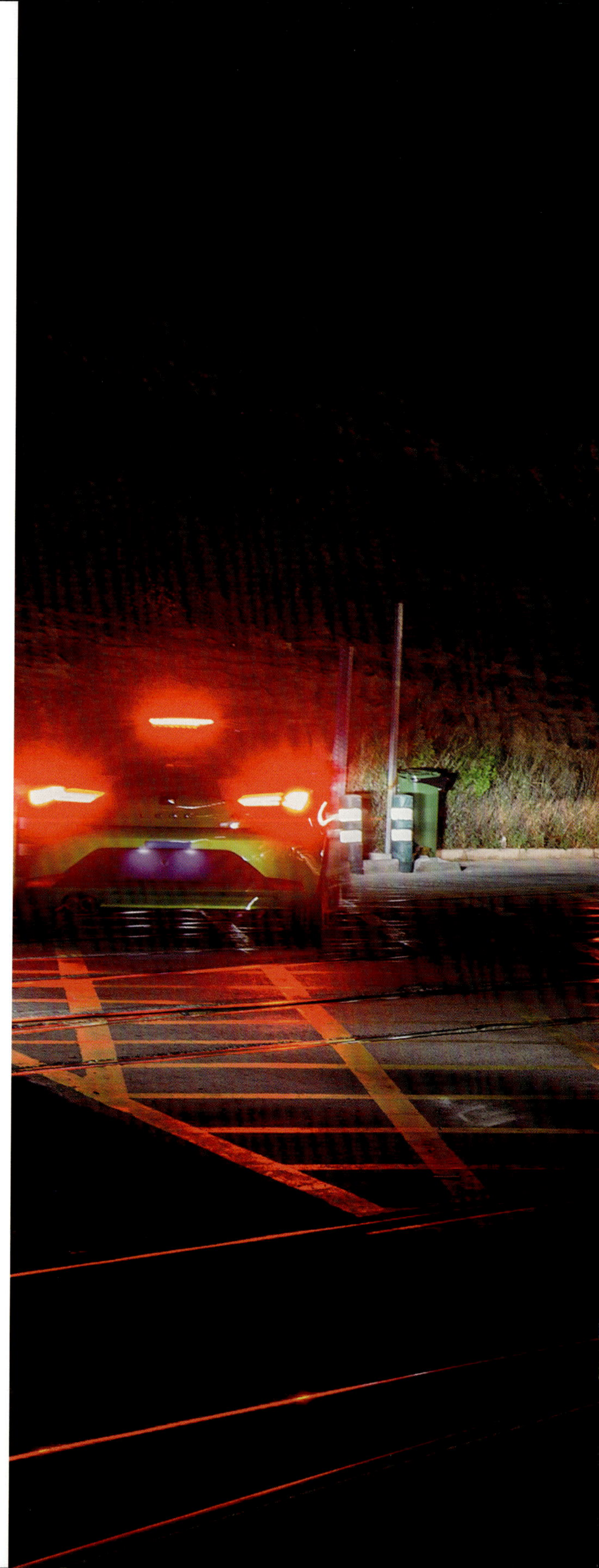

JORDI COTRINA. A MARTORELL (BAIX LLOBREGAT), A LES 03:30 H. | 01_07_14

SEAT. Tres combois surten a diari de la fàbrica amb models de la marca amb destí al Port de Barcelona, en un rail exclusiu. 3/4 parts de la producció s'exporta a 50 països.

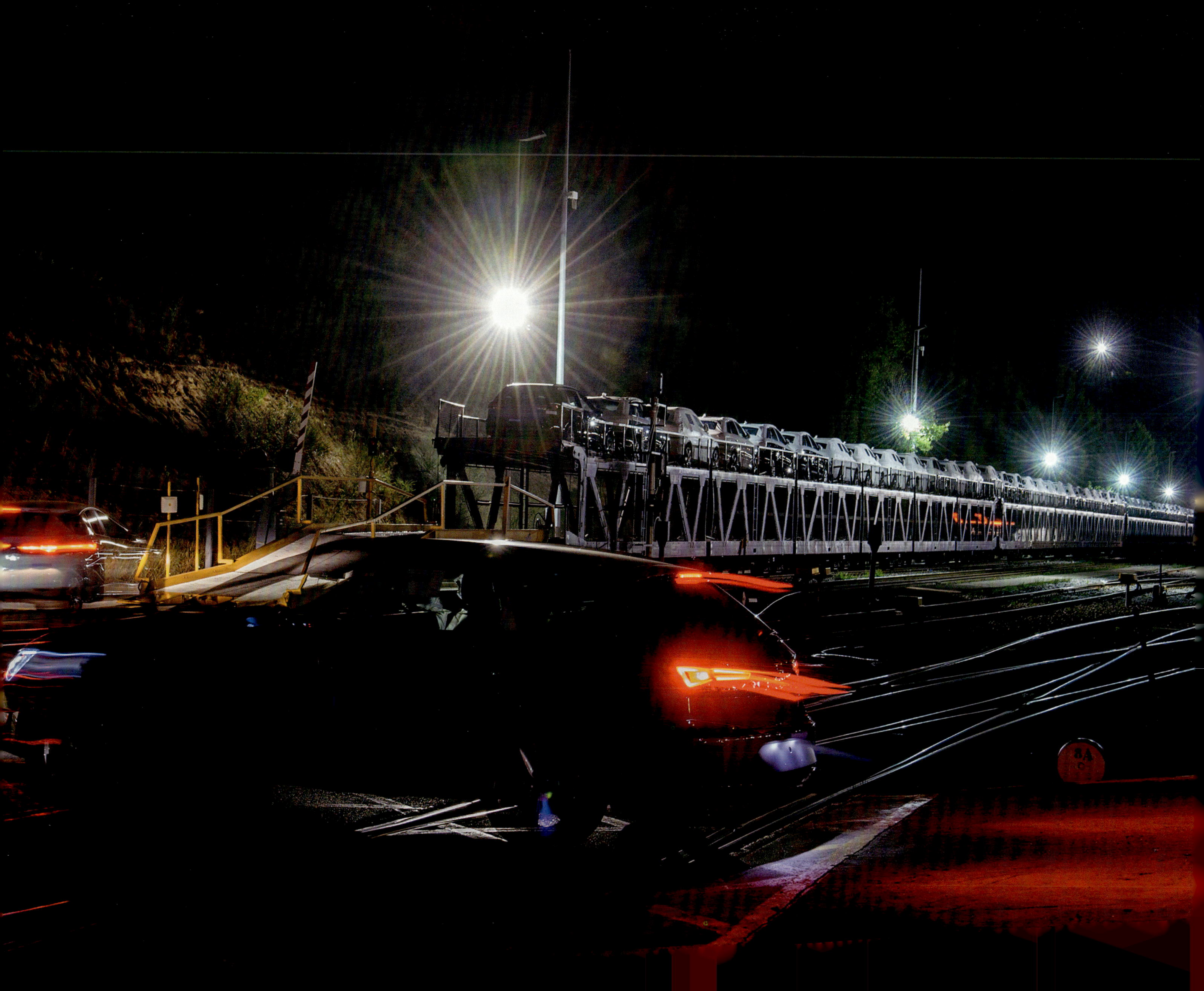
8A

02_07_14 | **JOAN GUERRERO.** A BARCELONA, A LES 12:13 H.

'SKATERS'. El Raval s'ha convertit en un dels grans punts de trobada de 'skaters' d'Europa amb el MACBA com a marc privilegiat dels seus anuncis publicitaris arreu del món.

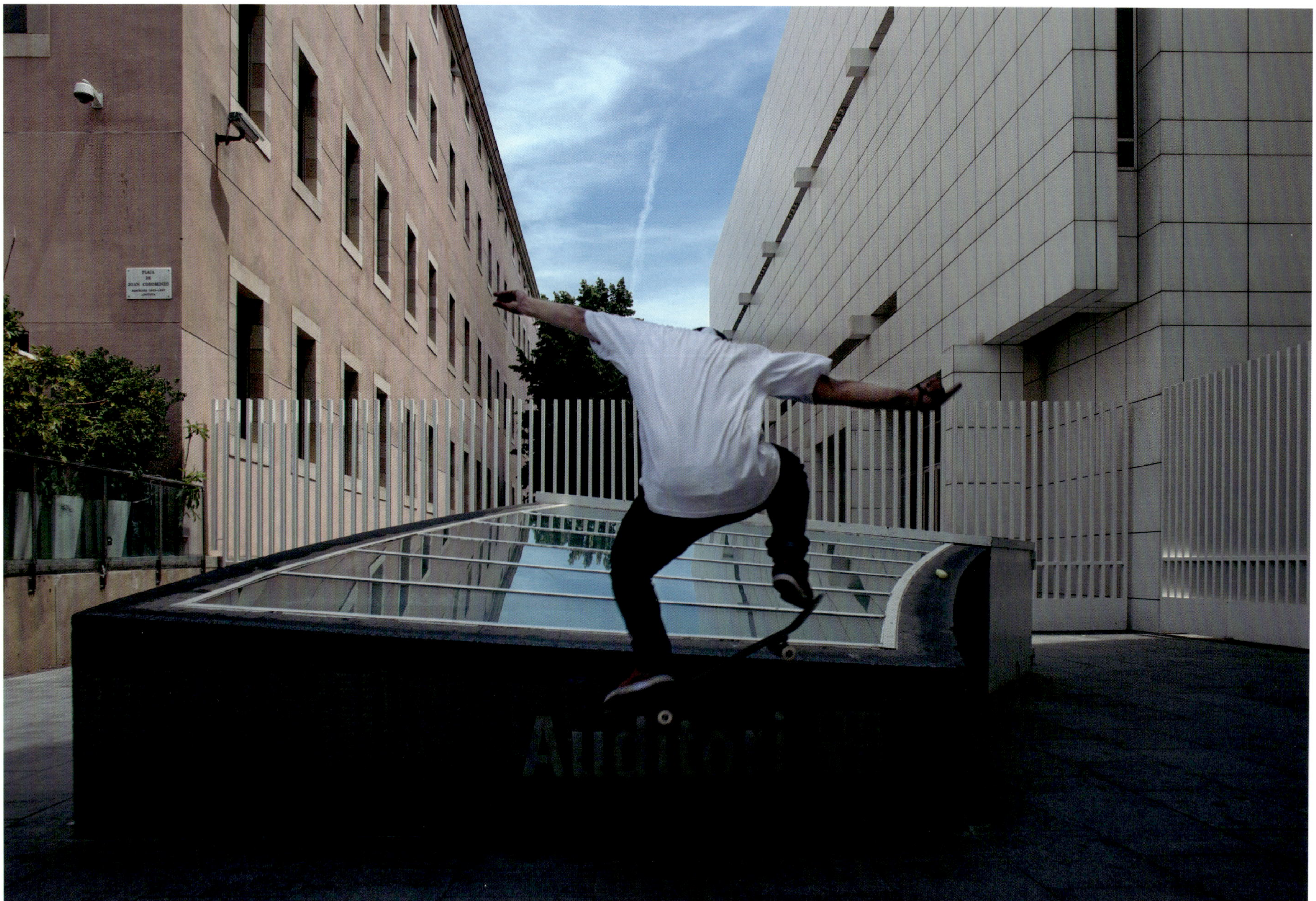

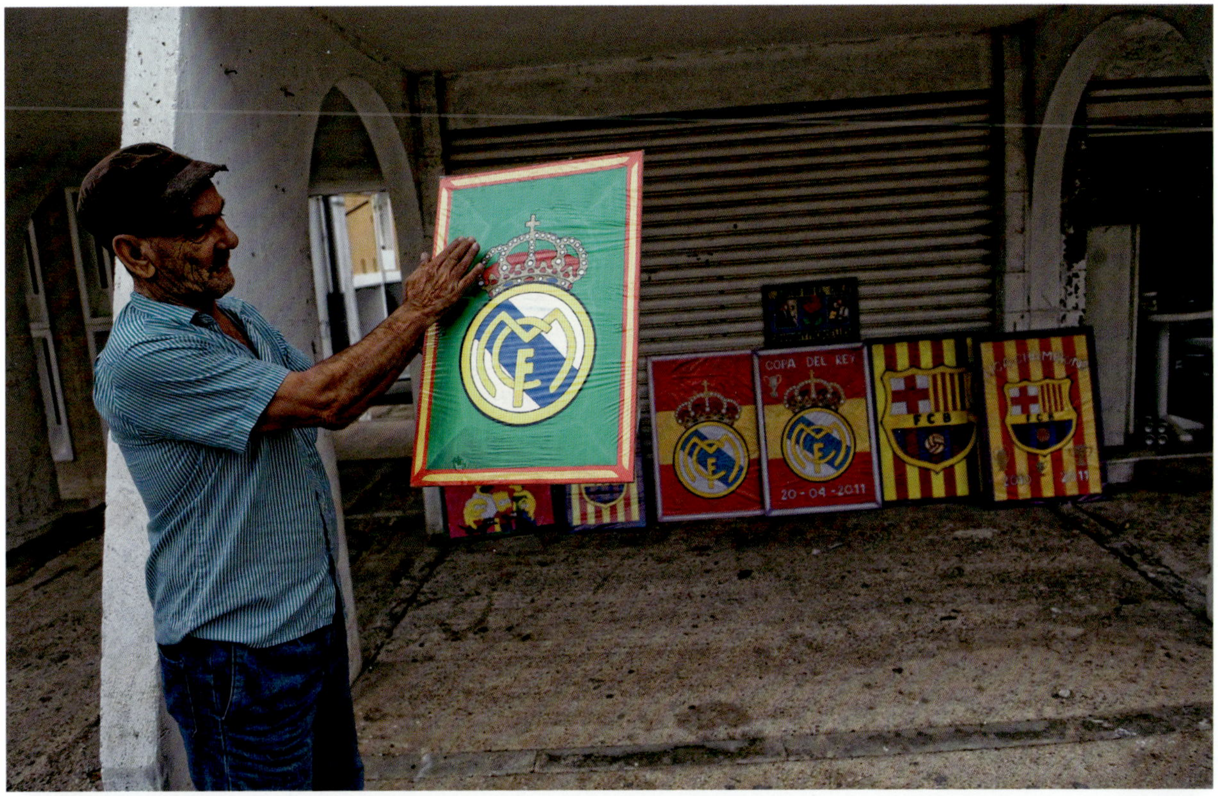

03_07_14 | **SANTI COGOLLUDO.**
A CONSTANTÍ (TARRAGONÈS),
A LES 11:44 H.

CONVICTE. Antonio Ruiz, que compleix condemna a la presó de Tarragona en règim obert, mostra els seus treballs que guarda a la seva cotxera al barri de '600 viviendas'.

04_07_14 | **FRANCESC MELCION.**
A BARCELONA, A LES 11:30 H.

EXHAUSTS. Dos turistes dormen en un banc de la plaça d'Urquinaona exhausts després de recórrer la ciutat. El Bus Turístic és una de les alternatives per conèixer-la.

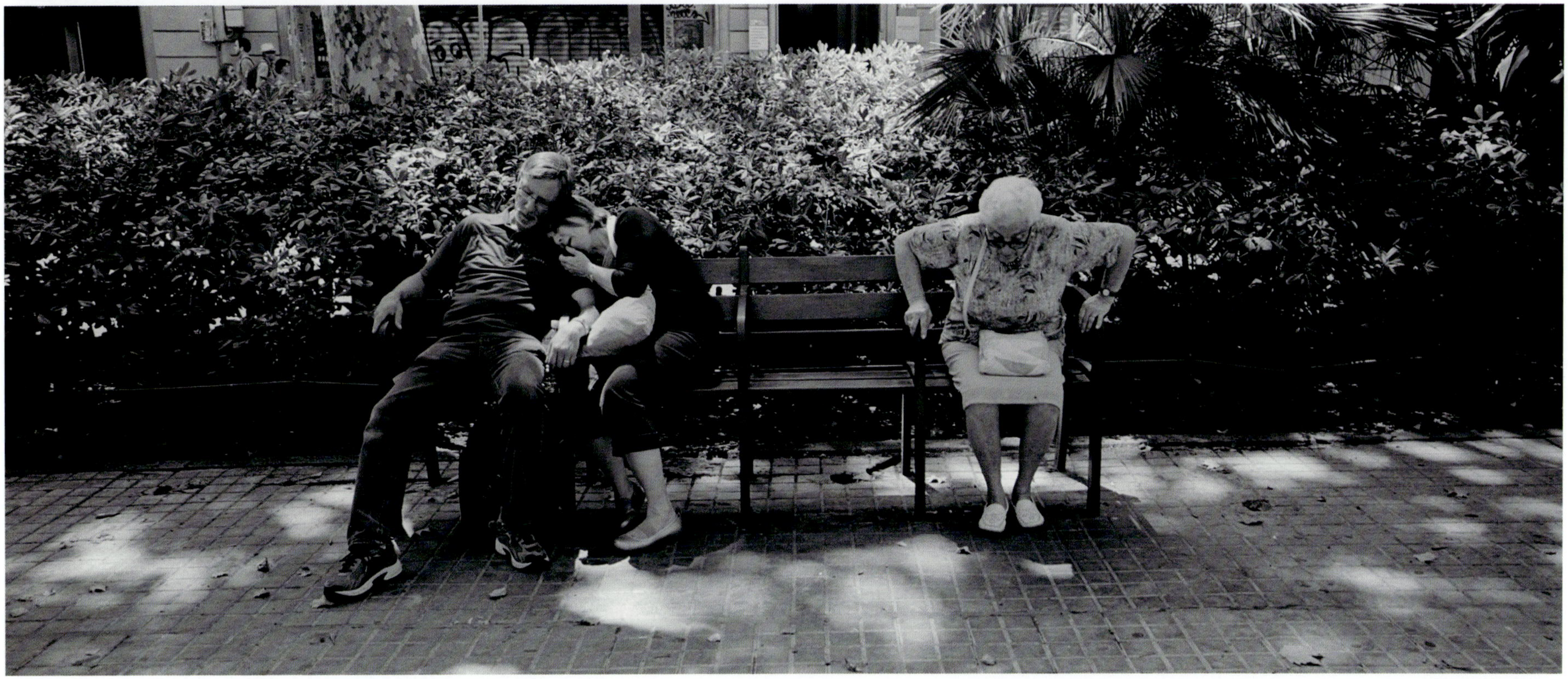

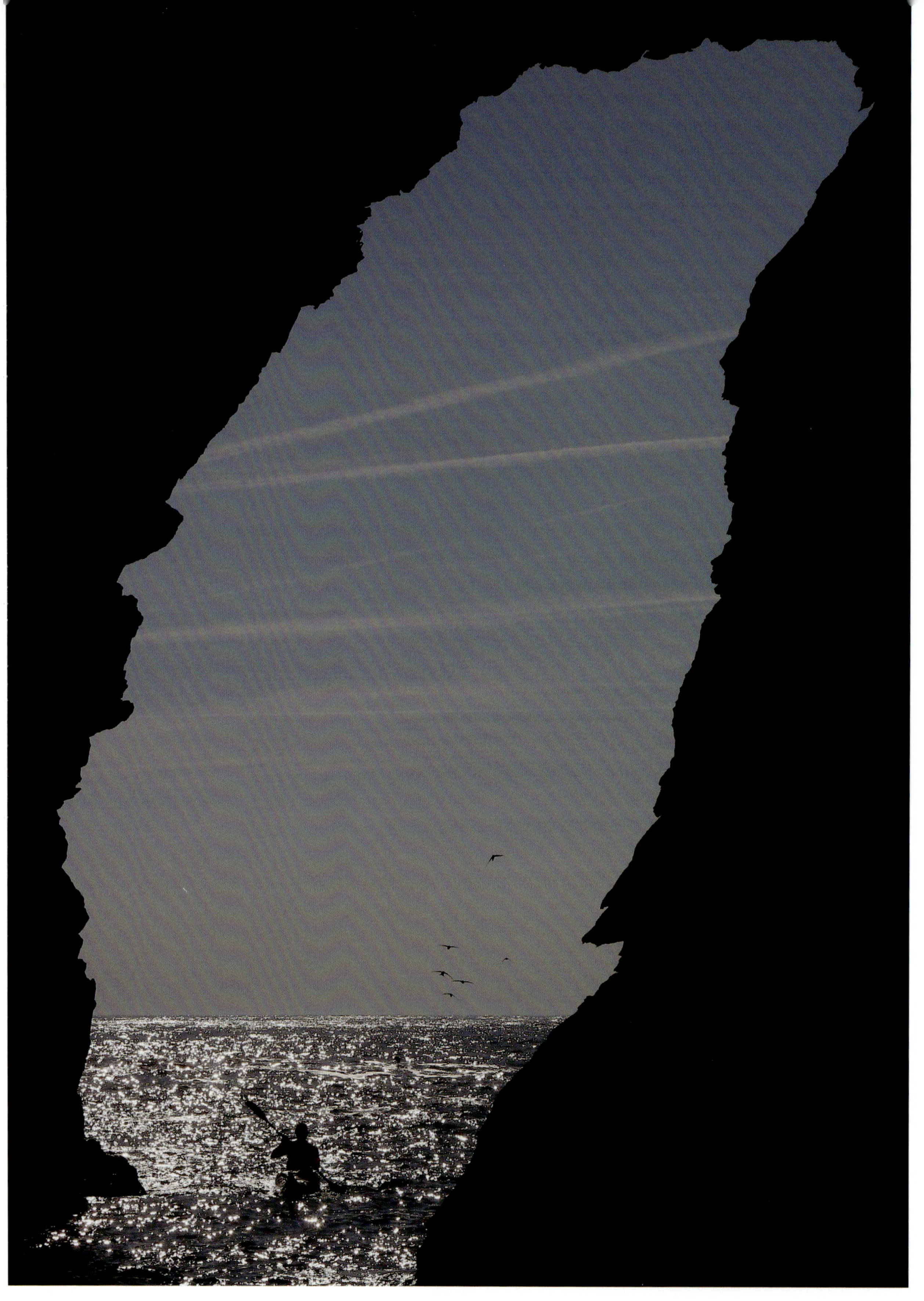

05_07_14 | SUSANNA SÁEZ.
CADAQUÉS (ALT EMPORDÀ),
A LES 09:00 H.

PARATGE. Jordi, monitor de caiac, entra remant a la Cova de l'Infern, una de les activitats que ofereix Kayaking i on a primera hora es reflexteix vermellós el sol a l'aigua.

06_07_14 | **CARLES RIBAS.** A CANET DE MAR (MARESME), A LES 06:38 H.

CANET ROCK. 36 anys després de l'última edició, 25.000 persones han tornat a gaudir de la marató de concerts del reeditat festival, que va néixer sota la dictadura franquista.

PÀG. 184 >

07_07_14 | **ÀLEX GARCIA.** A BARCELONA, A LES 20:00 H.

ESTIU ATÍPIC. Tempesta al carrer del Comte d'Urgell, el juliol més fred en vint anys a Barcelona. Les temperatures a Catalunya han estat 2 graus per sota de la mitjana històrica.

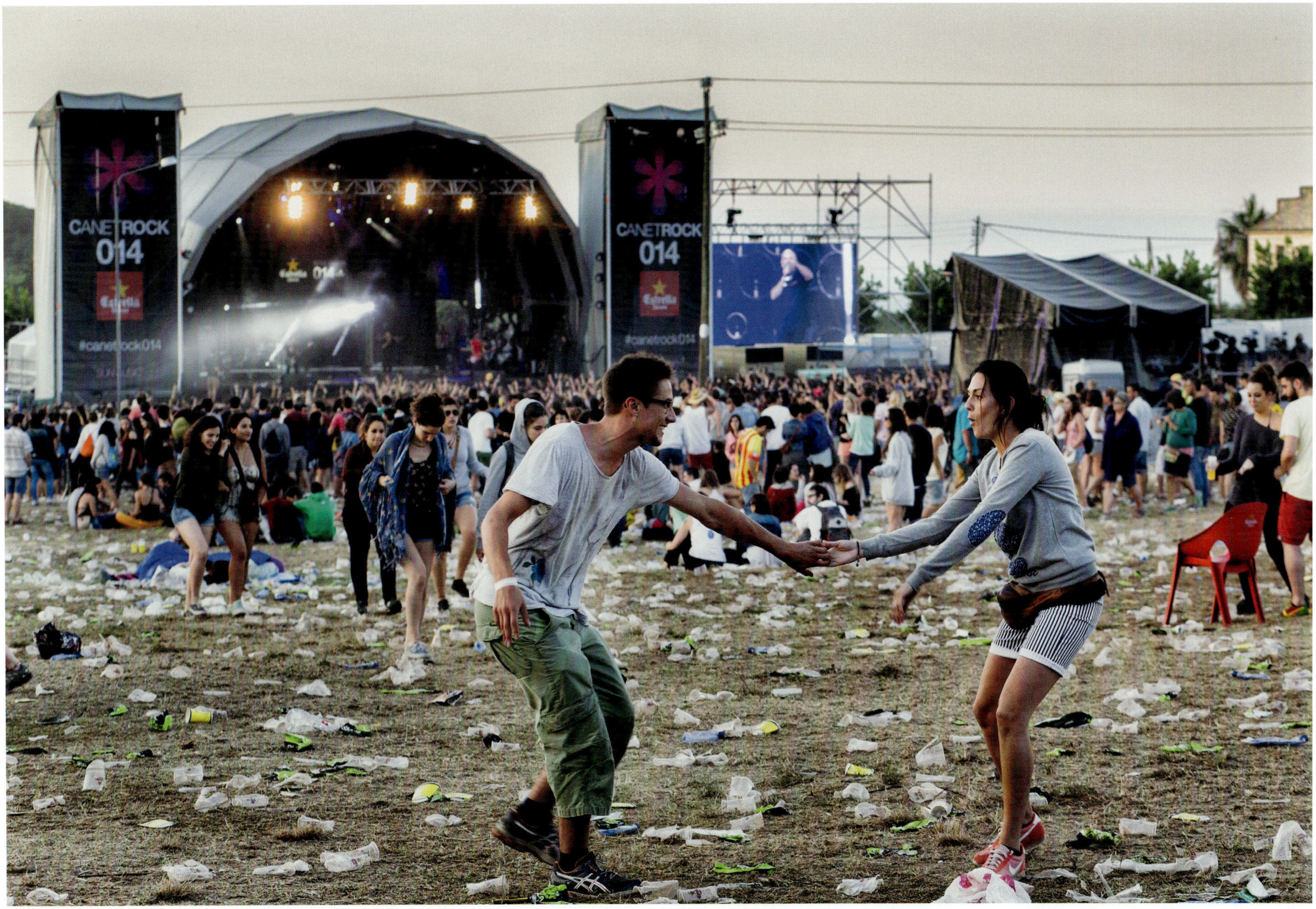

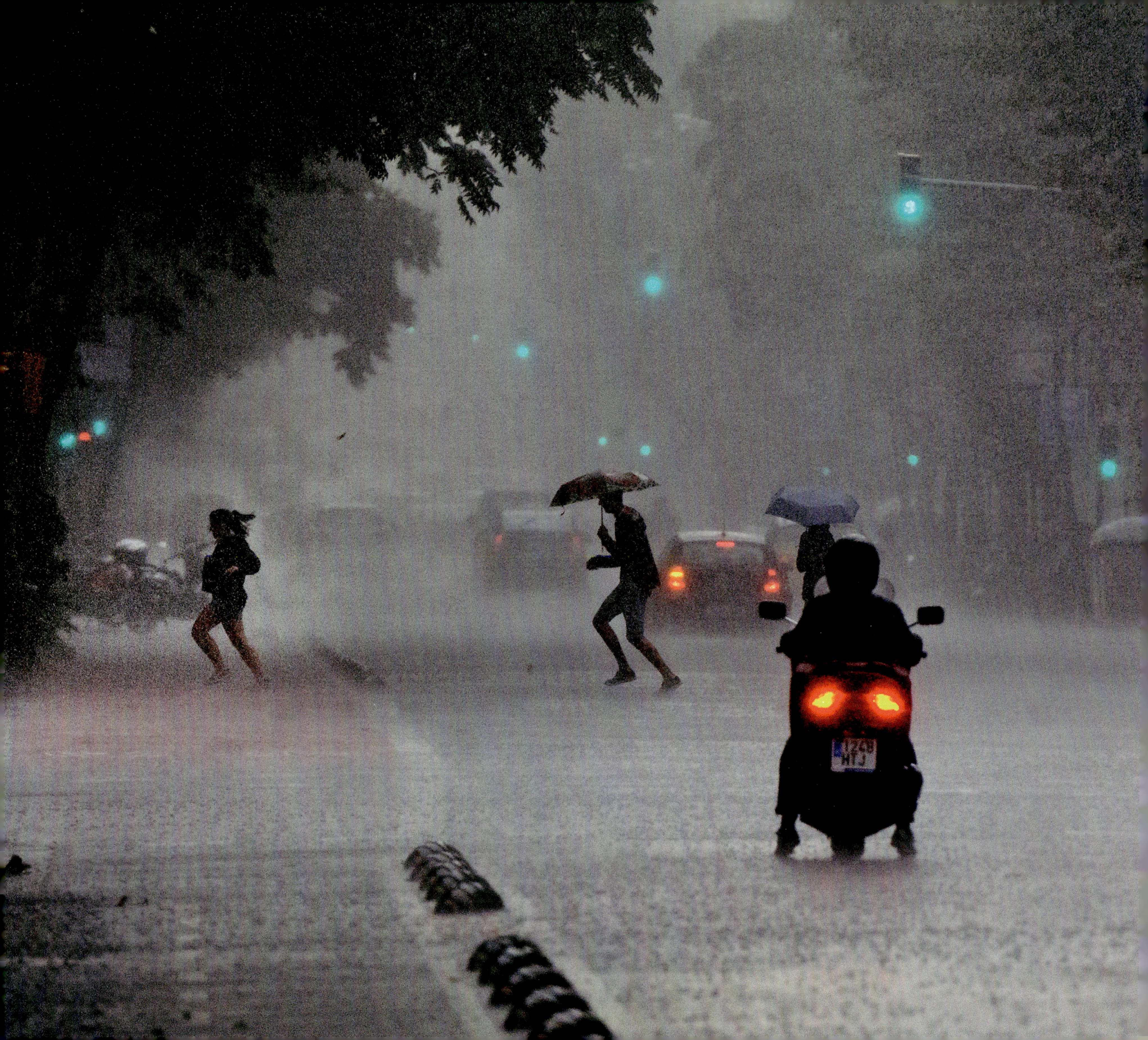

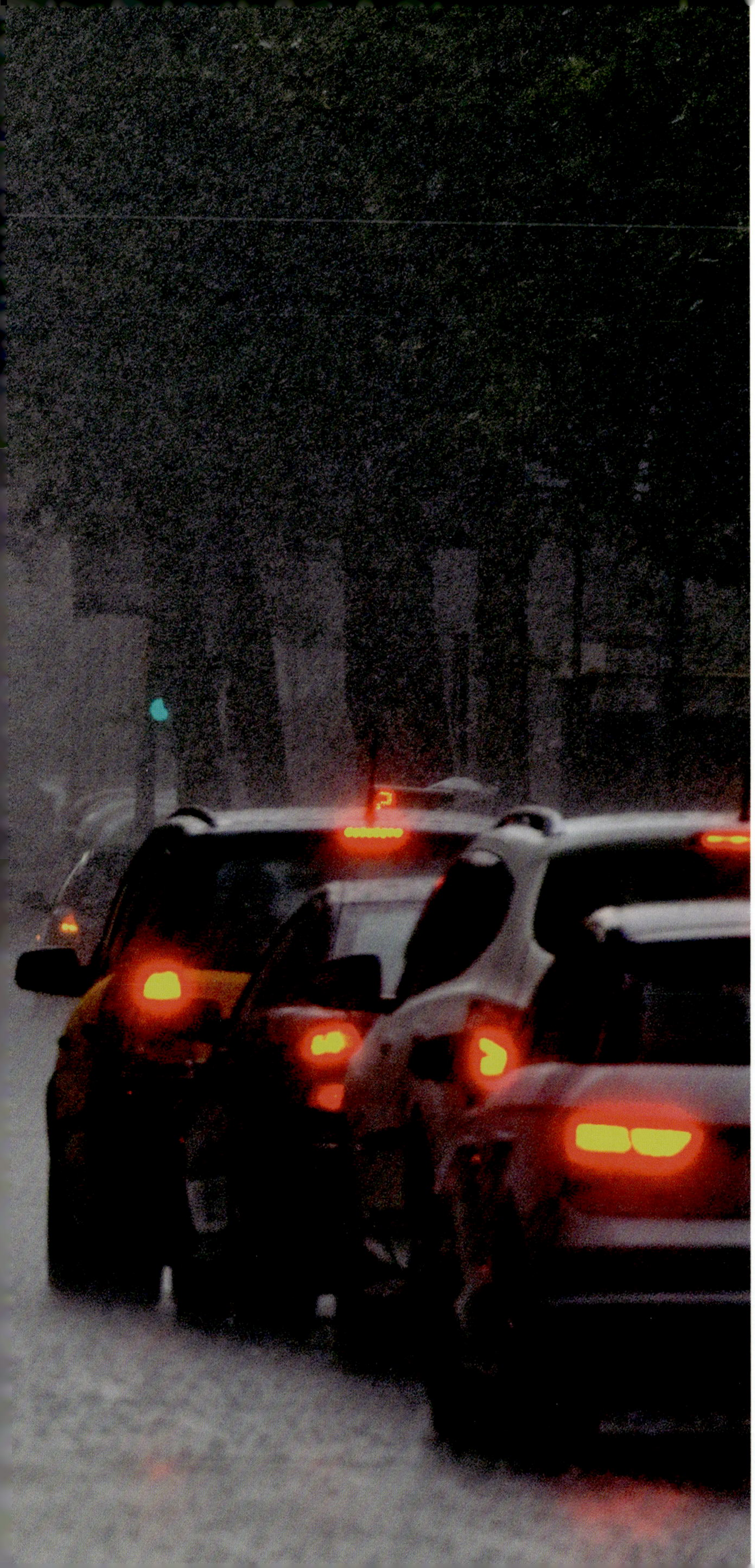

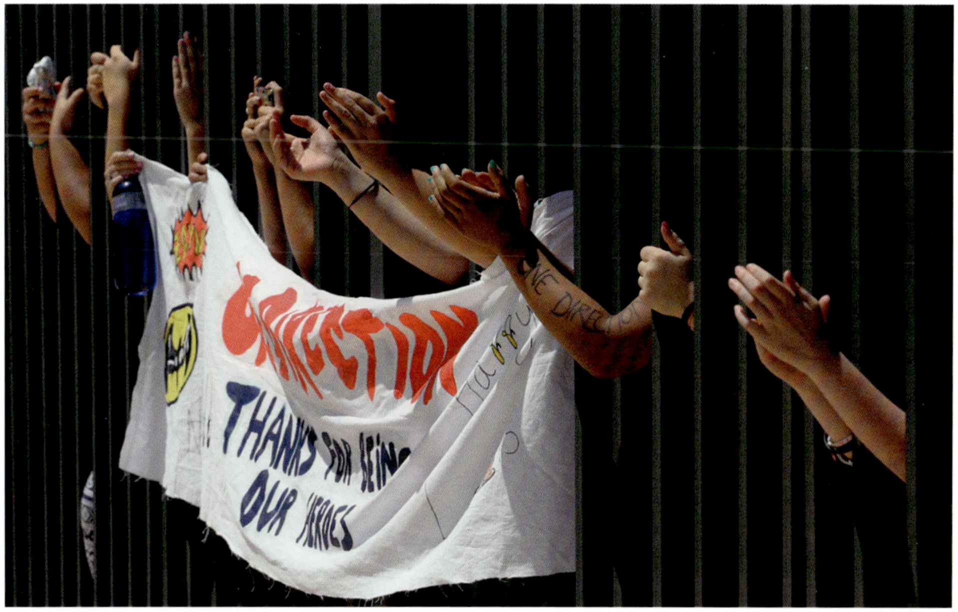

08_07_14 | **DANNY CAMINAL.** A BARCELONA, A LES 12:28 H.

TEEN POP. Els fans de la banda One Direction esperen que obrin les portes del concert d'avui. El nou gènere de música per a adolescents arrasa al món.

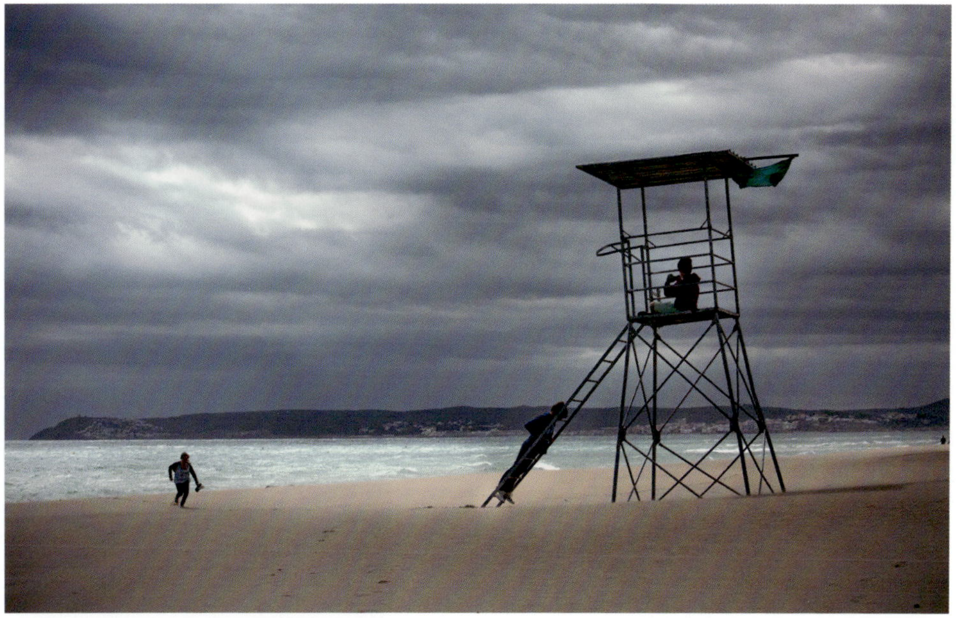

09_07_14 | **ANA JIMÉNEZ.** A SANT PERE PESCADOR (ALT EMPORDÀ), A LES 11:40 H.

PLATGES BUIDES! Les pluges en aquest inici de temporada han comportat cancel·lacions de reserves hoteleres. A la Costa Brava no plovia tant des de 1967.

10_07_14 | LAURA GUERRERO.
A BARCELONA, A LES 22:32 H.

HORARI D'ESTIU. A les nits d'estiu, la fresca convida grans i petits a sortir al carrer. Hi ha temps per als jocs i els somriures, com a la foto, captada a la plaça d'Espanya.

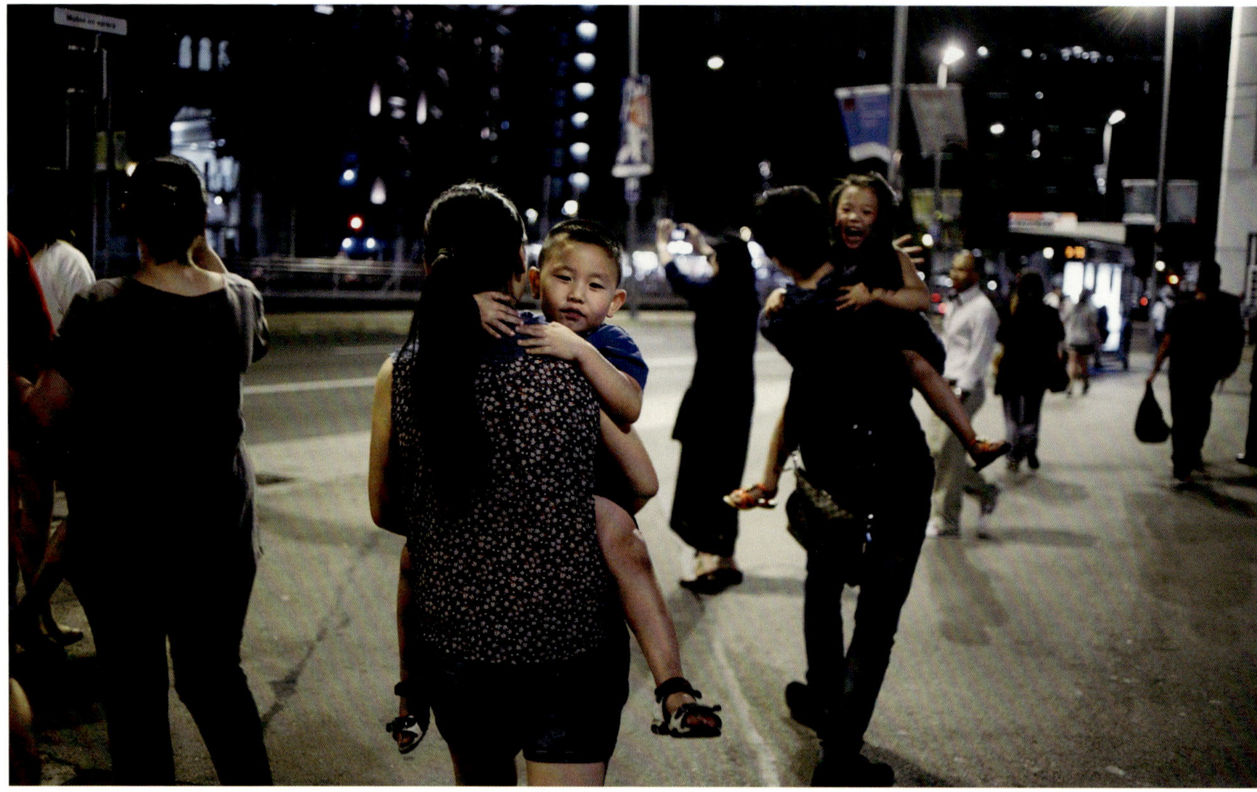

12_07_14 | JULIO CARBÓ.
A ARGENTONA (MARESME), A LES 09:58 H.

EFECTE CÀNTIR. Infants a l'Escola Taller de Ceràmica del Museu del Càntir d'Argentona. L'efecte refredador de l'aigua segueix el procés científic endotèrmic.

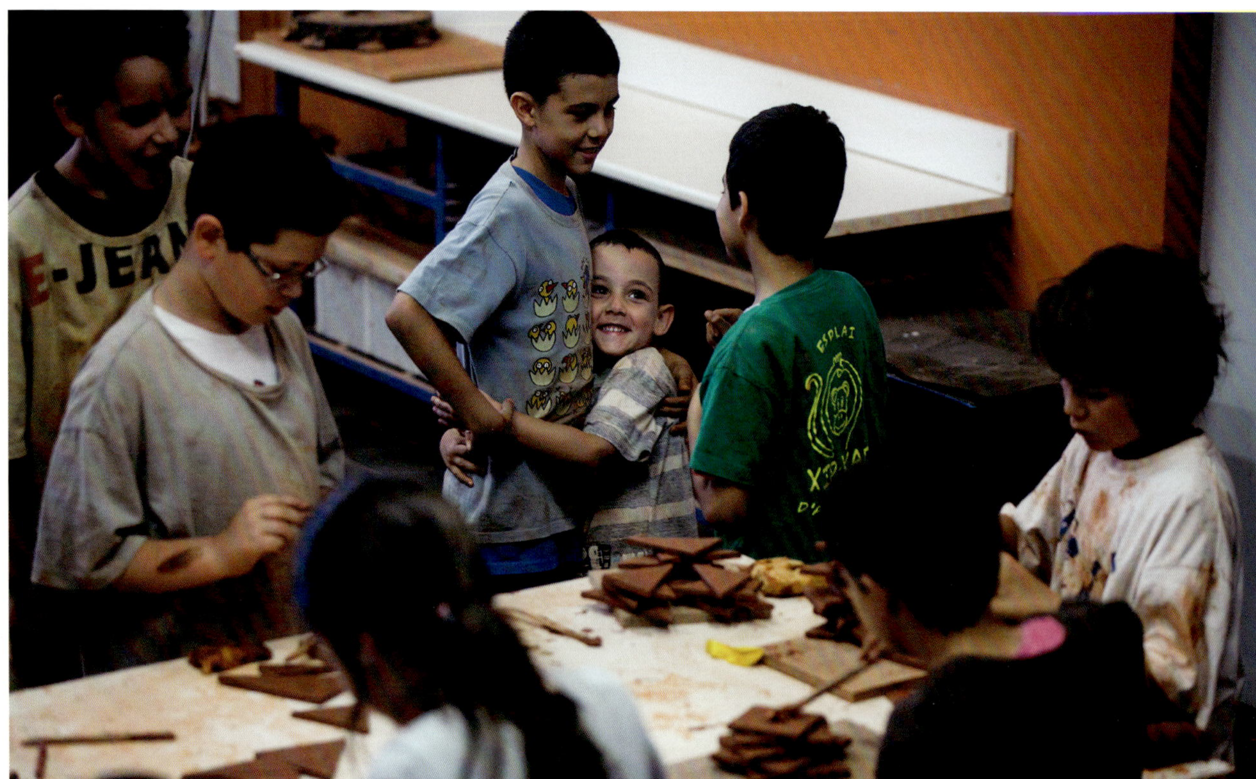

QUIQUE GARCÍA. A IGUALADA (ANOIA), A LES 20:54 H. | 12_07_14

ENLAIRAMENT IMMEDIAT. Un globus aerostàtic amb l'estelada dibuixada arrenca el vol sobre Igualada en la gran concentració europea del European Balloon Festival.

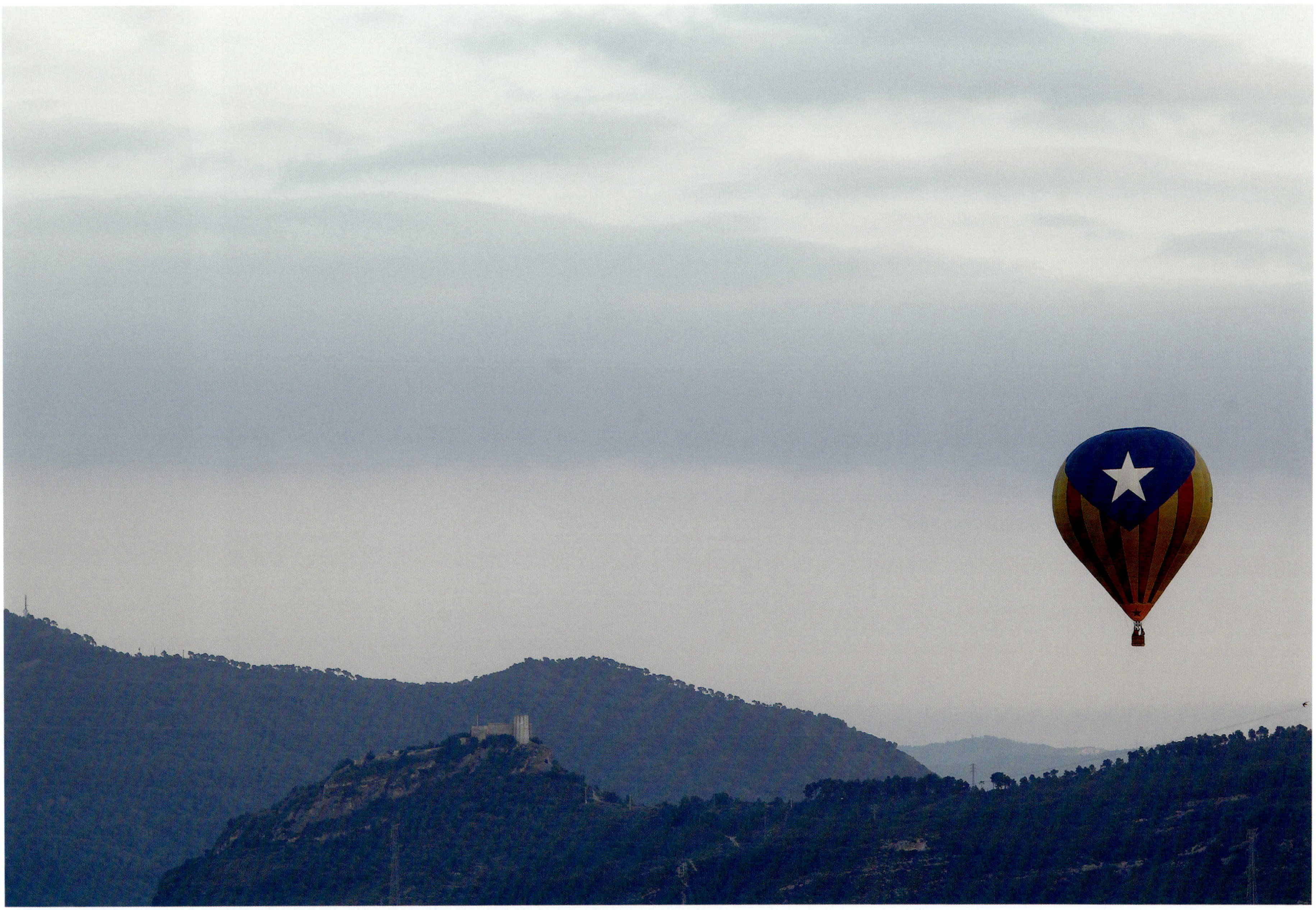

13_07_14 | **ALBERT MASIAS.** A BARCELONA, A LES 22:20 H.

EL TROFEU MÉS COBEJAT. Adéu a la Copa del Món. Aficionats argentins segueixen expectants la final contra Alemanya a la taverna L'Ovella Negra, el seu punt de trobada.

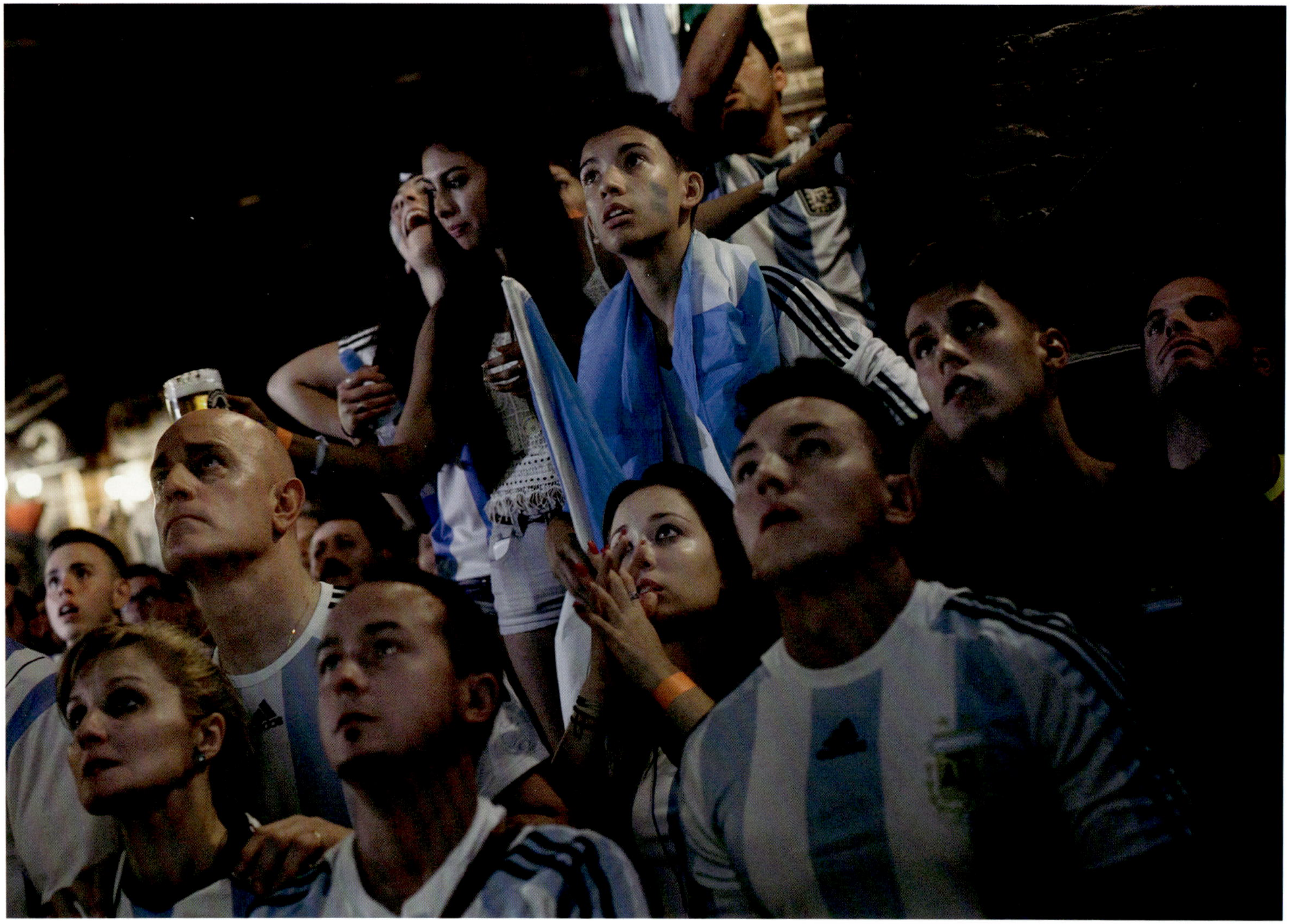

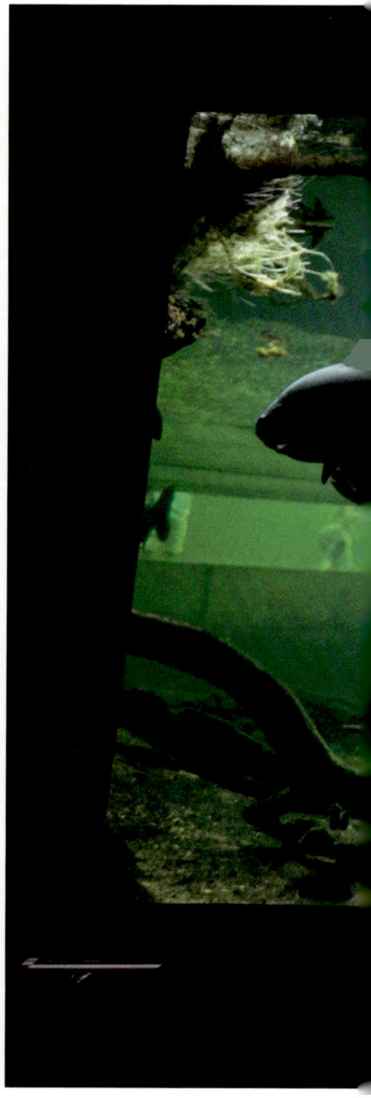

CRISTINA CALDERER. A BARCELONA, A LES 13:50 H. | 14_07_14

ECOSISTEMA. A CosmoCaixa hi ha una rèplica exacta d'un tros de bosc inundat de la selva amazònica brasilera, cabdal per a la salut del planeta.

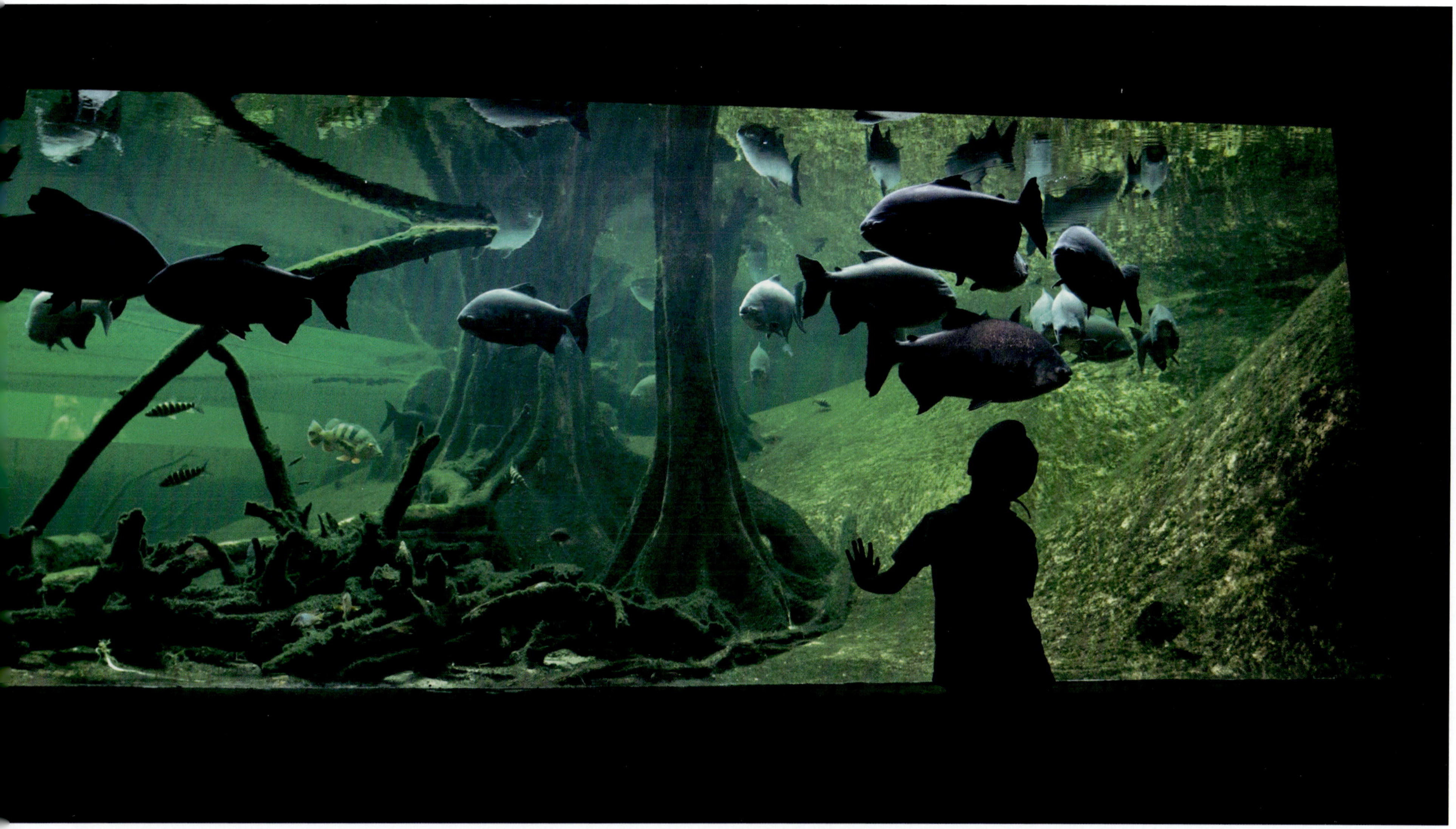

15_07_14 | MARCEL·LÍ SÀENZ. A DELTEBRE (BAIX EBRE), A LES 09:36 H.

AQÜICULTURA. La collita del musclo a la badia del Fangar, al Parc Natural del Delta, ocupa 300 persones. Els productors esperen collir 4 milions de mol·luscos.

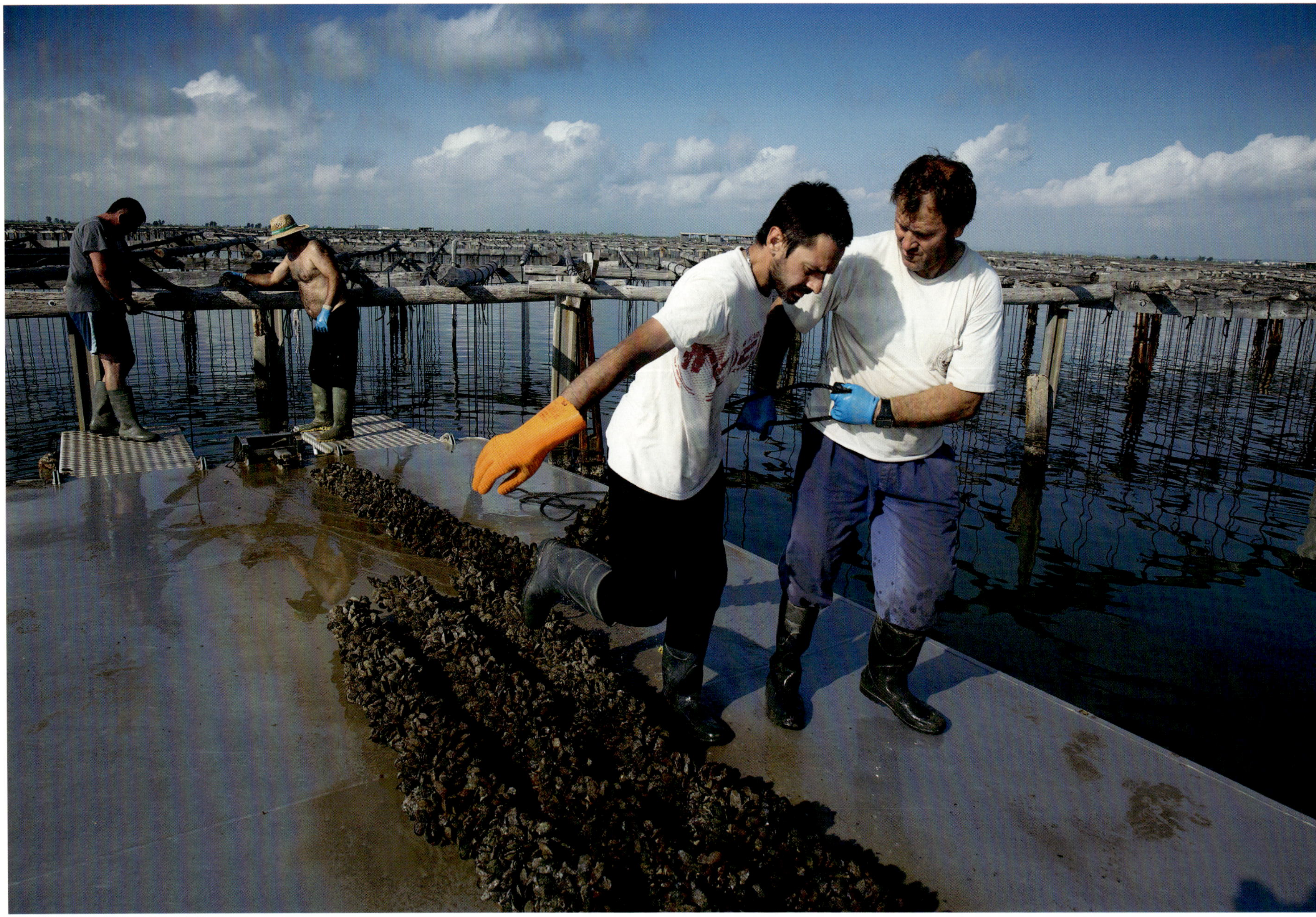

TONI ALBIR. A L'HOSPITALET DE LLOBREGAT (BARCELONÈS), A LES 09:15 H. | 16_07_14

PONT D'UNIÓ. El pont d'en Jordà uneix els barris de Santa Eulàlia i la Torrassa, separats per les vies del metro, obra de l'Ajuntament republicà i encara ara únic nexe d'unió.

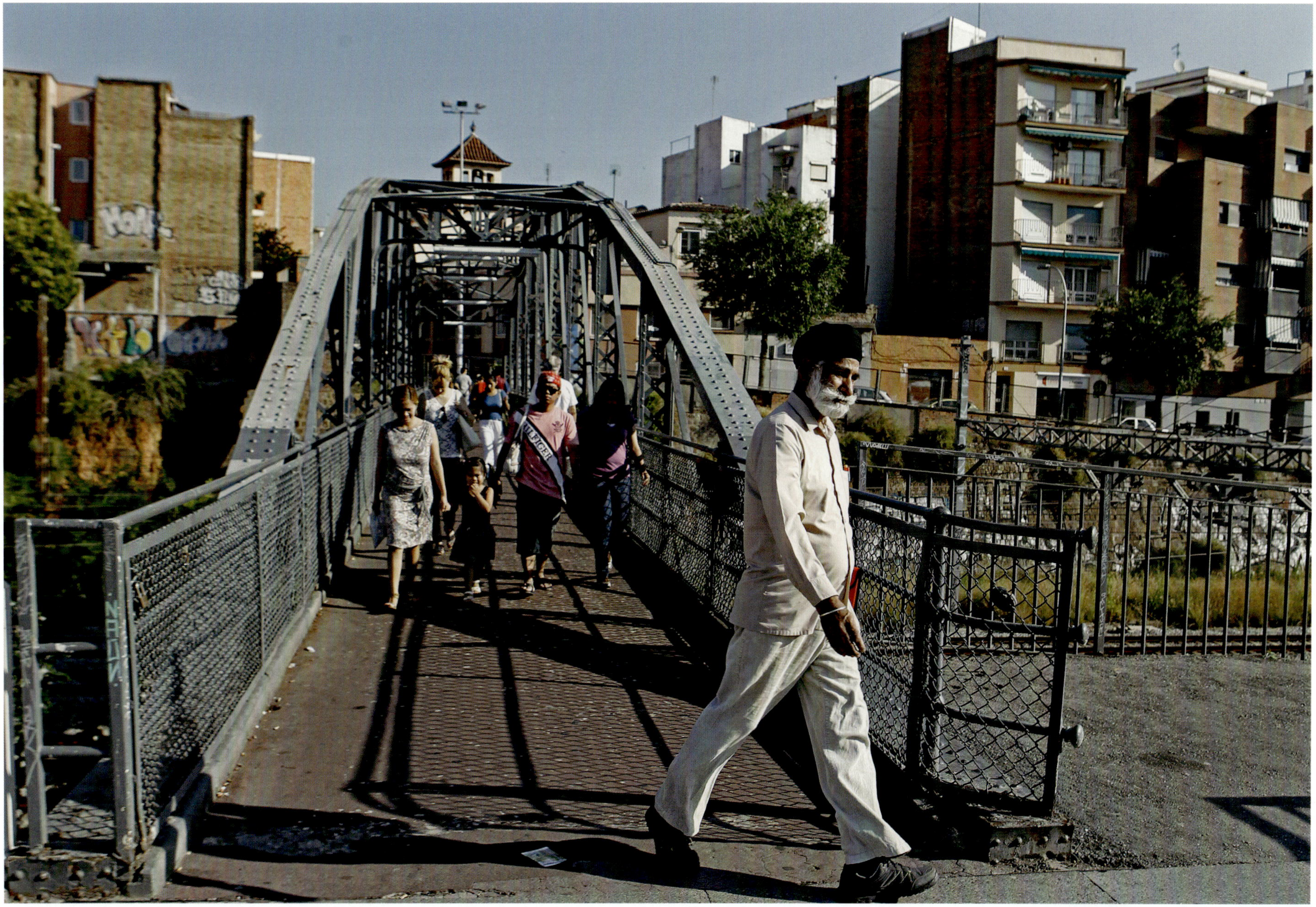

17_07_14 | PERE TORDERA.
A MONTBLANC (CONCA DE BARBERÀ), A LES 15:00 H.

POLITICOMUSICAL. L'Acampada Jove de Montblanc és un festival que organitza JERC des de 1996. Milers de joves comparteixen cervesa, pols i bona música catalana.

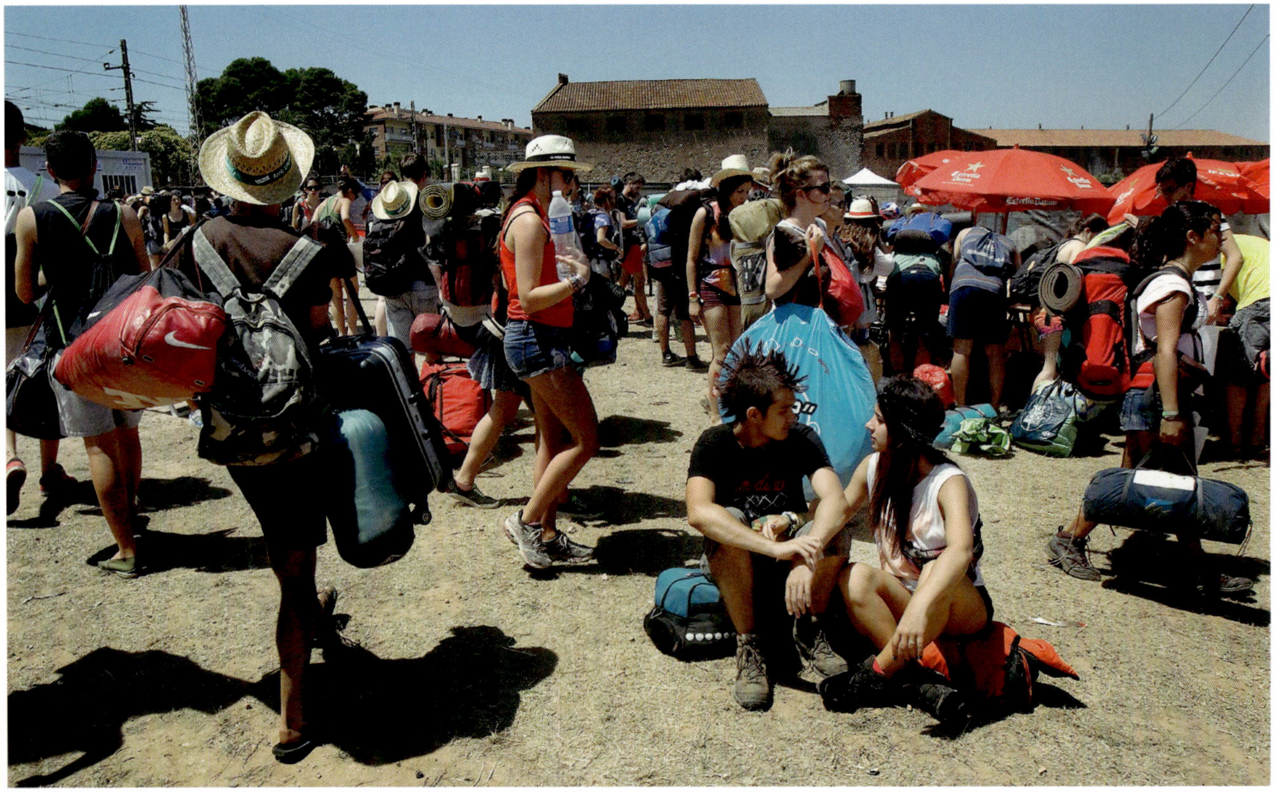

18_07_14 | DAVID AIROB.
A VILA-SECA I SALOU (TARRAGONÈS), A LES 19:45 H.

PORT AVENTURA. El parc d'atraccions català rep 4 milions de visitants a l'any i ocupa una superfície total de 8 km^2, capaç d'esgotar qualsevol.

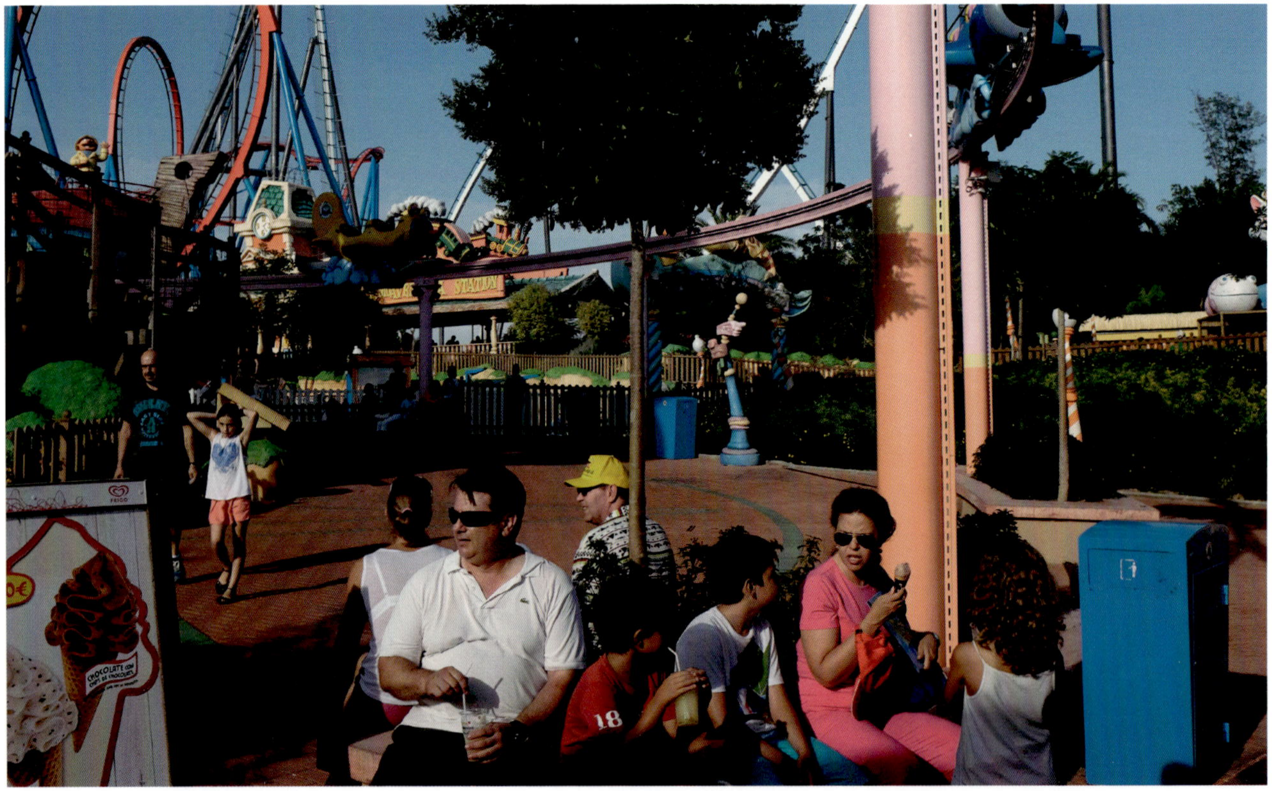

JOAN MONFORT. A SANT FELIU DE GUÍXOLS (BAIX EMPORDÀ), A LES 22:48 H. | 19_07_14

ESPONTÀNIAMENT PRODIGIOSA. Sílvia Pérez Cruz fa broma tot triant les sabates que lluirà dalt de l'escenari del Porta Ferrada abans d'enlluernar el públic amb la seva veu, acompanyada a la guitarra per Raül Fernández Miró.

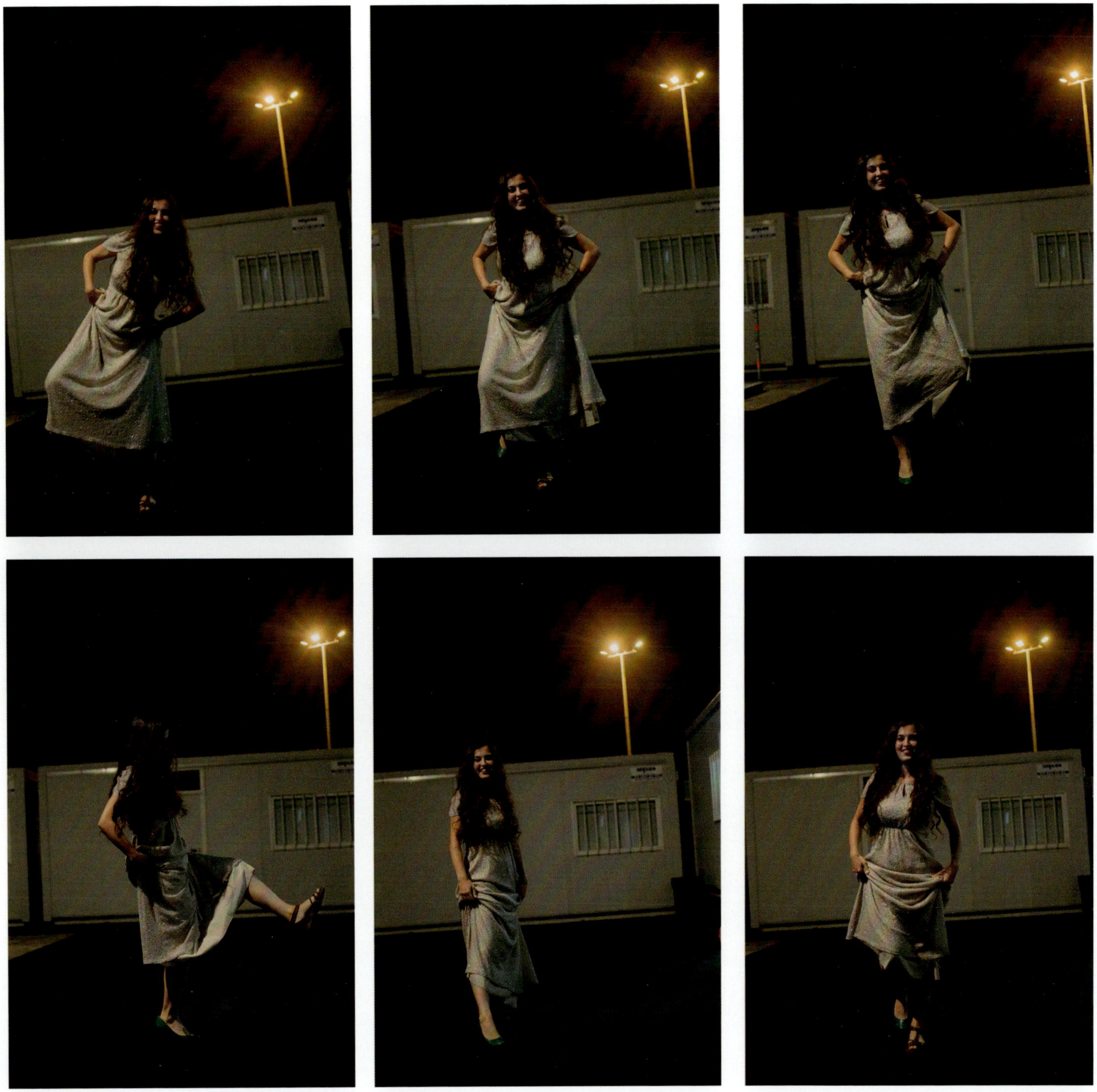

20_07_14 | JOAN MANUEL BALIELLAS. A BLANES (SELVA), A LES 12:58 H.

TORNA LA CALOR. Les temperatures remunten i arriben als 30 graus, i molts opten per un bany refrescant, com a la piscina d'aquest caravàning a la Costa Brava.

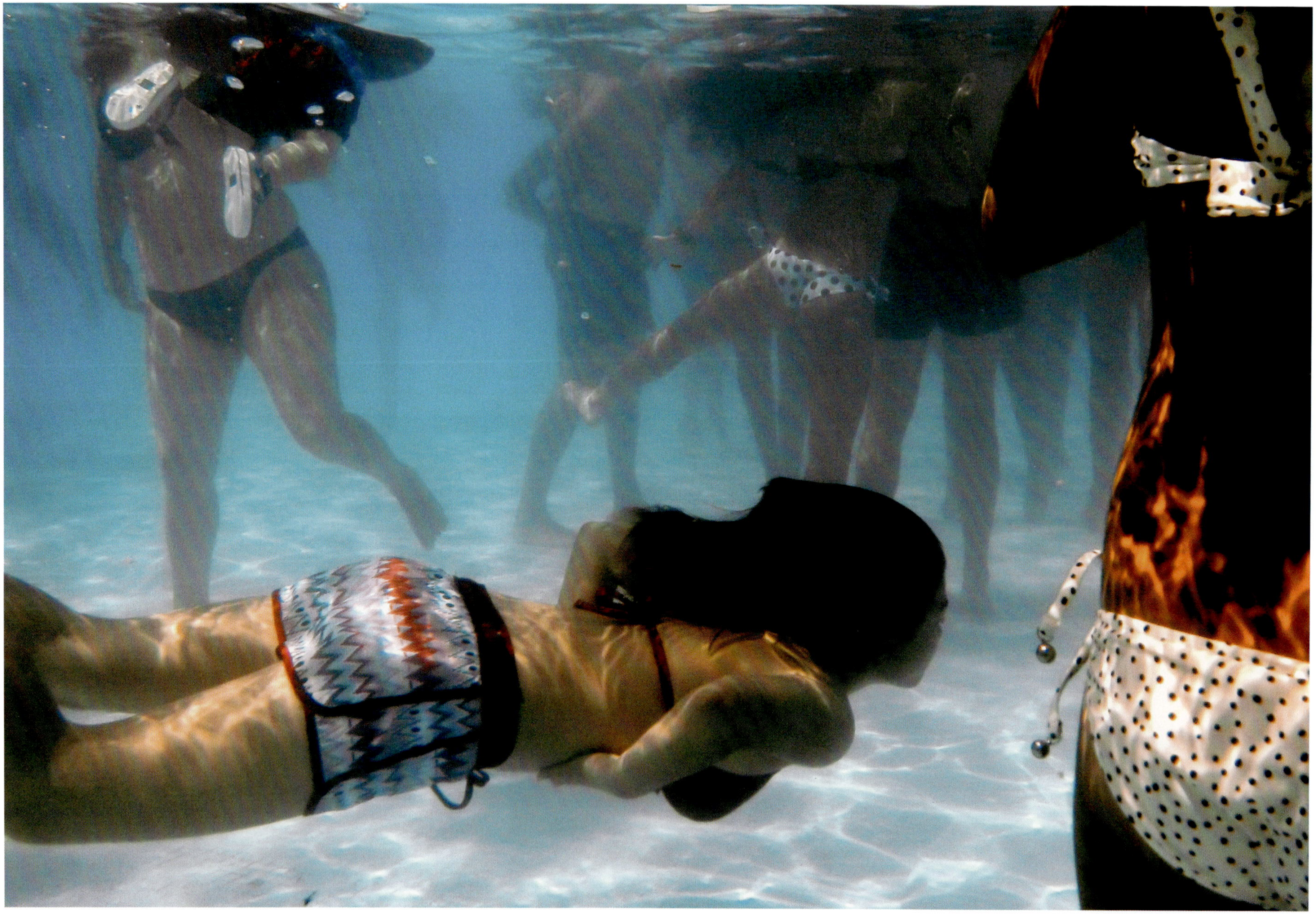

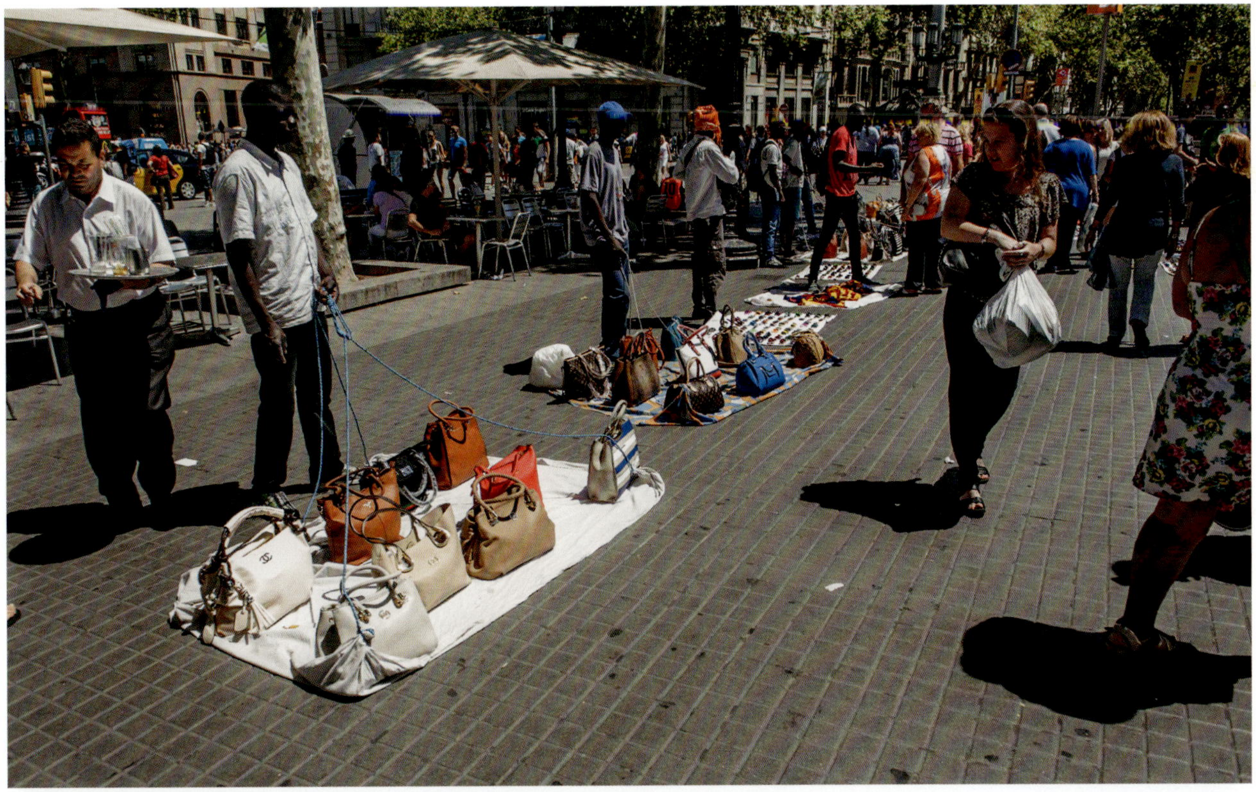

21_07_14 | JOSEP LOSADA.
A BARCELONA, A LES 14:43 H.

IL·LEGAL. El cambrer esquiva un venedor de manta davant el Café Zurich, on abunda tot tipus de venda il·legal. Subsaharians, en la seva majoria, omplen els carrers amb parades precàries.

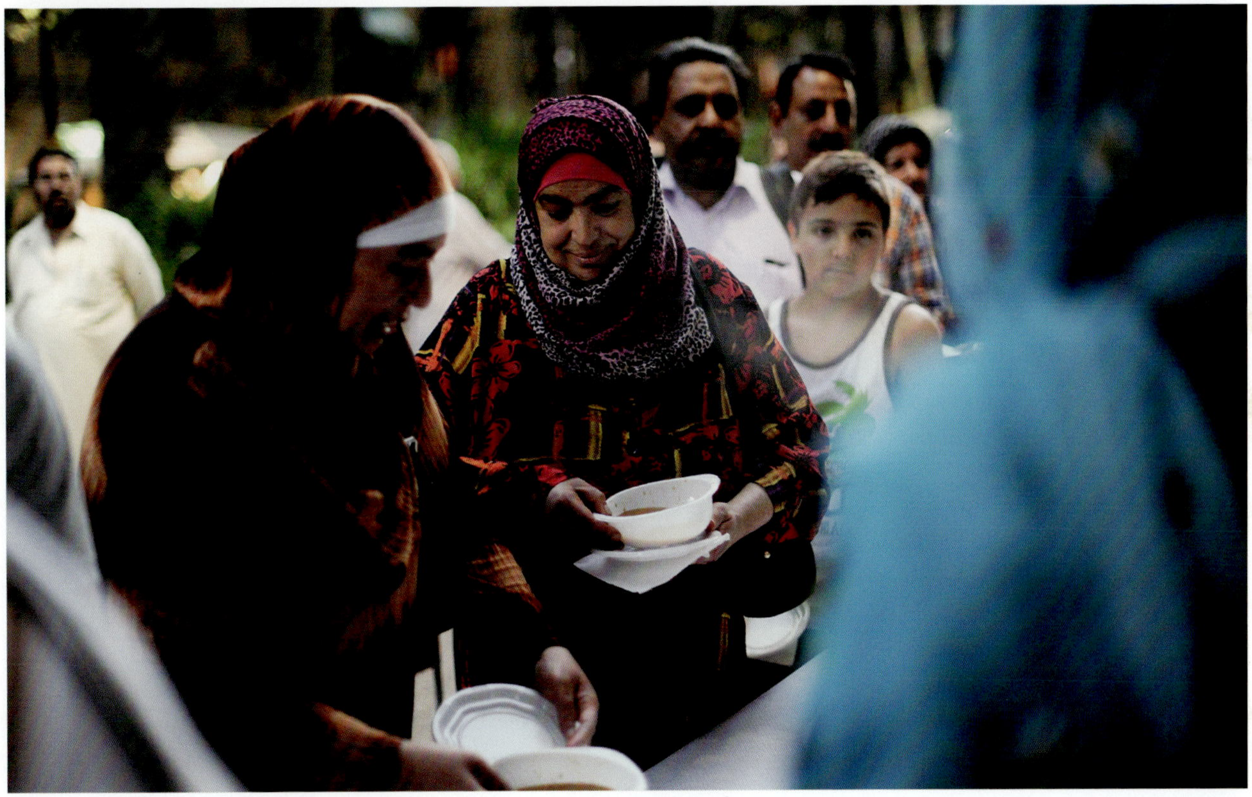

22_07_14 | INÉS BAUCELLS.
A BARCELONA, A LES 21:26 H.

IFTAR AL RAVAL. Veïns assisteixen a l'iftar popular a la rambla del Raval per acomiadar l'últim dia del ramadà. El primer que menjaran són dàtils.

23_07_14 | MIQUEL ANGLARILL. A RIPOLLET (VALLÈS OCCIDENTAL), A LES 13:48 H.

PREDICANT AL SEGLE XXI. A Ripollet, de camí a Montcada i Reixac, tres noies passen per davant d'una tanca publicitària anònima on es pot llegir un versicle apocalíptic de l'Evangeli segons sant Mateu.

Deixa que el **Miquel** t'expliqui la seva foto.

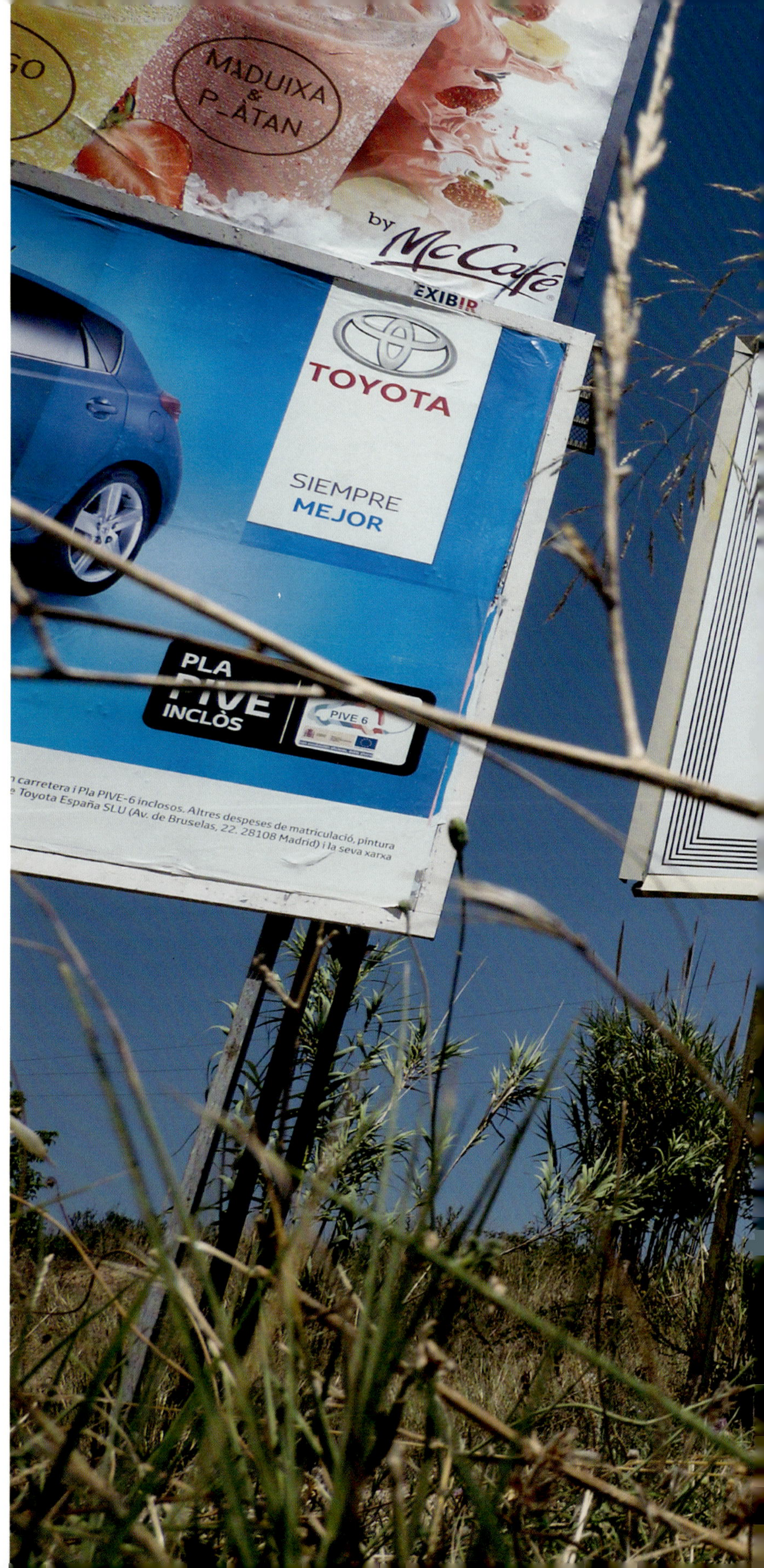

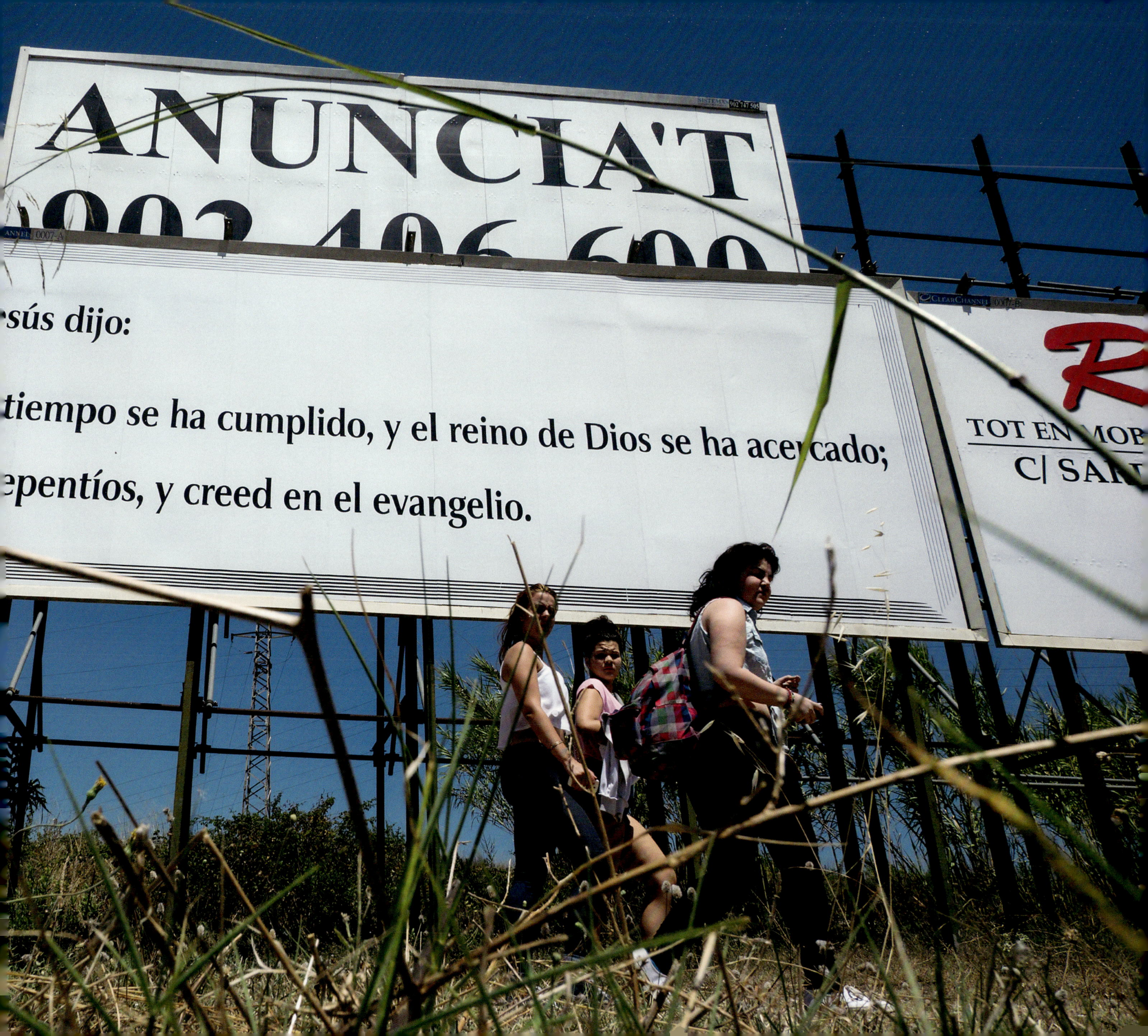
ANUNCIA'T
esús dijo:
tiempo se ha cumplido, y el reino de Dios se ha acercado;
epentíos, y creed en el evangelio.
TOT EN MOB
C/ SAR

24_07_14 | **CARMEN SECANELLA.** A L'ARMENTERA (ALT EMPORDÀ), A LES 11:46 H.

OFICI RELIGIÓS. Missa solemne per la festa major de Santa Cristina, patrona de l'Armentera. Els actes religiosos s'inclouen en els programes de les festes d'arreu.

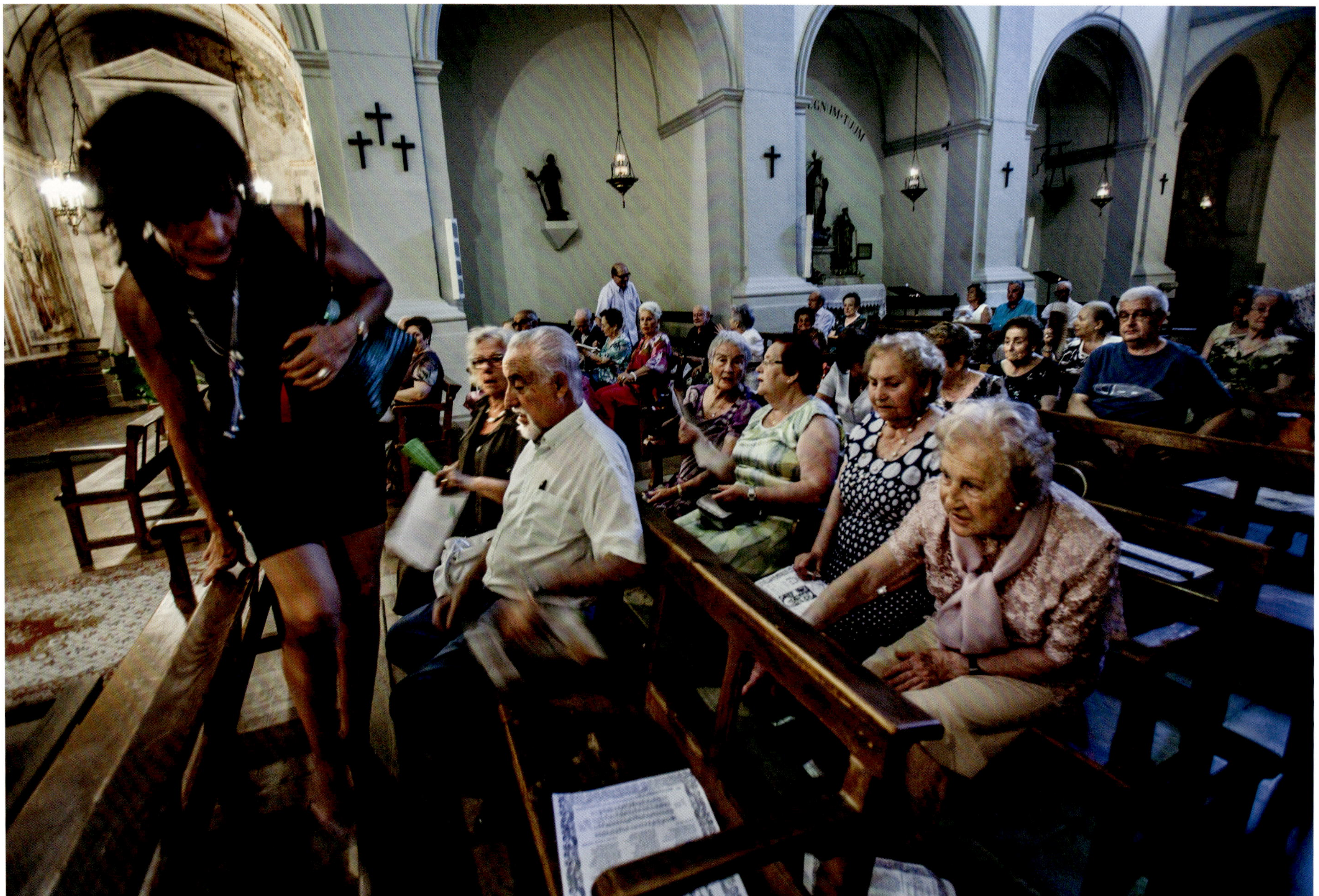

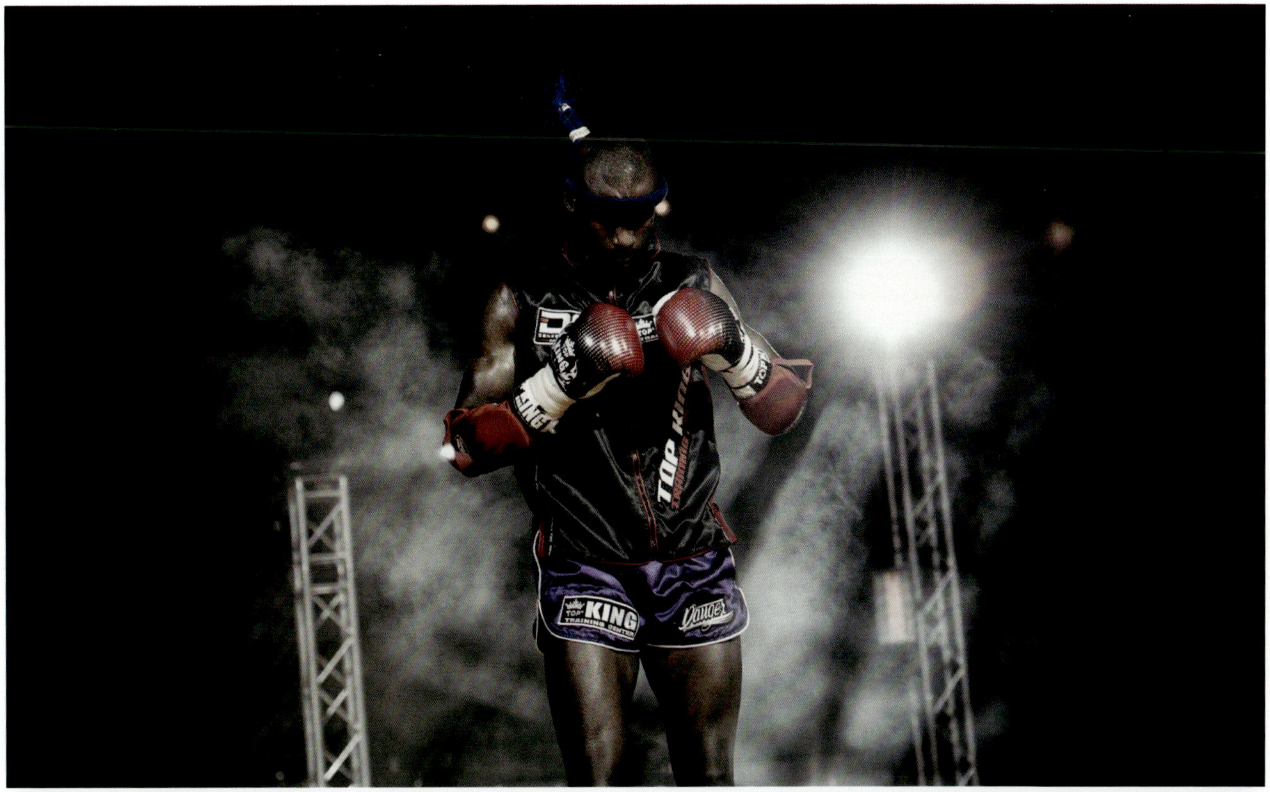

25_07_14 | JOSEP LAGO.
A BADALONA (BARCELONÈS),
A LES 23:08 H.

ART MARCIAL. La boxa tailandesa, quasi una religió a Tailàndia, està de moda. Ibrahima Hjie (31 anys), del gimnàs AFE Malgrat, es prepara per al combat amb Youssef El Hadmi.

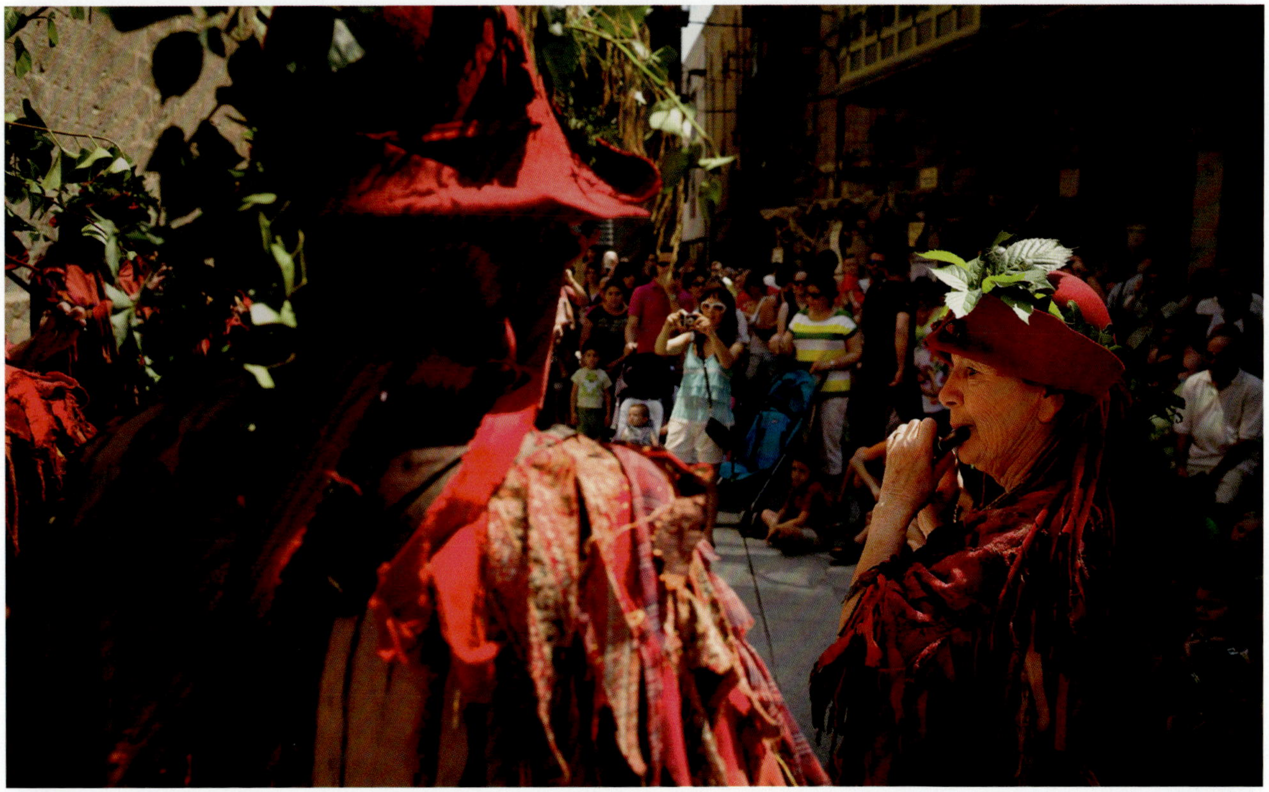

26_07_14 | AGUSTÍ CARBONELL.
A TORTOSA (BAIX EBRE),
A LES 11:34 H.

LA MÀQUINA DEL TEMPS. Tortosa rememora el període d'esplendor històrica del Renaixement al segle XVI, i els seus habitants són transportats a plena edat mitjana.

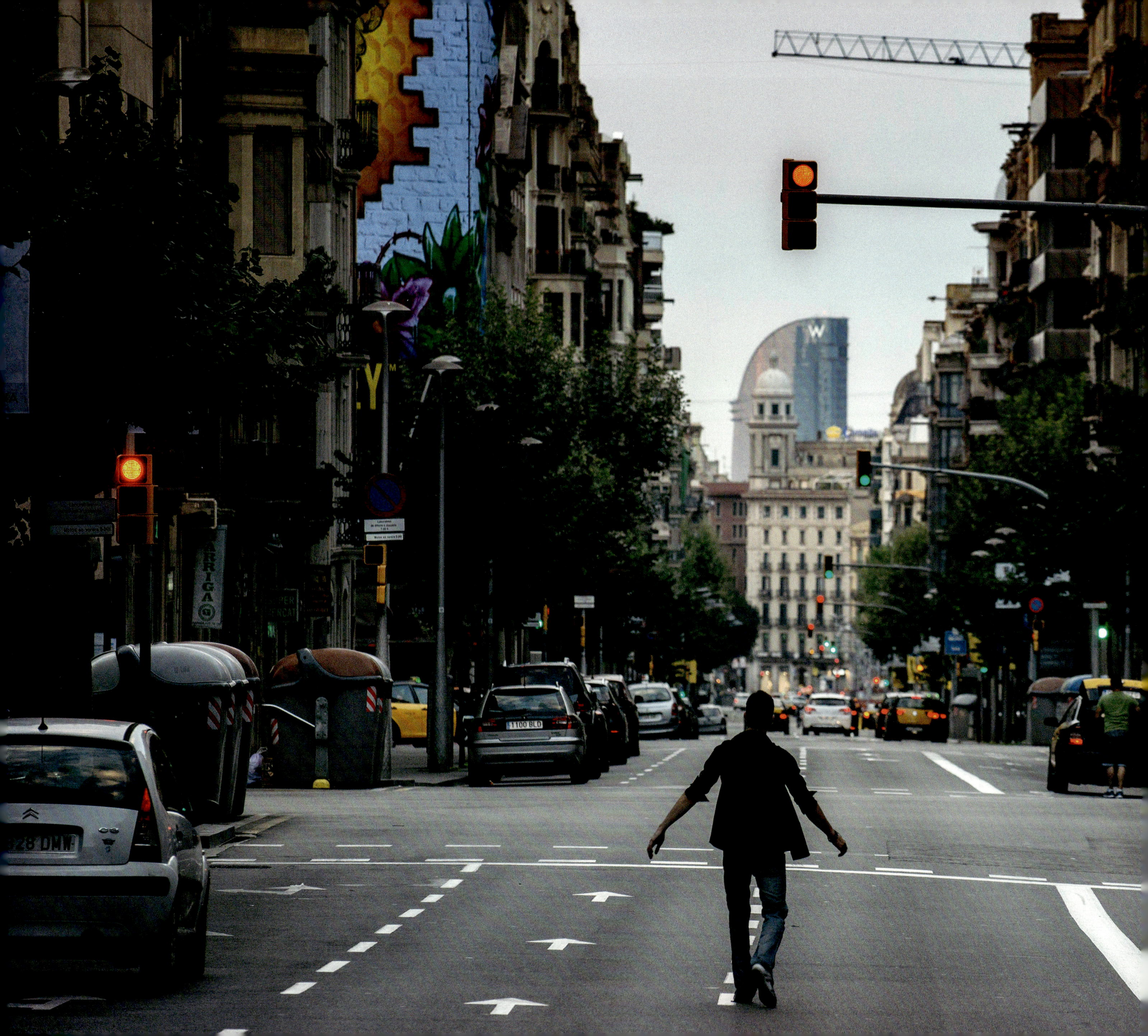
1100 BLD

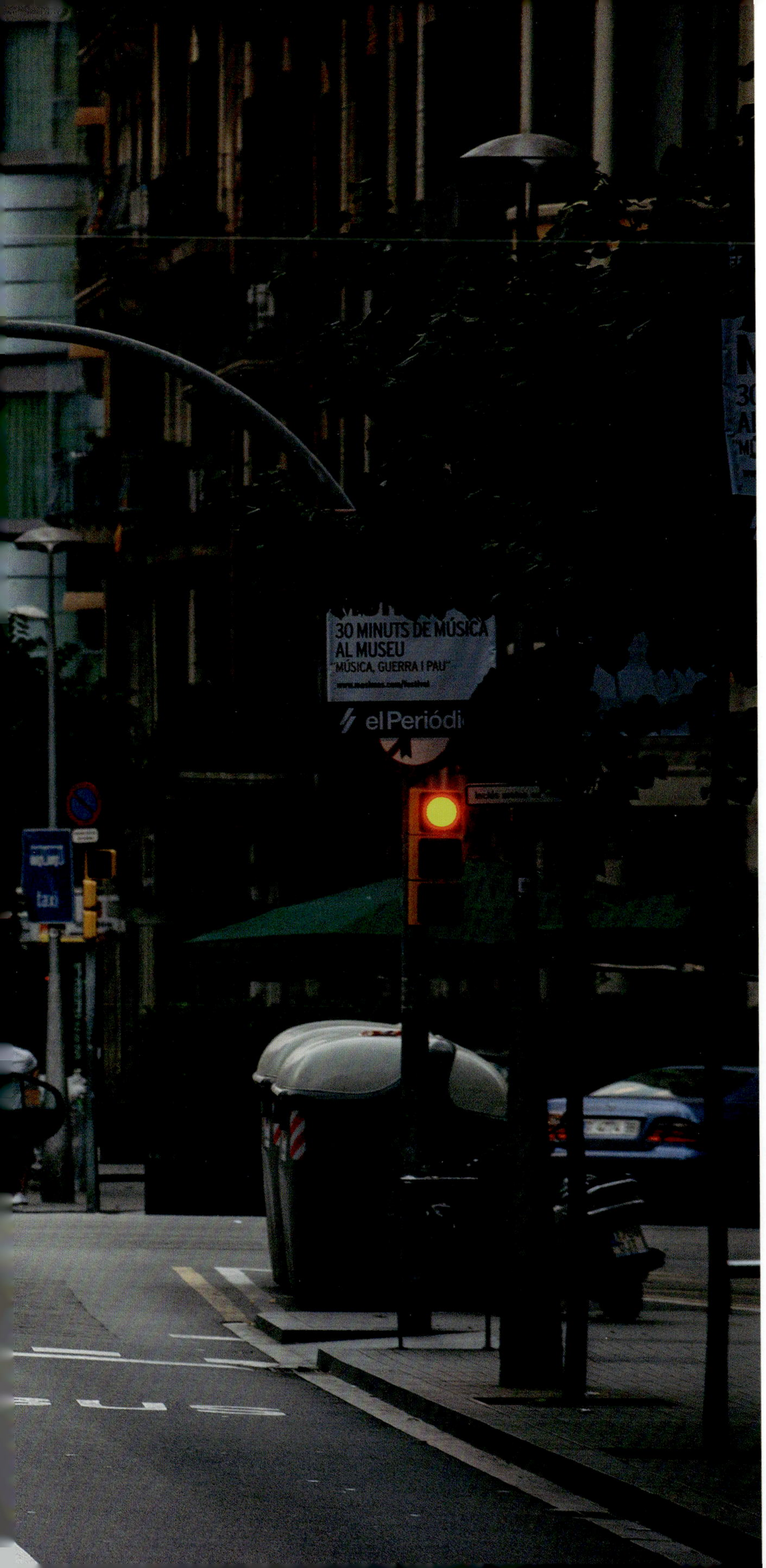

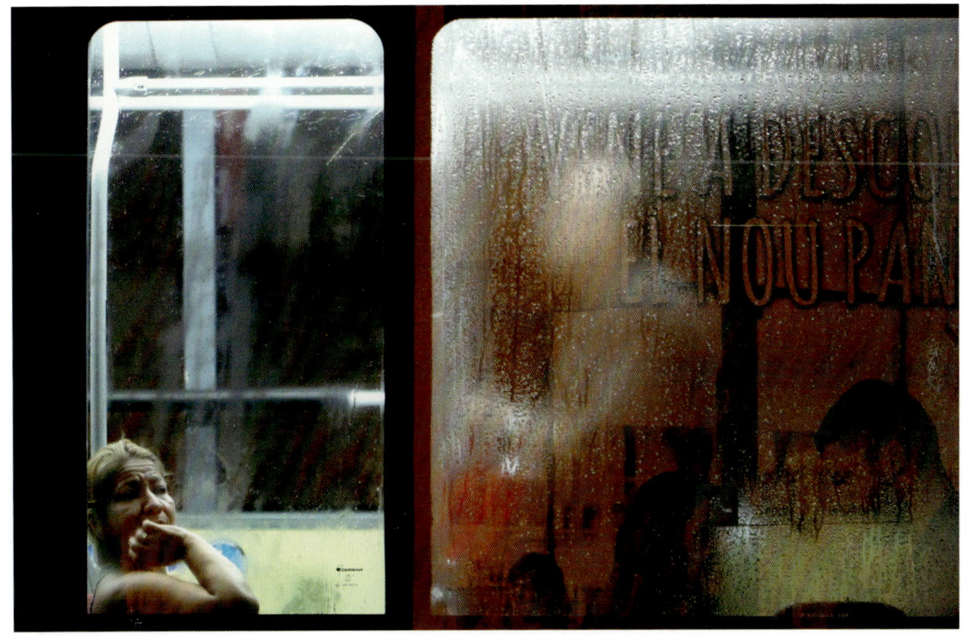

28_07_14 | **CONSUELO BAUTISTA.** A BARCELONA, A LES 20:54 H.

MOBILITAT. Barcelona continua confiant en la seva xarxa ortogonal d'autobusos, basada en una trama reticular (horitzontal i vertical) per garantir línies exprés.

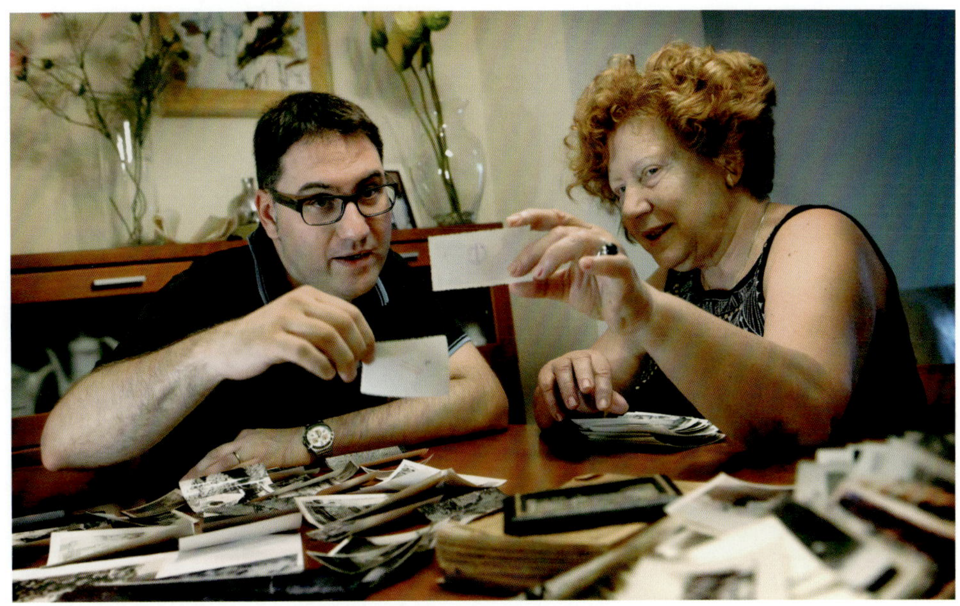

29_07_14 | **JORDI V. POU.** A LLEIDA, A LES 17:37 H.

COL·LECTIU. La ciutadania de Lleida col·labora amb l'arxiu municipal per a l'edició del llibre *L'Abans de Lleida*. L'Oriol visita cases com la de l'Anna a la recerca de fons.

‹ PÀG. 200

27_07_14 | VICENS GIMÉNEZ. A BARCELONA, A LES 07:02 H.

NIT DE FESTA. Un jove camina pel mig del carrer després d'una nit de festa. L'oferta nocturna de Barcelona la situa entre les preferides per a veïns i visitants.

30_07_14 | PERE PUNTÍ. A LA SEU D'URGELL (ALT URGELL), A LES 10:58 H.

ADRENALINA. Alumnes dels Escolapis de Badalona, de campament a Sant Joan de l'Erm, practiquen ràfting al Parc del Segre, instal·lació olímpica a Barcelona'92.

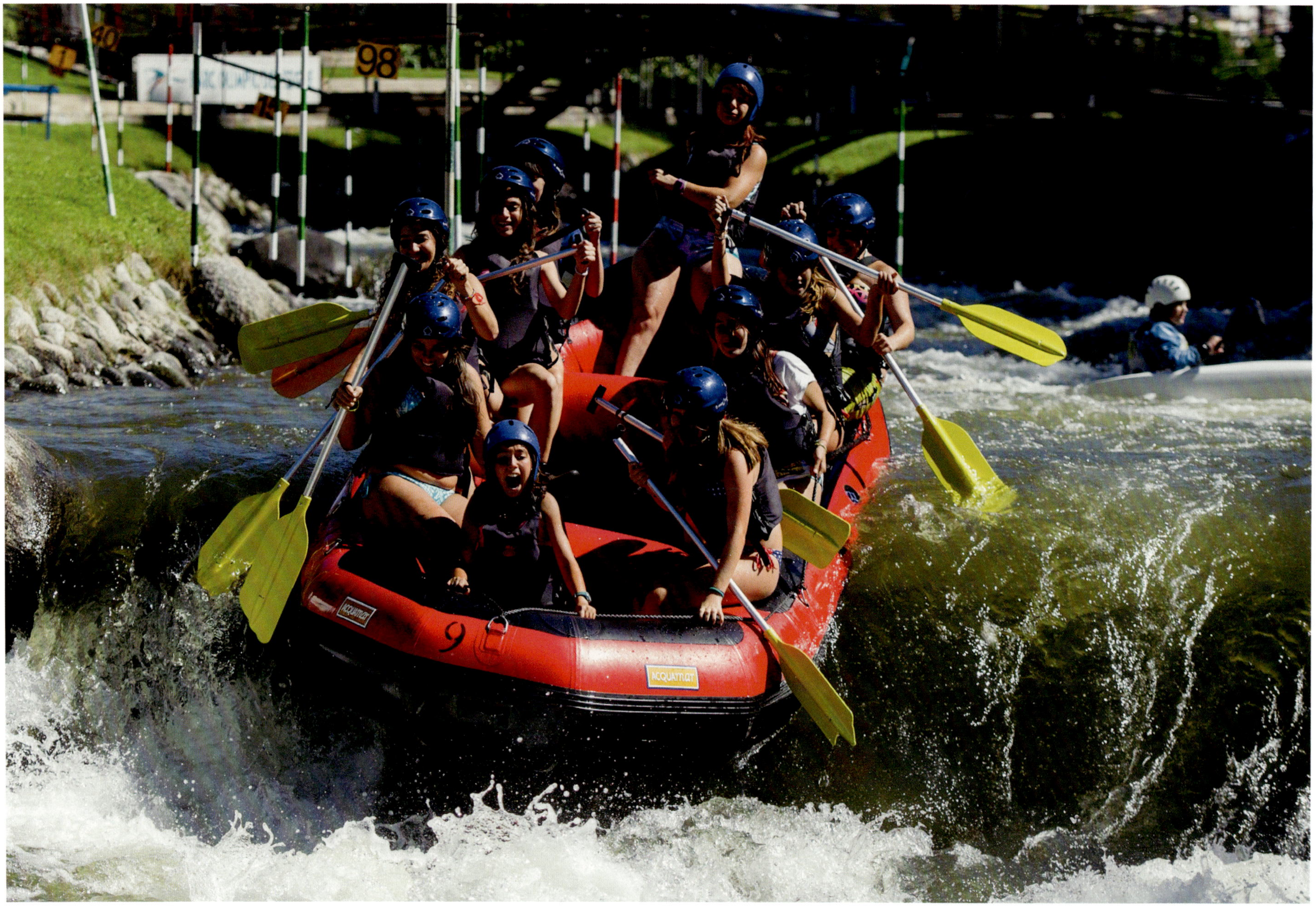

ÀLEX GARCIA. A BARCELONA, A LES 20:00 H. | 31_07_14

LA RAMBLA. Pel passeig més famós de Barcelona es pot veure tota mena de gent i de procedències. A partir d'ara no hi haurà més llicències per a nous bars ni hotels.

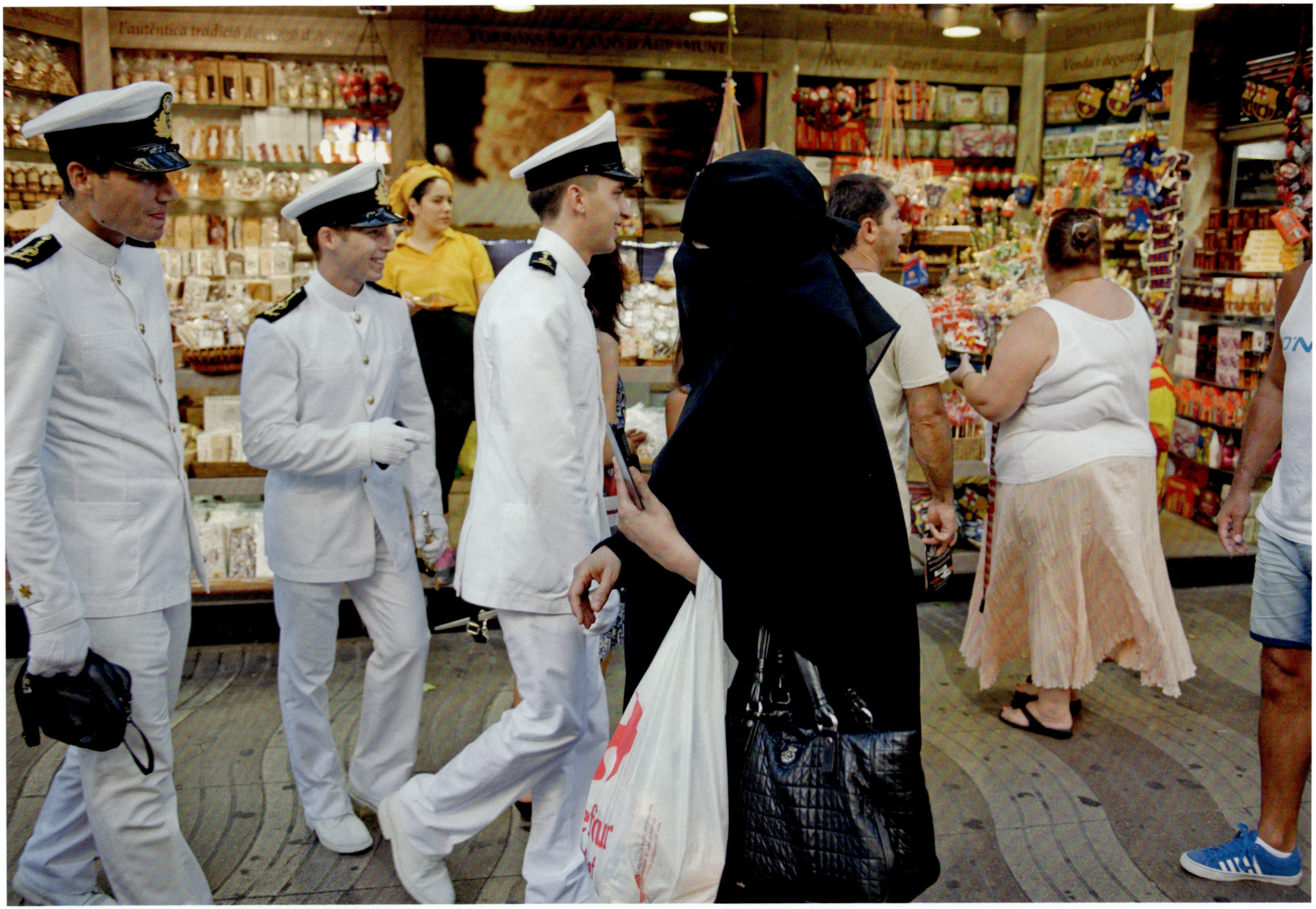

Carme Pinós
ARQUITECTA I URBANISTA

AGOST. Si alguna cosa reflecteix la societat en el seu temps, és la idea de l'espai públic que té i l'ús que en fa. La relació de l'espai privat amb el públic és el que realment configura la ciutat. Cada època ha tingut clar el seu model: la ciutat medieval, la ciutat barroca, la ciutat burgesa del XIX...

Avui, amb el triomf de l'individualisme i el narcisisme que ens porta al consum desmesurat, la idea de l'espai públic s'ha deteriorat i ha donat lloc a espais de mobilitat, però no de relació ciutadana.

Tanmateix, Barcelona ha fet un gran esforç per recuperar el sentit de l'espai públic i potenciar les possibilitats de la seva fantàstica ubicació. L'avantatge de Barcelona és que té una geografia que marca amb claredat els seus límits i que, per tant, no és difícil pensar-la en la seva globalitat. En aquest sentit, s'ha situat com a pionera de la recerca d'una idea de ciutat contemporània, i ha potenciat sobretot els espais lúdics que aquesta privilegiada situació brinda.

Les intervencions d'acupuntura al llarg de tot el seu territori han anat cosint la ciutat, recuperant la unitat tan fàcil de detectar a les velles ciutats i que la nostra contemporaneïtat, amb els ràpids creixements controlats només per l'especulació, ha dispersat.

El problema és el perill que aquesta idea de ciutat sigui pensada més per ser venuda i consumida pel turisme que per a la veritable convivència de la ciutadania i el seu desenvolupament cultural.

JORDI COTRINA. A BEGUR (BAIX EMPORDÀ), A LES 06:57 H. | 01_08_14

VACANCES PER A ALGUNS. Ramon, quarta generació de pescadors, surt a pescar quan molts comencen avui vacances. Pesca pel mètode artesà del tresmall.

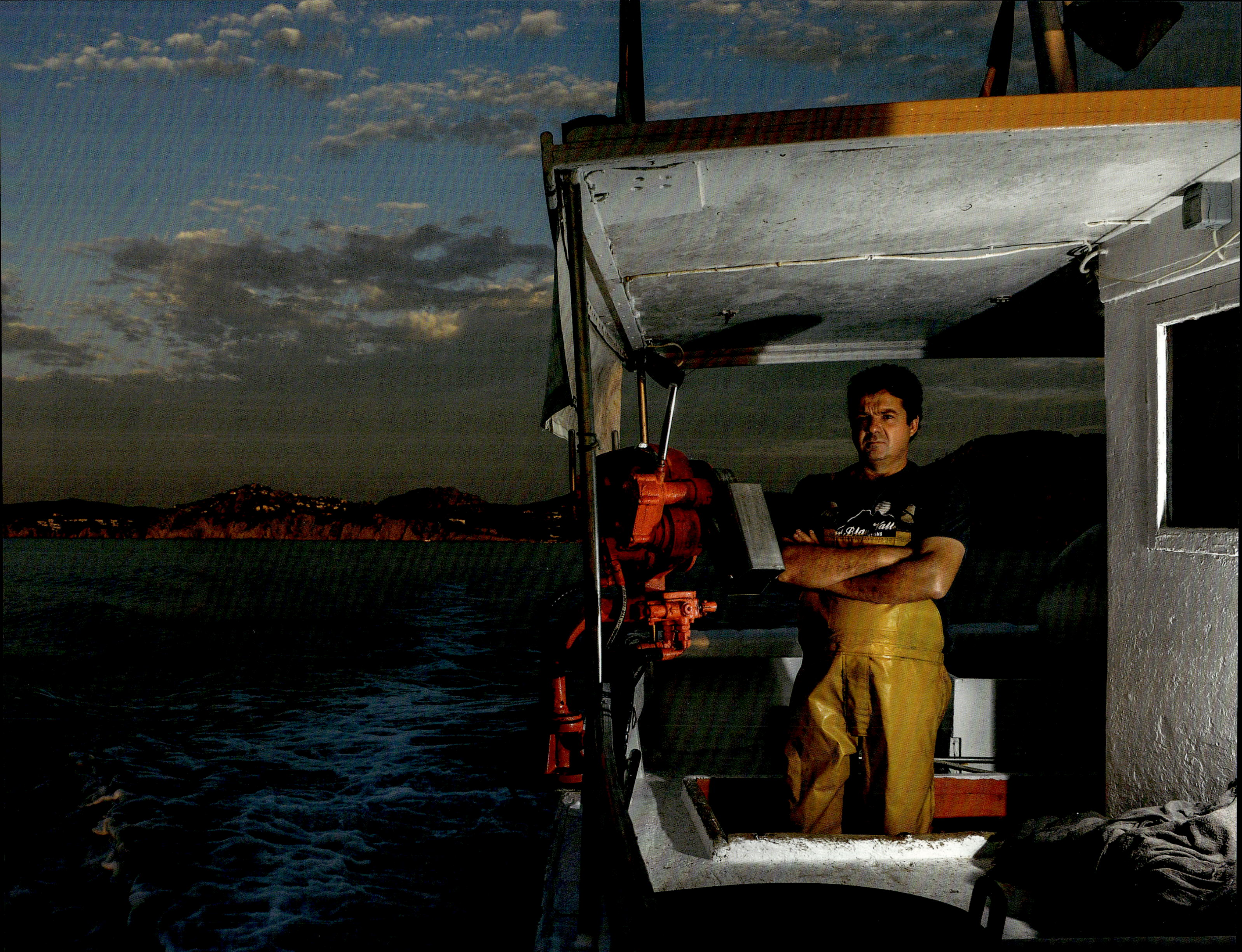

02_08_14 | **AGUSTÍ CARBONELL.** A MONTSANT (PRIORAT), A LES 10:58 H.

PARADÍS. Siurana, al Parc Natural del Montsant, és un lloc de pelegrinatge d'escaladors d'arreu del món, amb multitud de vies obertes per a la pràctica d'aquest esport.

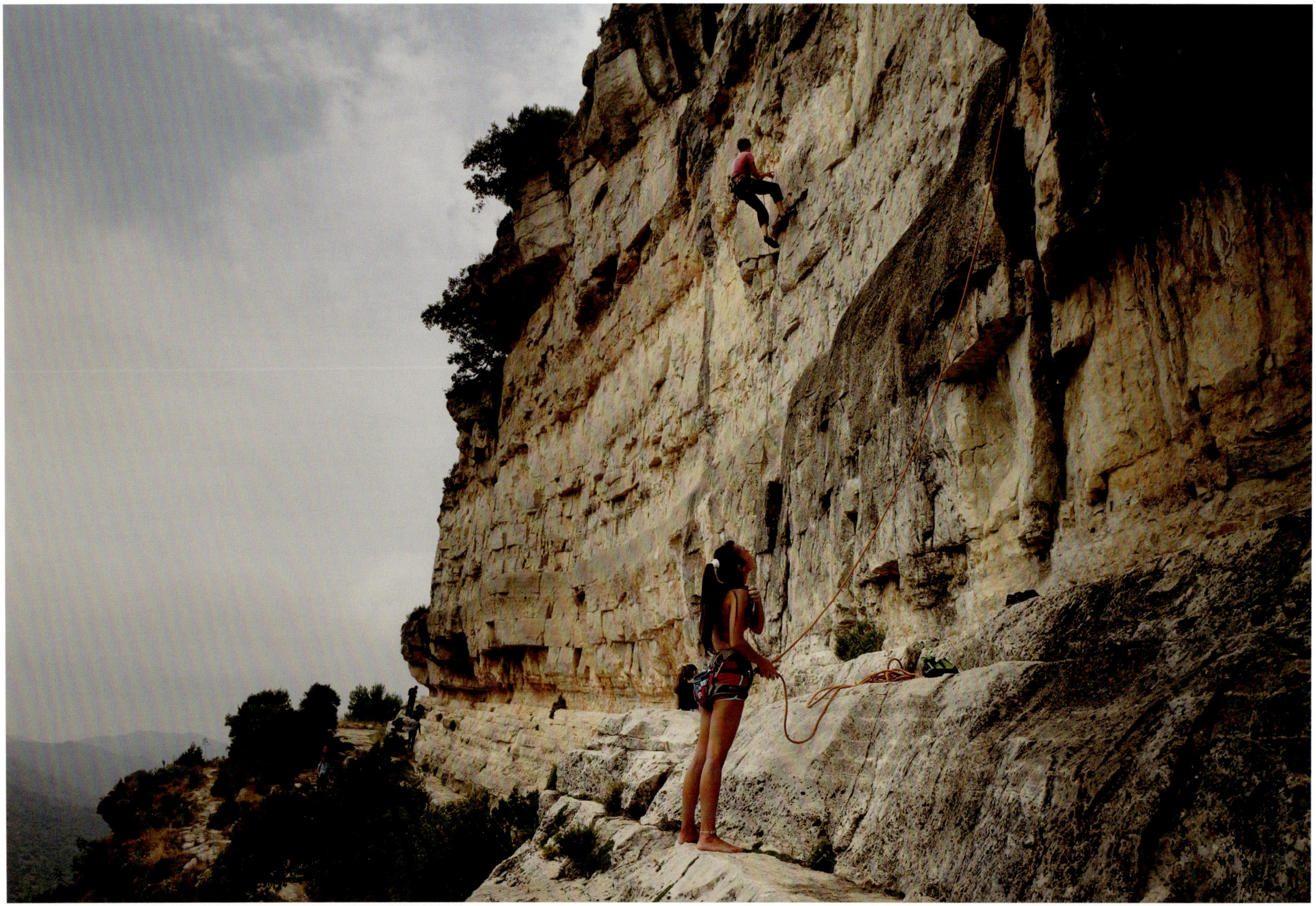

SANTI COGOLLUDO. A BARCELONA, A LES 13:08 H. | 03_08_14

MUSEUS. El primer diumenge de mes, l'entrada als museus de Barcelona és gratuïta. Al MNAC, la sala del Pantocràtor és la secció estrella del recinte de Montjuïc.

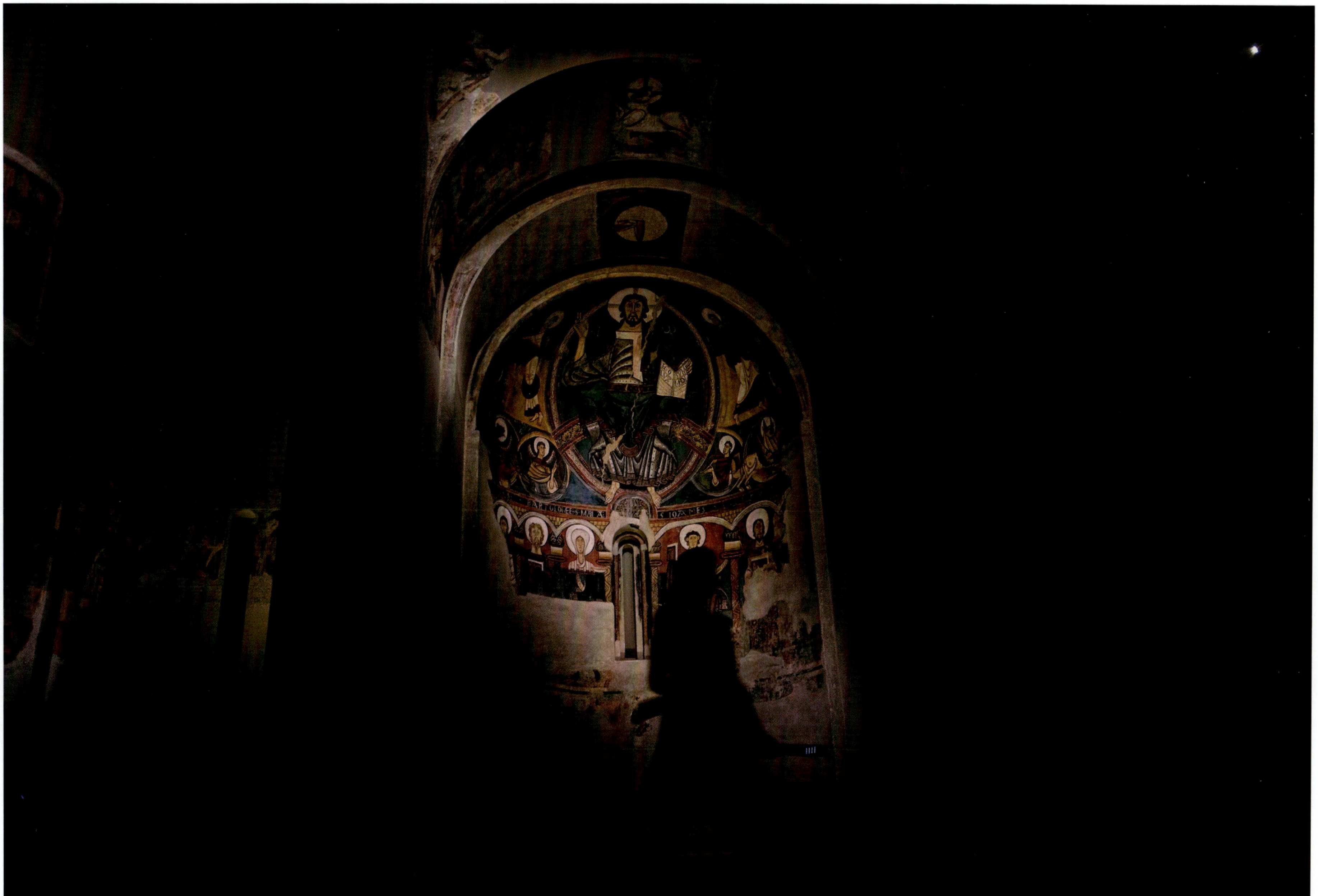

04_08_14 | FRANCESC MELCION. A BARCELONA, A LES 17:00 H.

JOCS DE CARRER. Un nen juga amb una baldufa al costat del Mercat Municipal de Sant Antoni, una moda que torna a adquirir fama entre els més petits.

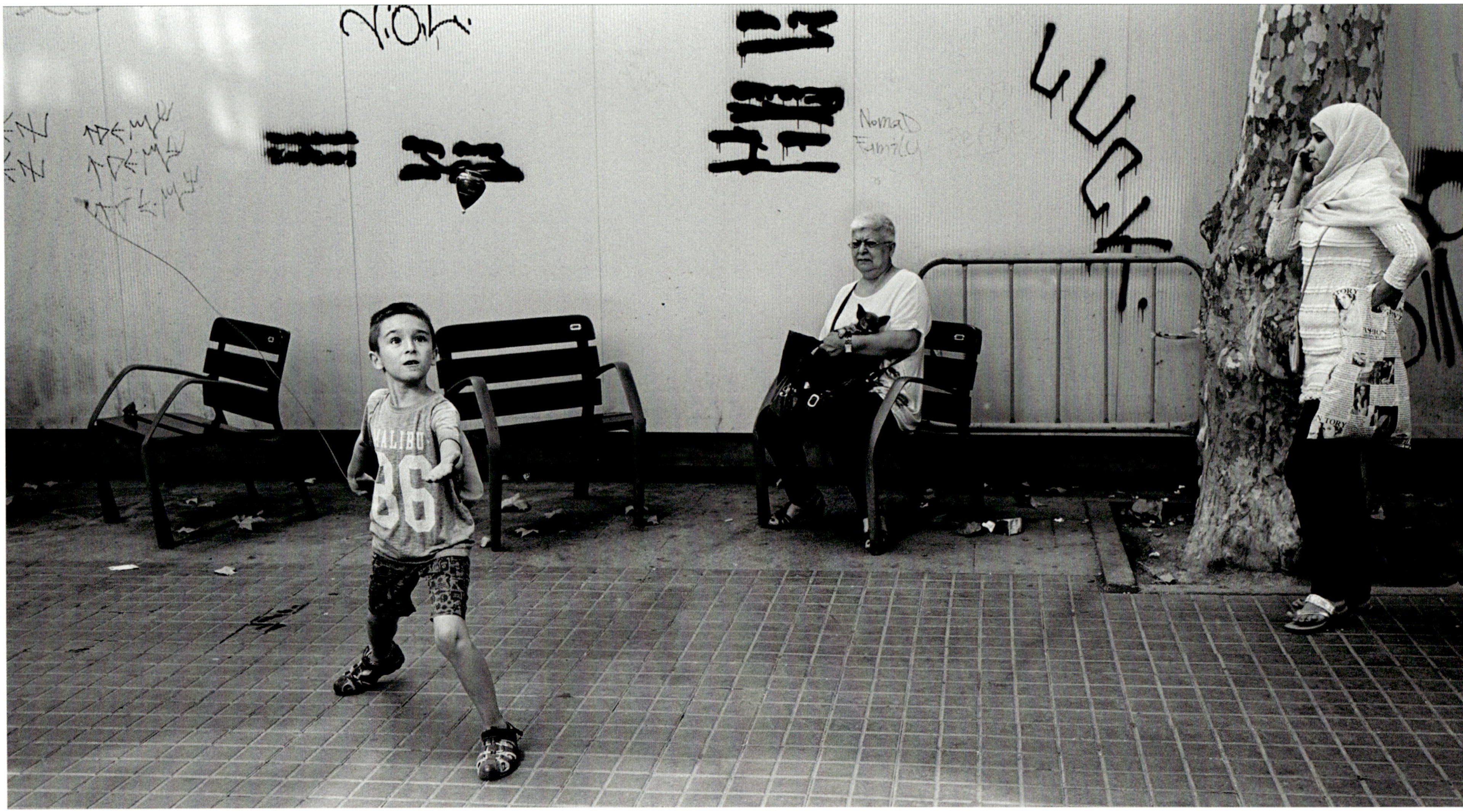

ESPORTS EXTREMS. Arcadi Gabarró creua amb BTT el pantà de Susqueda, just per on passa la Tracks de la Tramun, de 185 km i 6.000 m de desnivell acumulat.

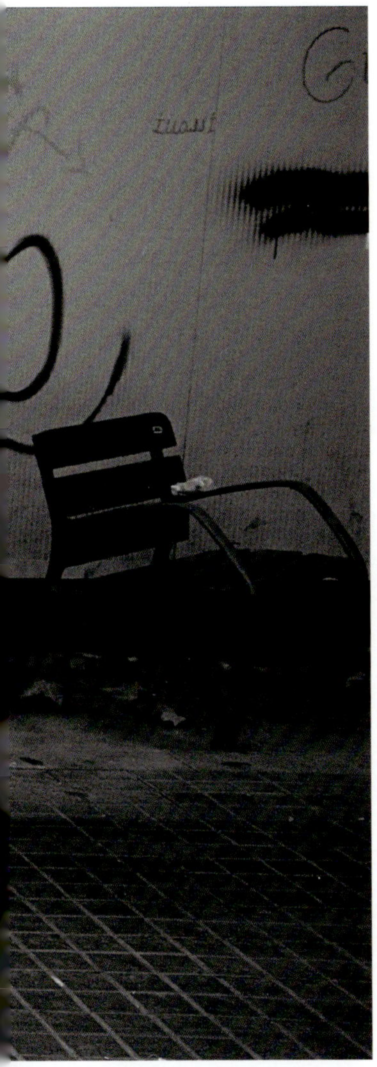

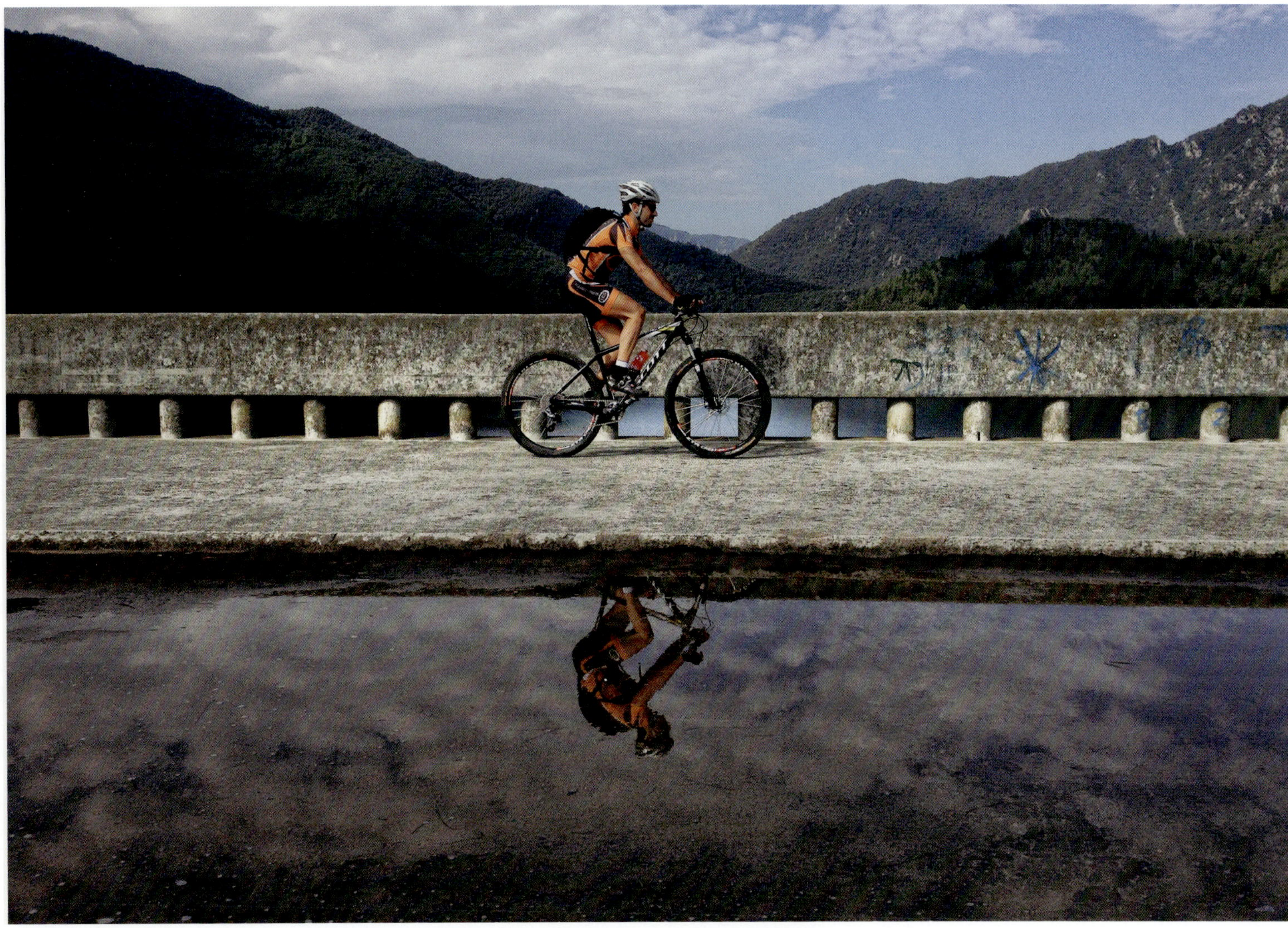

06_08_14 | QUIQUE GARCÍA.
A TALARN (PALLARS JUSSÀ), A LES 13:29 H.

PROHIBICIÓ PER ALT. Tanca publicitària en desús de l'antiga Caixa de Barcelona a la carretera de Talarn a la Pobla de Segur, ja prohibides per la legislació des de 2008.

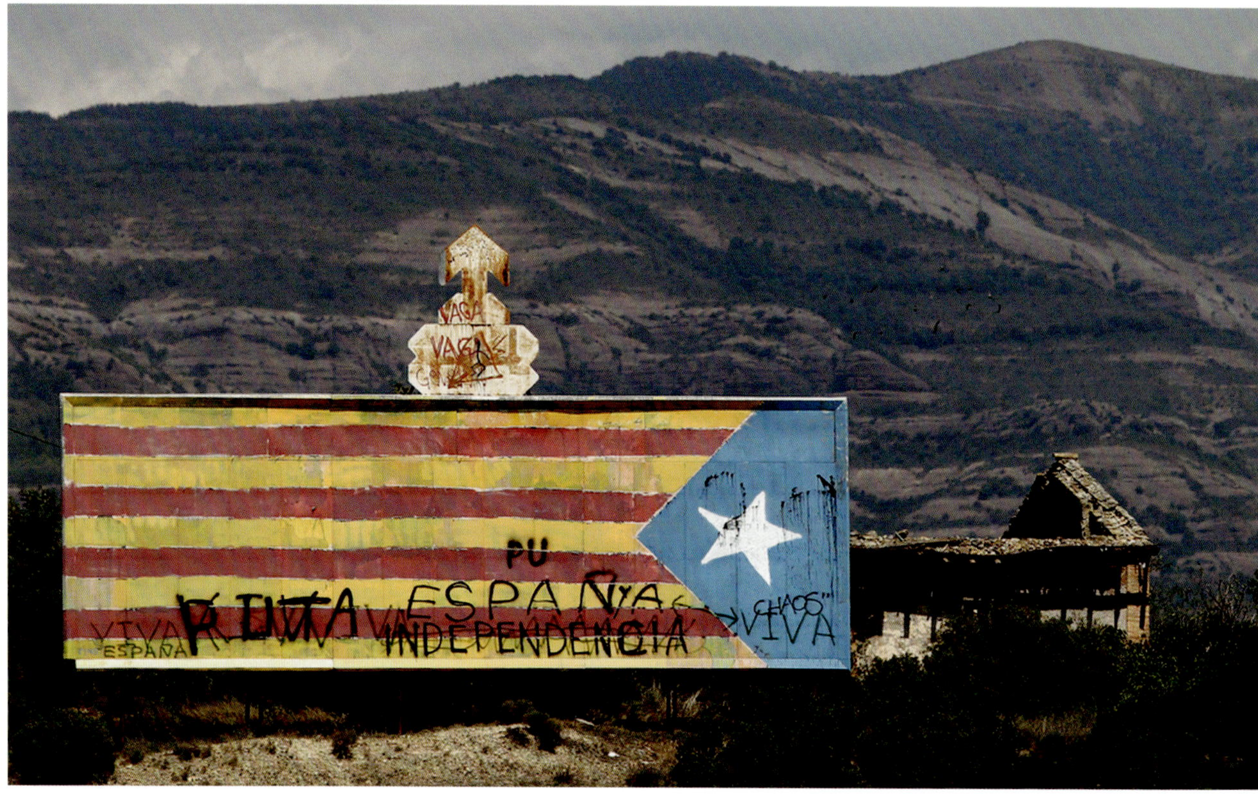

07_08_14 | ALBERT BERTRAN.
A MANRESA (BAGES), A LES 18:36 H.

LA MORENETA PUBILLA. La manresana Aida Thiam, de 14 anys, és la nova pubilla 2014-2015 del barri Cots, Guix i Pujada Roja de la capital del Bages.

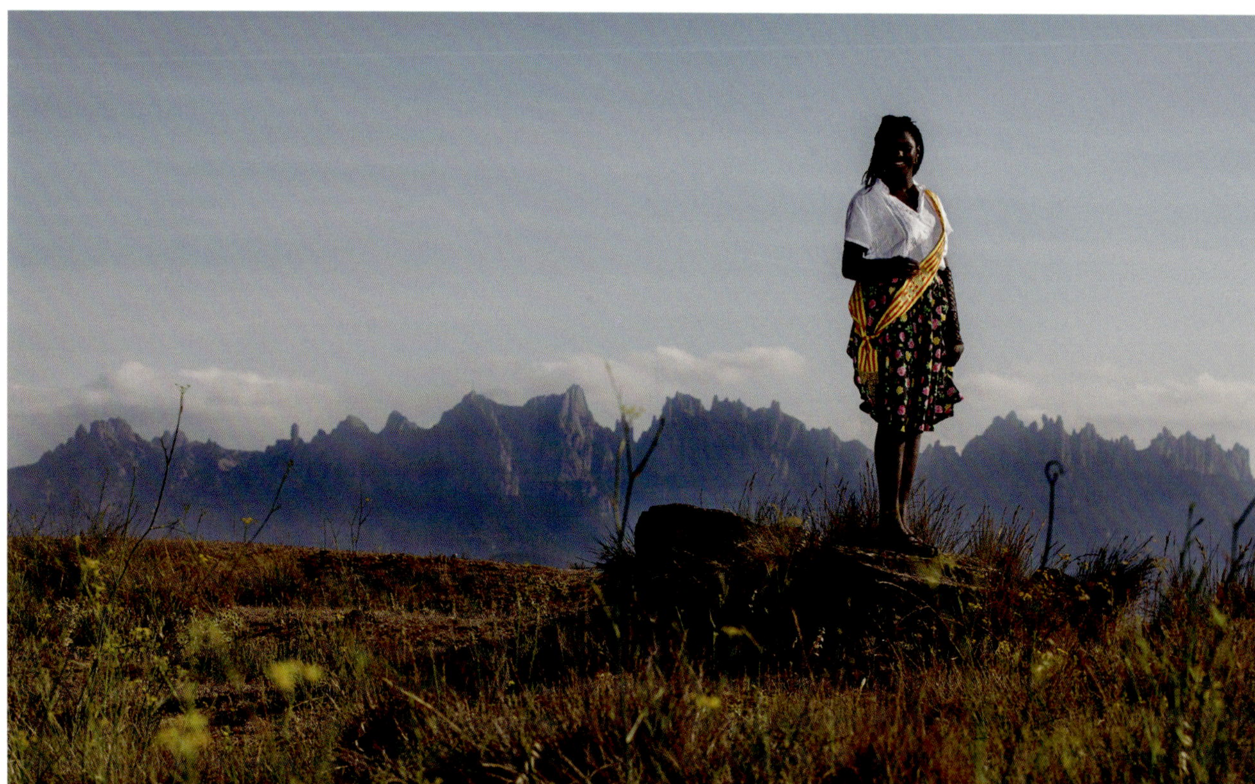

CONNEXIÓ. Segona edició de la Lan Party de Tàrrega, la Targalan, amb més d'un centenar d'inscrits. El 75,5% dels catalans fa alguna activitat amb l'ordinador.

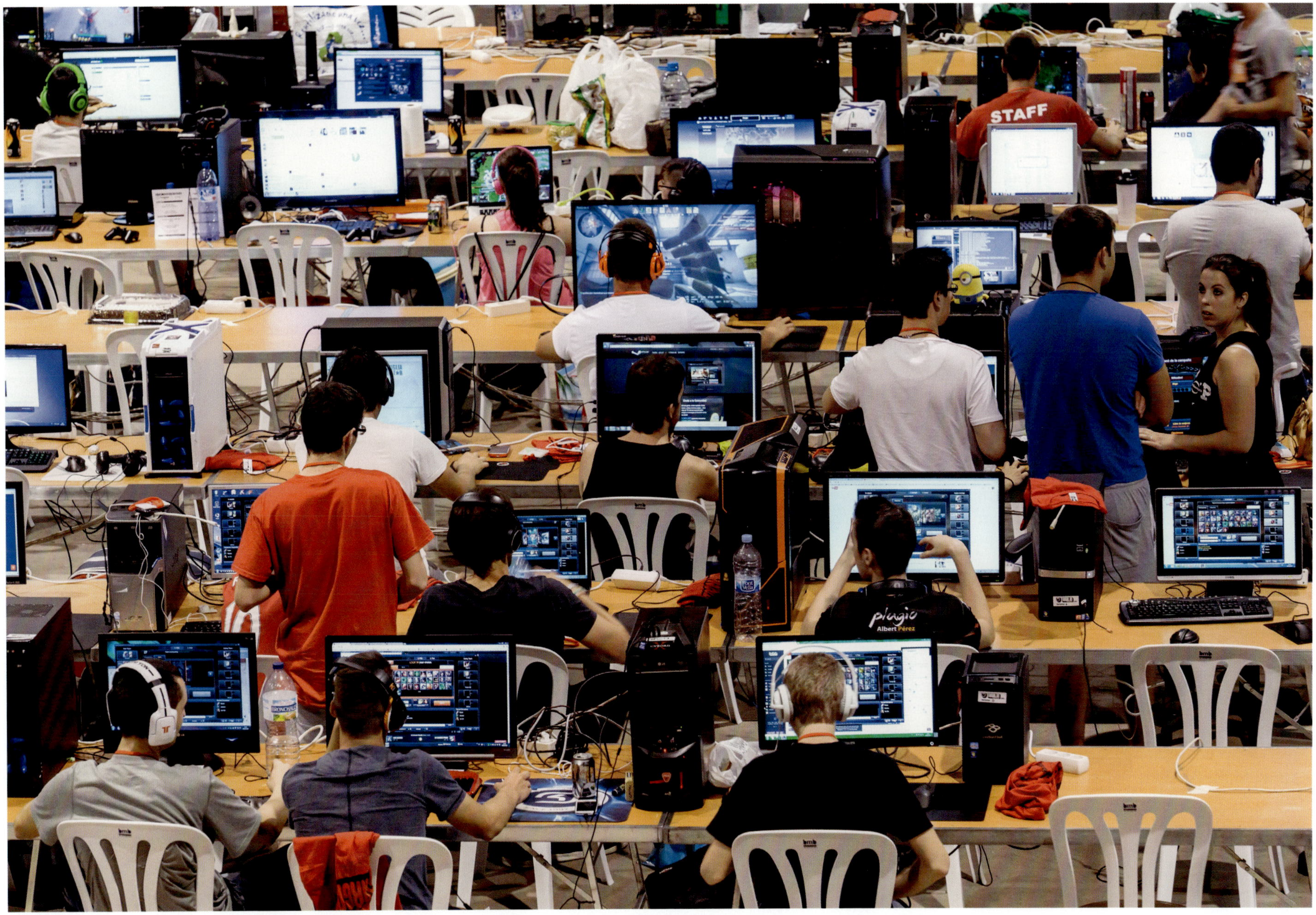

09_08_14 | JULIO CARBÓ.
A SANT JOAN DE VILATORRADA (BAGES), A LES 11:29 H.

PRESONS. Jordi Samper (28 anys), intern al Centre Penitenciari Lledoners, un dels 15 que hi ha a Catalunya, abraça la seva parella, W. N. (23 anys), a la sala de comunicació familiar.

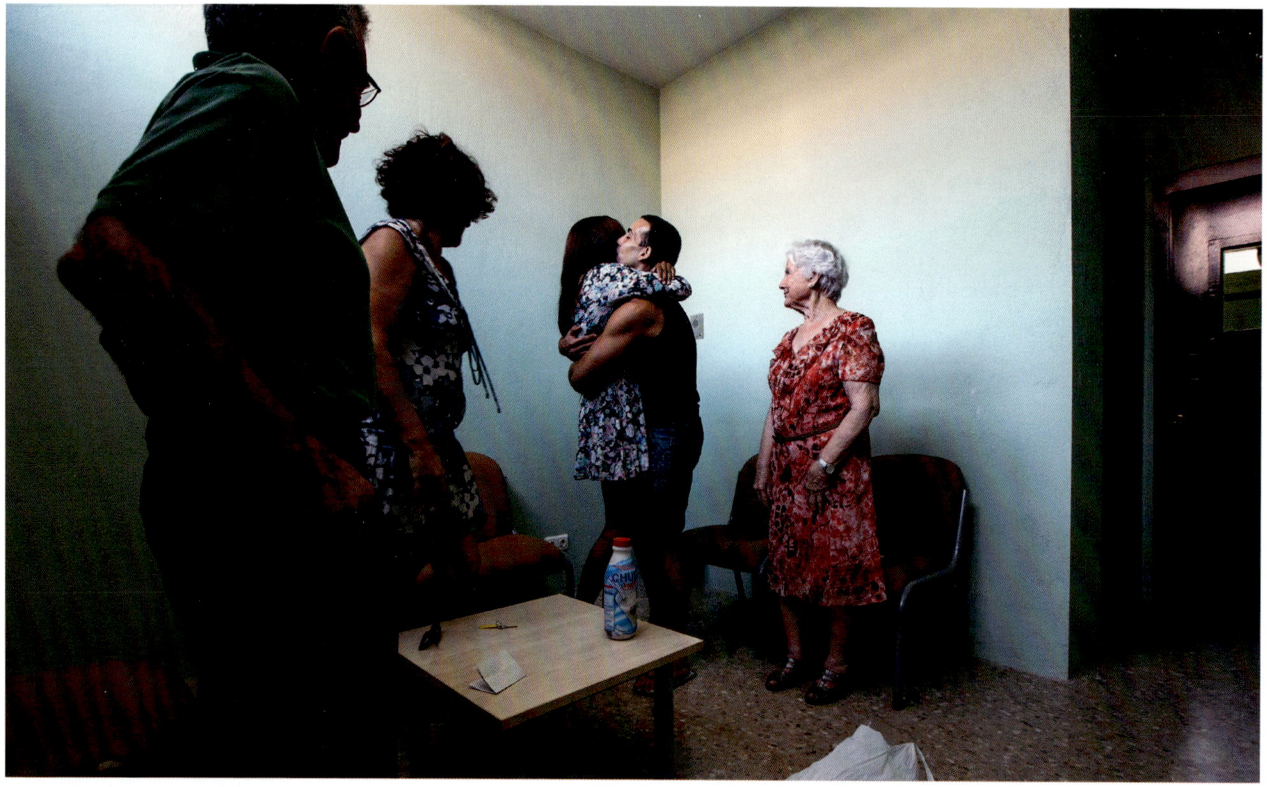

10_08_14 | LAURA GUERRERO.
A CALLÚS (BAGES), A LES 10:08 H.

COMIATS. La Isabel explica a l'Ian, el menor dels seus quatre fills, que ha de marxar per uns dies a acompanyar la seva amiga Maite durant les seves últimes hores.

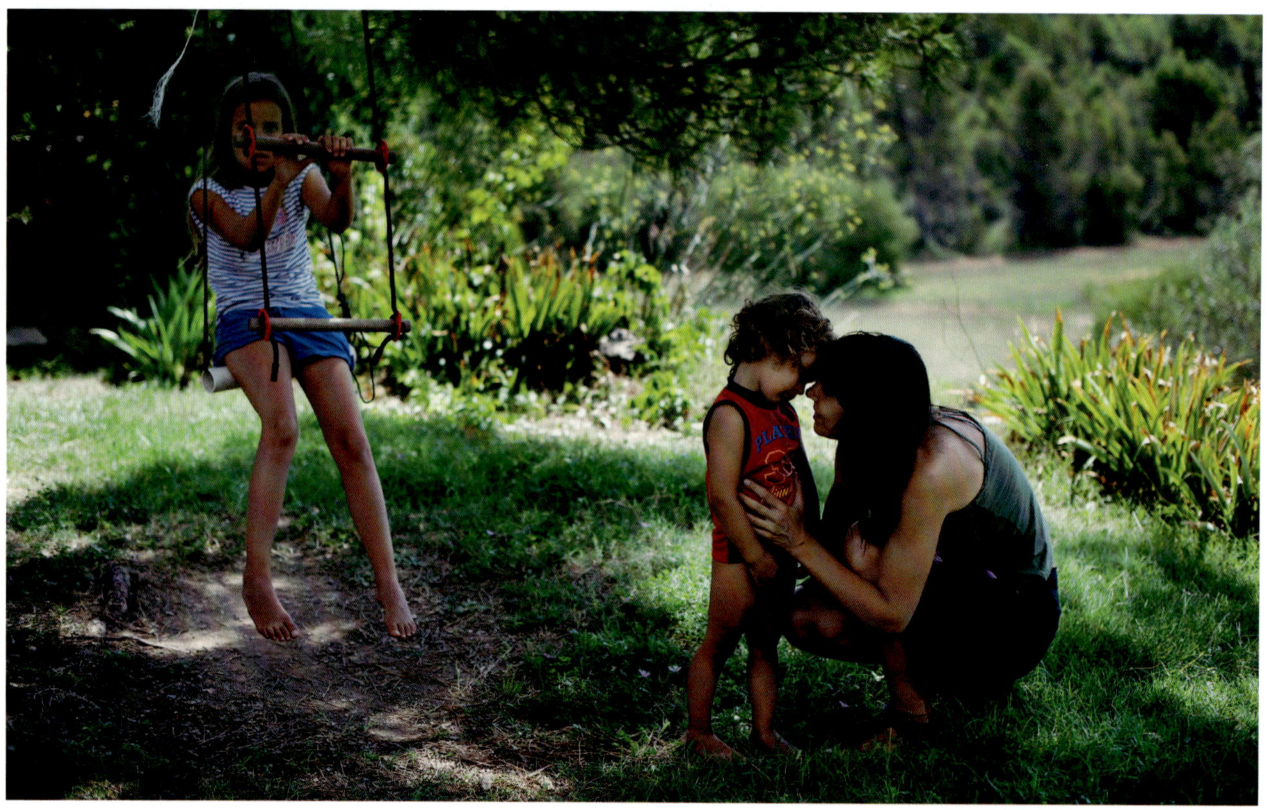

11_08_14 | DAVID AIROB. A BARCELONA, A LES 11:22 H.

ORGULL GAI. La festa atreu 250.000 persones que es gasten 20 milions d'euros a la ciutat. Alguns dels participants aprofiten per relaxar-se a la terrassa d'un hotel.

PÀG. 215 >

14_08_14 | MARCEL·LÍ SÀENZ. A OLVAN (BERGUEDÀ), A LES 12:48 H.

FOC. Un forestal fa la ronda. 212 persones i 106 vehicles despleguen el dispositiu del Pla d'informació i vigilància contra incendis forestals de la Diputació de Barcelona.

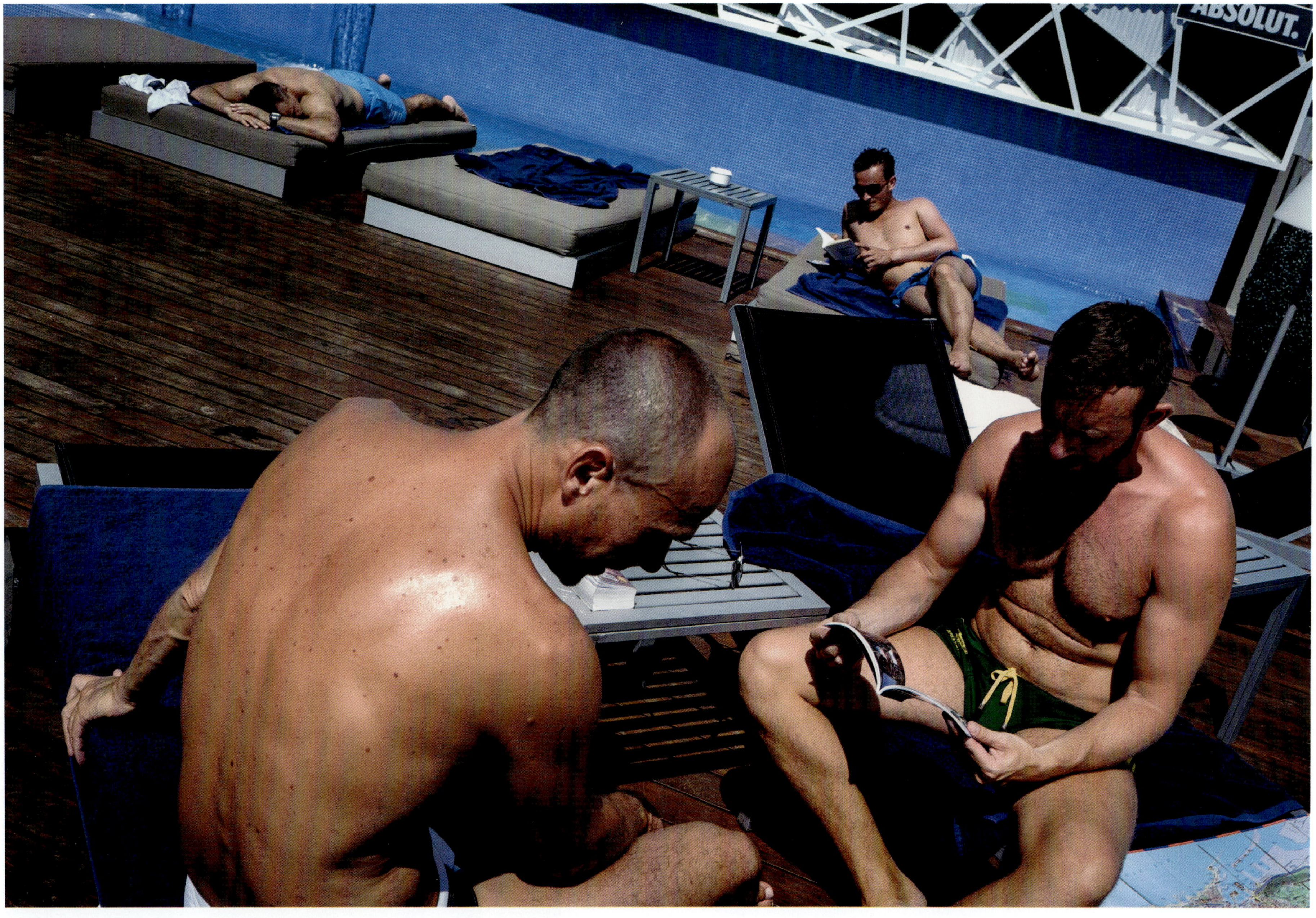

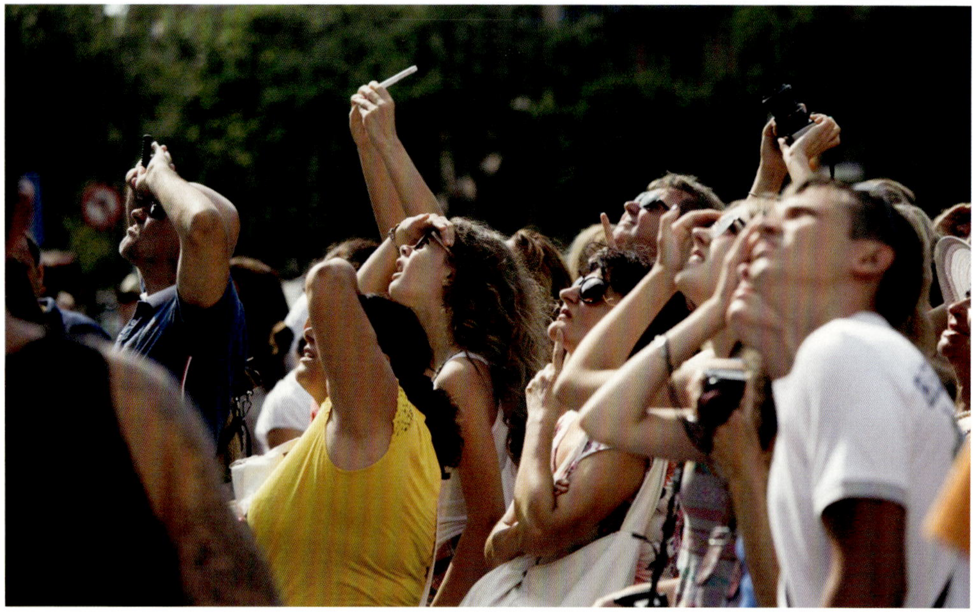

12_08_14 | **ANA JIMÉNEZ.** A BARCELONA, A LES 11:00 H.

107 METRES. Turistes davant de la façana de la Nativitat de la Sagrada Família miren cap amunt per apreciar l'altura de les torres, el seu element arquitectònic principal.

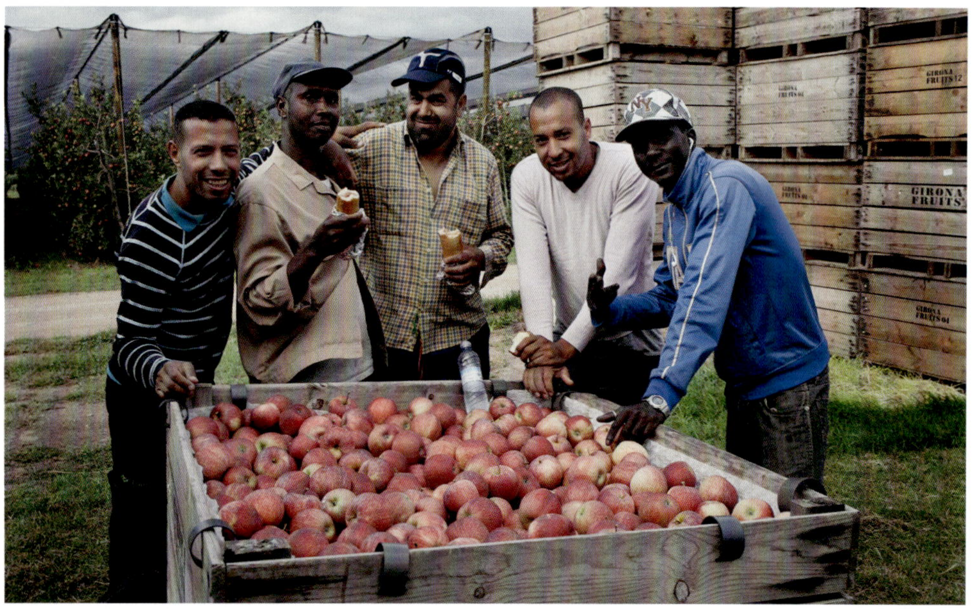

13_08_14 | **ALBERT MASIAS.** A TORROELLA DE MONTGRÍ (BAIX EMPORDÀ), A LES 09:15 H.

CAMPANYA. Temporers a la recollida de la fruita fan una pausa per esmorzar. Aquest any s'han recollit 90.000 tones de pomes gironines en jornades de nou hores.

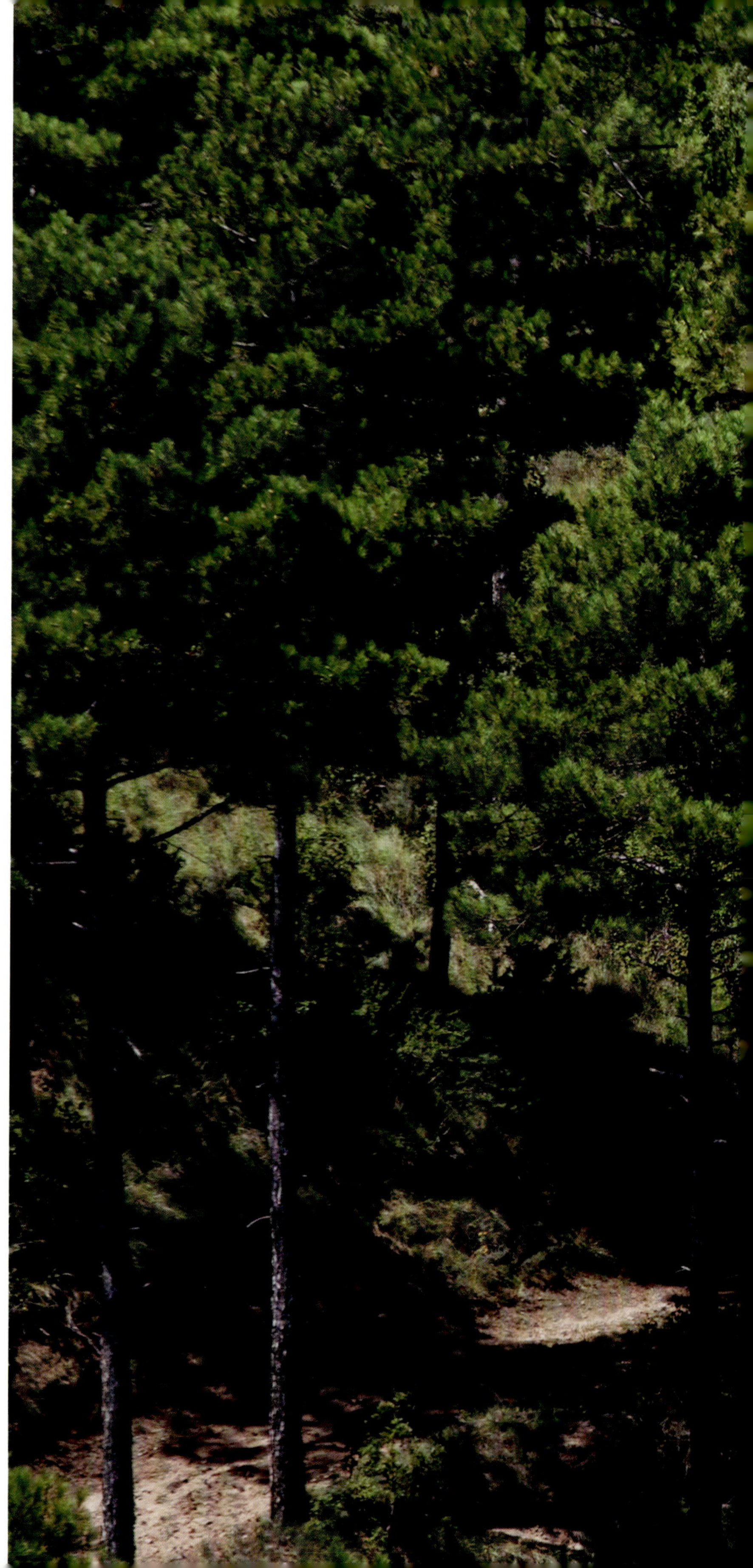

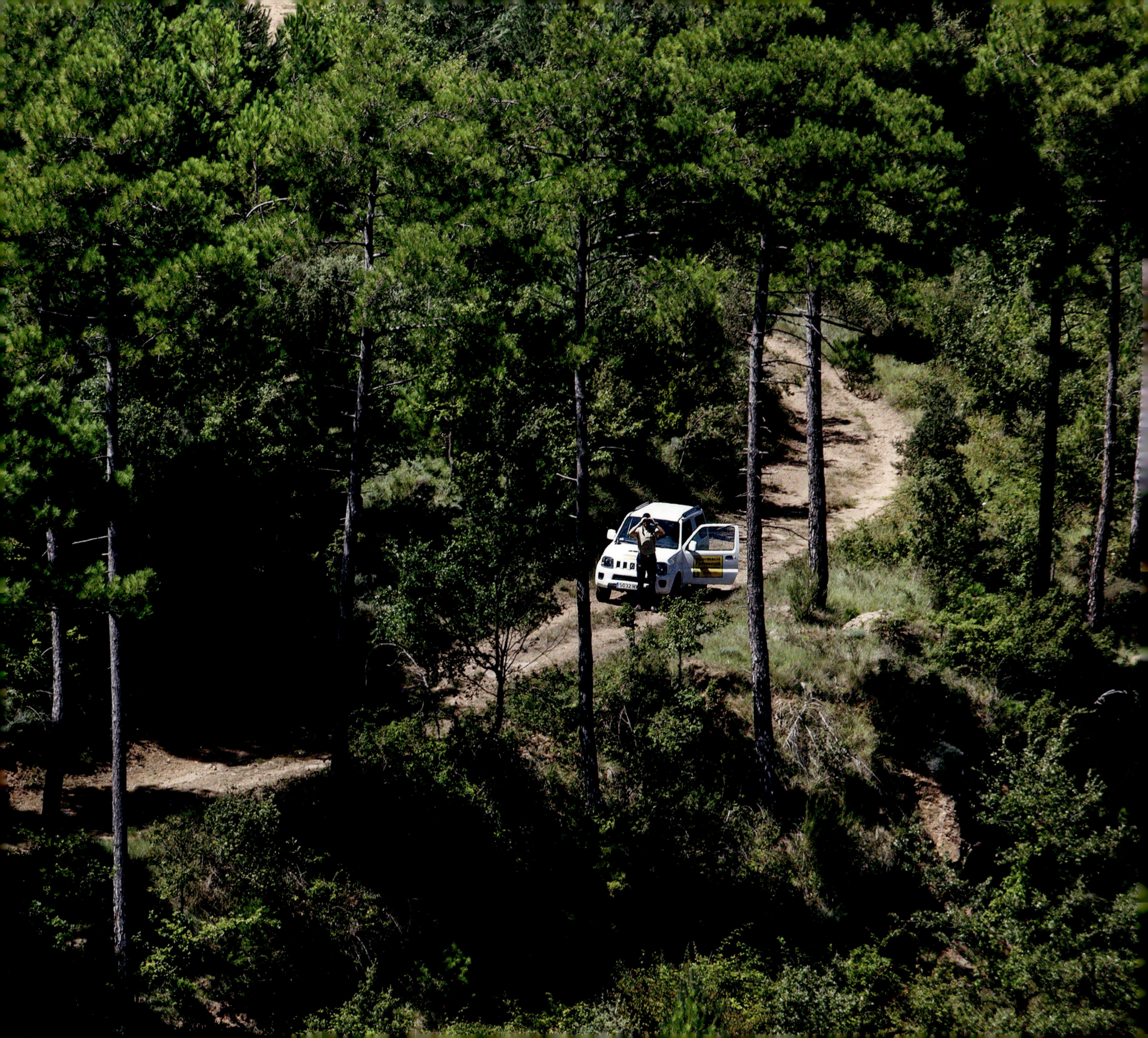

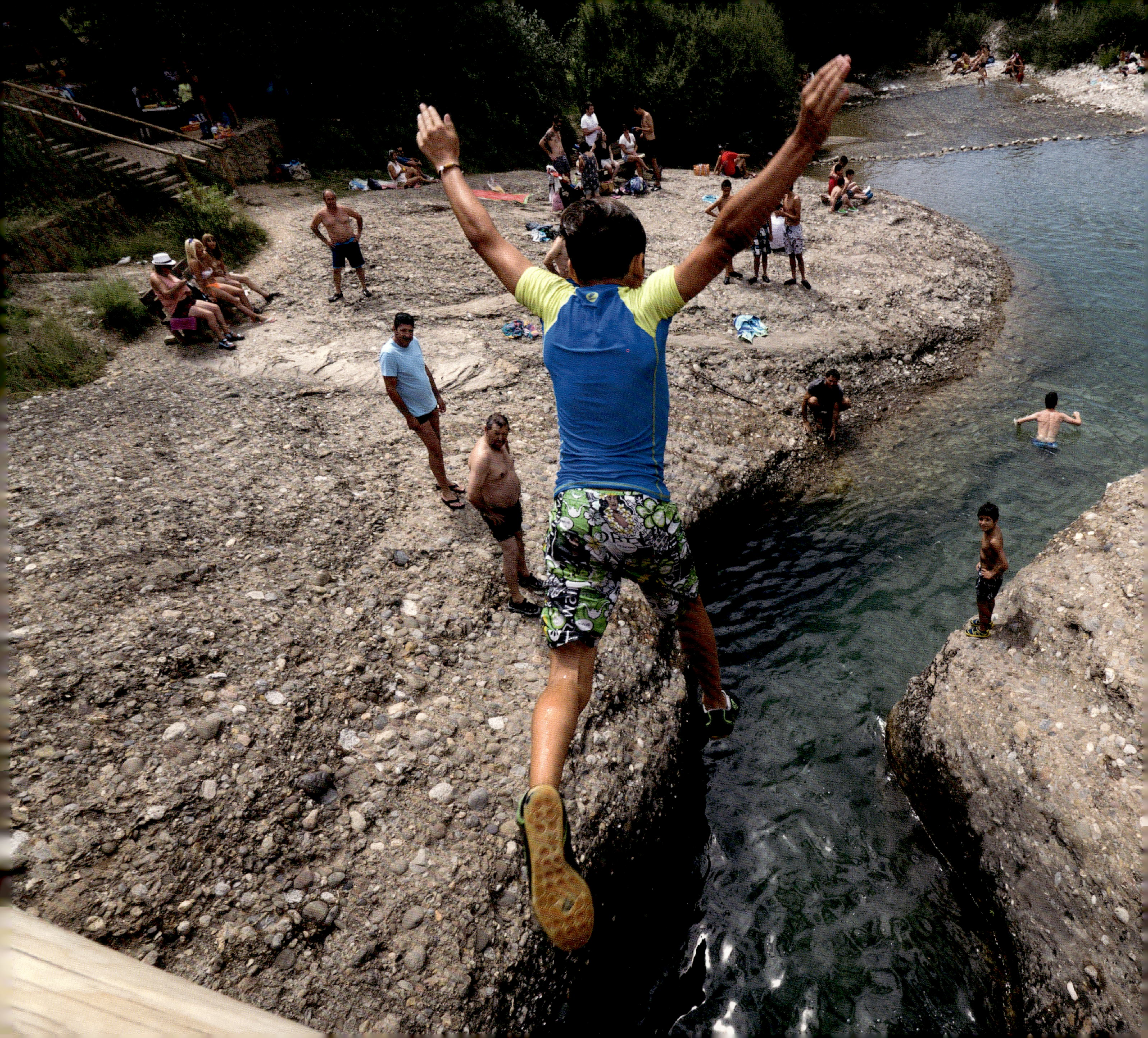

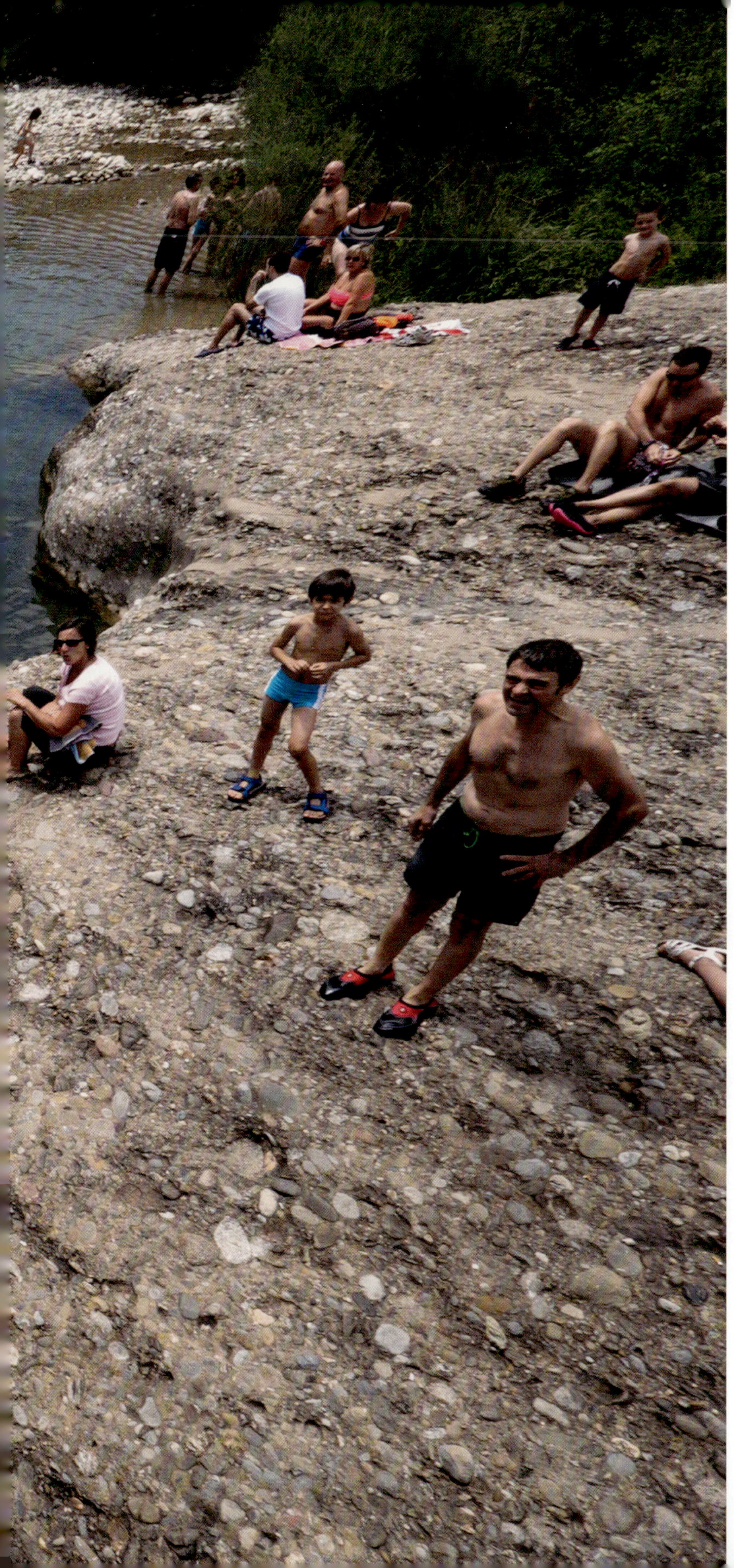

15_08_14 | CRISTINA CALDERER. A LLADURS (SOLSONÈS), A LES 13:23 H.

PLE ESTIU. Un nen es llança des del pont del Clop al riu de la Ribera Salada a Lladurs, el dia de la Mare de Déu d'Agost, al bell mig de l'estiu, i data de festes a molts pobles coincidint antigament amb la fi de la sega als camps.

Deixa que la **Cristina** t'expliqui la seva foto.

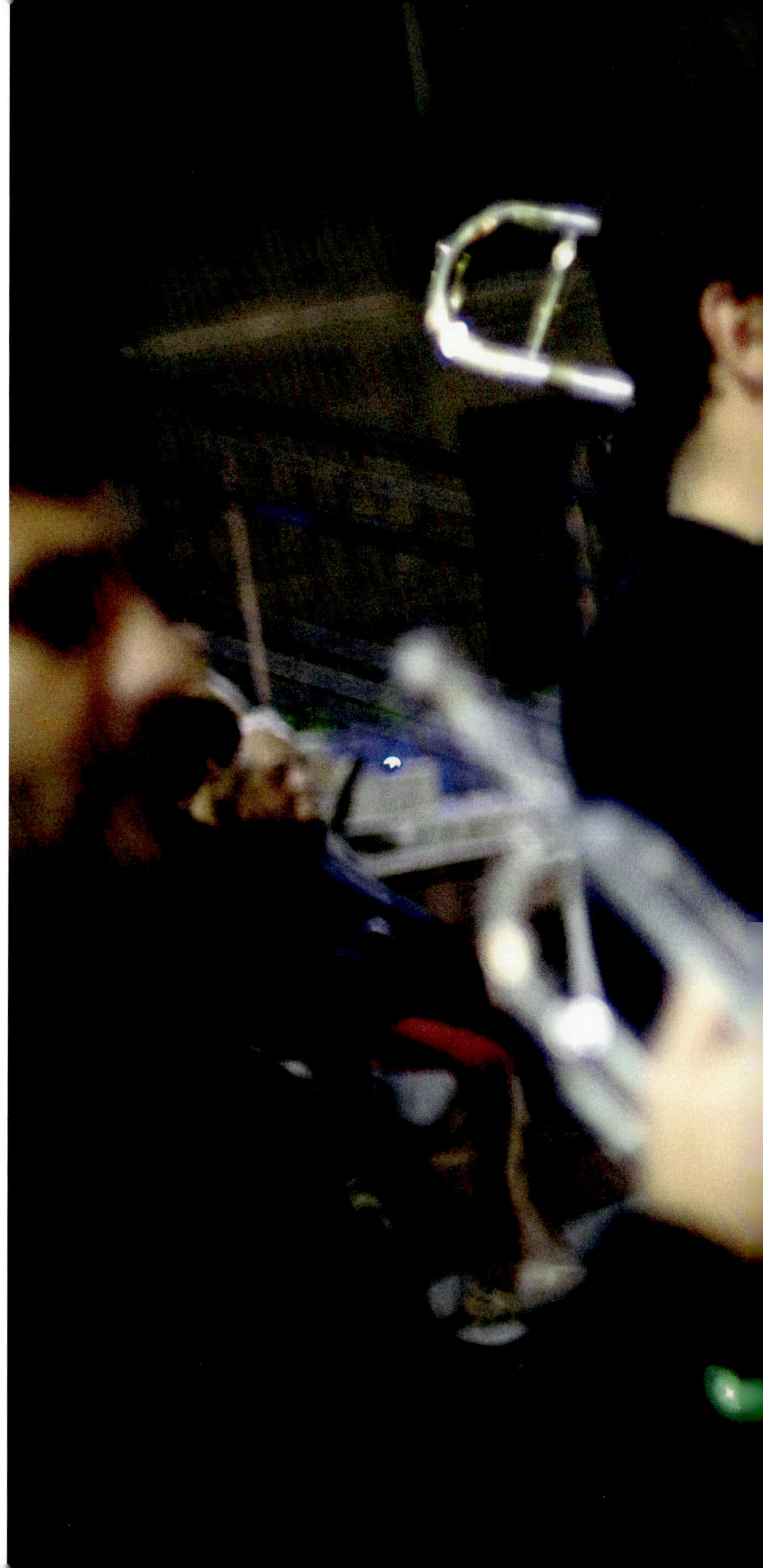

16_08_14 | PERE TORDERA. A MANLLEU (OSONA), A LES 21:32 H.

SOM I SEREM. La cobla Lluïsos de Taradell va néixer el 1876 i és la més antiga de Catalunya. Creu de Sant Jordi 1986, acompanya les ballades de sardanes arreu del territori. Les cobles són agrupacions autòctones catalanes.

Deixa que el Pere t'expliqui la seva foto.

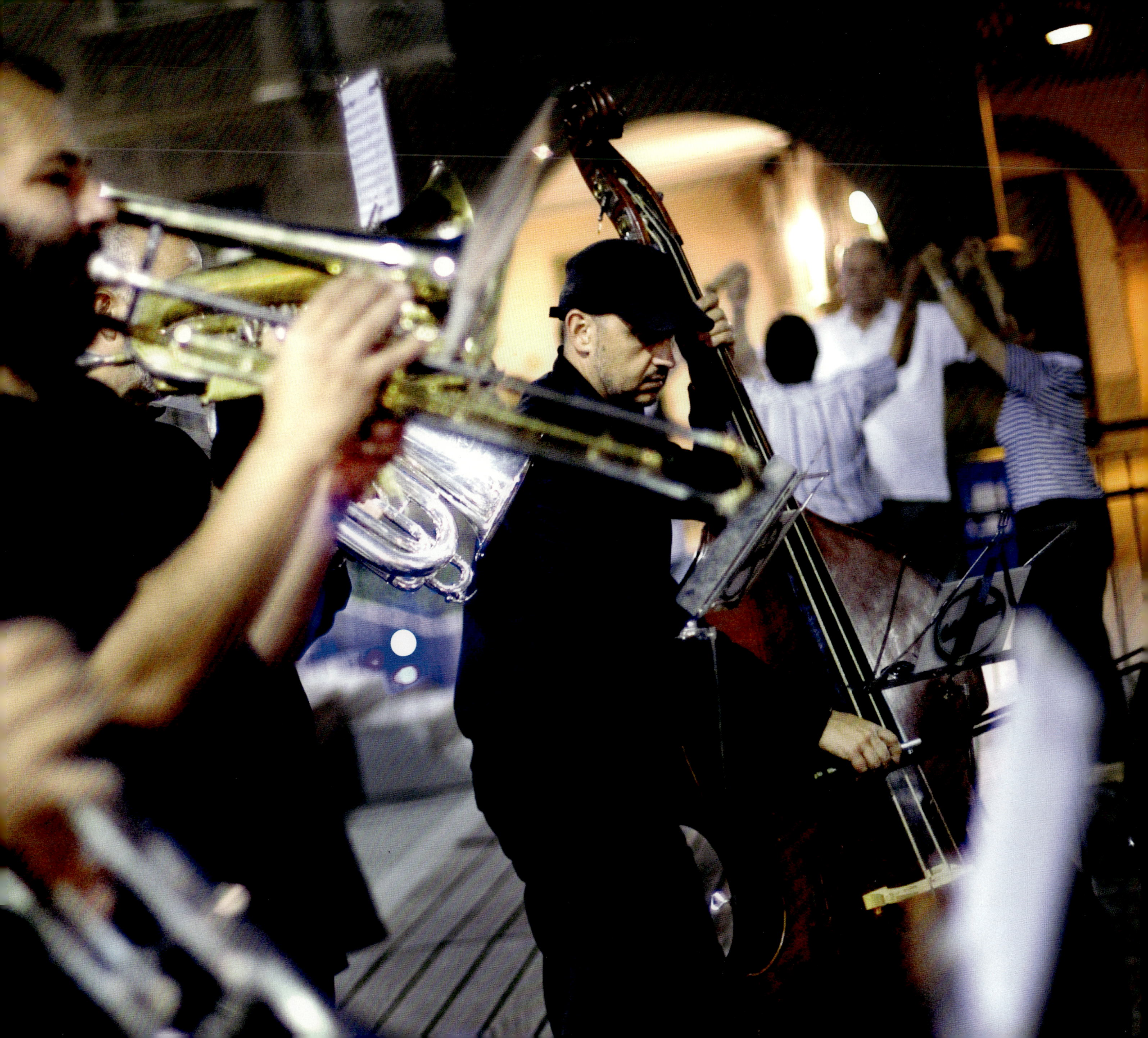

17_08_14 | **TONI ALBIR.** A L'HOSPITALET DE LLOBREGAT (BARCELONÈS), A LES 13:45 H.

MINORIES. La comunitat sikh, al gurdwara (temple sikh) Nanaksar Sahib, al barri de la Torrassa. És la cinquena religió al món en nombre de seguidors.

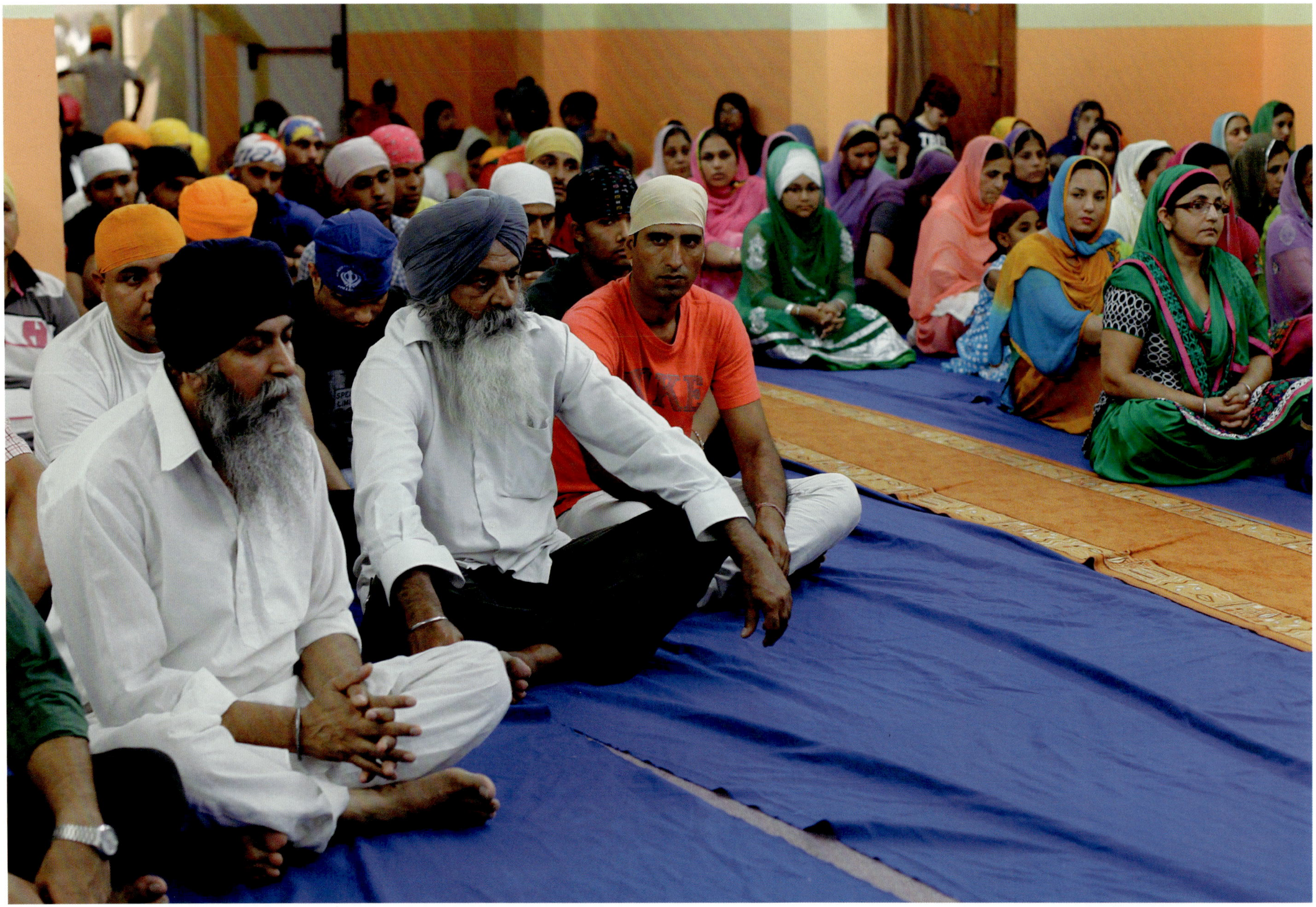

1.402. El de la plaça del Diamant és el refugi antiaeri núm. 232 dels 1.402 que es van construir contra els bombardejos durant la Guerra Civil. S'hi fan rutes guiades.

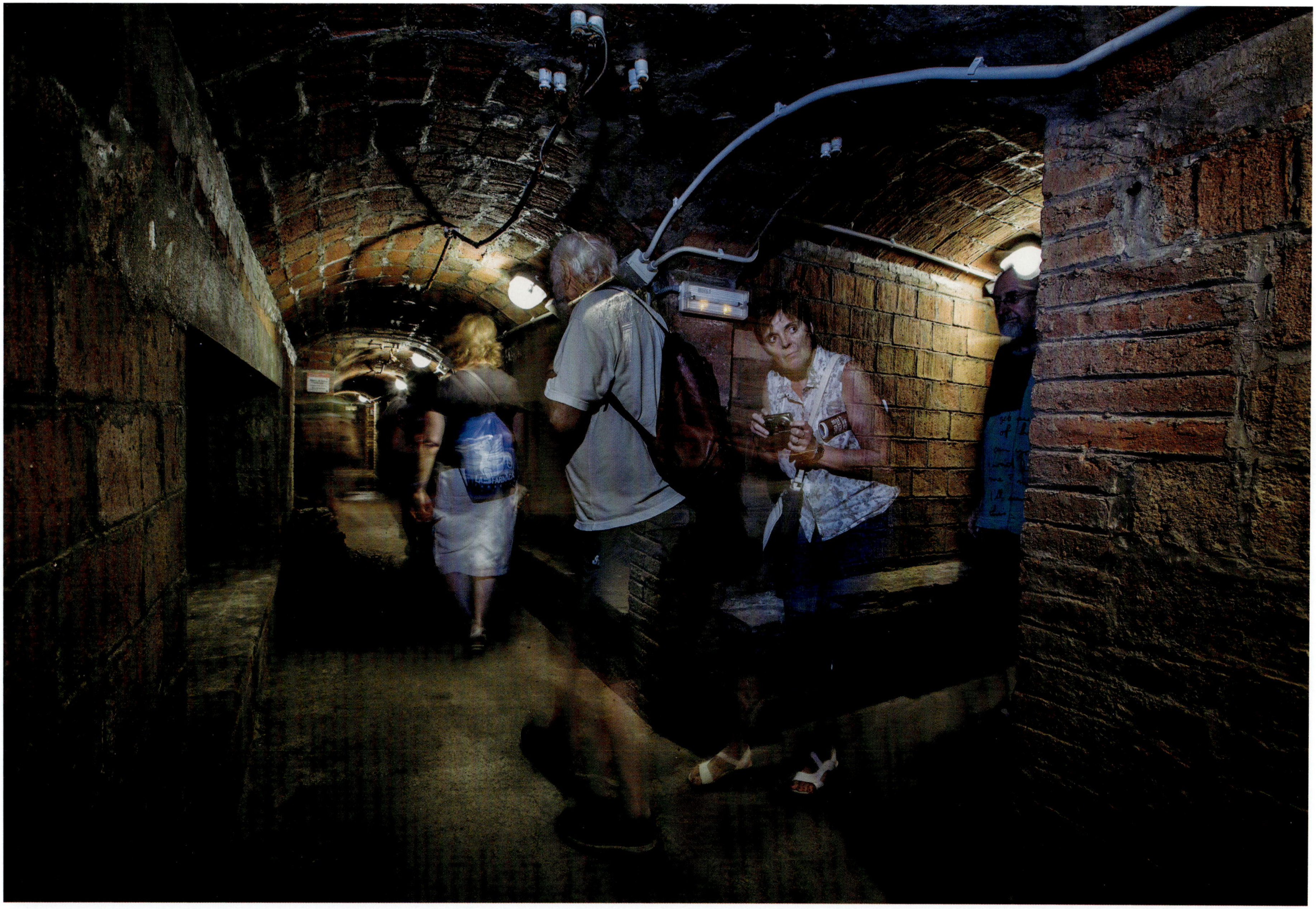

19_08_14 | **MIQUEL ANGLARILL.** A PLATJA D'ARO (BAIX EMPORDÀ), A LES 20:10 H.

FIRA D'AGOST. Infants i no tan infants s'ho passen bé a la muntanya russa d'un parc d'atraccions de Platja d'Aro, localitat costanera que a l'estiu quintuplica la seva població.

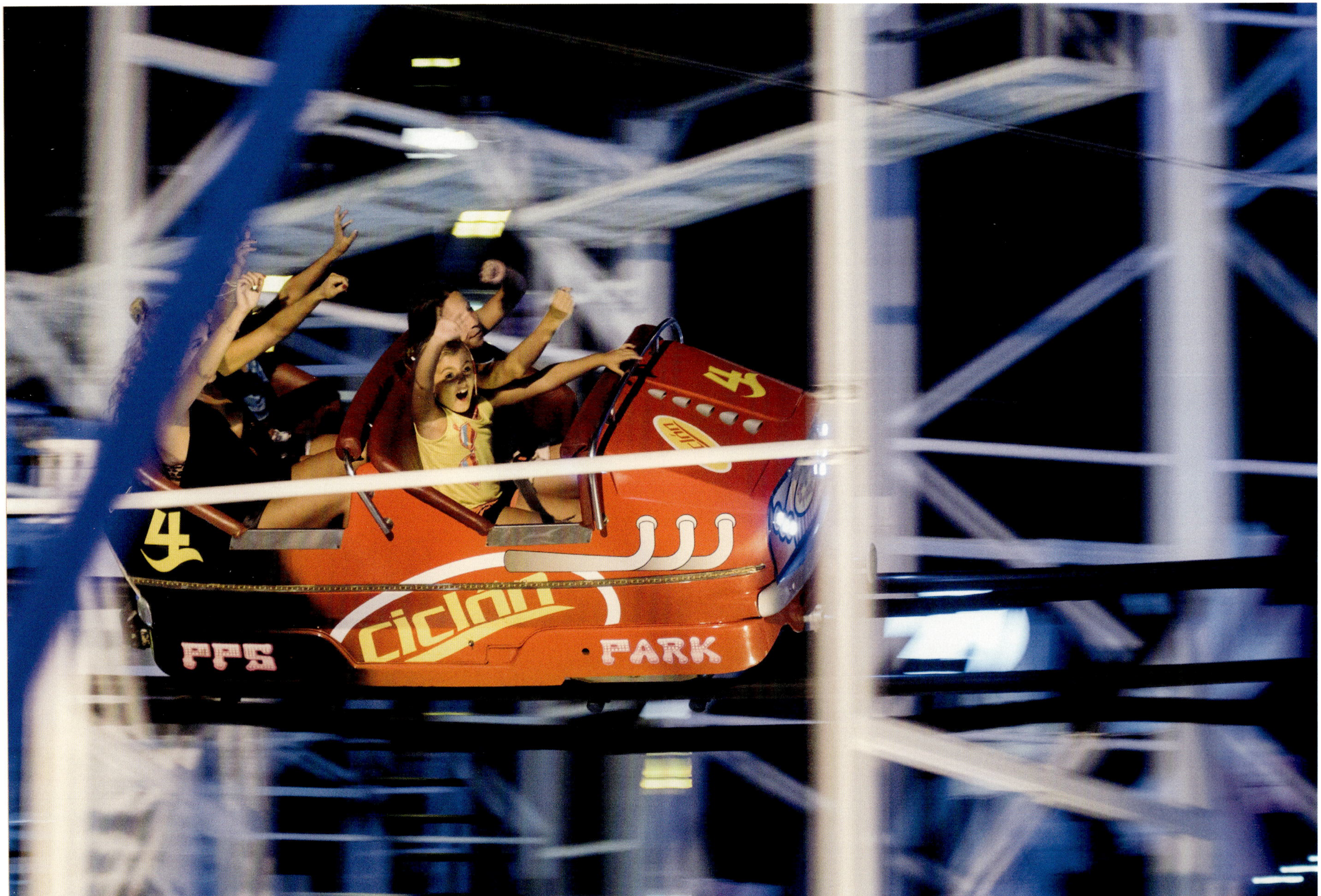

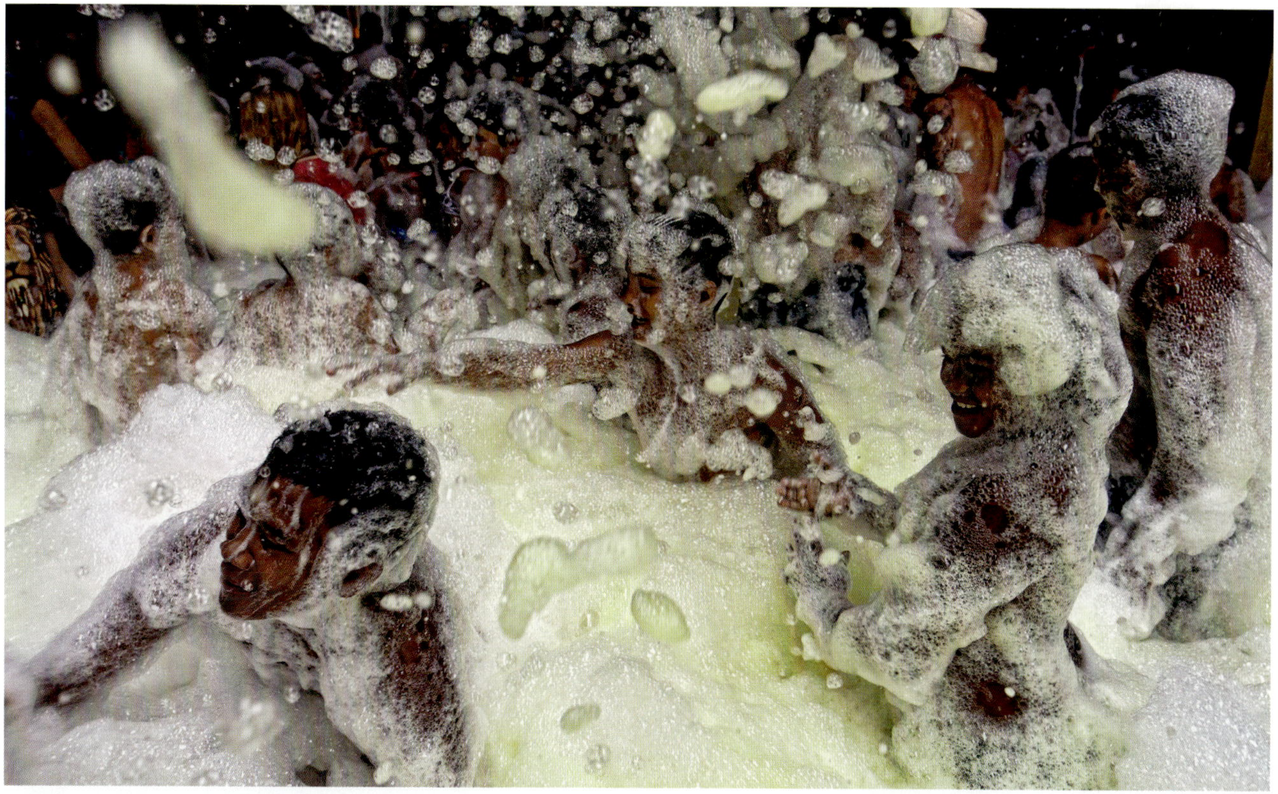

20_08_14 | JOAN MANUEL BALIELLAS.
A BARCELONA, A LES 12:20 H.

FESTA DE L'ESCUMA. Un clàssic de les festes majors. A la de Gràcia, on els carrers s'engalanen, no hi podia tampoc faltar. És l'activitat infantil més esperada.

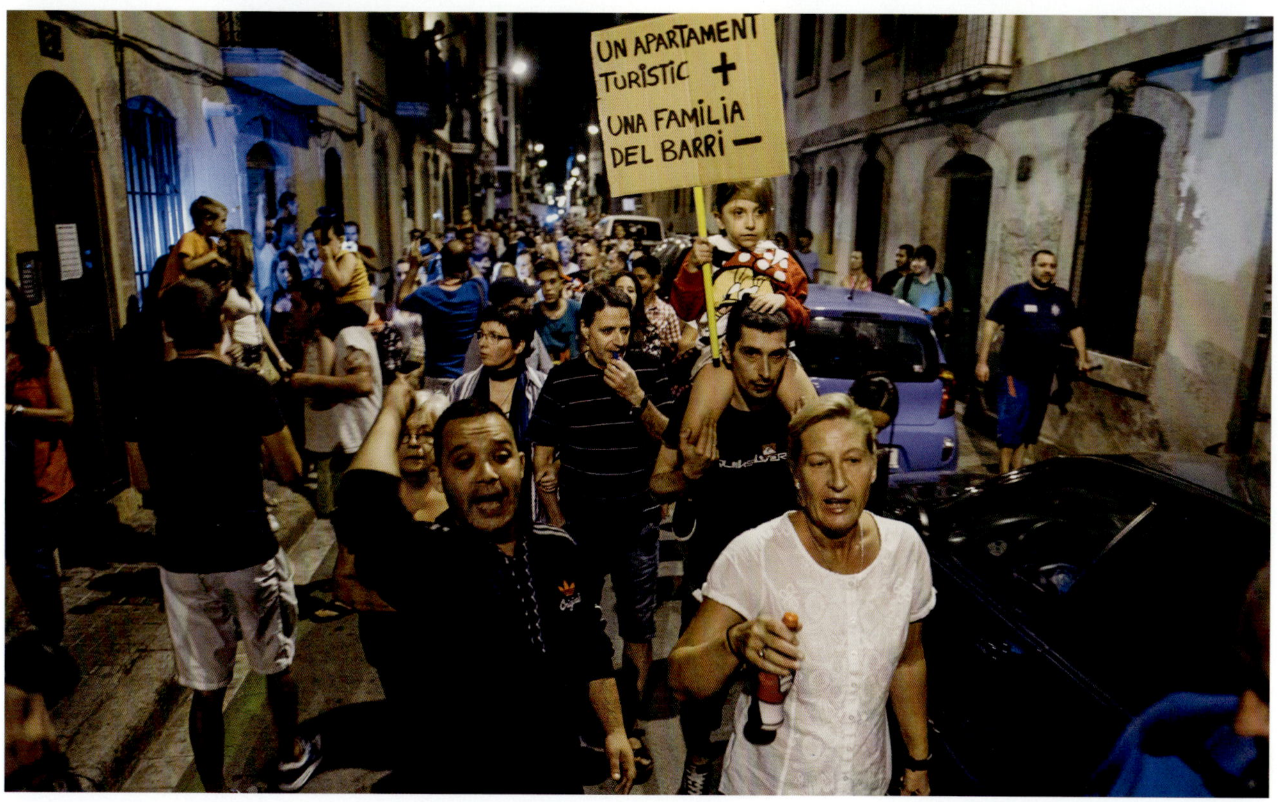

21_08_14 | JOSEP LOSADA.
A BARCELONA, A LES 22:22 H.

PROTESTA. De forma espontània, els veïns del barri de la Barceloneta es manifesten contra els pisos turístics il·legals, amb més d'un centenar ja d'expedients oberts.

22_08_14 | **INÉS BAUCELLS.** A BARCELONA, A LES 18:53 H.

FARÀNDULA. L'argentí Pablo actua a l'Arc de Triomf davant un públic ocasional, de qui rebrà a canvi algunes monedes. L'art del carrer manté viva la ciutat.

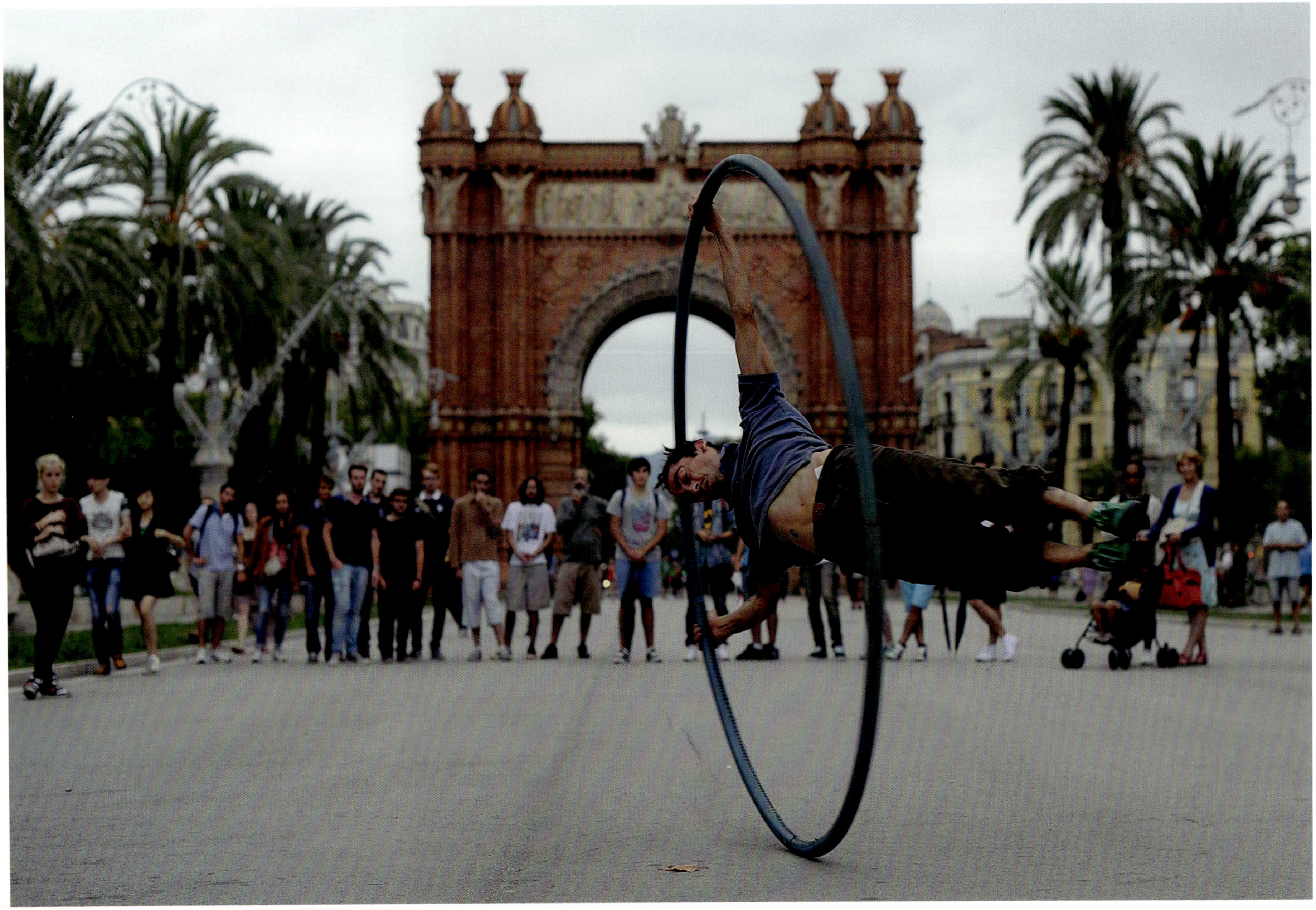

JOAN MONFORT. A TIANA (MARESME), A LES 10:24 H. | 23_08_14

L'ÚLTIM HIPPY CATALÀ. Nét de poetes, Pau Riba ha fet bandera de la contracultura. Transgressor, provocador i antiburgès, és el Frank Zappa català.

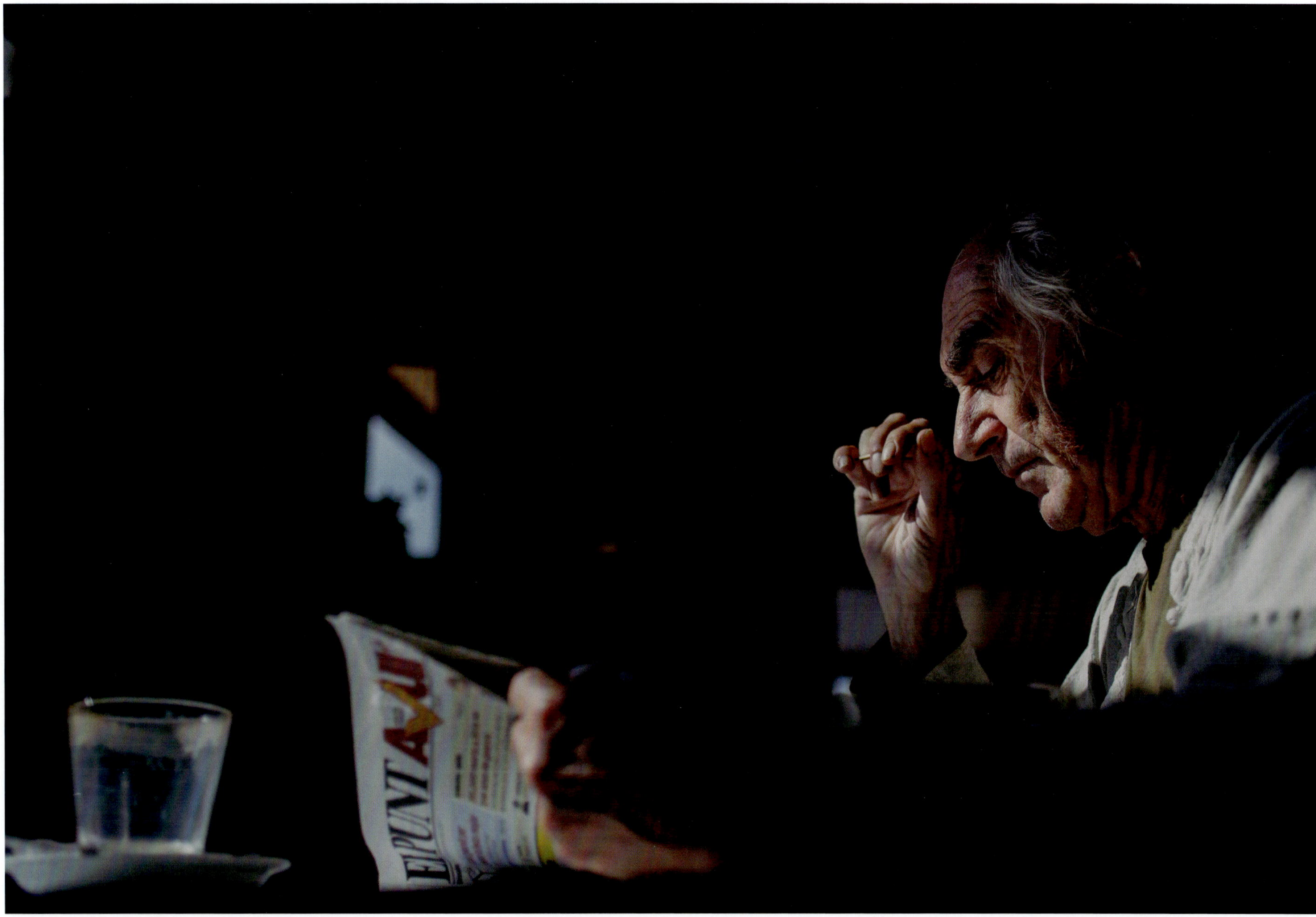

24_08_14 | JOSEP LAGO.
A LA ROCA DEL VALLÈS (VALLÈS ORIENTAL), A LES 12:46 H.

EXCLUSIU. Marina (21 anys) es banya i es diverteix amb el seu gos Markus (4 anys) a Can Janè, el primer parc aquàtic del món exclusivament per a aquests animals de companyia.

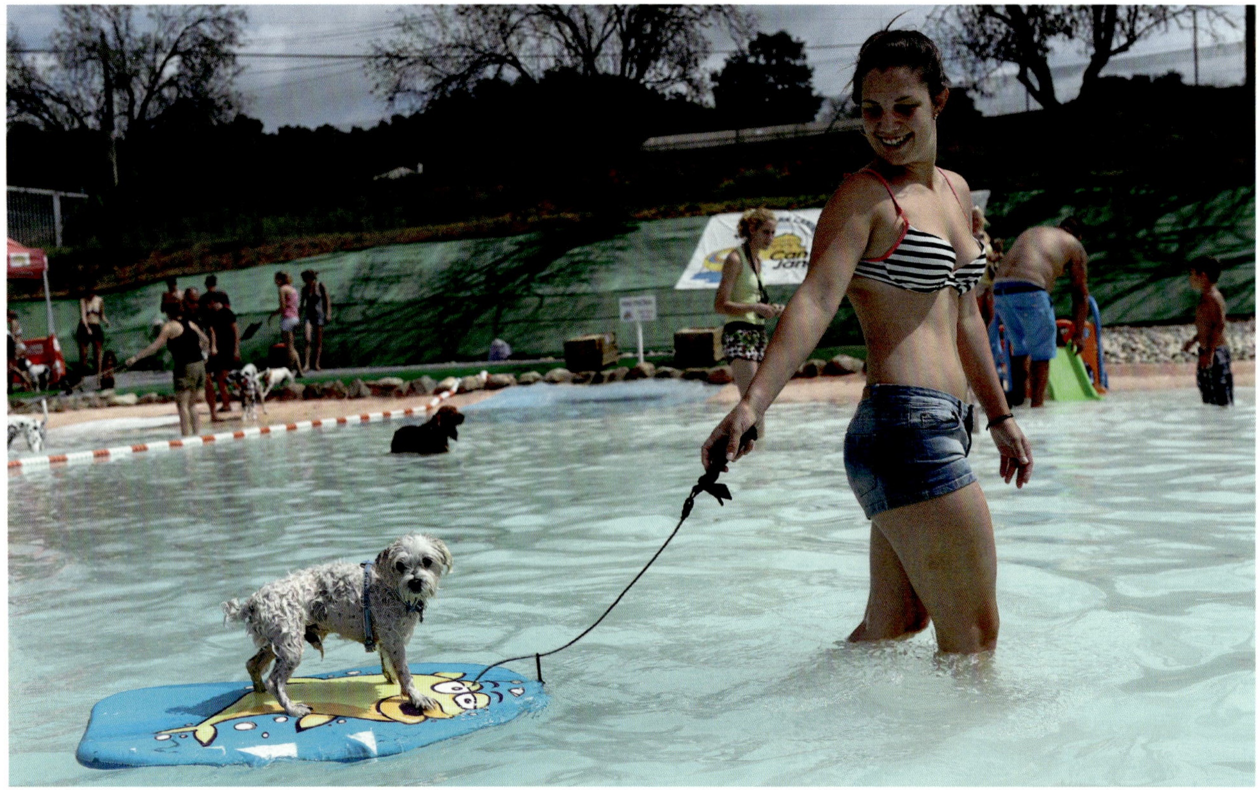

25_08_14 | CARMEN SECANELLA.
A BARCELONA, A LES 19:36 H.

GUIA. Les festes de Sants segueixen a les de Gràcia. A la foto, una visita guiada per a persones amb dificultats de visió estimulada mitjançant el tacte i el relat.

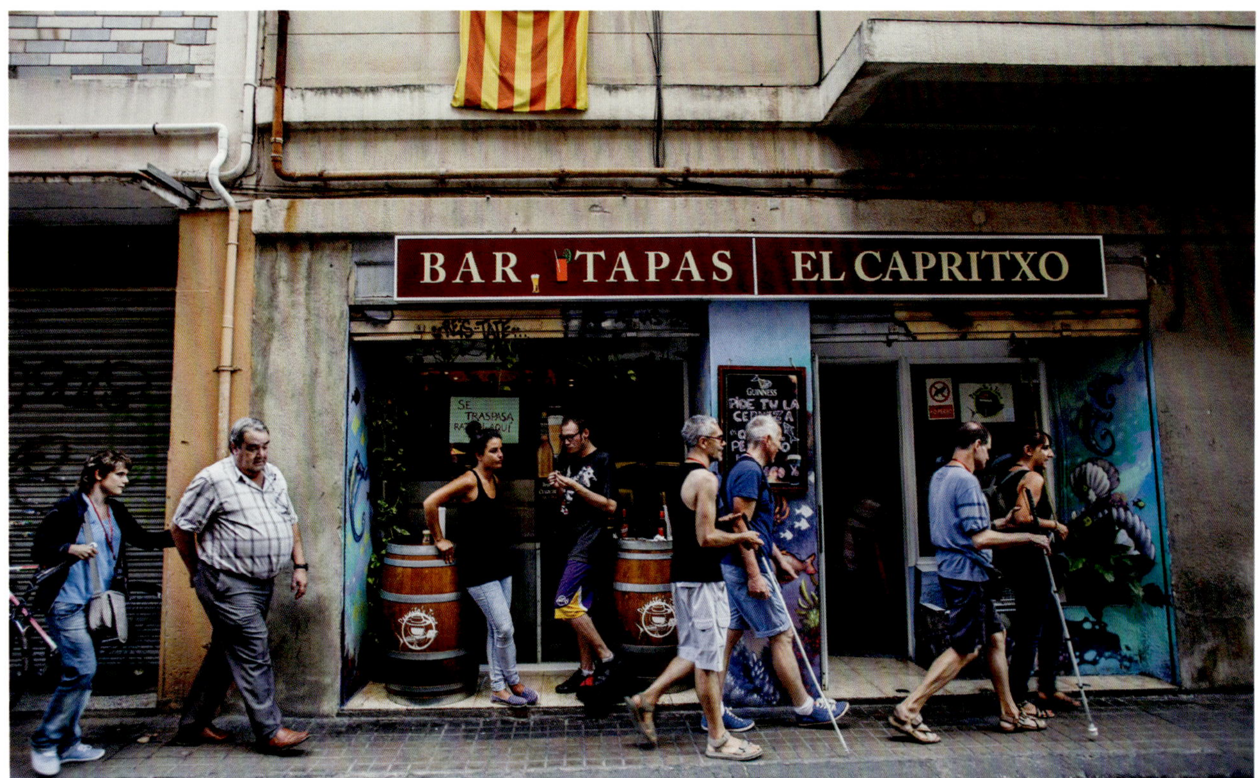

POESIA. Dues nenes corren davant la frase escrita pel poeta Màrius Sampere "Viure és provar-ho infinites vegades", que dóna la benvinguda a la ciutat a la vora del Besòs.

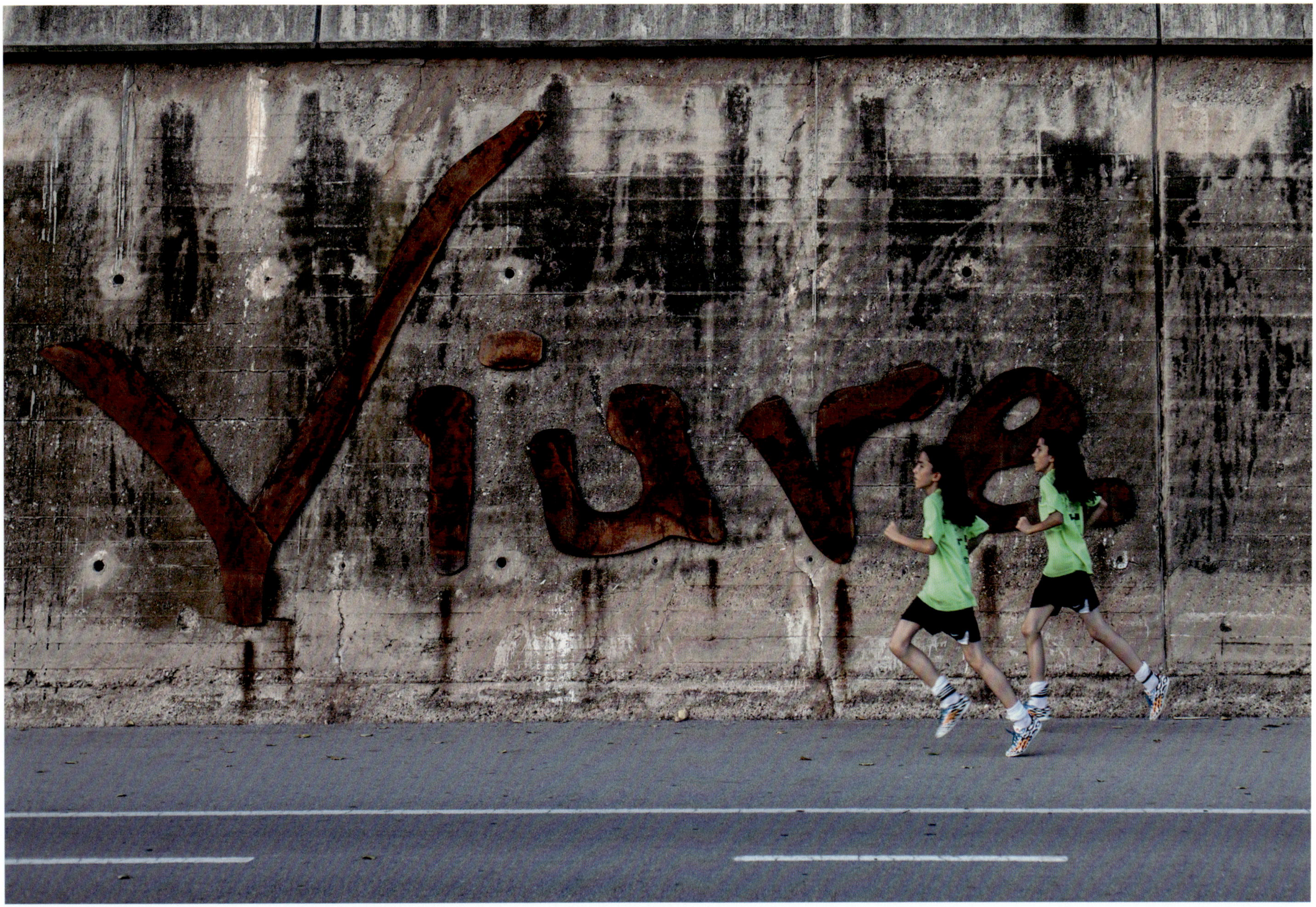

27_08_14 | **VICENS GIMÉNEZ.** A BARCELONA, A LES 07:03 H.

FÒRUM 7:00 H. Diagonal Mar concentra el major nombre d'edificis de més de 100 metres a la ciutat, la primera onada dels quals va arribar amb els Jocs Olímpics de Barcelona'92.

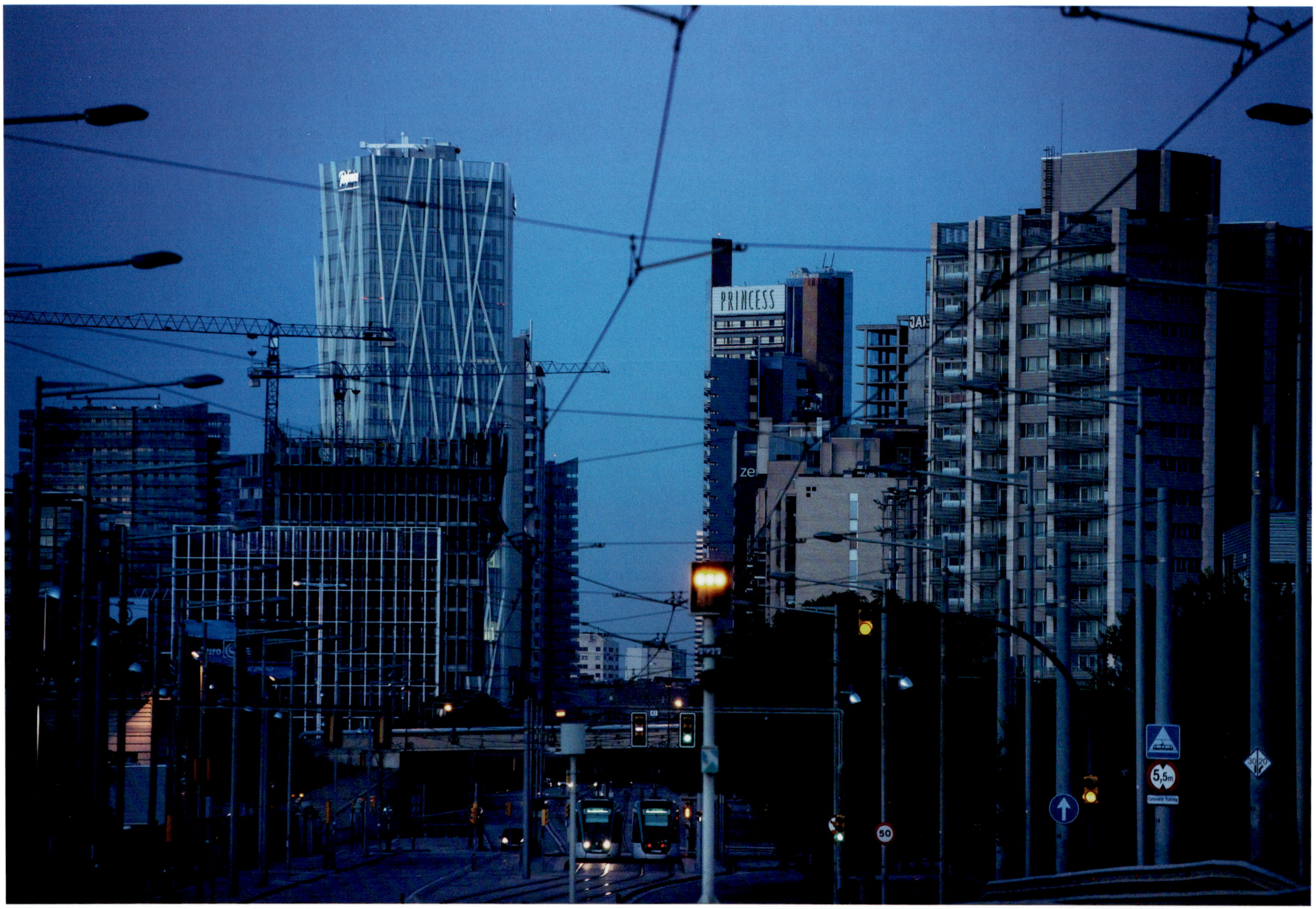

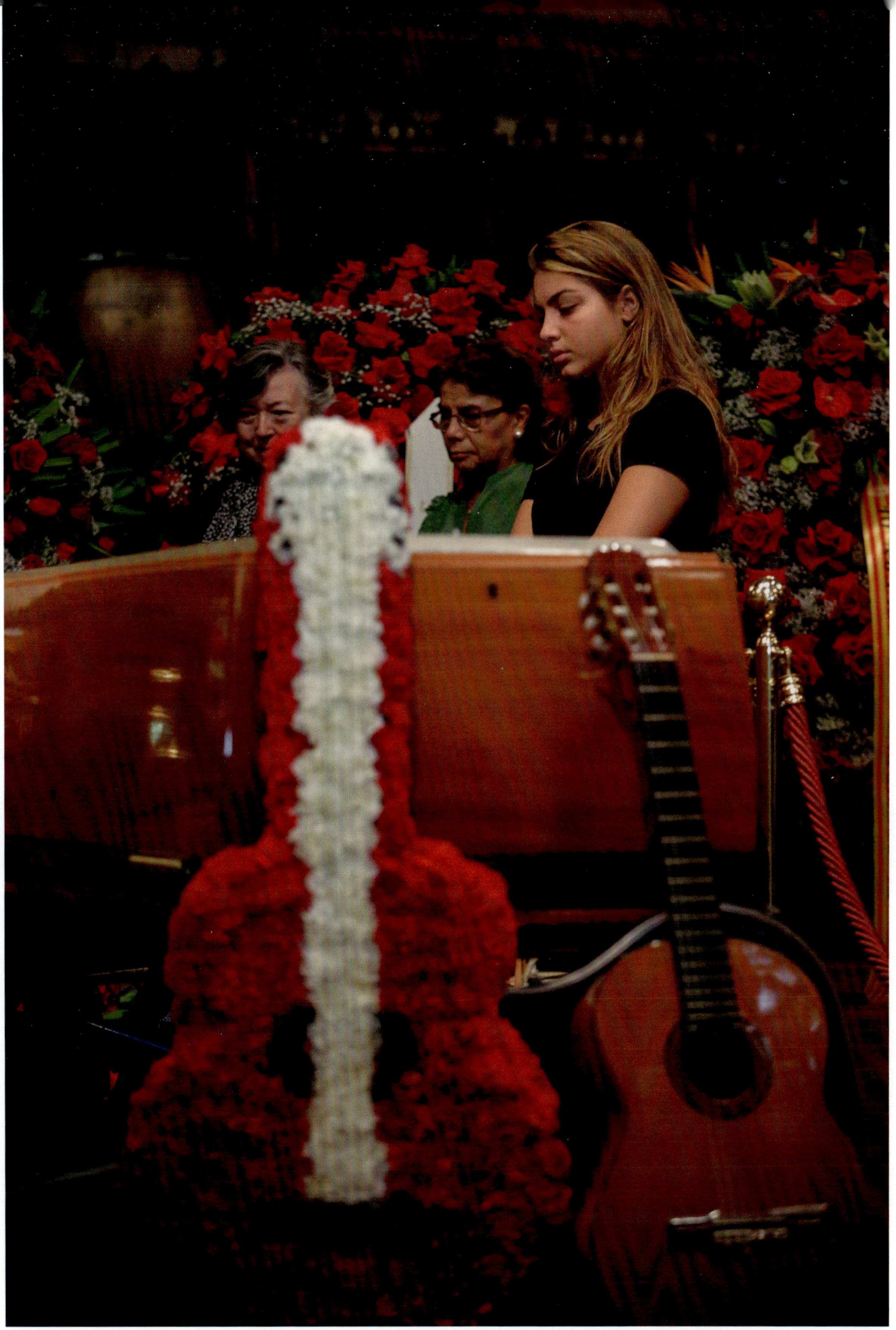

28_08_14 | CONSUELO BAUTISTA.
A BARCELONA, A LES 13:15 H.

EL REI DE LA RUMBA. Capella ardent de Pere Pubill, Peret, pare de la rumba catalana, al Saló de Cent de l'Ajuntament de Barcelona, mort als 79 anys.

29_08_14 | DANNY CAMINAL.
A SALOU (TARRAGONÈS),
A LES 12:22 H.

TURISTES. Salou, a la Costa Daurada, és el cinquè municipi de l'Estat amb més turistes per habitant. El 25% del total provenen del turisme familiar.

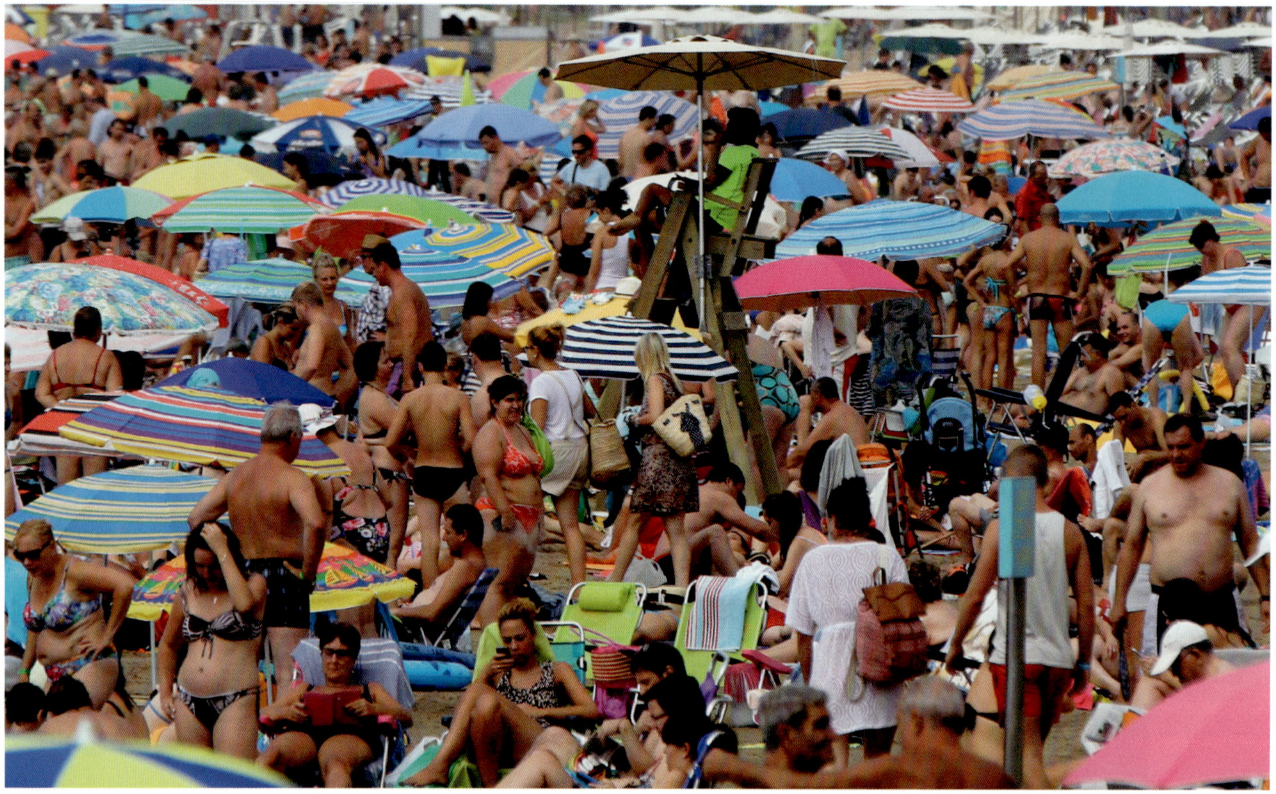

30_08_14 | PERE PUNTÍ.
A SANT HILARI SACALM
(SELVA), A LES 18:21 H.

A TOTA MÀQUINA. Baixada de Carretons de Sant Hilari Sacalm, la més antiga i espectacular de Catalunya, que enguany ja arriba a la 33a edició.

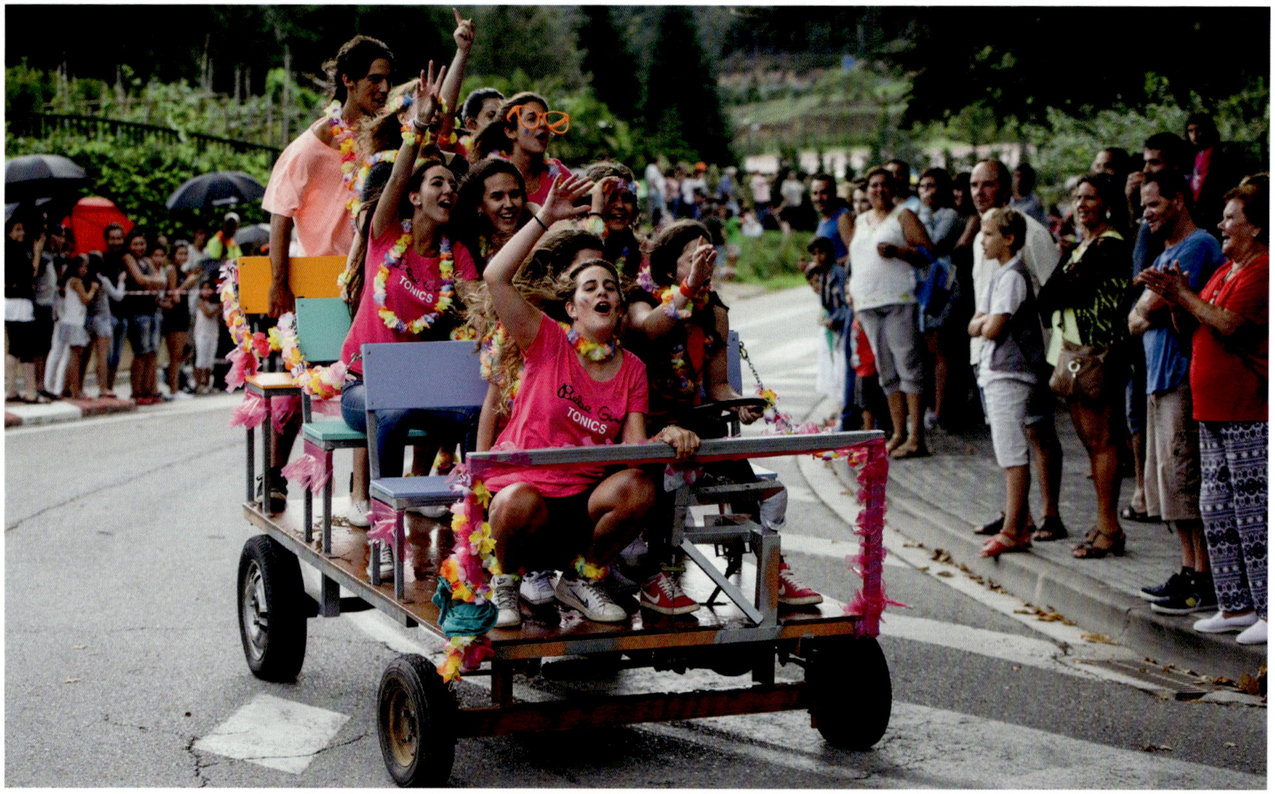

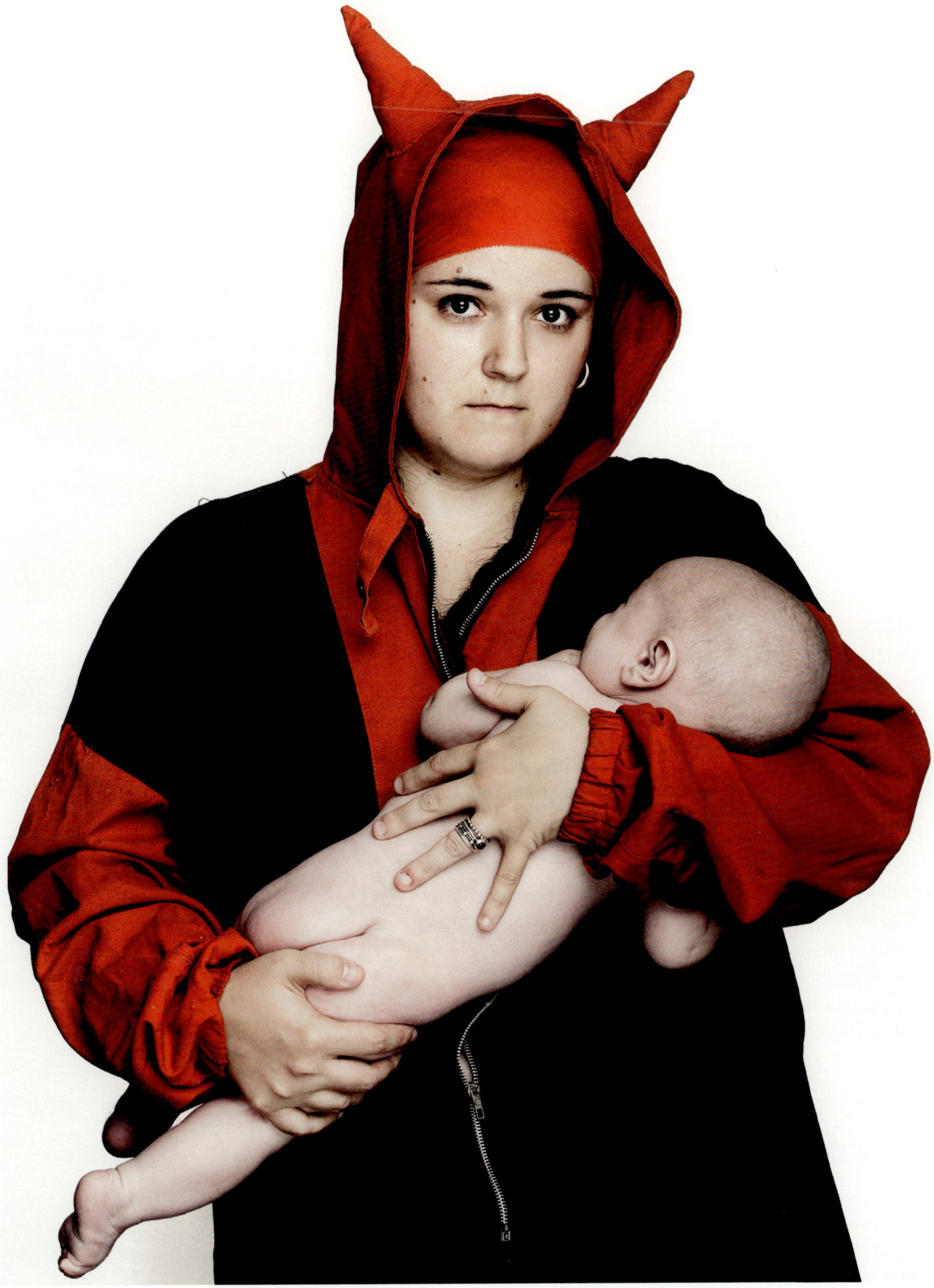

31_08_14 | ALBERT BERTRAN.
A MANRESA (BAGES), A LES 12:18 H.

ÀNGEL AMB DIABLE. Anna Purti, diable de la colla de diables i tabalers Xàldiga, amb el seu fill Pau, de quatre mesos. El ball de diables és una tradició molt arrelada.

Albert Sánchez Piñol
ESCRIPTOR

SETEMBRE. Dubto que al calendari hi hagi un mes que sumi tants significats trivials i alhora tants significats transcendents. Per què? Comencem per la intranscendència. Setembre és un mes frontissa. I les frontisses acostumen a grinyolar. Si mirem la nostra infància, és molt probable que els millors i pitjors records s'acumulin en aquest mes. L'explicació és simple: al setembre tornàvem al col•legi. Per una banda, deixàvem enrere les vacances, oh desgràcia; però per l'altra, tots recordem aquesta ànsia alegre del qui encetava un curs nou amb vells amics. Setembre feia olor de plumier acabat d'estrenar. Vet aquí. Al setembre tot recomença. Per trivial que en sigui la causa. Setembre és a la societat el que la primavera a la natura.

Pocs saben que setembre conserva el seu nom gràcies a la ironia d'un emperador romà. Agost es diu així en homenatge a August, de manera que els senadors romans van proposar a l'emperador següent, Tiberi, de canviar el nom de setembre pel seu. Però Tiberi, modest i sarcàstic, s'hi va oposar: "Què fareu –va dir-los– quan se us acabin els mesos i encara hi hagi emperadors?". El refranyer dedica prou atenció a aquest mes. I no l'estima gaire. La major part dels proverbis tenen un caràcter d'advertiment, alguns fins i tot emanen un cert alè catastròfic. N'hi ha un que trobo especialment oportú: "El setembre o bé asseca les fonts o s'endú els ponts". Podem dubtar de si parla del nostre clima o de la nostra societat. Allò cert, allò irrefutable, és que els grans clímaxs narratius de la història catalana s'han viscut en aquest novè mes de l'any. El setembre del 1714 va ser plujós. De vegades he pensat en els defensors de Barcelona, aquell 10 de setembre, amb la pluja lliscant pels tricornis i sostenint fusells mullats amb les mans xopes. En canvi, els darrers anys les multituds han tingut a favor seu un clima que els ha empès al carrer, a la revolució. Som així: la primavera catalana és al setembre. Per això, sempre he estimat aquest mes, pel seu caràcter extrem, bastard, procel·lós.

Vés a saber; potser gràcies als setembres tindrem un estat nou, que encetarem amb la mateixa alegria frisosa amb què obríem la cremallera d'un plumier nou.

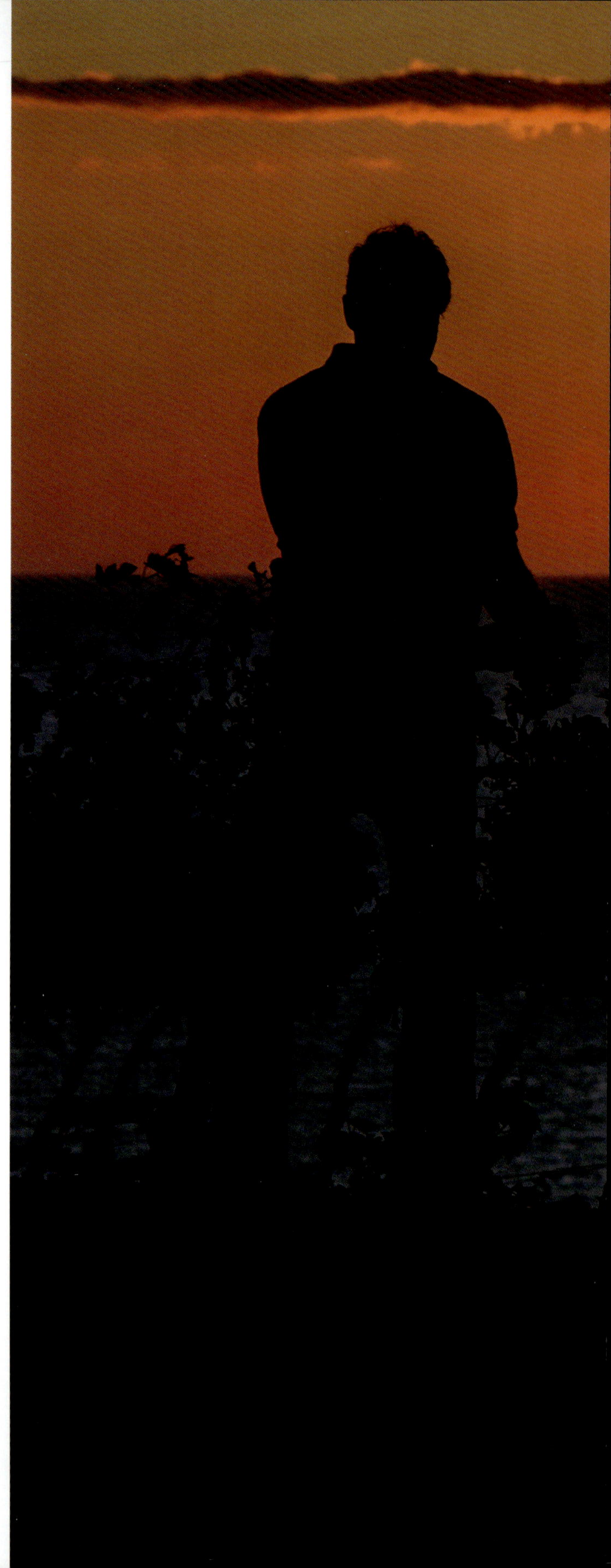

JORDI COTRINA. A COLERA (ALT EMPORDÀ), A LES 07:06 H. | 01_09_14

D.O. Primers raigs de sol sobre les vinyes de la Finca Garbet, on l'enòleg Delfí Sanahuja supervisa el grau de maduració del raïm sirà, varietat plantada al Mediterrani.

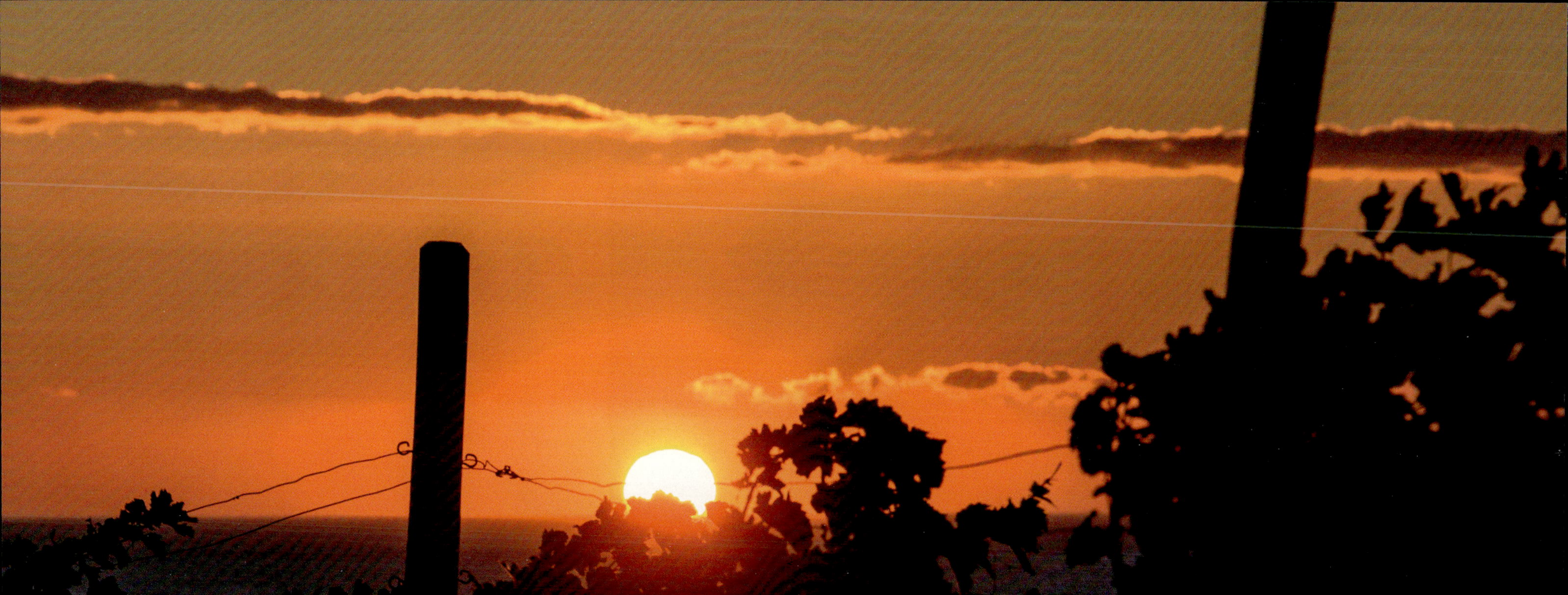

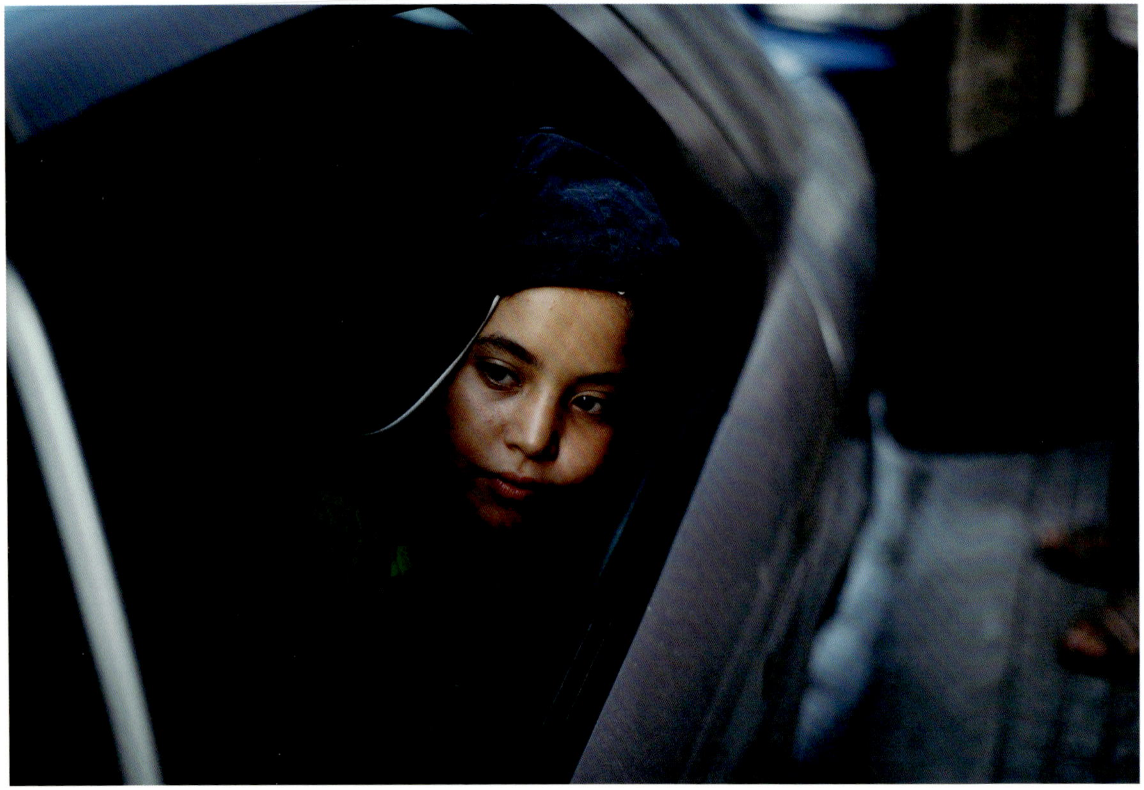

02_09_14 | LAURA GUERRERO. A SANTA COLOMA DE GRAMENET (BARCELONÈS), A LES 19:06 H.

VACANCES EN PAU. La Challa torna avui als campaments de refugiats de Tinduf, al desert del Sàhara. Ha passat l'estiu amb una família d'acollida gràcies a l'acció solidària.

SANTI COGOLLUDO. A MARÇÀ (PRIORAT), A LES 10:42 H. | 03_09_14

ÉSSERS IGUALS. Elena Tova, María González i Jonás Amadeo fan la cura diària al Fèlix, un moltó adult que va ser mal ferit a la granja on vivia. A El Hogar ProVegan, els animals viuen en completa llibertat segons els principis vegans.

Deixa que el Santi t'expliqui la seva foto.

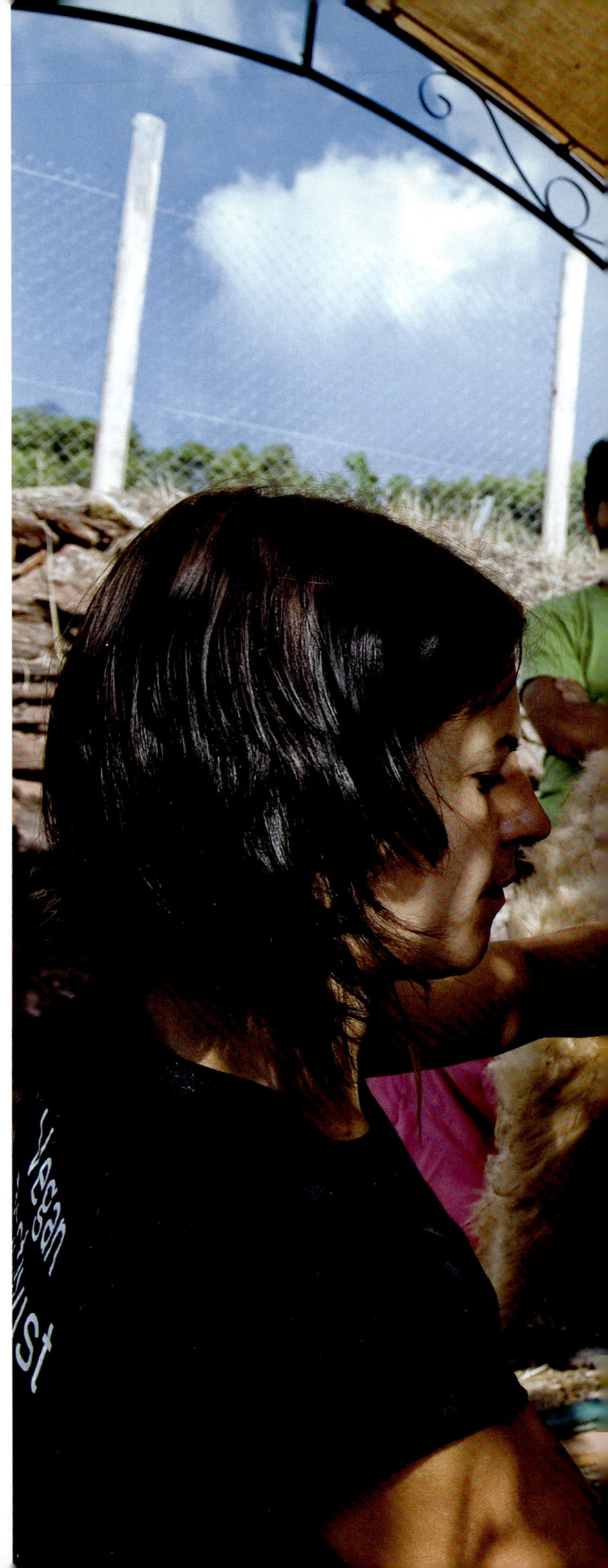

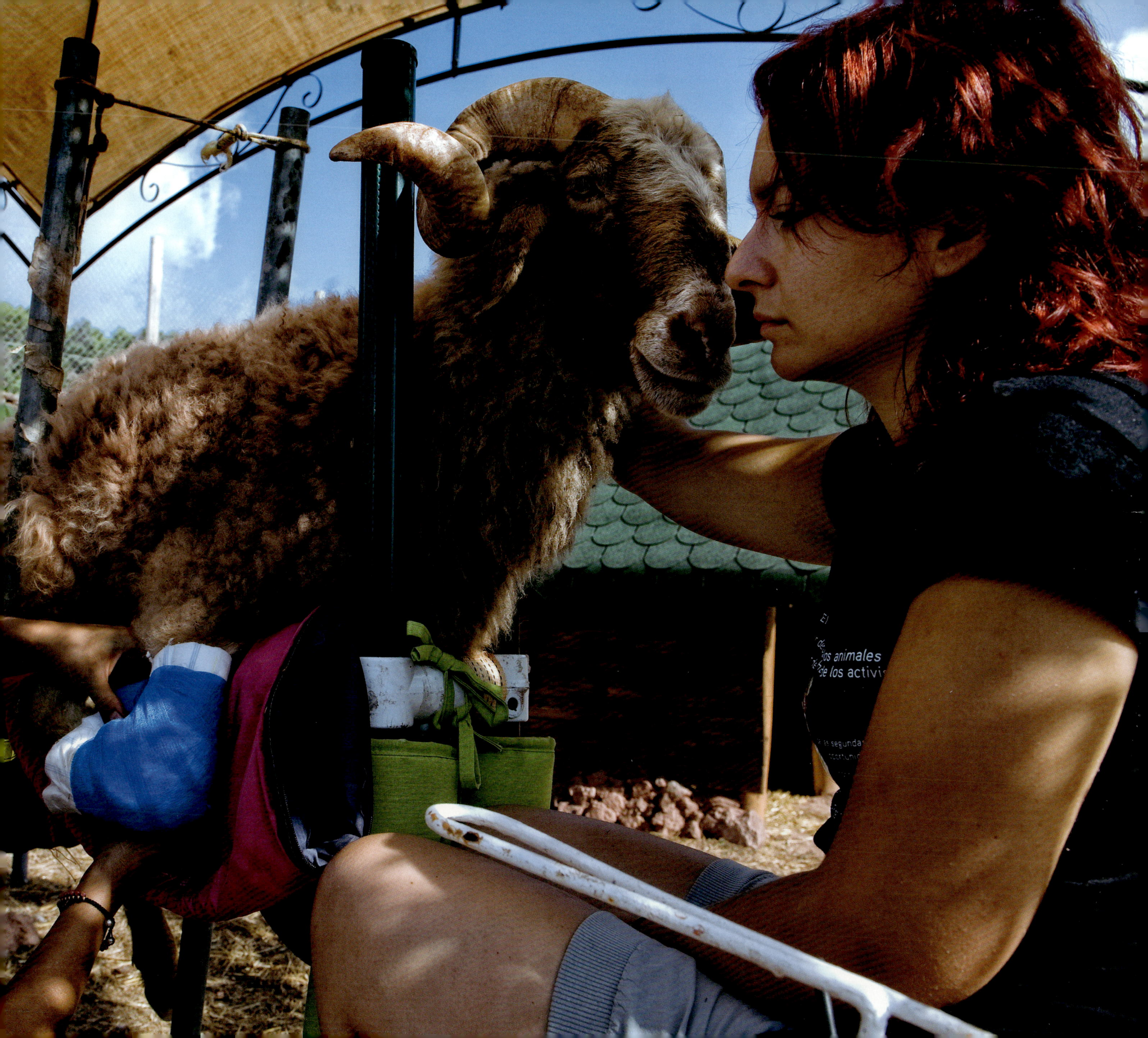
El
animales
de los
segunda

04_09_14 | MIQUEL ANGLARILL.
ARNES (TERRA ALTA),
A LES 12:30 H.

CARPE DIEM. Aprofitant el dia i l'ombra sota el porxo de l'Ajuntament, un dels edificis civils més rellevants del Renaixement català, com al tòpic literari de l'època.

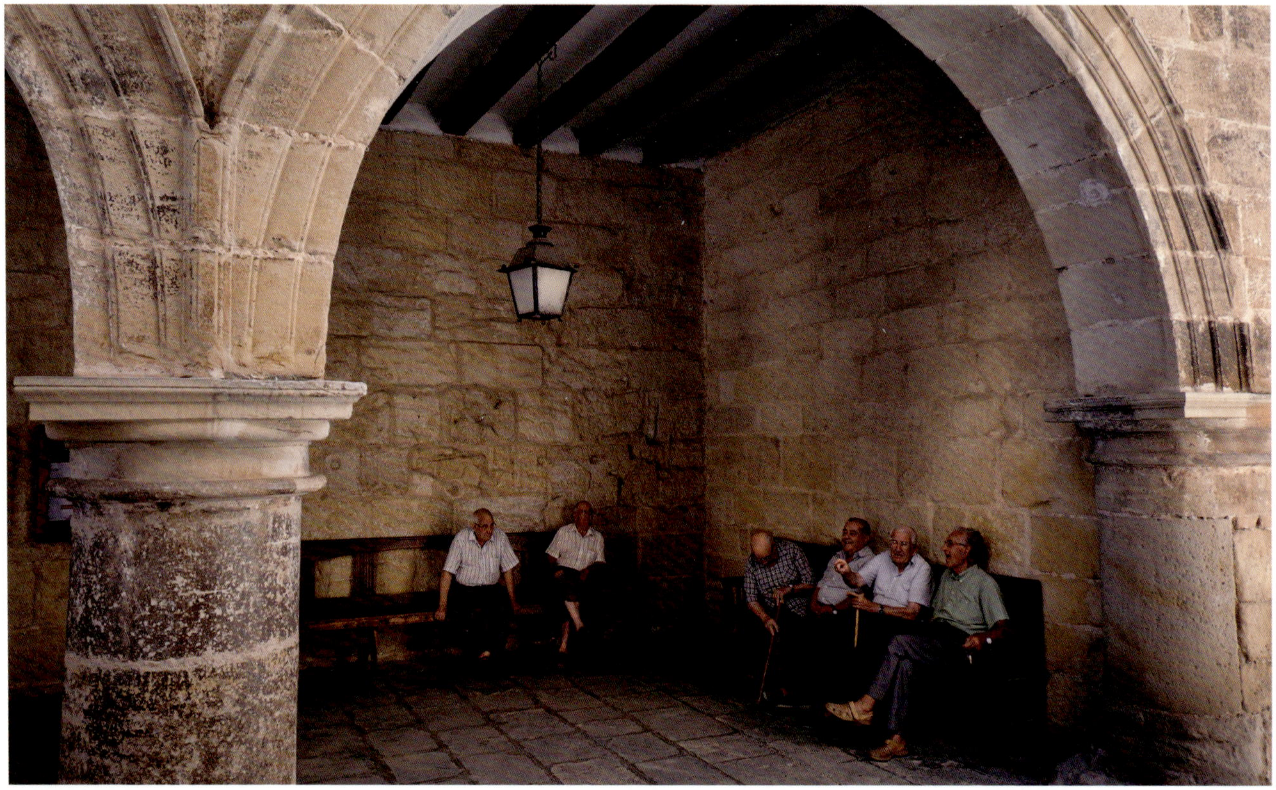

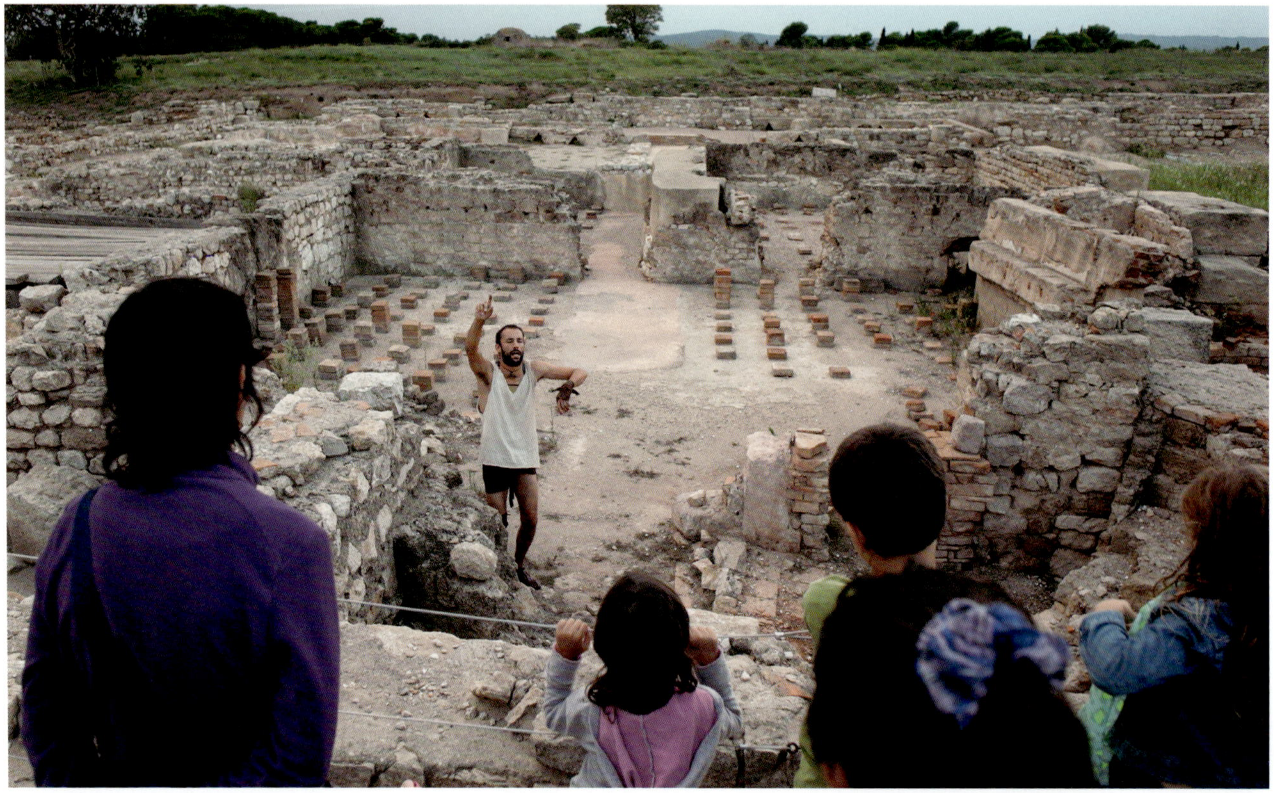

05_09_14 | ALBERT MASIAS.
A EMPÚRIES (ALT EMPORDÀ),
A LES 19:45 H.

JACIMENT. Visita teatralitzada a les ruïnes d'Empúries. El gladiador Pardvs explica com eren les termes romanes. L'antiga colònia va perviure més d'un miler d'anys.

QUIQUE GARCÍA. A MALLA (OSONA), A LES 14:31 H. | 06_09_14

BUS.CAT. Amb l'eslògan "Pròxima parada, Independència", el Bus Català busca adhesions al dret a decidir per tot el territori. Ha viatjat també a Brussel·les i a París.

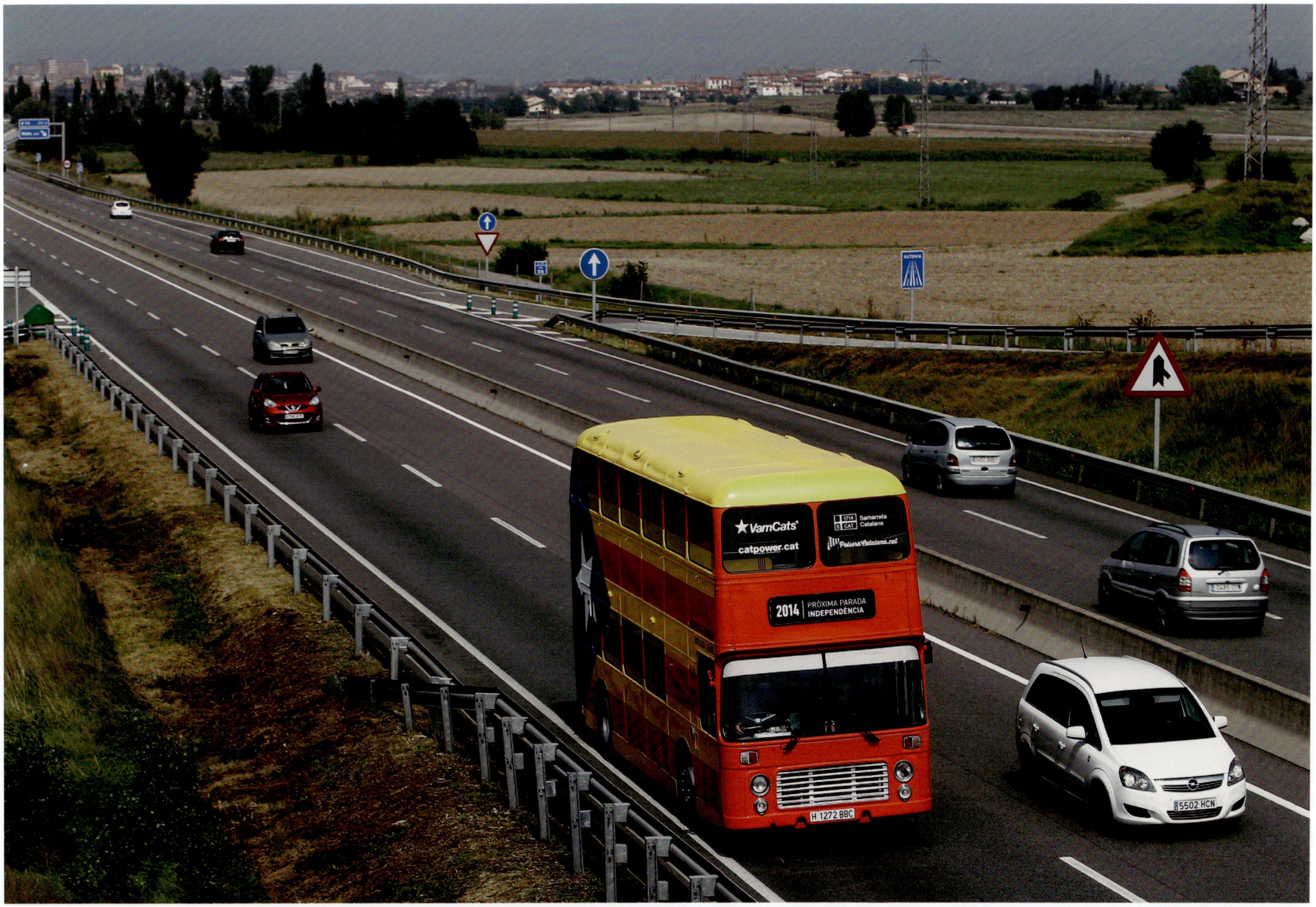

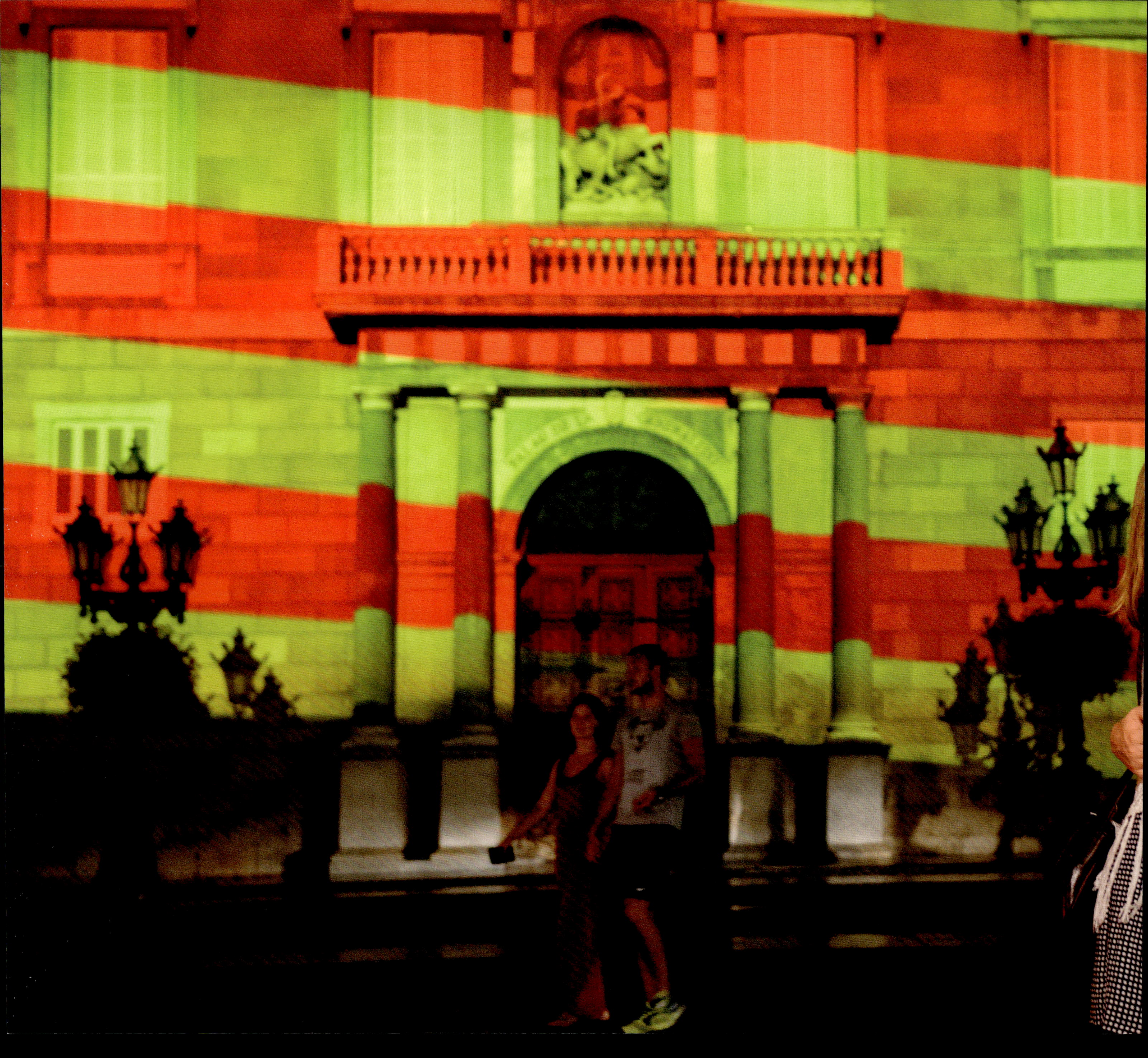

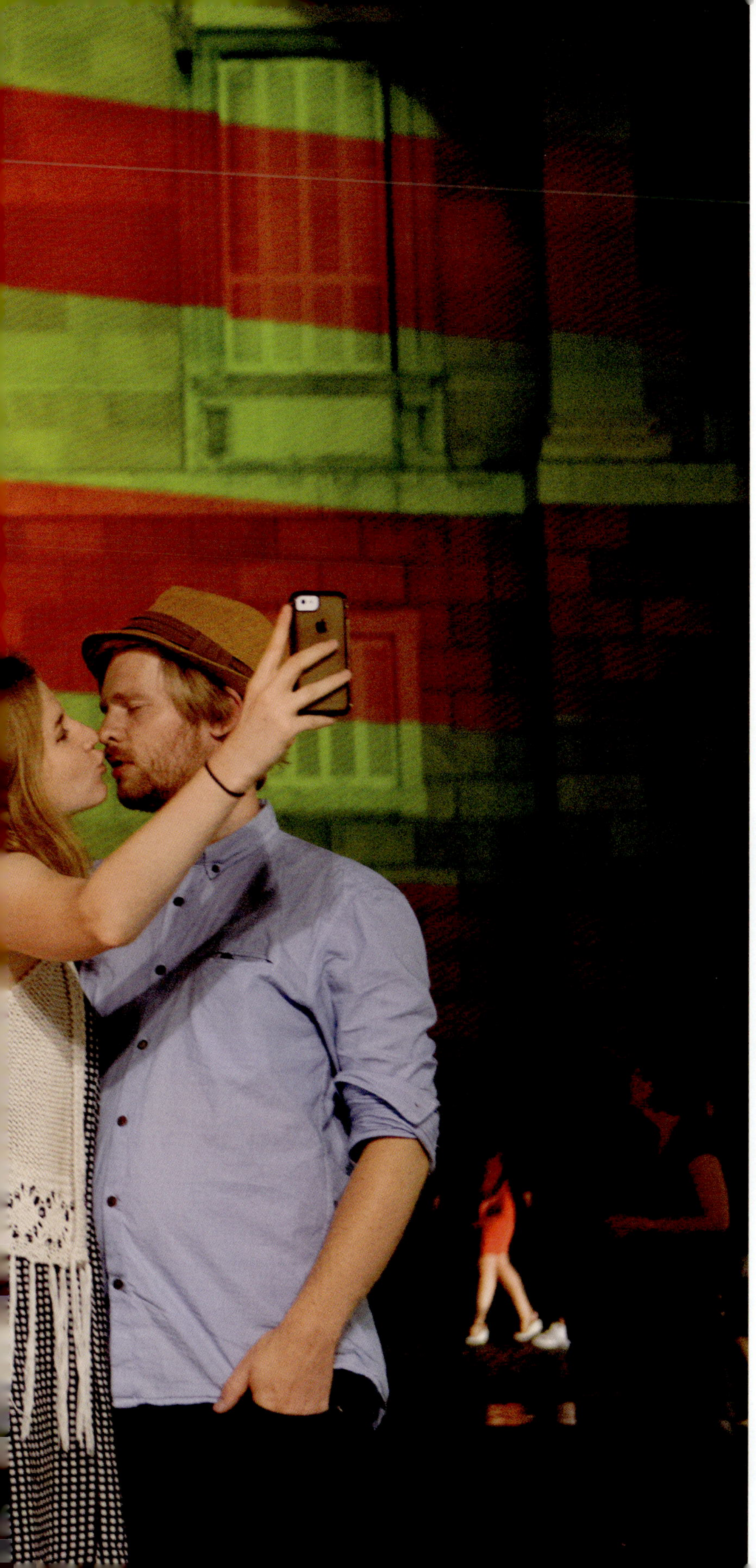

07_09_14 | **ÀLEX GARCIA.** A BARCELONA, A LES 21:55 H.

PREPARATIUS. La Generalitat apareix il·luminada per a la Diada. El noruec Aleksander Andersen i la seva xicota, de turisme a Barcelona, es fan una foto de record.

08_09_14 | DANNY CAMINAL.
A BARCELONA, A LES 12:17 H.

FORMIGUER. Sota el pont neogòtic del carrer del Bisbe, que uneix la Generalitat amb la Casa dels Canonges, passen a diari milers de turistes en un formigueig constant.

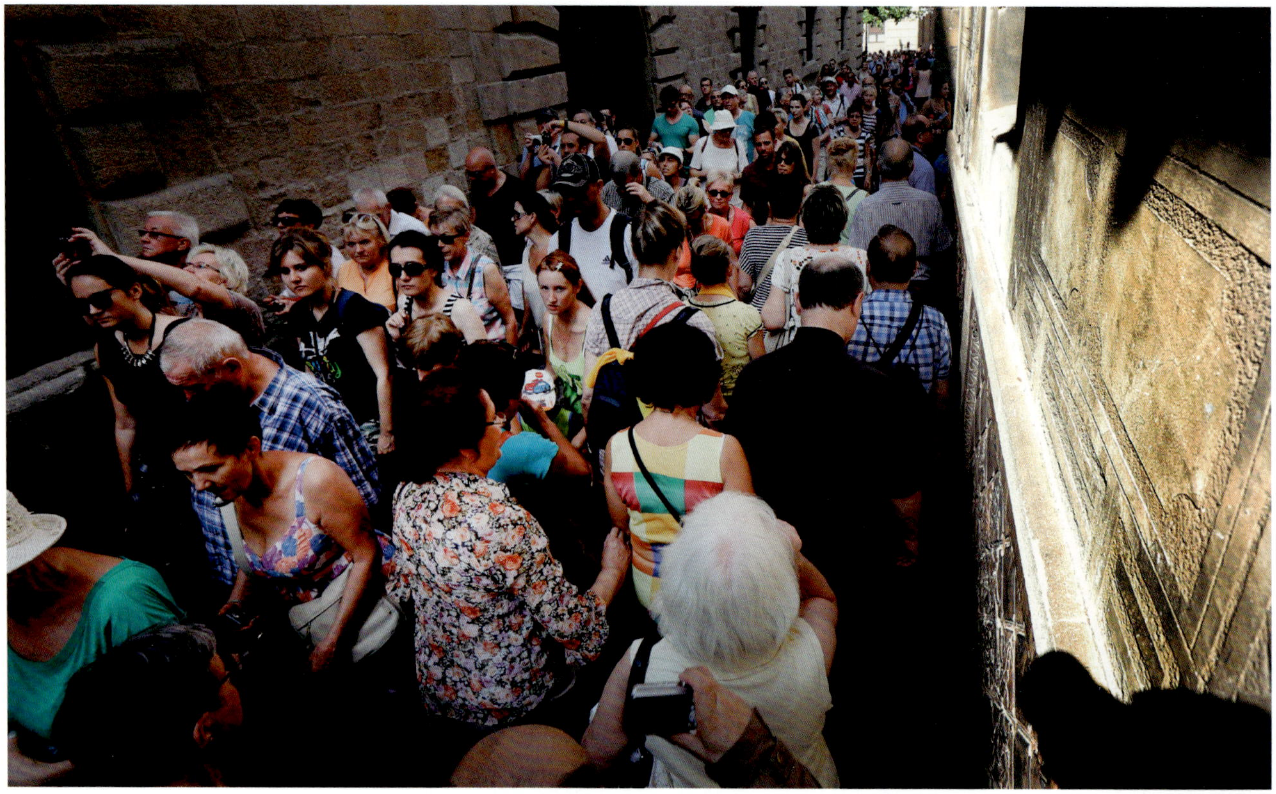

09_09_14 | ANA JIMÉNEZ.
A BARCELONA, A LES 11:55 H.

SENYERA HUMANA. Cues de més de mitja hora a la seu de l'ANC per comprar la samarreta oficial de la Diada, amb què es farà el mosaic de la V.

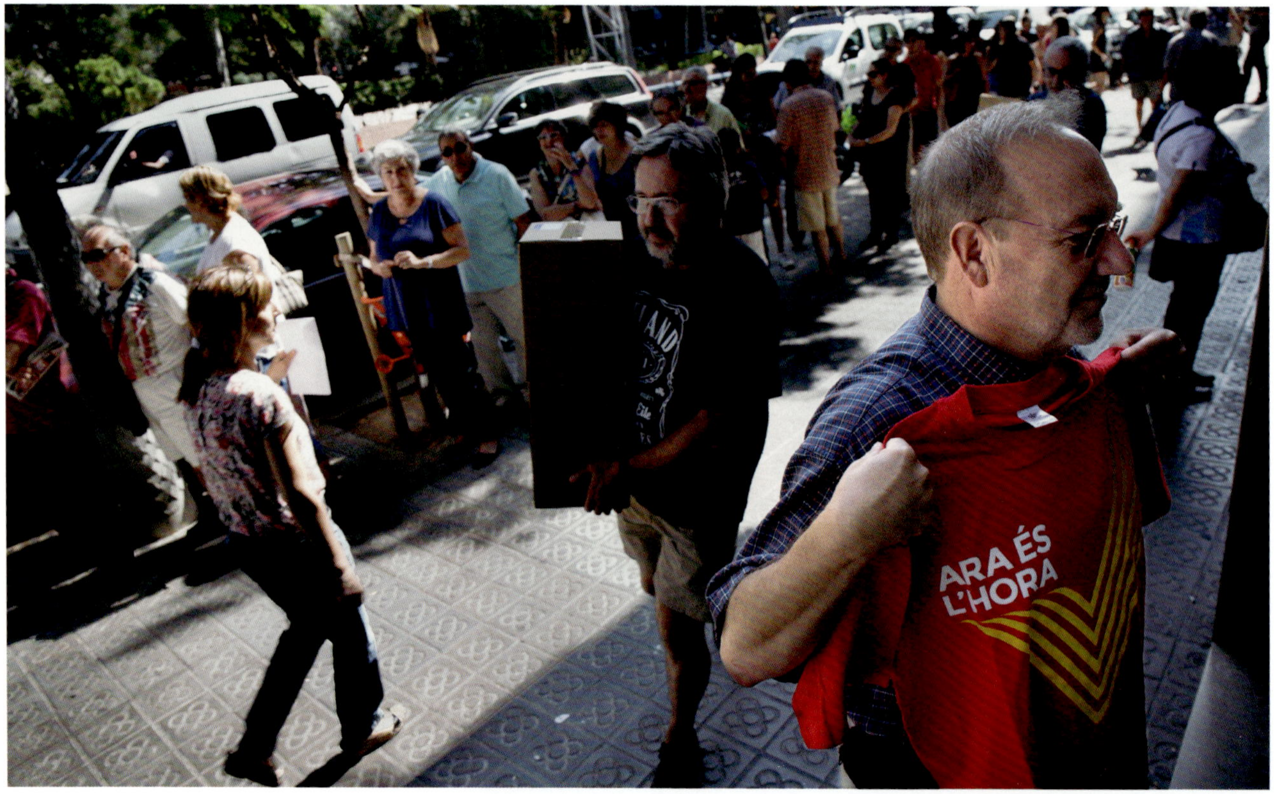

JOAN GUERRERO. A BARCELONA, A LES 20:17 H. | 10_09_14

1714. Els actes institucionals de la Diada s'obren per primer cop al Fossar de les Moreres, on reposen les restes dels caiguts en la defensa de Barcelona, l'any 1714.

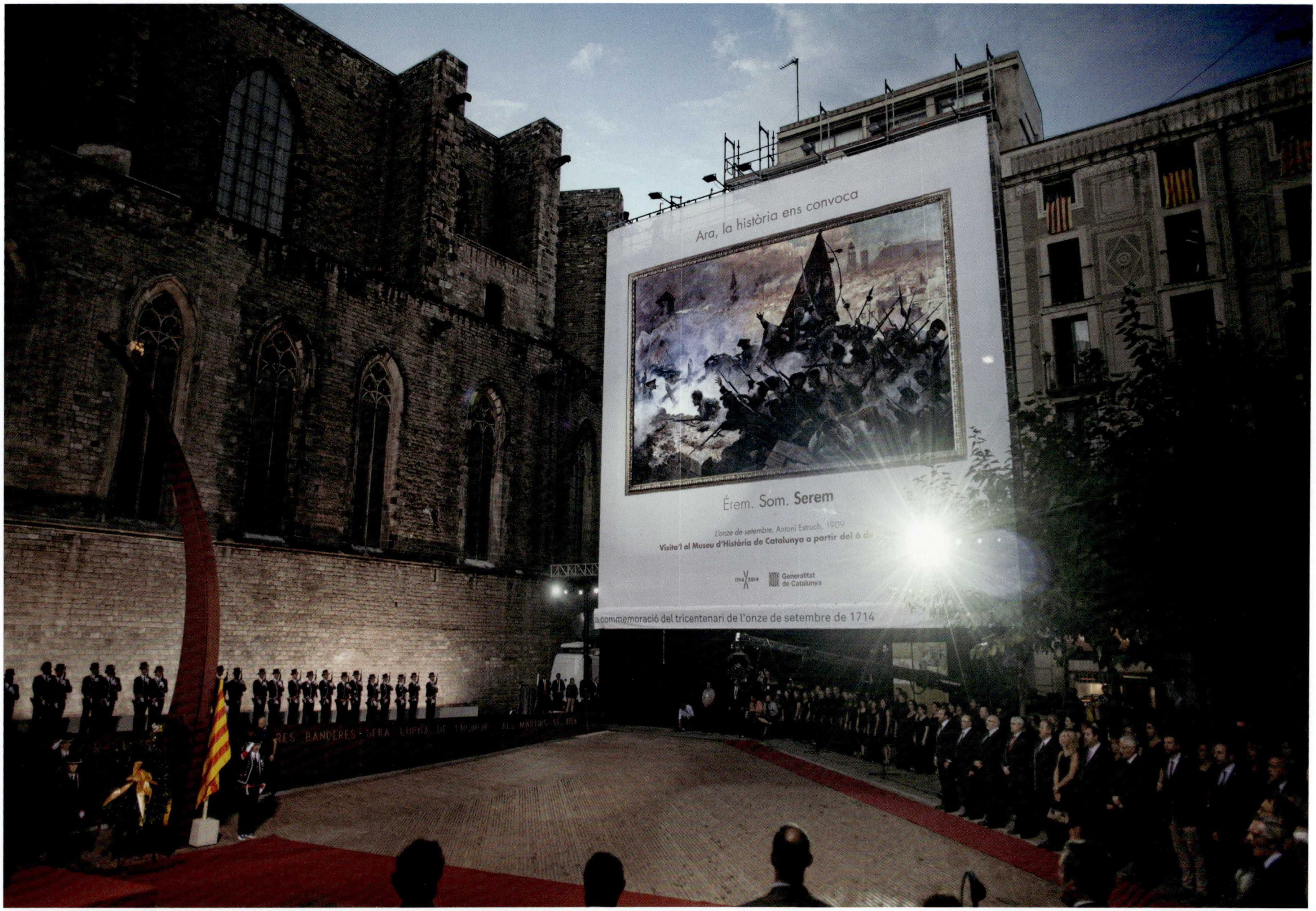

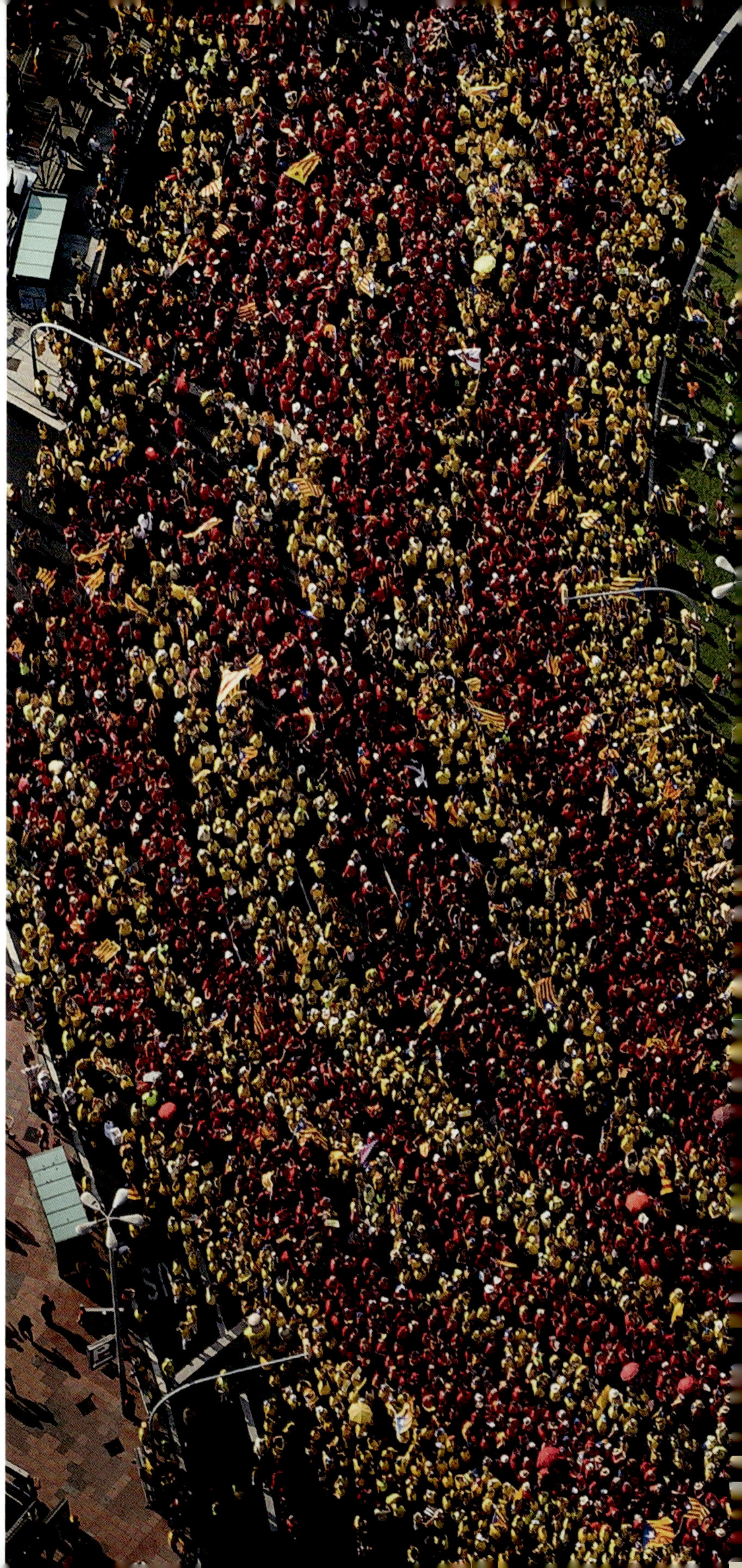

11_09_14 | **DAVID AIROB.** A BARCELONA, A LES 17:14 H.

ARA ÉS L'HORA. 1.800.000 catalans van ocupar els 11 quilòmetres i els 200.000 metres quadrats de la gran 'V' promoguda per l'ANC i Òmnium Cultural en la tercera gran manifestació sobiranista de la Diada de l'Onze de Setembre.

Deixa que el **David** t'expliqui la seva foto.

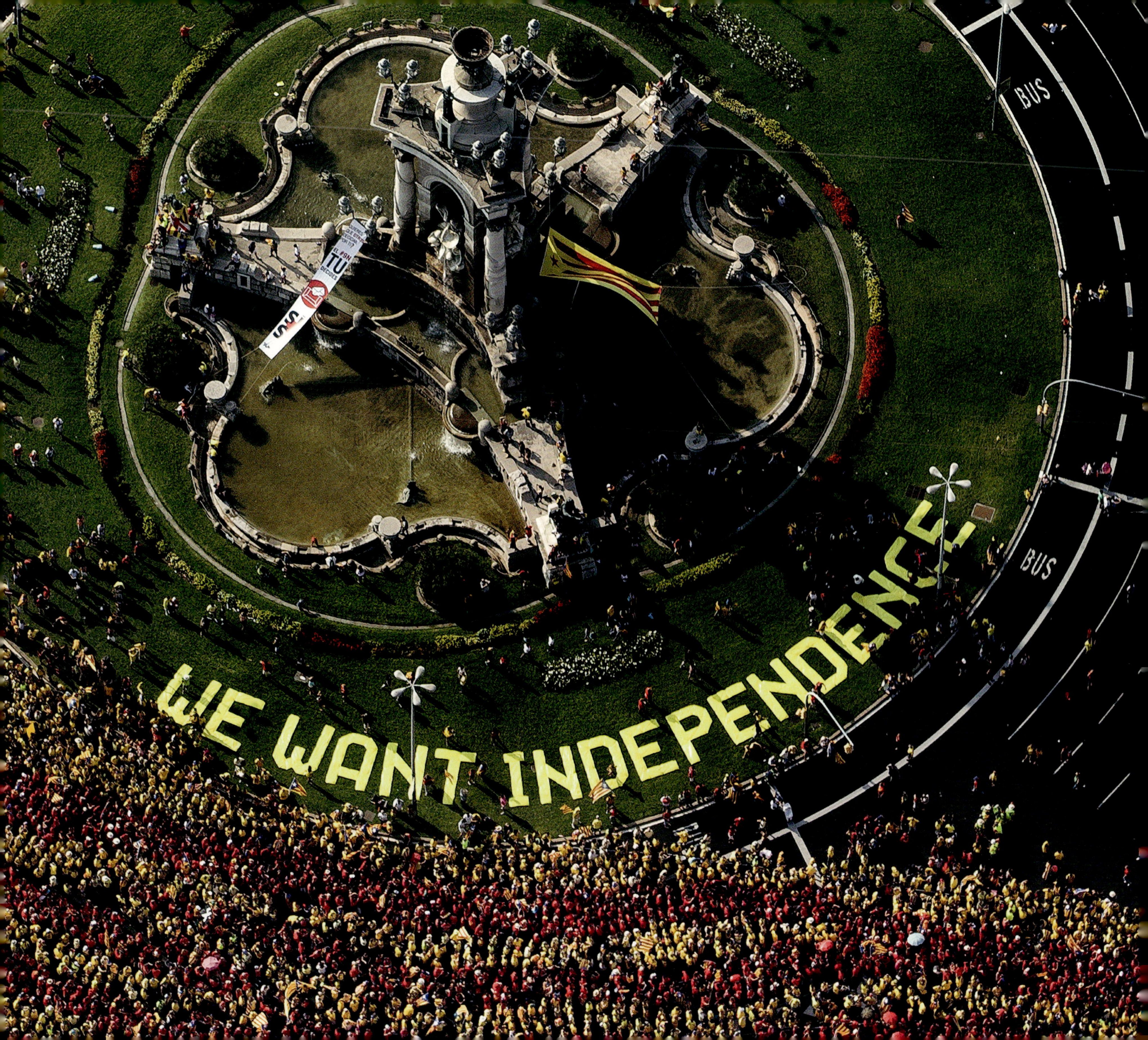
BUS
WE WANT INDEPENDENCE
BUS

12_09_14 | **JULIO CARBÓ.** A TÀRREGA (URGELL), A LES 19:33 H.

TEATRE AL CARRER. Actuació del grup 15Feet6 amb l'espectacle de circ Dynamite & Poetry a la Fira de Tàrrega, la més important al sud d'Europa, sense límit de capacitat.

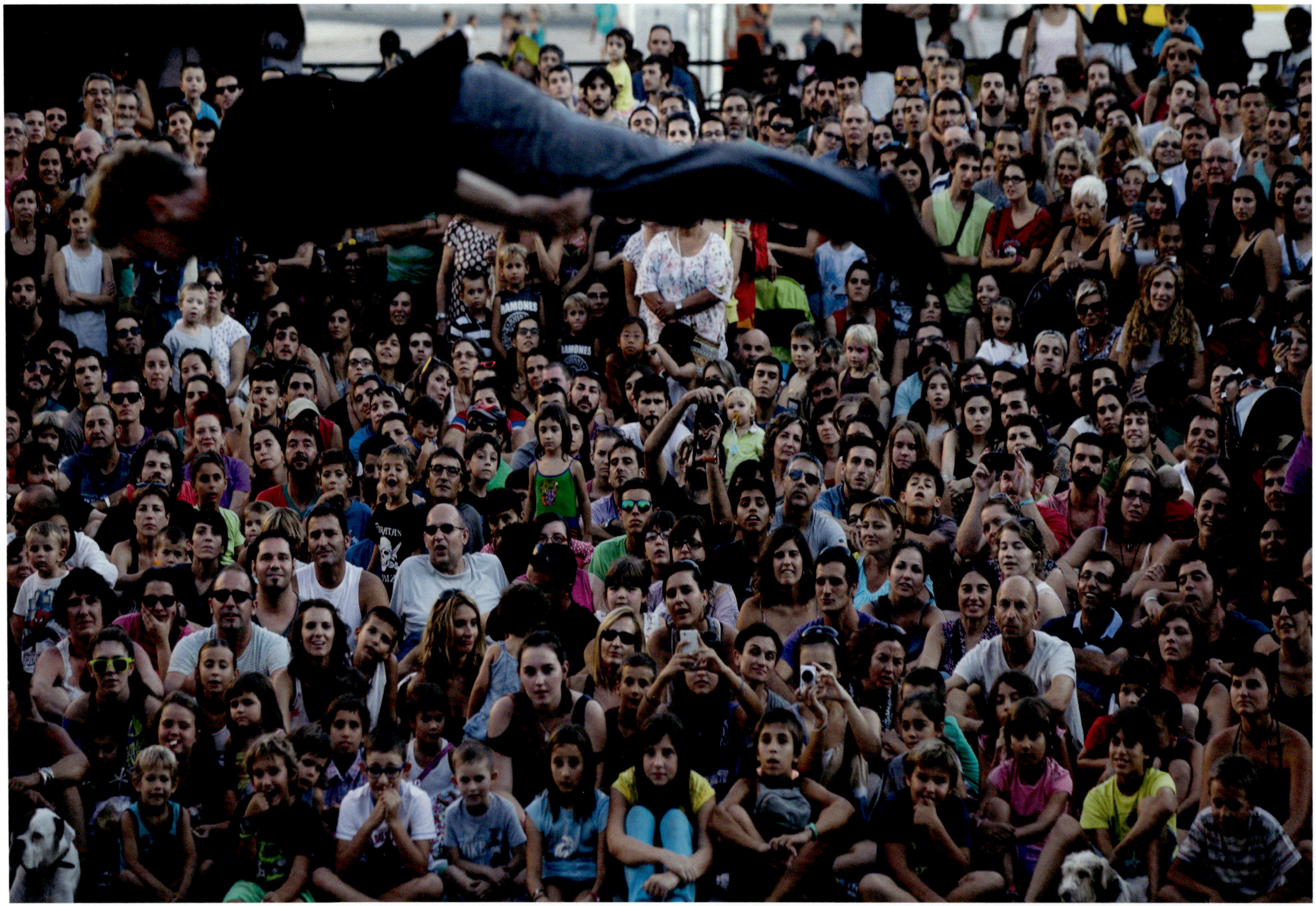

SUSANNA SÁEZ. A ODÈN (SOLSONÈS), A LES 17:59 H. | 13_09_14

EXHIBICIÓ. El Zoo del Pirineu, impulsat per Stania Kuspertova i Eloi Arenas, ofereix espectacles de vols lliures d'aus rapinyaires, com el d'aquest majestuós duc.

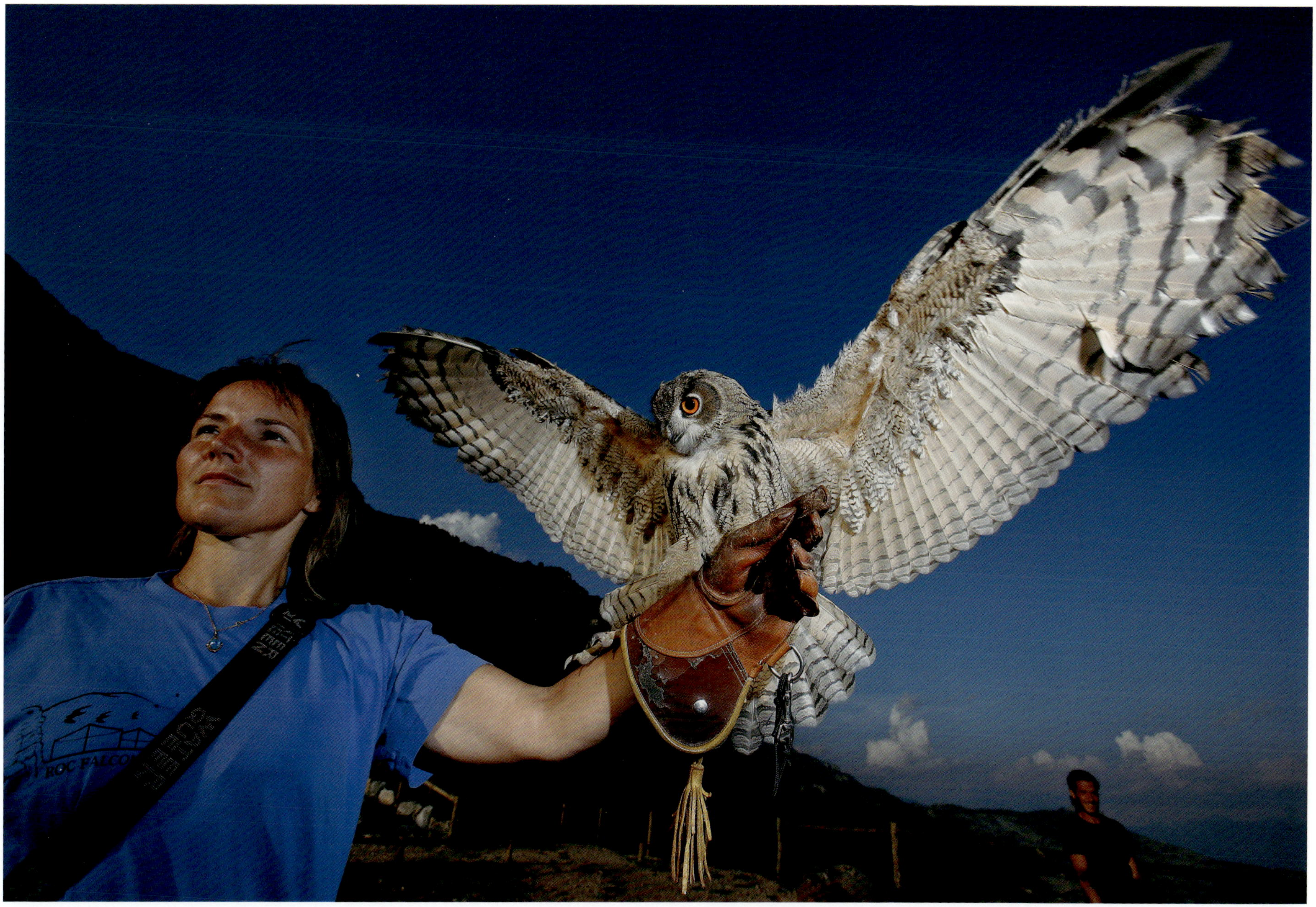

14_09_14 | **MARCEL·LÍ SÀEZ.** A AMPOSTA (MONTSIÀ), A LES 11:15 H.

ARROSSAR. Dani Forcadell, tercera generació d'arrossers, dóna al seu fill Gerard unes espigues d'arròs de gra rodó (guara). Se n'espera una collita de 120.000 tones.

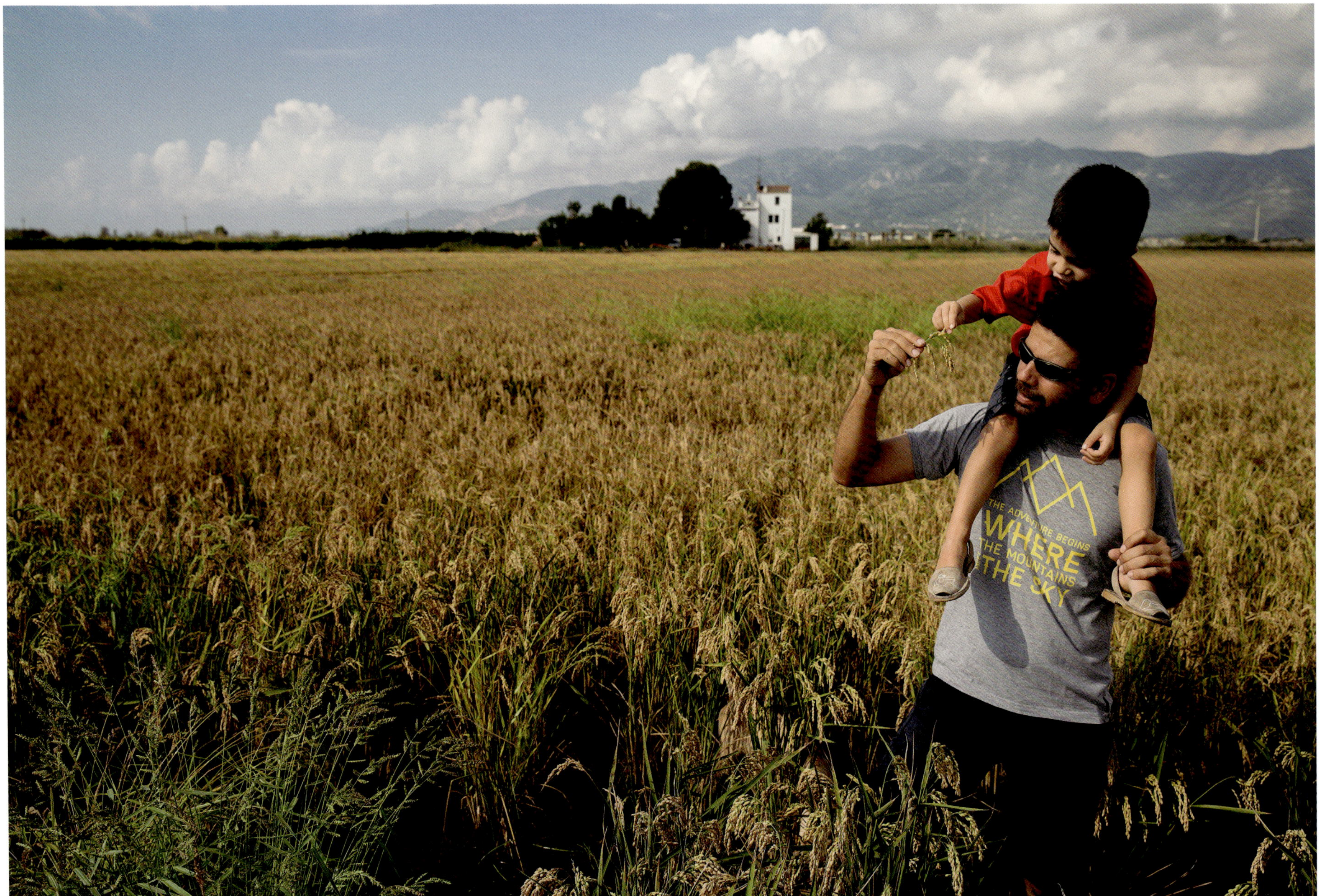

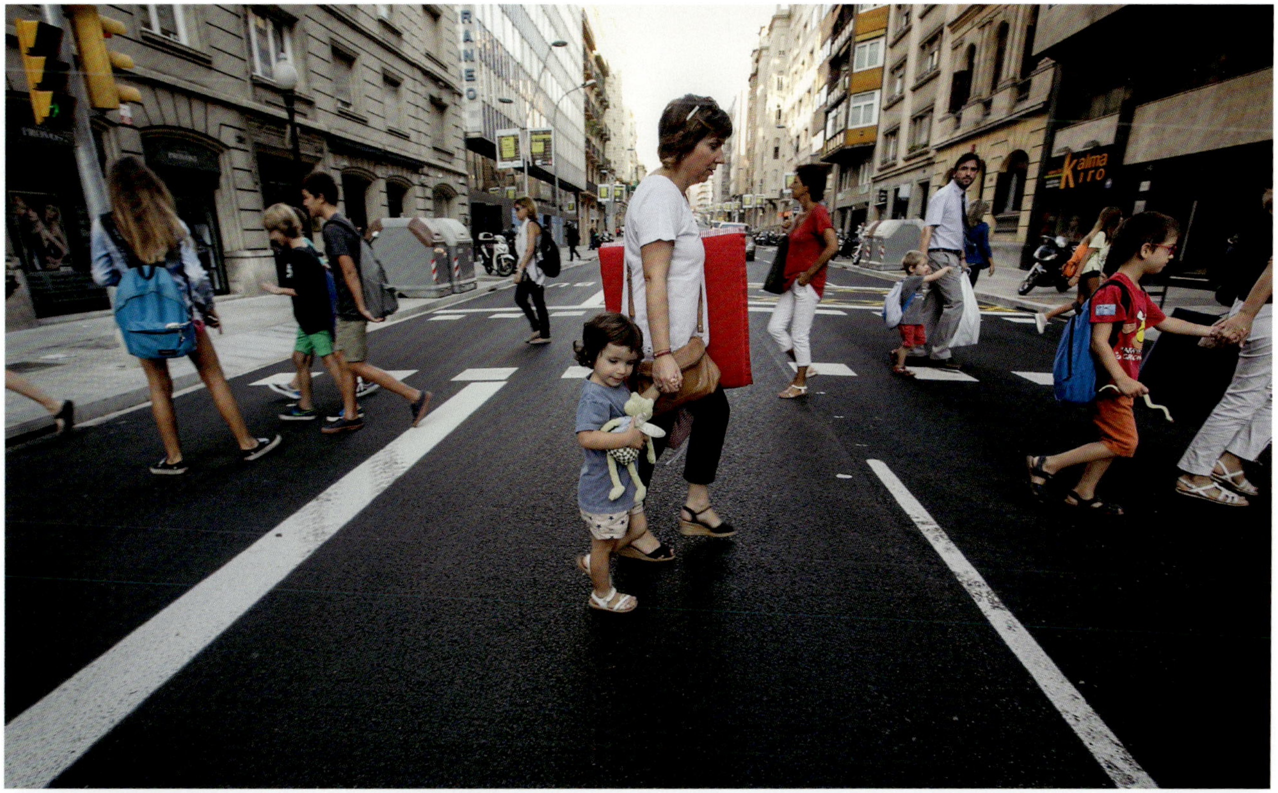

15_09_14 | CRISTINA CALDERER.
A BARCELONA, A LES 08:40 H.

COMENÇA EL CURS. La Bruna, de 3 anys, s'estrena aquest any a l'escola. Agafada de la mà de sa mare, creua el carrer enmig d'altres nens que comencen el curs 2014-2015.

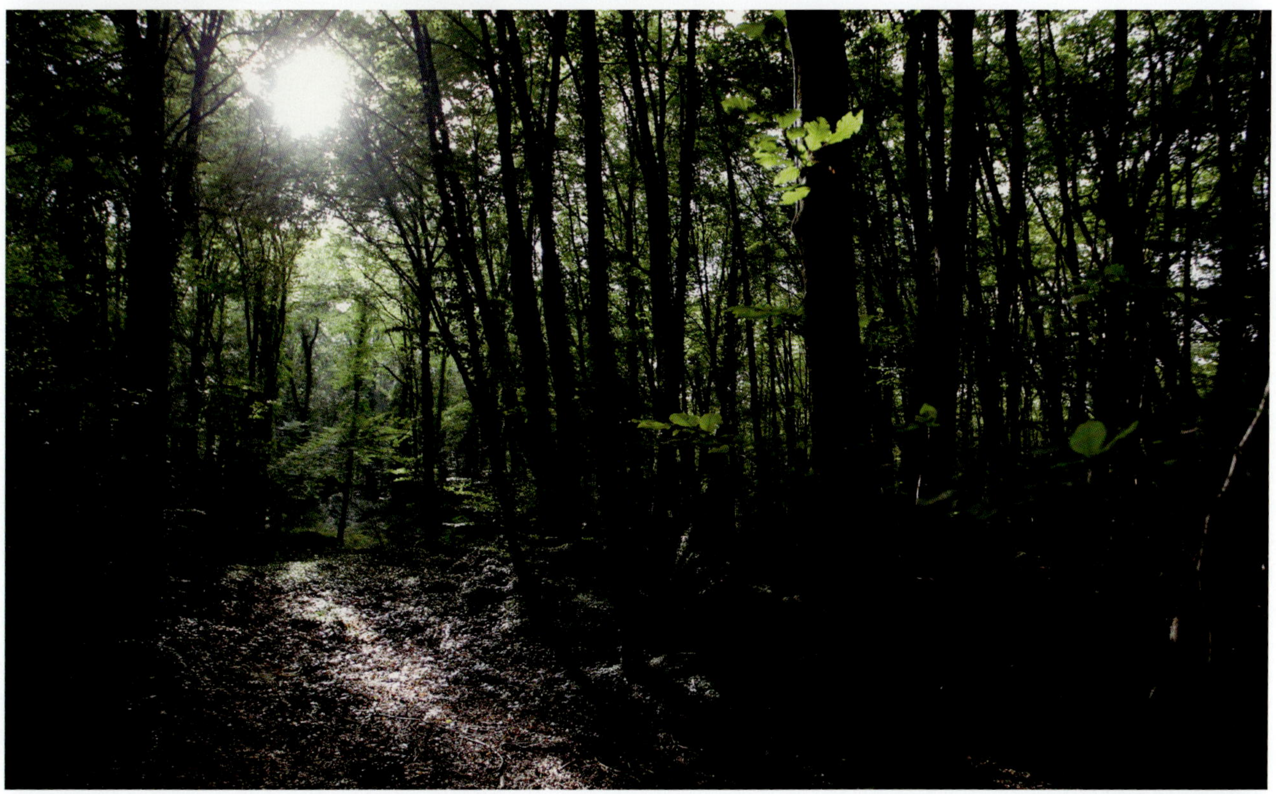

16_09_14 | PERE TORDERA.
A OLOT (GARROTXA), A LES 17:00 H.

PARC NATURAL. Assentada sobre una colada de lava al mig del Parc Natural de la Zona Volcànica de la Garrotxa, la Fageda d'en Jordà està envoltada de 21 volcans inactius.

17_09_14 | TONI ALBIR. A BARCELONA, A LES 11:30 H.

LA MILLA D'OR. El passeig de Gràcia de Barcelona figura entre els deu carrers més cars i exclusius del món, on conflueixen les botigues més luxoses de la ciutat, en contrast amb una altra realitat social alimentada per l'alt cost de la vida.

Deixa que el **Toni** t'expliqui la seva foto.

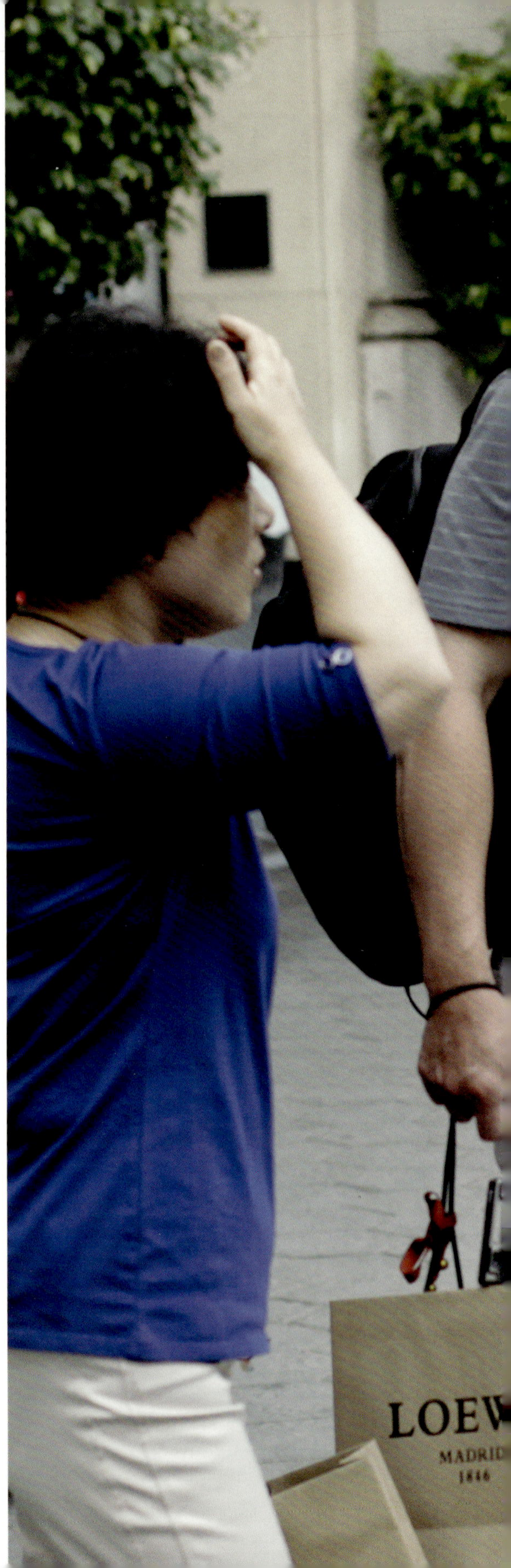

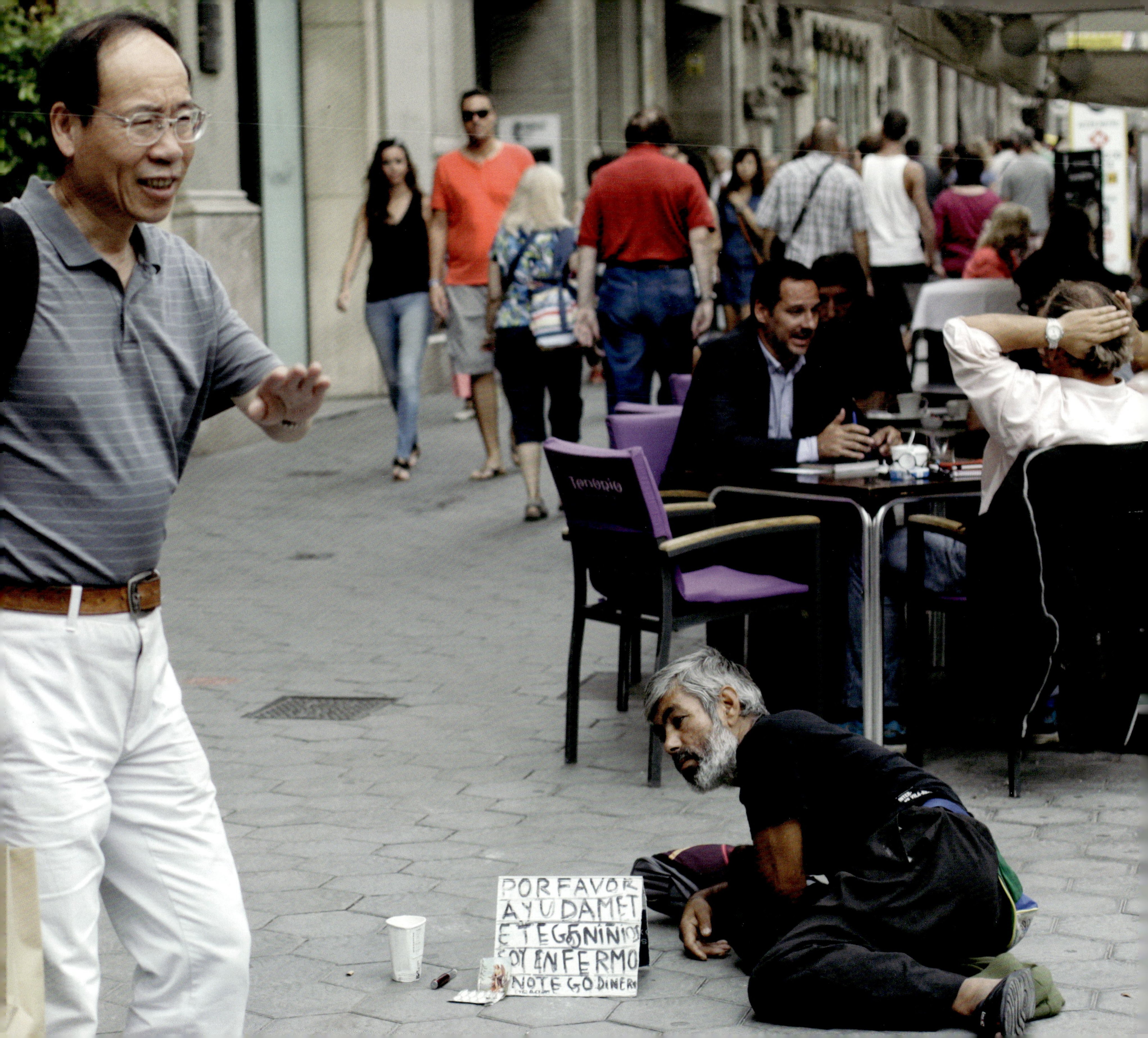
POR FAVOR
AYUDAMET
SOY ENFERMO
NO TE GO DINERO

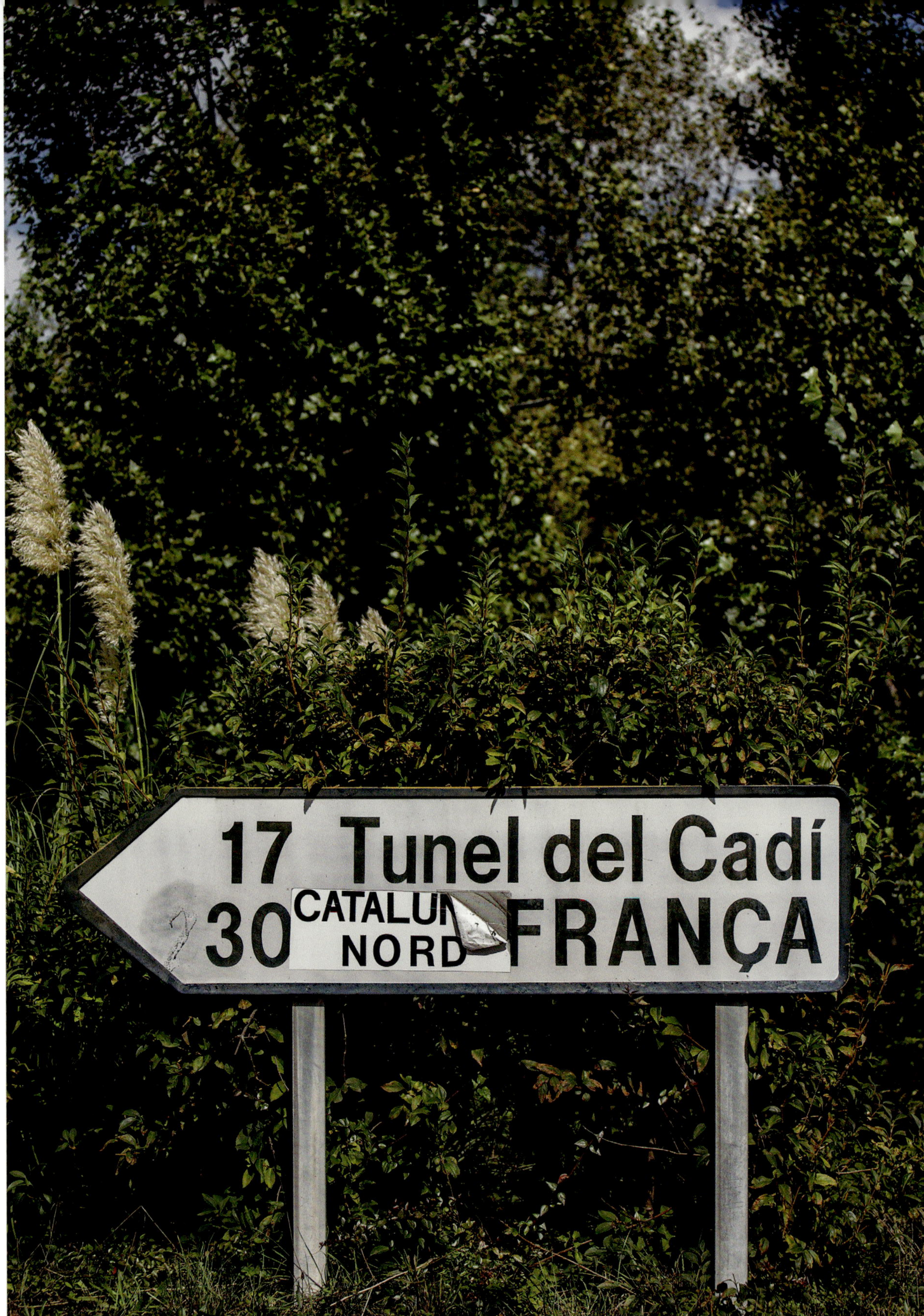

18_09_14 | CARLES RIBAS.
A CERCS (BERGUEDÀ),
A LES 12:38 H.

TRACTAT DELS PIRINEUS. C-16, km 105,5, a prop de la frontera. La Catalunya Nord, històricament i culturalment catalana i unilateralment cedida a França, es reivindica.

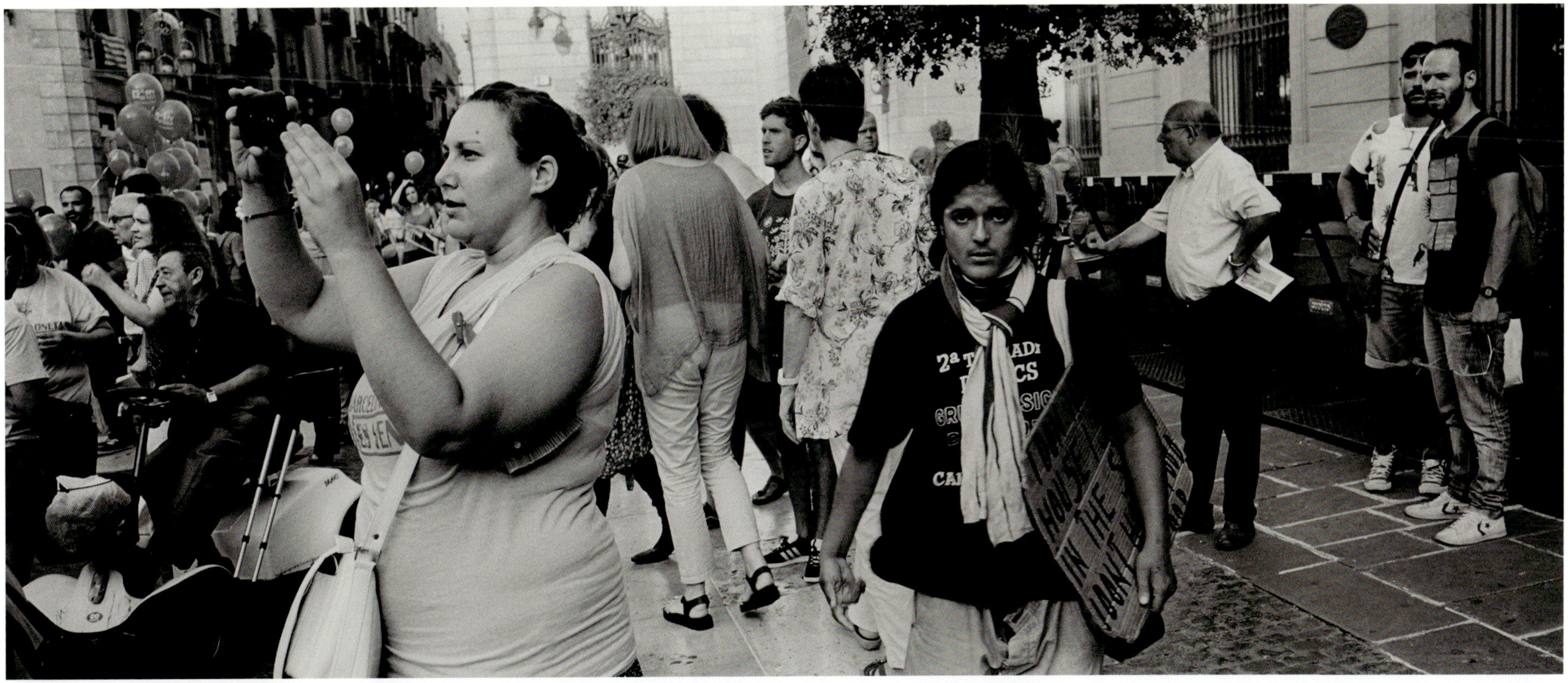

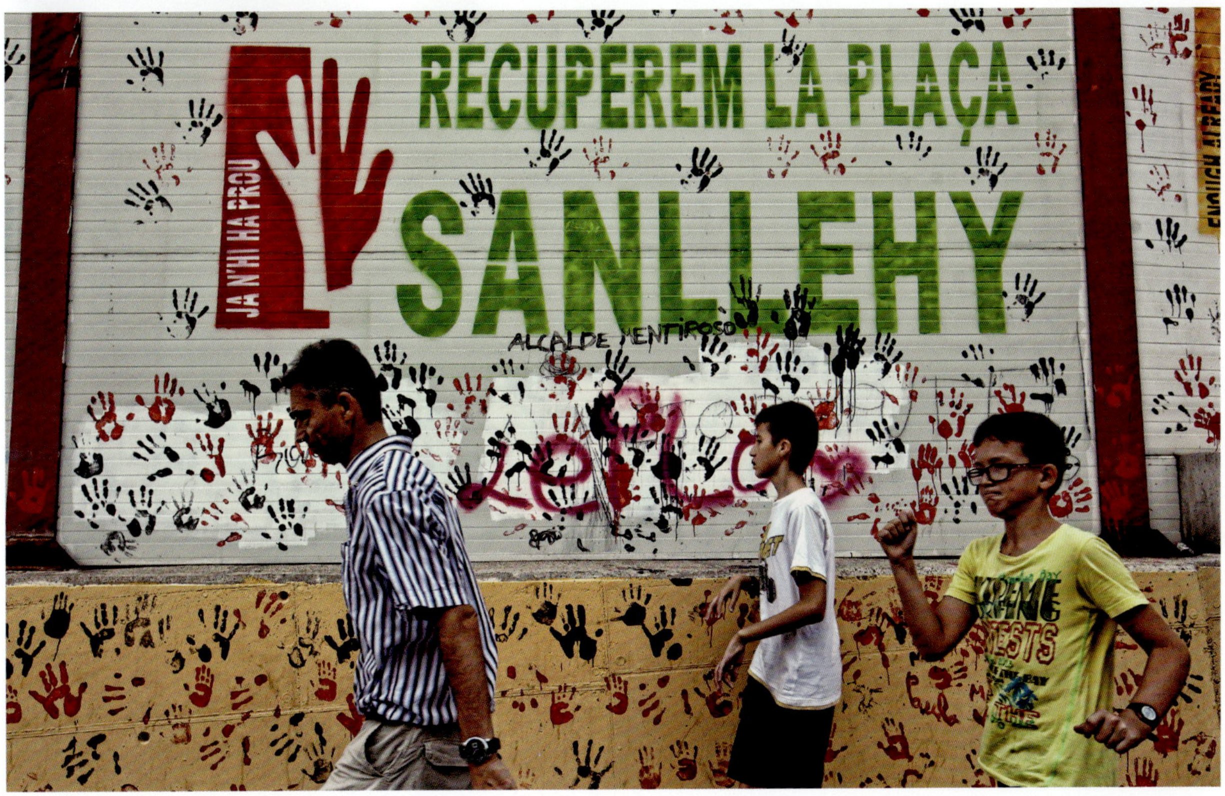

19_09_14 | FRANCESC MELCION.
A BARCELONA, A LES 18:37 H.

LA CIUTAT, DE FESTA. Ambient a la plaça de Sant Jaume moments abans del pregó de la Mercè, patrona de Barcelona, que dóna per iniciats els actes de celebració.

20_09_14 | JOAN MANUEL BALIELLAS.
A BARCELONA, A LES 11:24 H.

EL MUR DE LA VERGONYA. Les obres de la L9 de metro, iniciades el 2003, han deixat un immens forat per la manca de pressupost, malgrat les reivindicacions veïnals.

21_09_14 | **JOSEP LOSADA.** A BARCELONA, A LES 11:23 H.

MARXA GLOBAL. 2.500 ciutats, entre elles Barcelona, es manifesten contra el canvi climàtic tres dies abans de la cimera de l'ONU a Nova York per pressionar els seus líders.

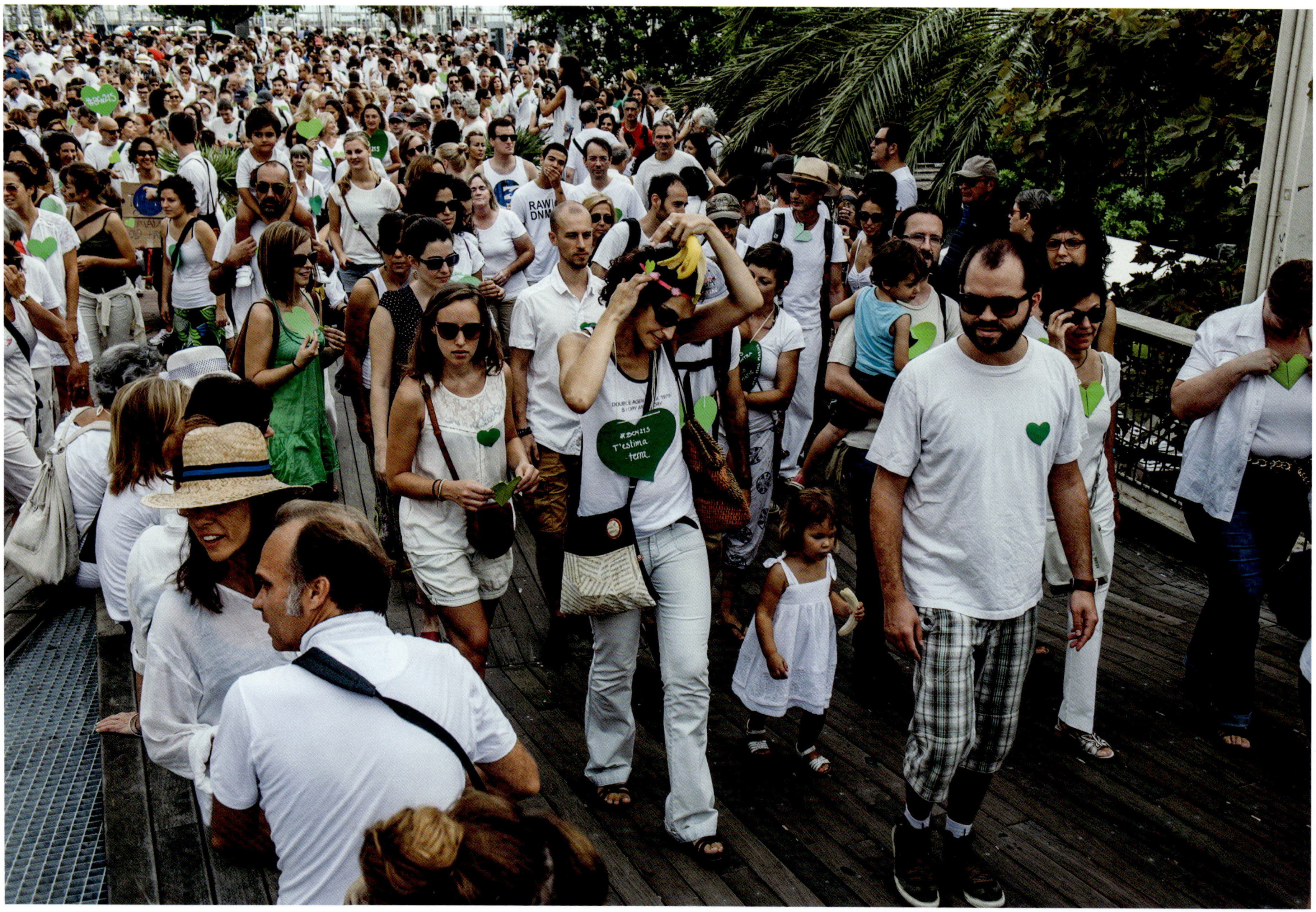

INÉS BAUCELLS. A BARCELONA, A LES 19:53 H. | 22_09_14

HIPSTERS. La barba llarga està de moda, és motiu d'orgull i s'ha de cuidar molt. Els anys 40 van ser aficionats al jazz amb l'actitud cool dels negres. Ara són subcultura urbana.

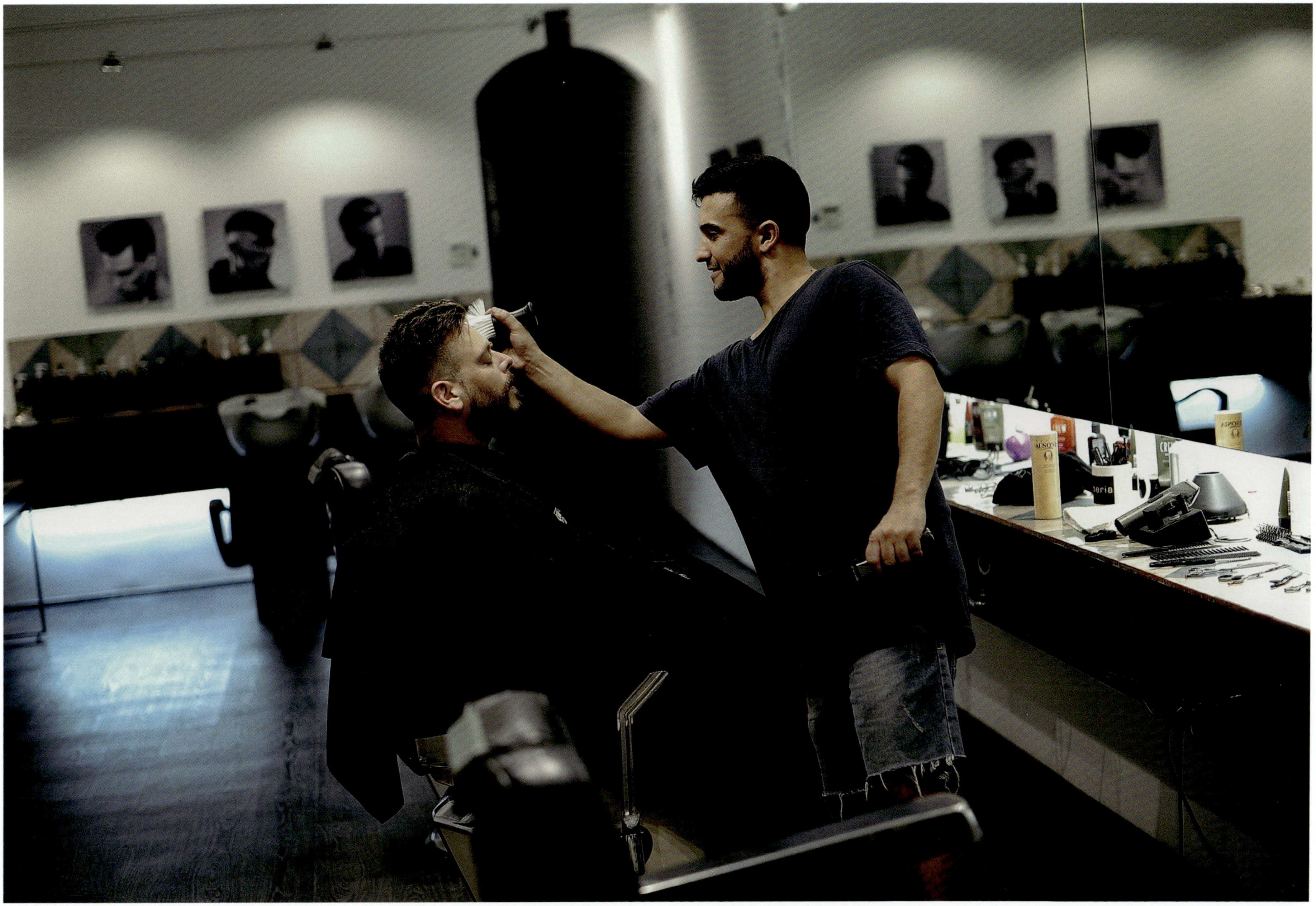

23_09_14 | JOAN MONFORT. A BARCELONA, A LES 09:42 H.

OBLIT. Pasqual Maragall escolta la ràdio al seu despatx d'expresident de la Generalitat. La seva fundació ha engegat "Oblits contra l'Alzheimer" per recaptar fons.

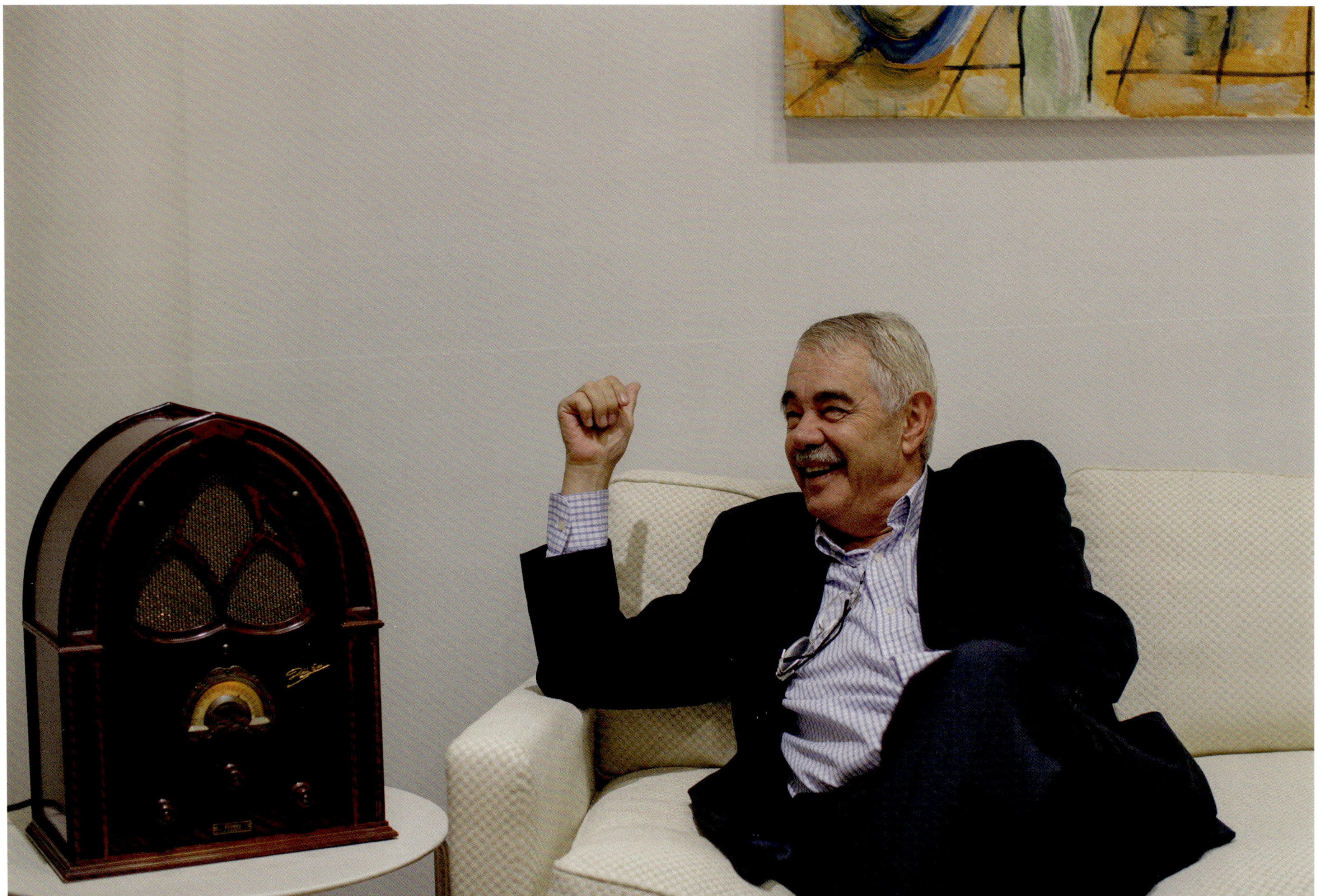

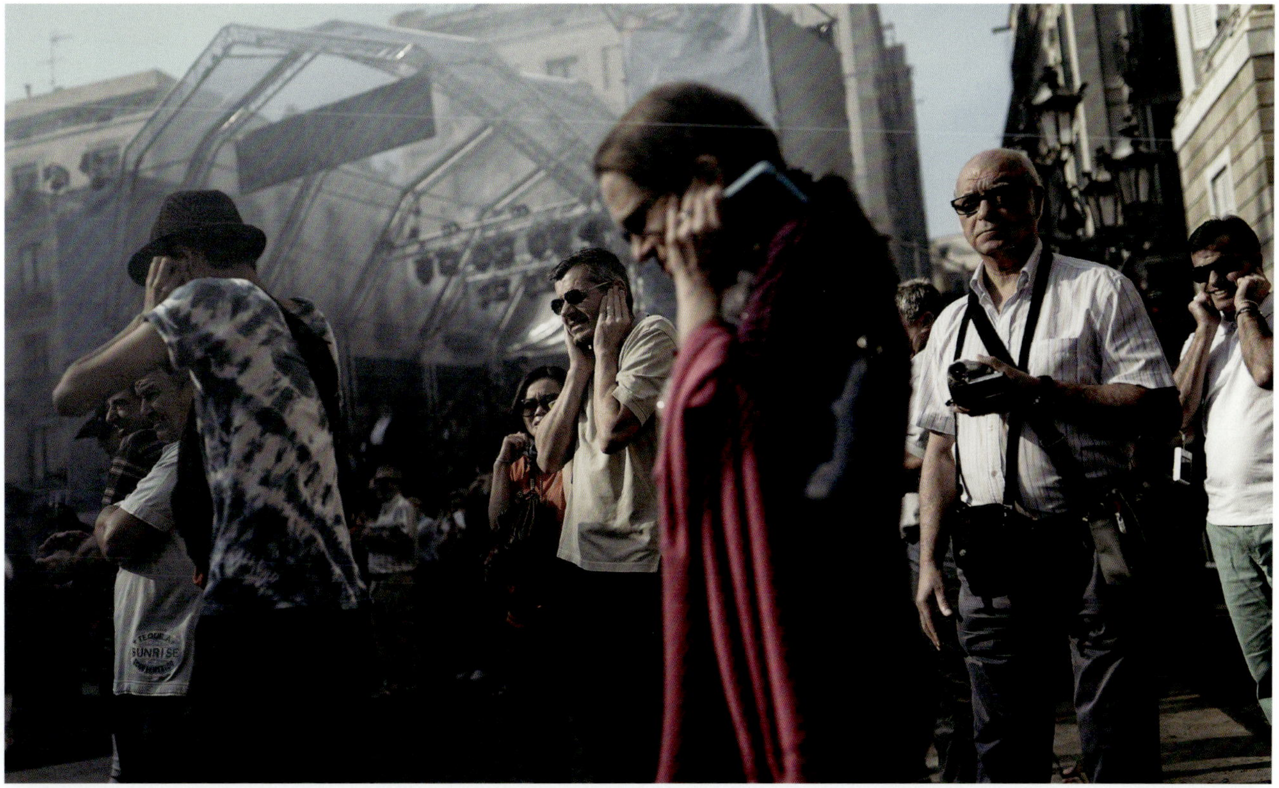

24_09_14 | JOSEP LAGO.
A BARCELONA, A LES 10:42 H.

DECIBELS. La Mercè més tradicional omple de grallers, gegants i trabucaires la ciutat. Música, soroll i fum a la màxima potència, com a les galejades de Sant Jaume.

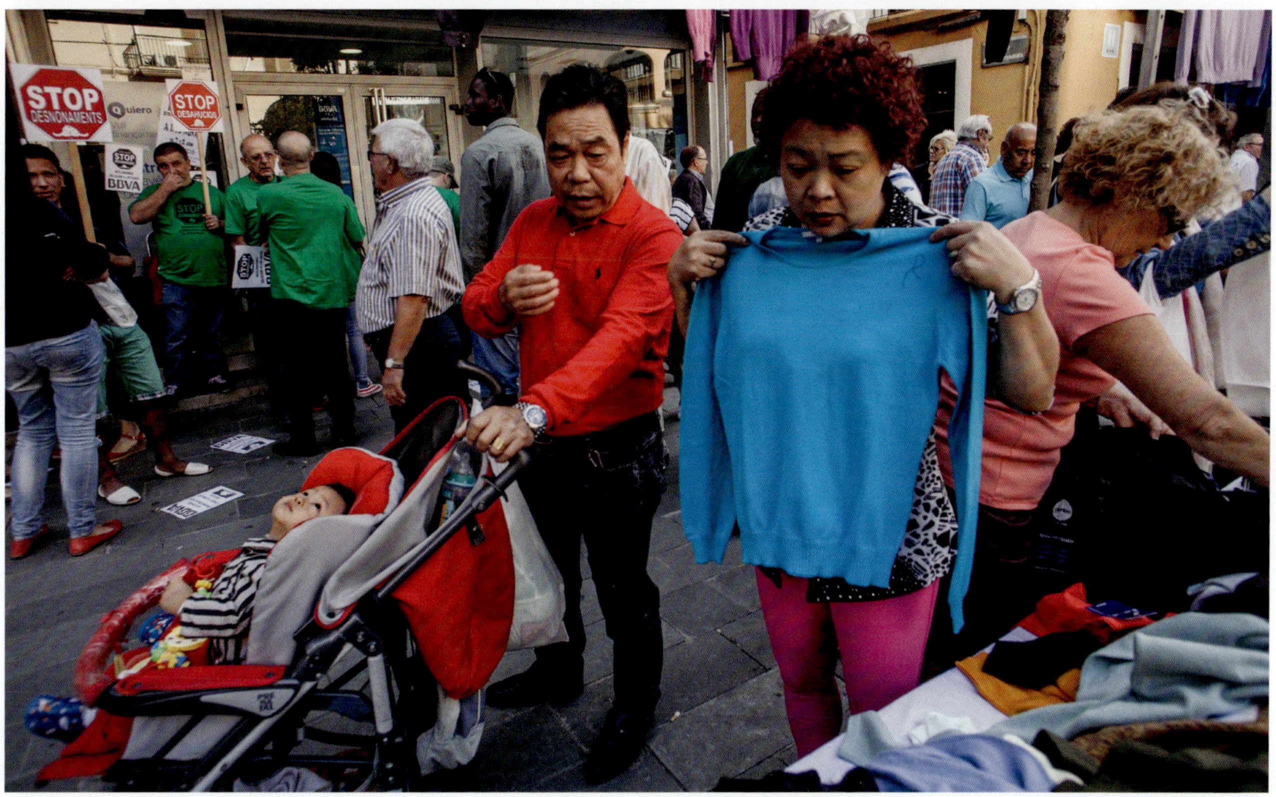

25_09_14 | CARMEN SECANELLA.
A GRANOLLERS (VALLÈS ORIENTAL), A LES 10:42 H.

I LA VIDA VA. Activistes de la Plataforma d'Afectats per la Hipoteca (PAH) coincideixen amb un mercat setmanal en la seva manifestació davant d'una oficina bancària.

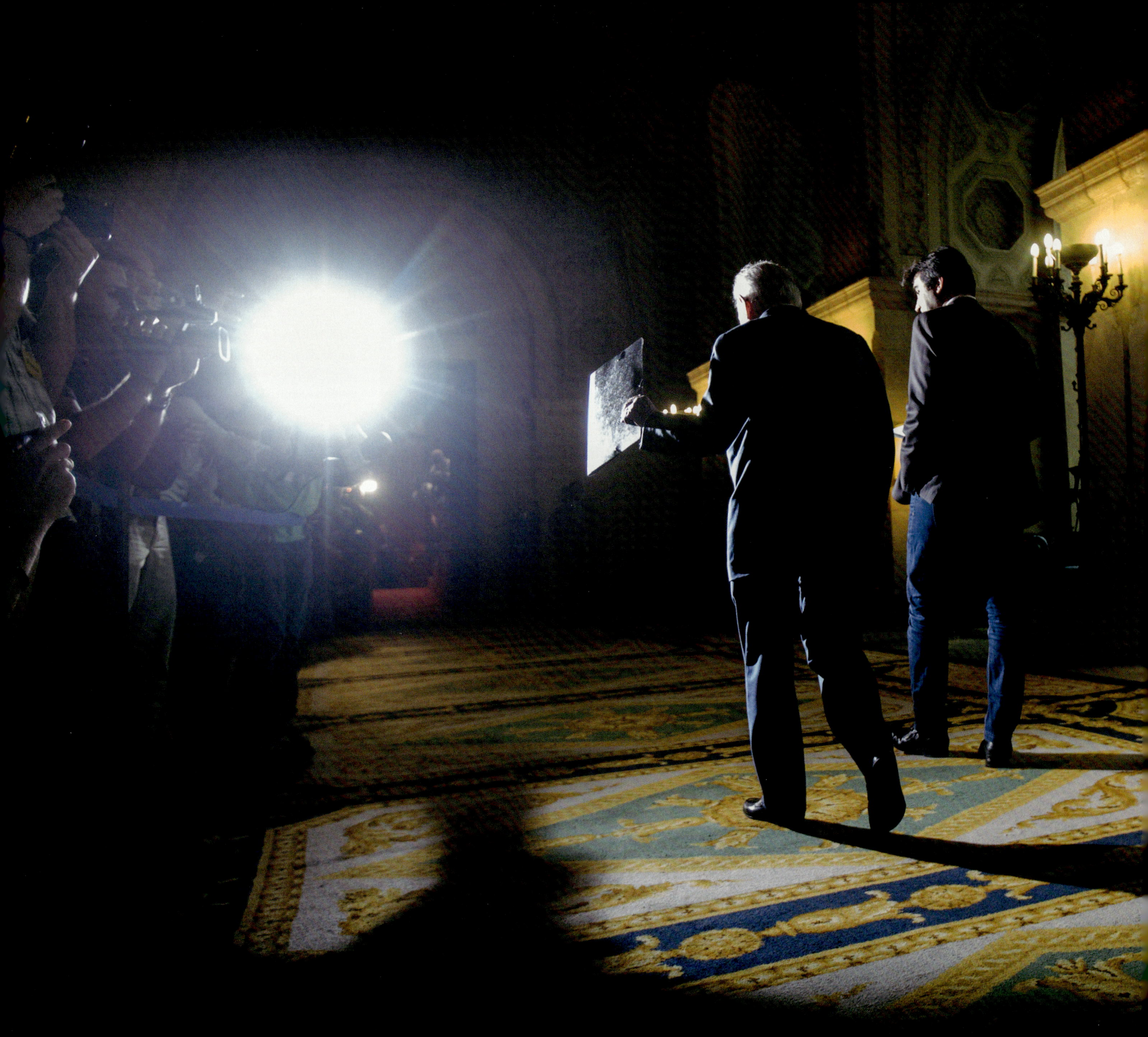

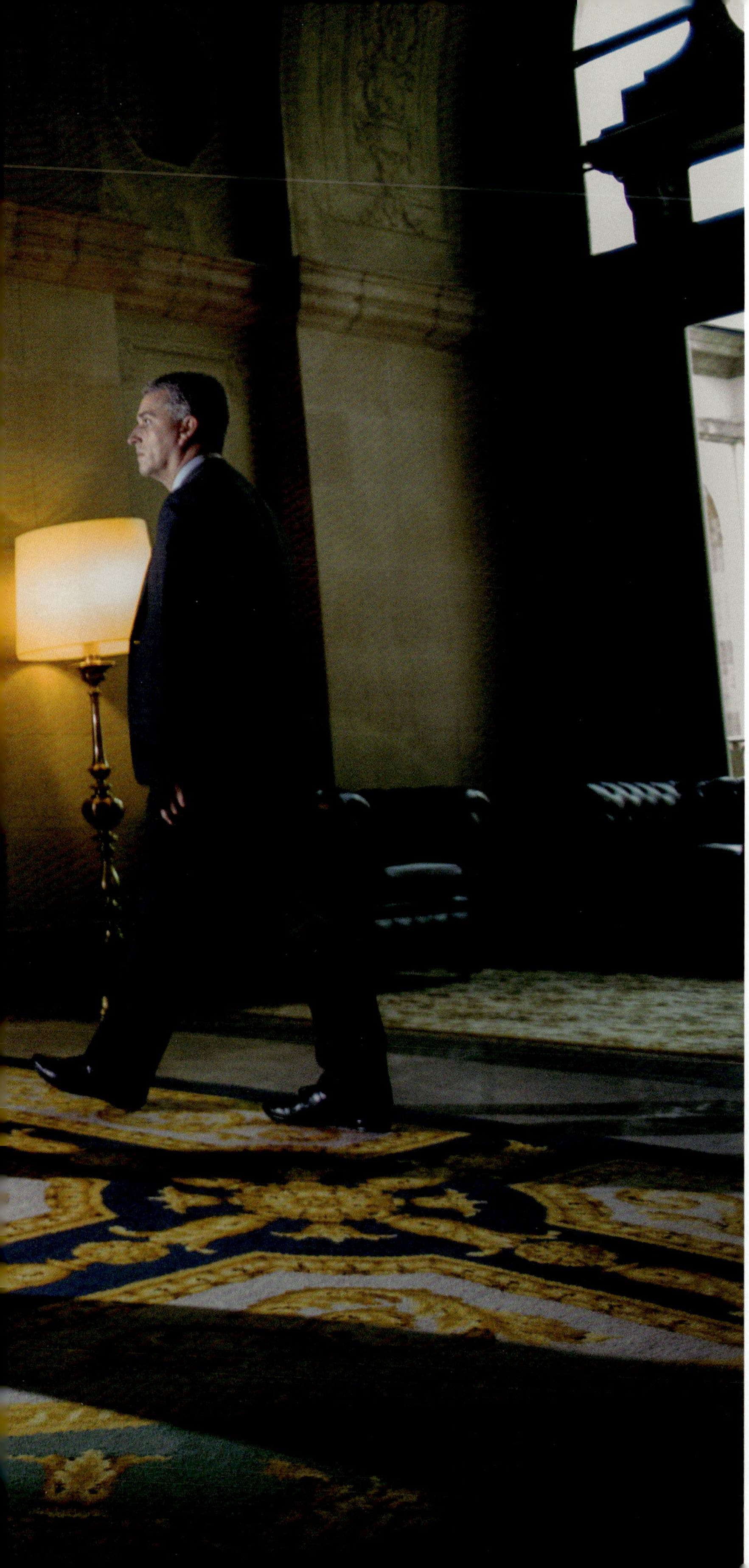

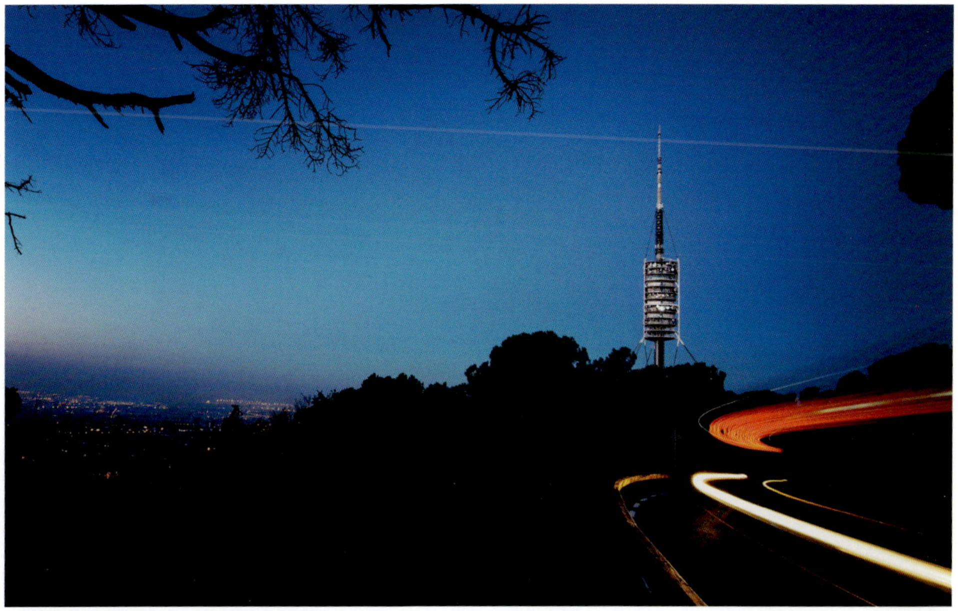

27_09_14 | VICENS GIMÉNEZ. A BARCELONA, A LES 07:16 H.

COLLSEROLA 7:00 H. La Torre de Collserola va ser construïda per a Barcelona'92. Dissenyada per l'arquitecte Norman Foster, esdevé ara símbol i un mirador incomparable.

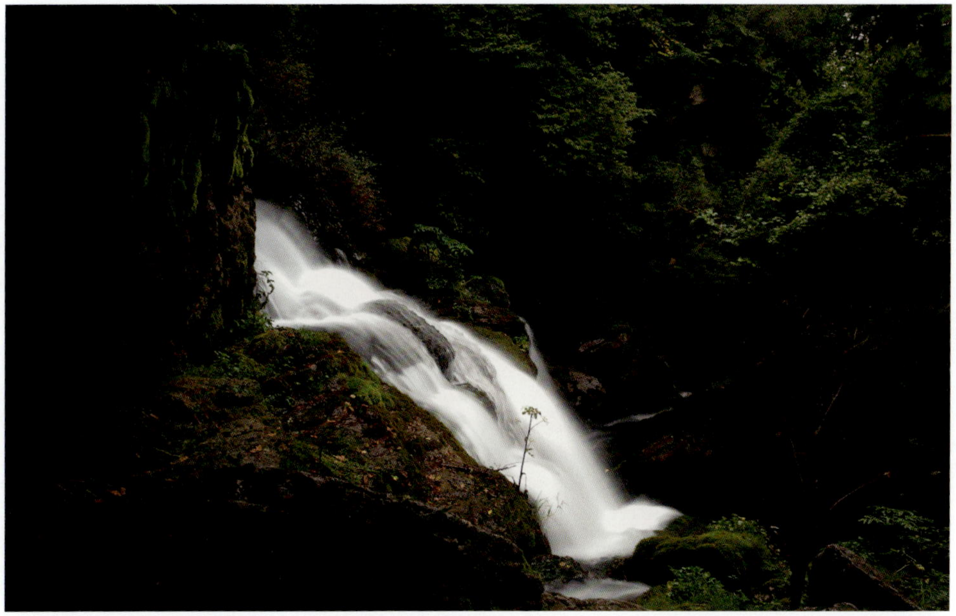

28_09_14 | AGUSTÍ CARBONELL. A CASTELLAR DE N'HUG (BERGUEDÀ), A LES 09:00 H.

NAIXEMENT. Diu la llegenda que l'aigua que brolla de les fonts del Llobregat són les llàgrimes d'unes nenes que una bruixa va matar. Volia que la seva filla fos la més maca.

< PÀG. 256

26_09_14 | CONSUELO BAUTISTA. A BARCELONA, A LES 16:05 H.

DECLARACIÓ. L'expresident de la Generalitat enfila el camí cap a la Sala de Grups del Parlament. Jordi Pujol hi compareix per donar raons dels seus fons familiars a Andorra.

29_09_14 | JORDI V. POU. A LLEIDA, A LES 01:11 H.

SEGURETAT. L'Alfons fa la ronda nocturna al Museu de Lleida Diocesà i Comarcal envoltat de sants, marededéus i retaules, en un privilegiat recorregut per la història de la ciutat.

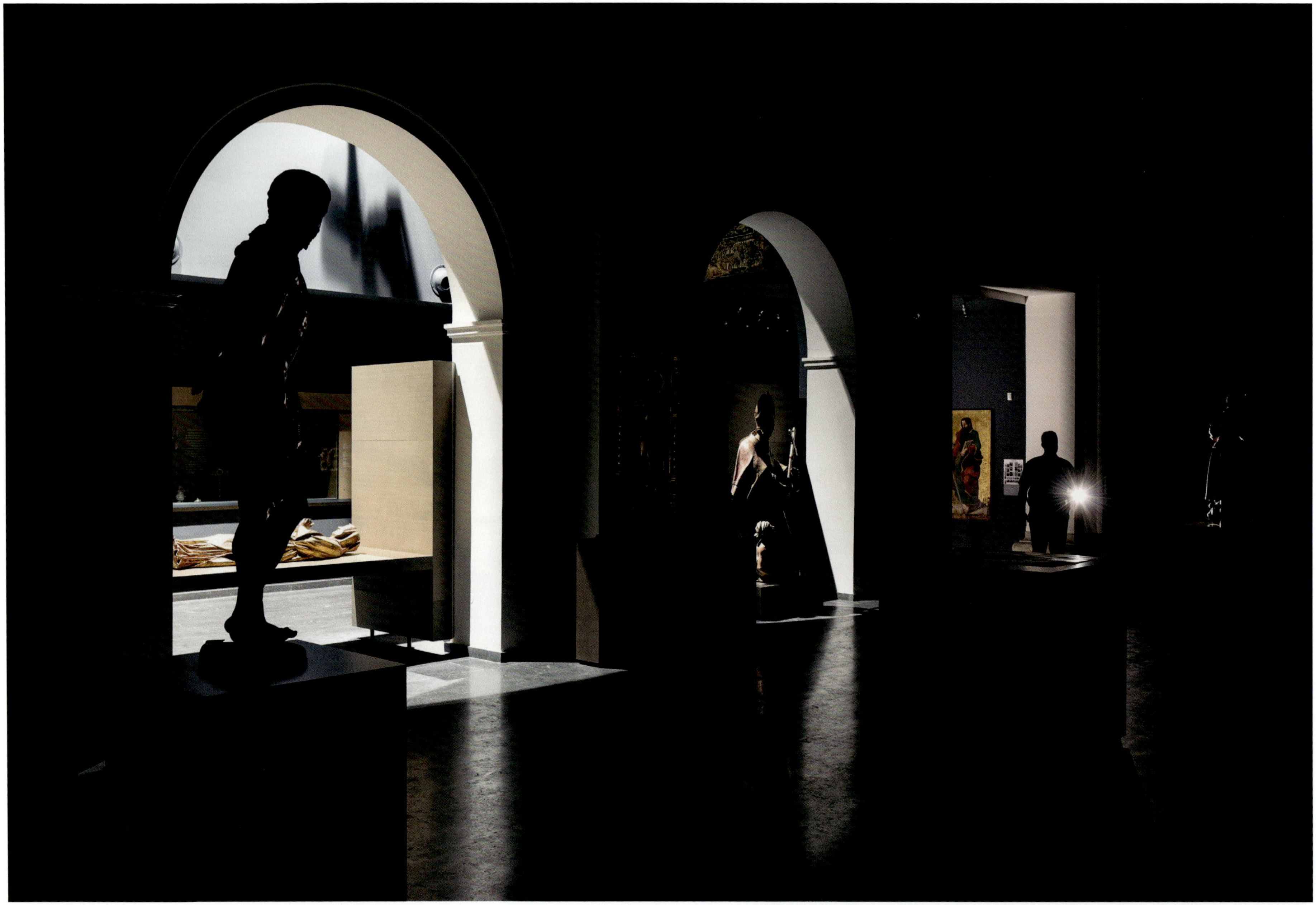

PERE PUNTÍ. A GIRONA, A LES 18:26 H. | 30_09_14

VOLEM VOTAR. El Tribunal Constitucional acaba de suspendre la Llei de consultes, i milers de persones es manifesten davant els ajuntaments per protestar.

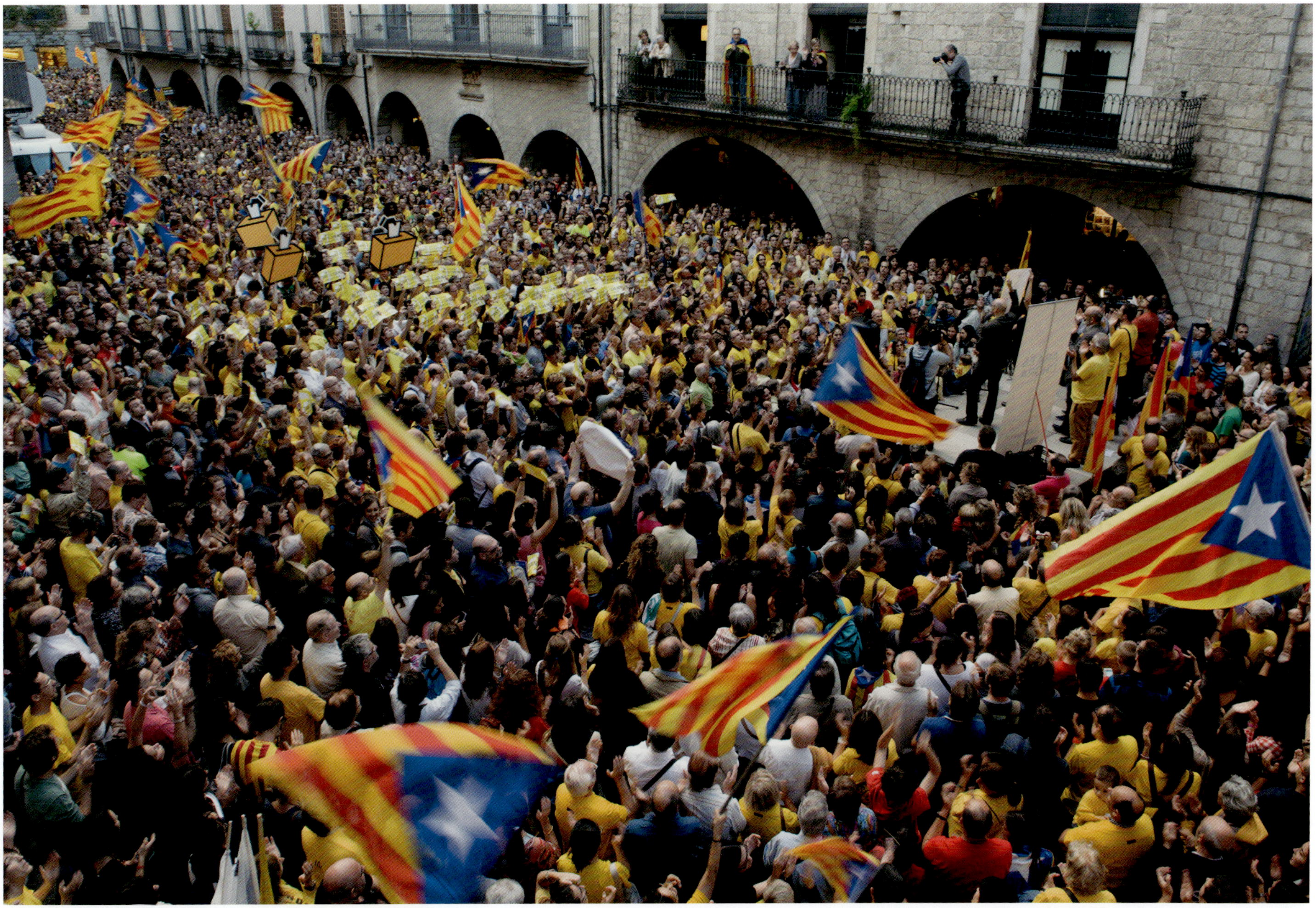

Txema Martínez
POETA

OCTUBRE. Mires, observes, veus. Et mors.

I mentre penetres en la llum de l'octubre, quan la llum es torça igual que un record, la incipiència de la fosca, a poc a poc revelada, acoloreix encara l'abraçada del vespre obert, en la pell de les coses, l'escorça grisa dels perennes arbres ancorats, l'alè darrer de la fulla daurada –l'or metall fumat abans del renaixement–, el vòmit sobre els edificis, el cel que menstrua.

Sobre l'aigua, la llum s'esqueixa i la pluja s'obstina a suïcidar-se, a acompanyar en el dol el coure d'octubre, immanència d'un nou matí que avidarà un blanc neutre blanquíssim, neu vista de la memòria obscura.

Sobre l'asfalt, es desprenen els ulls dels troncs, es derrota la carn, l'aire s'esfilagarsa perquè l'esnifem, com en un fons de mar sota un sostre de llum cremant-se.

La calor del primer fred despulla el teu últim cos. T'acomiades.

Així davalles, sense cap mà sobre les costelles, en la llum obturant-se, ja obturada, asfíxia que redimeix mentre t'abandona, en el centre d'un cel negre que la llum esmicola, des de fora, clamant, des de dins, fonent-se i desapareixent, erma llavor que la terra cull i ressuscita.

Dolor de la pèrdua, doncs. Joia del no-res.

Et mors. Mires, no hi veus. Palpentes.

La llum és una ombra absent.

JORDI COTRINA. A BARCELONA, A LES 11:18 H. | 01_10_14

'BUSINESS SCHOOL'. L'MBA de l'IESE, tercer millor d'Europa i setè del món segons el 'Financial Times', celebra el seu 50 aniversari amb alumnes de 57 països.

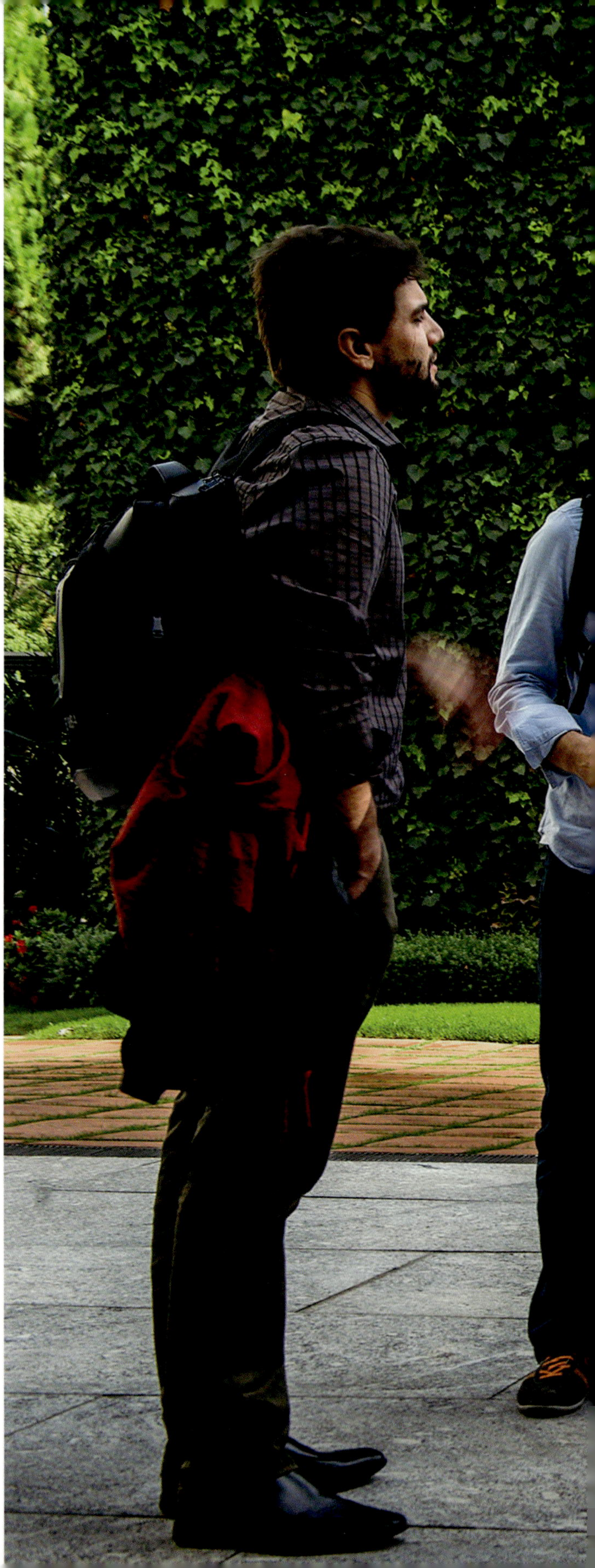

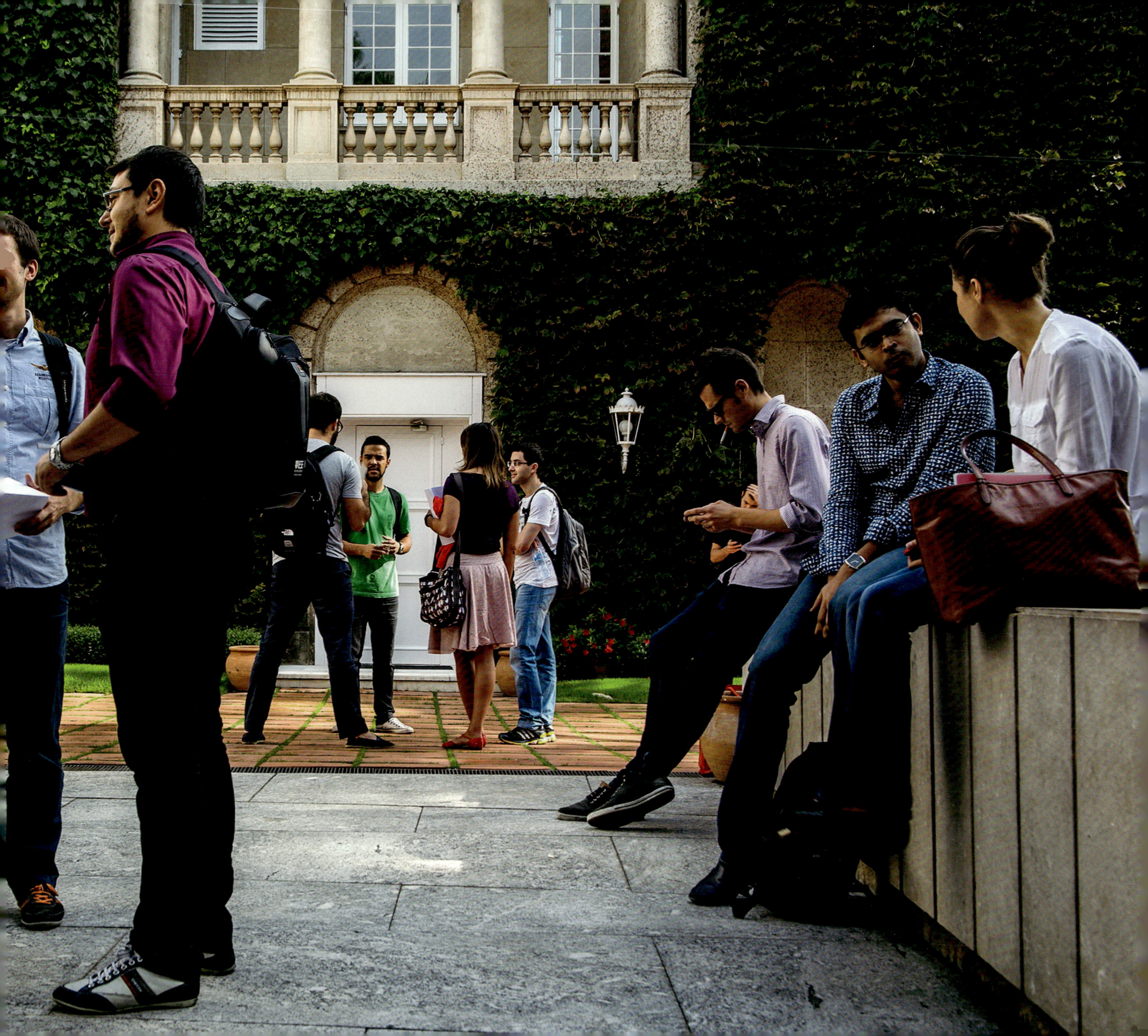

02_10_14 | **JOAN GUERRERO.** A BARCELONA, A LES 10:39 H.

VISIÓ CONTEMPORÀNIA. El millor de l'art dels segles XX i XXI s'exhibeix a l'emblemàtic edifici del MACBA. Una noia contempla una obra del fotògraf Xavier Ribas.

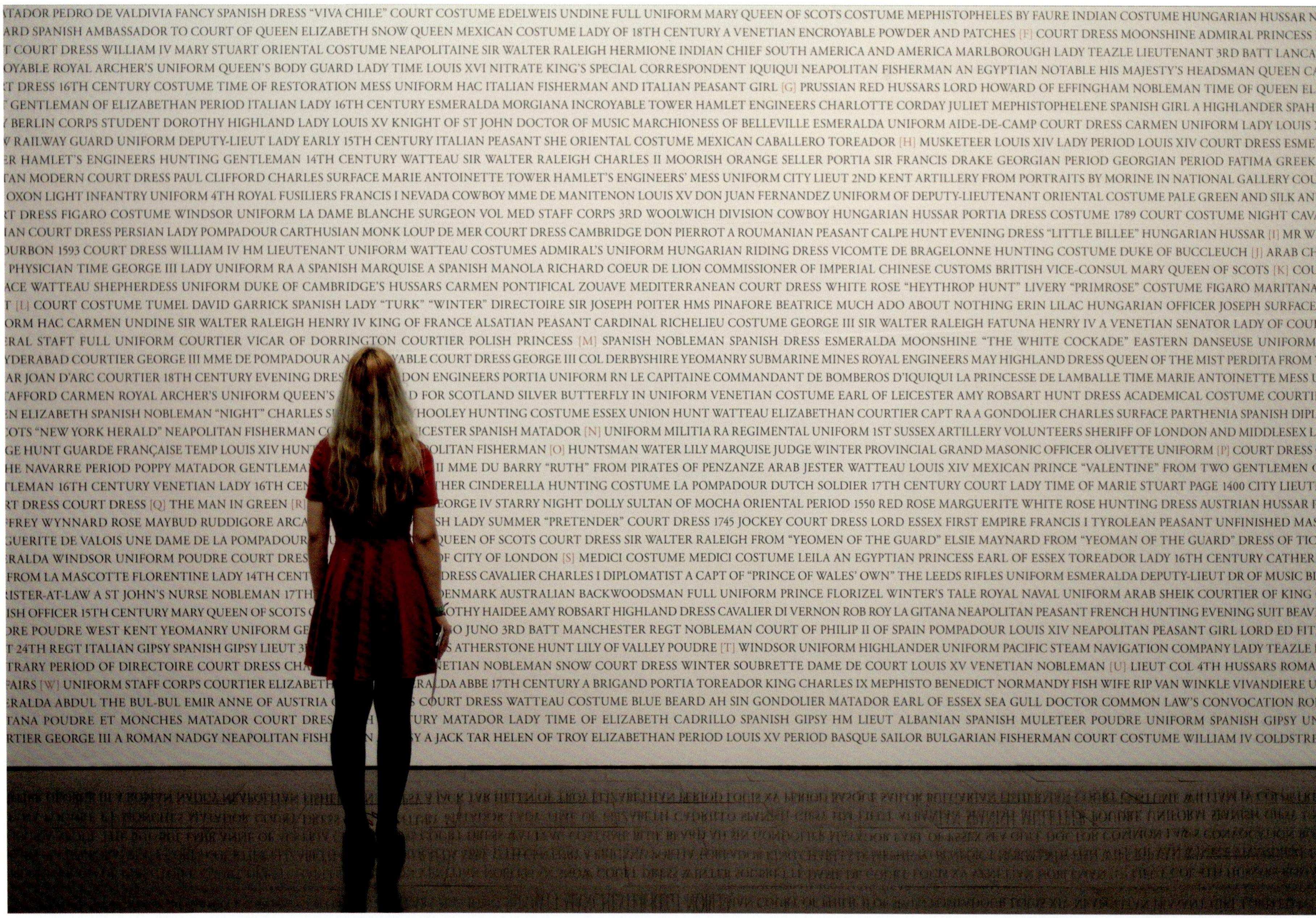

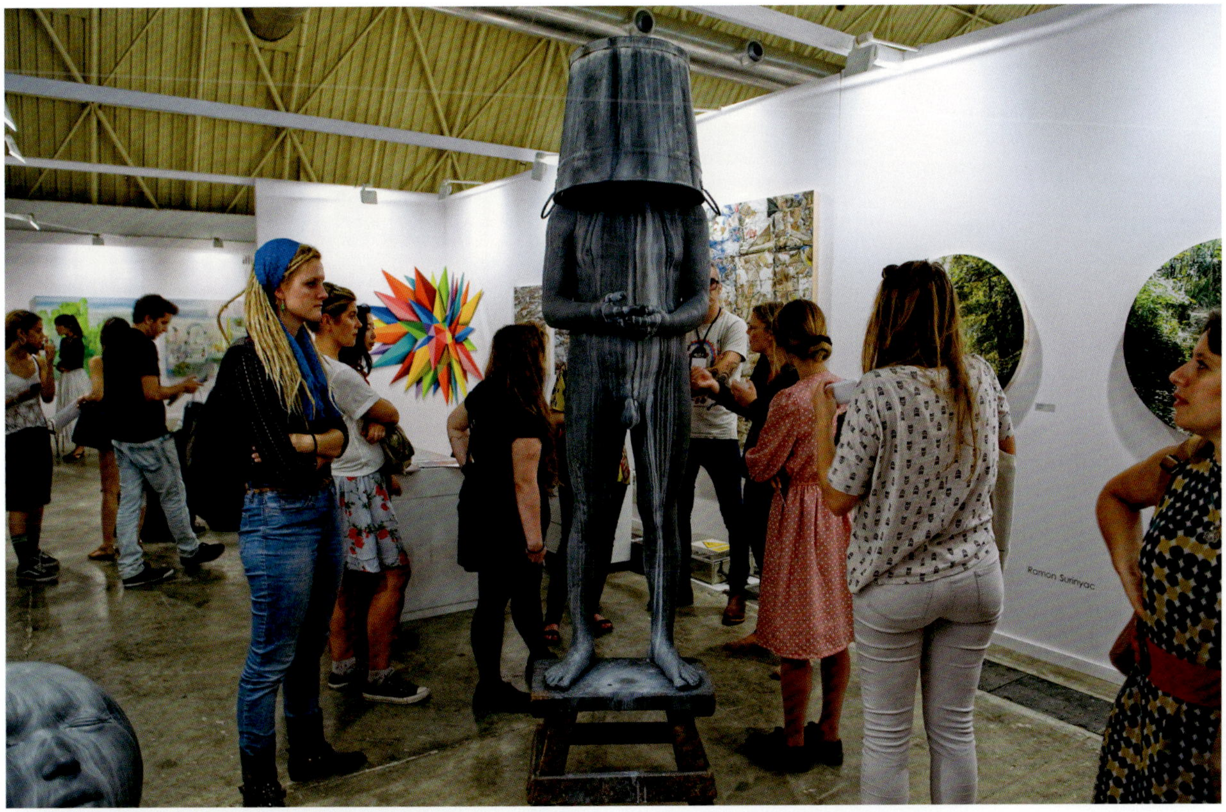

03_10_14 | SANTI COGOLLUDO.
A BARCELONA, A LES 16:30 H.

ART EMERGENT. La fira d'art Swab reuneix des de fa sis anys artistes emergents i exposa aquest any un total de 165 obres al Pavelló Italià de Fira de Barcelona.

04_10_14 | FRANCESC MELCION.
A BARCELONA, A LES 13:00 H.

EL SUBURBÀ. La xarxa de metro de Barcelona arriba a unes 400.000 validacions a l'any. La pujada de tarifes a principis d'any va provocar nombroses protestes.

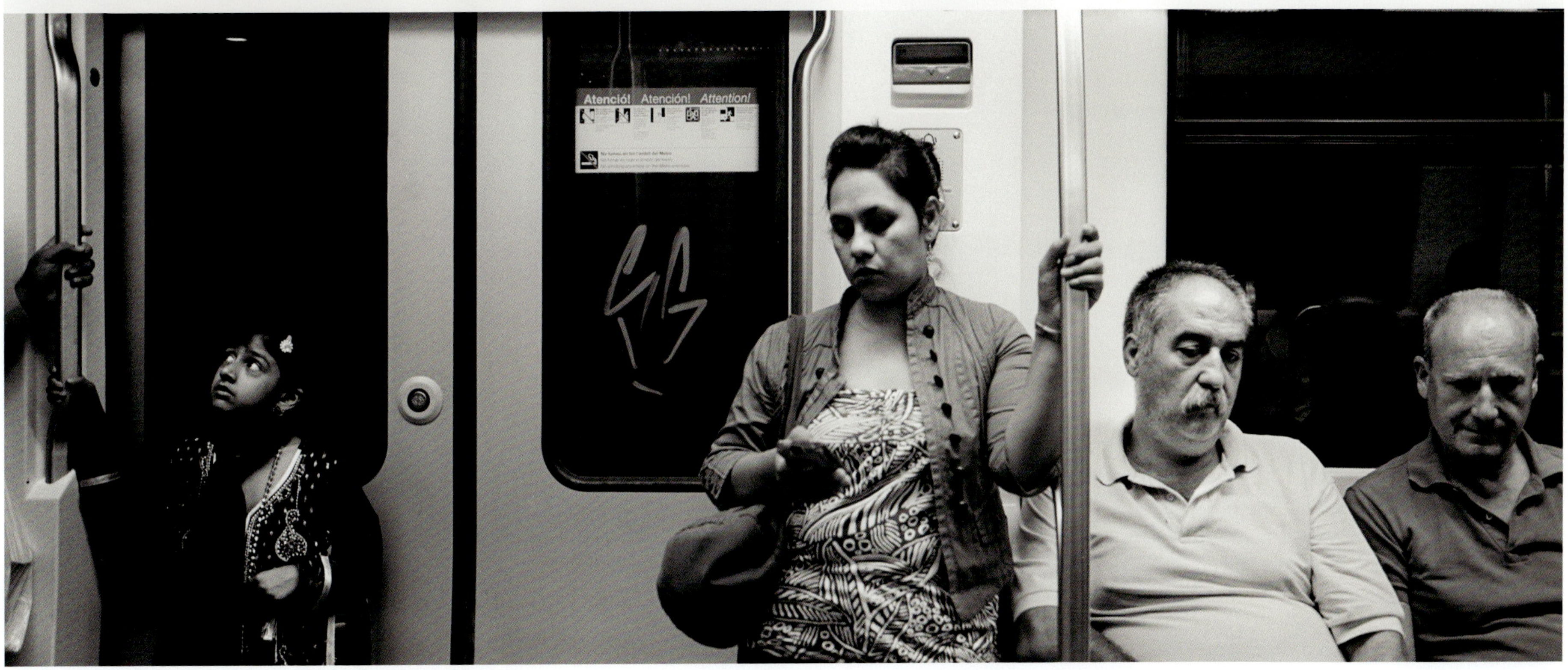

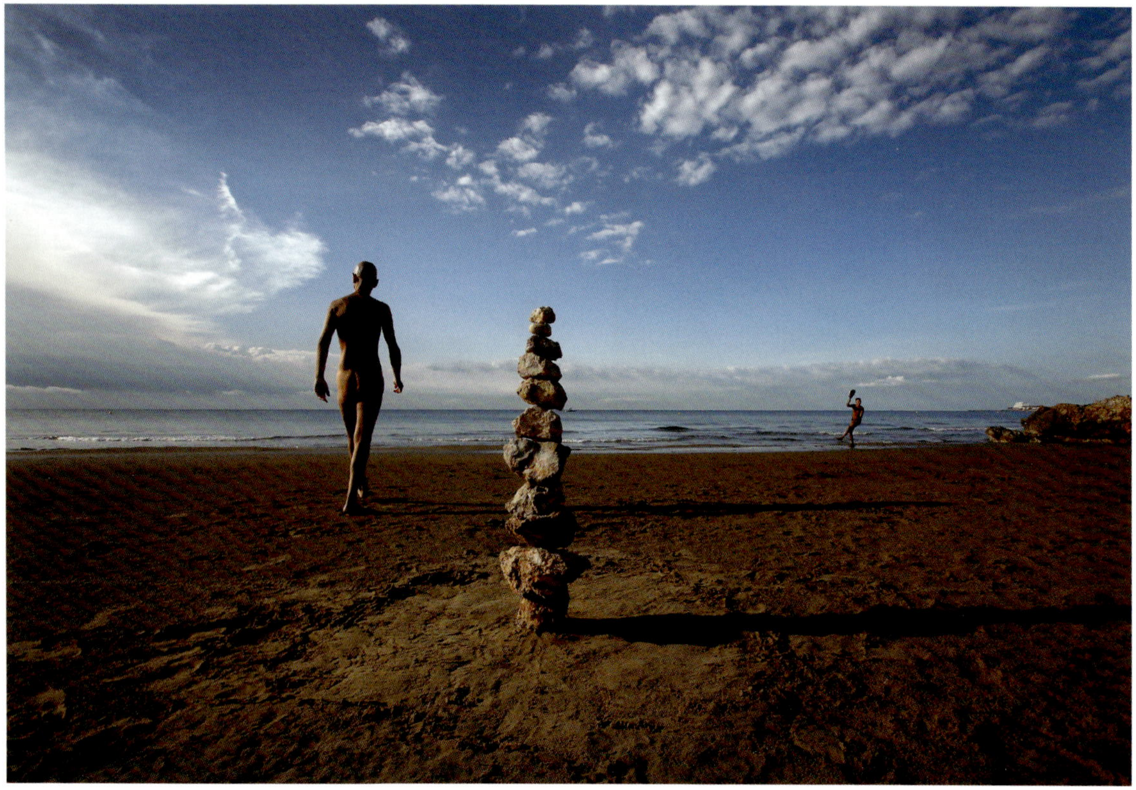

05_10_14 | SUSANNA SÁEZ. A SITGES (GARRAF), A LES 09:49 H.

NUDISME. 'Jordi de les Pedres' camina cap a l'aigua a la cala nudista Balmins després de donar per acabada la seva escultura efímera. El nudisme és una opció naturista.

QUIQUE GARCÍA. A TAVERTET (OSONA), A LES 14:07 H. | 06_10_14

EMBLEMA. El campanar del pantà de Sau, convertit en emblema aquests darrers 50 anys des que les aigües del Ter van cobrir el poble de Sant Romà de Sau, emergeix tot i les primeres alertes d'ensorrament per les filtracions.

Deixa que el **Quique** t'expliqui la seva foto.

07_10_14 | ÀLEX GARCIA.
A BARCELONA, A LES 17:40 H.

AULA MAGNA. 300 experts estudien Gaudí en el primer congrés mundial pluridisciplinari dedicat a l'arquitecte català, dels sis que s'han programat fins al 2026.

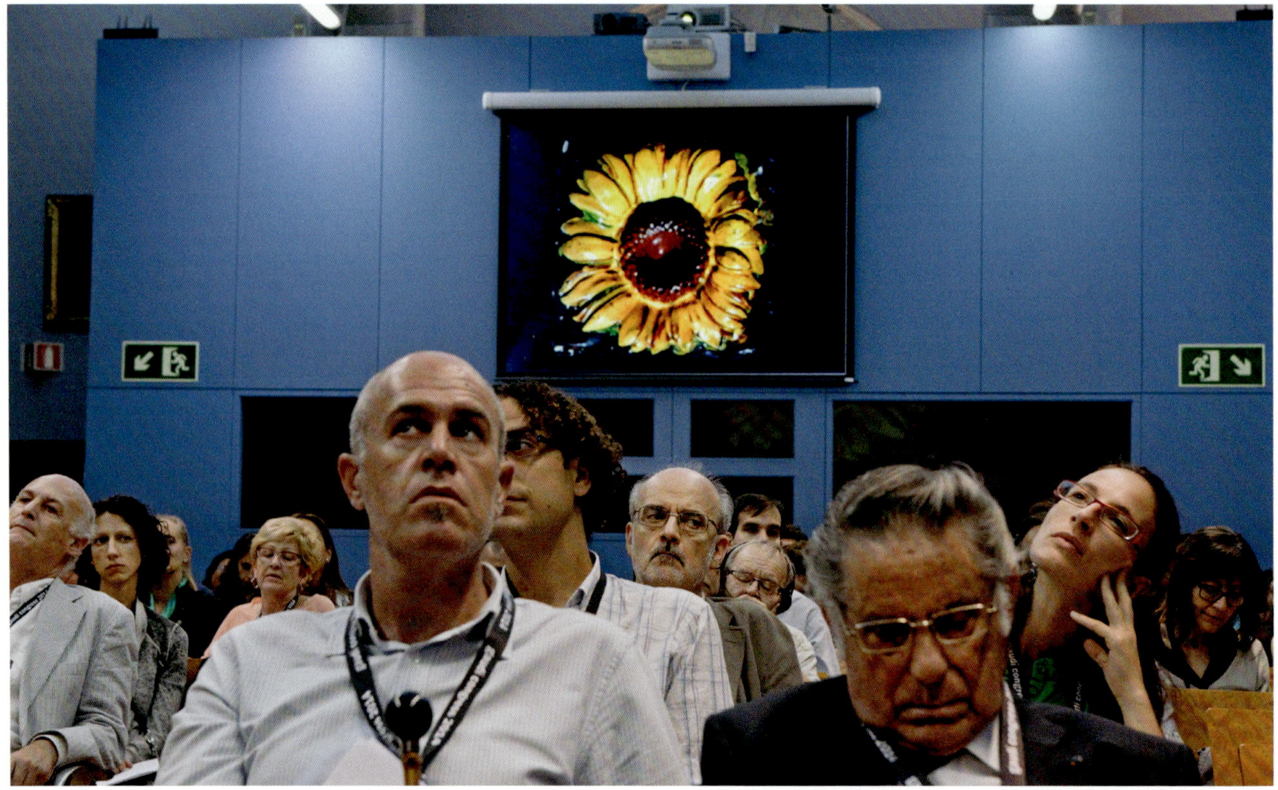

08_10_14 | DANNY CAMINAL.
A MONTSENY (VALLÈS ORIENTAL), A LES 08:27 H.

BOLETS I BOLETAIRES. Les previsions per a aquest any són excel·lents. Les fagedes del Montseny acostumen a ser molt productives en bolets. A Catalunya, l'afició creix.

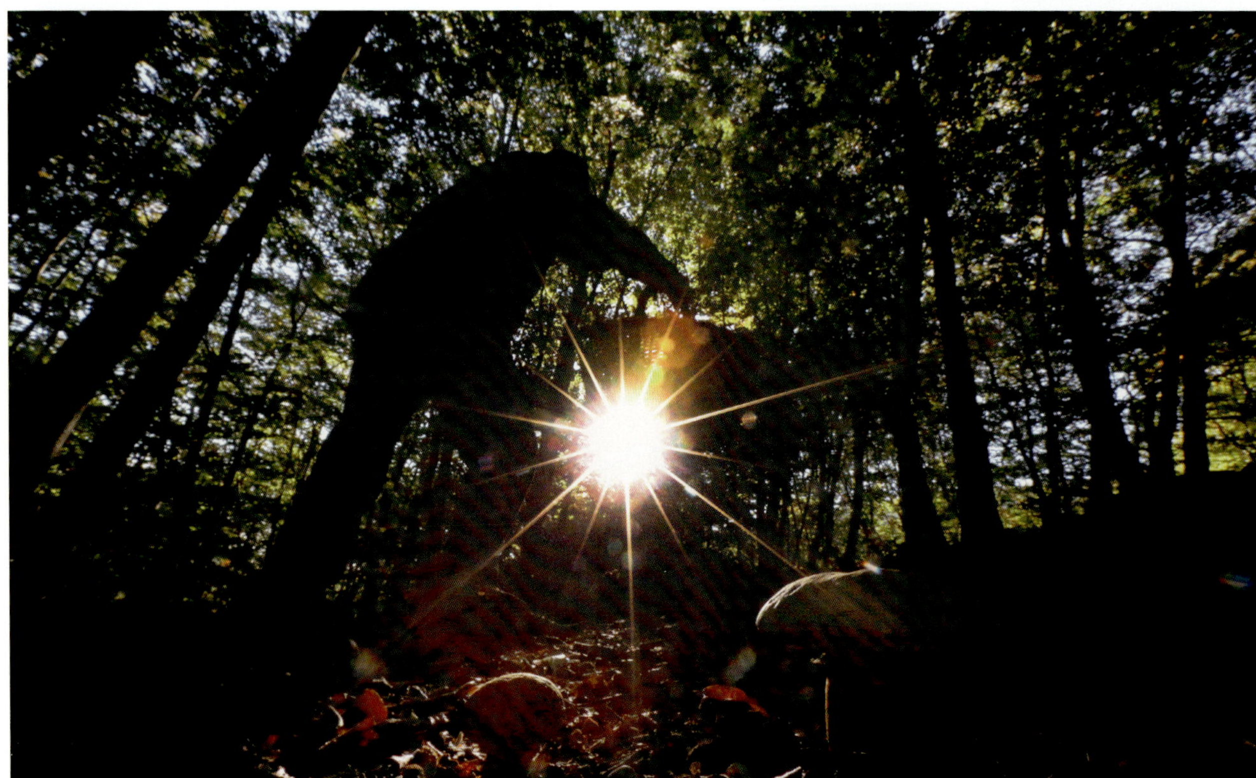

ANA JIMÉNEZ. A BARCELONA, A LES 18:05 H. | 09_10_14

CSIO. El Reial Club de Polo de Barcelona organitza el Concurs de Salts Internacionals. És un club històric i centenari de tradició eqüestre creat a finals del segle XIX.

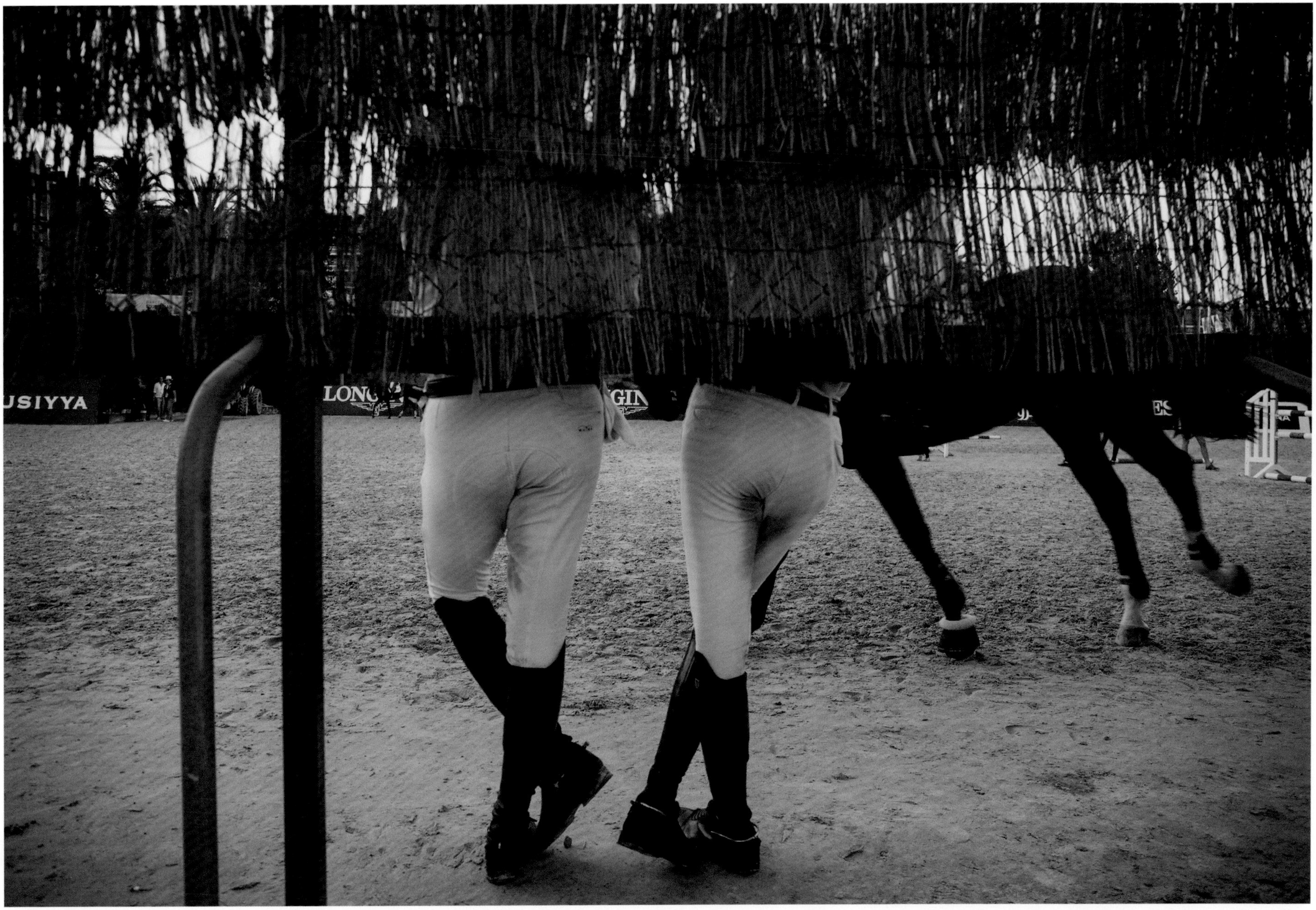

10_10_14 | LAURA GUERRERO. A BARCELONA, A LES 17:46 H.

FANTASIA. Amagades en aquest parc, juguem que tu i jo som germanes i vivim en un bosc? La imaginació és la base per al bon desenvolupament dels nens i les nenes.

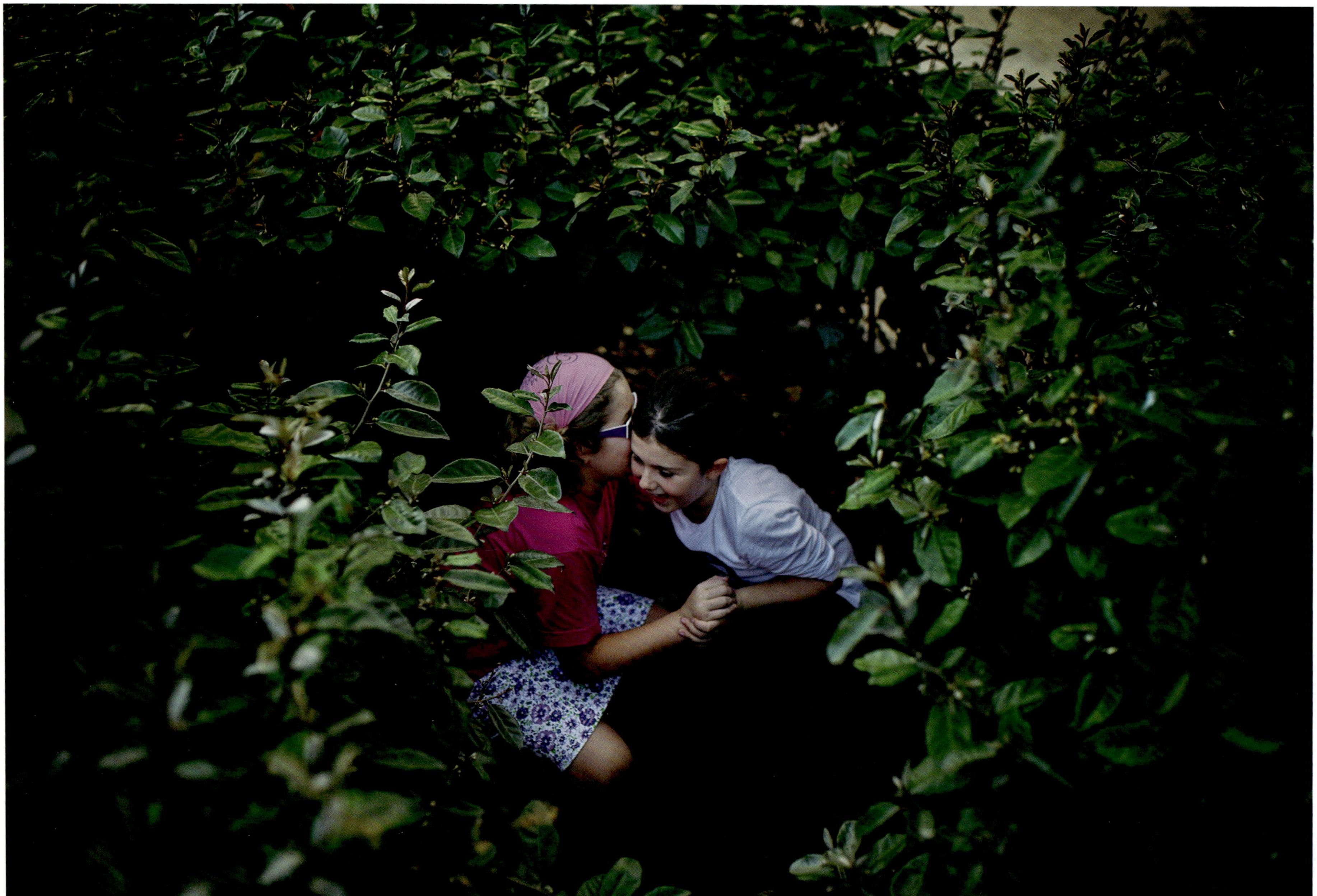

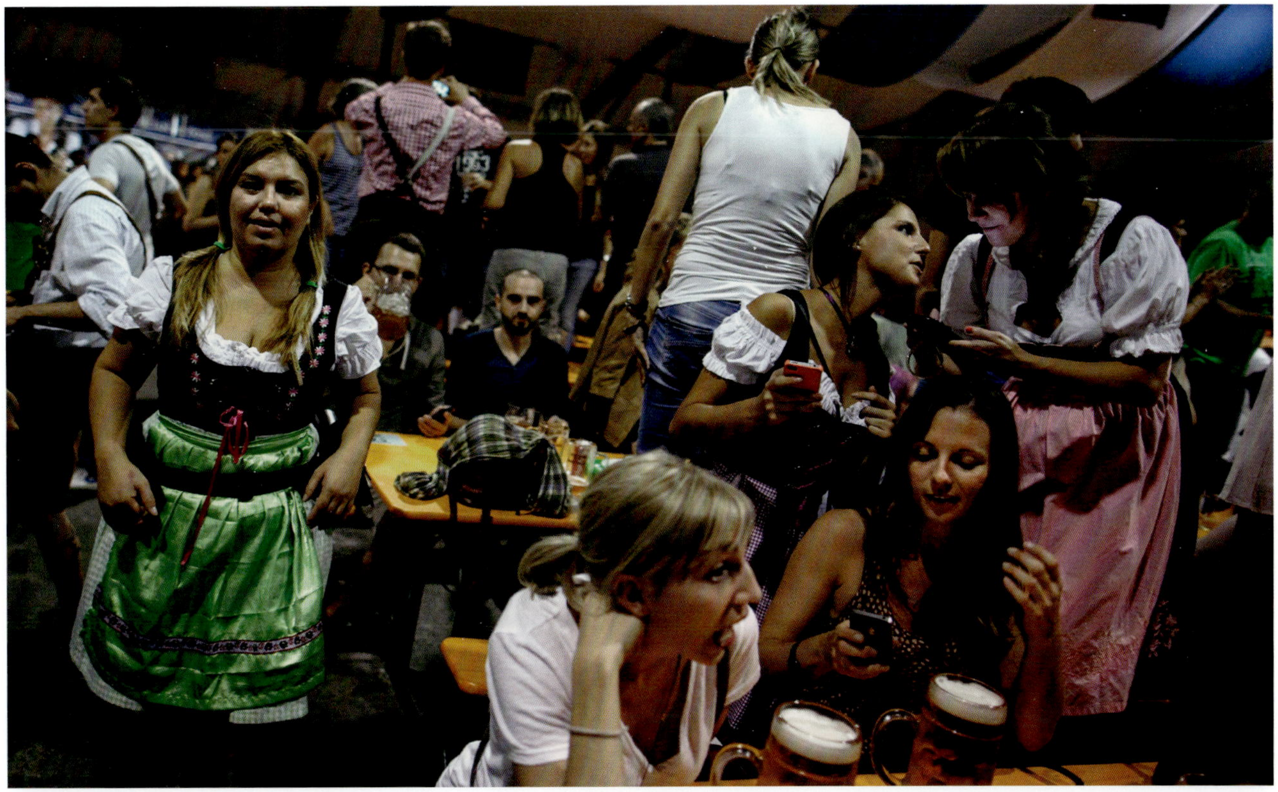

11_10_14 | DAVID AIROB.
A BARCELONA, A LES 18:40 H.

MUNIC A BARCELONA. La festa alemanya més famosa de la cervesa reviu a Barcelona. L'Oktoberfest se celebra per tercer any al recinte firal de Montjuïc.

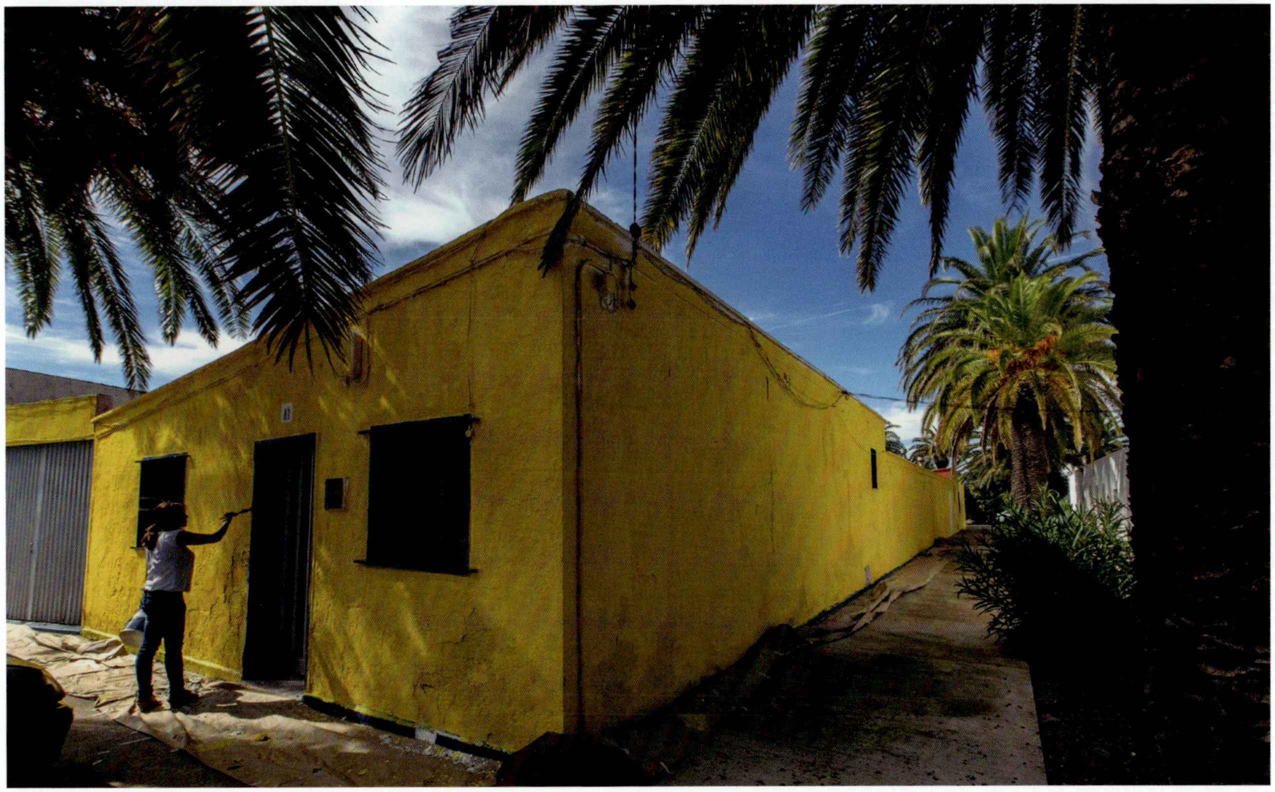

12_10_14 | CARLES RIBAS.
A POBLENOU DEL DELTA (MONTSIÀ), A LES 12:50 H.

DE GROC. Voluntaris de l'Assemblea Nacional Catalana pinten del color de la campanya unitària pel sí a la independència les seves cases del Poblenou del Delta.

13_10_14 | CRISTINA CALDERER.
A BARCELONA, A LES 17:00 H.

OBERTURA CATALANA. El Carlos, el Xavi i el Guille juguen a escacs contra el Roberto als jardins de Rubió i Lluch, sota l'escala de la Biblioteca de Catalunya.

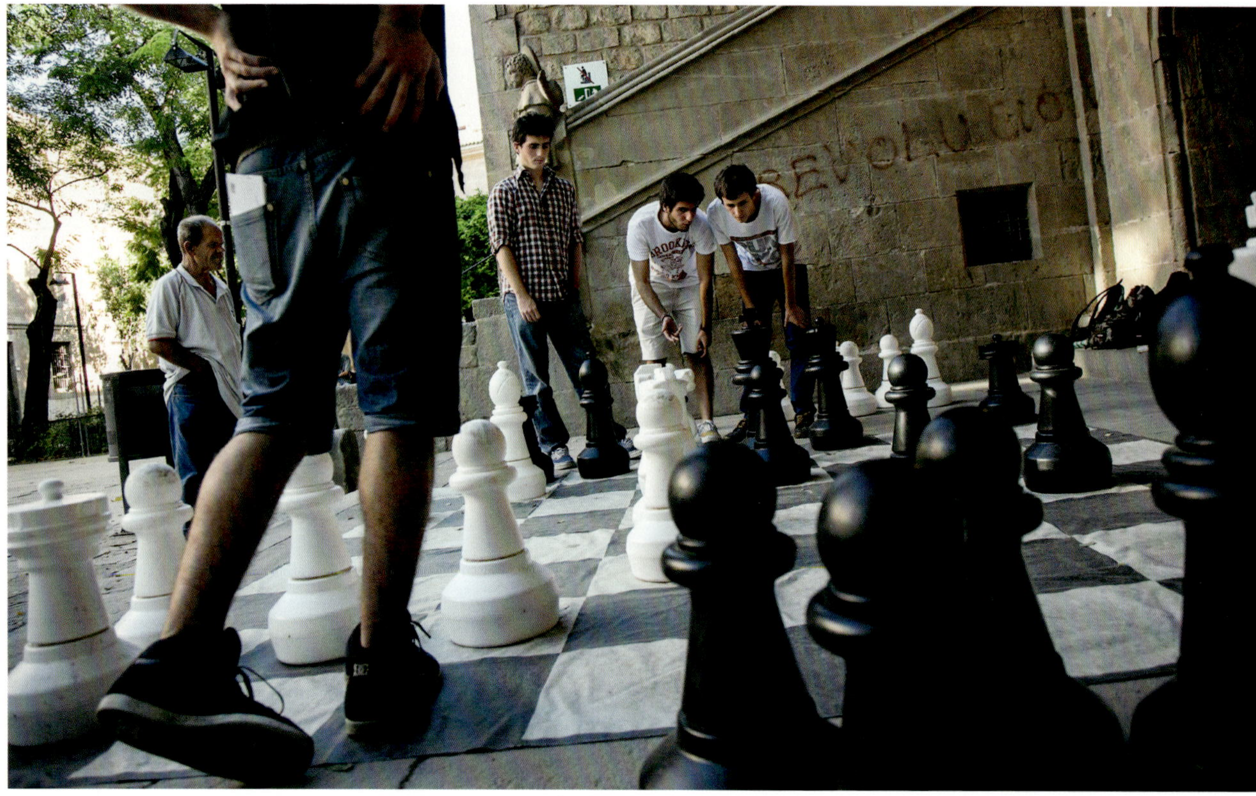

14_10_14 | MARCEL·LÍ SÀENZ.
A BALAGUER (NOGUERA),
A LES 12:30 H.

TRANSGÈNICS NO. Josep Pàmies és un activista i emprenedor rural. Recupera plantes i llavors oblidades, i lluita contra els transgènics i per la introducció de l'estèvia.

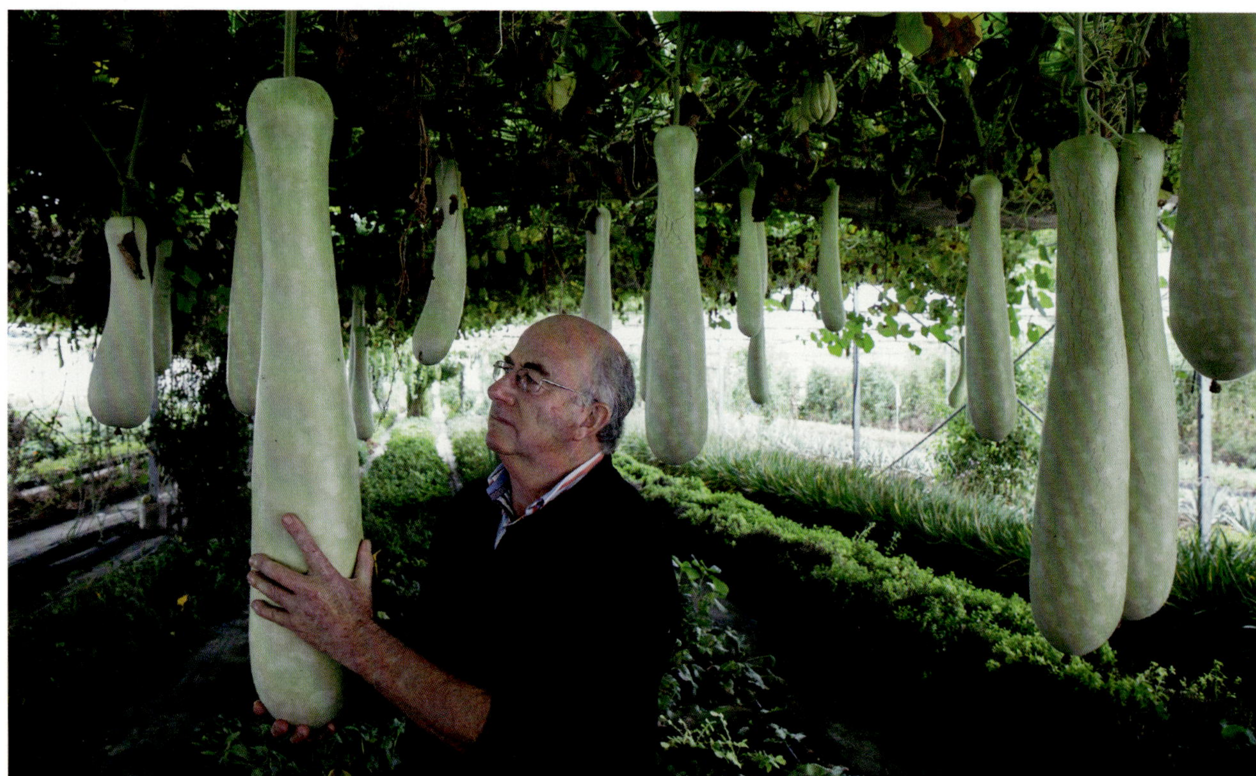

JULIO CARBÓ. A L'HOSPITALET DE LLOBREGAT (BARCELONÈS), A LES 14:15 H. | 15_10_14

PARÒDIA. Els dos actors de la política actual interpretats per Queco Novell (Mariano Rajoy) i Bruno Oro (Artur Mas), en una gravació del programa de TV3 Polònia.

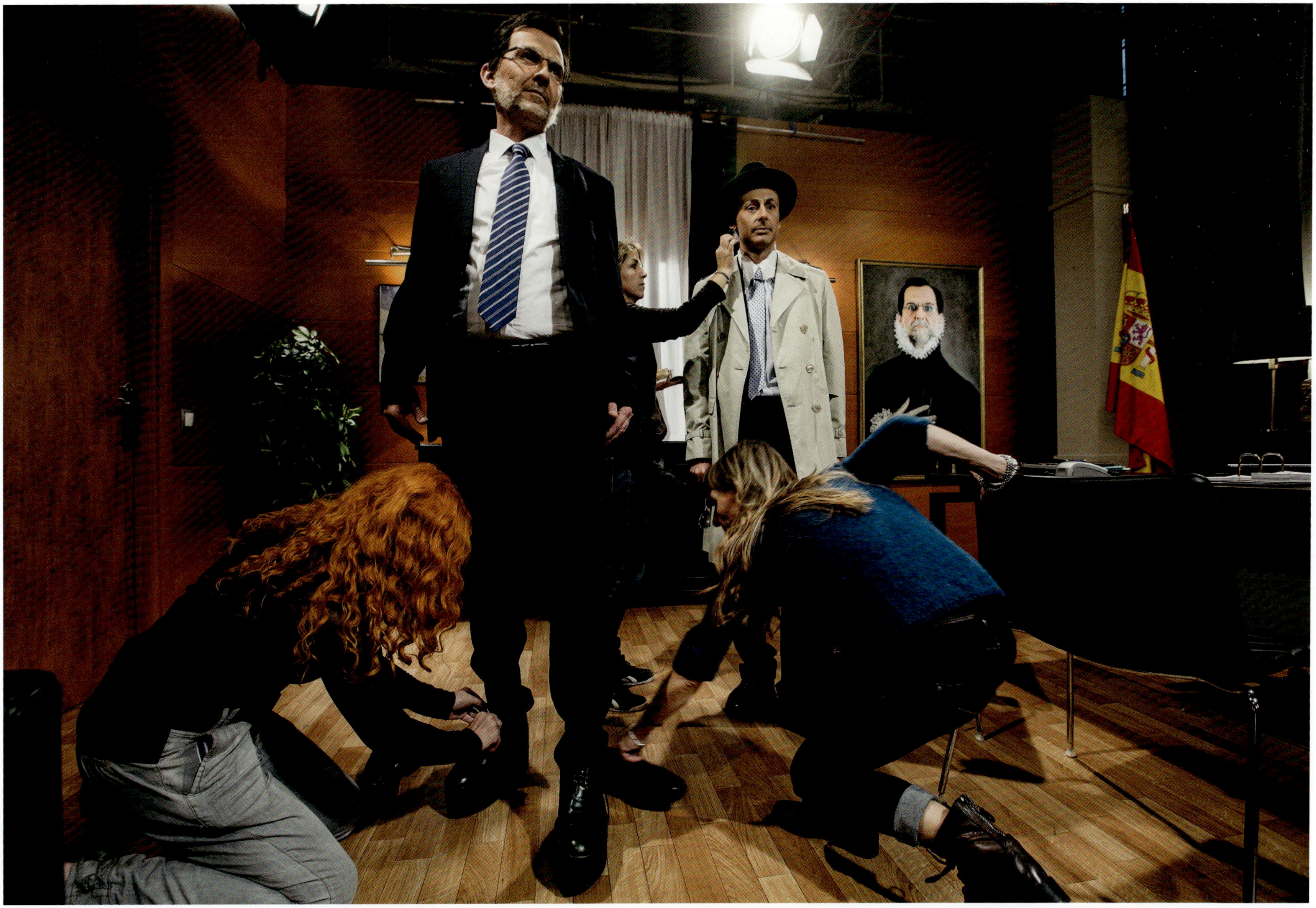

16_10_14 | PERE TORDERA. A MANLLEU (OSONA), A LES 20:00 H.

SÍNDROME DE DOWN. La Minerva (13 anys) estudia sisè de primària i toca el violoncel amb la seva mare. La llei reconeix a tots els alumnes el dret a estudiar en centres ordinaris.

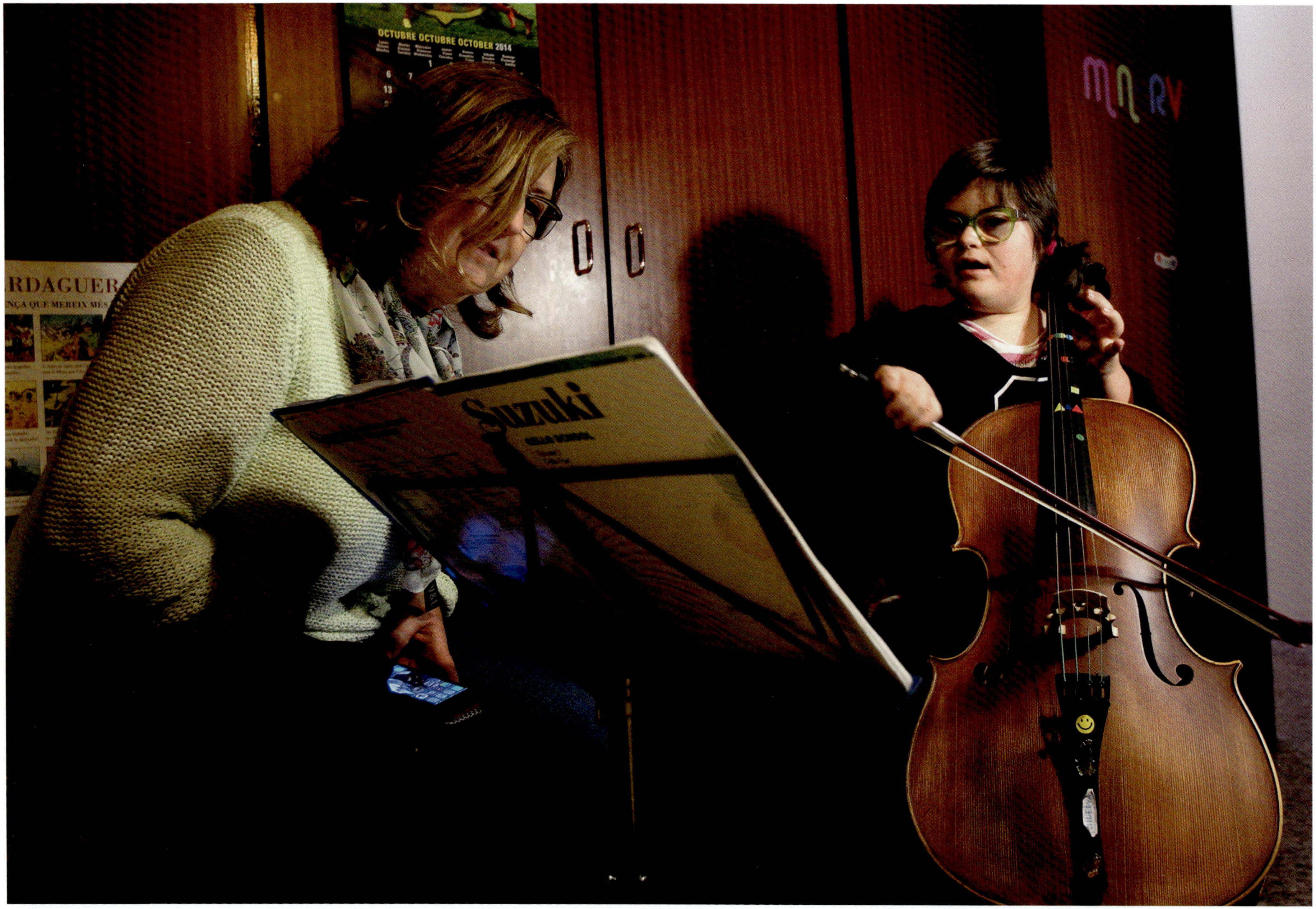

TONI ALBIR. A L'HOSPITALET DE LLOBREGAT (BARCELONÈS), A LES 01:30 H. | 17_10_14

LAST ORDERS. El reconegut barman Manel Tirvió sacseja la coctelera al Tirsa, establiment fundat el 1953 pel seu pare i que ja va tancar a causa de la LAU.

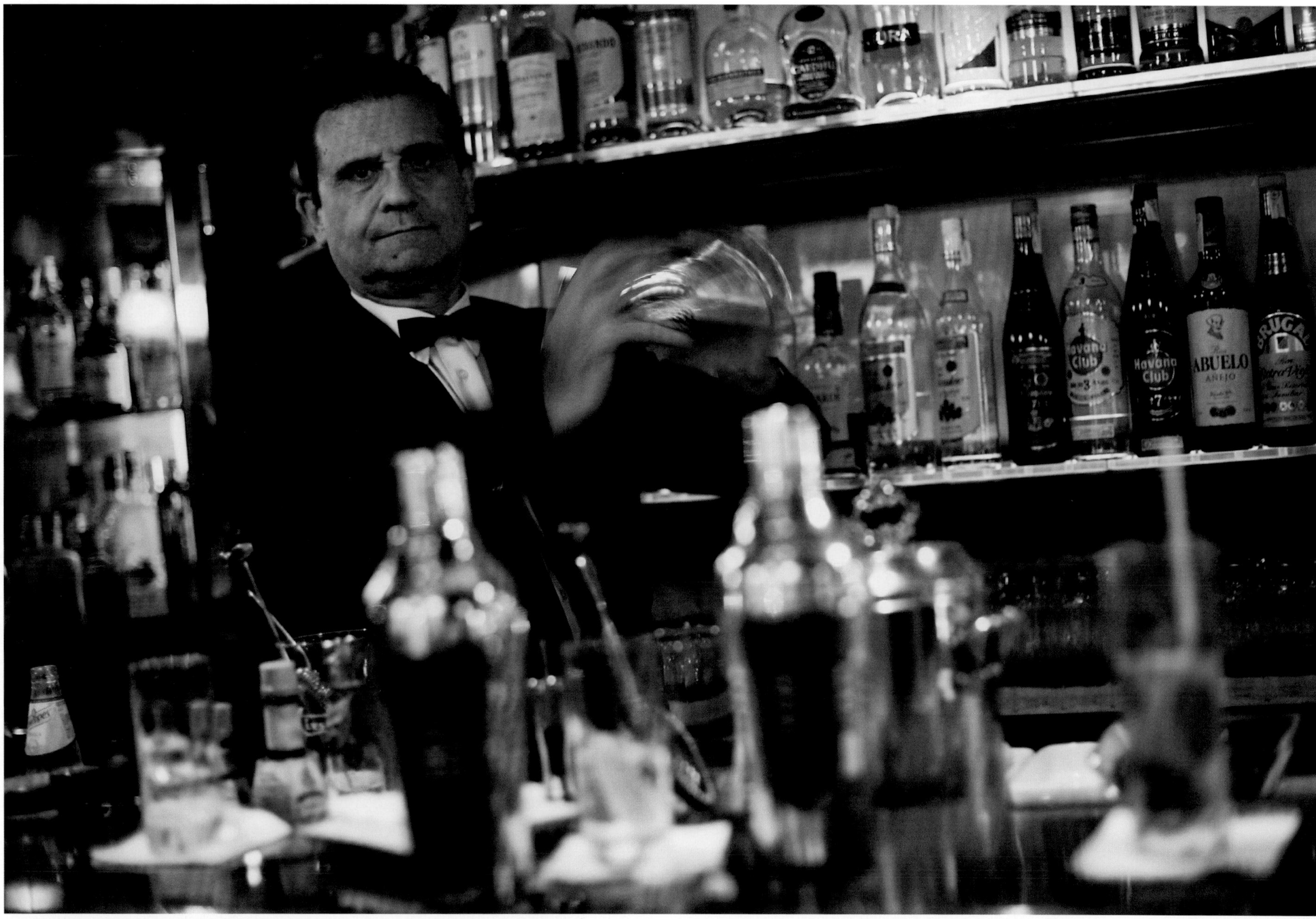

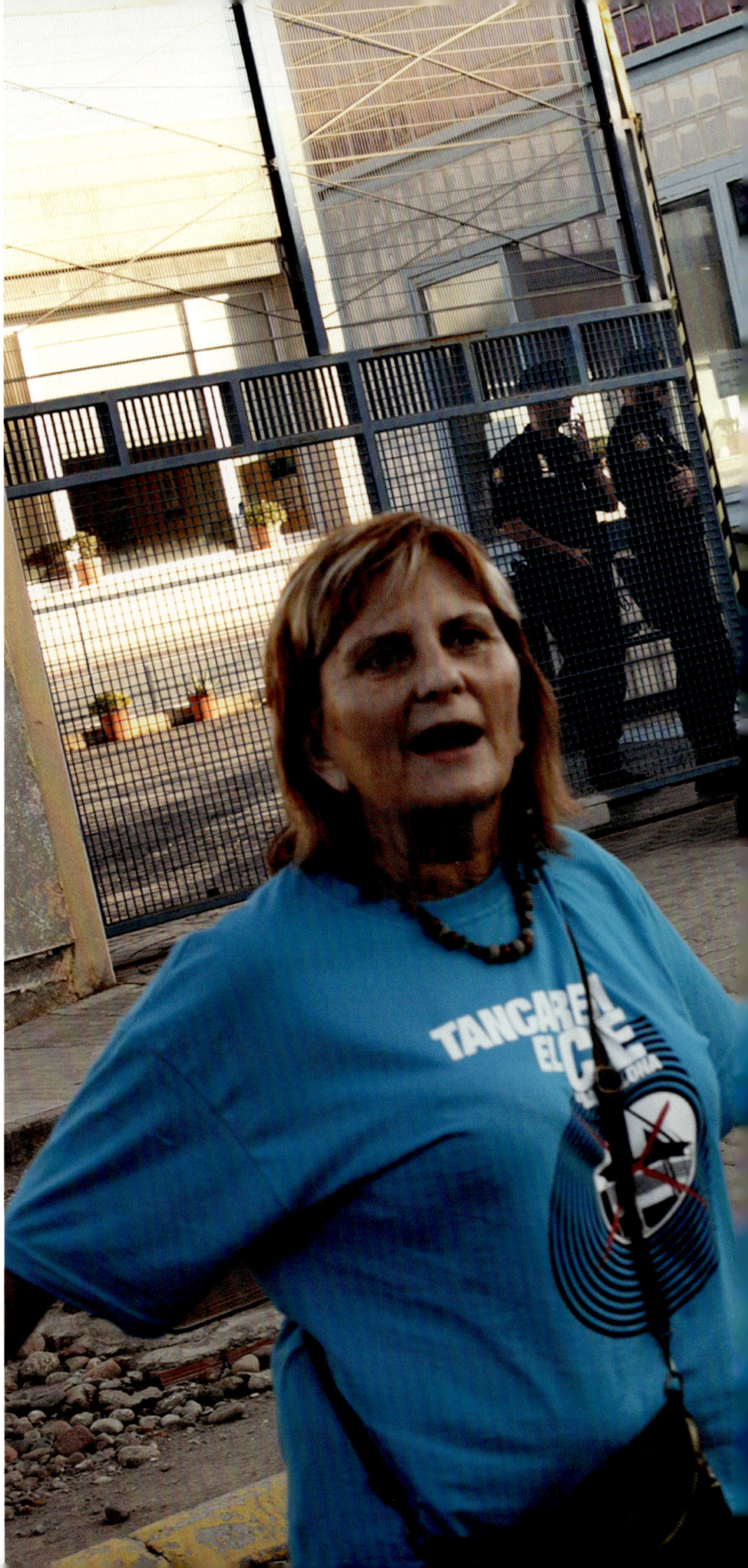

18_10_14 | **ALBERT MASIAS.** A BARCELONA, A LES 18:30 H.

SETGE CIUTADÀ. Un miler de persones encerclen el Centre d'Internament d'Estrangers en l'acte final de la campanya «Tancarem el CIE» de la Zona Franca, impulsada per SOS Racisme, Tanquem els CIE i la Fundació Migra Studium.

Deixa que l'**Albert** t'expliqui la seva foto.

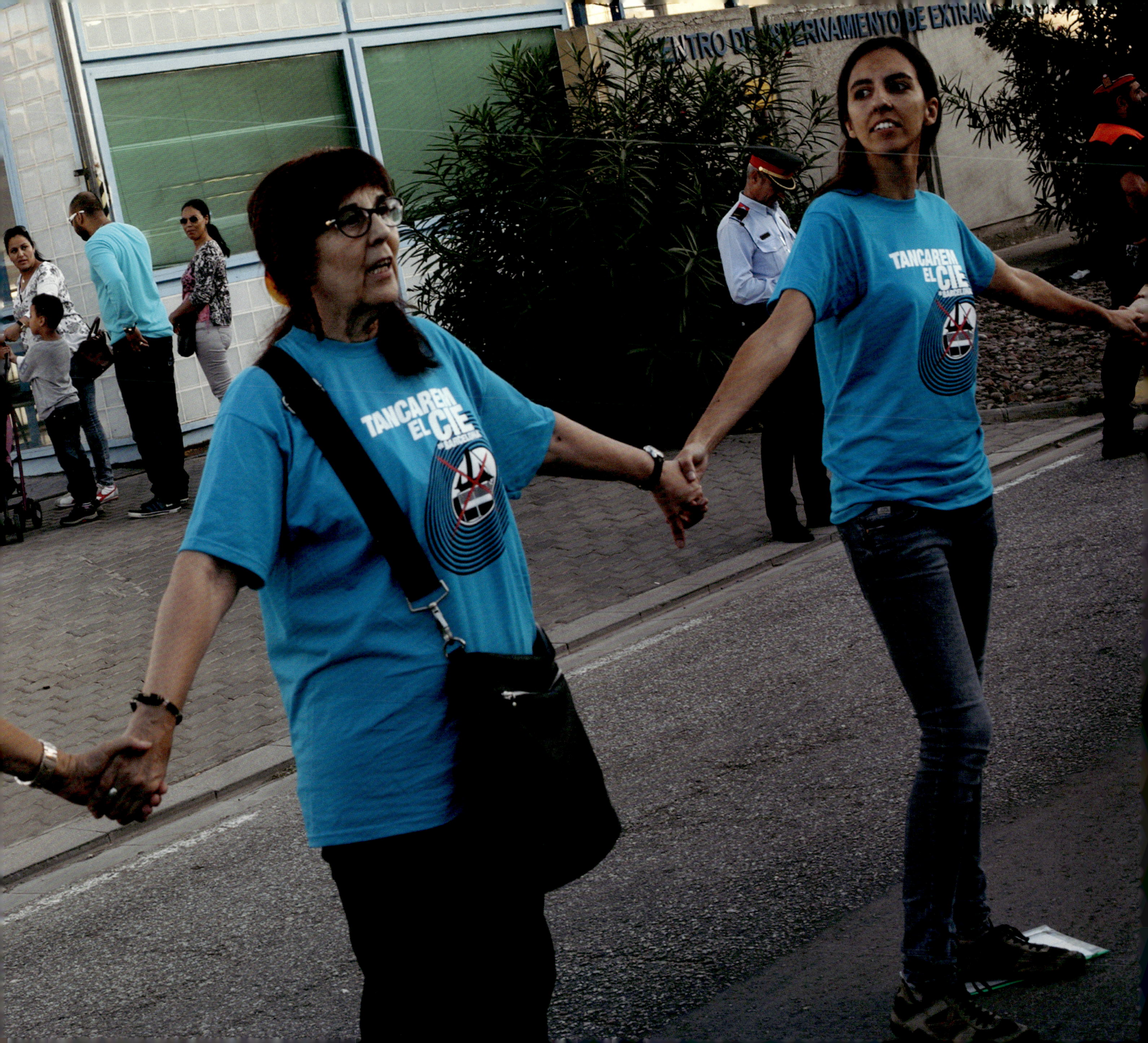
TANCAREM
EL CIE
TANCAREM
EL CIE

19_10_14 | MIQUEL ANGLARILL. A AVIÀ (BERGUEDÀ), A LES 00:00 H.

A MITJANIT. La desena Survival Zombie arriba a Avià. Alguns participants escolten les instruccions del joc que ha de començar, disfressats de morts vivents.

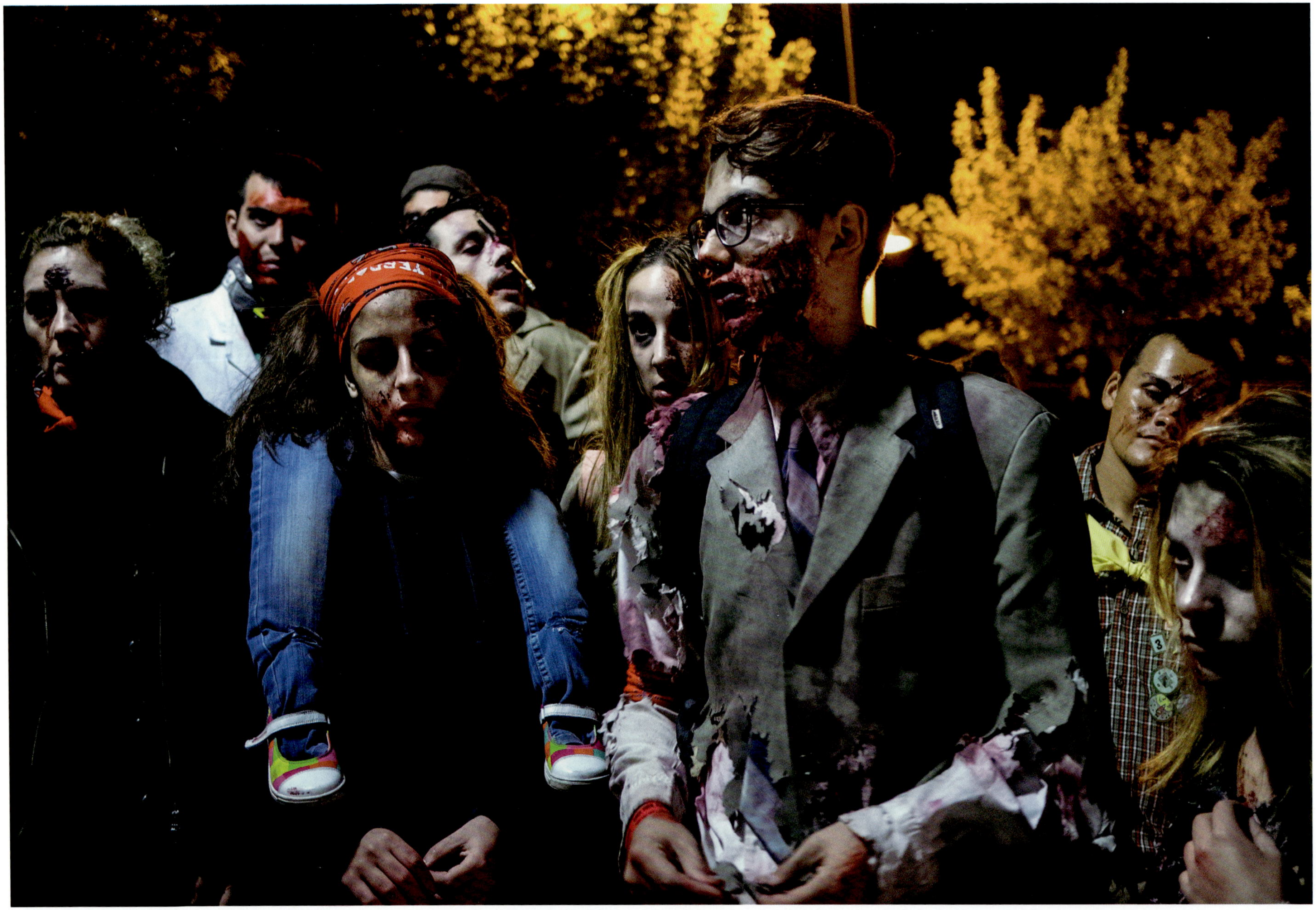

20_10_14 **JOAN MANUEL BALIELLAS.** A BARCELONA, A LES 12:07 H.

RESTAURACIÓ. Manuel Martínez, de l'empresa Obres i Contractes PENTA, S.A., restaura el ferro forjat dels bancs-fanals del passeig de Gràcia dalt de la grua.

PÀG. 278 >

21_10_14 **JOSEP LOSADA.** A BARCELONA, A LES 19:29 H.

BICING. Barcelona és pionera al món en el servei públic de bicicletes de lloguer, exportat ara a moltes altres ciutats. La metròpoli té ja 186 km de carril bici.

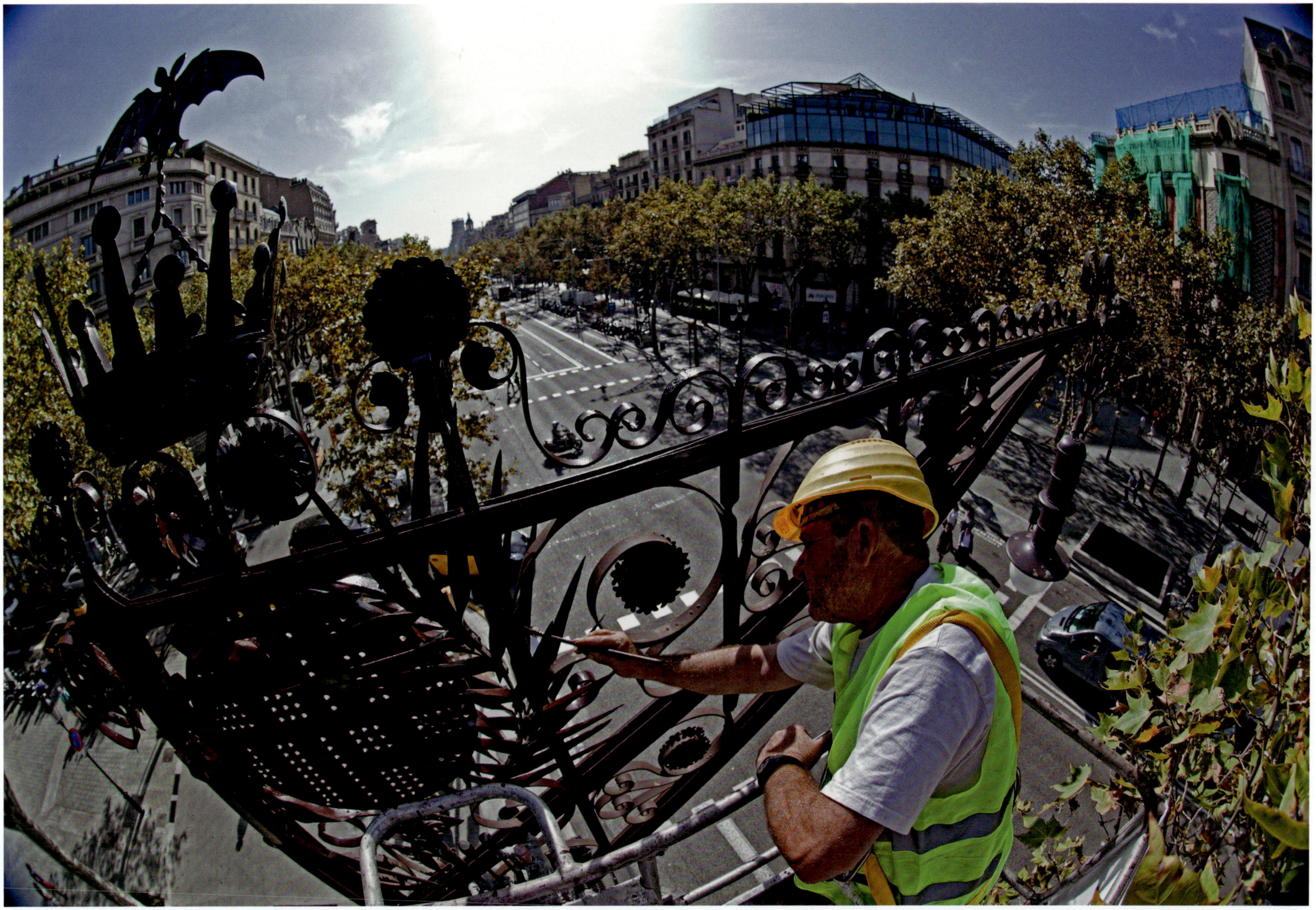

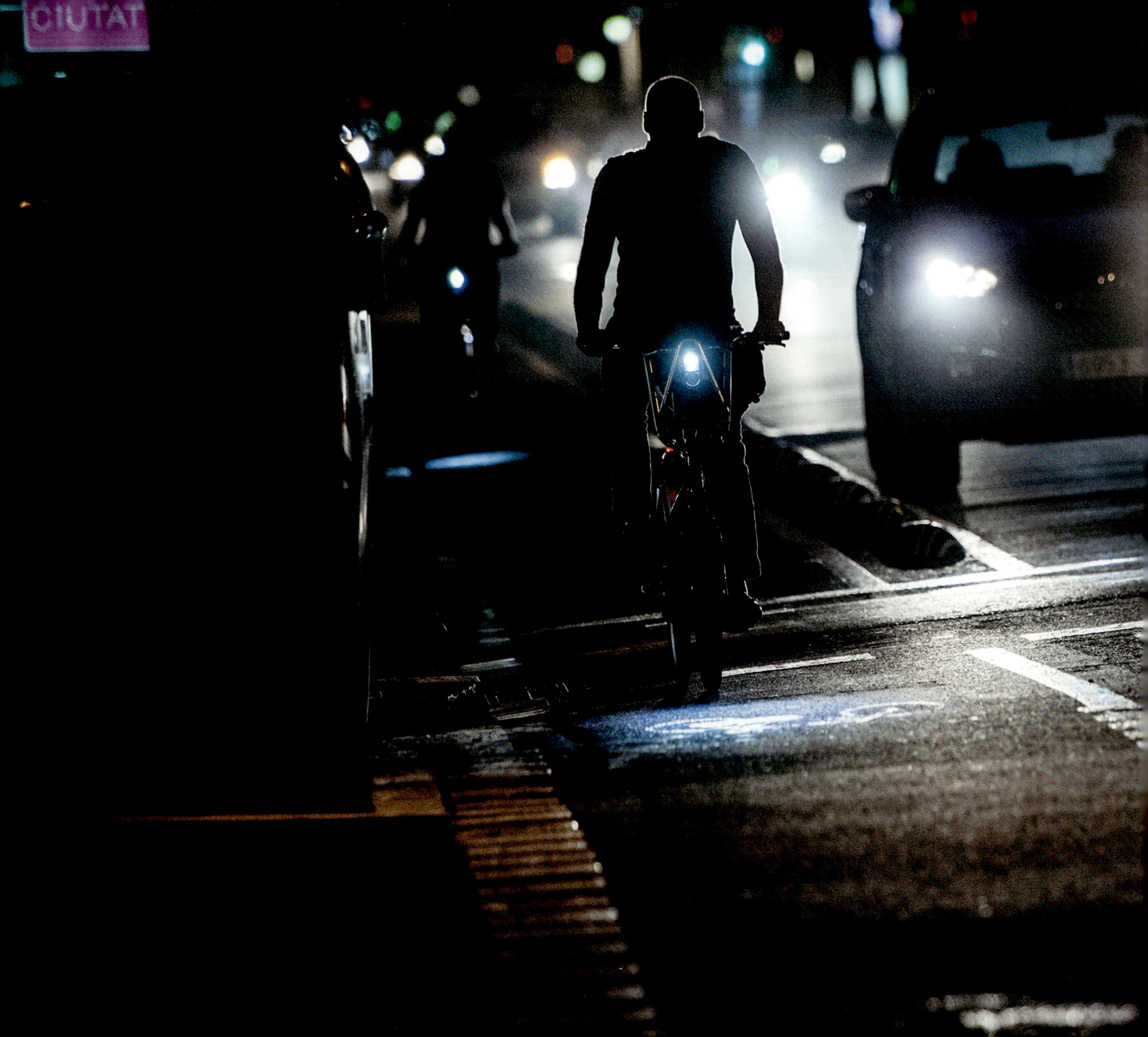
CIUTAT

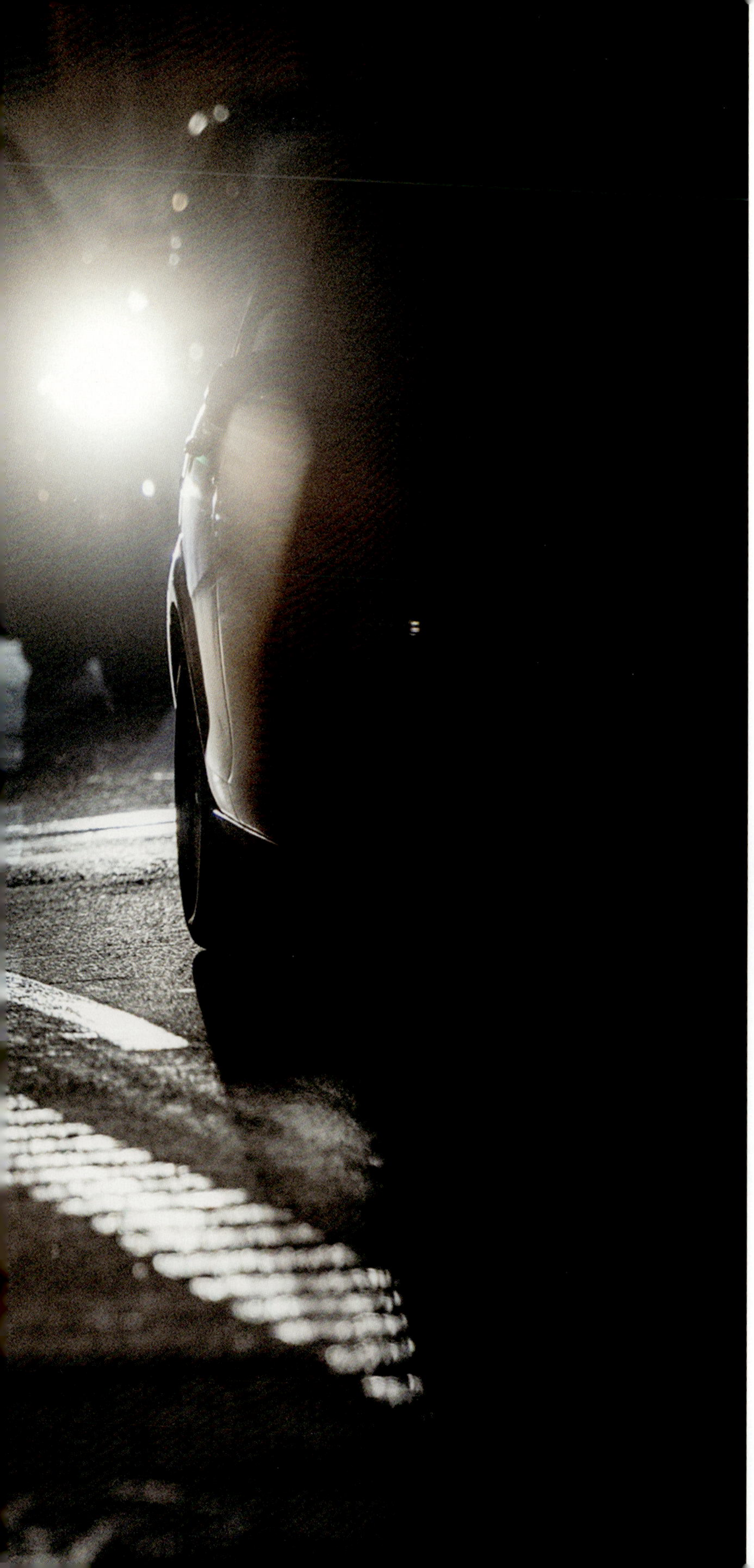

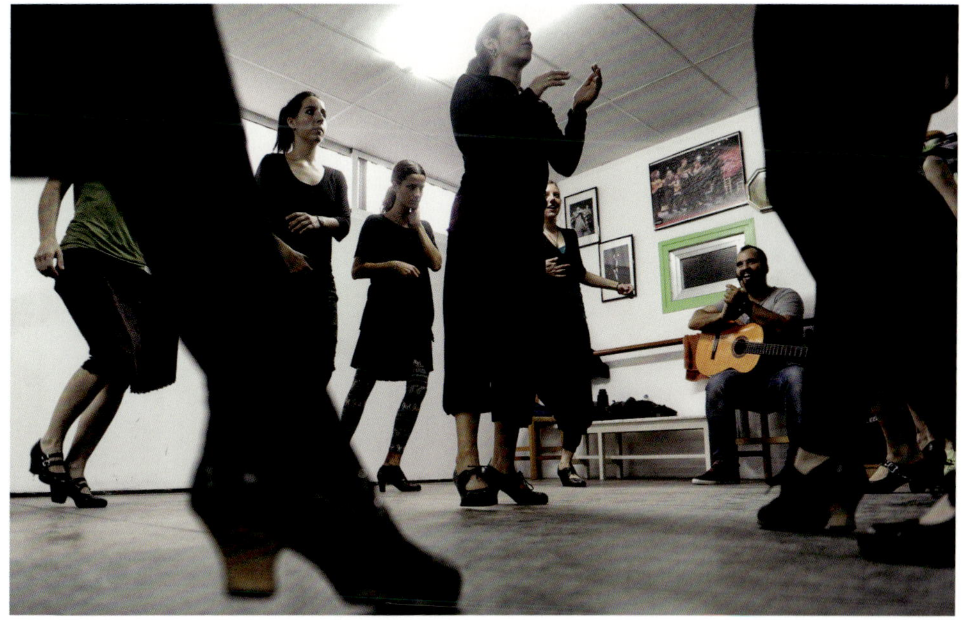

22_10_14 | INÉS BAUCELLS. A BARCELONA, A LES 13:32 H.

FLAMENC CATALÀ. Ballarines professionals a classe de flamenc a l'escola La Tani. *Autoretrat vestit de flamenc*, de Ramon Casas, és un exemple del vincle català amb aquest ball.

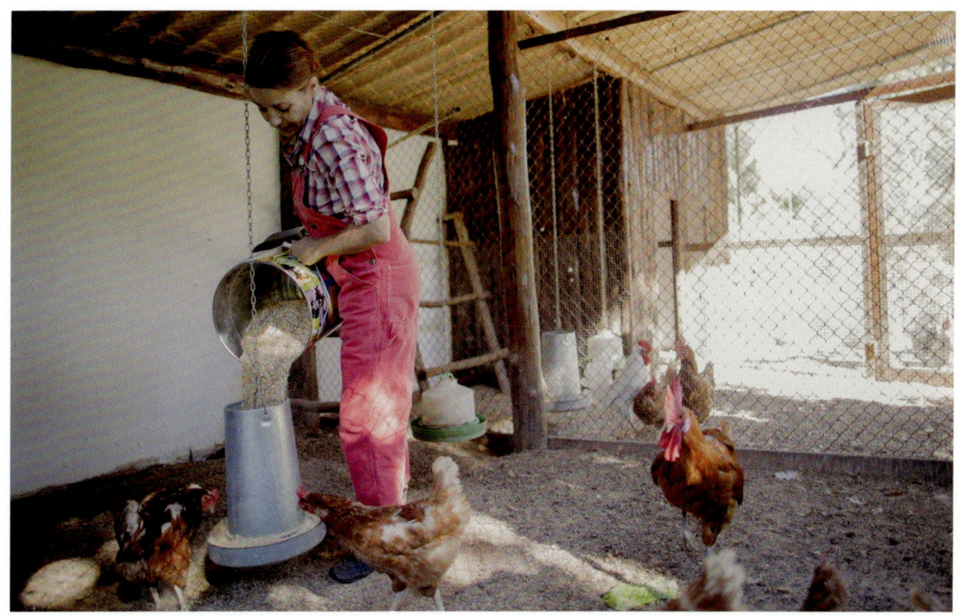

23_10_14 | JOAN MONFORT. A SANT CUGAT DEL VALLÈS (VALLÈS OCC.), A LES 12:30 H.

EN LA INTIMITAT. Emma Vilarasau, una de les millors actrius de l'escena catalana i premi Max 2014, dedica el seu temps lliure a cuidar les gallines i l'hort de la casa familiar.

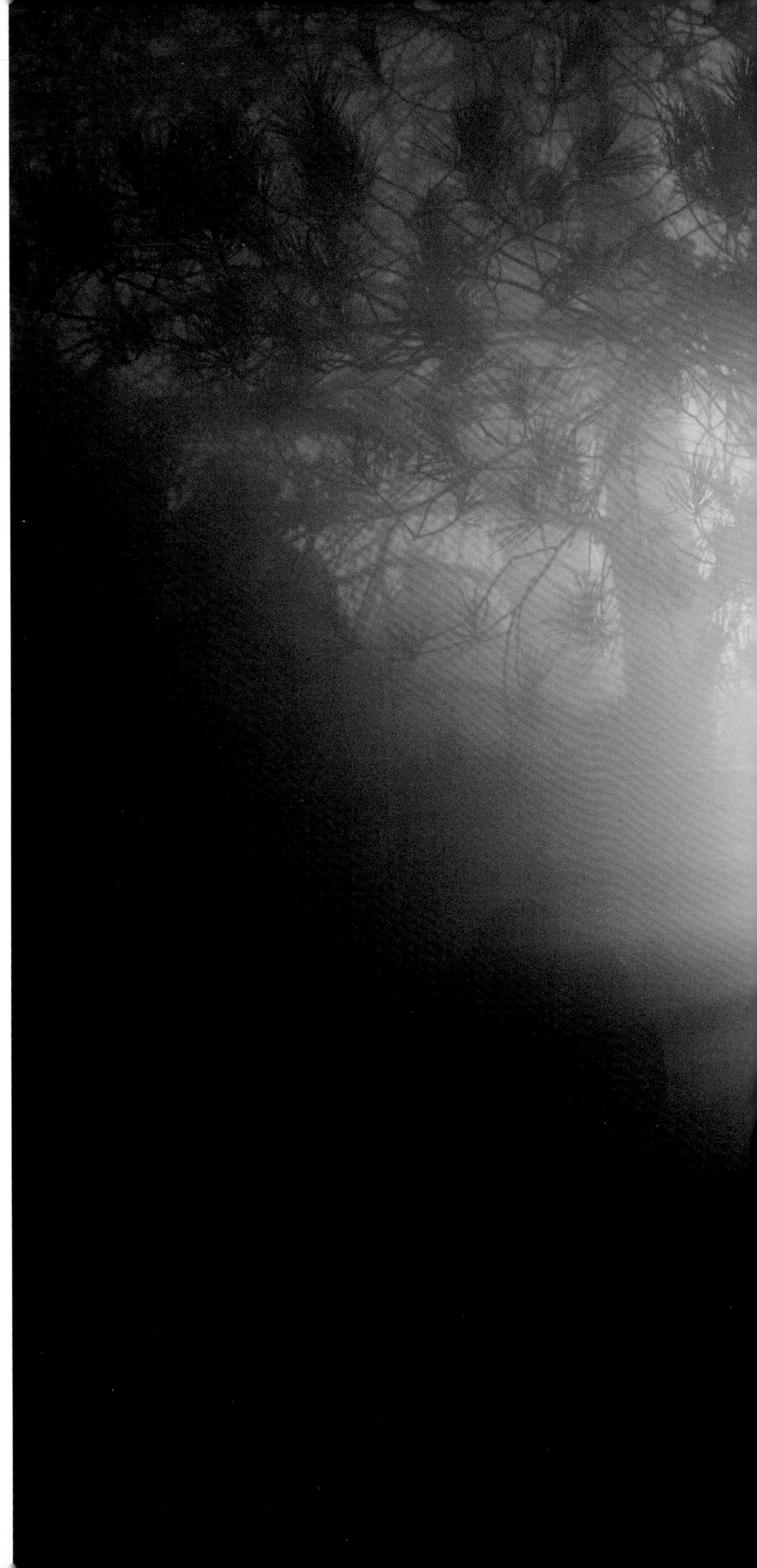

24_10_14 | JOSEP LAGO. A PESELLS (TERRA ALTA), A LES 08:07 H.

PASSIÓ PEL MOTOR. Aficionats al RallyRACC Catalunya-Costa Daurada es protegeixen de la pols aixecada pel cotxe de Sébastien Ogier al seu pas pel segon tram. La prova, la més professionalitzada del Mundial, compleix 50 anys.

Deixa que el Josep t'expliqui la seva foto.

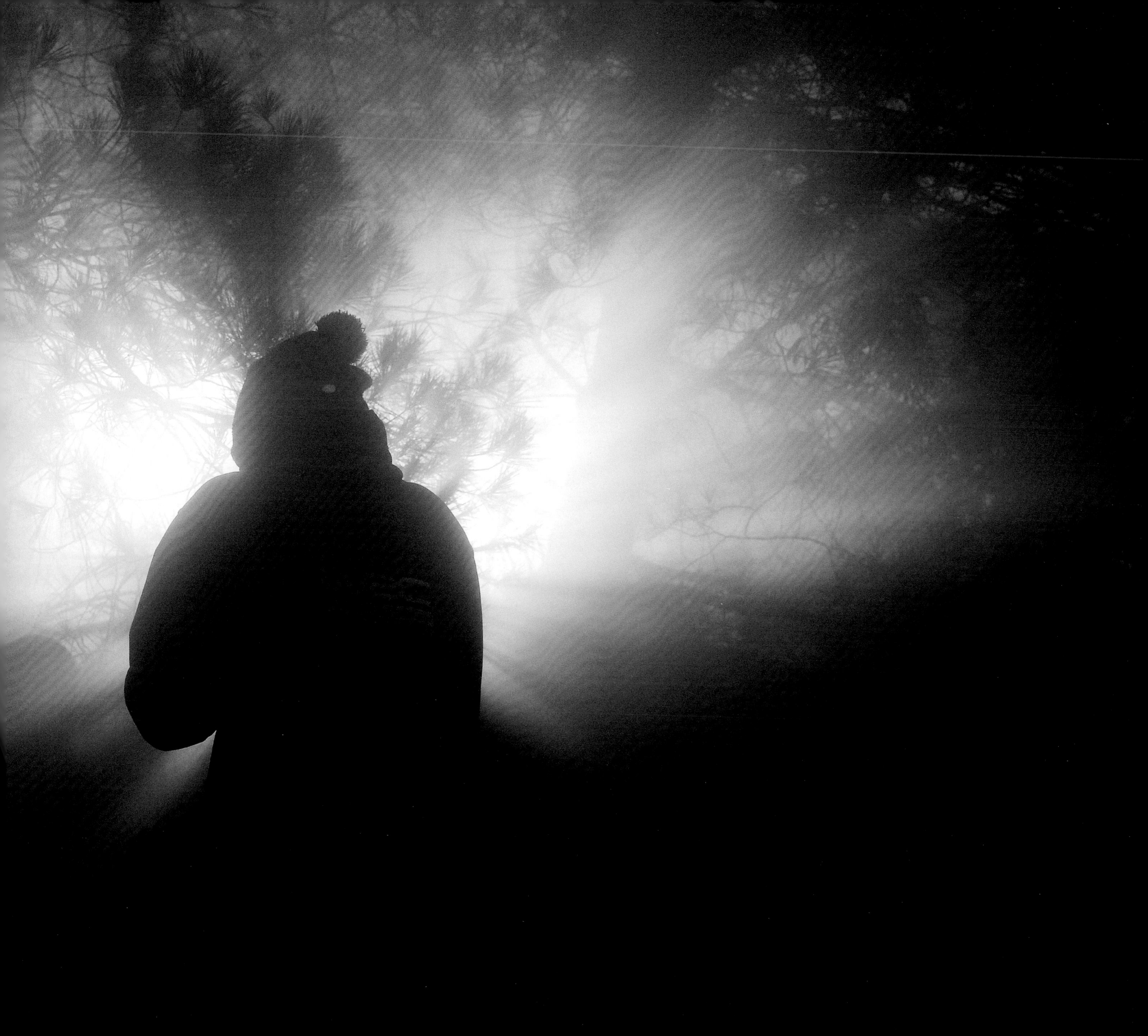

25_10_14 | CARMEN SECANELLA. A ESPONELLÀ (PLA DE L'ESTANY), A LES 18:13 H.

DECEPCIÓ. Els veïns del poble i voltants, reunits per veure el Madrid-Barça, mostren les cares de decepció per la derrota 3-1 al Bernabéu. El clàssic aixeca passions.

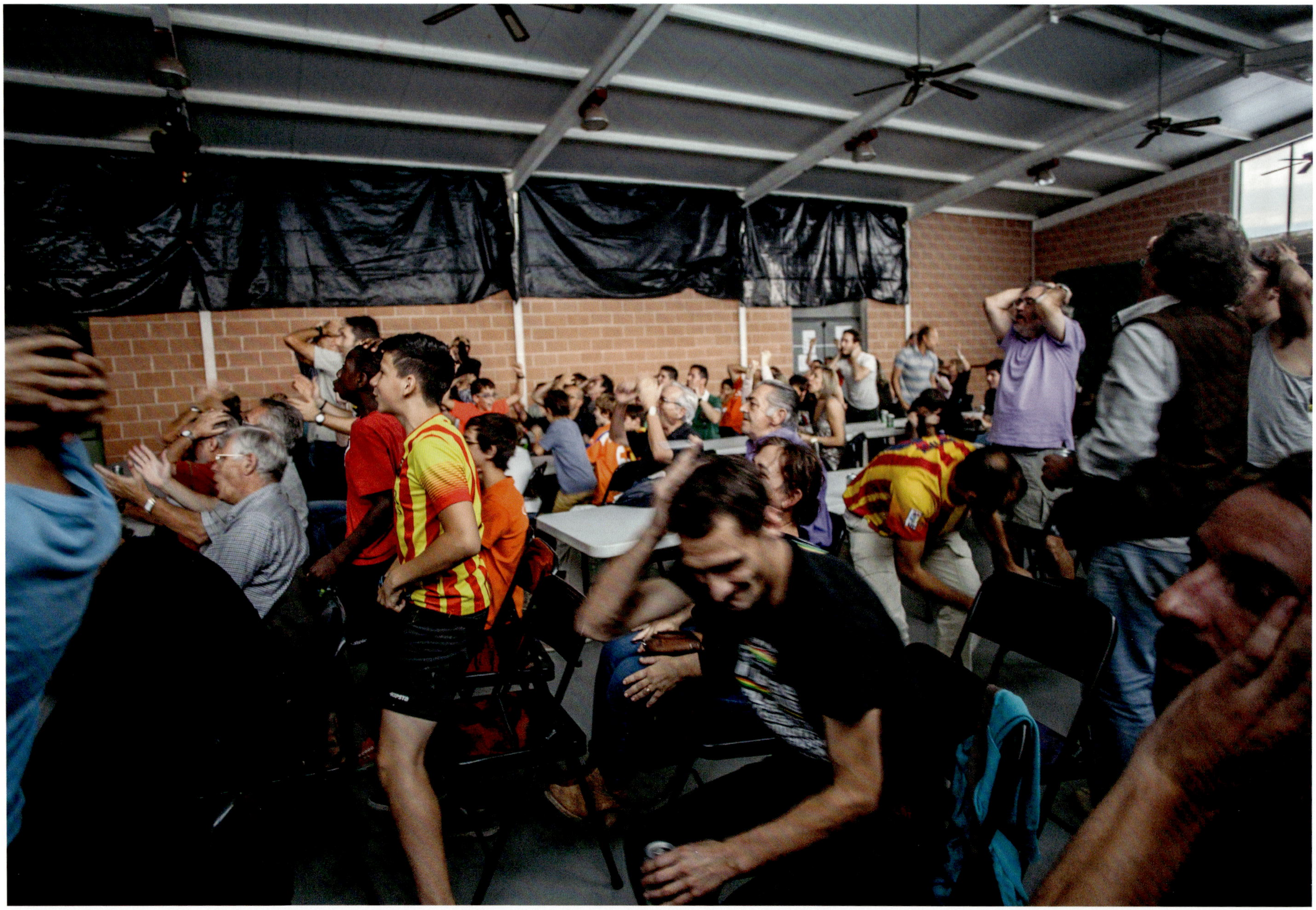

ENOTURISME. La família Rosell són elaboradors de cava i vins. A la casa pairal Can Cassanyes, del segle XVII, hi fan tasts. Catalunya té onze denominacions d'origen.

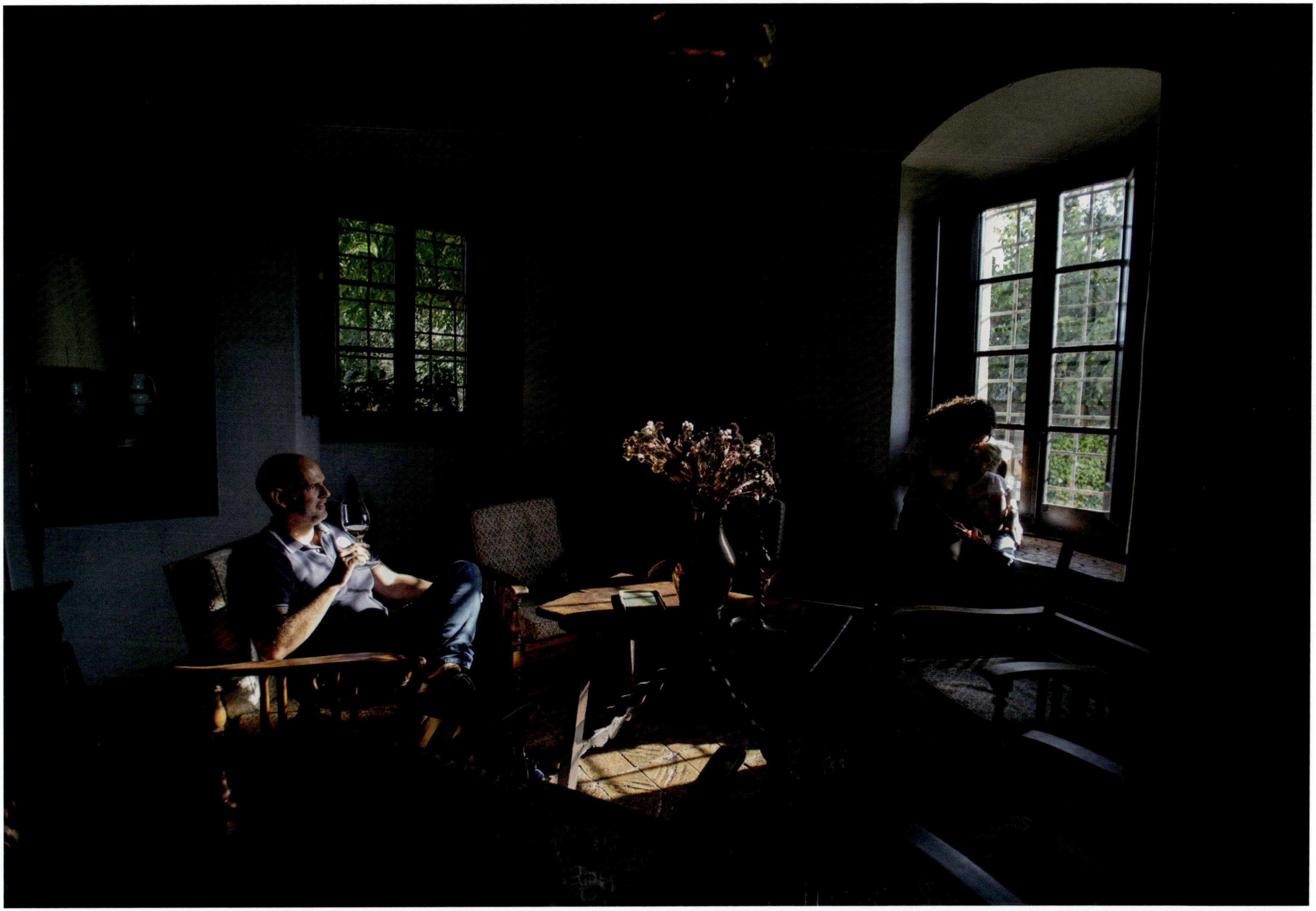

27_10_14 | VICENS GIMÉNEZ.
A BARCELONA, A LES 07:33 H.

SAGRADA FAMÍLIA 7:00 H. Les grues de la Sagrada Família formen part del paisatge urbà. El temple va començar a construir-se el 1882 i no estarà acabat fins d'aquí a 15 o 17 anys.

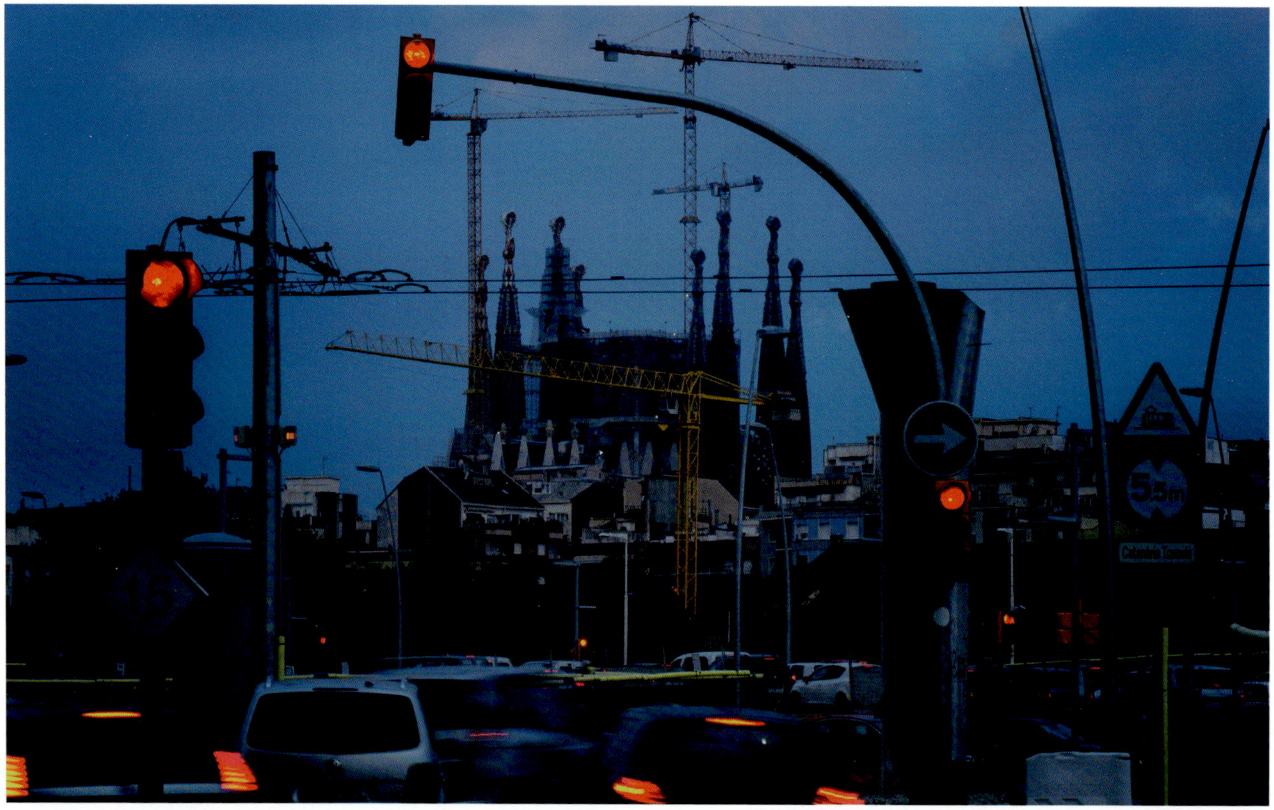

28_10_14 | AGUSTÍ CARBONELL.
A VALLS (ALT CAMP),
A LES 09:33 H.

BARRAQUES. Les edificacions rurals són un vestigi del passat, fetes de pedra seca, igual que els marges de pedra, fruit de la intensa activitat agrícola als segles XIX i XX.

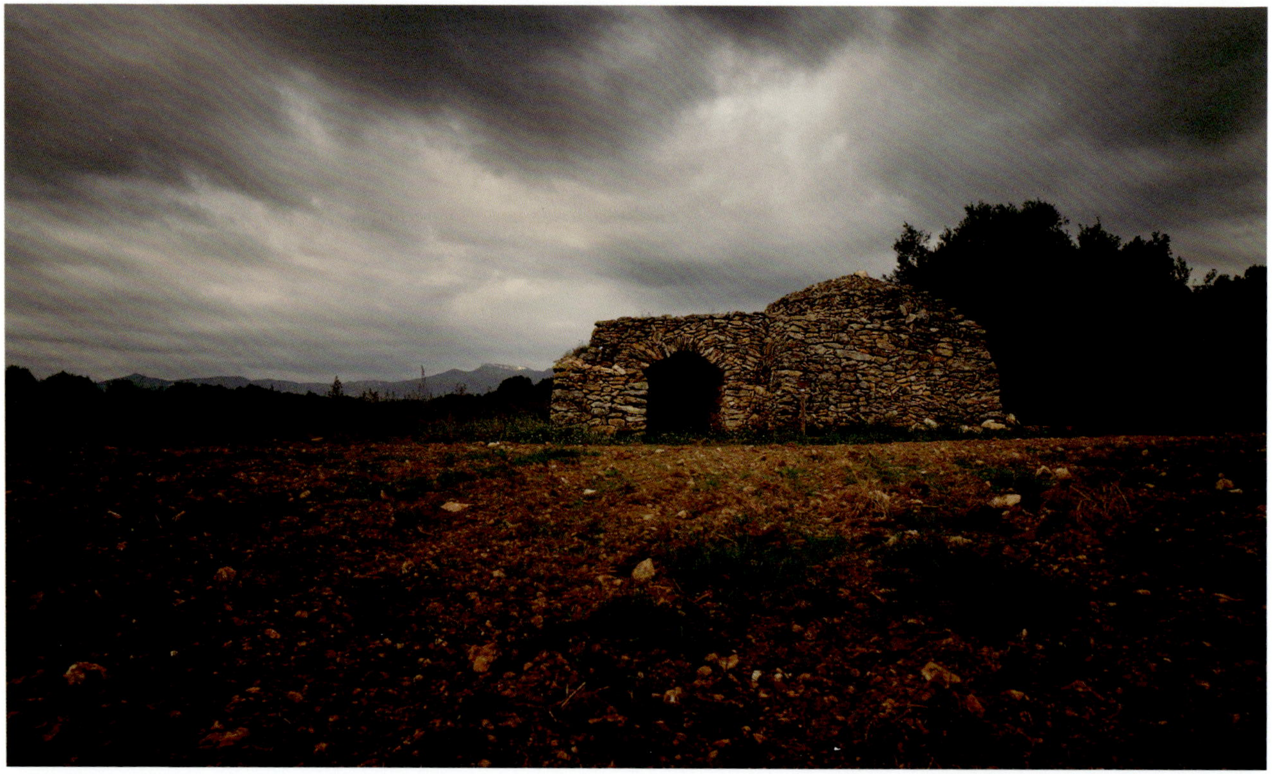

JORDI V. POU. A LES BORGES BLANQUES (GARRIGUES), A LES 11:24 H. | 29_10_14

URNA. Sisco Melgosa i Jordi Calvís, dissenyador de les campanyes de l'ANC, preparen l'urna gegant. La Gigaurna viatja per Catalunya reclamant el dret a votar.

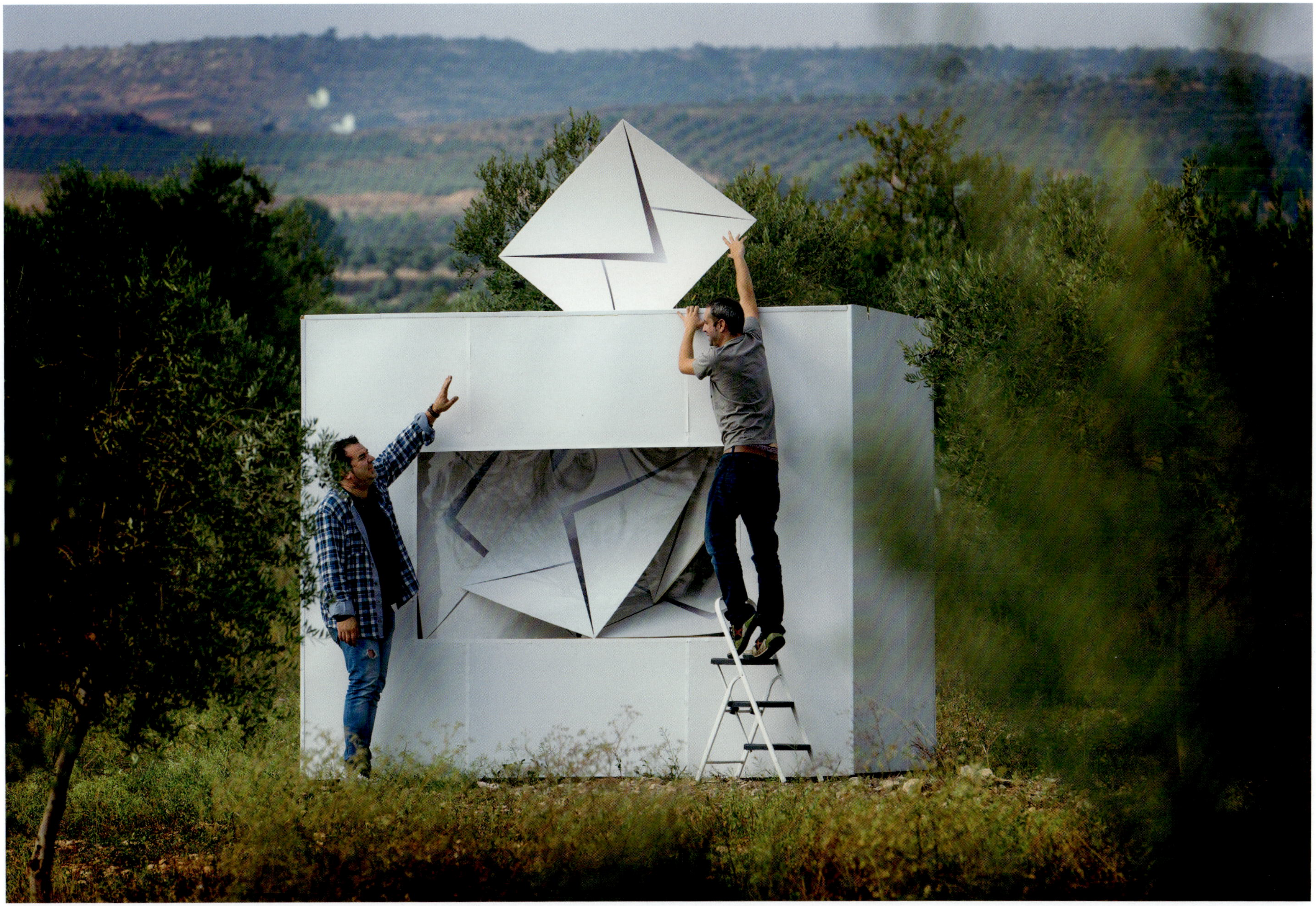

30_10_14 | **PERE PUNTÍ.** A GIRONA, A LES 18:12 H.

FESTA GRAN. Les Fires de Sant Narcís acullen des de fa 300 anys la Fira de Mostres, Industrial i Agrícola, i la Comercial. Al Parc de la Devesa té cita la diversió.

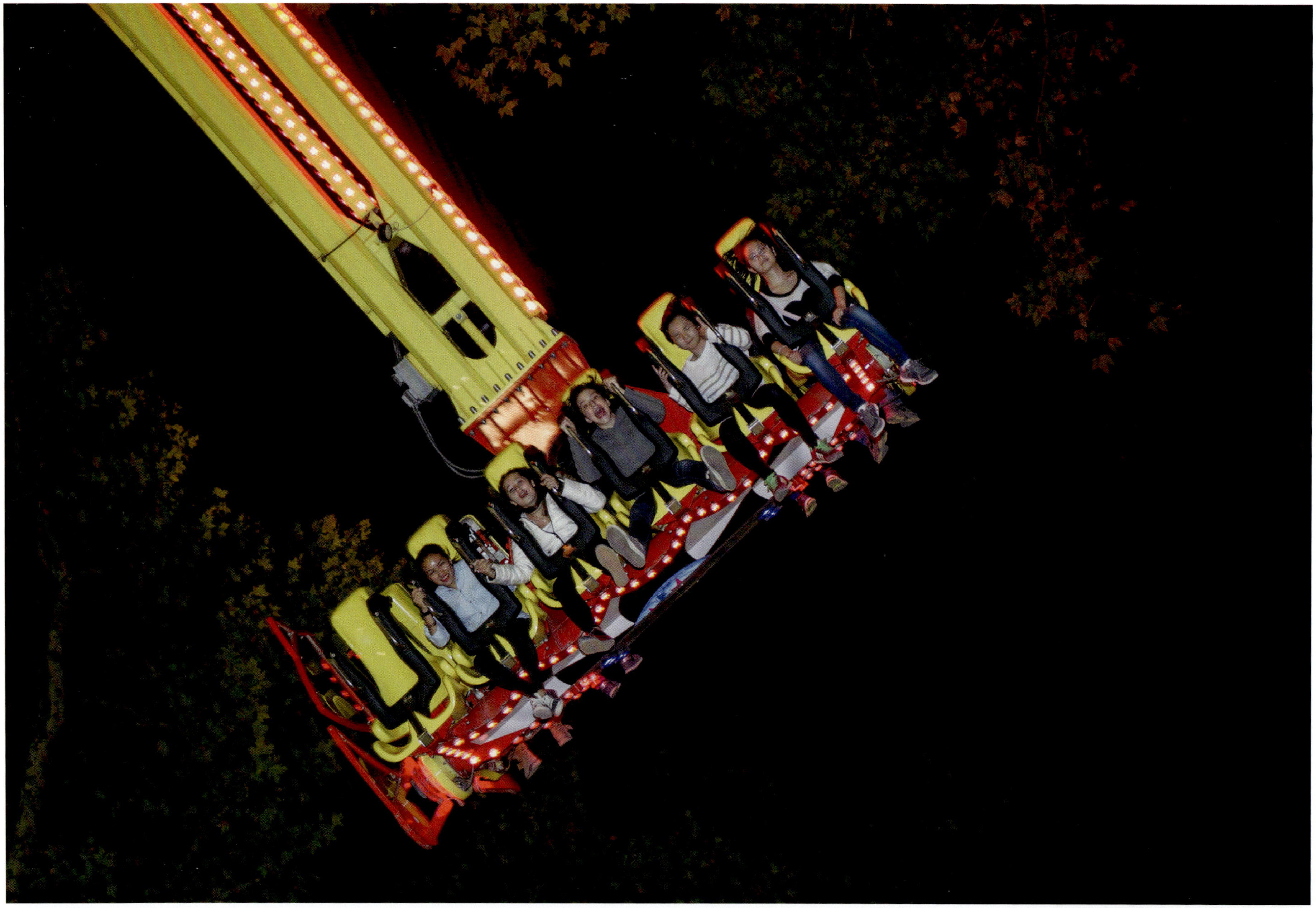

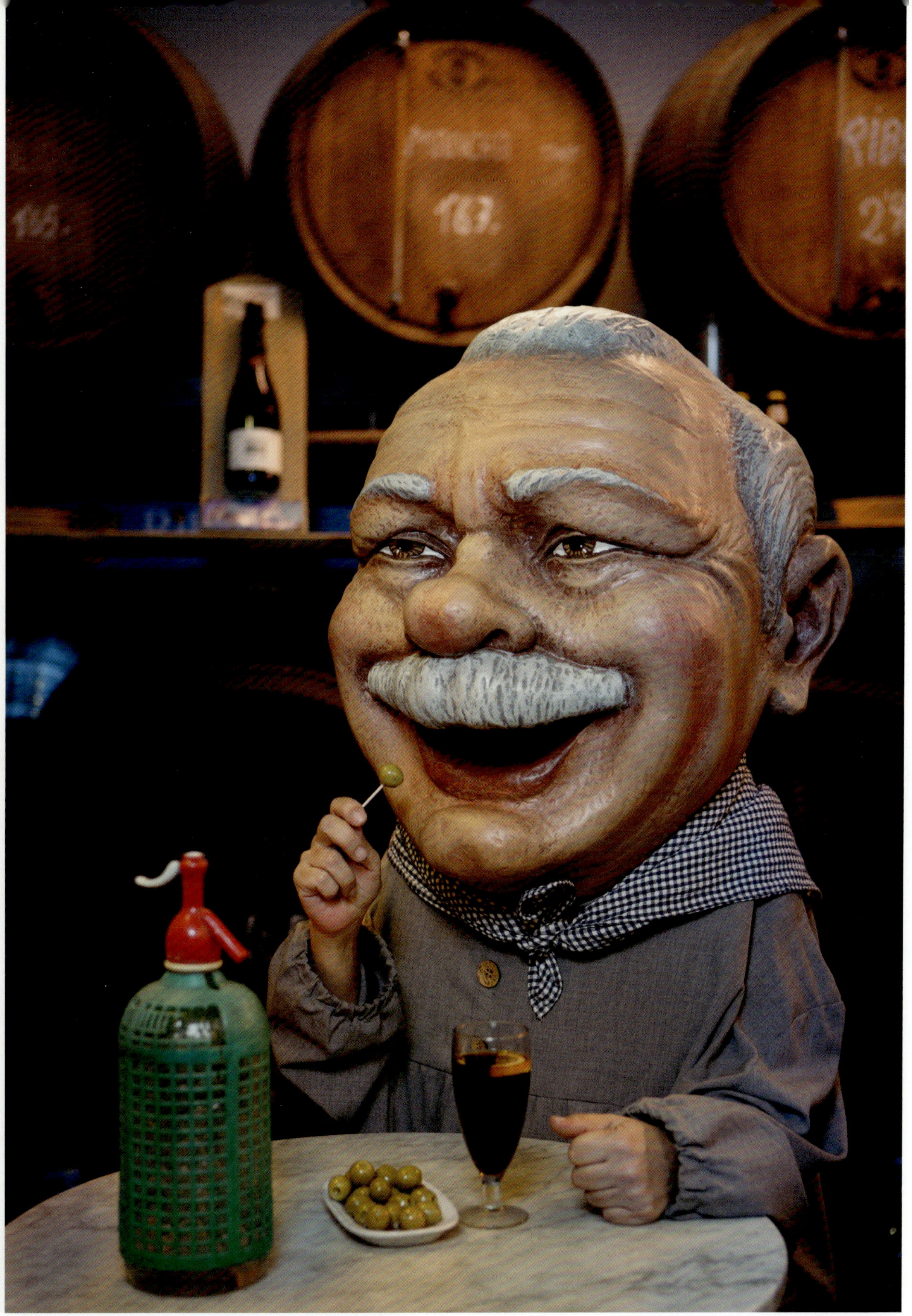

31_10_14 | ALBERT BERTRAN.
A BARCELONA, A LES 19:11 H.

ENTREMESOS. Jaume, el boter, capgròs de la Colla del Drac del Poblenou, gaudeix del vermut a La Pubilla del Taulat. Al costat dels gegants, forma part del Seguici Popular del Corpus.

Josep Ramoneda
FILÒSOF

NOVEMBRE. El cel estava encapotat aquest singular 9N, com si volgués donar recolliment al ritual. De tant en tant, deixava anar unes gotes de pluja sobre els ciutadans que feien cua per votar, perquè resultés més patent la seva determinació. Acabat de fer el canvi d'armari –a Barcelona és la setmana de Tots Sants la que tradicionalment anuncia l'hora de començar a abrigar-se–, a alguns se'ls veia encongits, massa a la fresca. Les cues avançaven a bon ritme, i la satisfacció de veure tanta gent fent el mateix abreujava l'espera. A mesura que avançava el matí, la confiança que ja no vindrien els de sempre a esguerrar la festa augmentava. Els voluntaris mostraven ganes de lluir feina ben feta. Gent gran, que tothom tractava amb deferència; gent jove atenta als majors de la família; gent de totes menes i perfils, amb presència de l'antiga burgesia, aquella que avui ha estat desbordada pels bonistes (els que tenen més bonus que salari) i els especuladors, però sobretot de les classes mitjanes. Gent d'ordre, molta gent d'ordre, protagonitzant una insubmissió continguda.

Davant d'aquestes cues, veient com la gent entrava i sortia amb la satisfacció petitburgesa (per dir-ho com abans) del deure complert, entre l'emoció dels més grans, desbordats per la malenconia, la satisfacció de molts d'haver-se atrevit, malgrat les amenaces, i l'estranya fantasia d'haver passat pantalla, em venia una vegada i una altra la mateixa impressió: és ben rar aquest país.

Un sector de la ciutadania s'ha col·locat en una mena d'estat de plebiscit permanent, d'acord amb la definició d'Ernest Renan. Des del 2010, cinc vegades ja, cada cop que han estat convocats han sortit al carrer sempre amb civisme, sempre amb ordre, sempre amb contenció (unes manifestacions ben poc sorolloses), per donar compte al món de l'existència com a nació. Una constància en l'afirmació, una reiteració en la protesta, insòlites als països de l'entorn. I cada cop sorprèn la tenacitat i la calma. Lluny queda la mítica rosa de foc dels anarquistes. O la revolucionària plaça internacionalista dels anys de revolució i guerra. Què se n'ha fet, de la combativa i bulliciosa ciutat de la transició? Curiosa aquesta Barcelona, en què la gent d'ordre desafia la legalitat mentre es queixa de la invasió i les incomoditats del turisme, i els moviments socials desenvolupen un activisme creixent, encara que més invisible, preocupats per salvar la dignitat de les persones més que per proposar grans promeses utòpiques. Aquesta contenció és un estat d'ànim que ja és idiosincràsia o acumula tensions reprimides que poden deixar-se anar en el moment més impensat? Un país rar, certament.

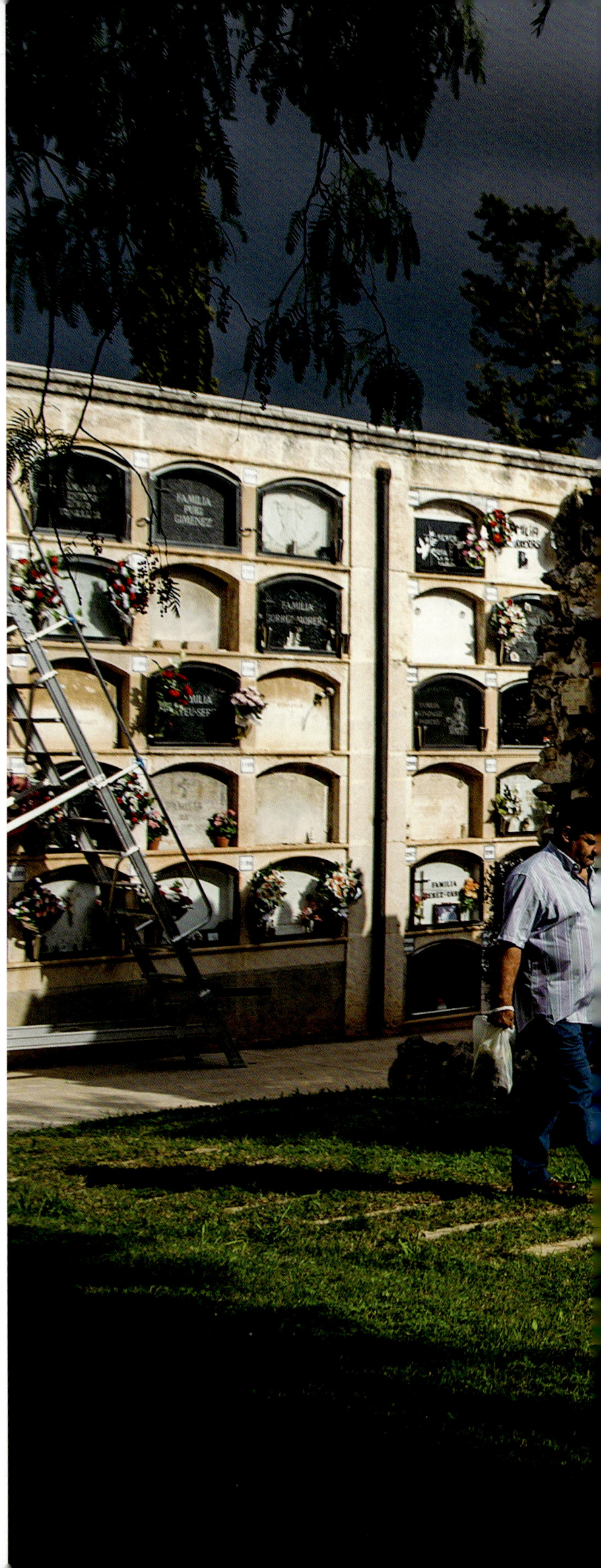

JORDI COTRINA. A VILANOVA I LA GELTRÚ (GARRAF), A LES 11:21 H. | 01_11_14

TOTS SANTS. El cementiri de Vilanova i la Geltrú disposa d'hipogeu, cambra funerària subterrània per a cendres on recordar els difunts que no són sepultats.

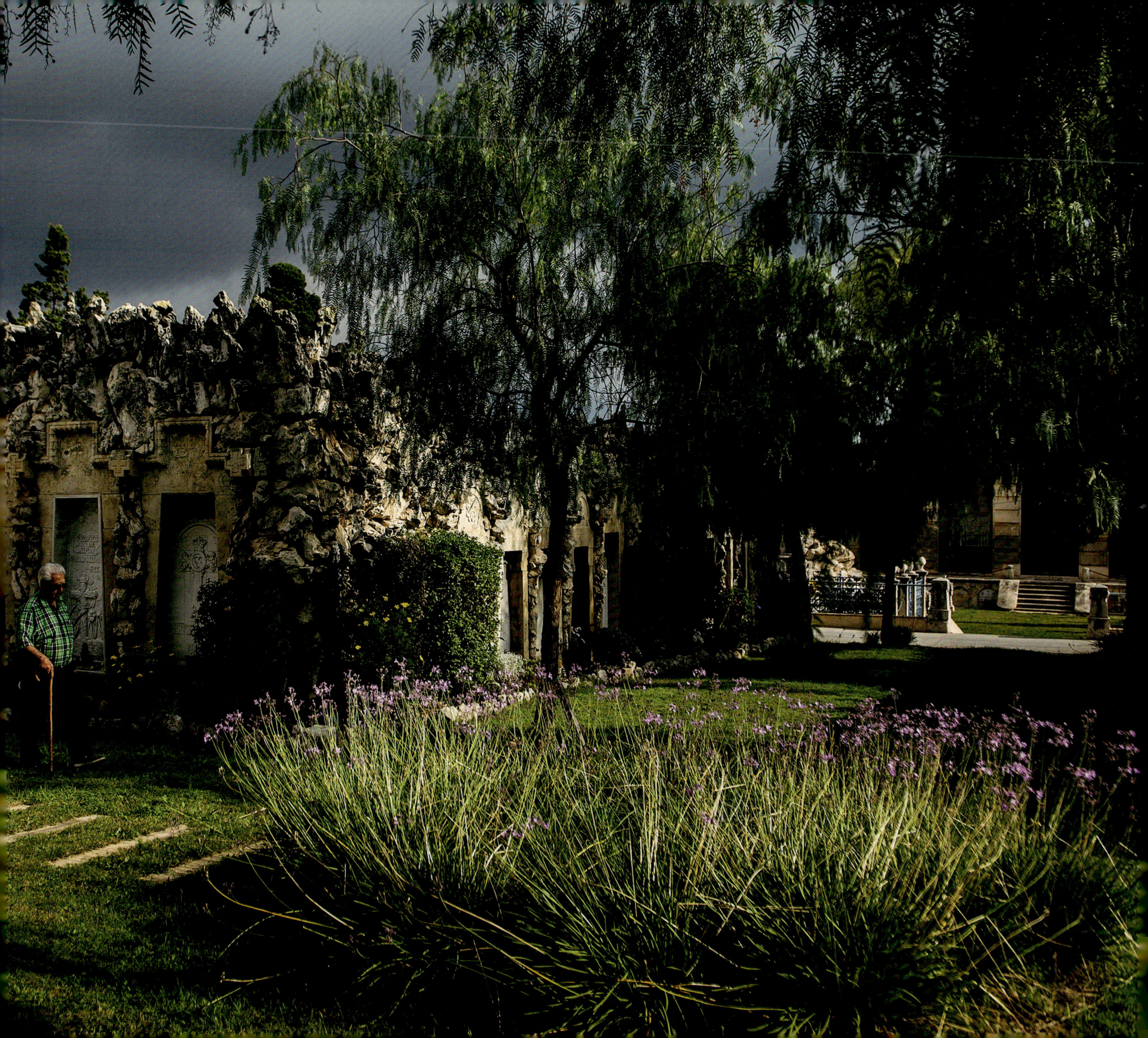

02_11_14 | JOAN GUERRERO. A BARCELONA, A LES 11:00 H.

GÈNESI. El fotoperiodista brasiler Sebastião Salgado exposa a CaixaForum el seu darrer treball sobre la recerca dels orígens del món i la fragilitat del planeta.

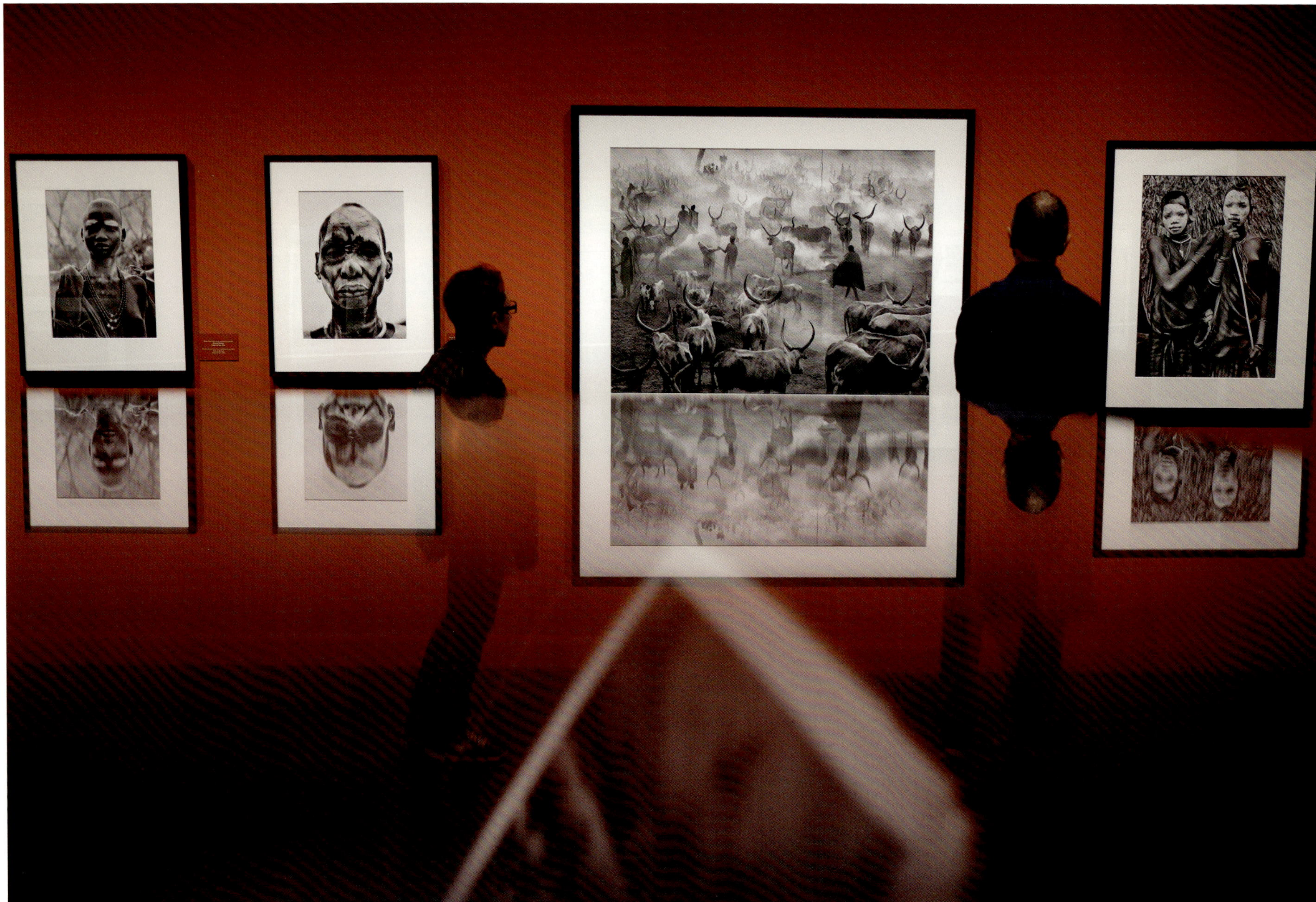

SANTI COGOLLUDO. A BARCELONA, A LES 20:14 H. | 03_11_14

LITERARIS. Assistents al lliurament del Premi Herralde de novel·la en llengua castellana de l'editorial Anagrama, en ple còctel al restaurant St. Rémy del carrer d'Iradier.

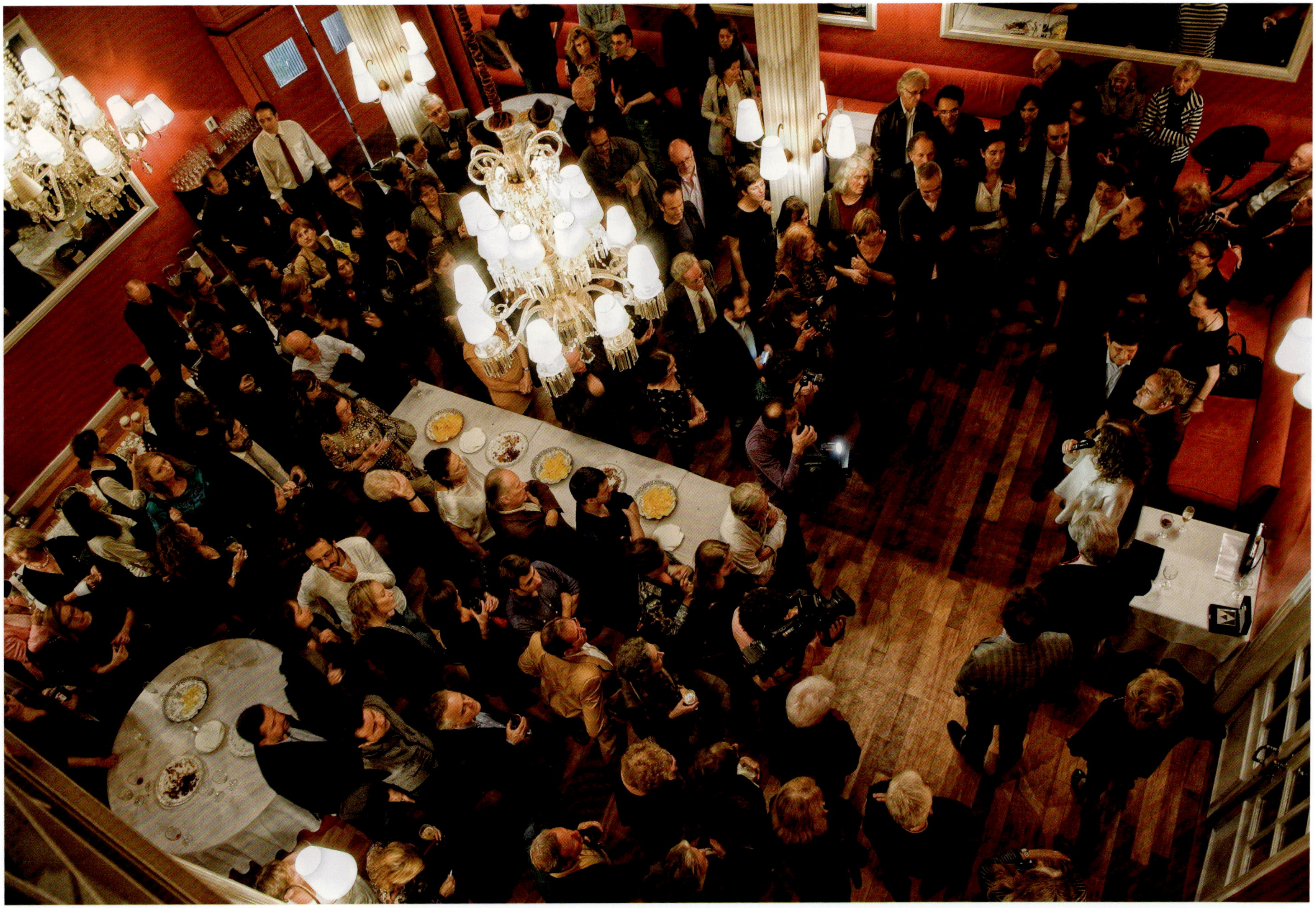

04_11_14 | **FRANCESC MELCION.** A SANTA COLOMA DE GRAMENET (BARCELONÈS), A LES 07:45 H.

HORA PUNTA. Al barri del Fondo, esperant l'autobús a primera hora del matí. Catalans, xinesos, pakistanesos i equatorians hi conviuen.

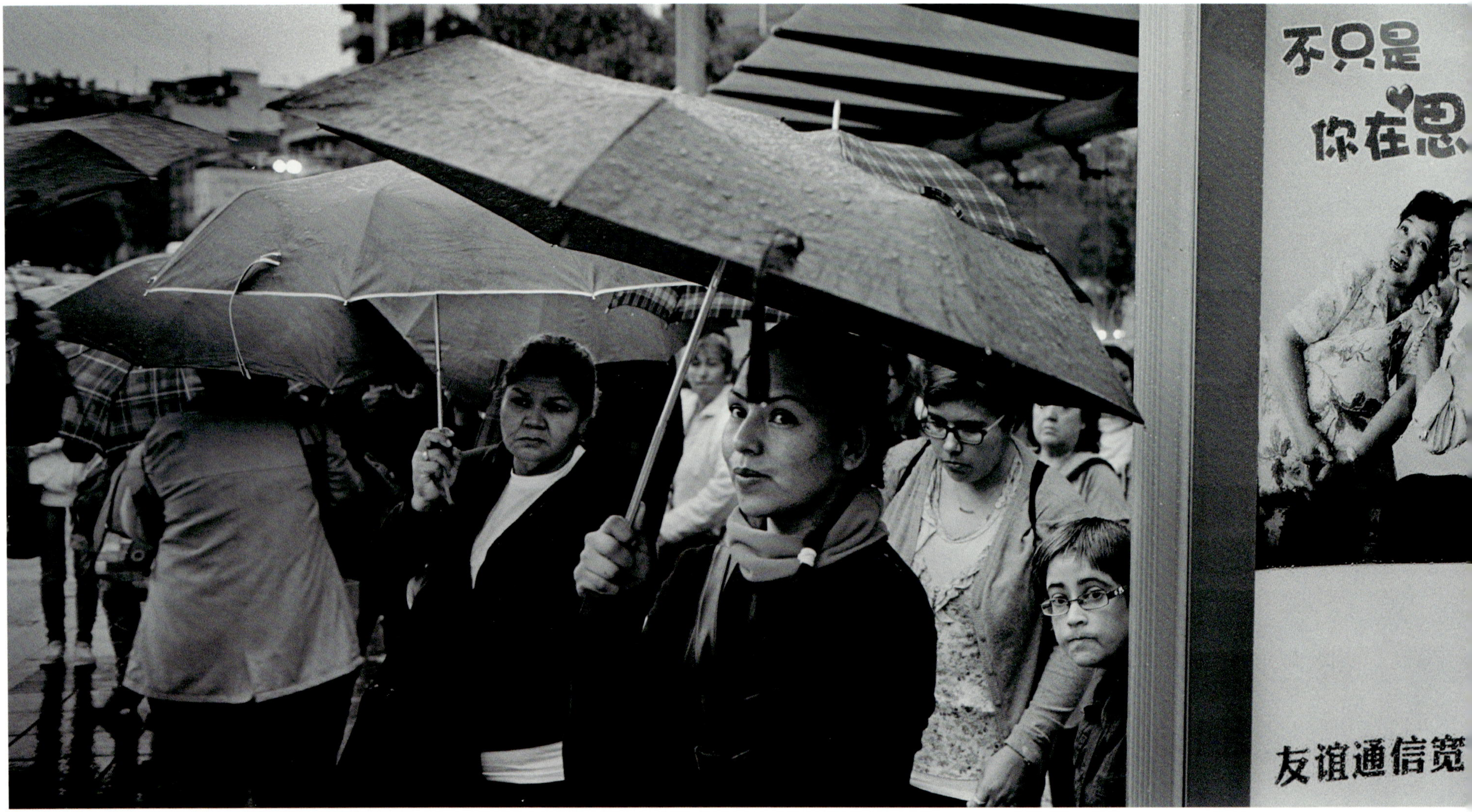

SUSANNA SÁEZ. A LLÍVIA (CERDANYA), A LES 12:49 H. | 05_11_14

PARTICIÓ. Llívia es conserva catalana tot i endinsar-se dins França. La seva condició de vila la va salvar de la repartició de la Cerdanya entre espanyols i francesos.

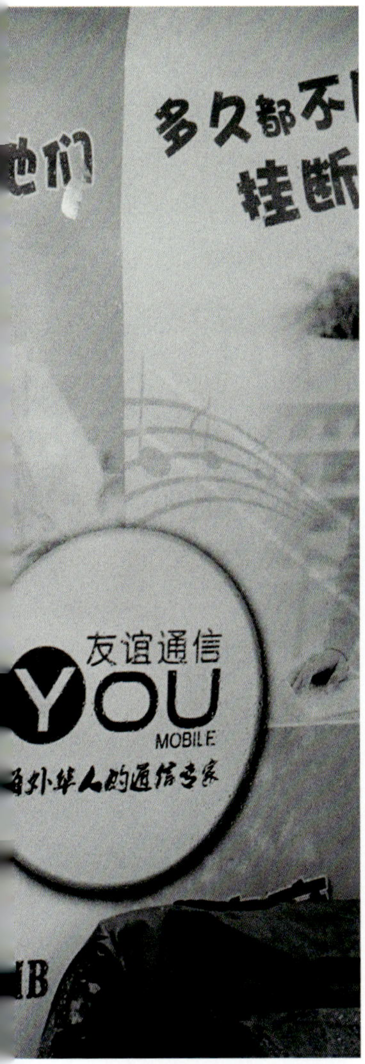

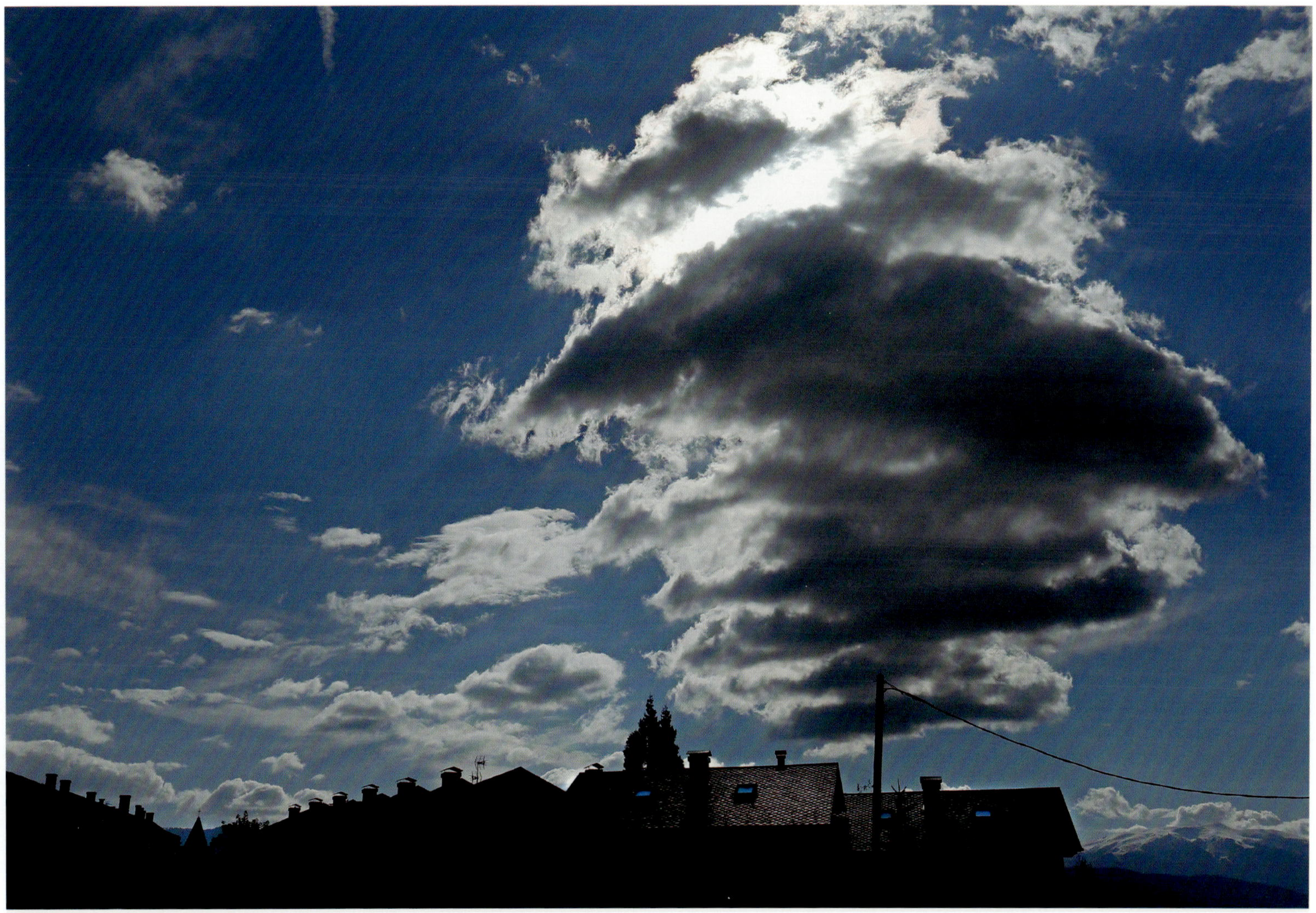

06_11_14 | **QUIQUE GARCÍA.** A TEIÀ (MARESME), A LES 09:57 H.

DENÚNCIA CIUTADANA. Una urna penja engabiada sobre l'ampit d'una finestra escenificant la prohibició de la consulta del 9N perquè "Votar és normal".

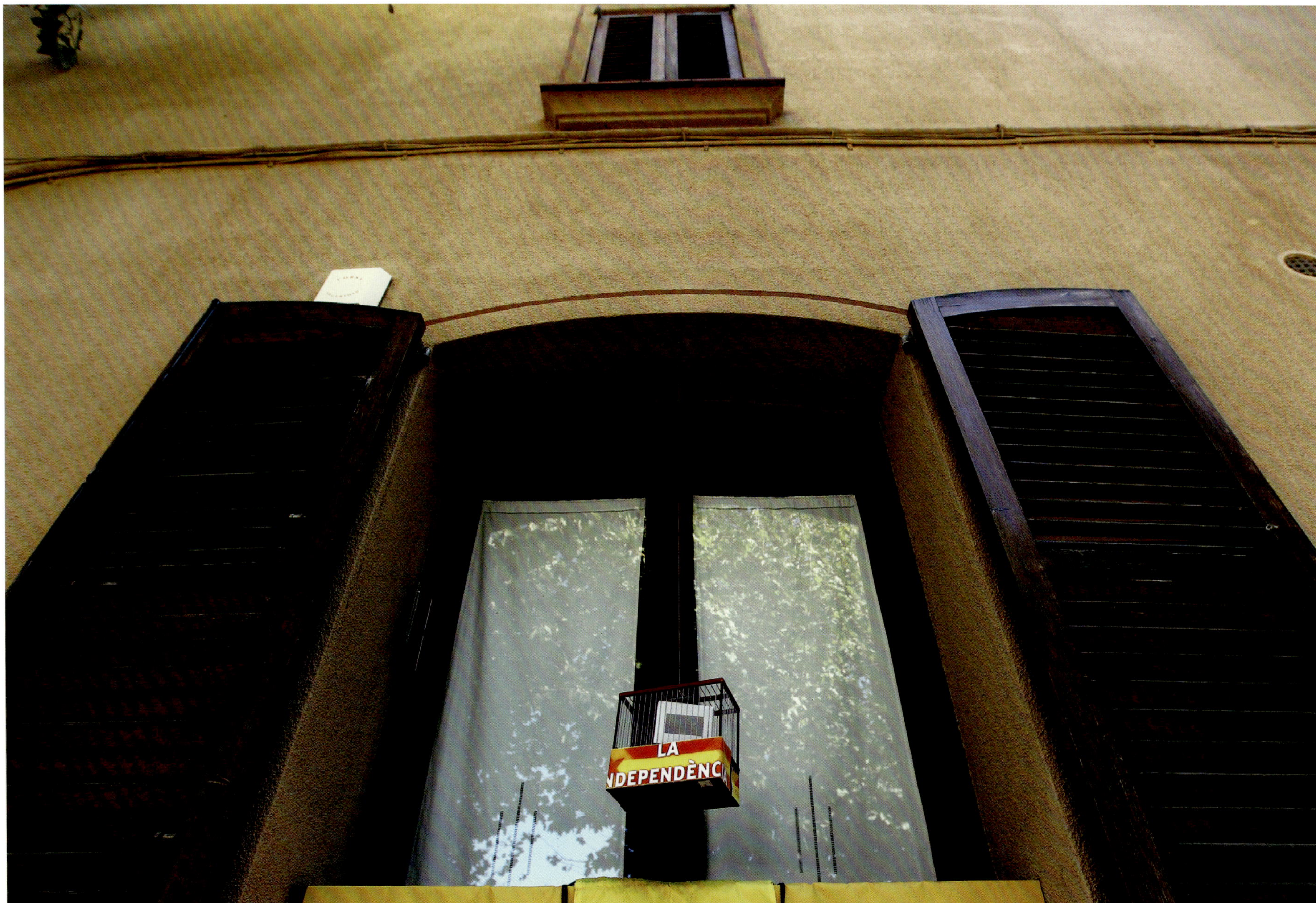

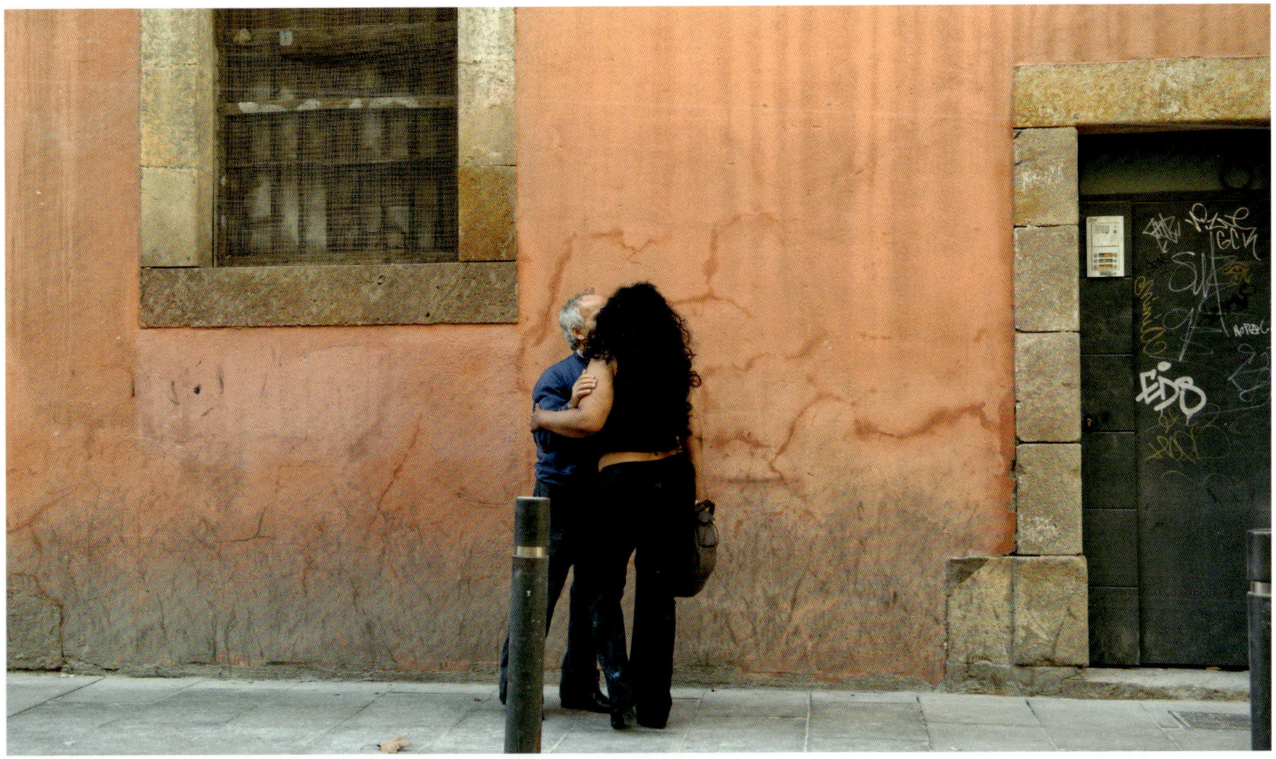

07_11_14 | ÀLEX GARCIA.
A BARCELONA, A LES 13:00 H.

PROSTITUCIÓ. Una prostituta llatinoamericana s'acomiada d'un client al carrer de Sant Rafael, al Raval. A molts balcons pengen pancartes per un barri digne.

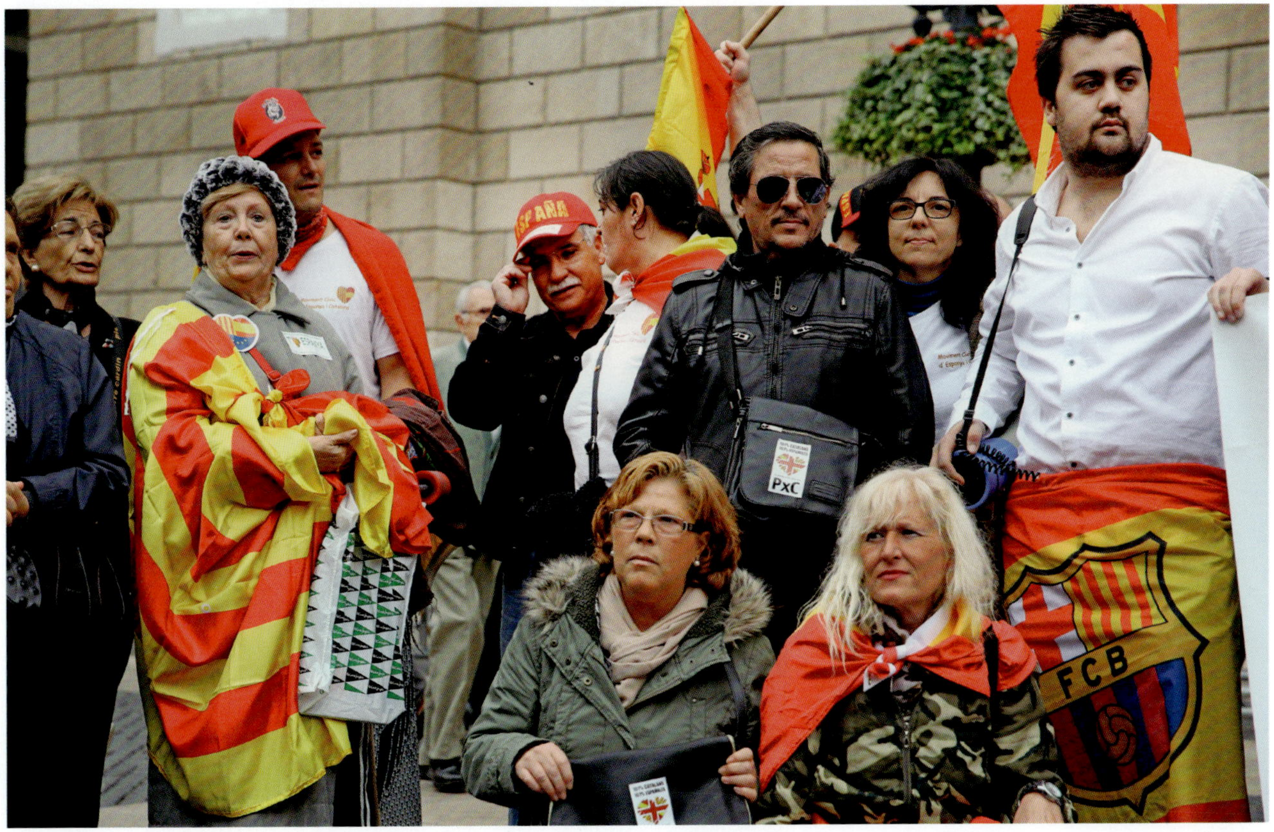

08_11_14 | DANNY CAMINAL.
A BARCELONA, A LES 12:19 H.

CONTRACONSULTA. Consignes contra la consulta i per la unitat d'Espanya en la prèvia del 9N dels manifestants convocats per Libres e Iguales, a la plaça de Sant Jaume.

09_11_14 | ANA JIMÉNEZ. A BARCELONA, A LES 12:16 H.

UNA CONSULTA PER EMMARCAR. A la consulta del 9N, convertida en procés de participació ciutadana per la suspensió del Tribunal Constitucional, més de 2 milions de catalans han votat per la independència de Catalunya, el 80% del total.

Deixa que l'**Ana** t'expliqui la seva foto.

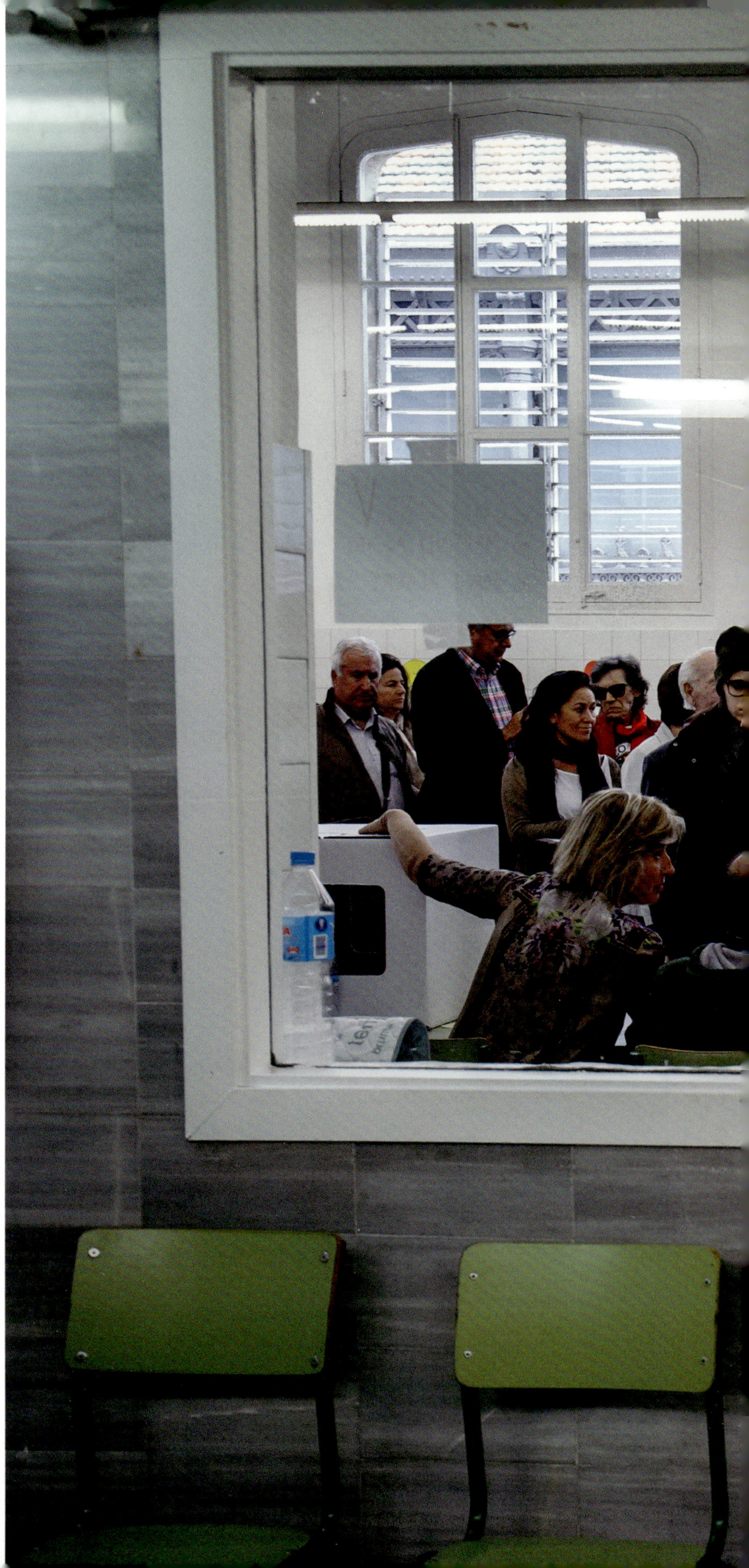

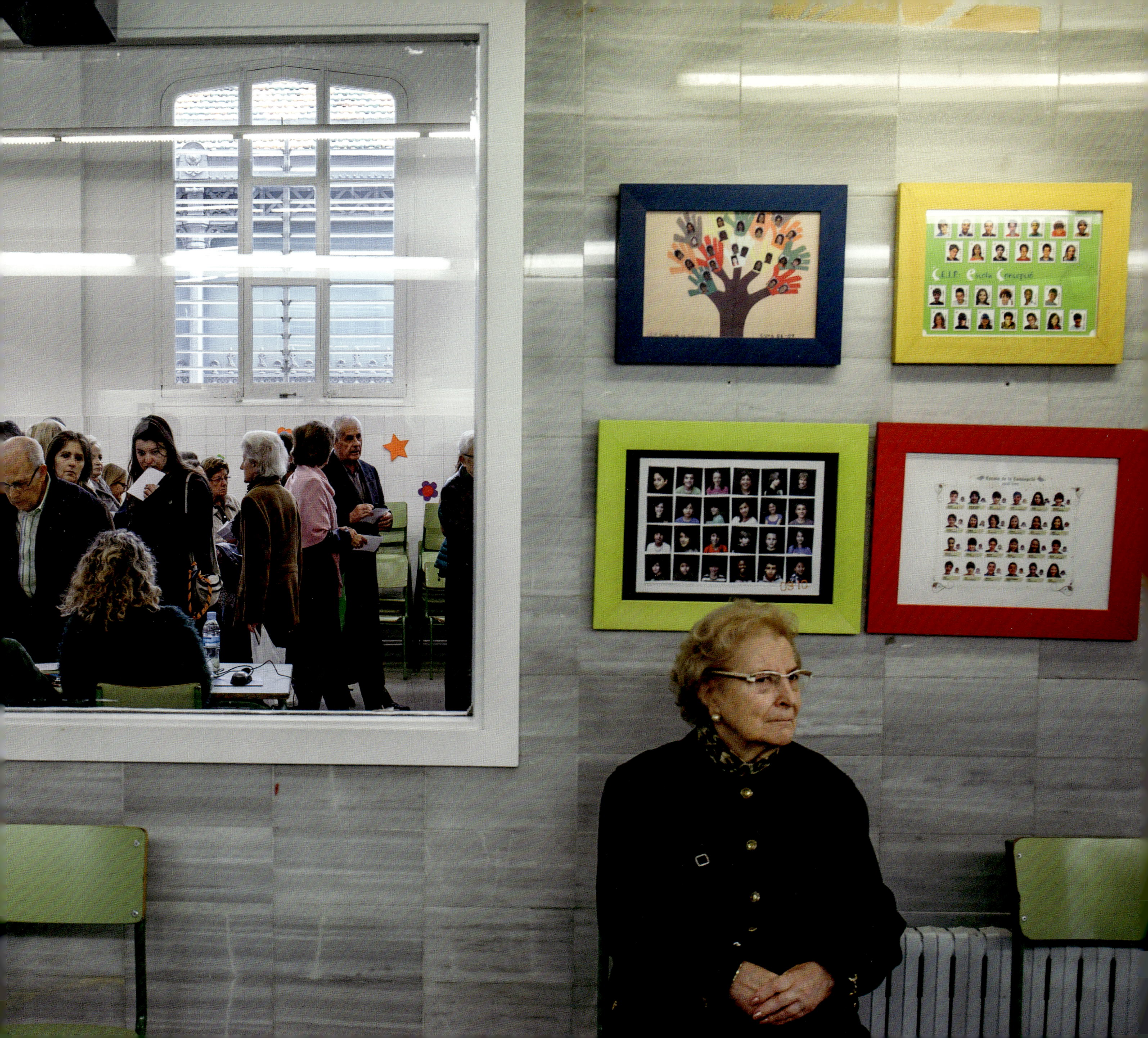

10_11_14 | **LAURA GUERRERO.** A BARCELONA, A LES 18:28 H.

DE PAS. Una tarda més, feliçment insignificant sota l'immens cel al barri de Sant Martí. La vida passa sense adornar-nos-en. ¡Viu-la!

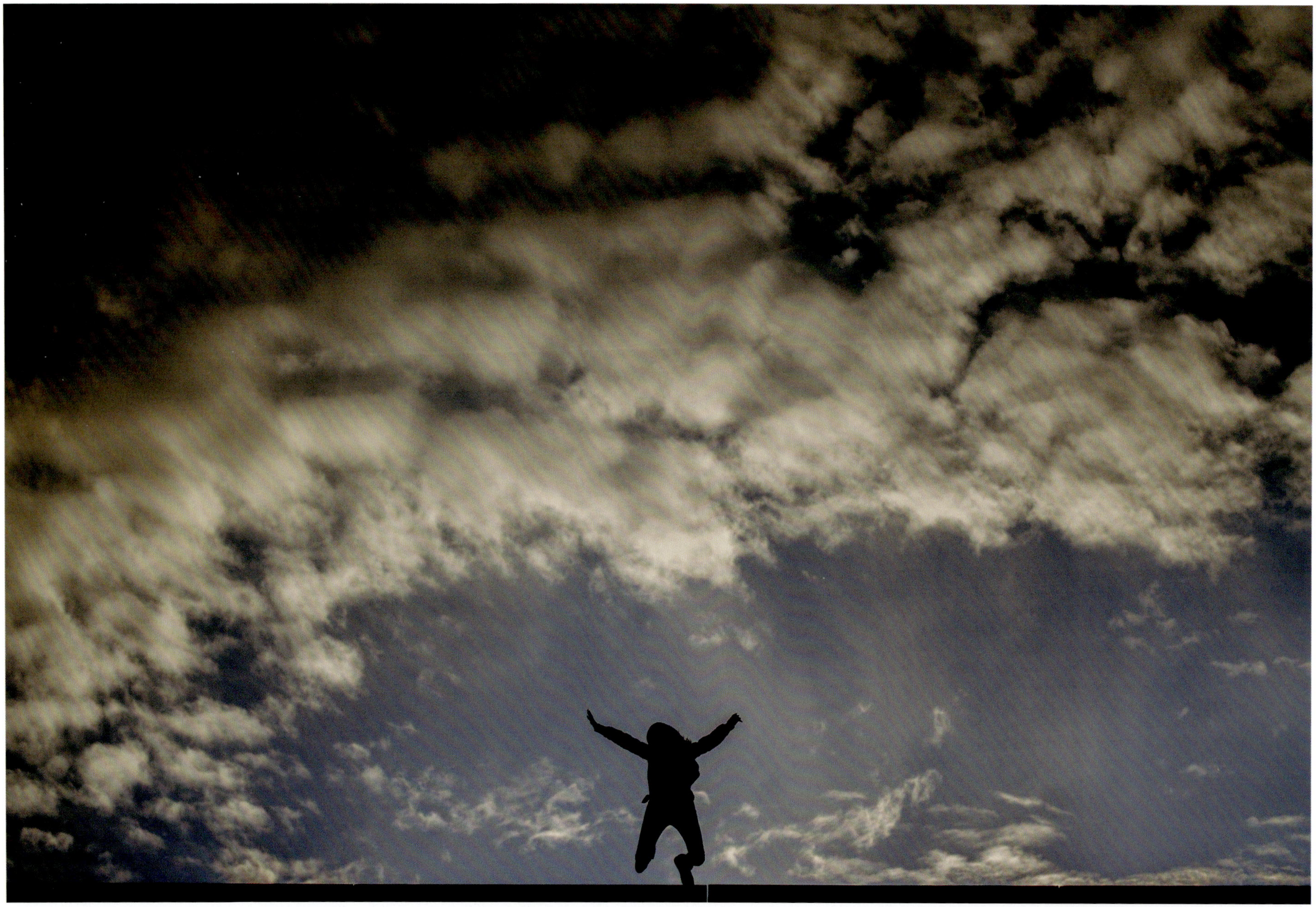

MANTENIMENT. L'Ajuntament substitueix cada quatre mesos les plantes de jardins i parterres. Barcelona té al voltant de 3.000 hectàrees de zona verda.

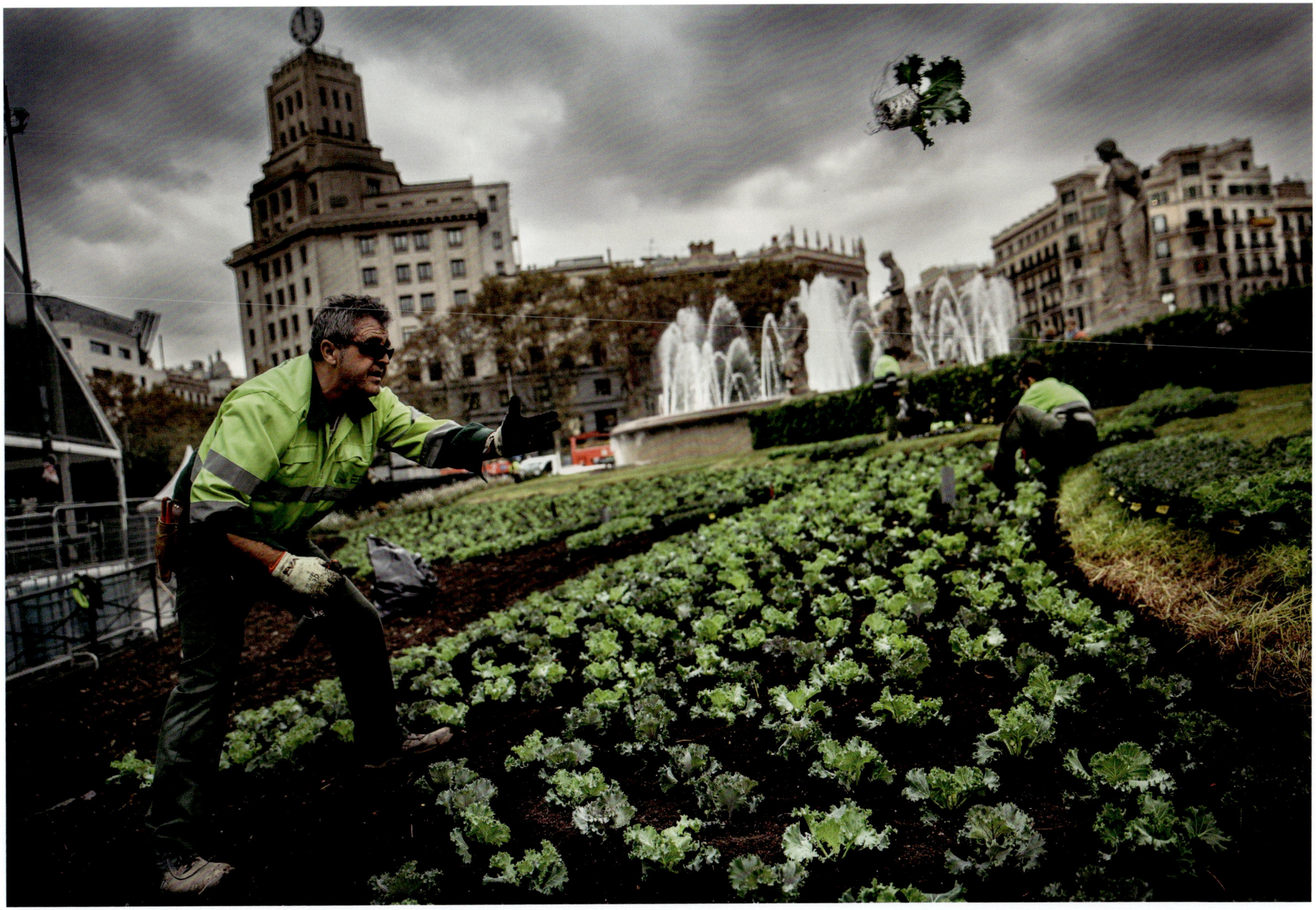

12_11_14 | CARLES RIBAS. A BOÍ (ALTA RIBAGORÇA), A LES 10:41 H.

VIABILITAT. Els problemes econòmics de Boí Taüll Resort han mantingut en suspens l'obertura de l'estació d'esquí, activada per l'aportació de la Generalitat.

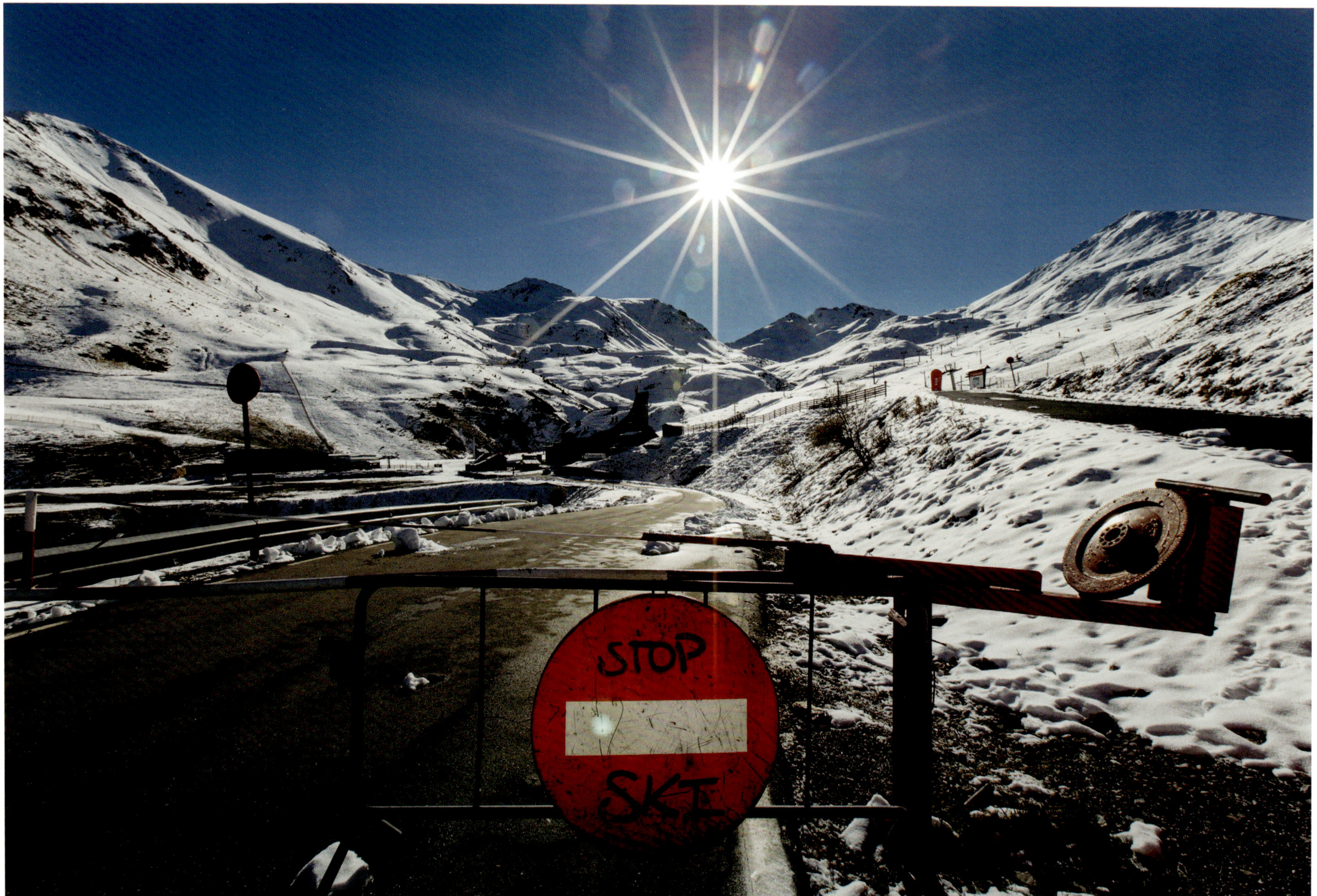

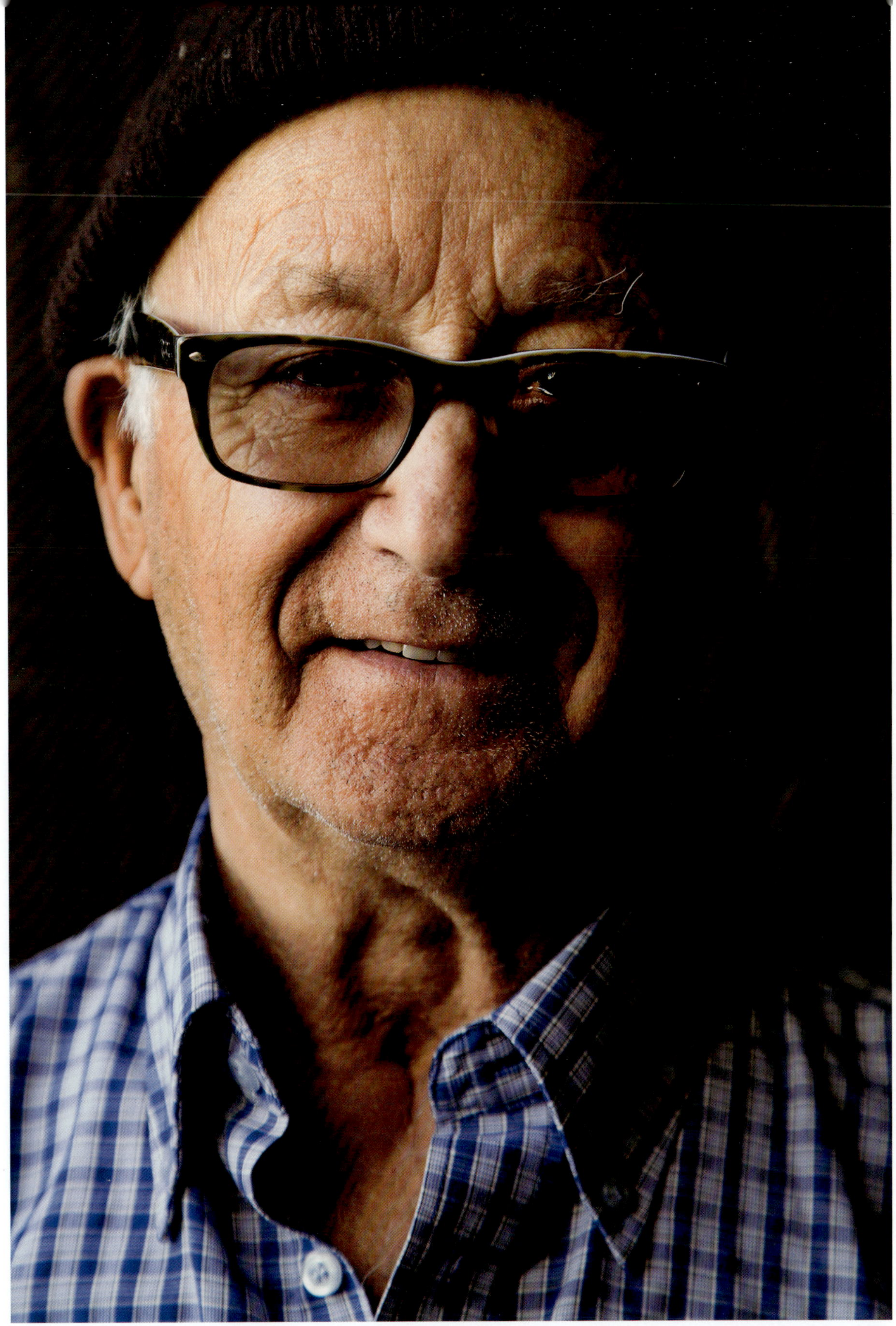

13_11_14 | JULIO CARBÓ.
A SANT VICENÇ DE CALDERS
(BAIX PENEDÈS), A LES 13:02 H.

ANCESTRAL. Josep Güell (74 anys), de Mas Borràs, conserva una premsa de lliura per fer oli que data del 1853, avui encara en funcionament. El giny és d'origen romà.

14_11_14 | **ALBERT MASIAS.** A BARCELONA, A LES 13:00 H.

INDIGENTS. Retrats sense Sostre és un projecte fotogràfic etnològic i humà per donar a conèixer les persones sense llar. La botiga L'Appartement n'acull una mostra.

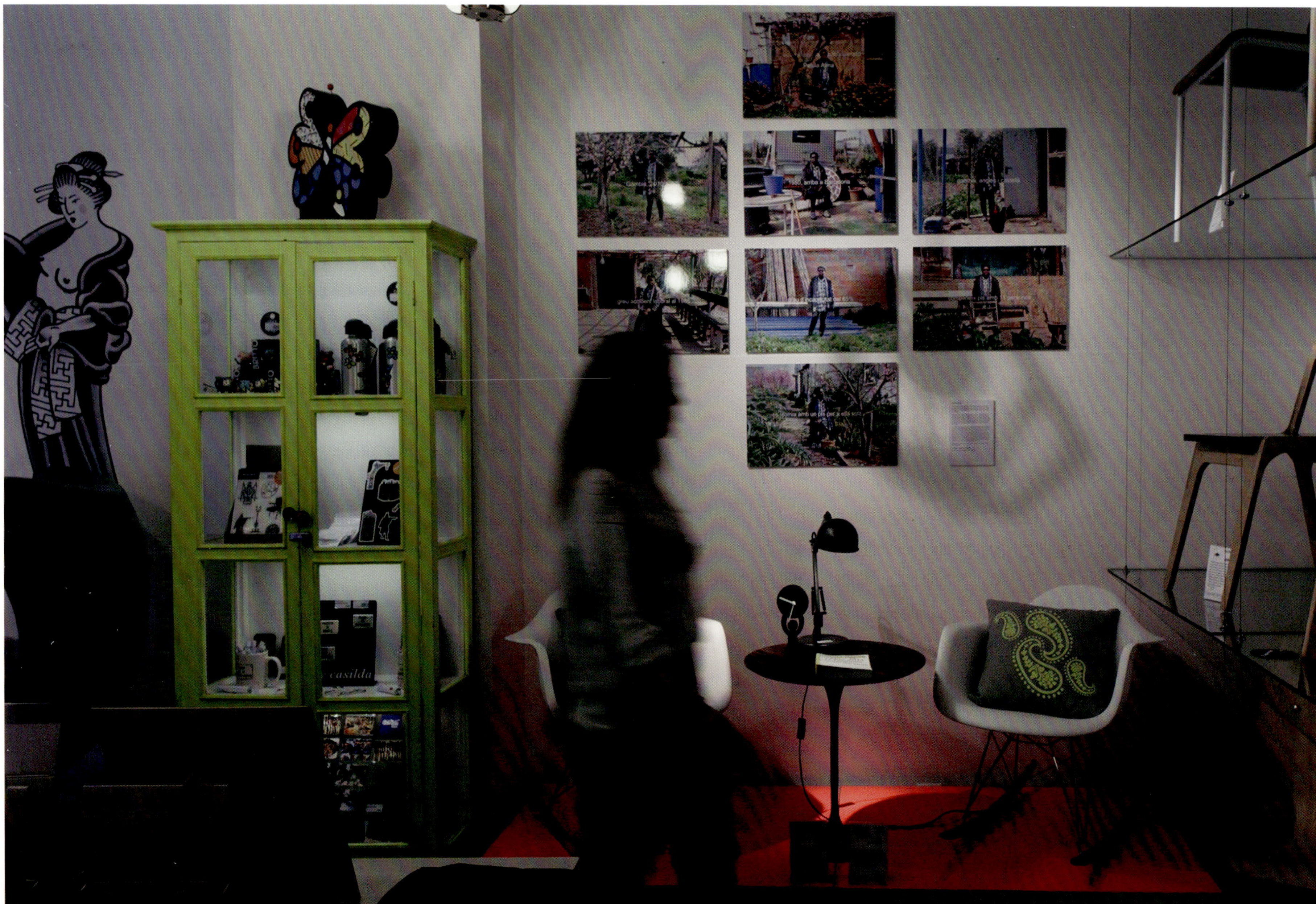

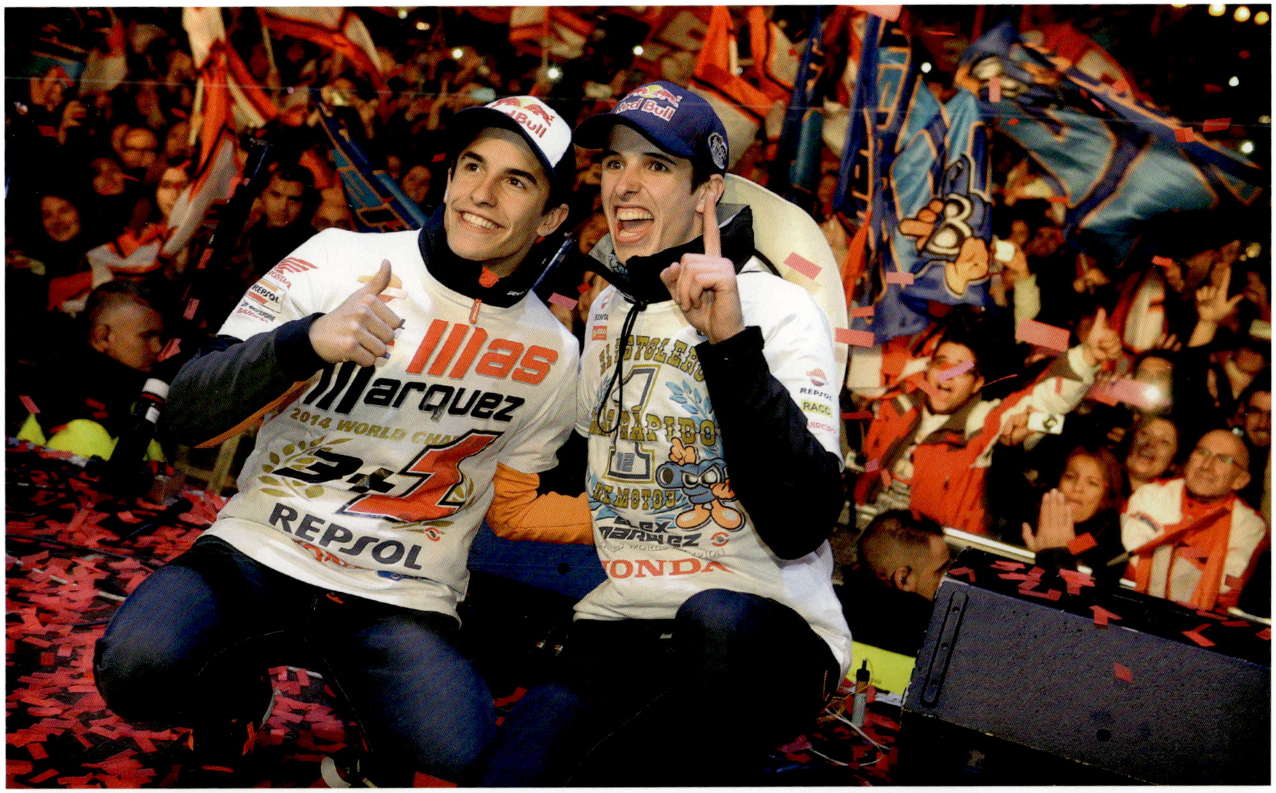

15_11_14 | JORDI V. POU.
A CERVERA (SEGARRA), A LES 21:10 H.

HISTÒRIC. Marc i Àlex Márquez són aclamats al seu poble natal. Per primera vegada, dos germans es proclamen campions del món el mateix any, en MotoGP i Moto3.

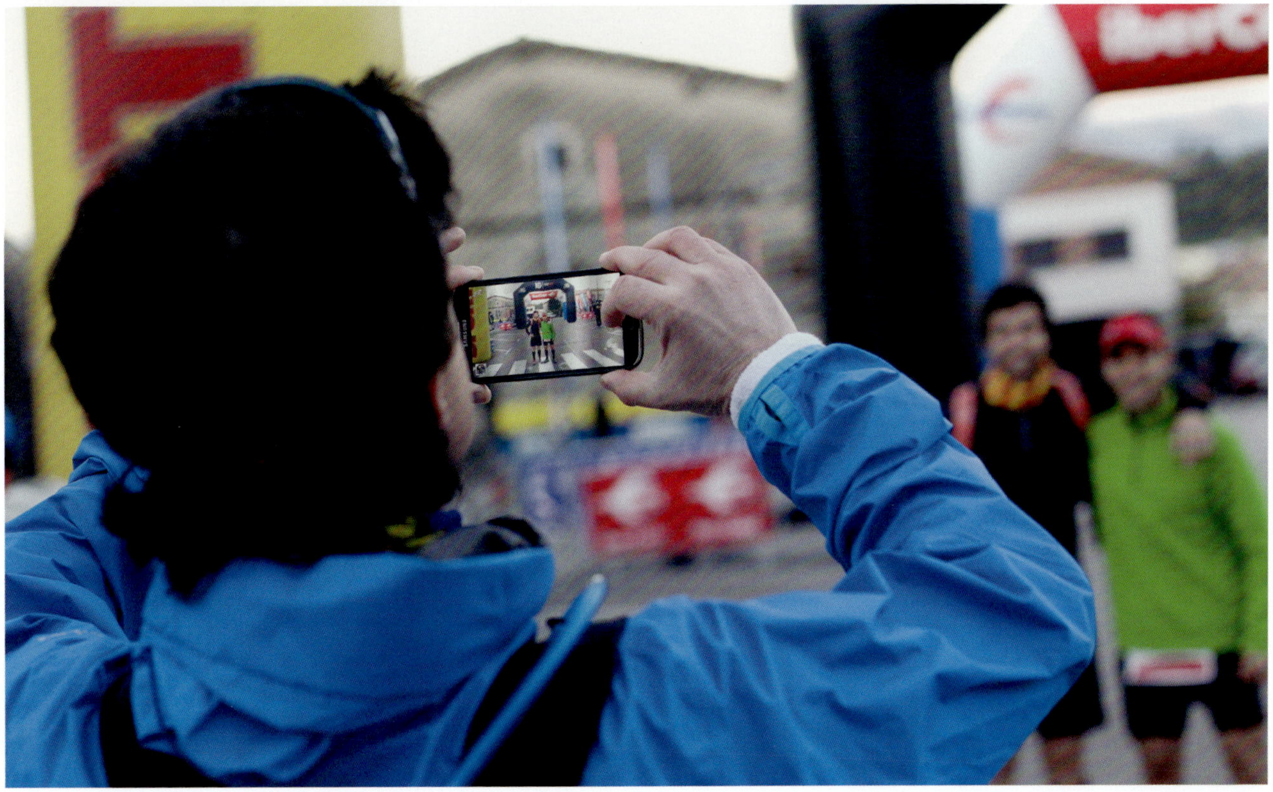

16_11_14 | PERE TORDERA.
A L'ESQUIROL (OSONA), A LES 07:30 H.

MORIR D'ÈXIT. La Cabrerès MM 2014 celebra la seva primera edició i s'uneix a la gran proliferació de curses de muntanya, modalitat esportiva en espectacular creixement aquests últims anys.

17_11_14 | TONI ALBIR. A L'HOSPITALET DE LLOBREGAT (BARCELONÈS), A LES 01:57 H.

SENSE TREVA. Un centenar de treballadors fan feines de manteniment cada nit a les cotxeres de Can Boixeres, de la L5, perquè el metro torni a obrir a les 5:00 h.

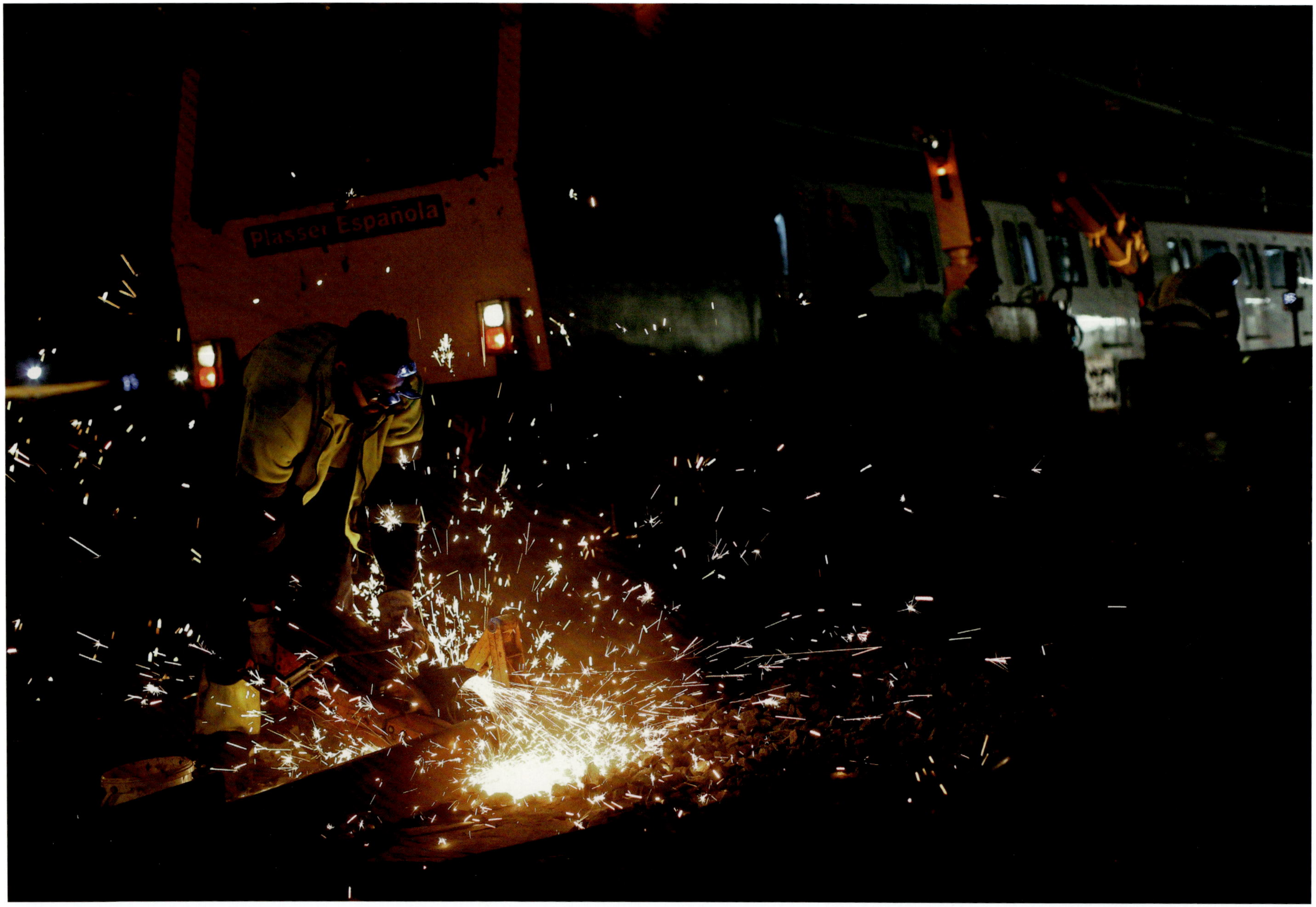

18_11_14 | **MARCEL·LÍ SÀENZ.** A SAURÍ (PALLARS SOBIRÀ), A LES 11:58 H.

A 1.800 M. Anna Plana (29 anys) va estudiar a l'Escola de Pastors de Catalunya. Té un ramat de 180 ovelles xisquetes. Cada dia surten a pasturar des de la Borda de Font (1.475 m).

PÀG. 306 >

19_11_14 | **MIQUEL ANGLARILL.** A BARCELONA, A LES 19:15 H.

COMERÇ. Una parella es petoneja aliena a l'activitata a La Maquinista, el centre comercial més gran de Catalunya, al barri de Sant Andreu, en difícil equilibri amb el petit comerç.

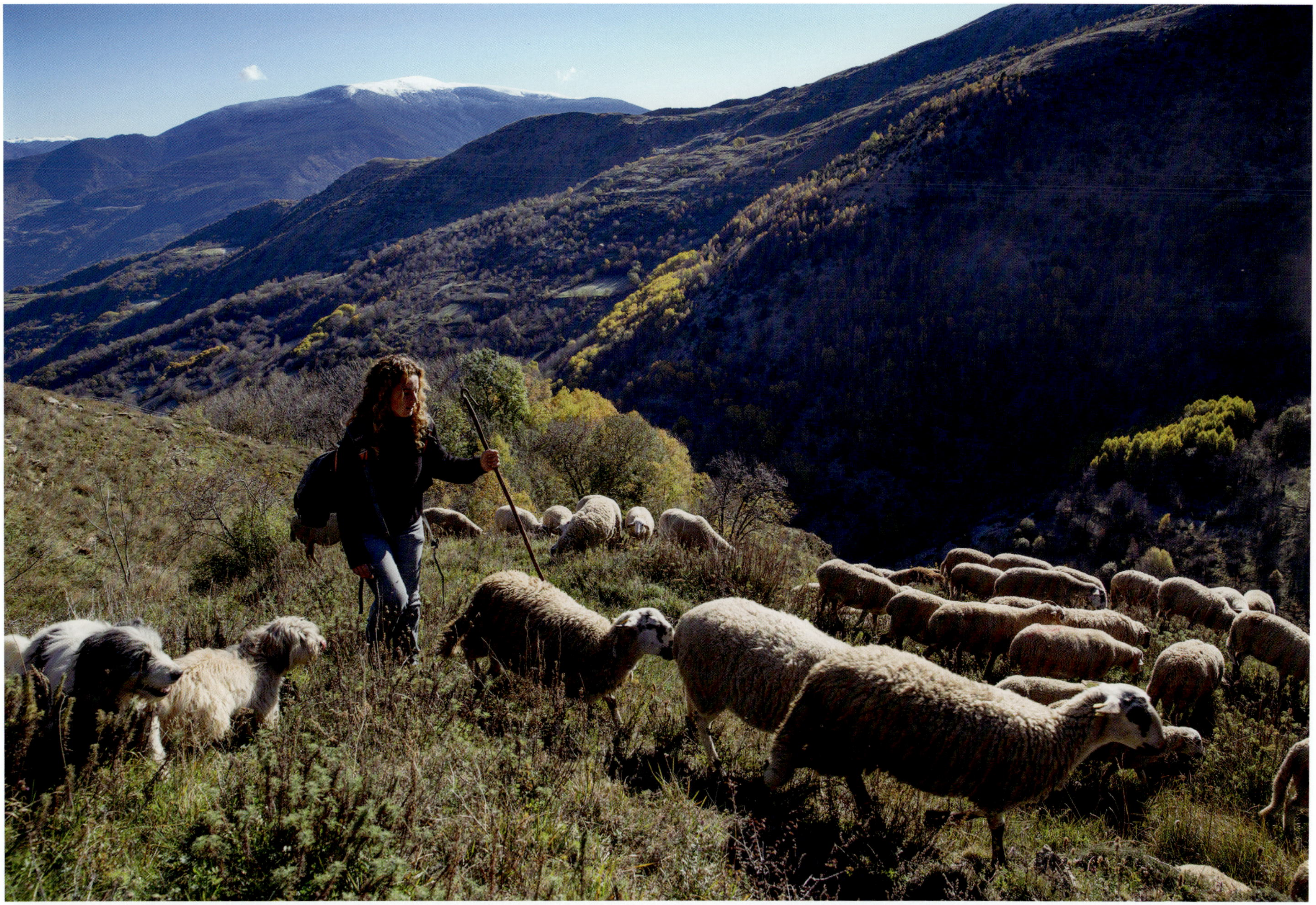

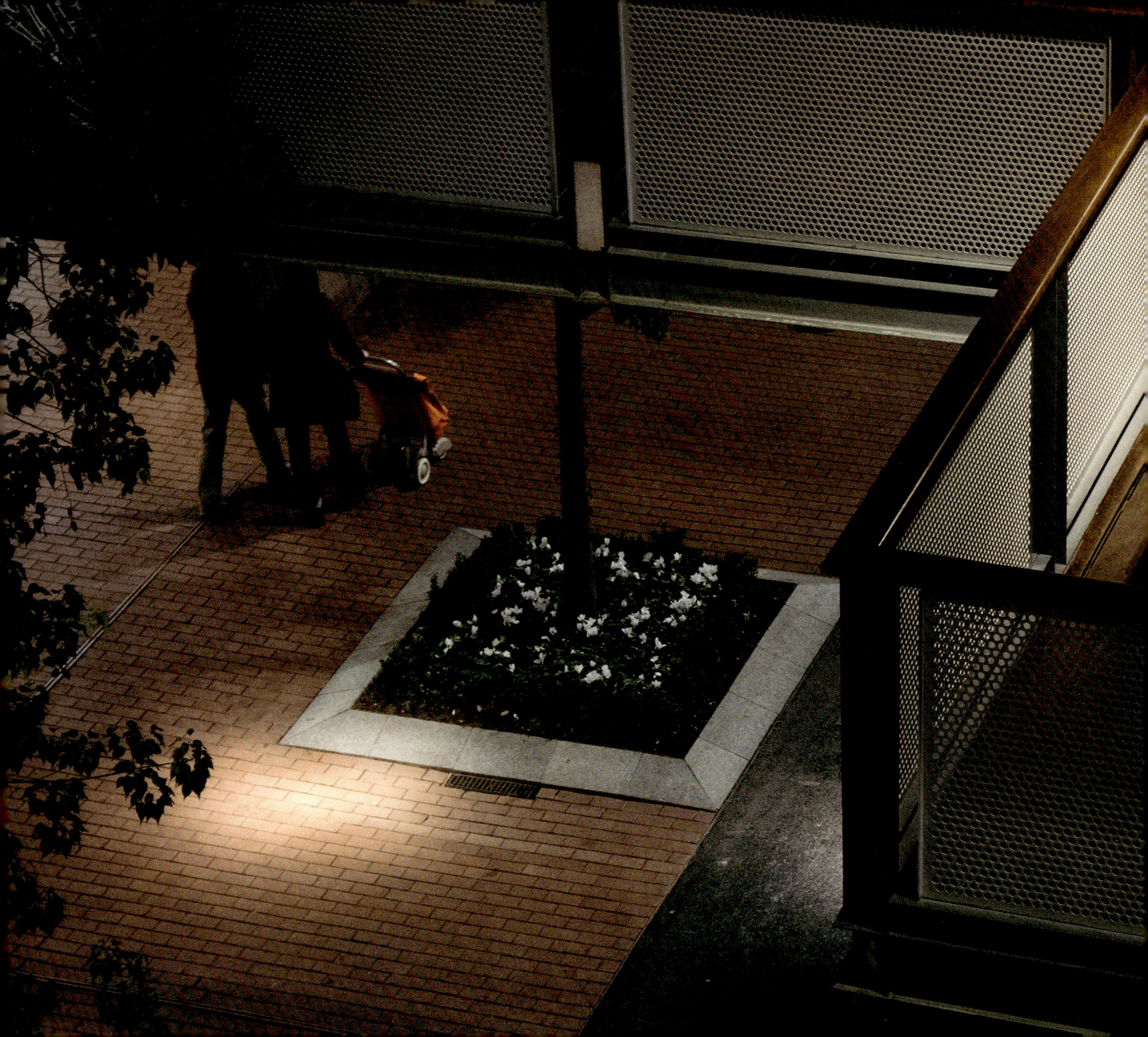

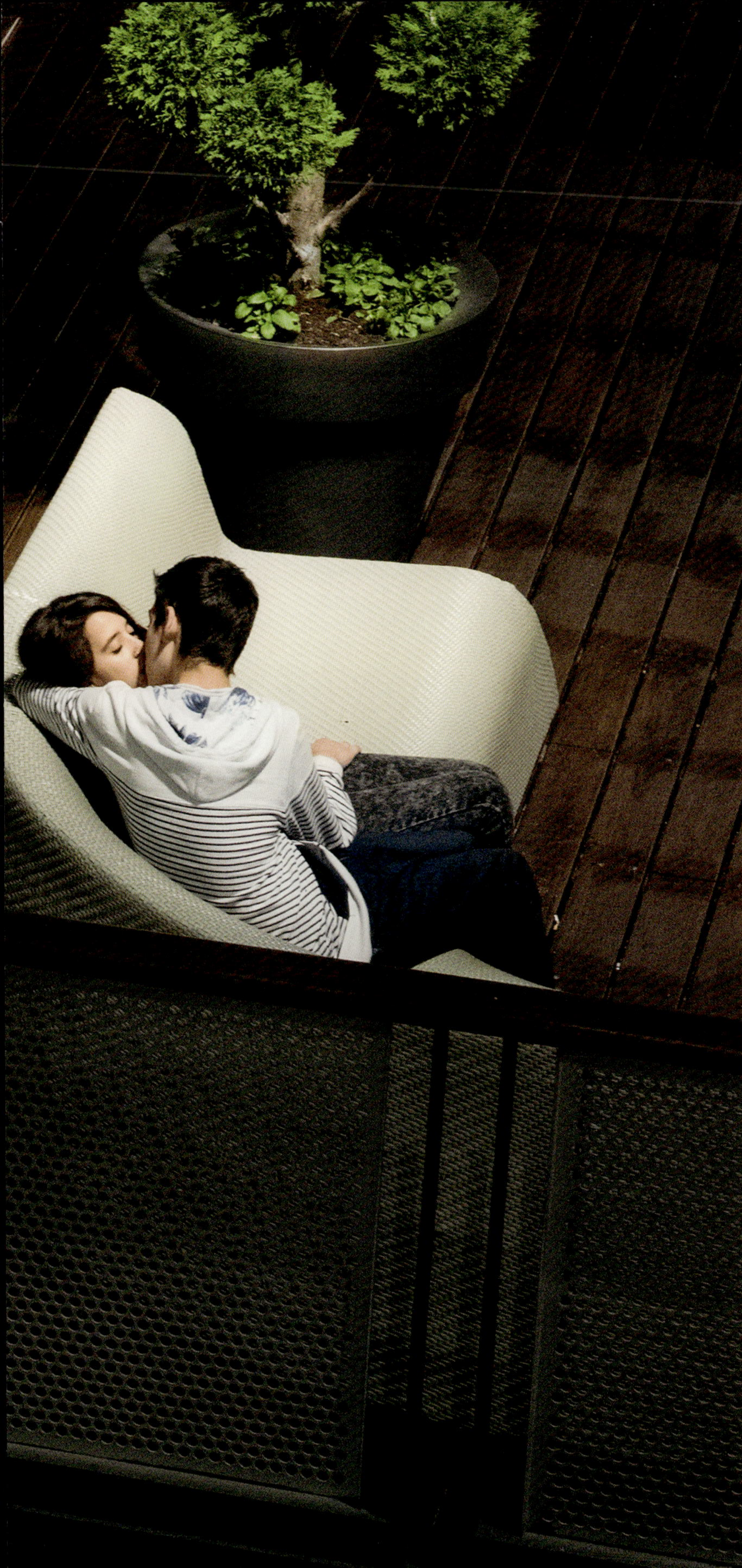

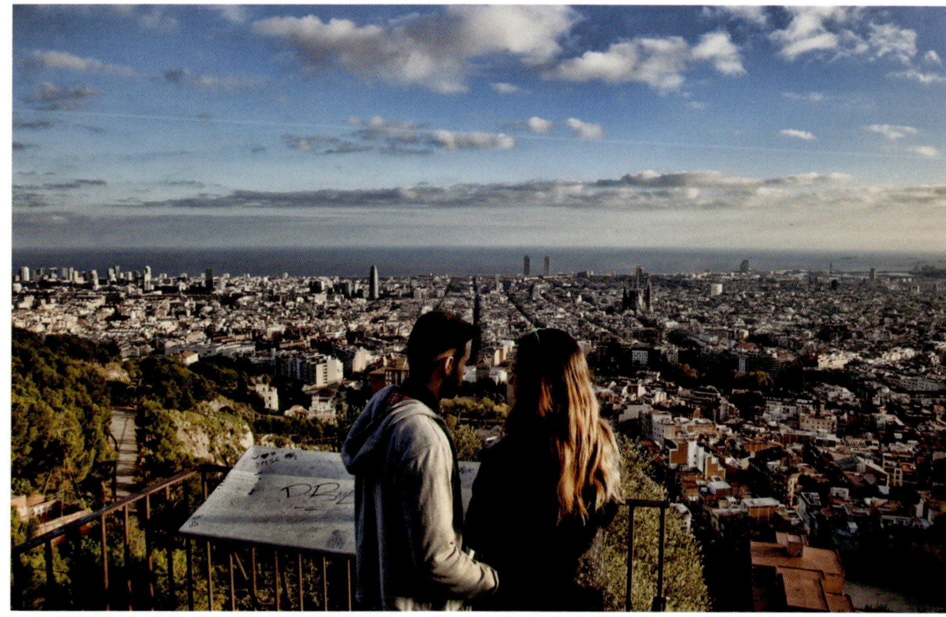

20_11_14 | **JOAN MANUEL BALIELLAS.** A BARCELONA, A LES 17:21 H.

DEFENSA TURÍSTICA. Al Turó de la Rovira, mirador de la ciutat, es conserven les restes de la bateria antiaèria construïda en defensa de Barcelona durant la Guerra Civil.

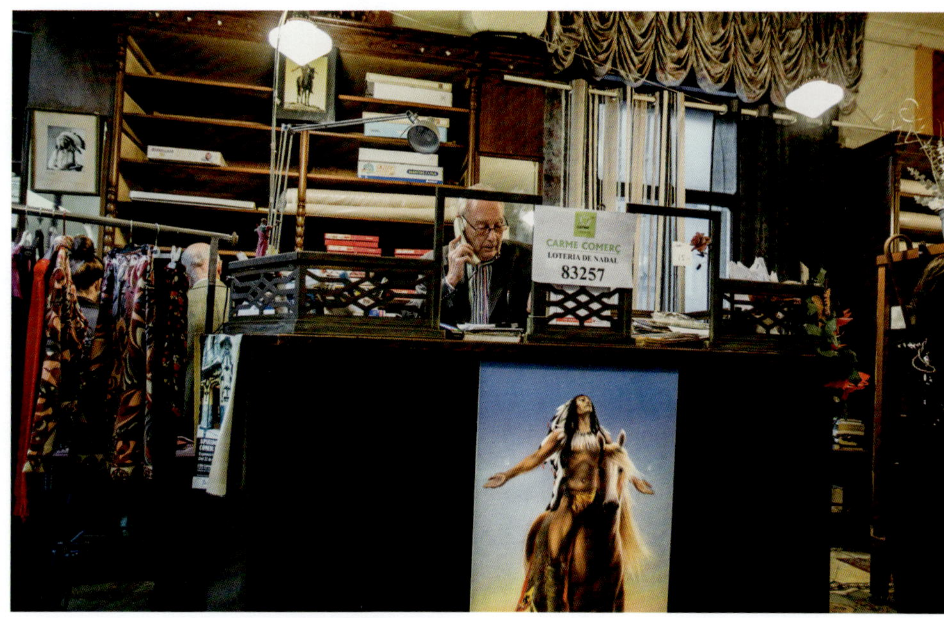

21_11_14 | **JOSEP LOSADA.** A BARCELONA, A LES 12:31 H.

BATALLA PERDUDA. La botiga de teixits El Indio, oberta el 1870, tanca. La supervivència dels establiments històrics de Barcelona sucumbeix a la llei d'arrendaments urbans.

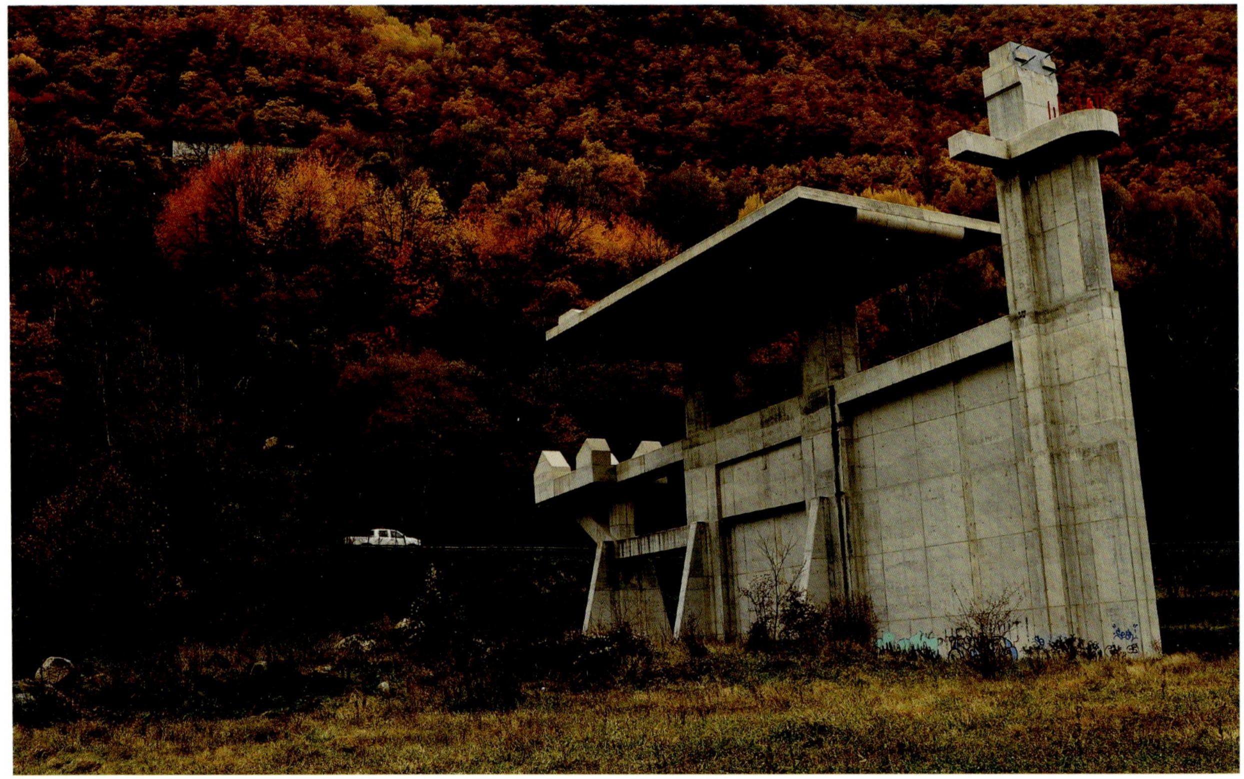

22_11_14 | INÉS BAUCELLS.
A LA VALL FOSCA
(PALLARS JUSSÀ), A LES 14:20 H.

FALLIDA. Les obres del complex turístic Vall Fosca Resort continuen inacabades des de 2008. Ni rastre de l'estació d'esquí ni de la zona residencial, amb camp de golf inclòs.

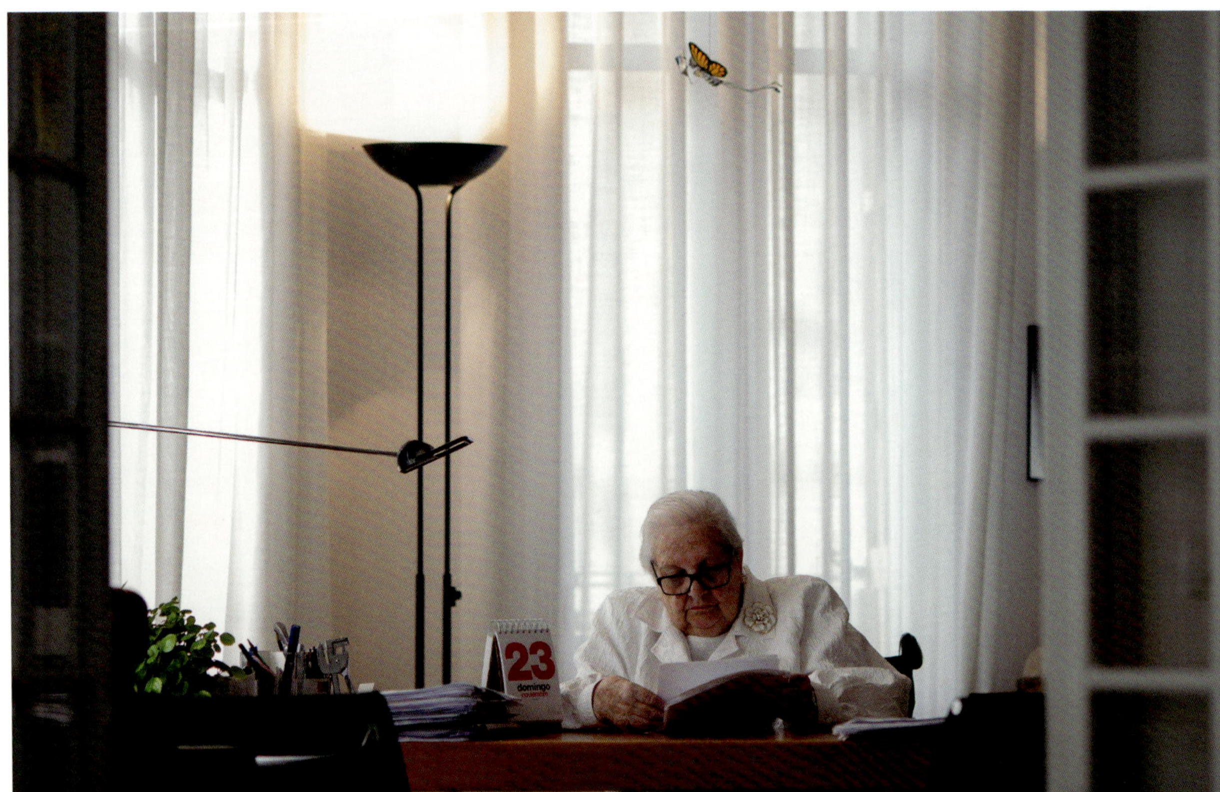

23_11_14 | JOAN MONFORT.
A BARCELONA, A LES 12:45 H.

SUPERAGENT. Carmen Balcells, Mamá Grande (Santa Fe de Segarra, 1930) és l'agent literària més poderosa del món, amb sis premis Nobel entre els seus representats.

JOSEP LAGO. A ARAMUNT VELL (PALLARS JUSSÀ), A LES 11:16 H. | 24_11_14

DESOLATS. Malgrat els intents de reconstrucció, Aramunt Vell ha esdevingut un dels centenars de pobles abandonats a Catalunya des de la dècada dels cinquanta, sobretot als Pirineus.

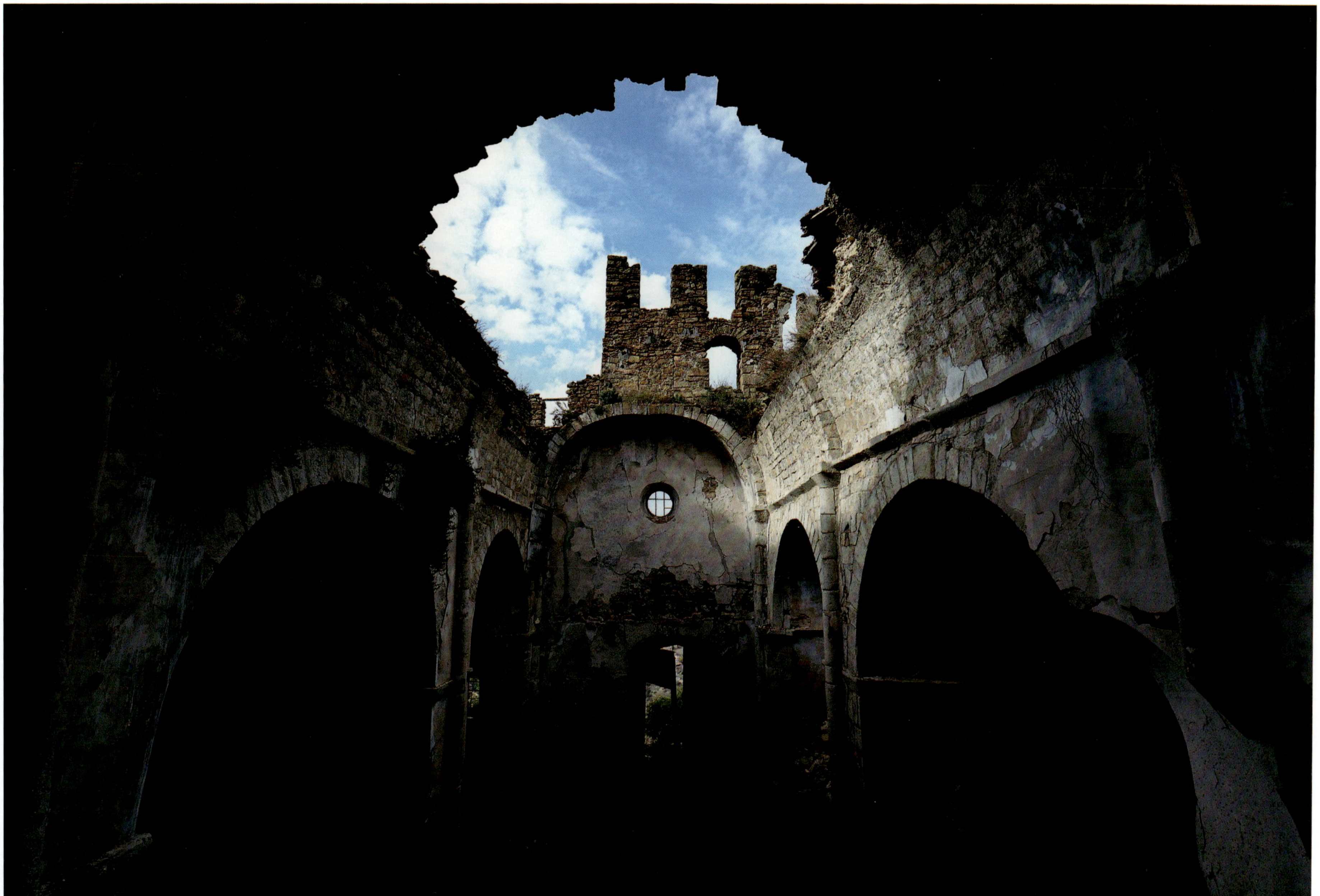

25_11_14 | CARMEN SECANELLA. A BARCELONA, A LES 17:36 H.

FILANTROP. L'empresari, col·leccionista d'art i filantrop Lluís Coromina, al seu pis de l´Eixample. La seva fundació es dedica a activitats tan diverses com l'art, l'atenció a les persones i la preservació de la natura i els animals.

Deixa que la Carmen t'expliqui la seva foto.

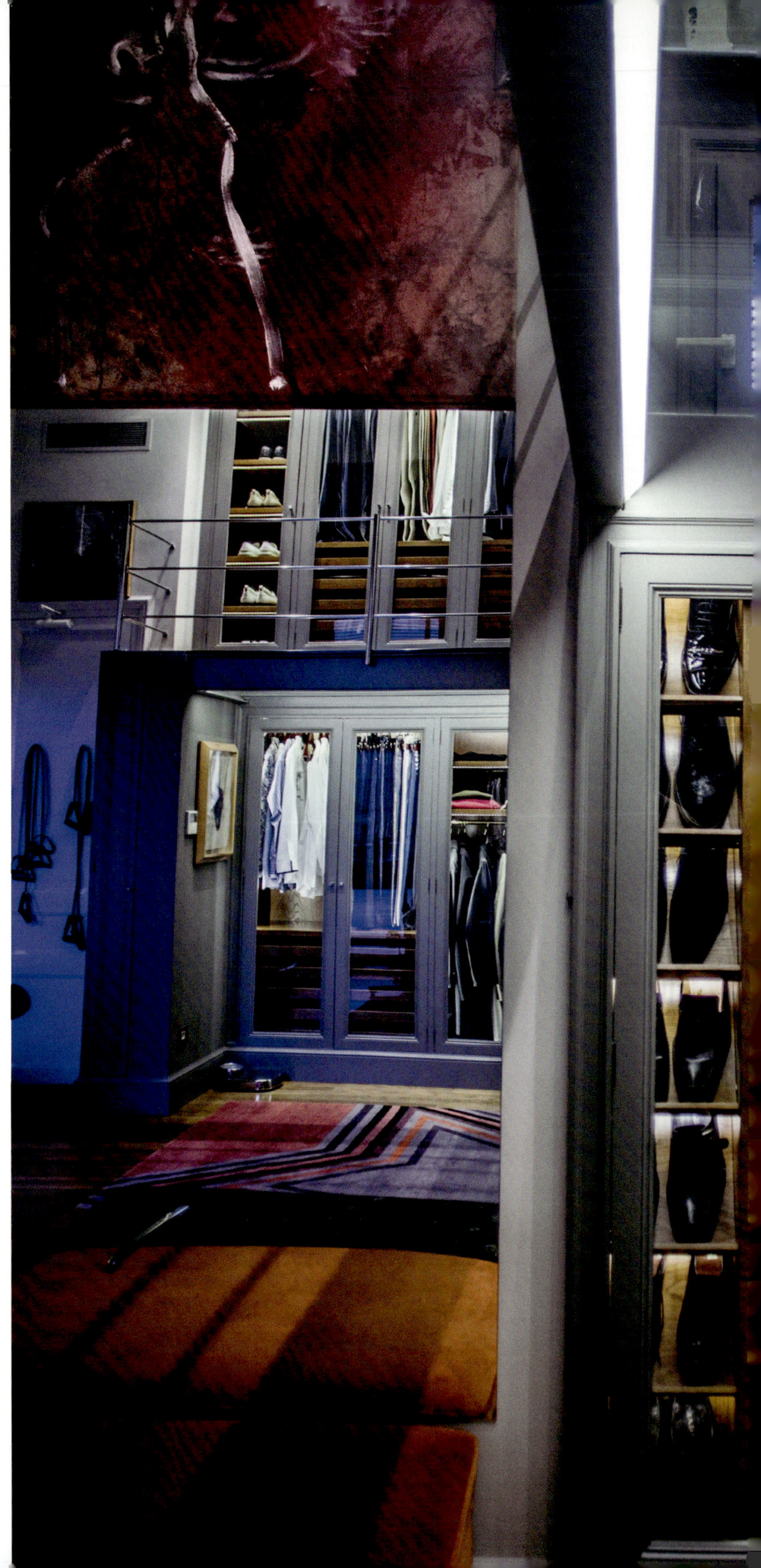

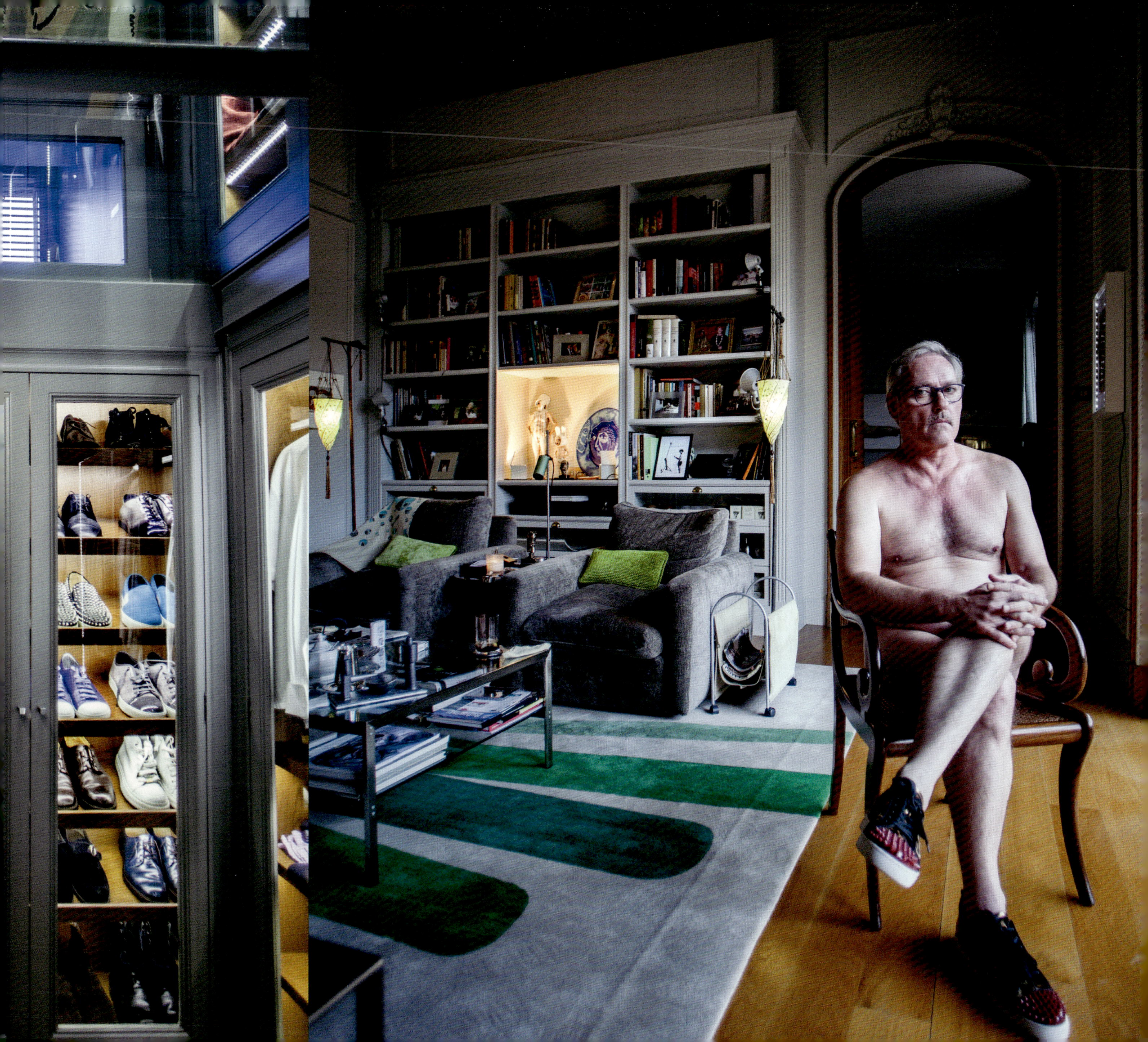

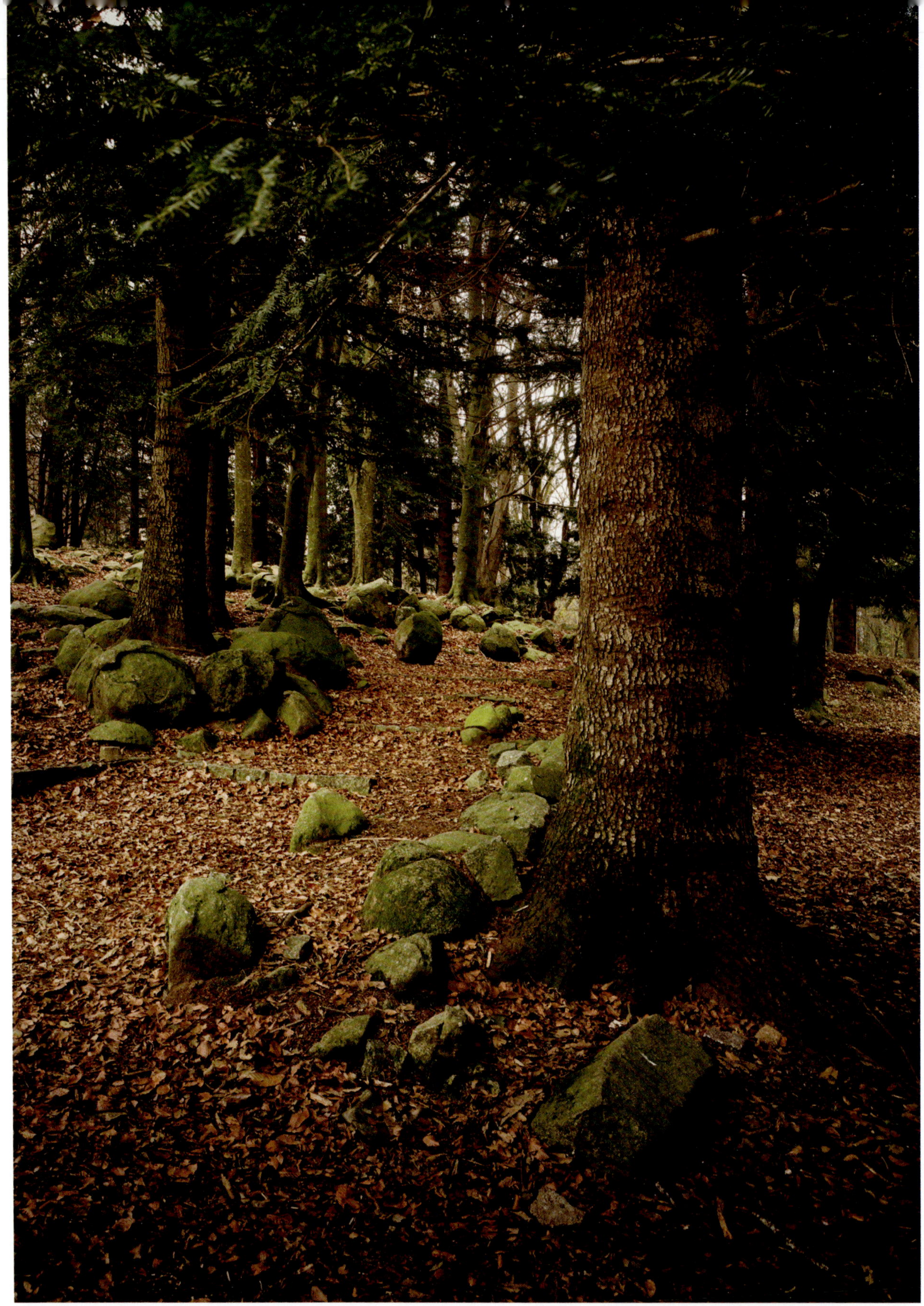

26_11_14 | AGUSTÍ CARBONELL.
A SANTA FE DE MONTSENY
(VALLÈS ORIENTAL), A LES 11:56 H.

TARDOR. Els boscos del Montseny i de tot Catalunya s'engalanen dels colors rogencs de la tardor amb una mica de retard aquest any per les altes temperatures.

27_11_14 | VICENS GIMÉNEZ. A BARCELONA, A LES 07:27 H.

DIAGONAL 7:00 H. Ideada per Ildefons Cerdà, l'avinguda Diagonal és una de les principals artèries d'entrada i sortida de Barcelona, a més de centre financer de la ciutat.

PÀG. 314 >

28_11_14 | CONSUELO BAUTISTA. A SANT PAU D'ORDAL (ALT PENEDÈS), A LES 13:28 H.

IMAGINARI. L'escultora Lesley Yendel, transformadora d'objectes quotidians, treballa la seva màgia a l'Alt Penedès. Josep Ràfols, de Cal Paujan, condueix l'imaginari.

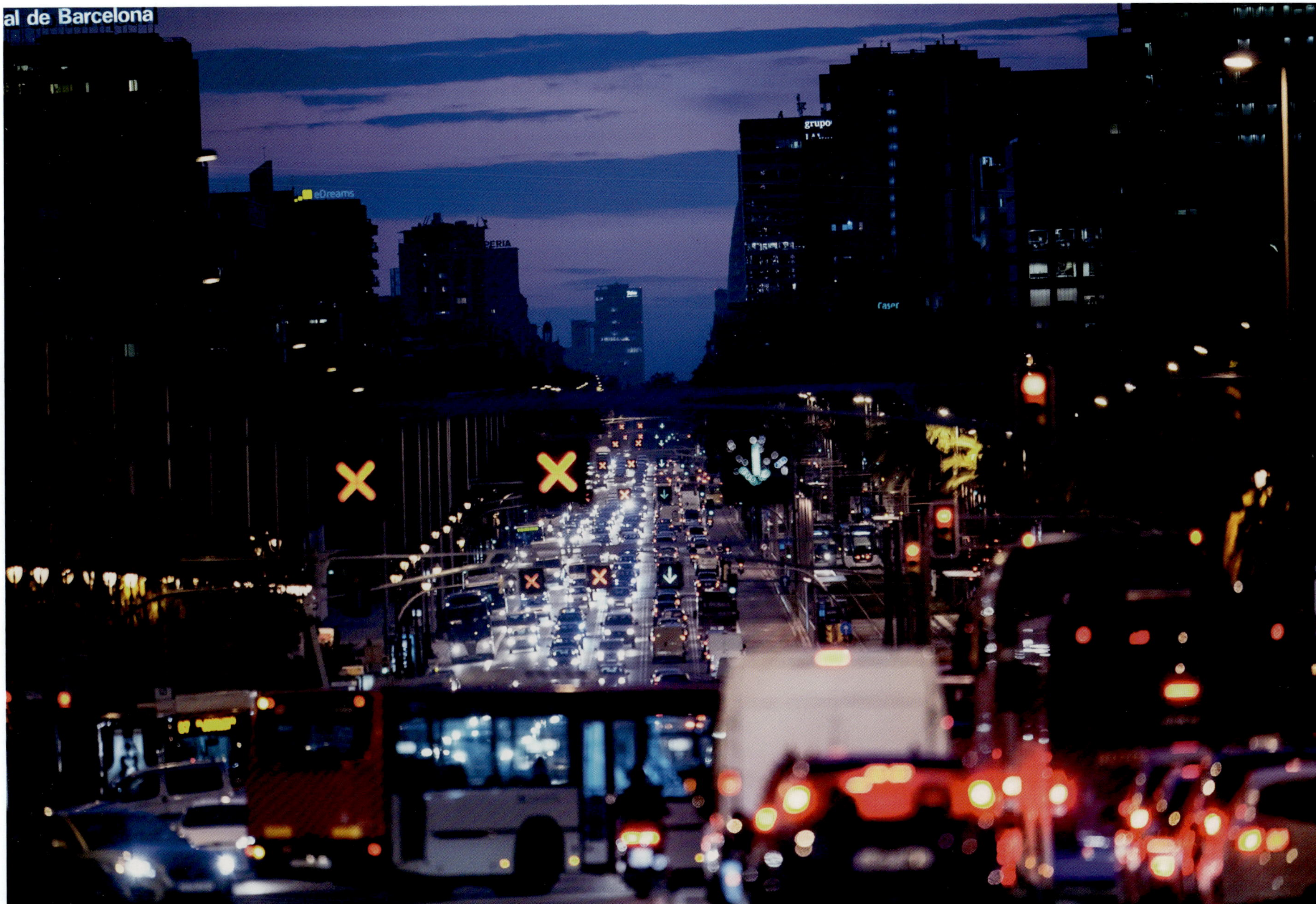

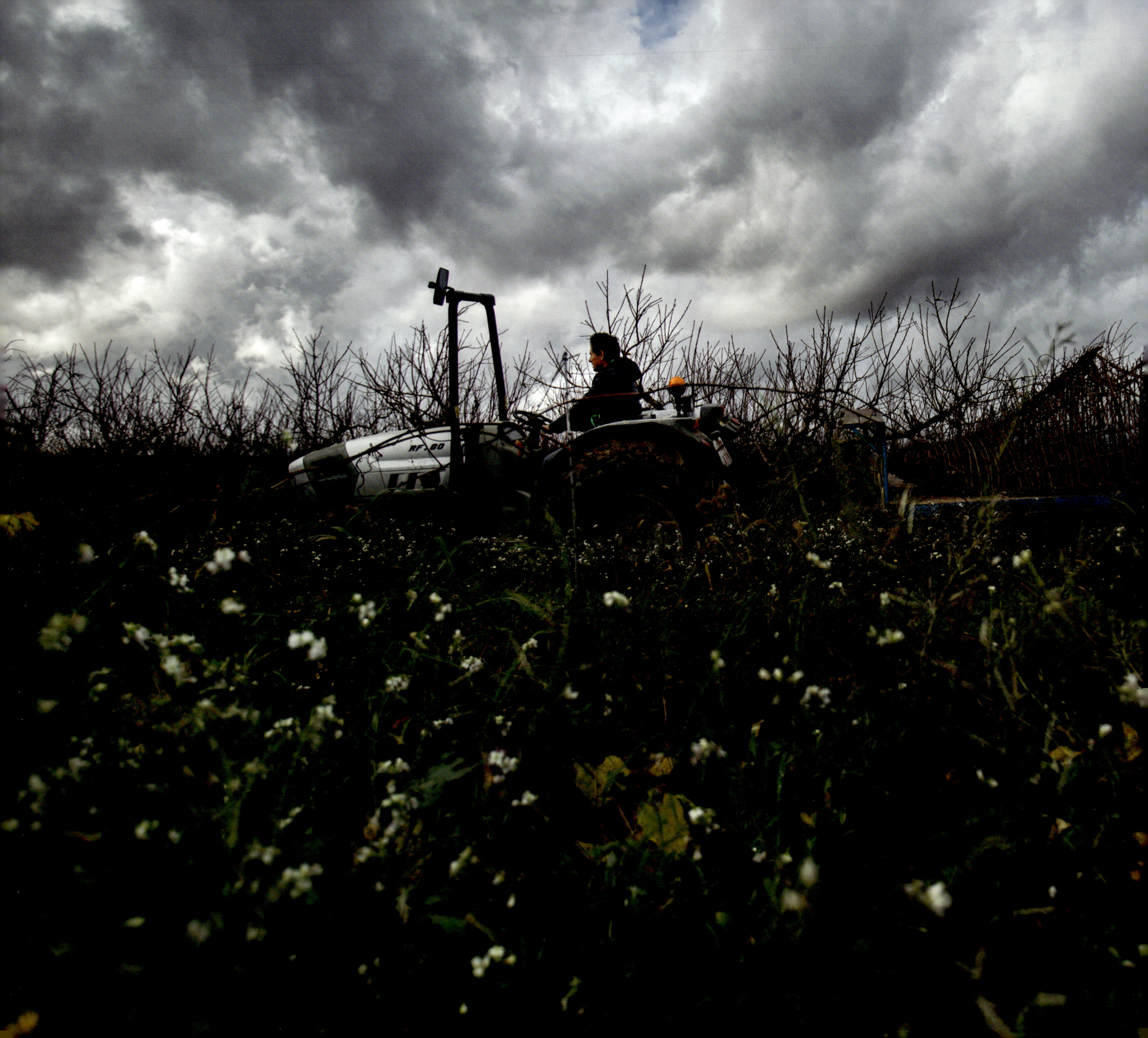
RF 80

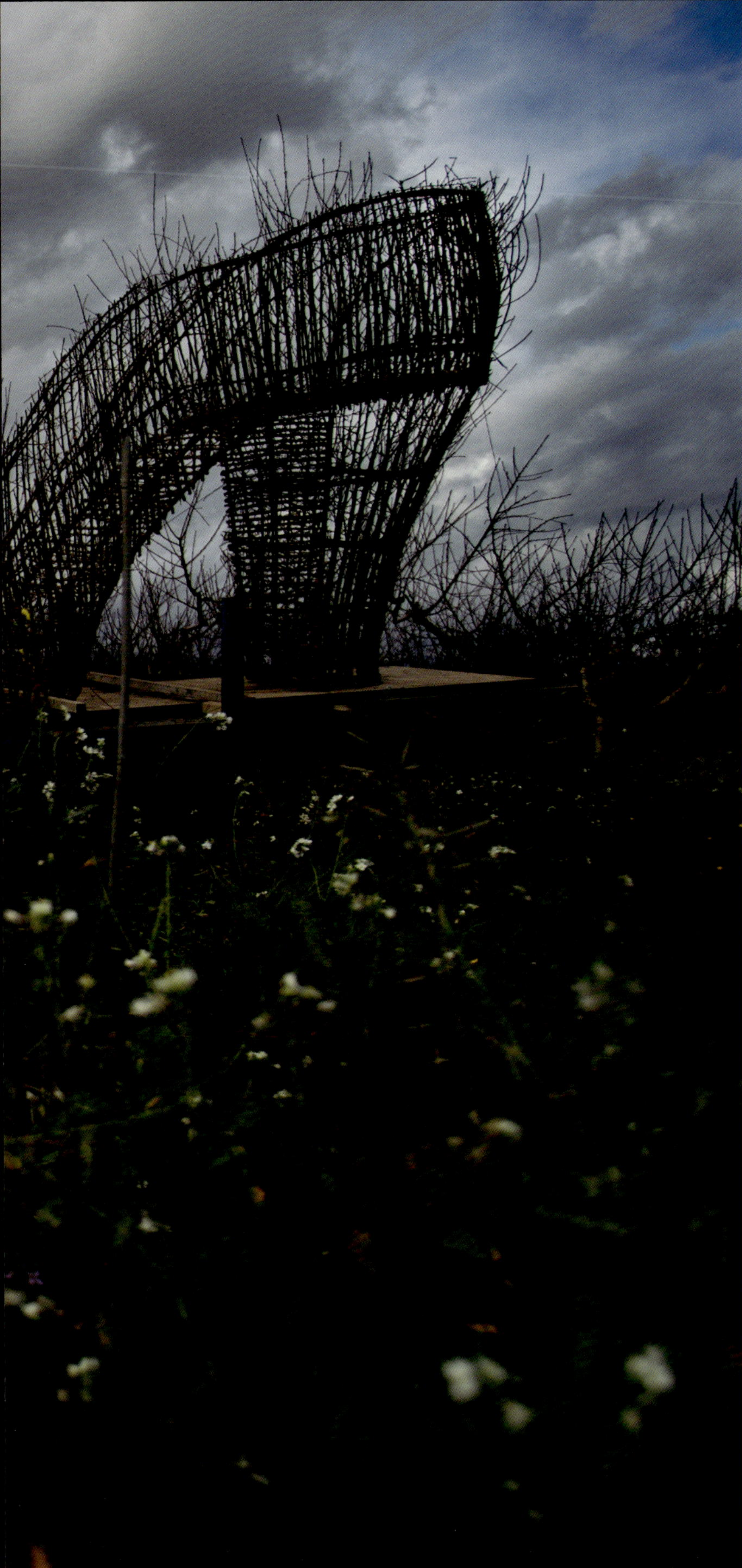

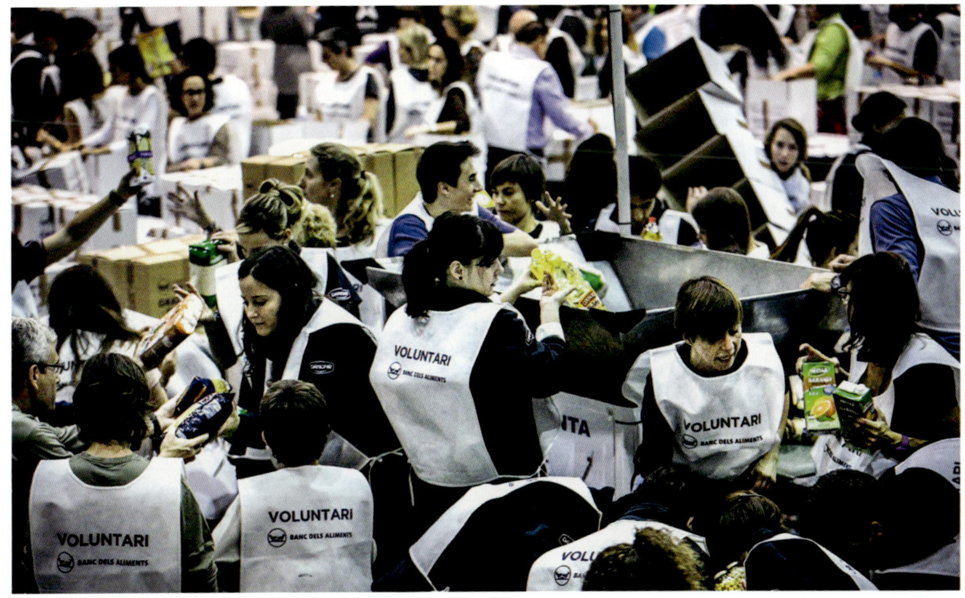

29_11_14 | **CRISTINA CALDERER.** A EL PRAT DE LLOBREGAT (B. LLOBREGAT), A LES 19:13 H.

VOLUNTARIAT. Centenars de voluntaris classifiquen els productes recollits en la sisena edició del Gran Recapte, que aconsegueix superar les 4.000 tones d'aliments.

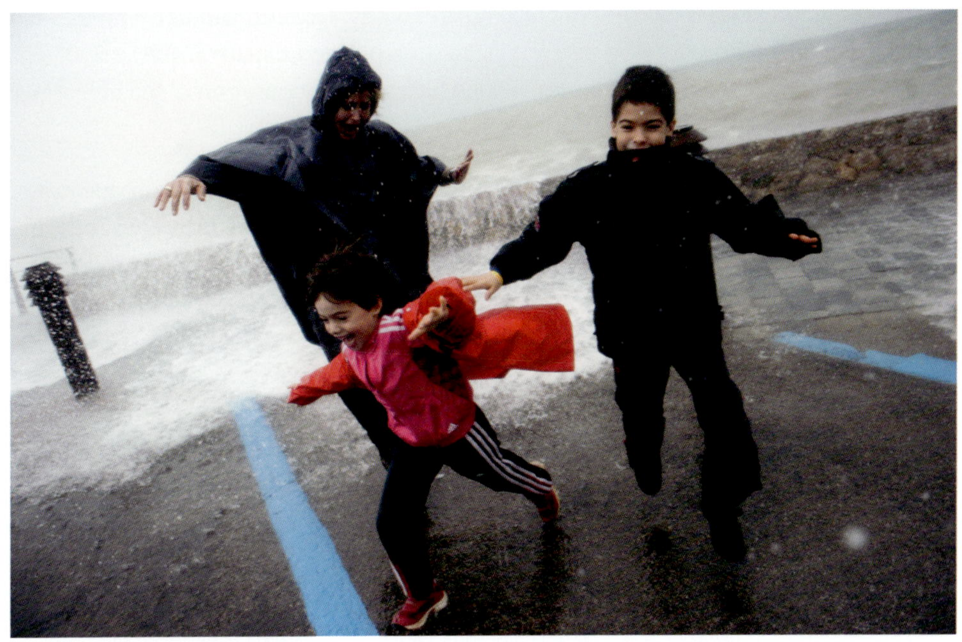

30_11_14 | **PERE PUNTÍ.** A L'ESCALA (ALT EMPORDÀ), A LES 12:00 H.

TEMPORAL. La llevantada i les intenses pluges han provocat destrosses a tot Catalunya. Els forts vents i la mala mar donen peu al joc, sempre amb extrema precaució.

Jordi Évole
PERIODISTA

DESEMBRE. I què passarà el 2015? Aquí estem més acostumats a girar la vista enrere i fer balanç, quan l'any s'acaba, que a mirar endavant. Normalment, això ho deixem per al gener... Desembre ens agafa sempre per sorpresa, i amb tasques pendents, aquelles que ens vam proposar fer quan l'any començava... Clar que també hi ha qui sí que aconsegueix fer el que s'havia proposat. El rei Joan Carles, per exemple. Segurament es va plantejar: "Aquest any, abdicaré, i a viure com un rei". I mira, ara tenim rei nou.

O Jordi Pujol. Segurament al gener va pensar: "Aquest any, deixaré de ser Molt Honorable". I quan començaven les vacances d'estiu, ens va confessar que això de tenir comptes a paradisos fiscals passa a les millors famílies. Per no dir què es devien proposar els seus fills...

Un altre que deu estar satisfet és Mariano Rajoy, que de segur que va pensar: "Faré tot el possible perquè la consulta sobiranista catalana sigui un èxit". I ja ho vam veure el 9N: el Govern del PP va fer tants esforços per prohibir la votació, que al final van votar més de 2 milions de persones...

I Pablo Iglesias? No sé si va pensar "Aquest any, seré eurodiputat" i prou, o si hi va afegir: "... i a més, «em petaré» l'statu quo polític a Espanya, que aquí, o venim a guanyar, o ens quedem a casa". I si no ha acabat d'aconseguir el seu objectiu, és perquè no hi ha hagut més eleccions...

També deuen estar contents els consellers de Bankia, que de segur que van pensar: "Aquest any, que el Govern diu que ja sortim de la crisi, explicarem a tothom que tenim unes targetes de crèdit opaques amb les quals podem comprar de tot...". O tants altres polítics de diferents partits que de segur que es van proposar acabar l'any imputats per corrupció... Potser ho han fet per contribuir a la reputació del país: amb això de la corrupció, sembla que Espanya ha trobat un nínxol de mercat i l'ha aprofitat. Cal destacar en alguna cosa... Doncs això, que com que jo no sé si he acabat tot el que em vaig proposar, millor que hi vagi pensant ara i no m'esperi al gener.

JORDI COTRINA. A BARCELONA, A LES 09:18 H. | 01_12_14

PROTOCOL ACTIVAT. Personal sanitari de l'Hospital Clínic rep formació contra l'ebola. Des del brot de principis d'any, s'han descartat 28 casos sospitosos.

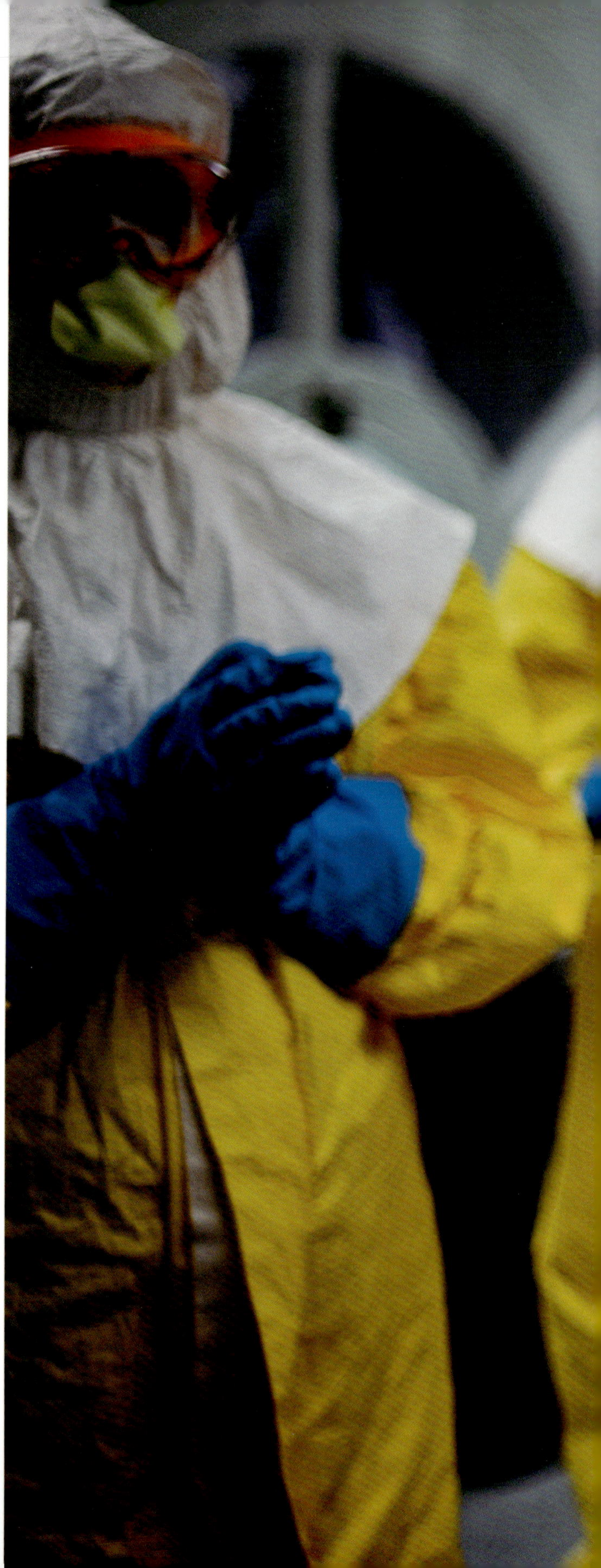

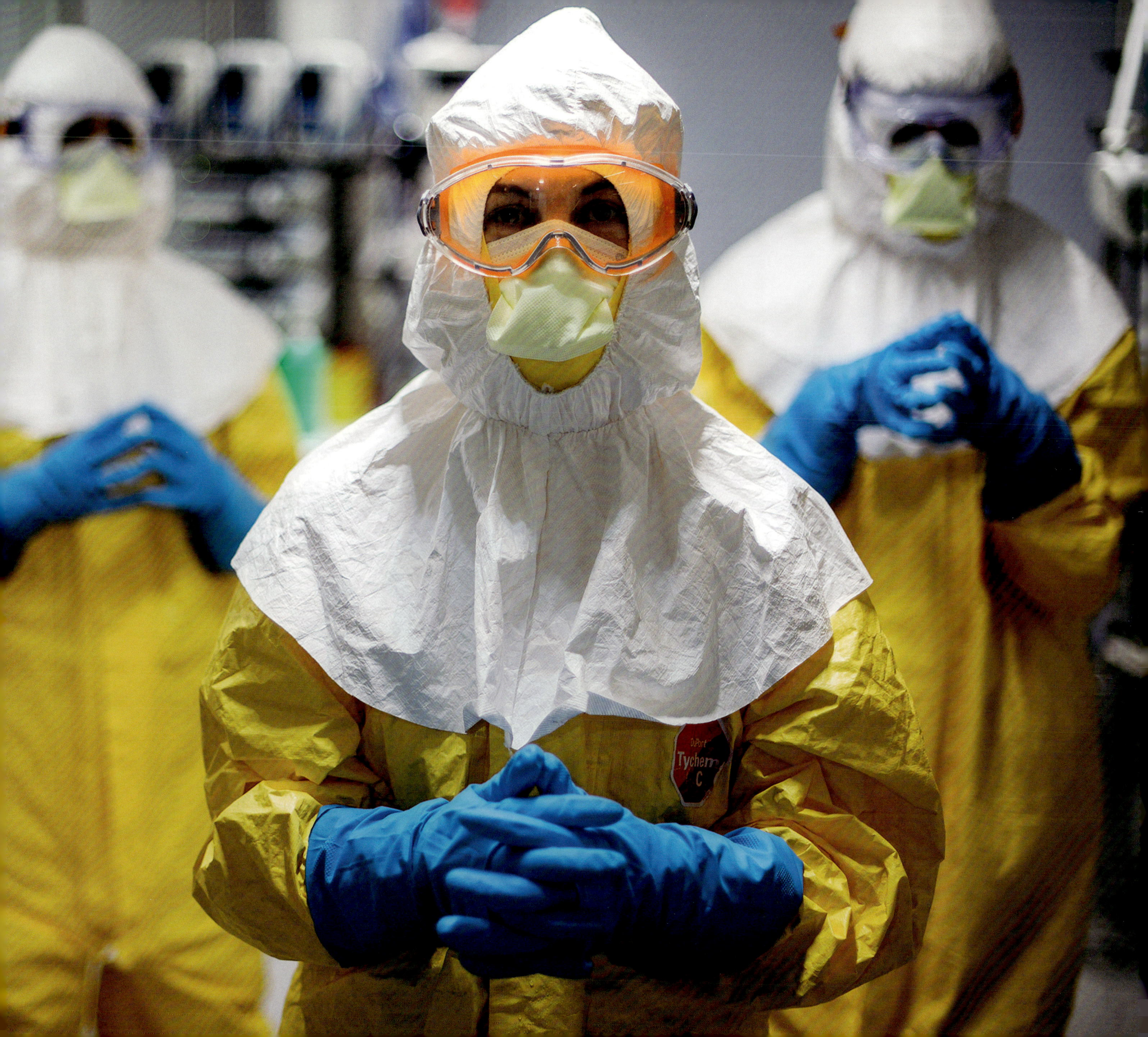

02_12_14 | MIQUEL ANGLARILL.
A GAVÀ (BAIX LLOBREGAT),
A LES 17:45 H.

TOT L'ANY. El temporal amaina per unes hores i la gent surt a pescar i a passejar el gos. Les platges són cada vegada més espais oberts, no només a l'estiu.

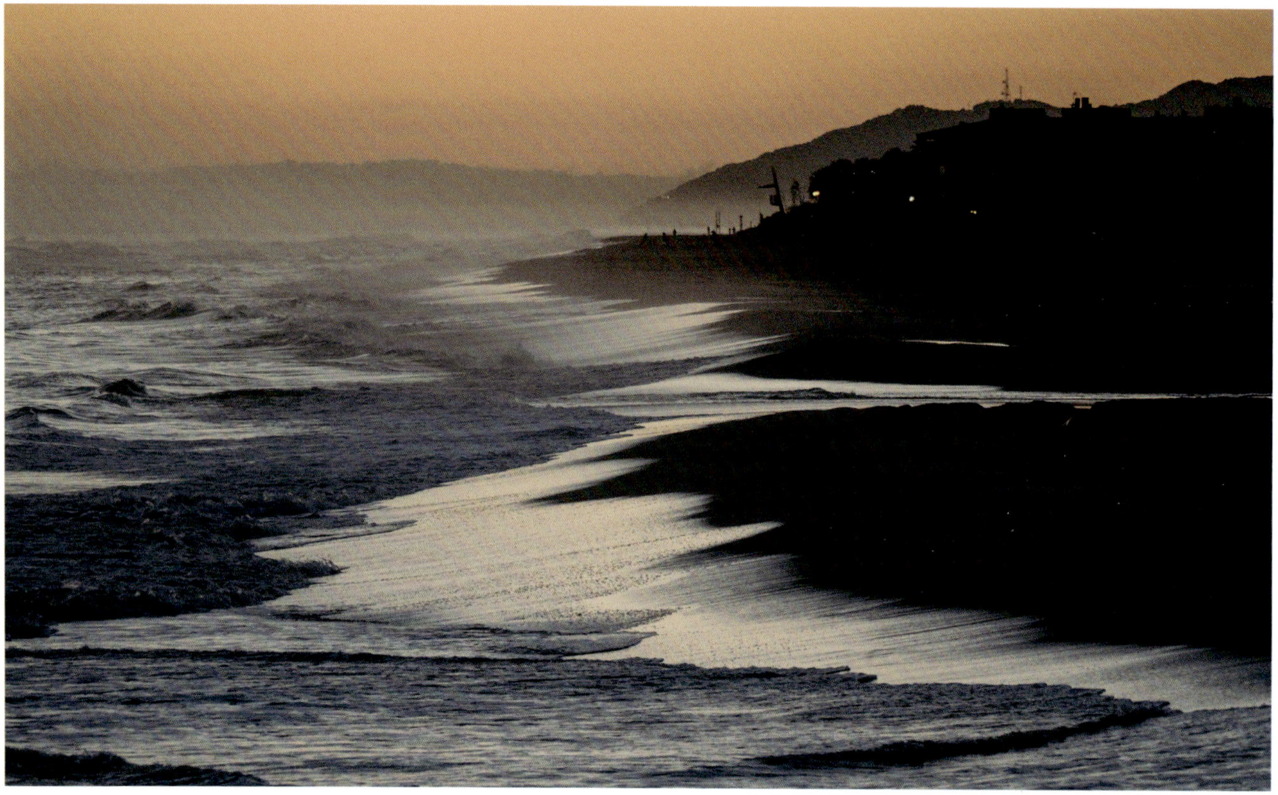

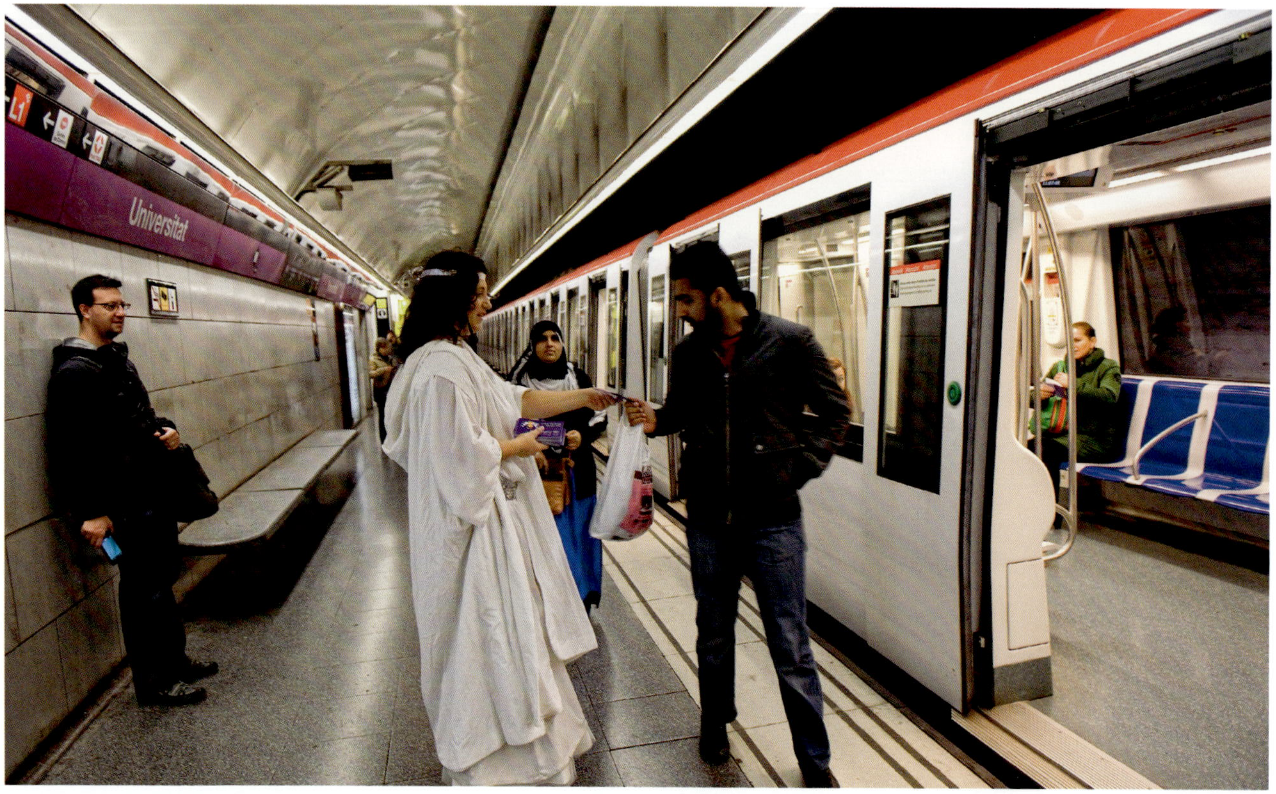

03_12_14 | SANTI COGOLLUDO.
A BARCELONA, A LES 11:10 H.

ELS PASTORETS. La representació típica de les festes nadalenques pren vida a l'andana d'Universitat de la L2. Una actriu vestida d'àngel reparteix programes de l'obra.

JOAN GUERRERO. A SANT ADRIÀ DE BESÒS (BARCELONÈS), A LES 13:53 H. | 04_12_14

EMBLEMÀTIQUES. La tèrmica del Besòs, en desús des de 2011, es comença a desmantellar, tret de les Tres Xemeneies de Sant Adrià, salvades en referèndum pels veïns.

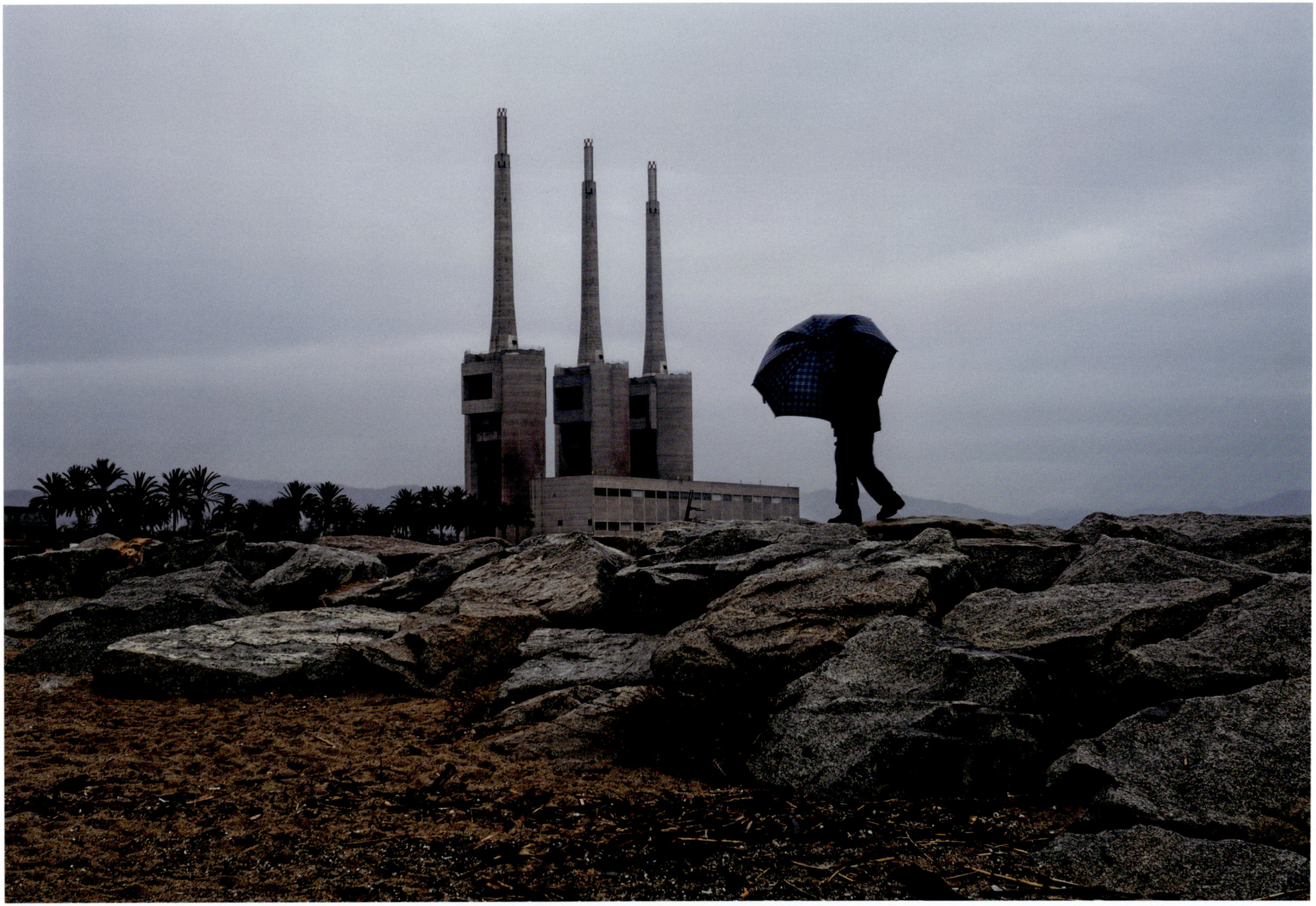

05_12_14 | SUSANNA SÁEZ. A IGUALADA (ANOIA), A LES 14:05 H.

SUPERDONES. Mare, dona i treballadora. La Noemí Moreno (36 anys) és també esportista. El seu gran repte és poder compaginar la competició amb el dia a dia.

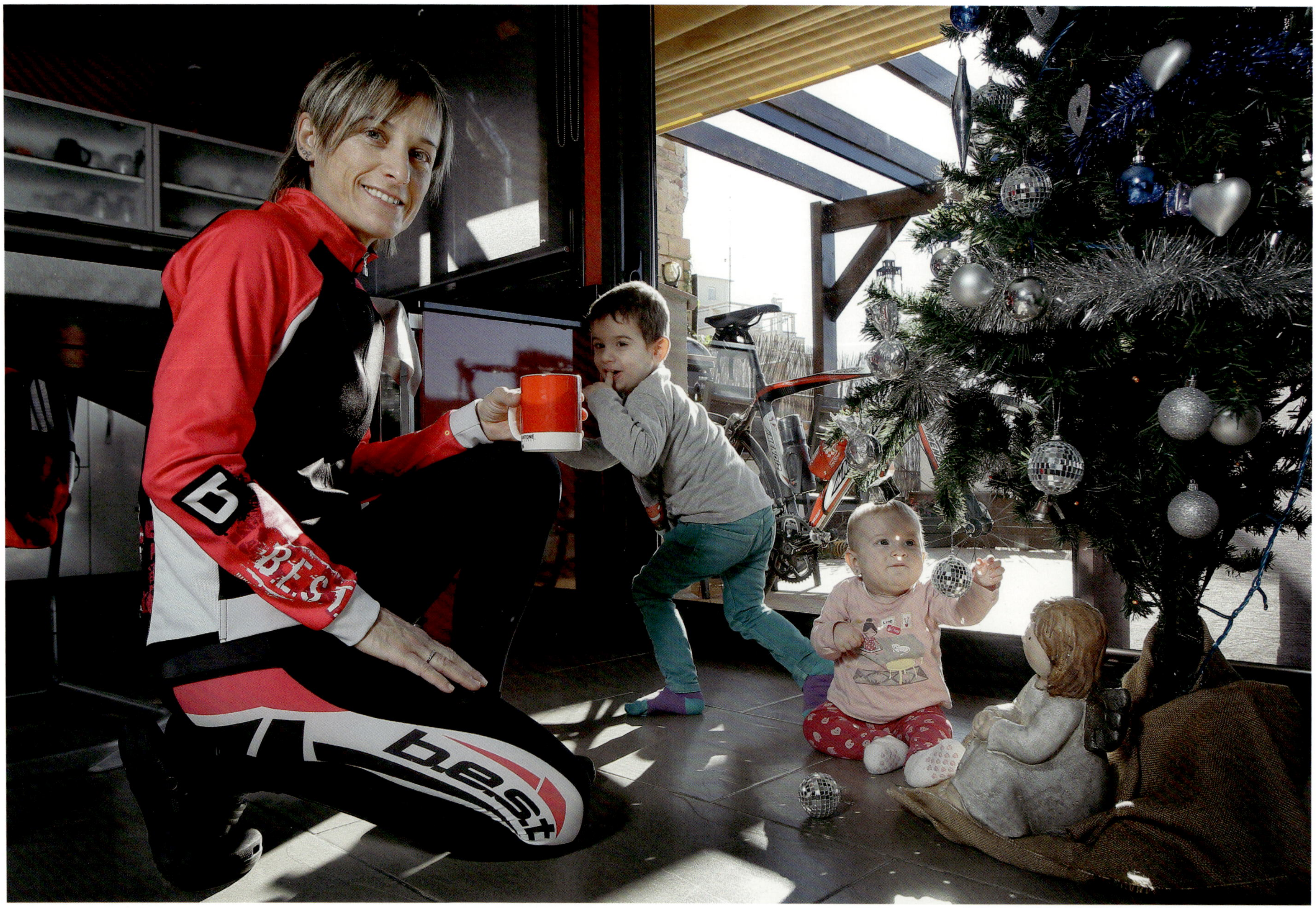

TOCANT EL CEL. L'independentisme creix. Segons la segona onada del sondeig del Centre d'Estudis d'Opinió de 2014, el 49,4% dels catalans voldrien un estat propi.

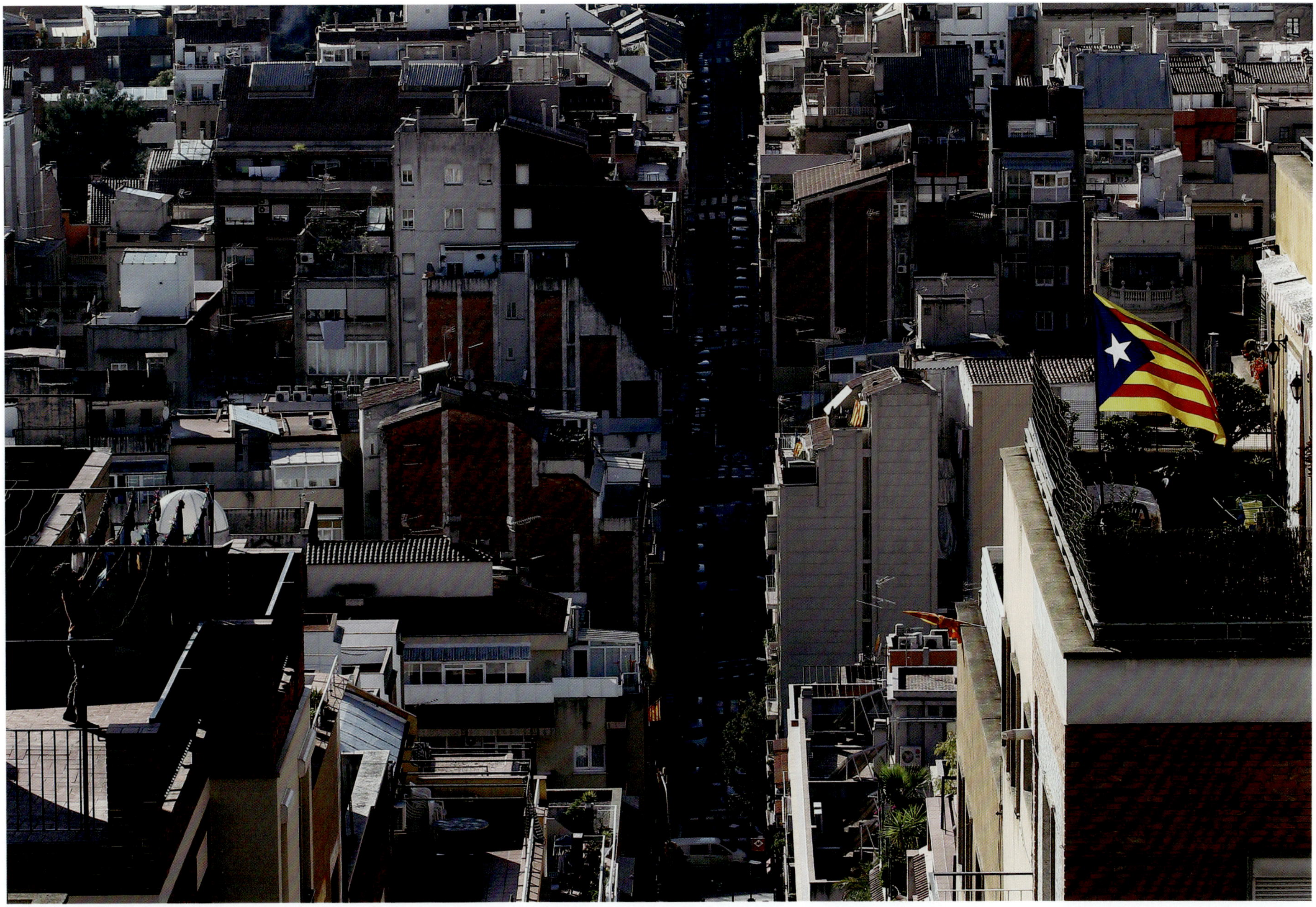

07_12_14 | ÀLEX GARCIA. A VAQUÈIRA (VALL D'ARAN), A LES 13:00 H.

FRED I NEU. Baqueira Beret, amb el domini esquiable més gran dels Pirineus catalans, obre parcialment. Les nevades animen l'inici de la temporada d'esquí.

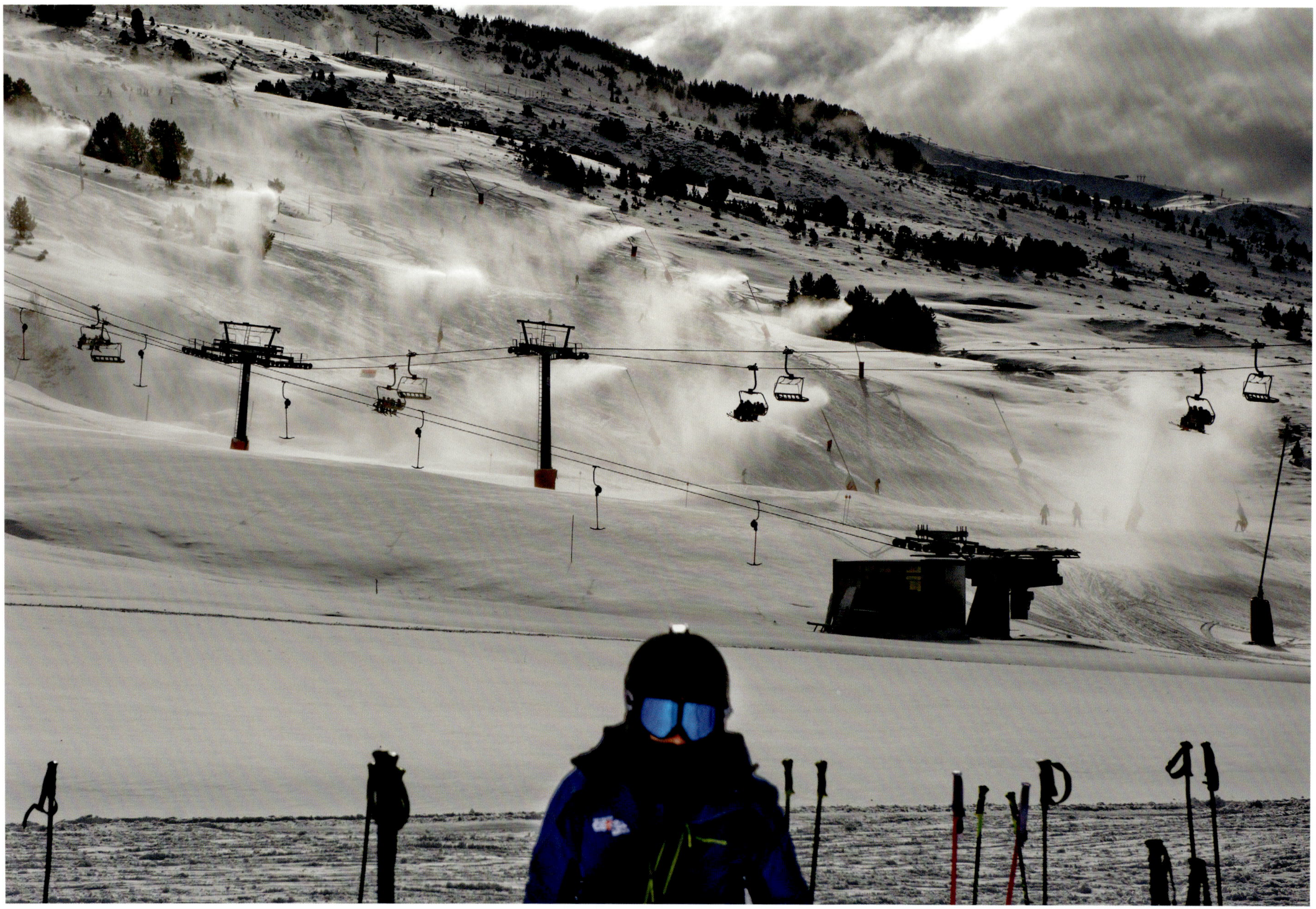

DANNY CAMINAL. A SANT VICENÇ DELS HORTS (BAIX LLOBREGAT), A LES 17:03 H. | 08_12_14

PALADÍ. Defensor de la República catalana, Oriol Junqueras, líder d'ERC i protagonista polític del 2014, descansa al sofà del saló de casa seva entre joguines del seu fill Lluc.

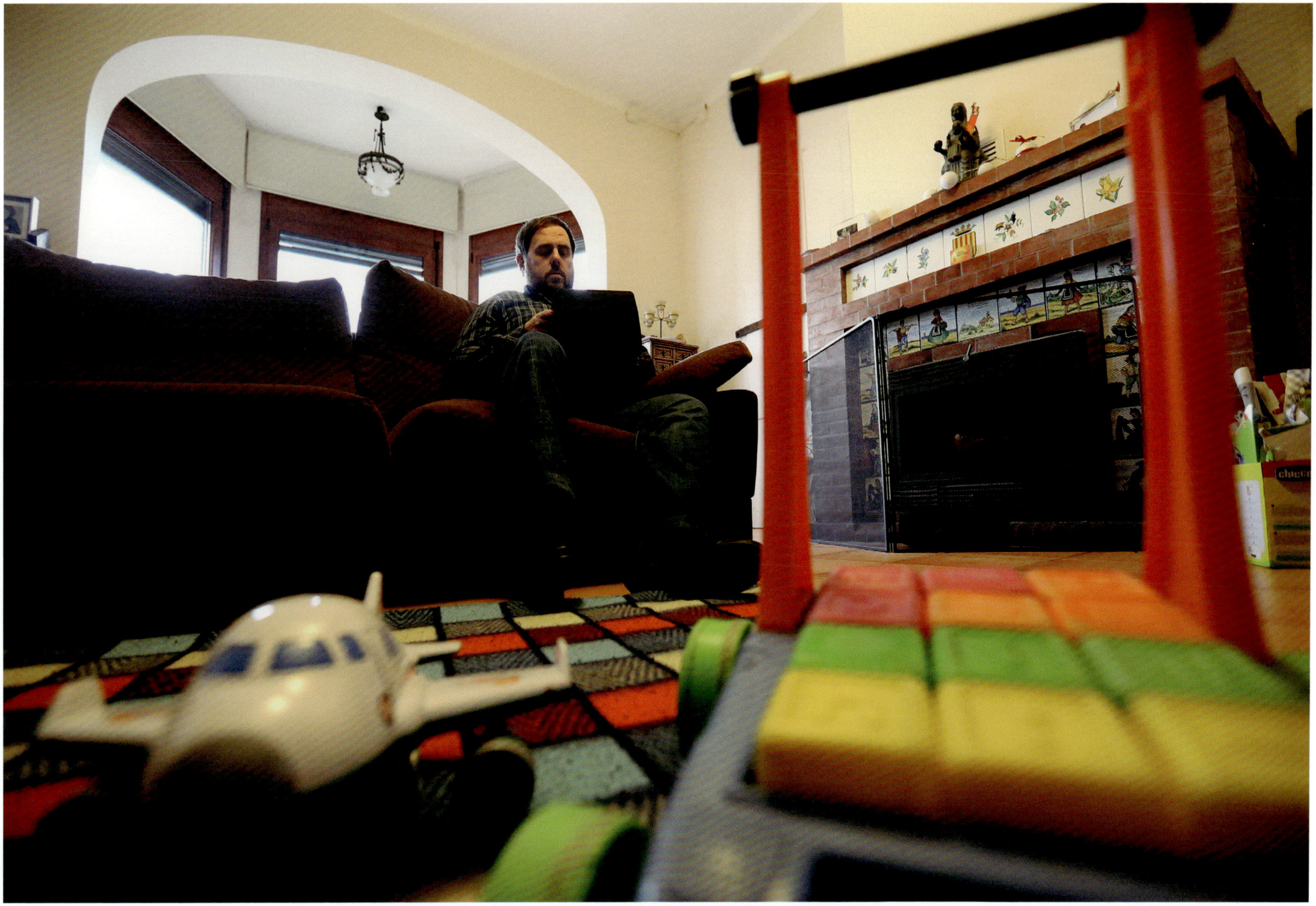

09_11_14 | **ANA JIMÉNEZ.** A BARCELONA, A LES 18:25 H.

UN NADAL VENTÓS. La Fira de Santa Llúcia de Nadal resta tancada pel vent. Catalunya pateix el temporal de vent més potent des de 2009.

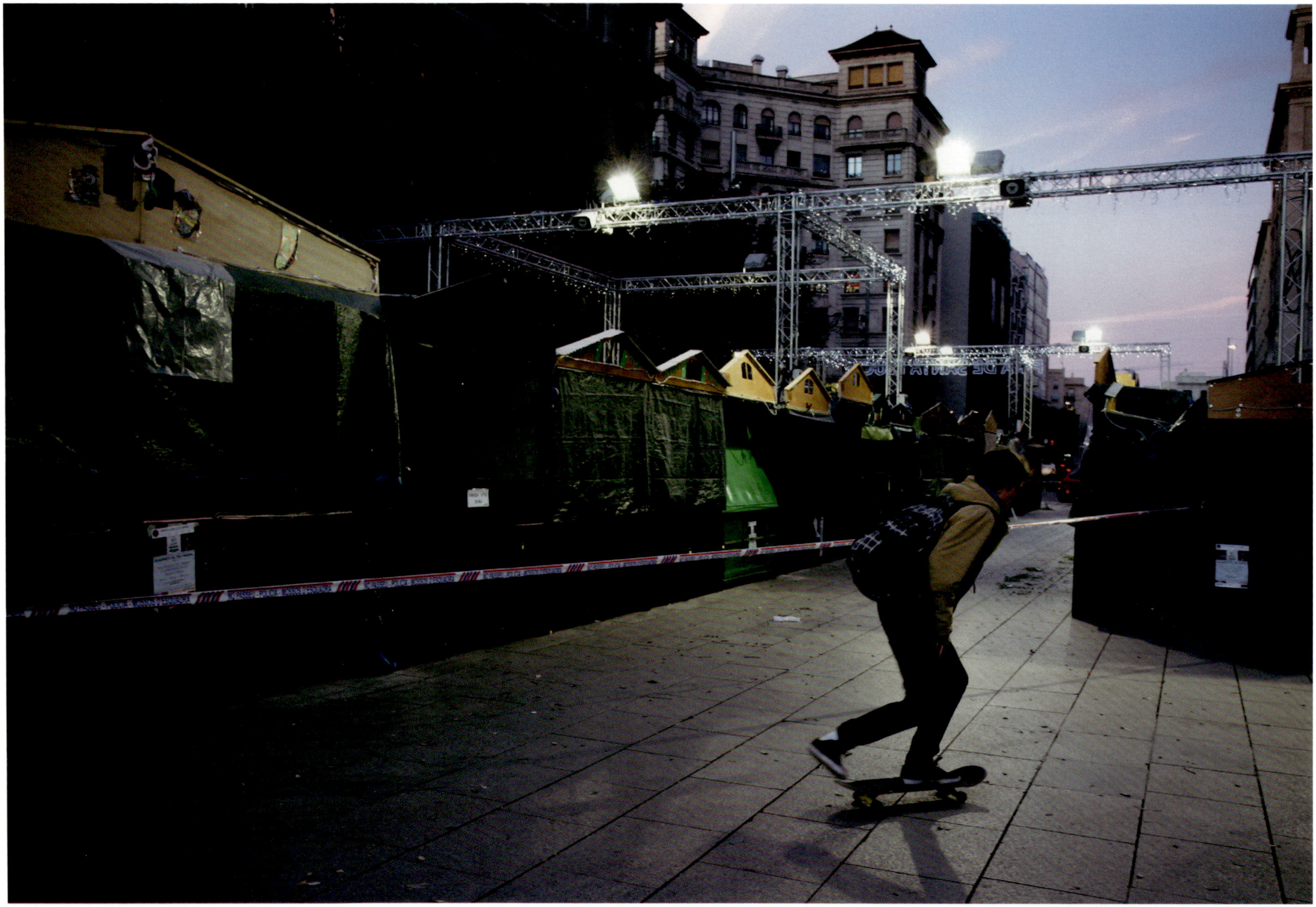

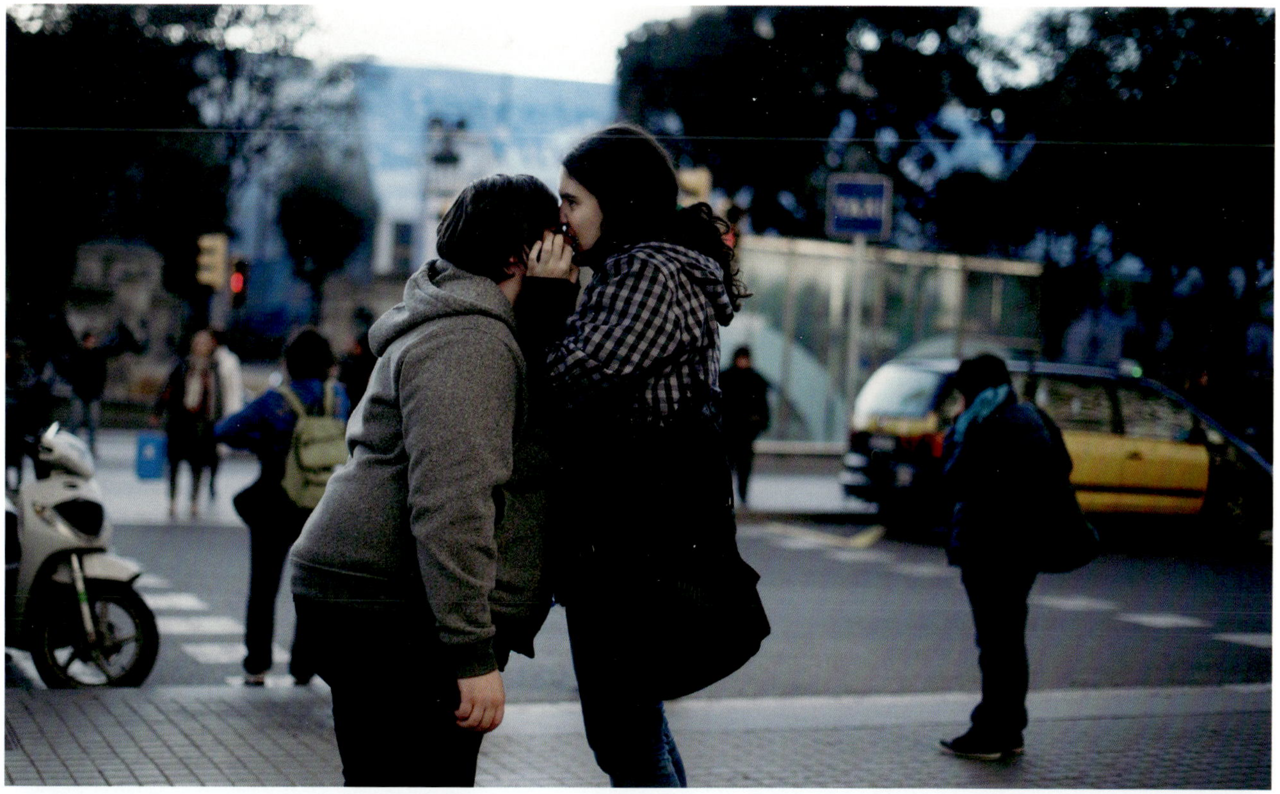

10_12_14 | LAURA GUERRERO.
A BARCELONA, A LES 17:28 H.

IGUALS I UNIVERSALS. Et faig una mossegada al nas i em guardo la resta per sempre. Instant d'un moment del Dia dels Drets Humans a la plaça de Catalunya.

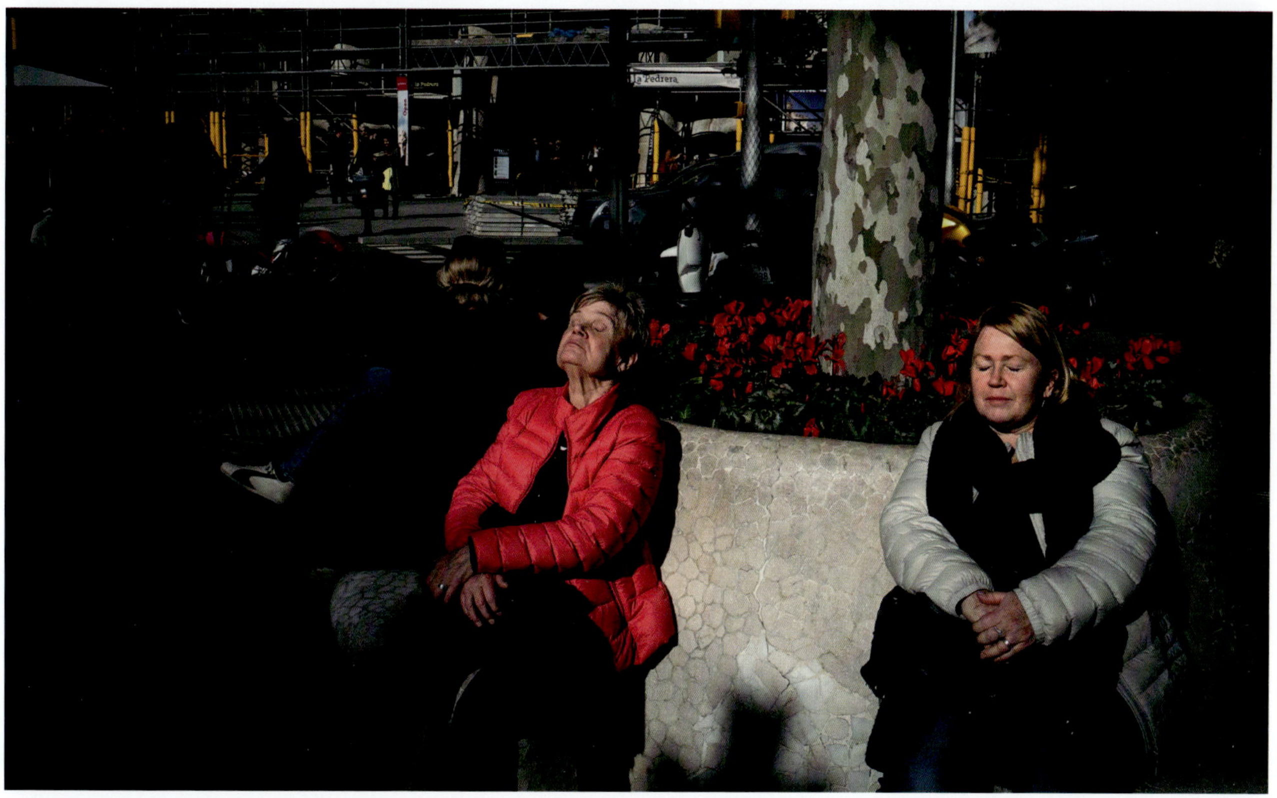

11_12_14 | DAVID AIROB.
A BARCELONA, A LES 14:15 H.

CÀLIDA. Dues turistes prenen el sol en ple desembre al passeig de Gràcia. La temperatura mitjana anual a Barcelona ha sofert un augment global d'1,6 °C els darrers 230 anys.

12_12_14 | CARLES RIBAS.
A BARCELONA, A LES 12:11 H.

PINZELLADES. Entrenaments de l'ISU Grand Prix of Figure Skating Final de Barcelona. La ciutat vol tornar a ser olímpica el 2026 amb la candidatura Barcelona Pirineus.

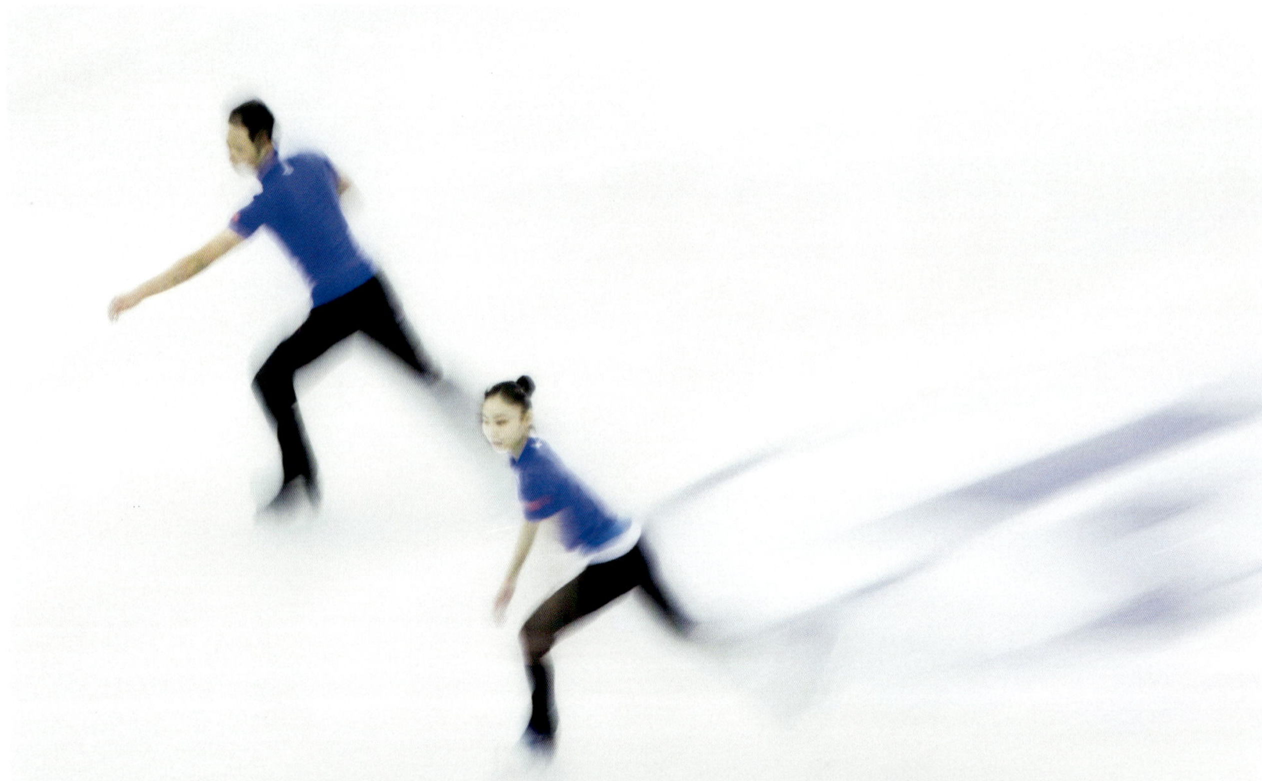

13_12_14 | MARCEL·LÍ SÀENZ.
A SANT JUST DESVERN
(BAIX LLOBREGAT), A LES 11:23 H.

BATUDA. La Societat de Caçadors de Sant Just Desvern organitza una batuda al Parc de Collserola. La densitat del senglar és de 9,5 per cada 100 ha. El 2000 era de 4 per 100 ha.

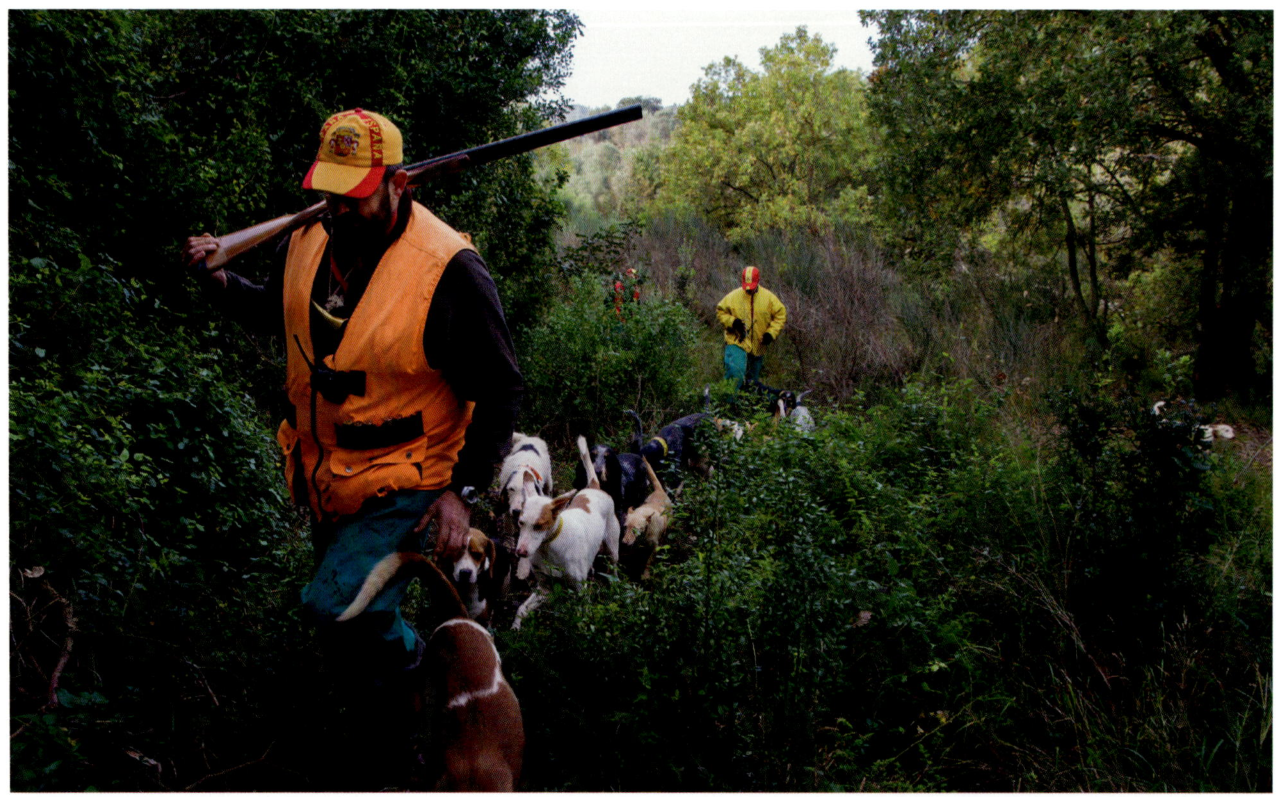

14_12_14 **ALBERT MASIAS.** A BARCELONA, A LES 11:30 H.

ALTERNATIU. Els mercats d'intercanvi, com el 47è de la Vila de Gràcia que organitza la xarxa Xaingra, promouen el consum responsable en plenes dates nadalenques.

PÀG. 328 >

15_12_14 **CRISTINA CALDERER.** A CERDANYOLA DEL V. (VALLÈS OCC.), A LES 13:00 H.

PENSIÓ. La Pilar, mare i àvia, no podrà jubilar-se als 65 anys i haurà de seguir treballant a la fàbrica fins que li surtin els números. La reforma amplia els anys de cotització.

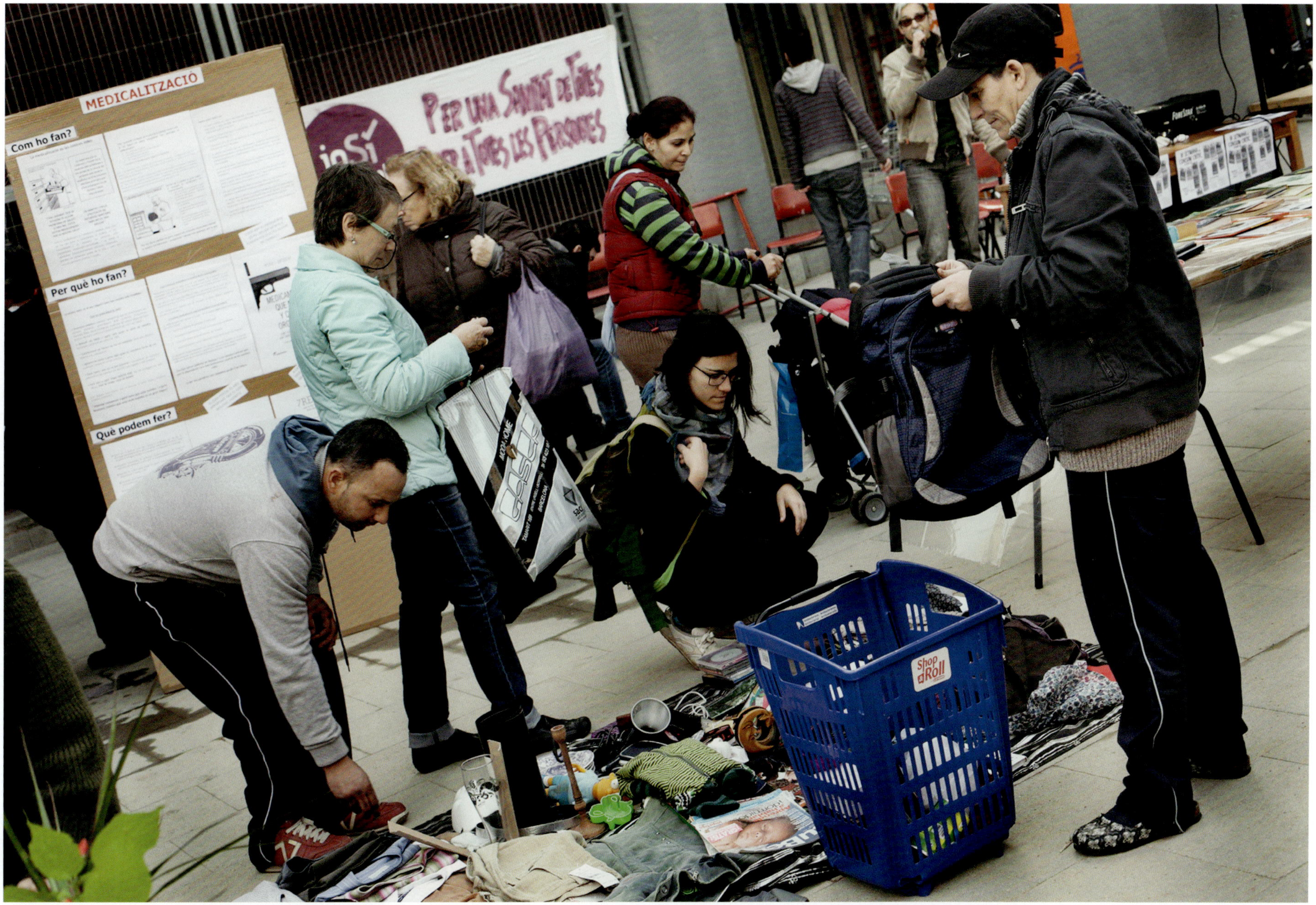

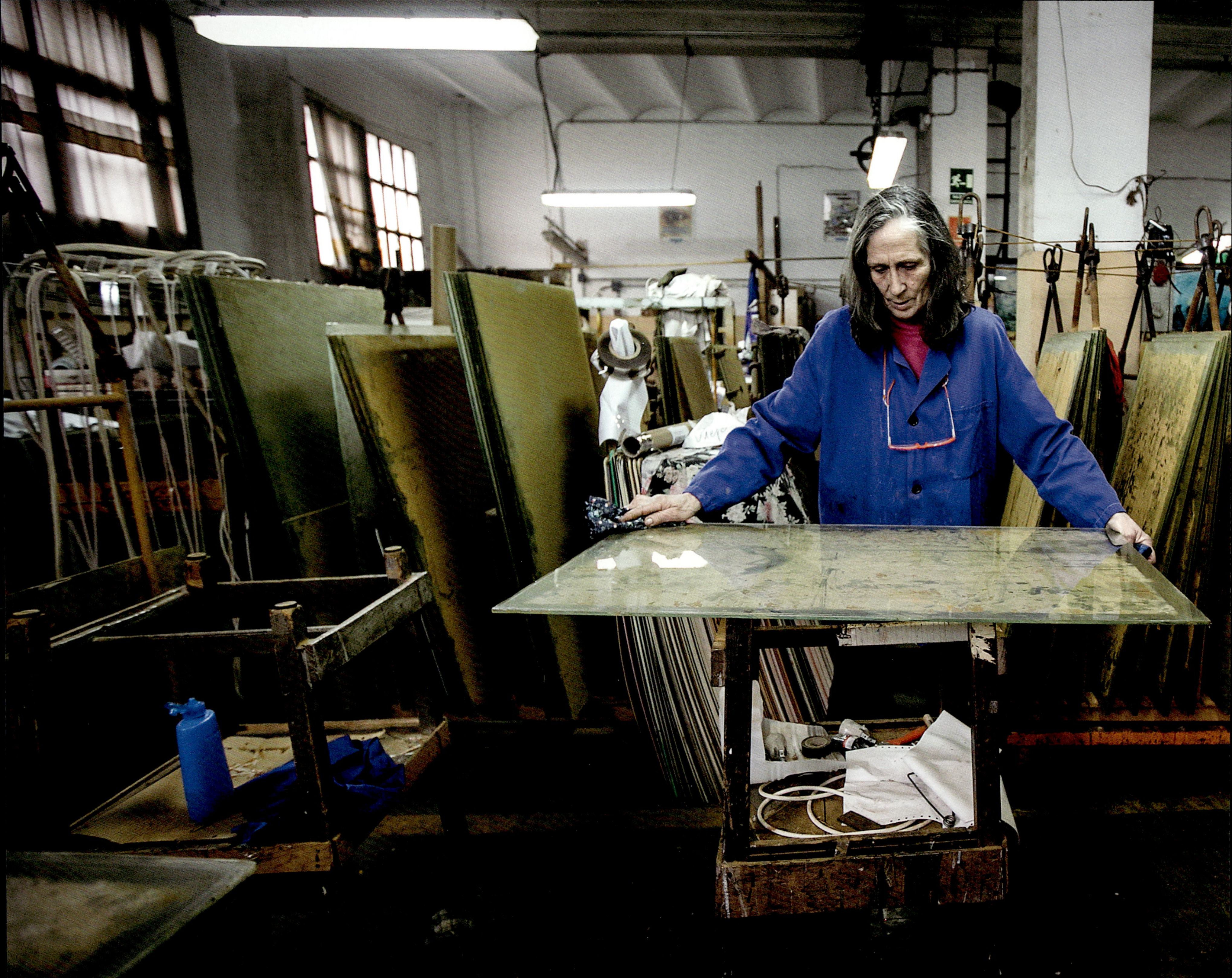

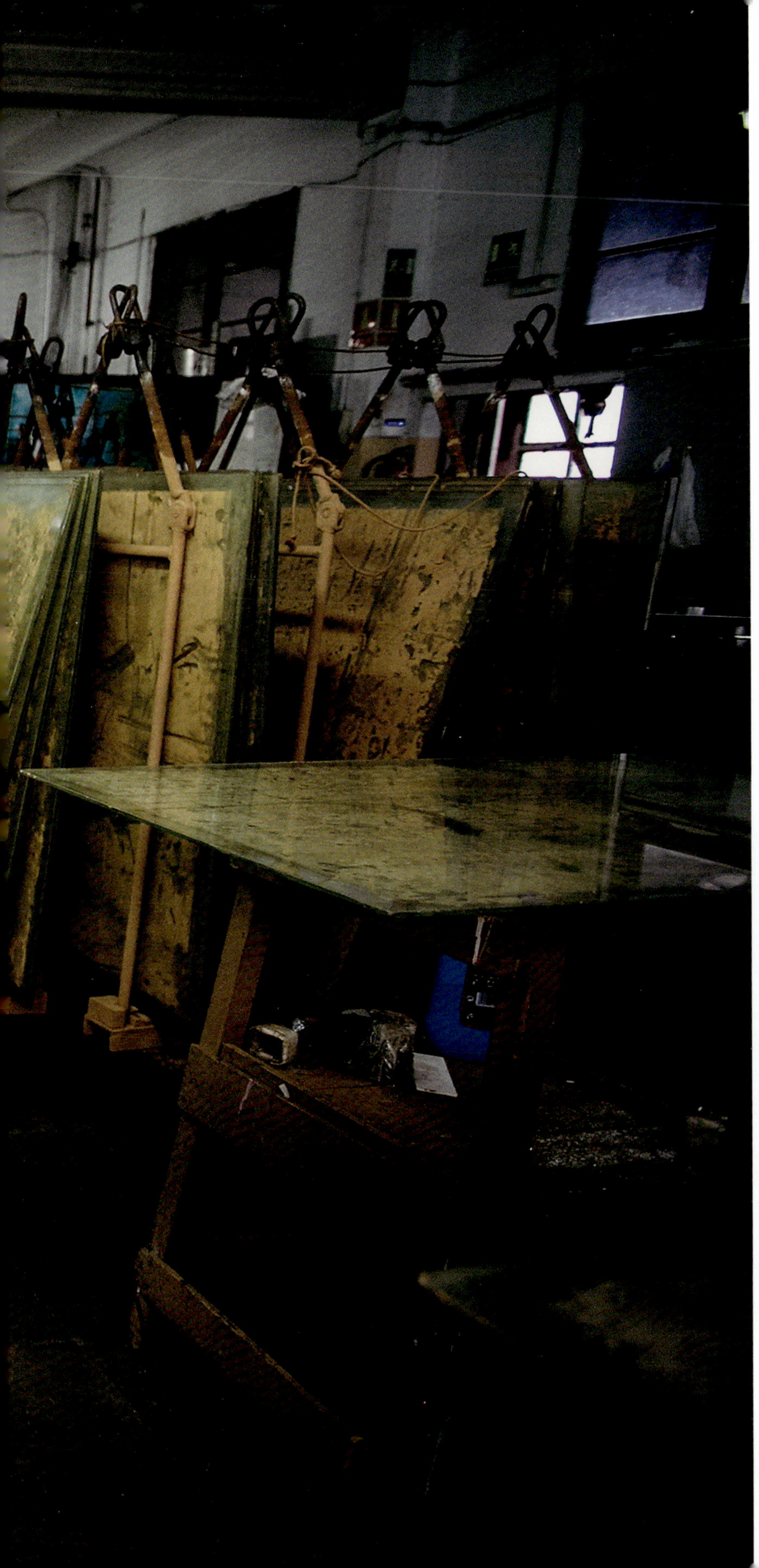

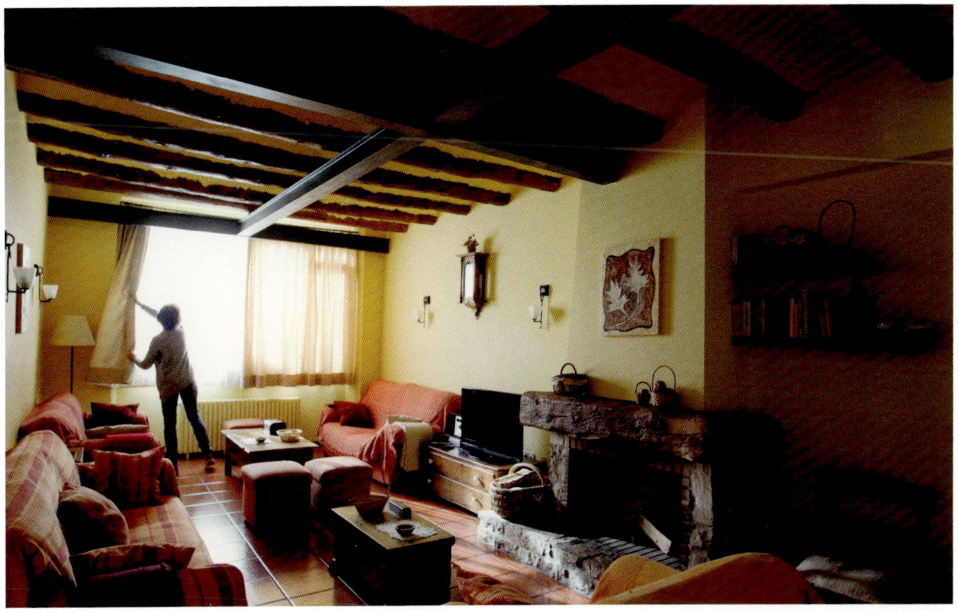

16_12_14 | PERE TORDERA. A VILANOVA DE BELLPUIG (PLA D'URGELL), A LES 12:30 H.

AGROTURISME. A l'Era de Cal Falillo, la Gemma deixa la casa a punt per als clients de les vacances de Nadal i Cap d'Any. Lleida registra una ocupació del 100%.

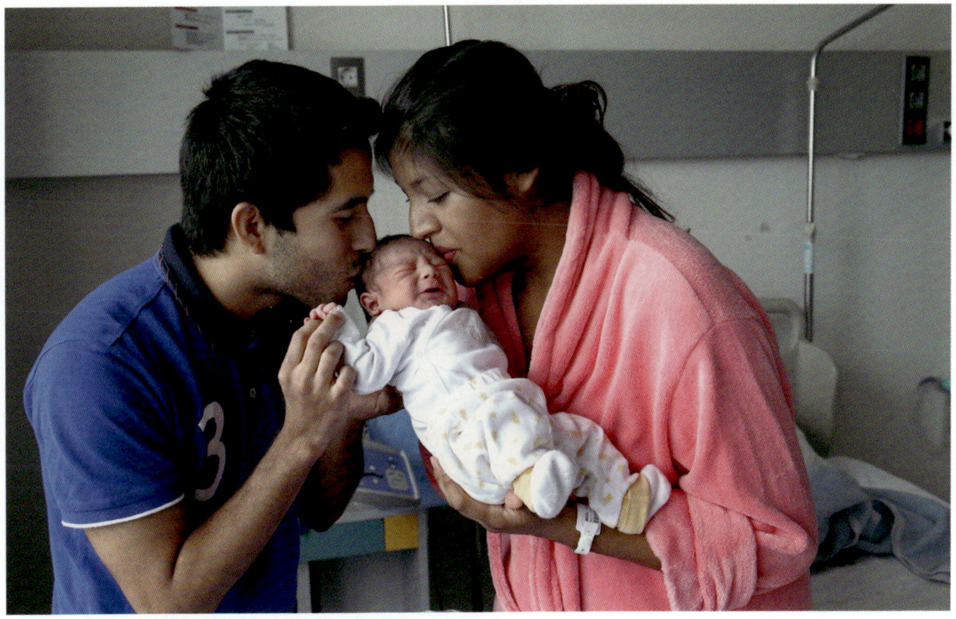

17_12_14 | TONI ALBIR. A BARCELONA, A LES 13:30 H.

DE NOU. L'Alison i el Jefferson amanyaguen al seu nadó Gerard en la seves primeres hores de vida davant l'objectiu de qui avui fa 50 anys amb el desig que visqui en una societat més justa.

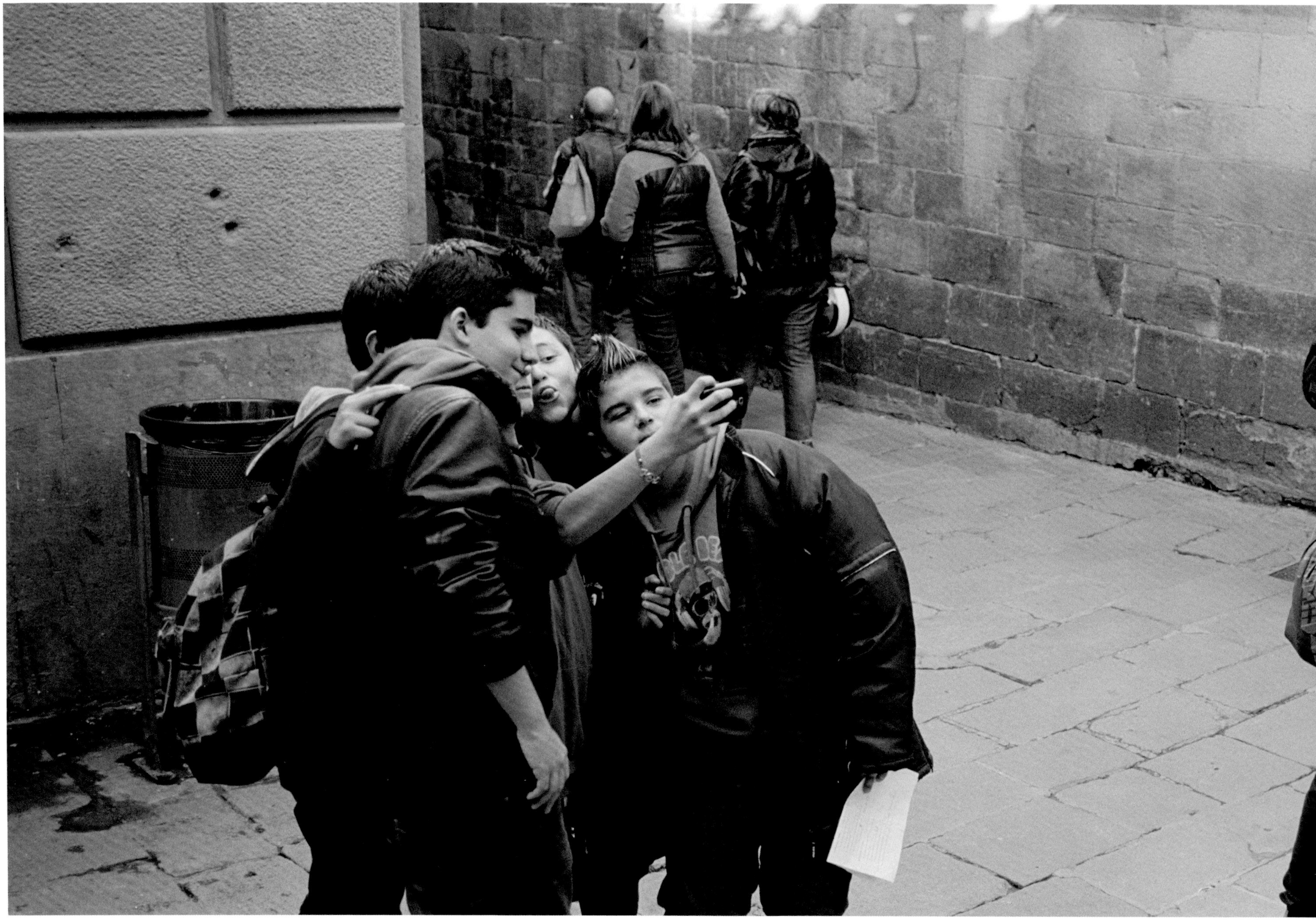

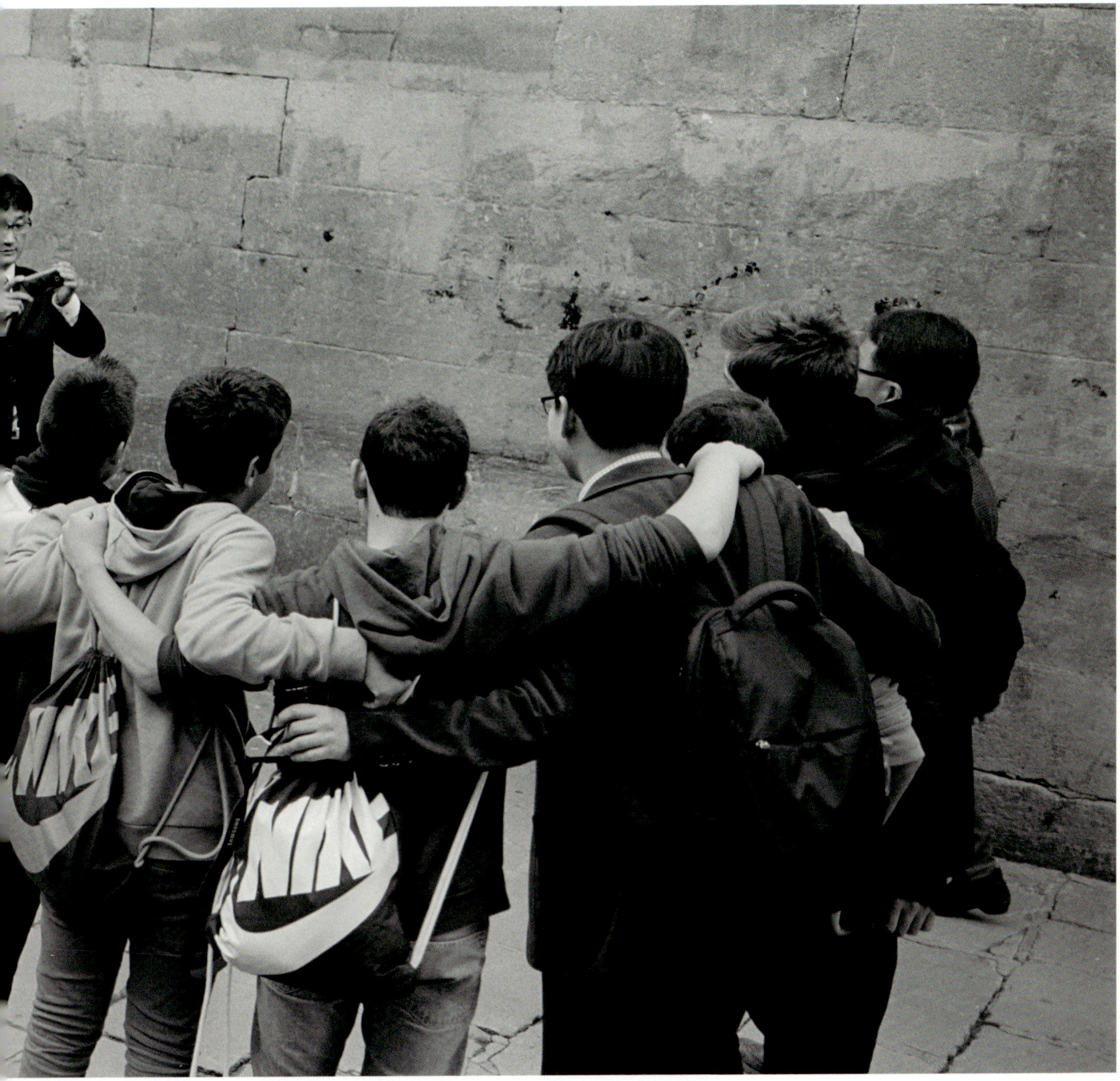

18_12_14 | FRANCESC MELCION
A BARCELONA, A LES 12:00 H.

BONA PRAXIS. Alumnes en una sortida escolar aprofiten per fer-se fotos amb turistes i 'selfies' al carrer del Bisbe. Els recursos didàctics a l'escola incentiven la creativitat i posan en pràctica la teoria experimentant sobre el terreny.

Deixa que el Francesc t'expliqui la seva foto.

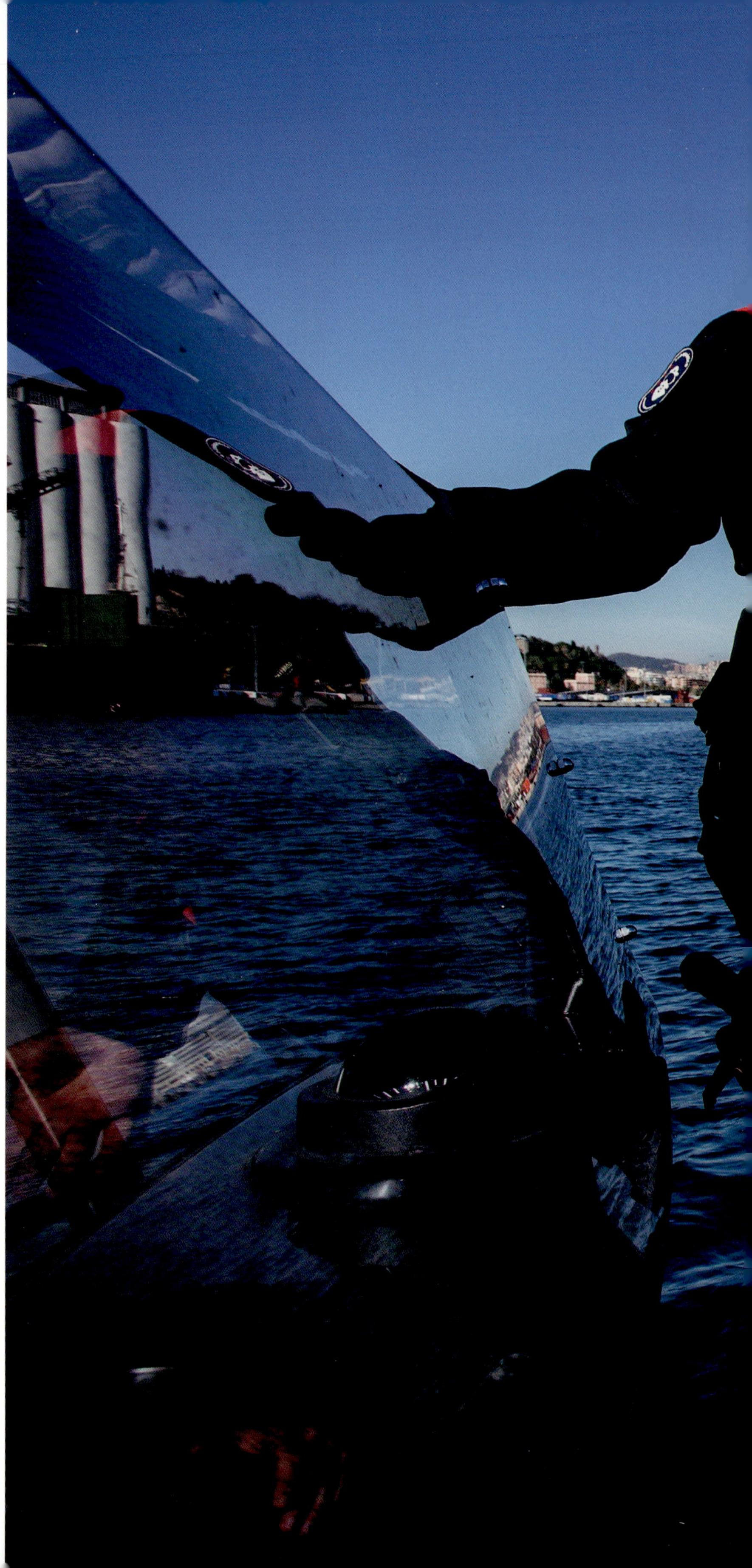

19_12_14 | **JULIO CARBÓ.** A BARCELONA, A LES 14:10 H.

SEGURETAT. Membres dels Mossos d'Esquadra de la unitat aquàtica, una de les vuit subdivisions de la policia catalana, fan tasques de seguretat al port. Refundat el 1983, el cos té plenes competències al territori català des de 2008.

Deixa que el **Julio** t'expliqui la seva foto.

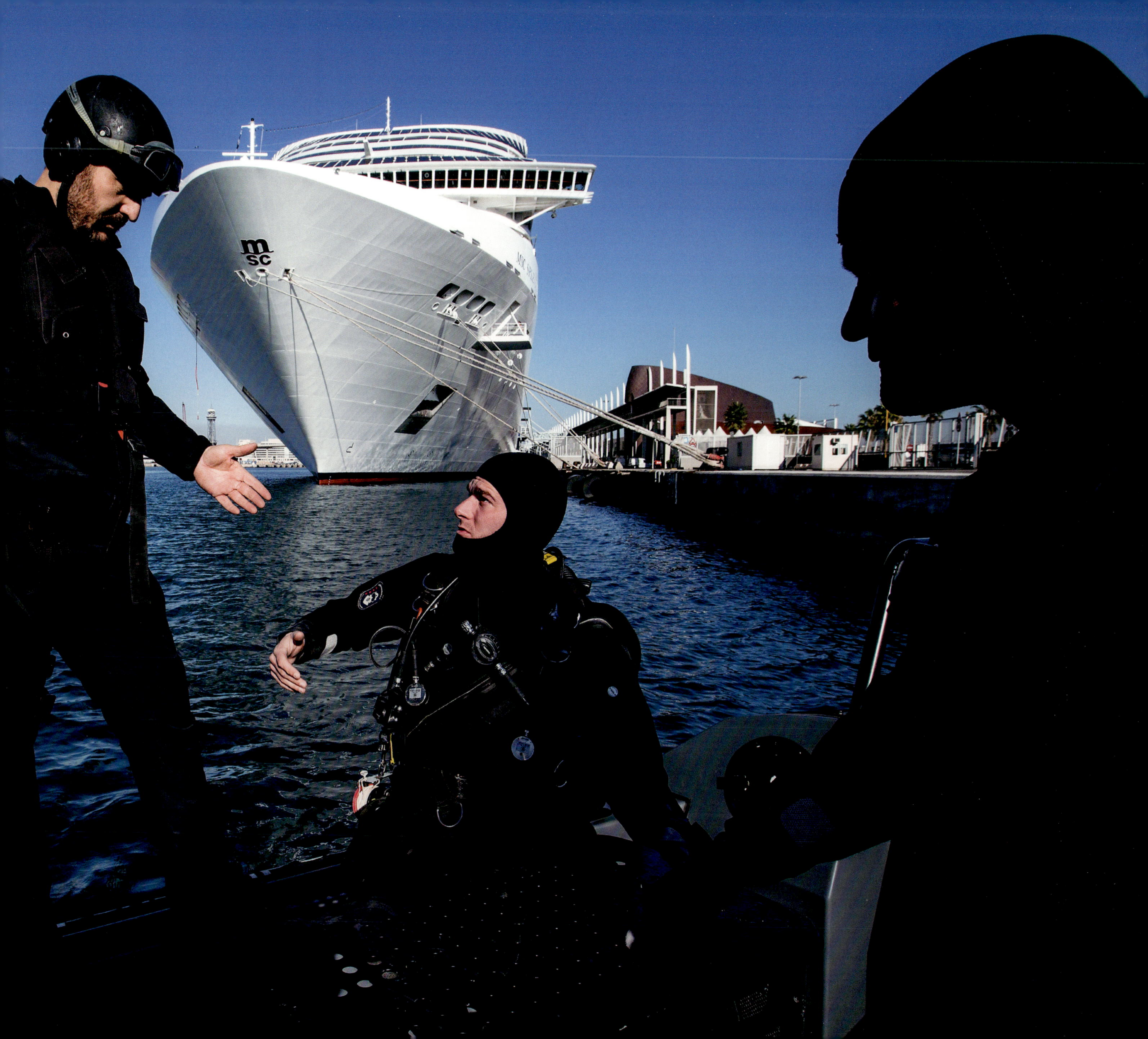
msc

ABRAÇADES GRATUÏTES. Abraçadors del moviment que va néixer el 2001, surten avui a repartir abraçades gratuïtes. El seu fundador Juan Mann va combatre així la depressió i la solitud.

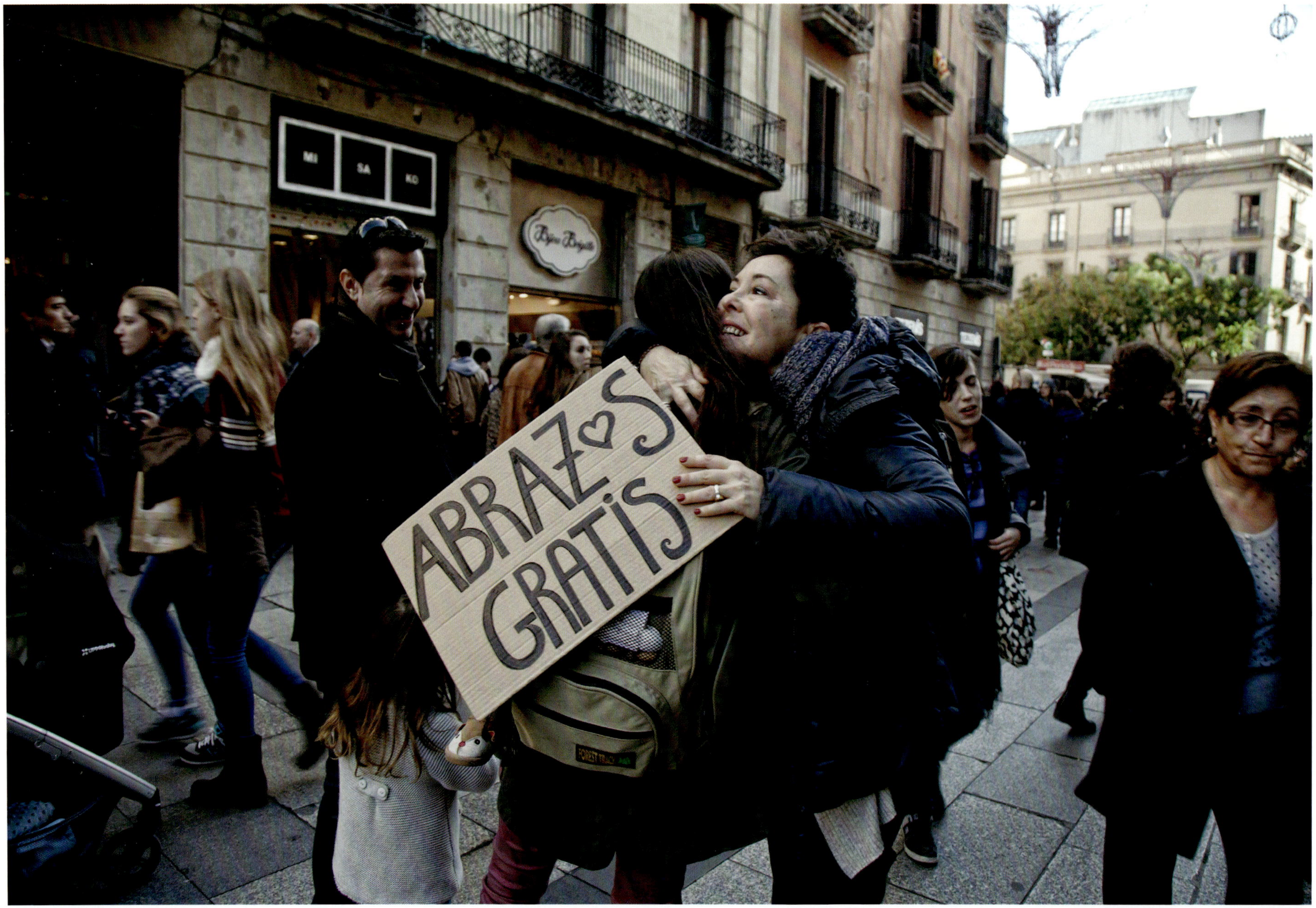

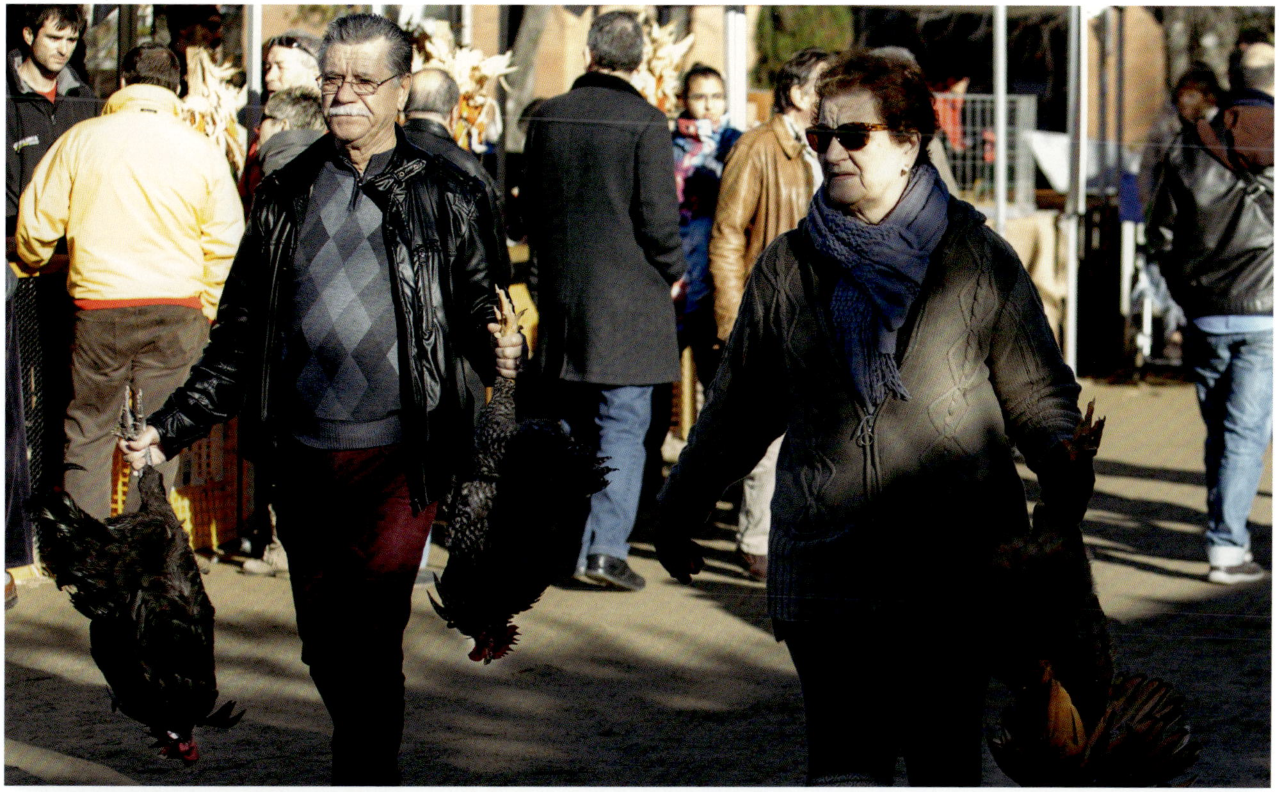

21_12_14 | JOSEP LOSADA.
A VILAFRANCA DEL PENEDÈS (ALT PENEDÈS), A LES 11:01 H.

EL GALL DE NADAL. Compradors a la centenària Fira del Gall que es celebra pels volts de sant Tomàs carreguen amb els preuats de plomatge negre i pota blava del rostit per festes.

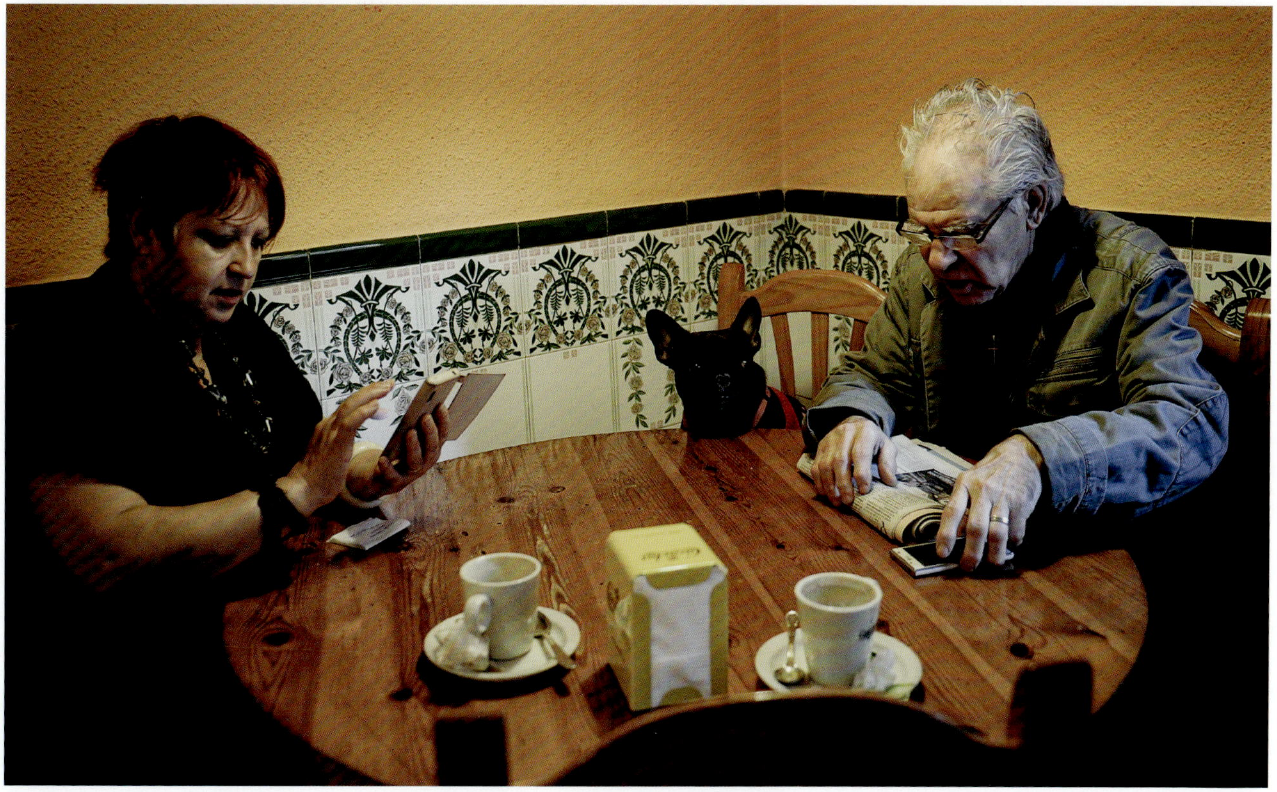

22_12_14 | INÉS BAUCELLS.
A BARCELONA, A LES 12:06 H.

EL GORDO. La Lola esmorza amb els seus amos, pendents del sorteig de la Loteria de Nadal. El Gordo es fa pregar. No es coneixerà fins ben bé l'hora de dinar.

23_12_14 | **JOAN MONFORT.** A MARGANELL (BAGES), A LES 10:40 H.

CELESTIAL. Teresa Forcades, una activista amb hàbit en plena litúrgia d'advent: metge (antifarmacèutiques), teòloga (feminista) i promotora del procés constituent (pro independència i anticapitalista), sempre en connexió amb Déu.

Deixa que el **Joan** t'expliqui la seva foto.

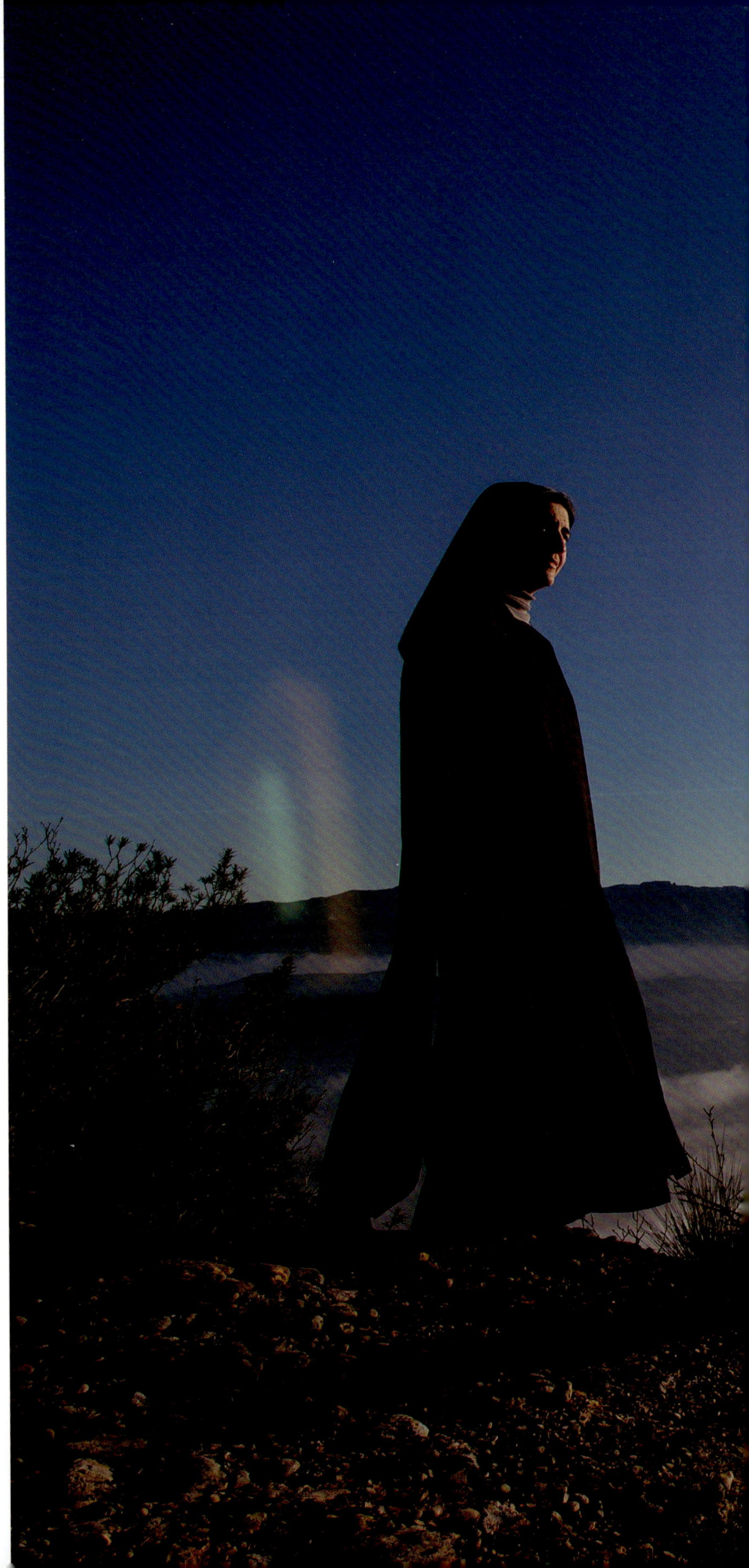

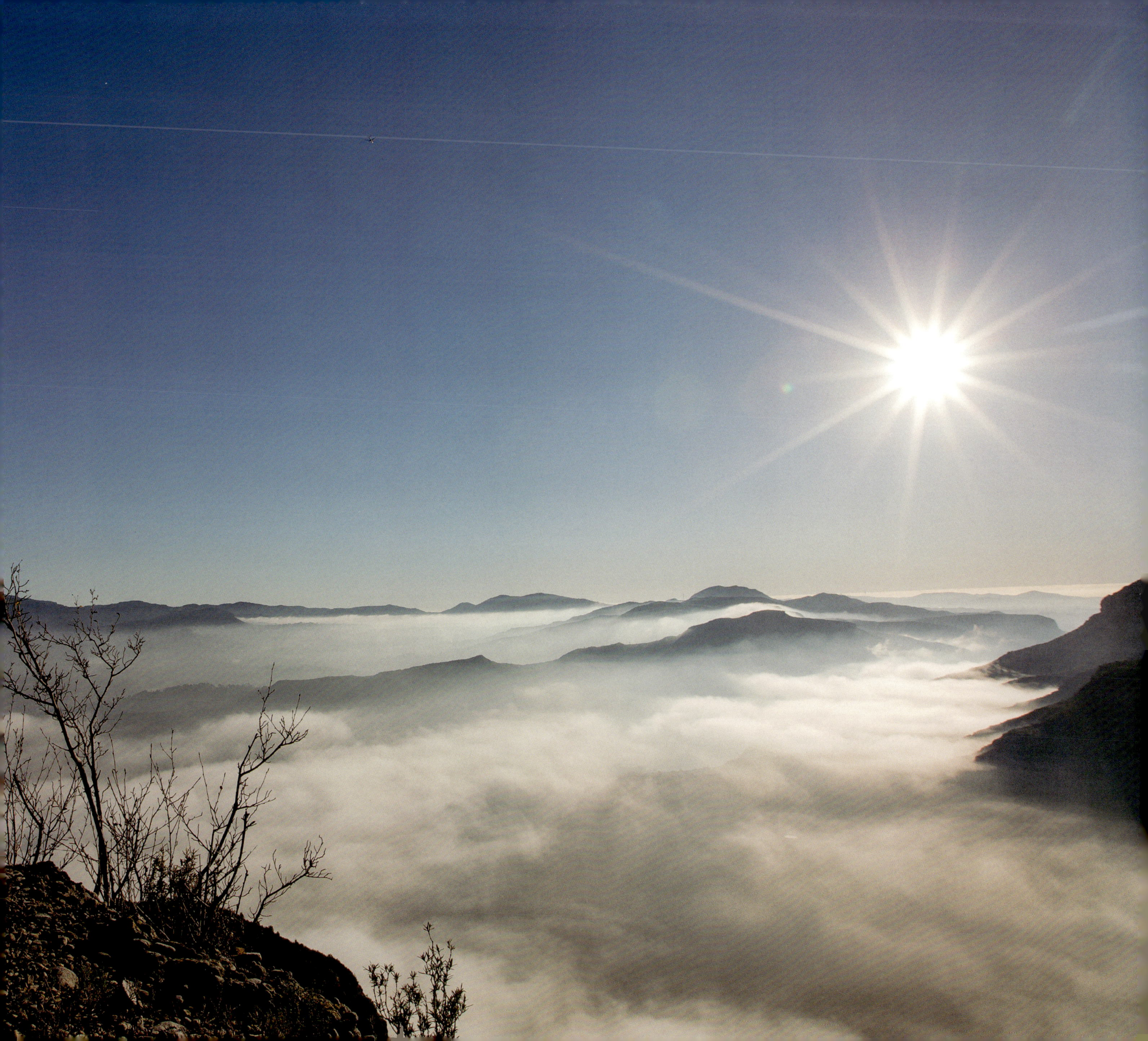

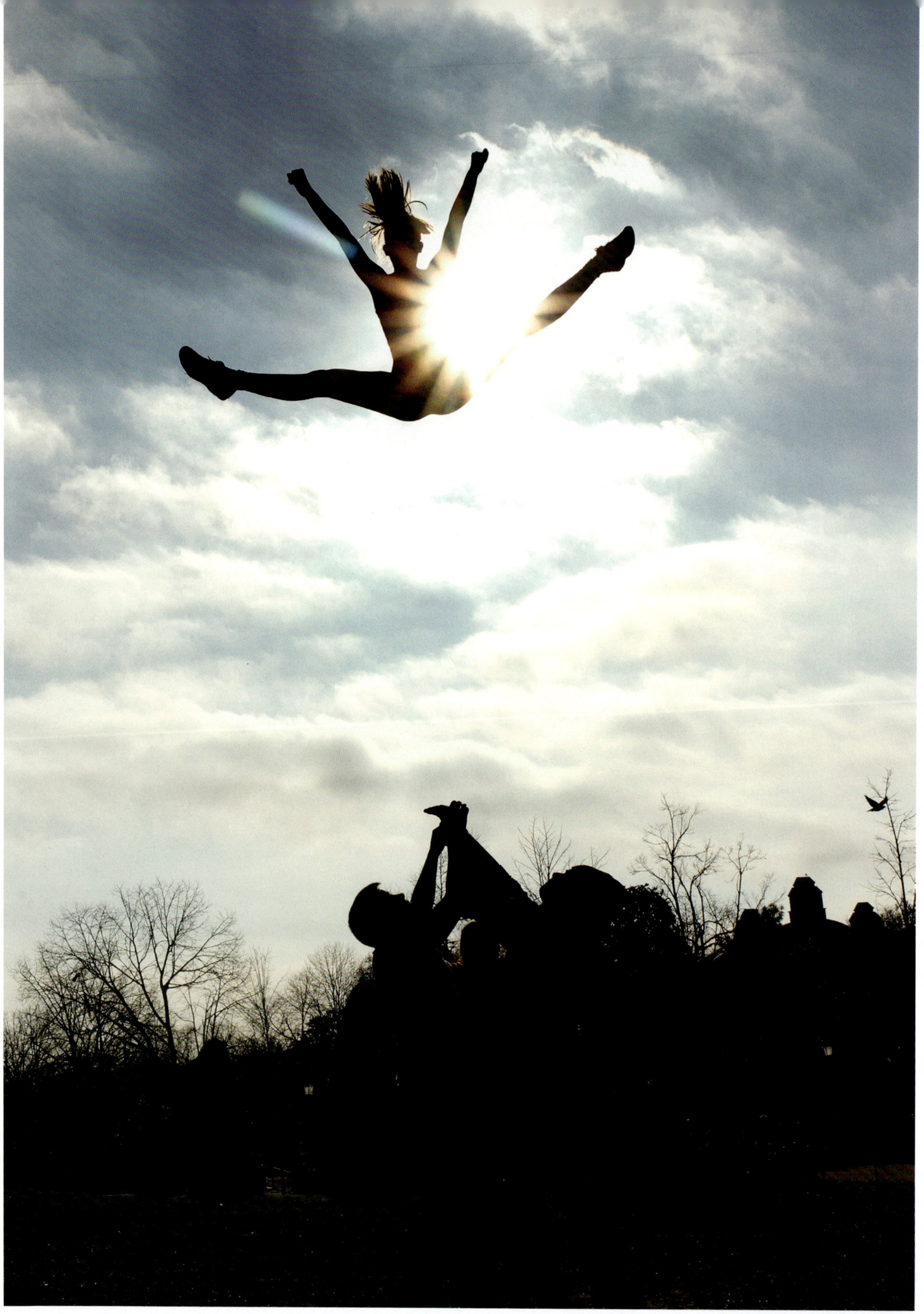

24_12_14 | JOSEP LAGO.
A BARCELONA, A LES 10:21 H.

BALL ESPORTIU. Carla, José Manuel, Ismael i Cristina, del grup BCN Cheer, assagen una rutina de cheerleading al parc de la Ciutadella, un esport d'animació internacional.

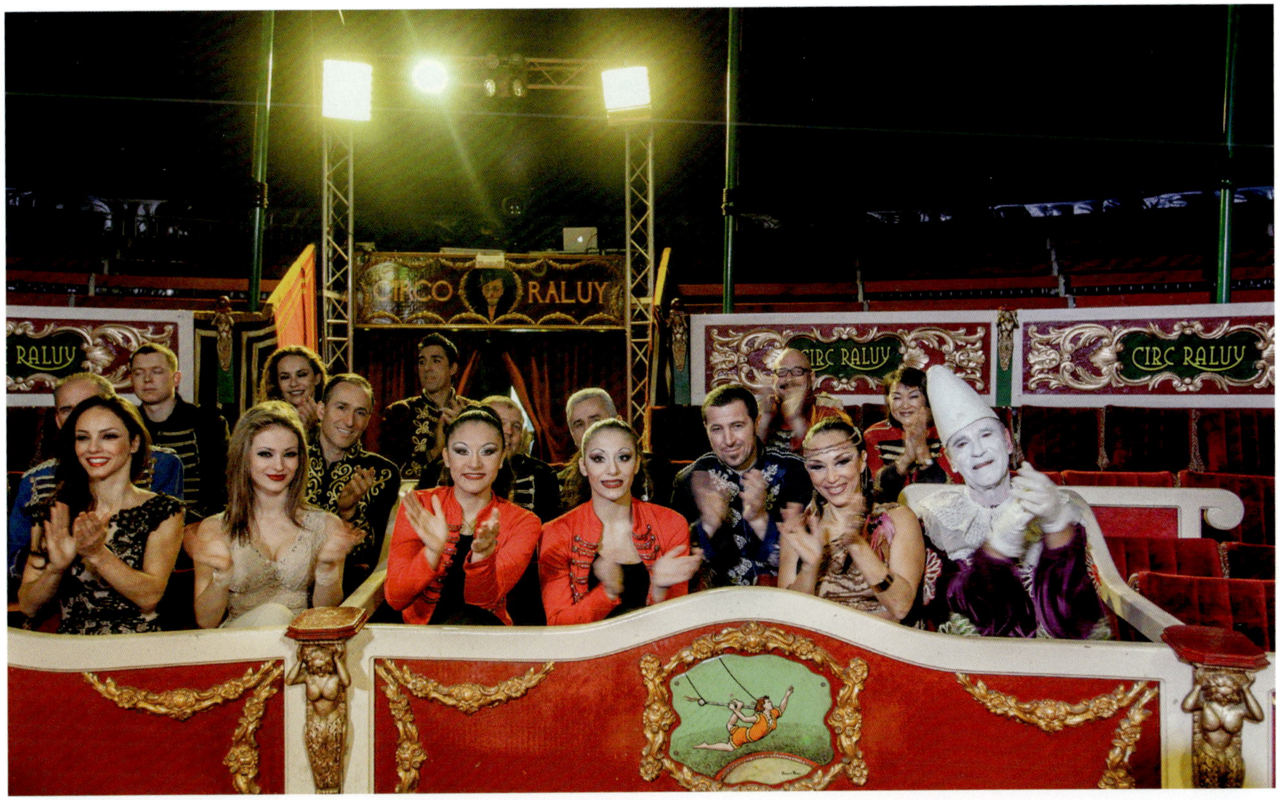

25_12_14 | CARMEN SECANELLA.
A BARCELONA, A LES 16:18 H.

CLÀSSIC DE NADAL. La nissaga dels Raluy posa abans de la funció del dia de Nadal. Creat als anys 70, el Circ Raluy manté el seu esperit tradicional, familiar i nòmada.

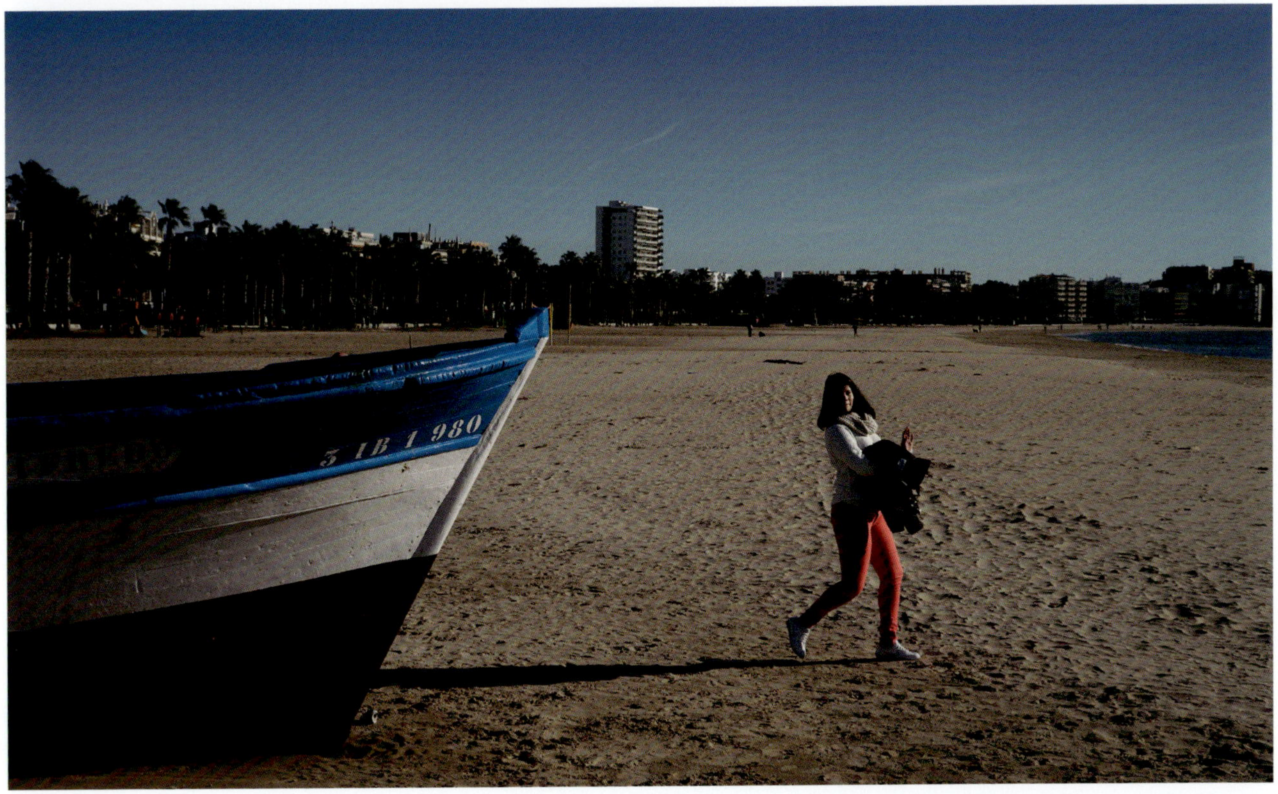

26_12_14 | AGUSTÍ CARBONELL.
A SALOU (TARRAGONÈS), A LES 11:56 H.

BUIDA. La platja de Llevant de Salou, segon municipi amb major recaptació de l'impost turístic per darrere de Barcelona, roman deserta per Sant Esteve. A l'estiu no es veu ni la sorra.

27_12_14 | VICENS GIMÉNEZ.
A BARCELONA, A LES 07:40 H.

PORTAL DE L'ÀNGEL 7:00 H. Preparatius de bon matí a l'avinguda comercial més concorreguda. Els seus locals ocupen el lloc 63 en el rànquing mundial dels més cars del món.

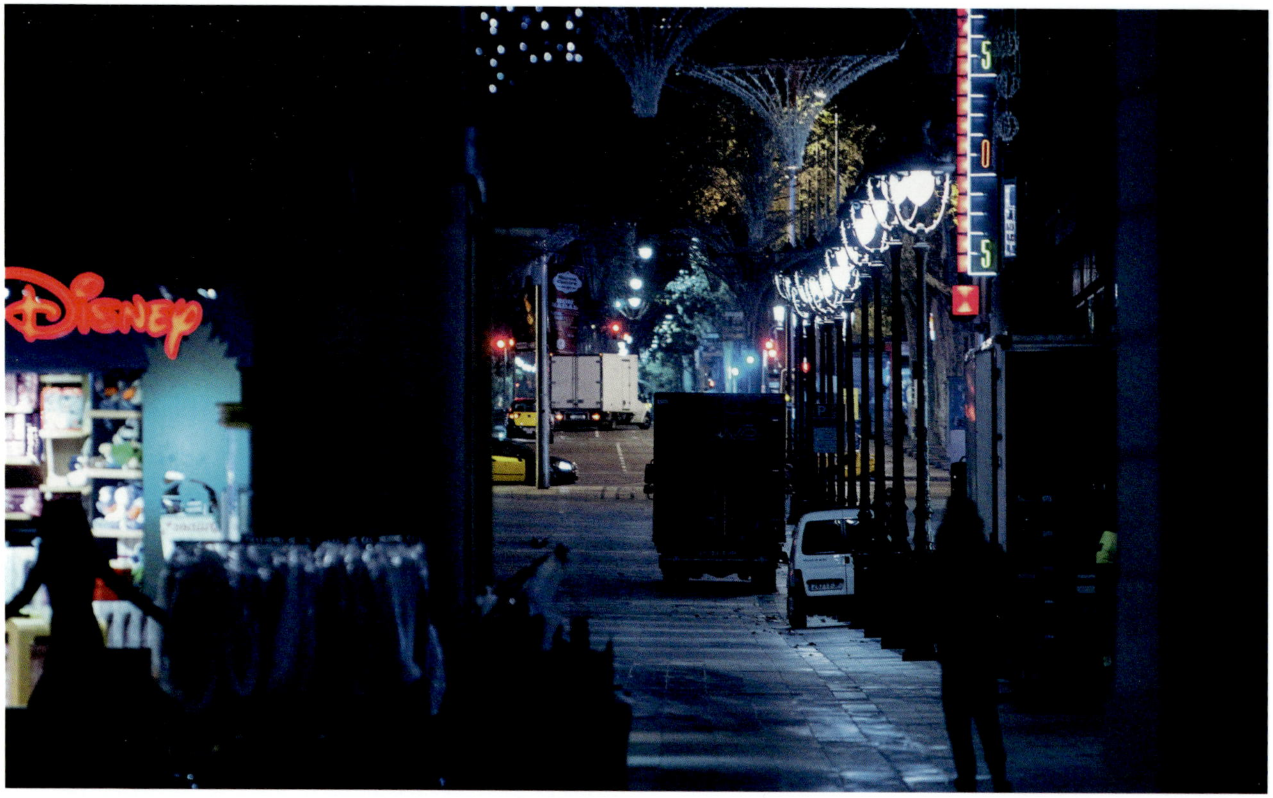

28_12_14 | CONSUELO BAUTISTA.
A BARCELONA, A LES 13:14 H.

UN DIUMENGE A LA PLAÇA. A la plaça de la Vila, la plaça del rellotge, diverses persones es creuen i, entre elles, un indigent "preparant la carrossa", segons les seves paraules.

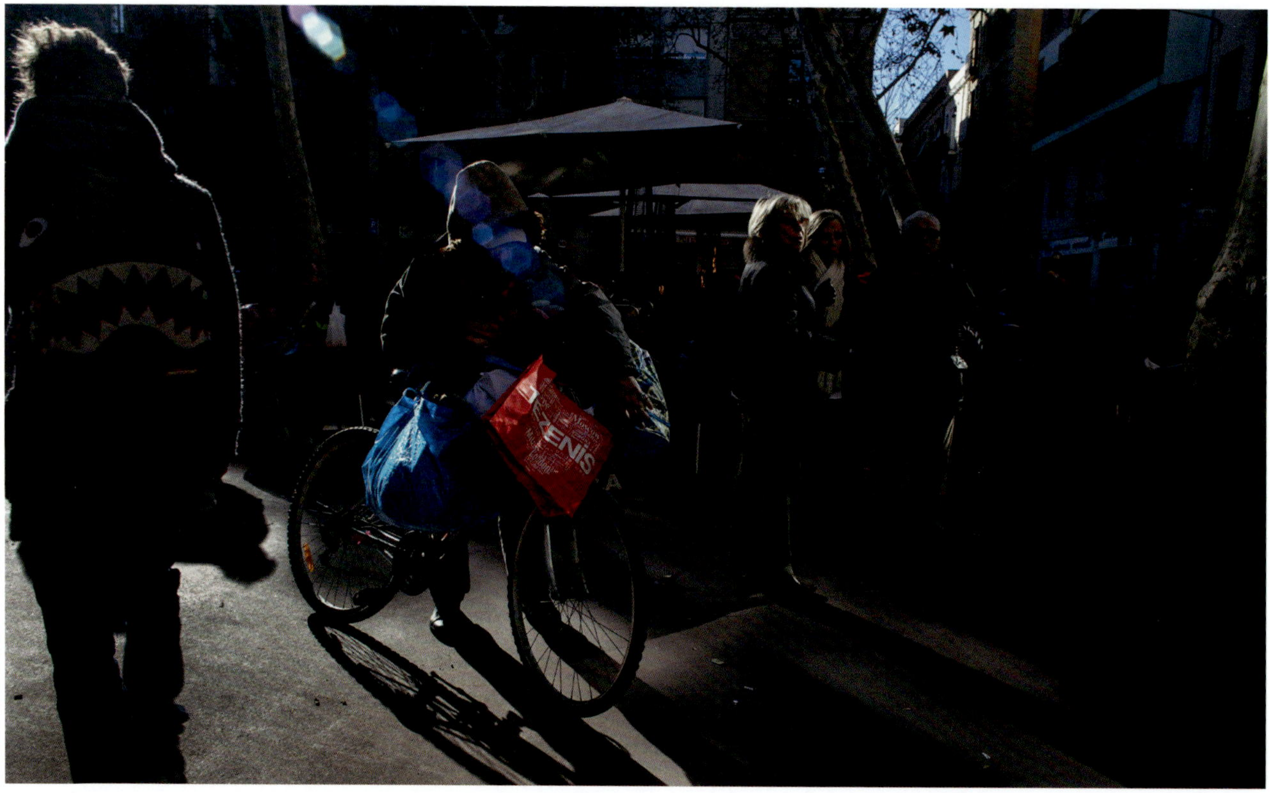

DIVERSIÓ. Els germans Martí i Aina participen en el taller de pa artesà sense gluten, una de les moltes activitats del Cucalocum de la Fira de Lleida per Nadal.

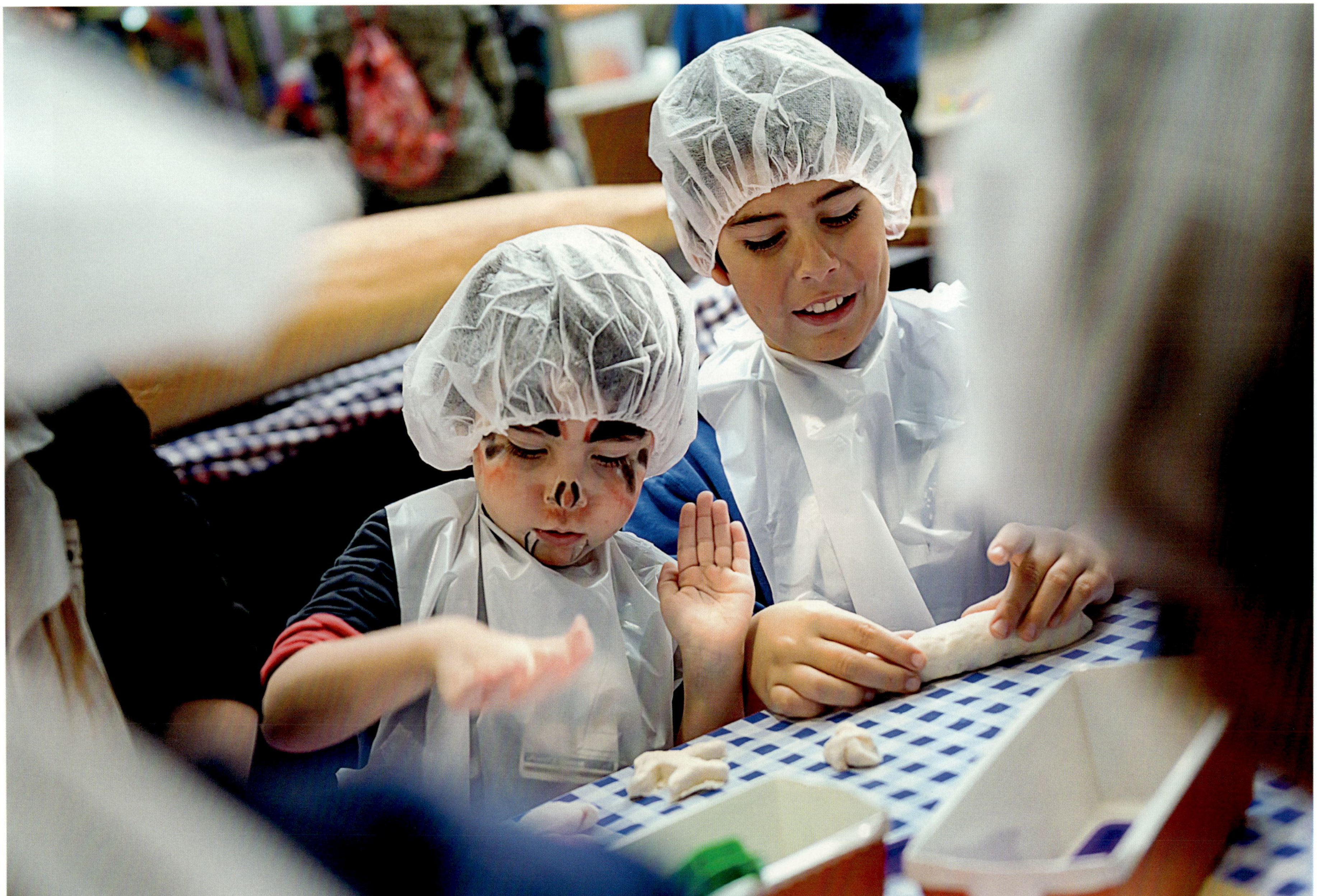

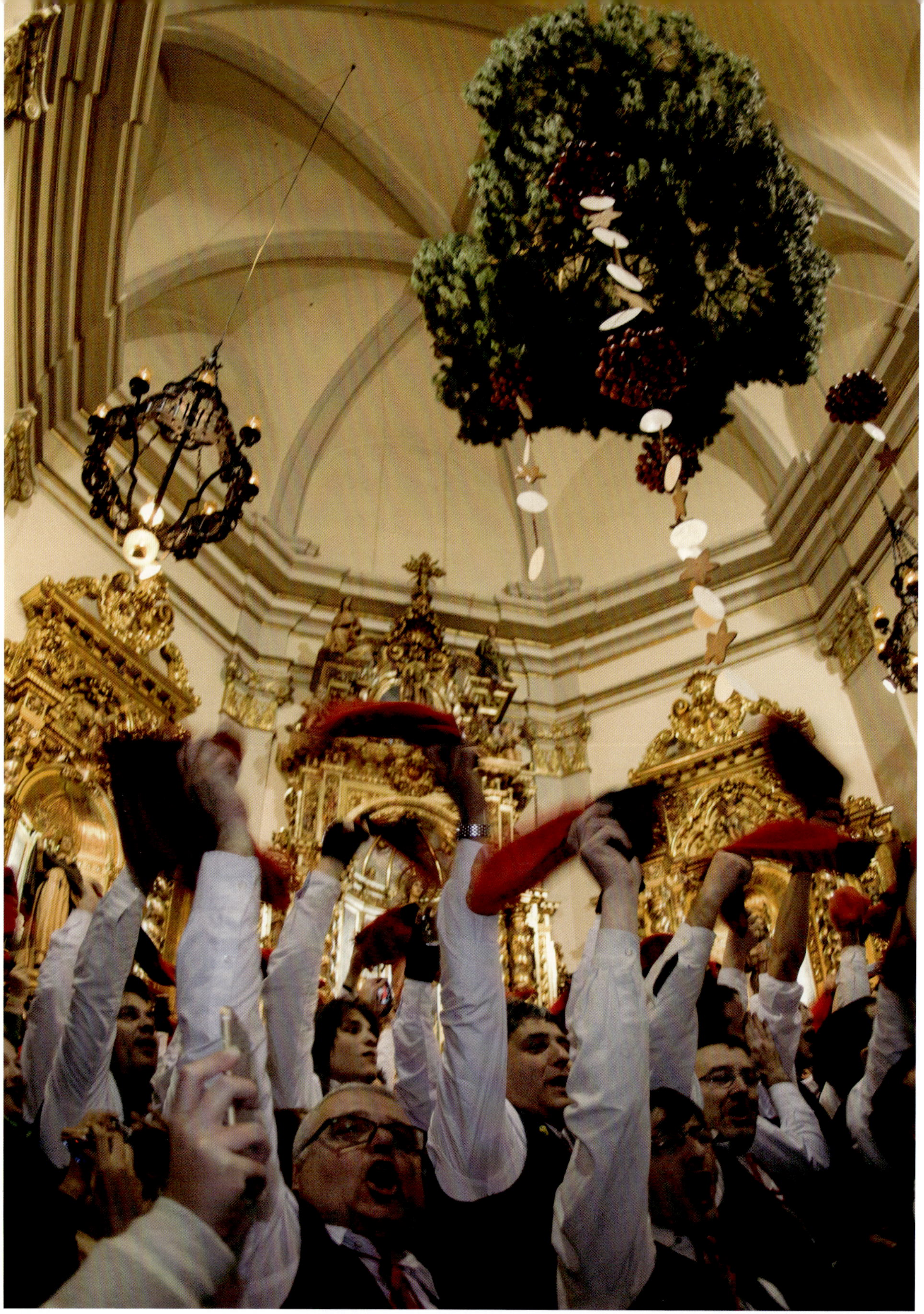

30_12_14 | PERE PUNTÍ.
A CENTELLES (OSONA),
A LES 13:47 H.

ARA BALLA EL PI. Galejadors pengen el pi sobre l'altar major de l'església de Santa Coloma, a la Festa del Pi, un ritual de la fertilitat d'origen pagà.

PESSEBRE VIVENT. La Mònica Villar representa la figura del cèlebre caganer amb camisa d'home però pell de dona per primera vegada al Pessebre Vivent de Castell d'Aro.

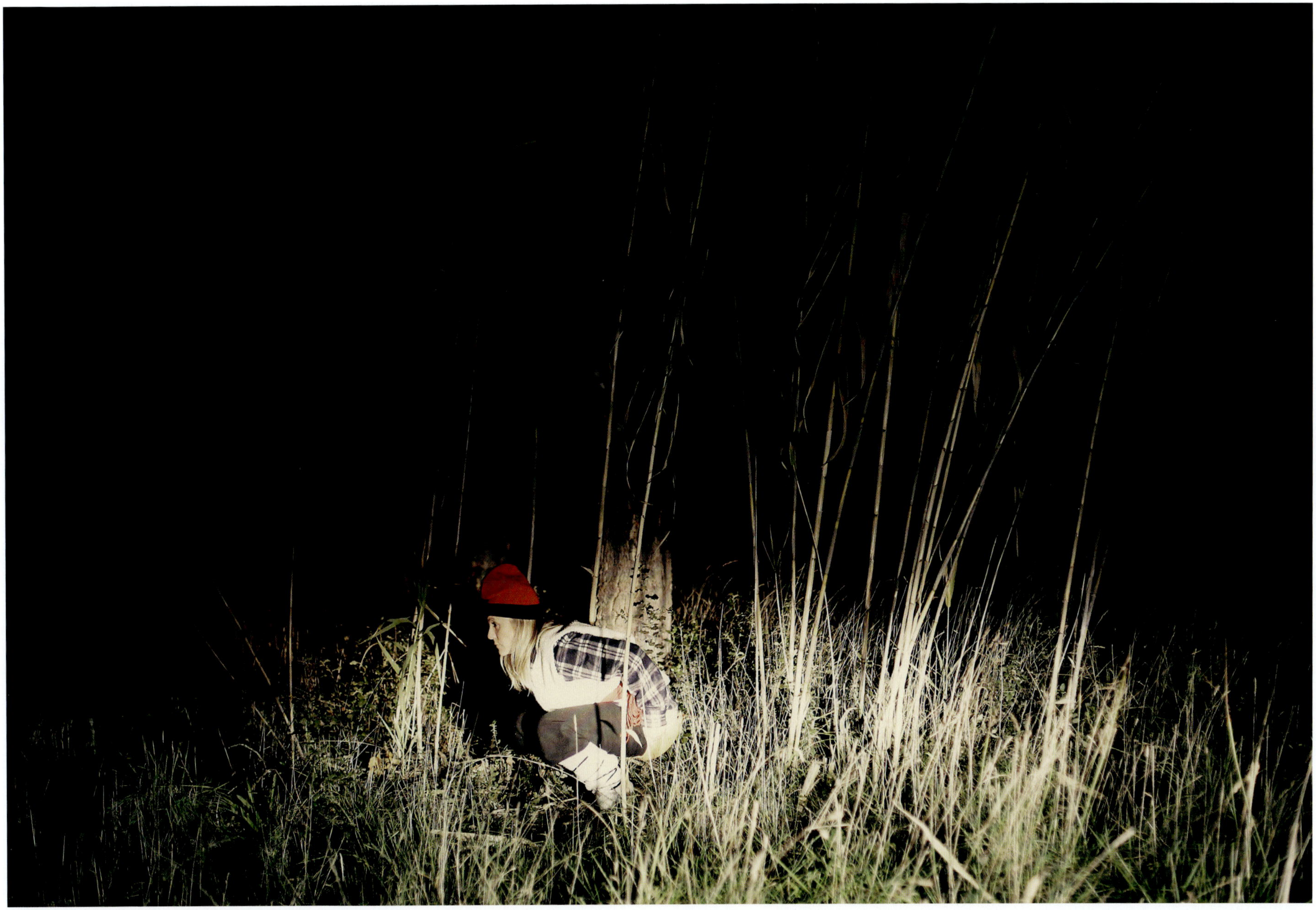

AL PASAR PÁGINA, CIERRA BIEN LOS OJOS. Verás a Zulma, uruguaya, 70 años, exhibiendo un cartel sobre su pecho: «Busco trabajo». Verás una roca, erecta, horadada por el batir de las olas, fuente de inspiración de ***El gran masturbador*** de Dalí. Verás a Mudassar, paquistaní, cajero, orando a las puertas de un supermercado. Verás a Ana, 97 años, en bata, acurrucada en el seno de su hija María. Verás catorce llaveros, en hilera, colgando de ganchos, rotulados con las siglas de los partidos políticos. Verás a Isabella, 6 años, pelona, postrada en cama, abatida por el cáncer. Verás a Anna, desgarrada, en la sala de partos, dando a luz a Ariadna. Verás a Felip, el toro, valedor de una familia de vacas, en peligro de extinción. Verás el abrazo, espontáneo, de una mujer a otra, adheridas las dos al movimiento Abrazos Gratis.

Ahora, al detenerte en estas dos páginas, abre bien los ojos. Verás a treinta y un fotógrafos y una perra: Julieta. Si los cuentas, faltan dos. Aun así, a su manera, están. Aunque nosotros no podamos verlos porque ese día estaban en otro lugar. Nosotros somos todos, y todos somos capaces de retratar lo que vemos. Un fotógrafo, el de veras, el que se precia, tiene además un talento: es capaz de captar con su cámara lo que el resto no vemos. Donde nosotros advertimos portales luminosos en edificios de lujo, él ve a una mujer apostada en el alféizar pidiendo trabajo. Donde nosotros descubrimos un mar agitado, él ve la roca retorcida de formas geniales. Donde nosotros percibimos decrepitud, él ve agolparse en un solo seno materno toda una vida. Donde nosotros vulgarizamos un cúmulo de llaves, él ve el juego político de un Parlamento...

Aquí reside la magia. En saber desvelarnos ese pedazo de realidad que no todos percibimos. En hacer de la luz (foto) escritura (grafía) y componer un relato inédito. Por eso este libro nos es tan valioso. Porque nos habla de un pueblo, de sus anhelos, sus angustias y sus algazaras, con una honestidad pasmosa.

Me preguntarás: ¿qué pinta aquí Julieta, la perra? No sabría qué decirte. Con los fotógrafos es así. Un día se sientan tres en un bar, comparten entre cervezas una idea y en nada tienes a treinta y uno recorriendo Cataluña. ¿Fácil? En absoluto. En estas páginas hay condensadas 8.660 horas de trabajo –las que caben en un año– y miles de kilómetros de gasolina costeados con su propio esfuerzo. Del 1 de enero al 31 de diciembre, día a día, mes tras mes, un fotógrafo por jornada ha explorado con libertad absoluta el territorio para desvelarnos lo que muchos no vemos. Podría decirse que en este libro-urna podemos recontar lo que ha sucedido a lo largo de 2014, un año crucial para todos.

Hay algunos hechos históricos ineludibles. Está la abdicación del rey. Está la comparecencia parlamentaria por fraude masivo de un ex presidente. Está el enmudecimiento del 9N. Pero los más son los hechos cotidianos. Es en esta aparente trivialidad donde reside la magia de *1Día 1Foto*. Esta cadencia de voces anónimas nos habla de toda una comunidad. Aquí, ahora y para siempre.

Sí, lo sé, te sigues preguntando: ¿pero qué hace Julieta, la perra, en este cogollo? Ella es parte de este otro mundo que no todos vemos, y que cuando un fotógrafo capta se nos revela con una obviedad asombrosa. Por eso aparece en el retrato colectivo de la página anterior. De haber tomado nosotros la fotografía, nunca habría salido. Esto es lo que hace diferente a un fotógrafo. Es así de sencillo. Su talento nos es vital.

Ahora solo cabe abrir los ojos y disfrutar de las páginas de *1Día 1Foto*. Gracias, a todos y a todas, por hacerlo posible. También a Julieta.

INÉS MARTÍNEZ RIBAS | Periodista y socióloga

WHEN YOU TURN THE PAGE, CLOSE YOUR EYES TIGHTLY. There you will see Zulma, Uruguayan, 70 years old, displaying a poster in front of her chest: "Looking for work." There you will see a rock, upright, pierced by the force of the waves, the inspiration for the Dali's ***The Great Masturbator.*** There you will see Mudassar, a Pakistani cashier, praying in the doorway of a supermarket. There you will see 97-year-old Ana, in a housecoat, huddled in the bosom of her daughter Maria. There you will see fourteen keychains in a row, hanging from hooks, labelled with the initials of the political parties. There you will see Isabella, 6, shaved, prostrate in bed, laid low by cancer. There you will see Anna, exhausted, in the delivery room giving birth to Ariadna. There you will see Felip, a bull, the protector of a family of cows, threatened with extinction. There you will see the spontaneous embrace of one woman and another, who are both members of the ***Abraçades Gratis*** (Free Hugs) movement.

Now, when you stop on these two pages, open your eyes wide. There you will see thirty-one photographers and a dog: Julieta. If you count them, two are missing. Nevertheless, they are there, in their own way. Even if we can't see them because they were somewhere else on that day. We are everyone, and we are all able to portray what we see. Photographers, real ones, professionals, also have a talent: with their camera, they are able to capture what the rest of us don't see. Where we see portals bathed in light in luxury buildings, they see a woman asking for work sitting on a windowsill. Where we discover a rough sea, they see a rock carved into marvellous shapes. Where we see decrepitude, they see how an entire lifetime is concentrated in one single person. Where we popularize a group of keys, they see the political game in Parliament.

That is where the magic lies. Being able to reveal to us this bit of reality that not everyone sees. Making light (photo) into writing (graphics) and composing a previously untold story. That's why this book is so valuable. Because it talks about a people, its aspirations, its sufferings and its joys, with surprising honesty.

You'll be wondering - what's Julieta the dog doing here? I don't know exactly what to tell you. Photographers are like that. One day three of them meet up in a bar, they share an idea over a few beers and in the blink of an eye thirty-one of them are traveling all over Catalonia. Easy? Not at all. These pages condense 8,660 hours of work – more or less a year's work - and thousands of kilometres of petrol, underwritten with their own effort. From 1 January to 31 December, every day, month after month, one photographer a day explored the territory with complete freedom to show us what many of us do not see. You could say that this book-urn says what happened in 2014 - a crucial year for everyone.

It includes some undoubtedly historical events. There is the abdication of the king. There is the parliamentary hearing because of the massive fraud by an ex-president. There is the silencing of the referendum of the 9 November. But what is most in evidence are everyday events. That is the apparent triviality containing the magic of *1Day 1Photo.* This cadence of anonymous voices that speaks to us of an entire community. Here, now and forever.

Yes, I know, you're still asking: What's Julieta the dog doing among all these prodigies? She is part of the other world that not everyone sees, and when a photographer captures it, it is revealed with a wonderful obviousness. Hence the collective portrait on the previous page. If we had taken the photograph, it would never have worked out properly. That's what makes a photographer different. It's as simple as that. Their talent is vital to us.

Now you only have to open your eyes and enjoy the pages of *1Day 1Photo.* Thanks to everyone for having made it possible. And to Julieta as well.

INÉS MARTÍNEZ RIBAS | Journalist and sociologist

CAS

EN ENERO, TODO EMPIEZA. Tal como era la fotografía en sus inicios, el año empieza frío y en blanco y negro. Irisado como la placa de un daguerrotipo. De alguna manera, las primeras fotos que conocemos de nuestra ciudad parecen todas hechas en enero. Debido a las largas exposiciones, las calles aparecen desiertas de gente, el mar parece como un espejo congelado, los rostros están lívidos en los retratos y la luz general precisa obsesivamente el dibujo de todos y cada uno de los adoquines de las calles.

Pero el auténtico frío no es el que denotan esos recursos técnicos de la fotografía, sino el que comunican los seres humanos que pueblan las fotos de los eneros verdaderos. Así, las personas más dolientes que jamás hayamos visto caminan perdidas y envueltas de andrajos en las fotografías del sitio de Leningrado que Alexandr Boroludin fotografió en enero de 1942. Pero aún nos duelen más por próximas esas familias durante aquel enero de 1939, camino del exilio, atravesando los Pirineos para llegar a una Francia helada y poco acogedora. Hay una fotografía de Manuel Moros que expresa con toda la fuerza ese enero metafórico al que nos referimos en el miedo de las caras heladas guardando todavía una traza de esperanza fijada en su destino. Hoy, sin embargo, las mismas escenas de exilio y prisión se producen en territorios en los que enero no es un mes invernal, pero siguen transmitiendo el mismo frío.

Enero no siempre trae tristeza. También es suya la noche en la que, año tras año y fotografiada por millones de cámaras, todo empieza. Xavier Miserachs nos regaló un icono, en su mejor estilo en blanco y negro, para simbolizar ese otro enero de magia e ilusión opuesto a la pena del exilio y de la guerra. En el centro de la foto, una niña de mirada expectante y feliz, abrigada con polainas y abriguito, estira de su madre la mano para entregar una carta sellada al vacío, llenándolo de calor y de color. En esa hoja en blanco viajan todos los deseos. ¿Quién duda que no se vayan a cumplir?

LAURA TERRÉ | Historiadora de la fotografía

ENG

EVERYTHING BEGINS IN JANUARY. Just like photography in its infancy, the year starts cold, and in black and white. Iridescent, like a daguerreotype plate. Somehow, the first photographs of our city that we know of appear to have been taken in January. Because of the long exposure times, the streets appear devoid of people, the sea looks like a frozen mirror, the faces in the portraits are pale, and the general light obsessively shows the precise outline of each and every paving stone in the streets.

But the real cold is not the one shown by these technical resources of photography, but instead the one conveyed by the human beings who inhabit the photos of real Januaries. The people suffering most that we have ever seen wander around, lost and wrapped in rags, in the photographs of the siege of Leningrad taken by Alexandr Boroludin in January 1942. But even more painful, because they are close to home, are the photos of those families on the way to exile in January 1939, crossing the Pyrenees to reach an icy and unwelcoming France. There is a photograph by Manuel Moros that expresses the full force of this metaphorical January in the fear on the frozen faces, which still retain a trace of hope, set on their destination. Today, however, the same scenes of exile and imprisonment take place in areas where January is not a winter month, but which still convey the same cold.

January does not always bring sadness. It is also contains the night on which everything begins, year in, year out, which is photographed by millions of cameras. Xavier Miserachs gave us an icon, in his best black and white style, to symbolize that other January of magic and hope, as opposed to the sadness of exile and war. In the centre of the photo is a girl who looks expectant and happy, wrapped up in leggings and a coat, holding her mother's hand tightly as she holds out a sealed letter into space, filling it with warmth and colour. All her desires travel on that blank page. Who's to say they won't be fulfilled?

LAURA TERRÉ | Historian of photography

01_01_14 JORDI COTRINA. Barcelona | 12:12 h.
EL PRIMERO DEL AÑO. El CN Atlètic Barceloneta organiza desde 1996 el primer baño del año, de larga tradición en Europa, en la playa de Sant Sebastià. La juerga se mezcla con los gorros de Navidad entre los centenares de valientes.

JORDI COTRINA. Barcelona | 12:12 am.
THE FIRST ONE OF THE YEAR. Since 1996, the CN Atlètic Barceloneta have organized the first swim of the year, a long-standing tradition in Europe, on the Sant Sebastià beach. The celebration is mixed with Christmas hats among the hundreds of revellers.

02_01_14 JOAN GUERRERO. Santa Coloma de Gramenet (Barcelonès) | 12:28 h.
JUBILACIÓN. La gran conquista del siglo xx se tambalea. La factura del sistema de jubilaciones se ha duplicado en 10 años. El futuro incierto amenaza a los «nuevos» jubilados.

JOAN GUERRERO. Santa Coloma de Gramenet (Barcelonès) | 12:28 am.
The great achievement of the 20th century is at risk. The cost of public pensions has doubled in 10 years. An uncertain future looms over the 'new' pensioners.

03_01_14 SANTI COGOLLUDO. Barcelona | 20:03 h.
ISLAM. El pakistaní Mudassar Hussein reza en el supermercado donde trabaja. Cataluña, con medio millón de musulmanes, acoge la mayor comunidad de este colectivo de España.

SANTI COGOLLUDO. Barcelona | 08:03 pm.
ISLAM. The Pakistani Mudassar Hussein prays at the supermarket where he works. Catalonia, with half a million Muslims, hosts the largest community in Spain.

04_01_14 FRANCESC MELCION. Barcelona | 18:05 h.
INVERSIONES. Obras para el corredor ferroviario del TGV en la Sagrera. Reiniciadas el pasado mes de marzo, el estreno de la macroestación está previsto para 2019.

FRANCESC MELCION. Barcelona | 06:05 pm.
INVERSIONES. Obras para el corredor ferroviario del TGV en la Sagrera. Reiniciadas el pasado mes de marzo, el estreno de la macroestación está previsto para 2019.

05_01_14 SUSANNA SÁEZ. Igualada (Anoia) | 18:36 h.
NOCHE MÁGICA. Igualada celebra la Cabalgata de Reyes más antigua y genuina de Cataluña (1895): Creu de Sant Jordi 2013 y Fiesta Popular de Interés Nacional.

SUSANNA SÁEZ. Igualada (Anoia) | 06:36 pm.
MAGIC NIGHT. Igualada holds the oldest and most genuine Epiphany parade in Catalonia (1895): Sant Jordi cross 2013 awardee and declared Festa Popular d'Interès Nacional.

CAS

06_01_14 QUIQUE GARCÍA. Barcelona | 12:21 h.
SÍMBOLOS. La estelada y la bandera española rivalizan en Ciutat Meridiana. La Ley de Banderas de 1981 determina un lugar preeminente para la del Estado español en entidades oficiales.

07_01_14 ÀLEX GARCÍA. Barcelona | 18:10 h.
CRISIS. Primer día de las rebajas de invierno en el paseo de Gràcia. Zulma Borba, uruguaya de 70 años, se anuncia en persona. Lleva 12 en España. Busca trabajo. La tasa del paro entre la población inmigrante alcanza ya el 40%.

08_01_14 DANNY CAMINAL. Barcelona | 10:13 h.
EXPIATORIO. Con cerca de 3 millones de visitas al año, la Sagrada Familia bate récords de turistas. En la foto, sobre uno de los puentes que unen las torres del templo.

09_12_14 ANA JIMÉNEZ. Santa Coloma de Gramenet (Barcelonès) | 17:30 h.
POBREZA. Entidades como la Cruz Roja ayudan a completar la dieta de los menores con el proyecto Tekombo'e. 69.000 niños y niñas recibieron becas comedor en 2014.

10_01_14 LAURA GUERRERO. Santa Coloma de Gramenet (Barcelonès | 11:56 h.
MADRES. Ana (97 años) duerme abrazada a su hija María, que desde hace dos años se dedica solo a cuidarla. Es cuando finalmente la hija se convierte en madre y la madre en hija.

11_01_14 JULIO CARBÓ. La Roca Village (Vallès Oriental) | 19:34 h.
'SHOPPING'. El turismo de compras cuenta con un mercado potencial de 15 millones de visitantes. Las 300 plataformas en línea de operadores y operadores turísticos suman 700 millones.

12_01_14 CARLES RIBES. Banyoles (Pla de l'Estany) | 08:41 h.
POPULAR. Dos corredores cerca del lago de Banyoles el domingo por la mañana. La moda del 'running' crece al mismo ritmo que las carreras populares, unas 300 al año.

13_01_14 ALBERT MASIAS. Barcelona | 13:58 h.
ACCIÓN VECINAL. Solares en desuso en el Poblenou ocupados como huertos urbanos por los vecinos y convertidos en punto de encuentro y actividades gracias al rico tejido social del barrio.

14_01_14 MARCEL·LÍ SÀENZ. Sant Boi de Llobregat (Baix Llobregat) | 11:05 h.
SIN RELEVO. Albert Bou Cantarell (80 años) y Albert Bou Samsó (54 años) recogen alcachofas en Cal Coracero. En Sant Boi existen 114 payeses censados y solo 5 siguen en el campo.

15_01_14 CRISTINA CALDERER. Sabadell (Vallès Occidental) | 17:00 h.
SOLIDARIDAD. Los Pallapupas recetan sonrisas. Amina Vitamina y el Doctor Termómetro pasan visita a Isabella (6 años), en tratamiento de quimioterapia en el Hospital Taulí.

16_01_14 PERE TORDERA. Gurb (Osona) | 10:30 h.
DE OFICIO. Joan Badia hijo necesita potes y cubos para ordeñar la treintena de vacas de su masía de Vilanera. La nueva sala de ordeño automatizada está por llegar.

17_01_14 TONI ALBIR. L'Hospitalet de Llobregat (Barcelonès) | 12:20 h.
MAYORES. Pepita (derecha) charla con Rosa en el centro de mayores. Pepita tiene 92 años y es la socia más antigua. La esperanza de vida media de edad en Cataluña es de 82,5 años.

18_01_14 MIQUEL ANGLARILL. Sabadell (Vallès Occidental) | 00:20 h.
'JAM-SESSION'. El saxo Ignasi Morral, la cantante Rocío Angue y, al fondo, el pianista Ernesto Olvera salen a la calle tras entusiasmar al público de Sabadell.

ENG

QUIQUE GARCÍA. Barcelona | 21:21 am.
SYMBOLS. The estelada and the Spanish flag compete in Ciutat Meridiana. The Flags Act 1981 stipulates a preeminent place for the Spanish flag on official buildings.

ÀLEX GARCÍA. Barcelona | 06:10 pm.
CRISIS. First day of the summer sales in Passeig de Gràcia. Zulma Borba, a 70 year-old Uruguayan, advertises herself. She has lived in Spain for 12 years. She is looking for a job. The unemployment rate among immigrants has reached 40%.

DANNY CAMINAL. Barcelona | 10:13 am.
EXPIATORY. With nearly 3 million visits per year, the Sagrada Familia breaks records. Pictured, tourists on one of the bridges connecting the temple towers.

ANA JIMÉNEZ. Santa Coloma de Gramenet (Barcelonès) | 05:30 pm.
POBERTY. Organizations such as the Red Cross are helping to supplement the children's diet with the Tekomboe project. 69,000 children received a food allowance in 2014.

LAURA GUERRERO. Santa Coloma de Gramenet (Barcelonès | 11:56 am.
MOTHERS. Ana (aged 97) sleeps in the arms of her daughter María, who has been her full-time carer for the last 2 years. In the end, mother and daughter change places.

JULIO CARBÓ. La Roca Village (Vallès Oriental) | 07:34 pm.
SHOPPING. Shopping tourism has a potential market of 15 million visitors. The 300 online platforms for tour operators invoice 700 million euros.

CARLES RIBES. Banyoles (Pla de l'Estany) | 08:41 am.
POPULAR. Two runners near Lake Banyoles on Sunday morning. Running fever grows at the same rate as fun runs, about 300 annually.

ALBERT MASIAS. Barcelona | 01:58 pm.
NEIGHBORHOOD ACTION. Disused plots occupied by neighbours to grow vegetables and turn them into a meeting point for activities, thanks to the rich social fabric.

MARCEL·LÍ SÀENZ. Sant Boi de Llobregat (Baix Llobregat) | 11:05 am.
NO SUCCESSOR. Albert Bou Cantarell (aged 80) and Albert Bou Samsó (aged 54) picking artichokes in Cal Coracero. There are 114 farmers listed, and just five still work the land.

CRISTINA CALDERER. Sabadell (Vallès Occidental) | 05:00 pm.
SOLIDARITY. The Pallapupas prescribe smiles. Amina Vitamin and Dr. Thermometer see Isabella (aged 6), in chemotherapy treatment at Taulí Hospital.

PERE TORDERA. Gurb (Osona) | 10:30 am.
SKILLED. Joan Badia junior needs buckets and utensils to milk his thirty-odd cows in his Vilanera farm. The new automated milking room is still to arrive.

TONI ALBIR. L'Hospitalet de Llobregat (Barcelonès) | 12:20 am.
ELDERLY. Pepita (right) having a chat with Rosa in the local 'casal' for the elderly. Pepita is 92 and one of the first members. The average age in Catalonia is 82.5.

MIQUEL ANGLARILL. Sabadell (Vallès Occidental) | 00:20 am.
JAM-SESSION. Sax player Ignasi Morral, singer Rocío Angue and pianist Ernesto Olvera in the background, step out after playing for an enthusiastic audience in Sabadell.

CAS

19_01_14 **DAVID AIROB.** Puig-reig | 15:28 h.
RETORNO AL PASADO. Una joven acaricia unos asnos durante la festividad de la Corrida, celebración con más de 125 años de tradición y ligada a la fiesta de los Tres Tombs.

20_01_14 **JOAN MANUEL BALIELLAS.** Barcelona | 11:25 h.
ENVEJECIMIENTO. Montserrat (88 años) recibe atención en la residencia Immaculada de las Carmelitas de San José. La población mayor de 85 años aumenta a mayor ritmo que la europea.

21_01_14 **JOSEP LOSADA.** Barcelona | 12:00 h.
EL LEGADO FABRIL. Pasaje Manufactures, que conecta las calles Sant Pere Més Alt con Trafalgar, donde la casa-fábrica formaba un todo como modelo industrial.

22_01_14 **INÉS BAUCELLS.** Granollers (Vallès Oriental) | 20:36 h.
VIDA CULTURAL Y ASOCIATIVA. Cataluña cuenta con 7.000 entidades. Fernando y Miriam, de la compañía de danza integrada Liant la Troca, en un ensayo en la Fàbrica Roca Umbert de les Arts, convertida en gran espacio cultural.

23_01_14 **JOAN MONFORT.** Barcelona | 10:06 h.
CATALANA DEL AÑO. La oceanógrafa Josefina Castellví (Barcelona, 1935) fue la primera mujer directora de una base científica en la Antártida. Pionera en un mundo de hombres.

24_01_14 **JORDI V. POU.** Lleida | 09:51 h.
I+D. En el laboratorio del ETSEA de la Universidad de Lleida, Gemma y Daniela investigan cómo desarrollar un cereal transgénico con anticuerpos contra el sida.

25_01_14 **CARMEN SECANELLA.** Barcelona | 12:31 h.
BURROS... En la cabalgata de arrieros y muleros de Sant Antoni, patrón de los animales, los dueños buscan la bendición que hará que sus mascotas crezcan sanas y fuertes.

26_01_14 **AGUSTÍ CARBONELL.** Vaqueira Beret (Val d'Aràn) | 17:21 h.
50 ANIVERSARIO. Dani Moya conduce una máquina fresadora de pistas en la cota 2.000 de la estación de esquí de Baqueira Beret, que abrió por primera vez en 1964.

27_01_14 **VICENS GIMÉNEZ.** Barcelona | 07:39 h.
BARCELONA 7:00 H. Casi un millón de coches circulan a diario por Barcelona, 350.000 de ellos de residentes de la periferia que entran y salen cada día y colapsan las arterias en las horas punta, sobrepasando los límites permitidos de polución.

28_01_14 **CONSUELO BAUTISTA.** Barcelona | 13:20 h.
CONTROLES Y TASAS. Un mantero huye de la Guardia Urbana en el Park Güell. Desde el pasado octubre, turistas y residentes pasan por caja para visitar este recinto.

29_01_14 **JOSEP LAGO.** Barcelona | 13:33 h.
BARCELONA ES GUAPA. Visitantes de la 080 Barcelona Fashion Week Otoño-Invierno entran en el recinto del Born Centre Cultural para ver un desfile.

30_01_14 **PERE PUNTÍ.** Sant Jaume de Frontanyà (Berguedà) | 17:05 h.
ALCALDE PARA TODO. Rubén Lladós, alcalde del pueblo más pequeño de Cataluña (24 habitantes), y Manel Serres arreglan la máquina esparcidora de potasa para evitar heladas.

31_01_14 **ALBERT BERTRAN.** Alella (Maresme) | 08:10 h.
FACCIOSOS Y FOLCLÓRICOS. David Lluch, líder de los Trabucaires del Vi d'Alella, hace gala de su arma. Los trabucaires fueron los bandoleros de los humildes y antiguos héroes en época de crisis económica, ahora reconvertidos en grupo folclórico.

ENG

DAVID AIROB. Puig-reig | 03:28 pm.
BACK TO THE PAST. A girl strokes some donkeys during 'La Corrida', a celebration with more than 125 years of tradition linked to the Tres Tombs festivity.

JOAN MANUEL BALIELLAS. Barcelona | 11:25 am.
AGEING. Montserrat (aged 88) receives care in the Inmaculada de las Carmelitas de San José home for the elderly. The population over 85 is increasing at a faster rate than Europe's.

JOSEP LOSADA. Barcelona | 12:00 am.
THE MANUFACTURING LEGACY. Passatge de les Manufactures, linking Sant Pere Més Alt and Trafalgar, where factory-houses merged to form an industrial model.

INÉS BAUCELLS. Granollers (Vallès Oriental) | 08:36 pm.
CULTURAL AND COMMUNITY LIFE. Catalonia has 7,000 associations. Fernando and Miriam, members of the dance company 'Liant la Troca' during a rehearsal in the former factory Roca Umbert de les Arts, revamped as a large cultural space.

JOAN MONFORT. Barcelona | 10:06 am.
CATALAN OF THE YEAR. Oceanographer Josefina Castellví (Barcelona, 1935), the first female director of a scientific base in Antarctica. A pioneer in a man's world.

JORDI V. POU. Lleida | 09:51 am.
R+D. In the ETSEA lab in the University of Lleida, Gemma and Daniela are doing research for a transgenic cereal containing antibodies against AIDS.

CARMEN SECANELLA. Barcelona | 12:31 am.
DONKEYS... In the parade of horsemen and mules of Sant Antoni, the Patron Saint of animals, pet owners seek a blessing to make their animals thrive.

AGUSTÍ CARBONELL. Vaqueira Beret (Val d'Aràn) | 05:21 pm.
50TH ANNIVERSARY. Dani Moya drives a ratrack machine at an altitude of 2,000 metres at Baqueira Beret ski resort, which first opened in 1964.

VICENS GIMÉNEZ. Barcelona | 07:39 am.
BARCELONA 7:00 AM. Daily road traffic in Barcelona amounts to almost one million cars. 350,000 are commuters who drive into and out of the city every day, blocking arteries in the rush hours and exceeding emission limits.

CONSUELO BAUTISTA. Barcelona | 01:20 pm.
CONTROL & TAXES. A mantero takes flight at the sight of the Guardia Urbana in the Park Güell. Since last October tourists and residents have had to pay an entrance fee.

JOSEP LAGO. Barcelona | 01:33 pm.
BARCELONA IS PRETTY. Visitors of the 080 Barcelona Fashion Week Autumn-Winter entering the Born Cultural Centre for a fashion show.

PERE PUNTÍ. Sant Jaume de Frontanyà (Berguedà) | 05:05 pm.
ALL PURPOSE MAYOR. Rubén Lladós, mayor of the smallest town (24 residents) and Manel Serres are fixing the de-icing potash sprayer machine to avoid frosting.

ALBERT BERTRAN. Alella (Maresme) | 08:10 am.
REBELLIOUS AND FOLKLORIC. David Lluch, leader of the Vi d'Allela trabucaires, shows off his weapon. The trabucaires bandits, humble and ancient heroes in times of crisis, are now transformed into a folk group.

CAS

FEBRUARY > FEBRERO

FEBRERO FUE TRISTE Y VENTOSO. Los árboles se estremecían, arrastraba las nubes, y dejaba días demasiado claros, poco acordes con las malas noticias que, en vez de despejar, se amontonaban como hojas muertas.

No hizo frío. Según las encuestas, lo que más preocupaba a los ciudadanos era el paro, la corrupción y la sanidad. WhatsApp cayó durante cuatro horas, tres días después de que lo adquiriera Facebook y uno antes de que empezara el Mobil World Congress en Barcelona. Se celebraron los premios Gaudí, y en los Goya, David Trueba dijo: "Hay que ir más a Catalunya a decirles que les queremos". Hubo huelgas en TV3, manifestaciones contra los desahucios. El histórico Colmado Quílez estuvo a punto de cerrar por la subida del alquiler, el alcalde lo evitó, y dos bares de mi calle bajaron la persiana porque no eran históricos.

Un día, vi al propietario de una pizzería a la que iba de estudiante. Sentado en el escalón de una sucursal, cerca de la animada plaza de Molina, desfigurado como desfiguran la pobreza o la enfermedad, el hombre se comía un bocadillo. Hay algo peor que ver a un indigente, y es retirar la mirada porque lo has reconocido.

El Barça ganó el partido de ida contra el Manchester, Jordi Évole revolucionó a los tertulianos con un falso documental sobre el 23-F, seguían las rebajas, murieron personas, nacieron otras, se otorgó el Biblioteca Breve, el 14 hubo luna llena.

Florecieron los almendros de Regencós. La inflación bajó dos décimas y se situó a cero. El paseo de Sant Joan y Gal·la Placídia estaban destripados por las obras. La gente se sentaba en las terrazas, las esteladas ondeaban en los balcones, las palomas se cagaban en los peatones y los peatones se cagaban en las palomas, la ropa bailaba en los tendederos, los turistas hacían cola en la Sagrada Familia y los niños chillaban a la hora del patio. Por las noches, pasaba el camión de la basura.

El día 1, el sol salió a las 8.25 h, y el 28, a las 7.51 h. Se ponía cada día un minuto más tarde. Fue San Blas y Santa Escolástica y San Policarpo. Y, como si quisiera acabar pronto (antes que cualquier otro mes), el último fin de semana empezó el Carnaval. Entonces dejó de ser febrero.

LLUCIA RAMIS | Escritora

ENG

FEBRUARY WAS SAD AND WINDY. The trees shivered and the clouds dragged and often left a day that was too bright, hardly appropriate to the bad news which instead of scattering, piled up like dead leaves.

It wasn't cold. In the opinion polls, unemployment, corruption and health were the issues that concerned citizens most. WhatsApp went down for four hours, three days after Facebook purchased it, and before the Mobile World Congress started in Barcelona. The Gaudí Awards were presented, and at the Goya awards, David Trueba said: "We have to go to Catalonia more often and tell them that we love them". There were strikes at TV3, and demonstrations against evictions. The long-established grocers Colmado Quílez was about to close because its rent had gone up, the mayor prevented it, and two bars in my street pulled down their shutters for good because they weren't long-established.

One day I saw the owner of a pizzeria where I used to go as a student. He was sitting on the step of an office, near the bustling Plaça Molina, disfigured in the way that poverty or illness disfigure someone, and eating a sandwich. There is one thing worse than not seeing a homeless person, and that's looking away because you recognize them.

Barça won the first leg against Manchester United, Jordi Évole gave the talk shows something to think about with a fake documentary about the attempted coup of 1981, the sales went on, some people died, others were born, the Biblioteca Breve awards were presented, and there was a full moon on the 14th.

The almonds in Regencós blossomed. Inflation fell by two tenths of a percentage point, and stood at zero. There were roadworks on the Passeig Sant Joan and in Gal·la Placídia. People sat on terraces, estelada flags waved on balconies, pigeons crapped on pedestrians and pedestrians cursed pigeons, clothes danced on washing lines, tourists queued up at the Sagrada Família and children shouted at break time. At night, the garbage truck passed by.

The sun rose at 8.25 on the 1st and at 7.51 on the 28th. It set a minute later each day. There were the feast days of San Blas, St. Scholastica, and St. Polycarp. And as if it wanted to end early (before any other month), Carnival began on the last weekend. And then it was no longer February.

LLUCIA RAMIS | Writer

01_02_14 JORDI COTRINA. Barcelona | 08:30 h.
DERECHOS DE LOS ANIMALES. Dos voluntarios pasean perros de la Protectora del Tibidabo por la carretera de las Aigües. Cataluña prohibió el sacrificio de animales en 2008.

JORDI COTRINA. Barcelona | 08:30 am.
ANIMAL RIGHTS. Two volunteers are walking dogs from the Tibidabo dogs home on the Carretera de les Aigües. Catalunya banned the slaughter of animals in 2008.

02_02_14 JOAN GUERRERO. Santa Coloma de Gramenet (Barcelonès | 12:10 h.
ESPECULACIÓN. La masía de Can Zam, bien cultural de interés local, convive con los edificios del polémico complejo residencial y de ocio Cúbics bajo sospecha de corrupción urbanística en el caso Pretoria, que modificó para siempre el perfil de la ciudad.

JOAN GUERRERO. Santa Coloma de Gramenet (Barcelonès | 12:10 pm.
SPECULATION. The farmhouse of Can Zam, a local heritage site, side by side with controversial residential and leisure complex Cubics, under suspicion for urban planning corruption, which changed the skyline forever.

03_02_14 SANTI COGOLLUDO. Barcelona | 18:37 h.
¿EN FORMA? Ambiente en la sala de fitness del gimnasio DIR de la calle de Tuset. El culto al cuerpo ha derivado en una nueva adicción hasta ahora desconocida: la vigorexia.

SANTI COGOLLUDO. Barcelona | 06:37 pm.
FIT? Atmosphere in the fitness room of the DIR gym in calle Tuset. Body culture has brought about a new previously unknown addiction: bigorexia.

04_02_14 FRANCESC MELCION. Barcelona | 13:00 h.
PLAZA CULTURAL. La plaza Dels Àngels es un foco de reunión privilegiado entre museos, cultura urbana, diseño y diversidad, flanqueado por el MACBA, el FAD y el CCCB.

FRANCESC MELCION. Barcelona | 01:00 pm.
CULTURAL SQUARE. Plaça dels Àngels is a priviledged meeting place, surrounded by museums, urban culture, design and diversity, it is flanked by the MACBA, FAD and CCCB.

05_02_14 SUSANNA SÁEZ. Igualada (Anoia) | 15:30 h.
PATRIMONIO. Curtidos Magí Puig, fundada en 1889. Uno de los tres trabajadores, Jordi Puig, descuelga las pieles ya secas, un oficio que se remonta a plena Edad Media.

SUSANNA SÁEZ. Igualada (Anoia) | 03:30 pm.
HERITAGE. Leathers Magi Puig, founded in 1889. One of the three workers, Jordi Puig, is taking down the dry skins, a trade which dates back to the Middle Ages.

06_02_14 QUIQUE GARCÍA. Terrassa (Vallès Occidental) | 17:00 h.
CRUCE PARA LA HISTORIA. Independència cruza con Catalunya como cuando dos ríos confluyen para formar uno solo en este cruce de calles tan simbólico.

QUIQUE GARCÍA. Terrassa (Vallès Occidental) | 05:00 pm.
HISTORIC CROSSROADS. Independència intersects with Catalunya just like two rivers converging at such a symbolic intersection.

CAS

07_02_14 **ÀLEX GARCIA.** Cornellà de Llobregat | 17:43 h.
SECTOR A LA BAJA. La crisis de las salas de cine parece imparable. En la foto, primera sesión del estreno de Lego en los Cines FULL del Centro Comercial Splau.

08_02_14 **DANNY CAMINAL.** Barcelona | 11:07 h.
ENCANTES VIEJOS. El pasillo central del renovado mercado está abarrotado. 100.000 personas pasan durante la semana bajo el nuevo y brillante techo de 25 metros de altura.

09_02_14 **INÉS BAUCELLS.** Barcelona | 15:08 h.
ARRIBA. Julieta, la enxaneta de los Castellers de la Sagrada Família, sube al balcón del Ayuntamiento. Los *castells* son patrimonio cultural inmaterial de la humanidad por la Unesco.

10_02_14 **LAURA GUERRERO.** Barcelona | 11:00 h.
BUSCARSE LA VIDA. Burbujas de jabón a cambio de unas monedas en la plaza de Catalunya. En Barcelona, el espíritu de supervivencia idea nuevas formas de mendigar por las calles.

11_02_14 **DAVID AIROB.** Barcelona | 20:07 h.
CULTOS. Tres devotas de la Virgen de Lourdes rezan en el claustro de la Catedral. En Cataluña conviven 13 religiones, con mayoría de la católica, seguida de la evangélica y la islámica.

12_02_14 **CARLES RIBAS.** Barcelona | 18:30 h.
NUEVAS COSTUMBRES. Yu, camarera del restaurante Visual en la Torre Catalunya, prepara las mesas para cenar siguiendo, claro está, el horario europeo. Barcelona sigue batiendo récords con 7,5 millones de turistas y se acomoda a sus nuevos visitantes.

13_02_14 **ALBERT MASIAS.** Barcelona | 11:00 h.
FRENTE LITORAL REGENERADO. Mañana de sol invernal en el paseo Marítim de Barcelona. La Vila Olímpica es uno de los grandes ejemplos de regeneración urbana.

14_02_14 **MARCEL·LÍ SÀENZ.** Sant Pere de Ribes (Garraf) | 17:48 h.
VOLVER A LOS ORÍGENES. Ricard Huguet trabaja el huerto de su finca de Les Casetes d'en Portacreu, recuperando la tracción animal y enseñando a Negre, un caballo pirenaico catalán. El interés por las costumbres tradicionales crece por motivos económicos y medioambientales.

15_02_14 **MIQUEL ANGLARILL.** Calaf (Anoia) | 11:42 h.
TRADICIÓN Y DIVERSIDAD. El Mercado de Calaf sigue llenando de colores y olores el Raval de Sant Jaume con variedad de puestos como cada sábado desde 1226.

16_02_14 **PERE TORDERA.** Sabadell (Vallès Occidental) | 11:40 h.
DEPORTE DE MASAS. El equipo alevín de Manlleu se prepara para salir a jugar contra el CE Sabadell. Se calcula que 300 millones de personas juegan a fútbol en el mundo.

17_02_14 **TONI ALBIR.** Viladecans (Baix Llobregat) | 09:48 h.
TRILINGÜISMO. Víctor (izquierda) y Bilal (derecha), alumnos de 1º de ESO del INS Miramar, en clase de inglés. Los universitarios deben acredtar el nivel B2 en Cataluña.

18_02_14 **JULIO CARBÓ.** L'Hospitalet de l'Infant (Baix Camp) | 11:51 h.
ENERGÍA NUCLEAR. Vandellòs II es la tercera central nuclear de Cataluña y la octava del Estado español. Cuenta con un par de incidentes en su historial: en 2005 y en 2012.

19_02_14 **CRISTINA CALDERER.** Barcelona | 11:20 h.
AVANCES. La luz es la base de nuevas tecnologías en salud, renovables, información... e instrumentos musicales, como el arpa láser, diseñada por el Dr. Jordi Andilla, del ICFO.

ENG

ÀLEX GARCIA. Cornellà de Llobregat | 05:43 pm.
SECTOR IN RECESION. The crisis in the cinemas seems unstoppable. In the picture, the first show on the opening day of Lego in the FULL Cinemas at the Splau Shopping Center.

DANNY CAMINAL. Barcelona | 11:07 am.
OLD FLEA MARKET. The central hall of Mercat Fira de Bellcaire is crowded. During the week, up to 100 thousand people walk under the new shiny 25-metre-high roof.

INÉS BAUCELLS. Barcelona | 03:08 pm.
UP. The enxaneta Julieta of the Sagrada Familia castellers climbs up to the balcony of City Hall. The castells are UNESCO Intangible World Heritage.

LAURA GUERRERO. Barcelona | 11:00 am.
FENDING FOR HERSELF. Soap bubbles in exchange for some change in Catalunya square. In Barcelona, the survival spirit engenders new forms of street begging.

DAVID AIROB. Barcelona | 08:07 pm.
CULTS. Three devotees of the Virgin of Lourdes pray in the cloister of the Cathedral. 13 religions coexist in Catalonia with a Catholic majority, followed by Evangelicals and Muslims.

CARLES RIBAS. Barcelona | 06:30 pm.
NEW CUSTOMS. Yu, a waitress at Visual restaurant in Torre Catalunya, is setting up the tables for dinner, according to European hours. Barcelona is making an effort to accommodate its record-breaking 7.5 million visitors.

ALBERT MASIAS. Barcelona | 11:00 am.
REGENERATED WATER FRONT. A wintry sunny morning on the Passeig Marítim in Barcelona. The Vila Olímpica is one of the great examples of urban regeneration.

MARCEL·LÍ SÀENZ. Sant Pere de Ribes (Garraf) | 05:48 pm.
BACK TO THE ROOTS. Ricard Huguet is tending to the vegetable garden of his estate in Les Casetes d'en Portacreu, recovering animal traction and training Negre, a Pyrenean Catalan horse. Interest is growing for economic and environmental reasons.

MIQUEL ANGLARILL. Calaf (Anoia) | 12:42 am.
TRADITION AND DIVERSITY. The Market in Calaf still fills the Raval de Sant Jaume with colours and flavours with a variety of stalls, as on every Saturday since 1226.

PERE TORDERA. Sabadell (Vallès Occidental) | 11:40 am.
MASS SPORT. The Manlleu youth team prepares to go out and play against CE Sabadell. It is estimated that 300 million people in the world play soccer.

TONI ALBIR. Viladecans (Baix Llobregat) | 09:48 am.
TRILINGUAL. Victor (left) and Bilal (right), first year ESO students at the INS Miramar high school in the English class. Graduates in Catalonia are expected to achieve level B2.

JULIO CARBÓ. L'Hospitalet de l'Infant (Baix Camp) | 11:51 am.
NUCLEAR ENERGY. Vandellós II is the third nuclear plant in Catalonia and the eighth in Spain. It has had a couple of incidents in its history: in 2005 and in 2012.

CRISTINA CALDERER. Barcelona | 11:20 am.
ADVANCES. Light is the basis of new technologies in health, renewables, information... and musical instruments such as the laser harp, designed by Dr. Jordi Arilla, of the ICFO.

CAS

20_02_14 JOAN MANUEL BALIELLAS. Barcelona | 11:17 h.
MAGIATERAPIA. Anoar el Aadmi, ingresado en el Hospital Materno-Infantil de Vall d'Hebron, recibe de Joana e Ismael (Sonrisas sin Fronteras) una terapia singular. Los derechos de los niños hospitalizados están regulados por el Parlamento Europeo.

ANTE TODO, REPORTEROS. A Bali –así le conocen en la profesión– le extirparon un pulmón enfermo de cáncer el 12 de febrero. Ocho días después, ya en planta, pidió la cámara a su mujer Anna para hacer la foto sentado en silla de ruedas y cumplir con su trabajo.

21_02_14 JOSEP LOSADA. Barcelona | 13:30 h.
OBRAS. Las obras en el tramo de la Diagonal llenan de obstáculos la vía pública. Las de Glòries, ronda del Mig, Balmes y paseo de Gràcia complican la movilidad.

22_02_14 ANA JIMÉNEZ. Mataró (Maresme) | 11:15 h.
ACOGIDA. Cataluña cuenta con 1.634 plazas concertadas en centros de acogida. En el de Can Soleret, gestionado por la Cruz Roja, viven personas con dificultades para pagar una vivienda.

23_02_14 JOAN MONFORT. Vallvidrera (Barcelonès) | 17:57 h.
CONTRA EL VIH. Los doctores B. Clotet (en la foto con Uma), J. M. Gatell y C. Brander dirigen el HIVACAT, que tiene muy avanzada una vacuna terapéutica del sida.

24_02_14 JOSEP LAGO. Barcelona | 10:14 h.
'ON LINE'. Visitantes el primer día del Mobile World Congress, en Barcelona desde 2006 y con un impacto económico de 2.500.000 euros desde su llegada a la ciudad.

25_02_14 CARMEN SECANELLA. Barcelona | 12:46 h - 16-17 h.
CARA Y CRUZ. Marc Forner (35 años) trabaja en el sector de la metalurgia, con 250.000 operarios. Marc Balust (38 años) es director de la Unidad de Consultoría de Indra en Telecom.

25_02_14 AGUSTÍ CARBONELL. Cap de Creus (Alt Empordà) | 07:39 h.
«EL SURREALISMO SOY YO». Esta roca en la cala Culleró del cabo de Creus inspiró el famoso cuadro El gran masturbador del pintor universal ampurdanés Salvador Dalí, afincado en Cadaqués, y que se exhibe en el Reina Sofía.

27_02_14 VICENS GIMÉNEZ. Barcelona | 07:07 h.
MONTJUÏC 7:00 H. Fachada marítima desde el Mirador de l'Alcalde de Montjuïc. La transformación urbana ha sido imparable desde los Juegos Olímpicos de 1992 y el Fórum de las Culturas 2004.

28_02_14 CONSUELO BAUTISTA. Barcelona | 15:48 h.
LA CASA DE LA CIUDAD. Una brigada limpia el Salón de la Reina Regente, donde se celebran los plenos del Ayuntamiento de Barcelona, tras una sesión del gobierno de la ciudad.

ENG

JOAN MANUEL BALIELLAS. Barcelona | 11:17 am.
MAGICTHERAPY. Anoar el Aadmi, admitted to the Maternal and Child Hospital Vall d'Hebron, is receiving singular therapy from Joana and Ismael ('Somriure sense Fronteres'). The rights of hospitalized children are regulated by the EP.

ABOVE ALL REPORTERS. Bali -as he is known in the profession- had a lung removed as a result of cancer on 12th February. Back on the main ward eight days later, he asked his wife Anna for the camera to take the picture in a wheelchair and do his job.

JOSEP LOSADA. Barcelona | 01:30 pm.
WORKS. Works on central section of the Diagonal fill the street with obstacles. The works on Glories, Ronda del Mig, Balmes and Passeig de Gràcia complicate mobility.

ANA JIMÉNEZ. Mataró (Maresme) | 11:15 am.
HOST. Catalonia has 1,634 places in public shelters. People struggling to pay for a home can live in Can Soleret, run by the Red Cross.

JOAN MONFORT. Vallvidrera (Barcelonès) | 05:57 pm.
AGAINST HIV. Drs. B. Clotet (in the picture with Uma), J.M. Gatell and C. Brander are in charge of HIVACAT. Their work on a therapeutic vaccine for AIDS is in its last stages.

JOSEP LAGO. Barcelona | 10:14 am.
ON LINE. Visitors on the first day of the Mobile World Congress, held in Barcelona since 2006 and with an economic impact of 2,500 euros since its arrival in the city.

CARMEN SECANELLA. Barcelona | 00:46 h - 04-17 pm.
HEADS AND TAILS. Marc Forner (aged 35) works in the metallurgy sector, which has 250,000 workers. Marc Balust (aged 38) is director of the Indra Consulting Unit in Telecom.

AGUSTÍ CARBONELL. Cap de Creus (Alt Empordà) | 07:39 am.
«SURREALISM IS ME».This rock on the Culleró cove of Cap de Creus inspired the famous painting currently displayed at Reina Sofía The great masturbator by the universal painter from Empordà Salvador Dalí, who lived in Cadaqués.

VICENS GIMÉNEZ. Barcelona | 07:07 am.
MONTJUÏC 7:00 AM. Coastline from the Mirador de l'Alcalde on Montjuïc. Urban transformation has been unstoppable since JJ.OO Barcelona '92 and the 2004 Forum of Cultures.

CONSUELO BAUTISTA. Barcelona | 03:48 pm.
THE CITY HALL. A brigade cleans the Saló de la Reina Regent, where the Barcelona City Council plenaries are celebrated, after a meeting of the city government.

CAS

EL OJO CENTRIFUGA. EL OJO LIMPIA. Interpreta la luz a través de las formas y las formas a través de la luz.

El ojo es política e historia, anécdota y categoría. Si hay sombras, las transforma en límites de claridad y descubre formas que, a primera vista, no existían.

Dentro del ojo, la realidad es implacable, tierna, estética, inapelable, notarial, cómica, funeral o grotesca.

El ojo no se cansa, incluso cuando padece vista cansada. Sigue interviniendo en la capacidad acumulativa de imágenes que, poco a poco, se sedimentan en conocimiento. Para simplificar las cosas, esto lo llamamos vida, y en el abismo o el contraste existente entre la perspectiva y el detalle debe de haber secretos insondables.

Silueta o nube, beso o grafito, fiesta o memoria. Ordena los treinta y un días del mes de marzo de la forma que quieras y el resultado siempre parece el mismo, pese al calendario.

La fotografía es un arte artificial y un oficio real. En la vida de verdad, nada se detiene y todo fluye. La grandeza o la miseria de la fotografía radica en cazar el instante y servirlo fuera de contexto. Pero cuidado: esta operación de extracción de la corriente continua nos da una información valiosa y precisa de una realidad que sería demasiado difícil de alcanzar (igual que una gota de sangre nos informa, con una precisión científica, del estado de salud de un organismo monstruosamente mayor). Esta realidad recortada constituye una parte de la actualidad.

Los fotógrafos son una especie de médicos visuales que detectan síntomas y enfermedades, pero también emociones que, situadas dentro de la corriente que fluye de forma incesante, pasarían desapercibidas. A veces la realidad, incluso la más trágica, está a la altura de la intención del fotógrafo, y a veces el fotógrafo no logra estar a la altura de la intención de una realidad que busca ser elegida y convertida en un instante estático y, con un poco de suerte, memorable.

SERGI PÀMIES | Escritor

ENG

THE EYE CENTRIFUGES. THE EYE CLEANS. It interprets light through forms and forms through light.

The eye is politics and history, anecdote and category. If there are shadows, it transforms them into boundaries of light, and reveals forms that did not at first sight exist.

Within the eye, reality is relentless, tender, aesthetic, final, notarial, comic, funeral or grotesque.

The eye never tires, even when it suffers from eye strain. It carries on its work of accumulating images that gradually settle into knowledge. To simplify things, what we call life, and in the abyss or the contrast between perspective and detail, there must be some unfathomable secrets.

A silhouette or cloud, a kiss or graffiti, a party or a memory. Arrange the thirty-one days of March into the order you want and the result always looks the same, whatever the calendar says.

Photography is an artificial art and a real craft. In real life, everything flows and nothing stands still. The greatness and poverty of photography lies in snatching a moment and using it out of context. But think about it: this continuous extraction from the humdrum gives us valuable and precise information about a reality which would be too difficult to cover (in the same way as a drop of blood tells us, with scientific precision, about the state of health of a monstrously larger body). This cut-out reality is a part of the present.

Photographs are a kind of visual image that detect symptoms and illnesses, as well as emotions, situated within the incessantly flowing current, that go unnoticed. Sometimes reality, and even the most tragic reality, measures up to the photographer's intention, and sometimes the photographer fails to measure up to the intention of a reality that wants to be selected and turned into a static snapshot that is, with a little luck, memorable.

SERGI PÀMIES | Writer

01_03_14 **JORDI COTRINA.** Barcelona | 18:50 h.
EL REY DE LA LIBERTAD. El rey del Carnaval viste los siete colores del arco iris, tantos como embajadores tiene. Calicut de Malaba es su enviado a las fiestas de Sarrià.

02_03_14 **FRANCESC MELCION.** Barcelona | 11:00 h.
ESPERANDO LA CUARESMA. Las rúas de niños disfrazados llenan la ciudad. Son días de diversión, con comparsas y excesos gastronómicos antes del ayuno.

03_03_14 **SANTI COGOLLUDO.** San Cugat (Vallès Occidental) | 12:48 h.
DULCE FIESTA. Romería de Sant Medir a la ermita del santo, situada en la sierra de Collserola. La orquestina abre camino hacia misa después de lanzar dulces y caramelos.

04_03_14 **LAURA GUERRERO.** Barcelona | 17:13 h.
DE AMOR Y DESAMOR. Una pareja se besa en la plaza de la Universitat. Detrás de ellos, hay quien ahoga las penas con la cabeza gacha. La crisis ha aumentado en un 19% los casos de depresión en España. 350 millones de personas en el mundo la padecen.

05_03_14 **SUSANNA SÁEZ.** Castellfollit del Boix (Bages) | 12:10 h.
RENOVABLES. Kenneth Molas rueda por el parque eólico de la sierra de Rubió. Hoy es el Día Mundial de la Eficiencia Energética, fecha para reflexionar después de la desinversión por la interrupción repentina de la retribución especial al sector.

06_03_14 **QUIQUE GARCÍA.** Cerdanyola del Vallès (Vallès Occidental) | 20:41 h.
"POR UNA CATALUÑA MEJOR". Una trabajadora de Seat espera el autobús de empresa en Cerdanyola del Vallès junto a una gran estelada reivindicativa.

JORDI COTRINA. Barcelona | 06:50 pm.
KING OF FREEDOM. The Carnival king wears the seven colours of the rainbow, the number of his ambassadors. Calicut of Malaba is his envoy at Sarria's fiestas.

FRANCESC MELCION. Barcelona | 11:00 h.
AWAITING LENT. The parades with dressed-up children fill the city. These are days of fun parades and gastronomic excesses before fasting.

SANTI COGOLLUDO. San Cugat (Vallès Occidental) | 12:48 am.
SWEET PARTY. Sant Medir pilgrimage at the Saint's Chapel in the Collserola hills. The small orchestra heads for Mass after throwing sweets and candies.

LAURA GUERRERO. Barcelona | 05:13 pm.
LOVE AND SORROW. A couple are kissing in the Universitat Square. Behind them, someone else, head down, drowns his sorrows. The crisis has increased the rates of depression in Spain by 19%. 350 million suffer from it worldwide.

SUSANNA SÁEZ. Castellfollit del Boix (Bages) | 12:10 am.
RENEWABLES. Kenneth Molas is cycling around the wind farm of Serra de Rubió. Today is World Energy Efficiency Day, a time for reflection after the disinvestment due to the sudden cuts in the sector.

QUIQUE GARCÍA. Cerdanyola del Vallès (Vallès Occidental) | 08:41 pm.
"FOR A BETTER CATALONIA". A Seat worker waiting for the bus in Cerdanyola del Vallès beside a large separatist flag.

CAS

07_03_14 ÀLEX GARCIA. Barcelona | 09:33 h.
DESAHUCIOS. Cataluña encabeza el ranking. Janet, ecuatoriana y madre de tres hijos, espera en su piso de Ciutat Meridiana la llegada de la comitiva judicial.

08_03_14 DANNY CAMINAL. Barcelona | 19:29 h.
CONTRA LA VIOLENCIA DE GÉNERO. El grupo de expresión corporal Dones de Blanc nació hace 10 años para denunciar la violencia machista. Actúa con Dones en Llibertat. Cada año mueren asesinadas en Cataluña una decena de mujeres.

09_03_14 ANA JIMÉNEZ. L'Hospitalet de Llobregat | 17:50 h.
20 AÑOS DE MANGA. Visitantes del Japan Weekend, que se celebra desde 2008 bajo el paraguas del Salón del Manga en La Farga de L'Hospitalet.

10_03_14 JOAN GUERRERO. Santa Coloma de Gramenet | 11:26 h.
RESCATE DESIGUAL. Cinco años y 100.000 millones de ayudas públicas a la banca después dejan desigualdades. Una mujer con su herramienta de trabajo frente a una entidad bancaria.

11_03_14 JULIO CARBÓ. Barcelona | 11:26 h.
HEMICICLO SOBERANISTA. Armario con el conjunto de llaves de la mayordomía del Parlament de Cataluña. De los 135 parlamentarios electos, 87 son soberanistas.

12_03_14 CARLES RIBAS. Barcelona | 10:28 h.
POR MISERICORDIA. Mendigos esperan a feligreses y turistas para hacerse con un jornal en la Catedral. Unas 3.000 personas viven en la calle o en viviendas indignas en Barcelona.

13_03_14 ALBERT MASIAS. Massís del Montgrí (Baix Empordà) | 13:00 h.
IMAGINARIO. El macizo del Montgrí separa el Alt del Baix Empordà, y su castillo es el anillo de la mano de un obispo estirado y petrificado, con las manos sobre la barriga, dice la leyenda.

14_03_14 MARCEL·LÍ SÀENZ. Aitona (Segrià) | 11:00 h.
PRODUCCIÓN RÉCORD. Melocotoneros en flor en Aitona esperando la recolección en el mes de julio. Cataluña ha logrado pasar por delante de las exportaciones de Italia y Francia.

15_03_14 MIQUEL ANGLARILL. Cerdanyola del Vallès (Vallès Occidental) | 19:12 h.
RESIDUOS. Vertedero detrás del recinto del cementerio y la iglesia vieja de Sant Martí. Cerdanyola es una de las localidades más castigadas, con 17 vertederos.

16_03_14 PERE TORDERA. Vic (Osona) | 08:00 h.
VIDA CONTEMPLATIVA. Hacia misa de ocho en la iglesia del convento de Santa Teresa, una de las cuatro congregaciones de vida contemplativa de la diócesis de Vic.

17_03_14 TONI ALBIR. Barcelona | 14:00 h.
ALMAS EN LES CORTS. Incapaces de viajar a la velocidad de los aviones, permanecen en el cementerio. Para los terrenales, solo la pérdida temporal del alma provoca jet lag, decía Cortázar.

18_03_14 DAVID AIROB. Barcelona | 14:38 h.
EL ALCALDE DE LA CAPITAL. Invitados a un encuentro con Xavier Trias esperan su llegada en el vestíbulo del Hotel Palace. Trias agota legislatura en mayo de 2015.

19_03_14 CRISTINA CALDERER. Barcelona | 11:58 h.
MILAGROS Y CIENCIA. Anna Maria nació el 2 de marzo a las 25 semanas de gestación en el Hospital de Sant Joan de Déu. Su madre, Alba, no se separa de ella.

ENG

ÀLEX GARCIA. Barcelona | 09:33 am.
EVICTIONS. Catalonia leads the ranking. Janet, Ecuadorian and mother of three, awaiting the arrival of the judicial delegation in her apartment in Ciutat Meridiana.

DANNY CAMINAL. Barcelona | 07:29 pm.
AGAINST GENDER VIOLENCE. The body language group Dones de Blanc was born 10 years ago to denounce gender violence. They are performing 'Dones en Llibertat'. Each year about 10 women are murdered in Catalonia.

ANA JIMÉNEZ. L'Hospitalet de Llobregat | 05:50 pm.
20 YEARS OF MANGA. Visitors at the Japan Weekend held since 2008 as part of the Saló del Manga at La Farga in L'Hospitalet.

JOAN GUERRERO. Santa Coloma de Gramenet | 11:26 am.
UNEQUAL BAILOUT. 5 years and 100 billion euros of bail-out money leave inequalities. A woman with her tool outside a bank.

JULIO CARBÓ. Barcelona | 11:26 am.
PRO-SOVEREIGNTY PARLAMENT. Key cabinet of the stewardship of the Parlament de Catalunya. 87 of the 135 elected MPs are pro-independence.

CARLES RIBAS. Barcelona | 10:28 am.
FOR MERCY. Beggars wait for parishioners and tourists to help them out at the Cathedral. Some 3,000 people live in the street or unfit homes in Barcelona.

ALBERT MASIAS. Massís del Montgrí (Baix Empordà) | 01:00 pm.
IMAGINARY. Montgrí massif separates the Alt and Baix Empordà. The castle is the ring on a bishop's hand, lying petrified, hands on belly, the legend goes.

MARCEL·LÍ SÀENZ. Aitona (Segrià) | 11:00 am.
RECORD PRODUCTION. Peach blossoms in Aitona awaiting collection in July. Catalonia has managed to move ahead of Italian and French exports.

MIQUEL ANGLARILL. Cerdanyola del Vallès (Vallès Occidental) | 07:12 pm.
WASTE. Landfill behind cemetery grounds and the old church of Sant Martí. Cerdanyola is one of the hardest hit areas with 17 landfills.

PERE TORDERA. Vic (Osona) | 08:00 am.
CONTEMPLATIVE LIFE. On her way to eight o'clock Mass at the church of the convent of Santa Teresa, one of the four congregations of contemplative life in the Vic Diocese.

TONI ALBIR. Barcelona | 02:00 pm.
LES CORTS SOULS. Unable to travel at the speed of aircraft they remain in the cemetery. For earthly beings only the temporary los of the soul causes jet lag, said Cortázar.

DAVID AIROB. Barcelona | 02:38 pm.
MAYOR OF THE CAPITAL. Guests waiting for Xavier Trias in the lobby of the Hotel Palace. Trias ends his term in May 2015.

CRISTINA CALDERER. Barcelona | 11:58 am.
MIRACLE AND SCIENCE. Anna Maria was born in the hospital of Sant Joan de Déu on 2 March after 25 weeks gestation. Her mother, Alba, will not let go of her.

CAS

20_03_14 **JOAN MANUEL BALIELLAS.** Barcelona | 17:48 h.
SOBRE LA COLINA. Desde el Carmel se abre una ventana a la modernidad con la torre Agbar al fondo, en contraste con el antiguo barrio de chabolas, ahora recuperado.

21_03_14 **JOSEP LOSADA.** Barcelona | 13:40 h.
SELFIE. Turistas en el Mercat de Sant Josep de la Boqueria. Barcelona ha triplicado en 20 años el número de turistas. El considerado mejor mercado de Europa recibe diariamente cerca de 45.000 visitantes, no todos clientes.

22_03_14 **INÉS BAUCELLS.** Moià (Bages) | 14:20 h.
DINOSAURIOS CATALANES. Anna Guiteras, guía de las cuevas prehistóricas del Toll, espera a los visitantes. Son unas de las más ricas de Europa en fauna del Cuaternario.

23_03_14 **JOAN MONFORT.** Sant Cugat (Vallés Occidental) | 13:22 h.
ANIMAL DE CIRCO. Jaume Mateu, más conocido como Tortell Poltrona, lucha con la camisa acabada su función. Es el alma de Payasos sin Fronteras.

24_03_14 **JOSEP LAGO.** Calella de Mar | 12:45 h.
LA VOLTA. Los corredores de la Volta Ciclista a Catalunya, una de las carreras por etapas más antiguas que se celebran en la Península, a su paso por el faro de Calella.

25_03_14 **CARMEN SECANELLA.** Barcelona | 13:24 h.
SABOR MARINERO. Hora de comer en Can Maño de la Barceloneta, antigua casa de comidas de tradición familiar. En el barrio marinero, el tiempo se detiene ajeno a la metrópolis.

26_03_14 **AGUSTÍ CARBONELL.** Faió (Matarranya | 06:47 h.
LOS CATALANES DE LA FRANJA. Los ríos Ebro y Matarraña (derecha) separan a poniente Cataluña de Aragón, un entramado geográfico con la lengua como elemento común.

27_03_14 **VICENS GIMÉNEZ.** Barcelona | 07:49 h.
LITORAL 7:00 H. Inaugurada en el verano de 2009, la plaza del Mar se abre a la playa de Sant Sebastià, la de mayor tradición en la Barceloneta y antiguo punto nudista.

28_03_14 **CONSUELO BAUTISTA.** Barcelona | 20:15 h.
EN EL BALUARTE CATALÁN. En el corazón administrativo de Barcelona, los latidos del día a día impulsan la ciudad. Al fondo, la Generalitat de Cataluña rige la vida de todos los catalanes. A la izquierda, la vida pasa frente al frankfurt Sant Jaume.

29_12_14 **JORDI V. POU.** Alcarràs (Segrià) | 00:05 h.
VUELVE EL SOMATÉN. Patrulla nocturna del Somatén de Alcarràs, primer municipio en organizar patrullas para evitar robos. Disuelto por el Senado español en 1978, fue una organización paramilitar de autoprotección civil típica catalana.

30_03_14 **PERE PUNTÍ.** Butsènit d'Urgell (Noguera) | 17:25 h.
DEPORTE DE RAÍZ. El Butsènit C.A. de la cuarta división catalana no ha podido evitar quedar último del segundo grupo pese a la victoria por 3-1 contra el Vilanova de l'Aguda. En Cataluña existen casi 9.000 clubs y licencias adscritos a diferentes federaciones.

31_03_14 **ALBERT BERTRAN.** Vilafranca del Penedès (Alt Penedès) | 20:17 h.
"FUERZA, EQUILIBRIO, VALOR Y SENTIDO COMÚN". Manel Martín, vicepresidente de los Castellers de Vilafranca, muestra la muñeca y se muerde el cuello de la camisa como cuando levanta un castell.

ENG

JOAN MANUEL BALIELLAS. Barcelona | 05:48 pm.
TOP TO THE HILL. The Carmel is a window onto modernity with the Agbar Tower in the background in contrast to the old slum, now regenerated.

JOSEP LOSADA. Barcelona | 01:40 pm.
SELFIE. Tourists at the Mercat de Sant Josep of Boqueria. Barcelona has tripled the number of tourists in 20 years. The market, deemed the best in Europe, receives about 45,000 visitors daily, not all customers.

INÉS BAUCELLS. Moià (Bages) | 02:20 pm.
CATALAN DINOSAURS. Anna Guiteras, guide at the Toll prehistoric caves, awaits visitors. The site is one of the richest in Europe in Quaternary fauna.

JOAN MONFORT. Sant Cugat (Vallés Occidental) | 01:22 pm.
CIRCUS ANIMAL. Jaume Mateu, better known as Tortell Poltrona, fighting with his shirt after his perfomance. He is the soul of 'Clowns without Borders'.

JOSEP LAGO. Calella de Mar | 00:45 pm.
LA VOLTA. The cyclists of Volta Ciclista a Catalunya, one of the oldest stage races held in the Peninsula, passing by Far de Callella.

CARMEN SECANELLA. Barcelona | 01:24 pm.
MARITIME FLAVOUR. Lunchtime at Can Maño in Barceloneta, a long-established traditional eateries. In the maritime neighbourhood, time stands still oblivious to metropolis.

AGUSTÍ CARBONELL. Faió (Matarranya | 06:47 am.
CATALANS OF LA FRANJA. The Ebro and Matarranya (right) rivers mark Catalonia's border with Aragon - a geographic labyrinth with a common language.

VICENS GIMÉNEZ. Barcelona | 07:49 am.
COAST 7:00 H. Opened in summer 2009, the plaza del Mar opens onto the Sant Sebastià beach, Barceloneta's oldest and most traditional, and a former nudist landmark.

CONSUELO BAUTISTA. Barcelona | 08:15 h.
IN THE CATALAN BASTION. In the administrative heart of Barcelona, the heartbeat of day-to-day life drives the city. In the background the Generalitat de Catalunya rules the lives of all Catalans. On the left, life outside the Sant Jaume bar.

JORDI V. POU. Alcarràs (Segrià) | 00:05 pm.
THE SOMETENT IS BACK. Night patrol of the Sometents of Alcarràs, the first municipality to organize patrols to prevent crime. Dissolved by the Spanish Senate in 1978, it was a local paramilitary organization for civil self protection.

PERE PUNTÍ. Butsènit d'Urgell (Noguera) | 05:25 pm.
GRASSROOT SPORT. Butsènit C. A., a team in the fourth Catalan division, couldn't avoid finishing last in the second group despite beating Vilanova de l'Aguda 3-1. In Catalonia there are nearly 9,000 clubs affiliated to different federations.

ALBERT BERTRAN. Vilafranca del Penedès (Alt Penedès) | 08:17 pm.
"STRENGTH, BALANCE, COURAGE AND RESTRAINT". Manel Martin, vice-president of Castellers of Vilafranca, ties his wrist and bites his shirt collar as if raising the castell.

CAS

ABRIL, CON SUERTE, es el único mes de primavera que nos toca, entre un invierno muy poco heroico, más húmedo que frío, y un verano temprano, agobiante y prolongado. A pesar de su singularidad, de su carácter de especie en extinción, la presencia del día de Sant Jordi en el mes de abril es tan poderosa que parece que sea Sant Jordi en persona el que trae el buen tiempo: hojas verdes, aire tibio y cielo azul, mezclados con chubascos traicioneros. Sea como sea, el 23 de abril es fiesta laica y Barcelona se echa a la calle. En mi infancia, el 23 de abril antes se llamaba Día del Libro, luego fue el Día de Sant Jordi, y en los últimos tiempos, la Diada de Sant Jordi, quizá en un intento de dar a la fiesta una connotación política por analogía. Un intento con resultado marginal, ni siquiera anecdótico. El Día de Sant Jordi, los barceloneses toman la calle porque sí. A los barceloneses les encanta tomar la calle, demostrar su extraordinaria capacidad de movilización. No sé si los catalanes somos una nación, pero no hay duda de que somos un clan. En todas las ciudades del mundo la gente se echa a la calle para protestar. En Barcelona, al contrario: de buen rollo. A favor, no en contra. Si hay que protestar, se sale a favor de ir en contra. Pacífico, alegre y disciplinado, el barcelonés disfruta con las aglomeraciones, como el madrileño se pirra por las colas, verdaderas tertulias kilométricas al aire libre y en fila india. Los barceloneses preferimos hacer piña. El fenómeno atrae cada año a muchos extranjeros. En sus países están saliendo del invierno y aquí ya estamos deambulando y haciendo el vermut en las terrazas de los bares. El clima, la muchedumbre y el júbilo que se respira dejan maravillado al forastero. ¿Todo esto es por los libros? Sí y no. Al fin y al cabo, los libros se pueden comprar cualquier día. Pues si no es por los libros, ¿a dónde va tanta gente? Y el barcelonés esboza una sonrisa condescendiente y responde: “Pero, hombre, ¿que no lo ve? ¡A ninguna parte!”.

EDUARDO MENDOZA | Escritor

01_04_14 JORDI COTRINA. Barcelona | 19:40 h.
MÁS QUE UN CLUB. Señeras y banderas del FC Barcelona ondean en el Camp Nou antes del inicio del partido de la Champions contra el Atlético de Madrid.

02_04_14 JOAN GUERRERO. Barcelona | 11:30 h.
UN NEGOCIO PRÓSPERO. La crisis ha hecho proliferar en un 25% los negocios de compraventa de oro que se anuncian en grandes carteles.

03_04_14 SANTI COGOLLUDO. Tarragona | 13:27 h.
CIUDAD ROMANA. Una pequeña tienda en la bajada de la Misericòrdia. Bajo la mayor parte de los actuales edificios se esconden los restos de la antigua ciudad romana.

04_04_14 FRANCESC MELCION. Barcelona | 19:30 h.
ESPERANDO AVANZAR. Semáforo en la plaza de Catalunya que conecta el casco antiguo con el Eixample de Barcelona y es punto de partida de las principales arterias.

05_04_14 SUSANNA SÁEZ. Castellet i la Gornal (Alt Penedès | 09:17 h.
PRESERVACIÓN. El castillo de Castellet, uno de los 560 centros que la Unesco tiene repartidos en 110 países para la reserva de la biosfera, está dedicado al Mediterráneo.

06_04_14 TONI ALBIR. Barcelona | 13:30 h.
FESTIVAL DE COLORES. Los colores de India dan la bienvenida a la primavera en Barcelona en la fiesta del Holi, organizada por Bollywood Sitare, donde la cordura da paso al desenfreno.

ENG

FORTUNATELY, APRIL IS is the only month of spring we have to cope with, coming between a winter that is not very heroic - more wet than cold - and an early, stifling and prolonged summer. Despite its uniqueness, its status as an endangered species, the presence of Saint George’s day in April is so powerful that it appears that Saint George in person brings the good weather: green leaves, warm air and blue skies, mixed with treacherous squalls. Be that as it may, 23 April is a secular party and Barcelona takes to the street. When I was a boy, 23 April used to be called the Day of the Book, then it was renamed Saint George’s Day, and more recently, St. George’s National Day, perhaps in an attempt to give the festival a political connotation by analogy. An attempt which has had results that are minor - not even superficial. On Saint George’s day, the people of Barcelona take to the streets because they feel like it. The people of Barcelona love taking to the streets, to demonstrate their extraordinary ability to mobilize. I don’t know if we Catalans are a nation, but there is no doubt that we are a clan. People take to the streets in every city in the world to protest. In Barcelona, the opposite is true: the atmosphere is positive. In favour, not against. If we have to protest, we come out in favour of being against something. Peaceful, happy and disciplined, the people of Barcelona enjoy crowds, in the same way as people in Madrid love queues - prolonged open air chats in single file. In Barcelona, we prefer to huddle together. The phenomenon attracts many foreigners every year. They are just leaving the winter behind in their own countries, and here we are, wandering about and having a little something on the terraces of the bars. Foreigners are amazed by the weather, the crowds and the joy that permeate the atmosphere. Is all this because of books? Yes and no. Ultimately, books can be purchased on any day of the year. So, if it’s not about the books, where are all these people going? And the Barcelona resident raises a condescending smile and answers: But don’t you see? Nowhere!

EDUARDO MENDOZA | Writer

JORDI COTRINA. Barcelona | 07:40 pm.
MORE THAN A CLUB. Catalan and FC Barcelona flags flying in the Camp Nou before kick-off of a Champions League match against Atletico Madrid.

JOAN GUERRERO. Barcelona | 11:30 am.
A THRIVING BUSINESS. The number of gold dealers has risen by 25 percent due to the crisis. They advertise with large signs on their shop windows.

SANTI COGOLLUDO. Tarragona | 01:27 pm.
ROMAN CITY. A small shop on Baixada la Misericòrdia. The remains of the old Roman city lie hidden underneath most of the buildings of today.

FRANCESC MELCION. Barcelona | 07:30 pm.
WAITING TO GO FORWARD. Traffic light in plaça Catalunya connecting the old town with the Eixample of Barcelona, the starting point of the main arteries.

SUSANNA SÁEZ. Castellet i la Gornal (Alt Penedès | 09:17 am.
PRESERVATION. Castellet Castle, one of the 560 UNESCO centres on biosphere reserves spread across 110 countries, is dedicated to the Mediterranean.

TONI ALBIR. Barcelona | 01:30 pm.
FESTIVAL OF COLORS. The colors of India welcome spring during the Holi festival organized by Bollywood Sitare, where restraint gives way to frenzy.

CAS

07_04_14 **ÀLEX GARCIA.** Barcelona | 11:30 h.
NO A LOS RECORTES. Aula de trabajo para estudiantes en la Facultad de Física y Química de la UB. Las drásticas medidas de austeridad afectan a becas e investigación.

08_04_14 **DANNY CAMINAL.** Esplugues de Llobregat (Barcelonès) | 17:28 h.
NATALIDAD. Anna da a luz a su segundo hijo, Adriana, con Antonio a su lado, en el Hospital de Sant Joan de Déu. La natalidad sigue sin remontar por quinto año.

09_04_14 **ANA JIMÉNEZ.** Esplugues de Llobregat (Barcelonès) | 17:00 h.
BANCO DE ALIMENTOS. Las colas del reparto de alimentos en la central de la Cruz Roja de Esplugues, donde se atiende a 130 familias, se perpetúan con la crisis.

10_04_14 **LAURA GUERRERO.** Barcelona | 01:04 h.
GRAN METRO. Viaje al pasado en uno de los trenes del primer metro barcelonés entre el tramo Catalunya-Lesseps. La L3 fue inaugurada en 1924 y bautizada como Gran Metro.

11_04_14 **DAVID AIROB.** Barcelona | 15:18 h.
LICEU. Dos violinistas de la Orquestra del Liceu charlan antes del ensayo de la ópera *La leyenda de la ciudad invisible* de *Kitezh y la doncella Fevroniya,* de Rimski-Kórsakov.

12_04_14 **CARLES RIBAS.** Barcelona | 22:23 h.
BOOM. La cerveza artesanal plantea nuevas oportunidades de negocio y asociativas. Un grupo de jóvenes de Àgora Cervesera durante la 3ª edición del Barcelona Beer Festival.

13_04_14 **QUIQUE GARCIA.** Collbaix (Bages) | 12:14 h.
DONDE SOPLA EL VIENTO. La renovación de la estelada de Collbaix se ha convertido en una tradición año tras año. La sección de parapente Alioth del Centro Excursionista es la responsable.

14_04_14 **MARCEL·LÍ SÀENZ.** Parc de Montnegre i el Corredor (Maresme i Vallès O.) | 16:45 h.
SALVADAS. Ramon Masnou es el impulsor de la introducción de las vacas de L'Albera, en peligro de extinción, en el Valle de Fuirosos. El toro Felip mantiene al rebaño.

15_04_14 **CRISTINA CALDERER.** Santa Perpètua de Mogoda (Vallès Occ.) | 08:00 h.
DERECHO A HUELGA. Trabajadores de Panrico en su 182 día de huelga, la más larga en cuatro décadas desde la restauración de la democracia. Duró ocho meses.

16_04_14 **PERE TORDERA.** Barcelona | 11:00 h.
DULCE CELESTIAL. En la pastelería Escribà se preparan monas desde hace 60 años por Semana Santa. Los padrinos las regalan a sus ahijados el Domingo de Pascua.

17_04_14 **ALBERT MASIAS.** Verges (Baix Empordà) | 19:30 h.
RITOS ANCESTRALES. La tradición de la Danza de la Muerte de Jueves Santo pervive solo en Verges. Los vestidos se guardan en una casa particular lejos del público, para mantener el misterio.

18_04_14 **JULIO CARBÓ.** Esparraguera (Baix Llobregat) | 11:40 h.
PASIÓN. Un millar de personas hacen posible cada año la Pasión de Esparreguera, 500 encima del escenario. Manel Llopart es Jesucristo en la escena del Sermón de la Montaña.

19_04_14 **MIQUEL ANGLARILL.** Els Prats de Rei (Anoia) | 20:00 h.
TRICENTENARIO. Cal Codina de la Quadra fue el escenario de uno de los episodios de la Guerra de Sucesión en 1711. La batalla retrasó tres años la derrota de 1714.

20_04_14 **JOAN MANUEL BALIELLAS.** Cornellà del Llobregat (Baix Llobregat) | 19:00 h.
ÉXITO. El Pressing Catch combina la teatralidad con una gran preparación física. Spanish Pro Wrestling, dirigida por Axel Salazar, es una de las tres escuelas en España.

ENG

ÀLEX GARCIA. Barcelona | 11:30 am.
NO CUTS. Study room for the students at the Faculty of Physics and Chemistry of the UB. The drastic austerity measures affect university scholarships and research.

DANNY CAMINAL. Esplugues de Llobregat (Barcelonès) | 05:28 pm.
BIRTH. Anna gives birth to her second daughter, Adriana, with Antonio beside her at the Sant Joan de Déu hospital. The birth rate has remained unchanged for five years.

ANA JIMÉNEZ. Esplugues de Llobregat (Barcelonès) | 05:00 pm.
FOOD BANK. Food distribution lines at the Red Cross office in Esplugues, where 130 families are assisted, persist as a result of the crisis.

LAURA GUERRERO. Barcelona | 01:04 am.
GRAN METRO. Trip to the past in one of the first Barcelona Metro trains between Catalunya and Lesseps line. L3 opened in 1924, and was dubbed Grand Metro.

DAVID AIROB. Barcelona | 03:18 pm.
LICEU. Two violinists of the Orquestra del Liceu chat before the rehearsal of Rimsky-Korsakov's opera *The Legend of the Invisible City of Kitezh and the Maiden Fevroniya.*

CARLES RIBAS. Barcelona | 10:23 pm.
BOOM. Craft beer offers new business and partnership opportunities. A group of young Agora Cervesera members during the 3rd Barcelona Beer Festival.

QUIQUE GARCIA. Collbaix (Bages) | 12:14 am.
WHERE THE WIND BLOWS. Renewing the Collbaix pro-independence flag is an annual tradition. The paragliding section of the Alioth sports club is behind the event.

MARCEL·LÍ SÀENZ. Parc de Montnegre i el Corredor (Maresme i Vallès O.) | 04:45 pm.
SAVES. Ramon Masnou has introduced endangered Albera cows into the Valley of Fuirosos. The bull Felip keeps order in the herd.

CRISTINA CALDERER. Santa Perpètua de Mogoda (Vallès Occ.) | 08:00 am.
RIGHT TO STRIKE. Workers of Panrico on their 182nd day of strike, the longest in four decades since the restoration of democracy. It lasted 8 months.

PERE TORDERA. Barcelona | 11:00 am.
HEAVENLY SWEET. They have prepared Easter 'mones' for 60 years in the Escribà pastry shop. Godparents give them to their godchildren on Easter Sunday.

ALBERT MASIAS. Verges (Baix Empordà) | 07:30 pm.
ANCESTRAL RITES. The traditional Dance of Death of Holy Thursday survives only in Verges. The costumes are stored in a private home away from the public, thus preserving the mystery.

JULIO CARBÓ. Esparraguera (Baix Llobregat) | 11:40 am.
PASSION. Every year a thousand people make the Passió d'Esparreguera possible, 500 of them on stage. Manel Llopart plays Jesus Christ in the scene of the Sermon on the Mount.

MIQUEL ANGLARILL. Els Prats de Rei (Anoia) | 08:00 pm.
TERCENTENARY. Cal Codina de la Quadra was the battleground of one of the episodes of the War of the Spanish Succession in 1711. The battle delayed the defeat of 1714 for three years.

JOAN MANUEL BALIELLAS. Cornellà del Llobregat (Baix Llobregat) | 07:00 pm.
SUCCES. Pressing combines theatricality with hard physical training. Spanish Pro Wrestling, directed by Axel Salazar, is one of three schools in Spain.

CAS

21_04_14 **JOSEP LOSADA.** Barcelona | 11:17 h.
A PIE DE CALLE. Badalona celebra las Caramelles a Baix Mar con cantos y bailes tradicionales el Lunes de Pascua, recorriendo calles y llenando el cesto de alimentos.

22_04_14 **INÉS BAUCELLS.** Sant Boi de Llobregat (Baix lobregat) | 13:32 h.
LA ROSA. Trajín de rosas en Mercabana-Flor para los preparativos del día de Sant Jordi. En Cataluña se comercializaron 6 millones de rosas en 2014.

23_04_14 **JOAN MONFORT.** Esplugues de Llobregat (Baix Llobregat) | 13:19 h.
DÍA AZULGRANA. Manchego ilustre y catalán de honor por adopción, Andrés Iniesta hace honor a su carácter tranquilo leyendo un libro en el sofá de su casa el día de Sant Jordi.

24_04_14 **JOSEP LAGO.** Barcelona | 17:07 h.
EN EL VILLAGE. Ambiente en el Trofeo Conde de Godó de tenis. Helena Rakosnik, esposa del presidente Artur Mas, mira los zapatos del escritor y personaje televisivo Boris Izaguirre.

25_04_14 **VICENS GIMÉNEZ.** Barcelona | 07:00 h.
PUERTO 7:00 H. Barcelona Europe South Terminal, la nueva terminal de contenedores del Puerto de Barcelona, lucha por ser la mejor del Mediterráneo desde su inauguración en 2012.

26_04_14 **AGUSTÍ CARBONELL.** Ribera de Sió (Segarra) | 08:19 h.
EL GRANERO DE CATALUÑA. En el alto Sió, la zona de secano de la ribera de Sió, los campos de trigo y cebada hacen del paisaje un paraje inconfundible en el altiplano central.

27_04_14 **CARMEN SECANELLA.** Barcelona | 13:30 h.
AIRES DE FERIA. Interior de una caseta en el Fòrum. La Feria de Abril es el evento más multitudinario de Cataluña, superando en visitantes el número de habitantes de Barcelona.

28_04_14 **CONSUELO BAUTISTA.** Barcelona | 18:18 h.
LA PEDRERA. Una lona mimética cubre la fachada de la centenaria Casa Milà de Antoni Gaudí, en rehabilitación. La piedra del Penedès recuperará su aspecto en un año.

29_04_14 **JORDI V. POU.** Lleida | 20:54 h.
EX MILITAR. El cuartel General Sanjurjo, con nombre de militar golpista, en estado de deterioro desde que en octubre de 1995 finalizó su actividad.

30_04_14 **PERE PUNTÍ.** Girona | 20:12 h.
EL MEJOR DEL MUNDO. Jordi Roca es felicitado por sus hermanos y compañeros tras recibir en Londres el premio Mejor Chef Pastelero del Mundo, en el Celler de Can Roca.

ENG

JOSEP LOSADA. Barcelona | 11:17 am.
AT STREET LEVEL. Badalona celebrates Caramelles in Baix Mar with traditional singing and dancing on Easter Monday, walking along the streets and filling the basket with food.

INÉS BAUCELLS. Sant Boi de Llobregat (Baix Llobregat) | 01:32 pm.
THE ROSE. Bustle of roses at the Mercabarna-Flor wholesale market in preparation for Sant Jordi's Day. In Catalonia 6 million roses were sold in 2014.

JOAN MONFORT. Esplugues de Llobregat (Baix Llobregat) | 01:19 pm.
BARÇA DIADA. Illustrious Manchego and honorary Catalan: Andrés Iniesta living up to his renowned laid-back character, reading a book on his couch on Sant Jordi's Day.

JOSEP LAGO. Barcelona | 05:07 pm.
AT THE VILLAGE. Good atmosphere at the Trofeo Conde de Godó tennis tournament. Helena Rakosnik, wife of Pres Artur Mas, notes writer and tv celebrity Boris Izaguirre's shoes.

VICENS GIMÉNEZ. Barcelona | 07:00 am.
PORT 7:00 AM. Barcelona Europe South Terminal, the new container terminal of Port of Barcelona, has aimed to be the best in the Mediterranean since its opening in 2012.

AGUSTÍ CARBONELL. Ribera de Sió (Segarra) | 08:19 am.
CATALONIA'S BARN. In Alt Sió, the dryland of Ribera de Sió, wheat and barley fields make the landscape a distinctive feature of the central plateau.

CARMEN SECANELLA. Barcelona | 01:30 pm.
FERIA AIRS. Inside a caseta at the Forum. Feria de Abril is the most popular event in Catalonia and its visitors exceed the number of residents in Barcelona.

CONSUELO BAUTISTA. Barcelona | 06:18 pm.
THE PEDRERA. A giant poster covers the façade of the centennial Casa Milà by Antoni Gaudí, in rehabilitation. The Penedès stone will return to how it was in a year.

JORDI V. POU. Lleida | 08:54 pm.
EX-MILITARY. The General Sanjurjo barracks, named after a coup d'etat leader, have deteriorated since becoming disused in October 1995.

PERE PUNTÍ. Girona | 08:12 pm.
THE BEST IN THE WORLD. In El Celler de Can Roca, Jordi Roca is congratulated by his brothers and teammates after being chosen World's Best Pastry Chef in London.

–¡PUM, PUM, KA, KA, PUM-KA! –dice.

–¡Pum, pum, KA, KA, PUM-KA! –gritamos, golpeando nuestras cachas y pectorales.
Estoy en la clase abierta de un taller de música para niños. He venido aquí engañado por mi mujer, Naranja, quien dijo que solo nos explicarían de qué iba el curso.

Una vez allí, un hombre con sonrisa desencajada, shorts demasiado cortos para un heterosexual no tenista y peinado Elèctrica Dharma nos obliga a participar. Mierda. Cuando en algún espectáculo detecto indicios de interacción con el público, el terror me paraliza y solo quiero escapar.

–¡Pum, pum, KA, KA, PUM-KA! –grita, mientras yo simulo castigar mis muslos con similar enajenación rítmica.

–Pues a mí estas reuniones me gustan –me susurra al oído Naranja, que acaba de sorprenderme jurando denuestos atroces–. Cuando me aburro, desconecto.

–¡Yo también! –le susurro, sin parar de abofetear mis pezones. Aún te diré más: jamás he participado en una maldita reunión del AMPA. Mi cuerpo estaba allí, solo que desdoblado astralmente. ¡Pero aquí puede tocarme en cualquier momento! ¡Es como Auschwitz!

–No será tan terrible –me dice ella–. El resto de la gente se lo está pasando pipa.
En efecto, todo el personal está enfrascado en repetir las impetuosas secuencias rítmicas. Un desdichado incluso se ha visto arrojado a un frenesí de improvisación y está arreándose furiosos cachetes en partes de su cuerpo que no estaban en el programa. El resto de padres se autoaporrean siguiendo una lujuriosa cadencia tribal, todos en su salsa. Todos parecen felices, y yo aquí luchando por no aporrear la cabeza del jipi contra el duro piano.

–¿Por qué siempre eres el raro, Kiko? –cuchichea mi señora.
Bueno: esa es la cruz que acarreo, mujer. Veo a los demás padres bailando el Ai se eu te pego en la función de "Pares amb ritme" y quiero ser como ellos, pero no soy como ellos. Y una tristeza tremenda me inunda en la escuela de música. La vieja tristeza de saber que siempre serás lo que eres, y nada puede cambiarlo.

–¡Pum, pum, KA, KA, PUM-KA! –dice el tipo.

–¡Pum, pum, KA, KA, PUM-KA! –repito yo.

KIKO AMAT | Escritor

ENG

"BOOM, BOOM, KA, KA, BOOM-KA!" he says.

"BOOM, BOOM, KA, KA, BOOM-KA!" we shout, slapping our thighs and chests.
I'm in the open class of a music workshop for children. I've been deceived into coming here by my wife, Naranja, who said they were just going to explain the course to us.

Once we got here, a man with a contorted smile, shorts that are too short for a heterosexual who isn't a tennis player, and an Electric Dharma hairstyle forces us to join in. Shit. When I can see any evidence of interaction with the audience at any performance, I'm paralyzed by terror and I just want to escape.

"BOOM, BOOM, KA, KA, BOOM-KA!" he shouts, while I pretend to punish my thighs with a similar rhythmic disposition.

"Well, I like these meetings," Naranja whispers in my ear, having just surprised me by letting loose some shopping insults. When I get bored, I switch off.

"Me too!" I whisper to her, while continuing to slap my nipples. I'll tell you something else: I've never taken part in a damned meeting of the school parents' association. My body was there, except it was astrally divided. But here he might touch me at any moment! It's like Auschwitz!

"It can't be as terrible as all that," she says. "Everyone else is having a great time."
And indeed, everyone is deeply involved in repeating the energetic rhythmic sequences. One poor soul has even thrown himself into a frenzy of improvisation and is furiously slapping parts of his body that weren't included in the programme. The other parents, who all feel right at home, beat themselves in time to a lewd tribal rhythm. They all seem happy, and here I am struggling not to bang the hippie's head against the hard piano.

"Why you are always the odd one out, Kiko?" whispers my wife.
"Well, that's the cross I have to bear, darling." I see the other parents dancing to "Ai se eu te pego" in the "Parents Got Rhythm" show and I want to be like them, but I'm not like them. And a tremendous sadness fills me in the music school. The old sadness of knowing that you will always be what you are, and nothing can change that.

"BOOM, BOOM, KA, KA, BOOM-KA!" says the guy.

"BOOM, BOOM, KA, KA, BOOM-KA!" I repeat.

KIKO AMAT | Writer

01_05_14 JORDI COTRINA. Miravet (Ribera d'Ebre) | 18:06 h.
EL ÚLTIMO. El paso de barca de Miravet es el último paso sin motor que cruza el río Ebro siguiendo el método ancestral del caudal del agua y conecta con la C-12.

02_05_14 JOAN GUERRERO. Barcelona | 10:34 h.
"YO HAGO LA CALLE". El MNAC conserva el tesoro fotográfico de más de 9.000 imágenes de Joan Colom, pionero y cronista en los sesenta de la vida en el Barrio Chino, ahora Raval.

03_05_14 SANTI COGOLLUDO. Beget (Ripollès) | 17:10 h.
LINAJE. Cuatro generaciones de mujeres descendientes de Josep Duñach, en Feliça, el último alcalde republicano de Beget, posan en el balcón de la casa donde nació y murió.

04_05_14 FRANCESC MELCION. Barcelona | 16:00 h.
NUEVA CIUDADANÍA. Estampa de interculturalidad en el metro. Barcelona ha definido en 2014 un plan para combatir estereotipos y promover la diversidad cultural.

05_05_14 SUSANNA SÁEZ. Montserrat (Anoia, Bages, Baix Llobregat) | 09:45 h.
MONTSERRAT. Turistas llenan de buena mañana la plaza de la Basílica del monasterio, con las montañas de Montserrat al fondo y su topografía tan característica.

JORDI COTRINA. Miravet (Ribera d'Ebre) | 06:06 pm
THE LAST ONE. The motorless barge in Miravet is the last one of its kind. It crosses the Ebro River following the ancient method of water flow, and connects with the C-12.

JOAN GUERRERO. Barcelona | 10:34 am.
"I WORK THE STREET". MNAC preserves the photographic treasure of over 9,000 pictures by Joan Colom. Pioneer and chronicler of life in the red light district in the 60s.

SANTI COGOLLUDO. Beget (Ripollès) | 05:10 pm.
LINEAGE. Four generations of female descendants of Josep Duñach, 'Feliça', the last Republican mayor of Beget, posing on the balcony of his family home.

FRANCESC MELCION. Barcelona | 04:00 pm.
NEW CITIZENSHIP. Image of interculturalism on the Metro. Barcelona outlined a plan to challenge stereotypes and promote cultural diversity in 2014.

SUSANNA SÁEZ. Montserrat (Anoia, Bages, Baix Llobregat) | 09:45 am.
MONTSERRAT. Tourists fill the Basílica Square in Montserrat. In the background, the Montserrat mountains with their unique topography.

CAS

06_05_14 QUIQUE GARCÍA. Vilamacolum (Alt Empordà) | 12:00 h.
REIVINDICACIÓN. En 2013, siete concejales socialistas del Ayuntamiento de Vilamacolum se pasaron en bloque a ERC, en contra de la postura del PSC acerca del proceso soberanista.

07_05_14 ÀLEX GARCIA. Cornellà de Llobregat (Baix Llobregat) | 19:30 h.
CIUDAD SATÉLITE. Un grupo de adolescentes iberoamericanos ensayan un baile con la música de un móvil en el barrio de Sant Ildefons, zona obrera con nuevos inmigrantes.

08_05_14 DANNY CAMINAL. Barcelona | 13:57 h.
GAYS. Adrián y David salen del Registro Civil tras celebrar su boda, legal en España desde 2005. En 2014, Cataluña aprobó la Ley contra la Homofobia.

09_05_14 ANA JIMÉNEZ. Barcelona | 11:00 h.
EDUCACIÓN. En su centenario, la Escola del Bosc sigue fiel a los métodos modernos de enseñanza basados en la experimentación implantados por la pionera Rosa Sensat.

10_05_14 LAURA GUERRERO. Barcelona | 21:22 h.
BESOS SIN PRISAS. Mar reparte besos y ternura a sus hijas Nerea y Cora junto a la Font Màgica de Montjuïc. La OMS define este vínculo como muy saludable.

11_05_14 JORDI V. POU. Lleida | 13:45 h.
CULTURA POPULAR. Los Armats de la Sang levantan a san Anastasio en la procesión que sale de la Catedral hasta la plaza de Sant Joan para la tradicional ofrenda floral.

12_05_14 CARLES RIBAS. Barcelona | 11:28 h.
EUROPA NO CUAJA. Un cartel de la candidatura de Ernest Urtasun (ICV-EUA) en la campaña de las elecciones europeas, que tuvieron una participación del 45,86%.

13_05_14 CRISTINA CALDERER. Barcelona | 12:36 h.
INCLUSIÓN SOCIAL. Un grupo de discapacitados mentales de la residencia Atendis muestra orgulloso el resultado del curso que recibe de NWN Photography (Nos, Why Not?).

14_05_14 MARCEL·LÍ SÀENZ. Vilanova i la Geltrú (Garraf) | 15:10 h.
PESCA. Diez horas faenando: 35 kilos de gambas, 23 de pescado y 1.131,56 € de ingresos brutos, a repartir al 50% entre el patrón y los tres tripulantes de la Toni II, gastos aparte.

15_05_14 ALBERT MASIAS. Barcelona | 20:00 h.
COOPERATIVISMO. El Ateneu Flor de Maig del Poblenou vuelve a ser vivero del cooperativismo catalán, recuperado ahora por los vecinos. Es historia viva del movimiento obrero.

16_12_14 JULIO CARBÓ. Girona | 20:23 h.
TIEMPO DE FLORES. Turistas en el puente de las Peixateries Velles para ver el festival primaveral de Girona. Más de mil voluntarios participan este año en el montaje.

17_05_14 PERE PUNTÍ. Barcelona | 19:54 h.
ESTE AÑO, NO. El Barça pierde la Liga de fútbol. El mejor jugador del mundo, Leo Messi, espera a sus compañeros en la banda, junto a un desolado Tata Martino.

18_05_14 PERE TORDERA. Ripoll (Ripollès) | 10:00 h.
BODA EN EL CAMPO. En la Fiesta de la Lana de Ripoll se escenifican las bodas como en el siglo XVIII, ahora con la boda real entre Jonathan Hass, con sombrero de copa, y Ester.

19_05_14 MIQUEL ANGLARILL. Rubí (Vallès Occidental) | 19:05 h.
TESTIMONIAL. Un pastor y sus 400 corderos en la riera de Rubí. La presión urbanística en el Vallès hace peligrar la red de espacios agrícolas, forestales y fluviales.

ENG

QUIQUE GARCÍA. Vilamacolum (Alt Empordà) | 12:00 am.
CLAIM. In 2003, seven socialist local councillors in Vilamacolum changed sides to ERC in protest against their own party's position regarding Catalan independence.

ÀLEX GARCIA. Cornellà de Llobregat (Baix Llobregat) | 07:30 pm.
SATELLITE TOWN. A group of Latin American teenagers rehearse a dance with music from a mobile phone in Sant Ildefons, working class area with new immigrants.

DANNY CAMINAL. Barcelona | 01:57 pm.
GAY. Adrián and David leaving the Registry after celebrating their marriage, legal in Spain since 2005. In 2014, Catalonia passed the Anti-Homophobia Law.

ANA JIMÉNEZ. Barcelona | 11:00 am.
EDUCATION. In its centenary, the Escola del Bosc remains faithful to modern teaching methods based on experimentation implemented by pioneer Rosa Sensat.

LAURA GUERRERO. Barcelona | 09:22 pm.
UNHURRIED KISSES. Mar bestows kisses and tenderness on her daughters Nerea and Cora beside the Font Màgica in Montjuïc. The WHO defines this bond as very healthy.

JORDI V. POU. Lleida | 01:45 pm.
POPULAR CULTURE. Armats de la Sang lift Sant Anastasi in the procession from the Cathedral to plaça de Sant Joan for the traditional floral tribute.

CARLES RIBAS. Barcelona | 11:28 am.
EUROPE DOESN'T CRYSTALLISE. A poster of Ernest Urtasun's (ICV-EUA) candidacy in the campaign for the European elections, which produced a 45.86% turnout.

CRISTINA CALDERER. Barcelona | 12:36 pm.
SOCIAL INCLUSION. A group of residents of Atendis, a home for the mentally handicapped, proudly show the result of the photography course they took with NWN Photography.

MARCEL·LÍ SÀENZ. Vilanova i la Geltrú (Garraf) | 03:10 pm.
FISHING. Ten hours at sea, 35 kg of shrimp and 23 kg of fish and 1,131.56 € gross profit to split 50-50 between the skipper and the three crew members of the Toni II, after expenses.

ALBERT MASIAS. Barcelona | 08:00 pm.
COOPERATIVES. The Ateneu Flor de Maig of Poblenou, once again a breeding ground of Catalan cooperativism, back in the hands of residents. It is living history of the labour movement.

JULIO CARBÓ. Girona | 08:23 pm.
FLOWER TIME. Tourists on Peixateries Velles bridge to see the Girona spring festival. Over one thousand volunteers participated in the organization.

PERE PUNTÍ. Barcelona | 07:54 pm.
THIS YEAR, NO. Barça loses the league. The world's best player Leo Messi waiting for his teammates beside a devastated 'Tata' Matino.

PERE TORDERA. Ripoll (Ripollès) | 10:00 am.
COUNTRY WEDDING. 18th century weddings are staged at the Festa de la Llana in Ripoll, though this time with the real wedding of Jonathan, in the top hat, and Ester.

MIQUEL ANGLARILL. Rubí (Vallès Occidental) | 07:05 pm.
TESTIMONIAL. A shepherd and his 400 sheep in the Rubí stream. The pressure of urban development in the Vallès area threatens the network of agricultural, forest and river spaces.

CAS

20_05_14 JOAN MANUEL BALIELLAS. Barcelona | 10:40 h.
TATUAJE. La momia neolítica Hombre de Hielo, con 57 tatuajes, da fe de un arte vivo en nuestros días. Joana Catot acaba el tatuaje de Olga en su estudio.

21_05_14 JOSEP LOSADA. L'Hospitalet de Llobregat (Barcelonès) | 13:19 h.
REBELIÓN. Concentración de trabajadores sanitarios contra los recortes en el Hospital de Bellvitge. El cierre de camas en verano derivó en pacientes atrincherados.

22_05_14 INÉS BAUCELLS. Barcelona | 19:12 h.
CASI 600 FUNDACIONES. La Fundación IMO ofrece revisiones gratuitas a niños de entre 4 y 6 años. Bryan ha recibido sus gafas graduadas gratis.

23_05_14 JOAN MONFORT. Barcelona | 13:40 h.
PISANDO FUERTE. Luchadora incansable e icono de la lucha contra los desahucios desde la PAH, Ada Colau presenta ahora su candidatura a la alcaldía de Barcelona.

24_12_14 JOSEP LAGO. Rubí (Vallès Occidental) | 12:36 h.
BOMBEROS. Los bomberos del parque de Rubí cocinan pendientes de la emisora y del teléfono ante una emergencia. En 2009, el cuerpo recibió la medalla de oro de la Generalitat.

25_05_14 CARMEN SECANELLA. Barcelona | 11:40 h.
MULTIREFERÉNDUM. Del 27 de abril al 25 de mayo, se ha celebrado una convocatoria para expresar la voluntad popular pese la prohibición, en un acto de desobediencia civil.

26_05_14 AGUSTÍ CARBONELL. Premià de Mar (Maresme) | 10:32 h.
PLAYA NUEVA. La erosión de la arena de las playas del Maresme a lo largo de sus 52 km hará que Premià estrene playa nueva en una acción de conservación del litoral.

27_05_14 VICENS GIMÉNEZ. Barcelona | 07:04 h.
MERCABARNA 7:00 H. La central mayorista de abastecimiento de alimentos es también consultora de mercados de China y Uruguay. En la foto, el Mercado Central del Pescado.

28_05_14 CONSULEO BAUTISTA. Barcelona | 09:29 h.
AVE. El AVE llegó a Cataluña con ocho años de retraso. Ahora, conecta Barcelona con Girona en 37 minutos, 51 hasta Figueres-Vilafant, a 300 km/h en algunos tramos.

29_05_14 DAVID AIROB. Barcelona | 09:46 h.
CONMEMORACIÓN. Instalación efímera en el Parque de la Ciutadella inspirada en la antigua muralla de Barcelona. El artista de grafitos Sixe interpreta la historia de los hechos de 1714.

30_05_14 TONI ALBIR. L'Hospitalet de Llobregat (Barcelonès) | 09:20 h.
SANIDAD. El tiempo de espera en los centros de atención primara de la sanidad pública aumenta. La doctora Dolors Petitbó pasa consulta en el CAP de la calle de Jacint Verdaguer.

31_05_14 ALBERT BERTRAN. Barcelona | 11:10 h.
FOLCLORE. Cinto de la Vega y Neus Yuste, de Antics Dansaires del Esbart Gaudí, llevan el folclore catalán por todo el mundo. La entidad se mantiene activa desde 1949.

ENG

JOAN MANUEL BALIELLAS. Barcelona | 10:40 am.
TATTOO. The Neolithic mummy Iceman with 57 tattoos is evidence of an art that continues to this day. Joana Catot in her studio putting the finishing touch on Olga's tattoo.

JOSEP LOSADA. L'Hospitalet de Llobregat (Barcelonès) | 01:19 pm.
REBELLION. Demonstration of health workers against cuts at Bellvitge Hospital. Cutbacks on beds in the summer led to crowded wards.

INÉS BAUCELLS. Barcelona | 07:12 pm.
NEARLY 600 FOUNDATIONS. The IMO Foundation offers free eye tests for children aged 4 to 6. Bryan has received his glasses free of charge.

JOAN MONFORT. Barcelona | 01:40 pm.
STANDING STRONG. Tireless fighter and iconic figure in the fight against evictions from the PAH, Ada Colau is currently running for mayor of the city of Barcelona

JOSEP LAGO. Rubí (Vallès Occidental) | 12:36 am.
FIREFIGHTERS. Rubí Park firefighters cook, listening to the radio and for the phone. The department was awarded the Gold Medal of the Generalitat in 2009.

CARMEN SECANELLA. Barcelona | 11:40 am.
MULTIREFERENDUM. Despite a ban, a popular vote was held from April 27 to May 25 to gather the public's opinion, in an action of civil disobedience.

AGUSTÍ CARBONELL. Premià de Mar (Maresme) | 10:32 am.
NEW BEACH. The erosion of the Maresme's sandy beaches along its 52 km allows Premià to open a new beach in a coastal conservation action.

VICENS GIMÉNEZ. Barcelona | 07:04 am.
MERCABARNA 7:00 AM. The wholesale supply food market is also a consultant to markets in countries like China and Uruguay. In the photo, the Central Fish Market.

CONSULEO BAUTISTA. Barcelona | 09:29 am.
AVE. The AVE came to Catalunya 8 years late. Now it connects Barcelona to Girona in 37 minutes and 51 to Figueres-Vilafant, travelling up to 300 km/h in some sections.

DAVID AIROB. Barcelona | 09:46 am.
COMMEMORATION. Temporary installation in the Ciutadella Park inspired by Barcelona's old city walls. Graffiti artist Sixe interprets the historic events of 1714.

TONI ALBIR. L'Hospitalet de Llobregat (Barcelonès) | 09:20 am.
HEALTH. Waiting times at public surgeries are increasing. Dr. Dolors Petitbó seeing a patient in her clinic on calle Verdaguer.

ALBERT BERTRAN. Barcelona | 11:10 am.
FOLKLORE. Cinto de la Vega and Neus Yuste, members of Antics Dansaires Esbart Gaudí, take Catalan folklore around the world. The company has been active since 1949.

SIETE MILLONES Y MEDIO DE HABITANTES, un millón cien mil extranjeros. Trescientas lenguas habladas. Doscientos mil catalanes trabajando o buscando trabajo en el extranjero. Un millón y medio de alumnos y una cuarta parte que no acaba la ESO. Un millón trescientos mil jubilados contra setecientas mil personas paradas. Cinco mil personas sin hogar. ¿Cómo lo haremos?

El sol de junio se esparce pacíficamente por las azoteas decoradas con trencadís y empapadas de turismo. El mismo sol que estalla por encima de las cabezas de aquellos que salen a la calle para alzar la voz y el puño. Es tiempo de segadores que han cambiado la hoz por nuevas banderas, sin dejarla del todo. Este país es una amalgama. La antigua fábrica de España quiere reinventarse, pero deberá hacerlo sin abandonar las tradiciones que han llegado de todas partes. En este rincón de mundo, todos sueñan con ser libres para celebrar un correfoc, una romería o para amar como quieran.

Lo cierto es que todo se mueve deprisa. El territorio se vuelve un paisaje ordenado por líneas de asfalto y torres de alta tensión. Naturaleza domesticada y payeses en extinción. La Cataluña ciudad tiene sed de infraestructuras y enlaza en su trama cada barrio y cada pueblo. De las industrias que habían levantado los abuelos, ya no queda ni la memoria para los nietos. La piel de la ciudad se renueva constantemente con nuevos proyectos, sometida a la continua actividad de las grúas. Y, sin embargo, las grietas urbanas no pueden absorber el desencanto que camina entre la gente. Ni toda la mentira que se proyecta en la pantalla de un televisor, allí donde viven la política lejana y los reyes extemporáneos.

Queda la calle, la cultura y el esfuerzo: crear, innovar, disfrutar, compartir. Quizá soñar un país libre en un mundo cada vez más global y más cercano. En todo caso, sin las caducas utopías de una clase media en declive: el chalé hipotecado y las vacaciones pagadas; ni siquiera la imagen de una plácida jubilación. Las nuevas generaciones están obligadas a cambiarlo todo de nuevo. Todo está a punto de transformarse. ¿Cómo lo haremos?

MARTA ROVIRA MARTÍNEZ | Socióloga

SEVEN AND A HALF MILLION INHABITANTS, with one million one hundred thousand foreigners. Three hundred languages spoken. Two hundred thousand Catalans working or looking for work abroad. A million and a half students, and a quarter of them don't finish secondary school. One million three hundred thousand pensioners, with seven hundred thousand unemployed. Five thousand homeless people. How to deal with it?

The June sun peacefully spreads across the roofs decorated with trencadís mosaics and soaked with tourism. The same sun that breaks out above heads of people who come onto the street to raise their voice and a fist. It's a time for the modern day equivalent of those in the seventeenth century reapers' uprising, who've exchanged their traditional scythes for new flags, without entirely leaving them behind. This country is a melting pot. The old factory of Spain wants to reinvent itself, but it will have to do it without abandoning the traditions that have come from all over the world. In this part of the world, everyone dreamed of being free, to have a correfoc firework performance, a pilgrimage or loving whoever they wanted to.

The truth is that everything is coming to the boil very quickly. The land becomes an ordered landscape of asphalt lines and high-voltage pylons. Nature is domesticated and farmers extinct. The country-city of Catalonia is thirsty for infrastructure which will link every neighbourhood and every village in its weft. Not a trace of the industries that were by grandparents remains, even in their grandchildren's memory. The city's skin is constantly being rejuvenated with new projects, and submitted to the continuous activity of cranes. Even the urban cracks cannot absorb the disenchantment that wanders among the people. Not all lies are shown on a television screen, the home of distant politics and unprepared kings.

We still have the street, the culture and our effort for creating, innovating, enjoying and sharing. Perhaps a dream about a free country in a world that is increasingly global and close to us. Whatever, without the obsolete utopias of a middle class in decline: the mortgaged villa and paid holidays; not even the image of a peaceful retirement. The new generations are forced to change everything once again. Everything is about to be transformed. How to deal with it?

MARTA ROVIRA MARTÍNEZ | Sociologist

01_06_14 JORDI COTRINA. Barcelona | 18:56 h.
UNIVERSAL. Visitantes entre las chimeneas de trencadís en el tejado del Palau Güell, obra de Antoni Gaudí, único en el mundo con siete edificios declarados patrimonio de la humanidad.

JORDI COTRINA. Barcelona | 06:56 pm.
UNIVERSAL. Visitors among trencadís chimneys on the rooftop of Palau Guell, designed by Antoni Gaudí, the only architect in the world to boast 7 World Heritage Sites.

02_06_14 JOAN GUERRERO. Barcelona | 19:50 h.
LA CORONA. Manifestantes en la plaza de Catalunya reclaman un referéndum sobre la monarquía española tras la abdicación del rey, como en 40 ciudades españolas más.

JOAN GUERRERO. Barcelona | 07:50 pm.
THE CROWN. Protesters in Plaça Catalunya demand a referendum about the Spanish monarchy after the King's abdication, as in 40 other cities..

03_06_14 JOAN MANUEL BALIELLAS. Barcelona | 12:10 h.
ZOOTERAPIA. Maribel Vila, de Positivas Can y su perro Bau, durante una sesión terapéutica en la residencia de ancianos La Torrassa, de enfermos de Alzheimer y con problemas de movilidad.

JOAN MANUEL BALIELLAS. Barcelona | 12:10 pm.
ZOOTHERAPY. Maribel Vila from Positivas Can and her dog Bau, during a therapy session with Alzheimer patients at the old people's home La Torrassa.

04_06_14 FRANCESC MELCION. Barcelona | 16:46 h.
MOVIMIENTO OKUPA. Vecinos y curiosos visitan las ruinas de Can Vies en el barrio de Sants. Su parcial demolición provocó una espiral de violencia en Barcelona.

FRANCESC MELCION. Barcelona | 04:46 pm.
SQUATTER MOVEMENT. Neighbours and onlookers visit the ruins of Can Vies in the Sants district. Its partial demolition sparked a spiral of violence in Barcelona.

05_06_14 SUSANNA SÁEZ. Igualada (Anoia) | 17:05 h.
POP-UP. Evento de referencia en el barrio del Rec. "REC.0 Experimental Stores: Espais Singulars" trasforma durante cuatro días la zona en pasarela efímera de la moda.

SUSANNA SÁEZ. Igualada (Anoia) | 05:05 pm.
POP UP. Landmark event in the neighbourhood of Rec. 'REC.0 Experimental Stores: Espais singulars' transforms the area into a temporary fashion catwalk for 4 days.

06_06_14 QUIQUE GARCÍA. Malgrat de Mar (Maresme) | 09:48 h.
SÍMBOLO. La Pilona, hoy símbolo de un pasado minero, servía para apoyar los cables que transportaban las vagonetas llenas de hierro hasta los barcos de carga.

QUIQUE GARCÍA. Malgrat de Mar (Maresme) | 09:48 am.
SYMBOL. The Pilona, today a symbol of a mining past, held the cables used to transport the iron-filled wagons to the cargo boats.

CAS

07_06_14 **ÀLEX GARCÍA.** Barcelona | 13:22 h.
BRUC. El cuartel del Bruc cambió los símbolos franquistas por el Timbaler del Bruc en 1980. Hoy hay jornada de puertas abiertas con motivo del Día de las Fuerzas Armadas.

08_06_14 **DANNY CAMINAL.** El Bruc (Anoia) | 17:22 h.
LA GUERRA DEL FRANCÉS. Representación de la batalla del Bruc (1808). Somatenes catalanes luchan contra los soldados franceses animados por las proezas del timbalero

09_06_14 **ANA JIMÉNEZ.** Montcada i Reixac (Vallès Occidental) | 11:00 h.
La 9ª PROVINCIA. Los andaluces celebran el Rocío en Cataluña, su "novena provincia" desde el flujo migratorio de los sesenta. La devoción a la Virgen acaba en catarsis colectiva.

10_06_14 **LAURA GUERRERO.** Barcelona | 20:38 h.
LA MERIENDA. Besos para Sandra y Laura en el paseo de Ítaca. Cerca de ellas, dos gaviotas muertas de hambre esperan a que les caigan algunas migas.

11_06_14 **AGUSTÍ CARBONELL.** Sant Carles de la Ràpita (Montsià) | 10:45 h.
ISTMO Y SISMO. El proyecto Castor causó sismos cerca del istmo del Trabucador, donde se recogen caracolillos y navajas aprovechando la calma de la Punta de la Banya.

12_06_14 **CARLES RIBAS.** El Prat de Llobregat | 08:55 h.
CON RETRASO. Será la línea subterránea más larga de Europa, pero mientras tanto sigue en obras. La L9, que enlazará con el aeropuerto de El Prat, no llegará hasta 2016.

13_06_14 **ALBERT MASIAS.** Barcelona | 16:03 h.
CIUDAD SOLIDARIA. La escuela Mestre Morera de Ciutat Meridiana busca favorecer la transformación del barrio, uno de los más tocados por la crisis, con el proyecto Ciudad Acueducto.

14_06_14 **CRISTINA CALDERER.** Barcelona | 17:44 h.
EN LA VANGUARDIA. A ritmo de Kid Koala en el último día del 22º Festival Sónar de día en la Fira de Montjuïc. El certamen de música avanzada se celebra en diez países.

15_06_14 **MARCEL·LÍ SÀENZ.** Cardadeu (Vallès Oriental) | 12:22 h.
EN PELIGRO. Las abejas, claves en el ciclo de la vida, están en peligro de extinción. Toni Aresté inspecciona una de las 80 colmenas que tiene en El Marital y que producirán miel.

16_06_14 **MIQUEL ANGLARILL.** Cerdanyola del Vallès (Vallès Occidental) | 20:10 h.
EL ÚLTIMO VESTIGIO. El derribo de la antigua fábrica de plásticos Aiscondel ya no tiene marcha atrás. El uso público reclamado no ha sido contemplado por su nuevo propietario: un banco.

17_06_14 **TONI ALBIR.** Barcelona | 10:45 h.
POR FIN. El desmantelamiento del anillo de la plaza Glòries levantado por los Juegos Olímpicos recuperará la centralidad del Plan Cerdà, donde Meridiana, Gran Via y Diagonal se unirán.

18_06_14 **PERE TORDERA.** Berga (Berguedà) | 20:00 h.
ENCENDIDO DE FUETS. Ramon Vilalta inaugura las fiestas de la Patum, declarada obra maestra del patrimonio oral e inmaterial de la humanidad por la Unesco, antes del salto de mazas.

19_06_14 **JULIO CARBÓ.** Mataró (Maresme) | 11:27 h.
POR RESPETO. Televisores en un centro comercial muestran en directo el saludo del presidente Mas al nuevo rey de España, Felipe VI, en su proclamación, por "respeto institucional".

20_06_14 **SANTI COGOLLUDO.** Barcelona | 15:29 h.
POR KENIA. El diseñador nigeriano Yemi Kosibah da los últimos retoques al desfile del Africa Fashion Week, que apoya a SOS África y, este año, a Kenia.

ENG

ÀLEX GARCÍA. Barcelona | 01:22 pm.
BRUC. The Bruc barracks replaced its Francoist symbols with the Timbaler del Bruc in 1980. Today is open day to mark the day of the Spanish Army.

DANNY CAMINAL. El Bruc (Anoia) | 05:22 pm.
THE PENINSULAR WAR. Reenactment of the Battle of el Bruc (1808). Catalan volunteers, encouraged by the exploits of the drummer, fighting against the French.

ANA JIMÉNEZ. Montcada i Reixac (Vallès Occidental) | 11:00 am.
THE 9th PROVINCE. Andalusians celebrate the Rocio in Catalonia, their "ninth province" since their influx in the 1960s. The devotion to the Virgin ends in collective catharsis.

LAURA GUERRERO. Barcelona | 08:38 pm.
SNACK. Kisses for Sandra and Laura on the passeig d'Ítaca. Near them, two dead gulls hunger await them some crumbs falling..

AGUSTÍ CARBONELL. Sant Carles de la Ràpita (Montsià) | 10:45 am.
ISTHMUS & SEISM. The Castor project caused earthquakes near the isthmus of the Trabucador, where sea snails and pod razors are collected in the calm of Punta de la Banya.

CARLES RIBAS. El Prat de Llobregat | 08:55 am.
DELAYED. It will be the longest underground line connection in Europe but for now it is still under construction. The L9 link with El Prat airport will not arrive until 2016.

ALBERT MASIAS. Barcelona | 04:03 pm.
INCLUSIVE CITY. The school Mestre Morera seeks to promote the transformation of the area, one of the hardest hit by the crisis, by means of the Ciutat Aqüeducte project.

CRISTINA CALDERER. Barcelona | 05:44 pm.
AVANT-GARDE. The rhythm of Kid Koala on the last day of the 22nd Sónar Festival in Montjuïc fair. The advanced music festival is held in ten countries.

MARCEL·LÍ SÀENZ. Cardadeu (Vallès Oriental) | 12:22 pm.
ENDANGERED. Bees, key in the cycle of life, are endangered. Toni Aresté inspects one of his 80 hives in El Marital which will produce honey.

MIQUEL ANGLARILL. Cerdanyola del Vallès (Vallès Occidental) | 08:10 pm.
THE LAST VESTIGE. The demolition of the old Aiscondel plastic factory is going ahead. The much demanded public use has not been considered by its new owner: a bank.

TONI ALBIR. Barcelona | 10:45 am.
FINALLY. The dismantling of the Glories square ring built for the Olympics will restore the central area described in the Cerdà urban plan, where three main arteries will converge.

PERE TORDERA. Berga (Berguedà) | 08:00 pm.
FUETS' IGNITION. Ramon Vilalta opens the celebrations of the Patum, a 'Masterpiece of Oral and Intangible Heritage' by UNESCO, before the "salt de maces" dance.

JULIO CARBÓ. Mataró (Maresme) | 11:27 am.
OUT OF RESPECT. In a shopping mall, televisions showing live the handshake between president Mas and the new Spanish king in his proclamation out of "institutional respect".

SANTI COGOLLUDO. Barcelona | 03:29 am.
FOR KENYA. Nigerian designer Yemi Kosibah puts the finishing touches on this year's Fashion for Africa Week catwalk show in support of SOS Africa and Kenya.

CAS

21_06_14 **JOSEP LOSADA.** Barcelona | 21:54 h.
SOLSTICIO MUSICAL. Barcelona celebra el Día Internacional de la Música desde 1982, coincidiendo con el solsticio de verano. La OBC actuó en la playa de Sant Sebastià.

22_06_14 **INÉS BAUCELLS.** Barcelona | 20:01 h.
JUICIO RÁPIDO. Josep Tomàs París celebra su licenciatura como nuevo abogado. Sus amigos le juzgan por sorpresa por los "delitos" cometidos en una divertida escena.

23_06_14 **JOAN MONFORT.** Sant Cugat del Vallès (Vallès Occidental) | 14:22 h.
UN RESPIRO. El equipo español de sincronizada se hizo con casi el 40% del medallero español en los Juegos Olímpicos de Londres. Ona Carbonell, su capitana, entrena 10 horas diarias.

24_06_14 **JORDI V. POU.** Isil (Pallars Sobirà) | 00:03 h.
NOCHE DE SAN JUAN. Baile de *bastons* por las fallas de Isil en el punto final de la bajada de fallas, donde queman en grandes hogueras, un culto al fuego de orígenes ancestrales.

25_06_14 **CARMEN SECANELLA.** Sant Andreu de Llavaneres (Maresme) | 21:45 h
CIUDAD DORMITORIO. Sant Andreu de Llavaneres, antigua población agrícola, se ha convertido en nuevo foco residencial de barceloneses. El metro cuadrado se paga a 2.300 €.

26_06_14 **DAVID AIROB.** El Prat de Llobregat (Baix Llobregat) | 18:31 h.
RÉCORD DE VIAJEROS. El tráfico de aviones en el aeropuerto de El Prat de Barcelona supera al de Barajas, en Madrid, teóricamente el más importante de la red española.

27_06_14 **VICENS GIMÉNEZ.** Barcelona | 07:04 h.
BARCELONETA 7:00 H. El precio del pan determina, entre otros productos, el coste de la vida en muchos países. En la foto, la panadería Baluard de la Barceloneta, en plena actividad de buena mañana.

28_06_14 **CONSUELO BAUTISTA.** Barcelona | 18:15 h.
PRIDE. Es el nombre del desfile del Día del Orgullo Gay, en la foto a su paso por la avenida del Paral·lel. El día conmemora los disturbios de Stonewall, inicio de la lucha homosexual.

29_06_14 **JOSEP LAGO.** Barcelona | 11:39 h.
DEPORTE URBANO. Un rider practica con su BMX en una de las instalaciones de la zona del Fòrum donde se celebra el Extreme Barcelona. El deporte urbano engancha a los jóvenes.

30_06_14 **PERE PUNTÍ.** Amer (Selva) | 17:38 h.
TRUMFO. Vecinos de Amer juegan al juego de cartas de la botifarra en el Cafè de la Nita, en la plaza Major del pueblo, actividad lúdica muy popular y arraigada en Cataluña.

ENG

JOSEP LOSADA. Barcelona | 09:54 pm.
MUSICAL SOLSTICE. Barcelona has celebrated International Music Day since 1982, coinciding with the summer solstice. The OBC played on the beach of Sant Sebastià.

INÉS BAUCELLS. Barcelona | 08:01 pm.
QUICK TRAIL. Josep Tomas París celebrates his degree as a new lawyer. His friends put him on a surprise trial for 'crimes' committed in a funny scene.

JOAN MONFORT. Sant Cugat del Vallès (Vallès Occidental) | 02:22 pm.
A BREAK. Spain's synchronized swimming team got almost 40% of Spanish medals at the London Olympics. Ona Carbonell, their captain, trains for10 hours a day.

JORDI V. POU. Isil (Pallars Sobirà) | 00:03 am.
SANT JOAN'S NIGHT. 'Bastons' dance during the Isil Fallas at the end of the Fallas parade where they burn huge bonfires, the vestige of an ancient cult.

CARMEN SECANELLA. Sant Andreu de Llavaneres (Maresme) | 09:45 pm.
SUBURBIA. Sant Andreu de Llavaneres, formerly an agricultural town, has become a new residential area for Barcelonians. Real estate prices have peaked to € 2,300 per sq m.

DAVID AIROB. El Prat de Llobregat (Baix Llobregat) | 06:31 pm.
RECORD TRAVELLERS. Air traffic at the airport of El Prat de Barcelona exceeds that of Barajas, in Madrid, theoretically the most important one in the Spanish network.

VICENS GIMÉNEZ. Barcelona | 07:04 am.
BARCELONETA 7:00 AM. The price of bread, among other products, determines the cost of living in many countries. Pictured, the Baluard bakery in Barceloneta in full swing early in the morning.

CONSUELO BAUTISTA. Barcelona | 06:15 pm.
PRIDE. It's the Gay Pride parade, shown here on its way along Av. Paral·lel. The day commemorates the Stonewall riots, the starting point of the fight for homosexual rights.

JOSEP LAGO. Barcelona | 11:39 am.
URBAN SPORT. A rider with his BMX practises in a facility of the Forum area where Extreme Barcelona is held. Urban sport engages young people.

PERE PUNTÍ. Amer (Selva) | 05:38 pm.
TRUMFO. Amer locals playing a Botifarra card game, a very popular leisure activity in Catalonia, at the Cafè de la Nita on the town's main square.

CAS

YA NI EL ACTO DE HACER TURISMO en el turismo, paseando por las Ramblas entre tanta gente llegada de todo el mundo, compensa el malestar que esta industria provoca en los barceloneses. No obstante, antes de que nuestras quejas sean excesivas nos alertan de los peligros de la "turistofobia", neologismo que irá adquiriendo cuerpo. Es cierto, el turismo por sí solo no es un problema. De hecho, mucha gente en la ciudad vive de él y, en según qué barrios, los vecinos coexisten sin problemas con los visitantes temporales, pero en el centro pocos recuerdan haber vivido sin tráfico de desconocidos. El problema es el monocultivo y la creciente dependencia del sector. O que hace tantos años que dura la crisis que ya nadie espera volver a vivir otra cosa; la depresión colectiva se ha hecho permanente en nuestro imaginario. Es decir, que ya no volveremos a hacer vacaciones como antes, ni volveremos a ser nosotros los que vayamos a invadir países extranjeros. Entendida así, la "turistofobia" sería pura envidia, pero algo más hay tras el aumento de incomodidad que provoca el fenómeno. A veces, como en las parejas o las familias, la buena convivencia se rompe por un detalle, algo pequeño que supone una grieta en todo el conjunto. Aunque la queja constante del verano era la falta de buen tiempo, lo cierto es que la ciudad no ha dejado de producir aquella sensación de bochorno, de asfixia. ¿Qué hacemos los que pasamos el verano en Barcelona para quitarnos de encima el aire contaminado que se nos pega en la piel? Nos precipitamos al mar, llevados por los vehículos públicos que tengamos al alcance, y sentados en la arena, nos aliviamos de todas las presiones que la vida urbana comporta; nuestra mirada, atrapada en pequeños aparatos y distancias cortas, se explaya en el horizonte infinito que dibujan el cielo con el agua. Pero este año, ya a finales de junio descubríamos que, oh malditos gestores del espacio público, buena parte de las playas de la Barceloneta habían sido alfombradas con parasoles a precio de oro que solo unos privilegiados con más recursos que nosotros podrán permitirse.

NAJAT EL HACHMI | Escritora

ENG

THESE DAYS, NOT EVEN GAZING AT THE TOURISTS strolling down the Ramblas, so many people from all over the world, is worth the unhappiness that this industry brings to Barcelona. Before our complaints become excessive, however, we are warned of the dangers of touristophobia, a neologism which is becoming widespread. And it's true - tourism in itself is not a problem. In fact, many people in the city make their living from it, and in some neighbourhoods the residents live side-by-side with the temporary visitors without any problems, but few people remember living in the centre without the bustle of strangers. The problem is the lack of diversity and the growing dependence on the industry. Or we have been immersed in the crisis for so many years that nobody any longer expects to live any other way, and collective depression has become permanent in our imagination. So we will never have holidays like we used to, and we will never again be the ones who invade foreign countries. From that standpoint, touristophobia is pure envy, but there is something else behind the increased discomfort that the phenomenon causes. Sometimes, as in couples or families, peaceful coexistence breaks down because of a small detail - something trivial that leads to a breakdown in the entire relationship. Although the constant complaint about the summer was the lack of good weather, the fact is that the city continued to produce that feeling of stuffiness, breathlessness. What do those of us who spend the summer in Barcelona do to rise above the polluted air that sticks to our skin? We rush towards the sea, carried by the public transport we have to hand, and sitting in the sand, we are relieved of all the pressures that urban life entails, our eyes locked onto small devices and short distances, and vent our frustrations on the infinite horizon that takes shape where the sky and the water meet. This year, however, because we discovered at the end of June that - thanks to the wisdom of those responsible for managing our public spaces - many of the beaches of Barceloneta had been carpeted with parasols, with a price tag that only a privileged few with deeper pockets than us will be able to afford.

NAJAT EL HACHMI | Writer

01_07_14 **JORDI COTRINA.** Martorell (Baix Llobregat) | 03:30 h.
SEAT. Tres convoyes salen a diario de la fábrica con modelos de la marca de coches con destino al Puerto de Barcelona, en un raíl exclusivo. 3/4 partes de la producción se exporta a 50 países.

JORDI COTRINA. Martorell (Baix Llobregat) | 03:30 am.
SEAT. Three trains depart daily from the factory for the Port of Barcelona loaded with the brand's cars, on an exclusive rail. 3/4 of production is exported to 50 countries.

02_07_14 **JOAN GUERRERO.** Barcelona | 12:13 h.
SKATERS. El Raval se ha convertido en uno de los grandes puntos de encuentro de skaters de Europa, con el MACBA como marco privilegiado de sus spots publicitarios.

JOAN GUERRERO. Barcelona | 12:13 am.
SKATERS. Raval has become one of Europe's great skateboard locations, with MACBA acting as a unique backdrop for their commercials.

03_07_14 **SANTI COGOLLUDO.** Constantí (Tarragonès) | 11:44 h.
CONVICTO. Antonio Ruiz, que cumple condena en la prisión de Tarragona en régimen abierto, muestra los trabajos que realiza y que guarda en su cochera del barrio de 600 viviendas.

SANTI COGOLLUDO. Constantí (Tarragonès) | 11:44 am.
CONVICTED. Antonio Ruiz, who is serving his prison sentence in Tarragona in open regime, shows his work which he keeps in his garage at 600 homes neighborhood.

04_07_14 **FRANCESC MELCION.** Barcelona | 11:30 h.
EXHAUSTOS. Dos turistas duermen en un banco de la plaza de Urquinaona exhaustos tras patearse la ciudad. El Bus Turístico es una de las alternativas para conocerla.

FRANCESC MELCION. Barcelona | 11:30 am.
EXHAUSTED. Two tourists sleeping on a bench in Urquinaona square, exhausted after walking the city. The tourist bus is one of the alternatives for sightseeing.

05_07_14 **SUSANNA SÁEZ.** Cadaqués (Alt Empordà) | 09:00 h.
PARAJE. Jordi, monitor de kayak, entra remando en la Cova de l'Infern, una de las actividades que oferta Kayaking y donde a primera hora se refleja el sol rojizo en el agua.

SUSANNA SÁEZ. Cadaqués (Alt Empordà) | 09:00 am.
NATURAL AREA. Kayak monitor Jordi paddling hard into Cova de l'Infern, one of the activities offered by Kayaking. The red dawn sunlight reflects on the sea water.

06_07_14 **CARLES RIBAS.** Canet de Mar (Maresme | 06:38 h.
CANET ROCK. 36 años después de la última edición, 25.000 personas han vuelto a disfrutar del maratón de conciertos del reeditado festival, que nació bajo la dictadura franquista.

CARLES RIBAS. Canet de Mar (Maresme | 06:38 am.
CANET ROCK. 6 years after the last edition, 25,000 people have returned to enjoy the marathon concert of the refounded festival, which was born under the Franco dictatorship.

CAS

07_07_14 ÀLEX GARCÍA. Barcelona | 20:00 h.
VERANO ATÍPICO. Tormenta en la calle Comte d'Urgell, en el julio más frío en veinte años en Barcelona. Las temperaturas en Cataluña han estado 2 grados por debajo de la media histórica.

08_07_14 DANNY CAMINAL. Barcelona | 12:28 h.
TEEN POP. Los fans de la banda One Direction aguardan a que abran las puertas del concierto de hoy. El nuevo género de música para adolescentes arrasa en el mundo.

09_07_14 ANA JIMÉNEZ. Sant Pere Pescador (Alt Empordà) | 11:40 h.
¡PLAYAS VACÍAS! Las lluvias en este inicio de temporada han supuesto cancelaciones de reservas hoteleras. En la Costa Brava no llovía tanto desde 1967.

10_07_14 LAURA GUERRERO. Barcelona | 22:32 h.
HORARIO DE VERANO. En las noches de verano, el fresco invita a grandes y pequeños a salir a la calle. Hay tiempo para juegos y risas, como en la foto, en la plaza de Espanya.

11_07_14 JULIO CARBÓ. Argentona (Maresme) | 09:58 h.
EFECTO BOTIJO. Niños en la Escuela Taller de Cerámica del Museo del Botijo de Argentona. El efecto enfriador del agua sigue el proceso científico endotérmico.

12_07_14 QUIQUE GARCÍA. Igualada (Anoia) | 20:54 h.
DESPEGUE INMEDIATO. Un globo aerostático con la estelada dibujada alza el vuelo sobre Igualada en la gran concentración europea del European Balloon Festival.

13_07_14 ALBERT MASIAS. Barcelona | 22:20 h.
EL TROFEO MÁS CODICIADO. Adiós a la Copa del Mundo. Aficionados argentinos siguen expectantes la final contra Alemania en la taberna L'Ovella Negra, su punto de encuentro.

14_07_14 CRISTINA CALDERER. Barcelona | 13:50 h.
ECOSISTEMA. En CosmoCaixa se encuentra una réplica exacta de un trozo de bosque inundado de la selva amazónica brasileña, fundamental para la salud del planeta.

15_07_14 MARCEL·LÍ SÀENZ. Deltebre (Baix Ebre) | 09:36 h.
ACUICULTURA. La cosecha del mejillón en la bahía del Fangar, en el Parque Natural del Delta, ocupa a 300 personas. Los productores esperan recolectar 4 millones de moluscos.

16_07_14 TONI ALBIR. L'Hospitalet de Llobregat (Barcelonès) | 09:15 h.
PUENTE DE UNIÓN. El puente de Jordà une los barrios de Santa Eulàlia y la Torrassa, separados por las vías del metro, obra del Ayuntamiento republicano y aún hoy único nexo de unión.

17_07_14 PERE TORDERA. Montblanc (Conca de Barberà) | 15:00 h.
POLÍTICO-MUSICAL. La Acampada Joven de Montblanc es un festival que organiza JERC desde 1996. Miles de jóvenes comparten cerveza, polvo y buena música catalana.

18_07_14 DAVID AIROB. Vila-seca i Salou (Tarragonès) | 19:45 h.
PORT AVENTURA. El parque de atracciones catalán recibe 4 millones de visitantes al año y ocupa una superficie total de 8 km^2, capaz de agotar a cualquiera.

19_07_14 JOAN MONFORT. Sant Feliu de Guíxols (Baix Empordà) | 22:48 h.
ESPONTÁNEAMENTE PRODIGIOSA. Sílvia Pérez Cruz elige bromeando los zapatos que lucirá en el escenario del Porta Ferrada antes de encandilar al público con su voz, acompañada a la guitarra por Raül Fernández Miró.

ENG

ÀLEX GARCÍA. Barcelona | 08:00 pm.
ATYPICAL SUMMER. Storm in carrer Urgell in the coldest July in Barcelona in 20 years. Temperatures in Catalonia were 2 degrees below the historical average.

DANNY CAMINAL. Barcelona | 12:28 pm.
TEEN POP. Fans of the band One Direction await the opening of the doors for the concert today. The new teen music genre is sweeping the world.

ANA JIMÉNEZ. Sant Pere Pescador (Alt Empordà) | 11:40 am.
EMPTY BEACHES! Early summer rains have led to many hotel cancellations. On the Costa Brava it hadn't rained so heavily since 1967.

LAURA GUERRERO. Barcelona | 10:32 pm.
SUMMER TIME. In summer evenings, the cool air invites young and old people to go out. It's time to play and laugh, as shown in the picture taken in plaça Espanya.

JULIO CARBÓ. Argentona (Maresme) | 09:58 am.
WATER JUG EFFECT. Children in a workshop at the Argentona Water Jug Museum Pottery School. The cooling effect on the water is known as endothermic process.

QUIQUE GARCÍA. Igualada (Anoia) | 08:54 am.
IMMEDIATE TAKE OFF. A balloon with pro-independence flag lifts off in Igualada during the great European Balloon Festival.

ALBERT MASIAS. Barcelona | 10:20 pm.
THE MOST COVETED. Farewell to the World Cup. Expectant Argentina fans f ollowing the final against Germany in the tavern LOvella Negra, their meeting point.

CRISTINA CALDERER. Barcelona | 01:50 pm.
ECOSYSTEM. The CosmoCaixa exhibits a recreated piece of the Amazon rainforest, a critical biotope for the planet's health.

MARCEL·LÍ SÀENZ. Deltebre (Baix Ebre) | 09:36 am.
AQUACULTURE. Mussel harvesting in the Badia del Fangar in the Delta National Park which employs 300 people. The producers hope to collect 4 million molluscs.

TONI ALBIR. L'Hospitalet de Llobregat (Barcelonès) | 09:15 am.
BONDING. The Jordà bridge connecting Santa Eulàlia and Torrassa. Built under the republican town council, to this day it is the only link between the two neighbourhoods.

PERE TORDERA. Montblanc (Conca de Barberà) | 03:00 pm.POLITICAL-MUSICAL. The Acampada Jove Montblanc has been organized by JERC since 1996. Thousands of young people come to share beer, dust and good Catalan music.

DAVID AIROB. Vila-seca i Salou (Tarragonès) | 07:45 pm.
PORT AVENTURA. The Catalan theme park receives 4 million visitors per year and occupies a total area of 8 km^2; it can exhaust anyone.

JOAN MONFORT. Sant Feliu de Guíxols (Baix Empordà) | 10:48 pm.
SPONTANEOUSLY PRODIGIOUS. Sílvia Pérez Cruz playfully chooses the shoes that she will wear on the Porta Ferrada stage, where she will thrill the audience with her voice accompanied, on guitar by Raül Fernández Miró.

CAS

20_07_14 **JOAN MANUEL BALIELLAS.** Blanes (Selva) | 12:58 h.
VUELVE EL CALOR. Las temperaturas remontan y alcanzan los 30 grados, y muchos optan por darse un baño, como en la piscina de este caravaning en la Costa Brava.

21_07_14 **JOSEP LOSADA.** Barcelona | 14:43 h.
ILEGAL. El camarero sortea a un mantero frente al Café Zurich, donde abunda todo tipo de venta ilegal. Subsaharianos, en su mayoría, llenan las calles con puestos precarios.

22_07_14 **INÉS BAUCELLS.** Barcelona | 21:26 h.
IFTAR EN EL RAVAL. Vecinos asisten al iftar popular en la rambla del Raval para despedir el último día del ramadán. Lo primero que se llevarán a la boca serán dátiles.

23_07_14 **MIQUEL ANGLARILL.** Ripollet (Vallès Occidental) | 13:48 h.
PREDICANDO EN EL SIGLO XXI. En Ripollet, de camino a Montcada i Reixac, tres chicas pasan por delante de una valla publicitaria anónima donde se puede leer un versículo apocalíptico del Evangelio según san Mateo.

24_07_14 **CARMEN SECANELLA.** L'Armentera (Alt Empordà) | 11:46 h.
OFICIO RELIGIOSO. Misa solemne por la fiesta mayor de Santa Cristina, patrona de L'Armentera. Los actos religiosos se incluyen en los programas de todas las fiestas.

25_07_14 **JOSEP LAGO.** Barcelona | 23:08 h.
ARTE MARCIAL. El thai boxing, casi una religión en Tailandia, pega fuerte. Ibrahima Hjie (31 años), del gimnasio AFE Malgrat, se prepara para su combate con Youssef El Hadmi.

26_07_14 **AGUSTÍ CARBONELL.** Tortosa (Baix Ebre) | 11:34 h.
LA MÁQUINA DEL TIEMPO. Tortosa rememora el periodo de esplendor histórico del Renacimiento en el siglo XVI, y sus habitantes son transportados a plena Edad Media.

27_07_14 **VICENS GIMÉNEZ.** Barcelona | 07:02 h.
NOCHE DE FIESTA. Un joven camina por en medio de la calzada tras una noche de fiesta. La oferta nocturna de Barcelona la sitúa entre las preferidas por residentes y visitantes.

28_07_14 **CONSUELO BAUTISTA.** Barcelona | 20:54 h.
MOVILIDAD. Barcelona sigue confiando en su red ortogonal de autobuses, basada en una trama reticular (horizontal y vertical) para garantizar líneas exprés.

29_07_14 **JORDI V. POU.** Lleida | 17:37 h.
COLECTIVO. La ciudadanía de Lleida colabora con el archivo municipal para la edición del libro L'Abans de Lleida. Oriol visita casas como la de Anna buscando fondos.

30_07_14 **PERE PUNTÍ.** La Seu d'Urgell (Alt Urgell) | 10:58 h.
ADRENALINA. Alumnos de los Escolapios de Badalona, de campamentos en Sant Joan de l'Erm, practican rafting en el Parque del Segre, instalación olímpica en Barcelona'92.

31_07_14 **ÀLEX GARCÍA.** Barcelona | 20:00 h.
LA RAMBLA. Por el paseo más famoso de Barcelona puede verse a todo tipo de gente y de procedencias. A partir de ahora no habrán más licencias para nuevos bares ni hoteles.

ENG

JOAN MANUEL BALIELLAS. Blanes (Selva) | 12:58 am.
HOT AGAIN. Temperatures recover and reach 30 degrees and many people choose a refreshing swim, as in the pool of this caravan site on the Costa Brava.

JOSEP LOSADA. Barcelona | 02:43 pm.
ILLEGAL. The waiter dodges a mantero outside Café Zurich, where illegal street vending is rife. Mostly Sub-Saharans fill the streets with precarious stalls.

INÉS BAUCELLS. Barcelona | 09:26 pm.
IFTAR AT THE RAVAL. Residents gathered at the popular Iftar on Rambla del Raval in farewell to the Ramadan on its last day. Dates will be the first food they eat.

MIQUEL ANGLARILL. Ripollet (Vallès Occidental) | 01:48 h.
PREACHING IN THE XXI CENTURY. In Ripollet, on their way to Montcada i Rexach, three girls walk past a billboard that displays an apocalyptic verse from the Gospel a ccording to Saint Matthew.

CARMEN SECANELLA. L'Armentera (Alt Empordà) | 11:46 am.
RELIGIOUS OFFICE. Solemn Mass for the local festivity of Santa Cristina, patron saint of L'Armentera. Religious events are included in all the festivities.

JOSEP LAGO. Barcelona | 11:08 pm.
MARTIAL ART. Muay thai, almost a religion in Thailand, hits home. Ibrahima Hjie (aged 31) gym AFE Malgrat prepares for his fight with Youssef El Hadmi.

AGUSTÍ CARBONELL. Tortosa (Baix Ebre) | 11:34 am.
THE TIME MACHINE. Tortosa recalls the historical splendor of the Renaissance in the 6th century and its inhabitants are transported to the Middle Ages.a.

VICENS GIMÉNEZ. Barcelona | 07:02 am.
PARTY NIGHT. A young man walking the streets at night. Barcelona's nightlife also ranks it among the favorites for locals and visitors.

CONSUELO BAUTISTA. Barcelona | 08:54 pm.
MOBILITY. Barcelona still uses its orthogonal bus network based on a grid pattern (horizontal and vertical) to ensure express lines..

JORDI V. POU. Lleida | 05:37 pm.
COLLECTIVE. Lleida residents are working together with the municipal archives on editing the book 'L'Abans de Lleida'. Oriol visits houses, such as Anna's, looking for materials.

PERE PUNTÍ. La Seu d'Urgell (Alt Urgell) | 10:58 am.
ADRENALINE. Students from Escolapis of Badalona, camping in Sant Joan de l'Erm, practice rafting in the Parc del Segre, Olympic facility in Barcelona '92 .

ÀLEX GARCÍA. Barcelona | 08:00 pm.
LA RAMBLA. All kinds of people from countless backgrounds walk along the most famous street in Barcelona. No more bar or hotel licenses from now on.

SI ALGO REFLEJA LA SOCIEDAD en su tiempo, es la idea del espacio público que tiene y el uso que hace del mismo. La relación del espacio privado con el público es lo que realmente configura la ciudad. Cada época ha tenido claro su modelo: la ciudad medieval, la ciudad barroca, la ciudad burguesa del XIX...

Hoy, con el triunfo del individualismo y el hedonismo que nos lleva al consumo desmesurado, la idea del espacio público se ha deteriorado y ha dado lugar a espacios de movilidad, pero no de relación ciudadana.

Sin embargo, Barcelona ha hecho un gran esfuerzo por recuperar el sentido del espacio público y potenciar las posibilidades de su fantástica ubicación. La ventaja de Barcelona es que tiene una geografía que marca con claridad sus límites y que, por lo tanto, no es difícil pensarla en su globalidad. En este sentido, se ha situado como pionera de la búsqueda de una idea de ciudad contemporánea, y ha potenciado especialmente los espacios lúdicos que esa privilegiada situación brinda.

Las intervenciones de acupuntura a lo largo de todo su territorio han ido cosiendo la ciudad, recuperando la unidad tan fácil de detectar en las viejas ciudades y que nuestra contemporaneidad, con los rápidos crecimientos controlados solo por la especulación, ha dispersado.

El problema es el peligro que esta idea de ciudad sea pensada más para ser vendida y consumida por el turismo que para la verdadera convivencia de la ciudadanía y su desarrollo cultural. El turismo establece un equilibrio descompensado en el proceso de intercambio cultural de consecuencias devastadoras para cualquier ciudad. Su aportación se limita al intercambio económico, con el riesgo de que el mercado le ofrezca lo que espera encontrar sin tener en cuenta el desgaste cultural que en ocasiones ello pueda suponer.

CARME PINÓS | Arquitecta y urbanista

IF SOMETHING REFLECTS A SOCIETY in its own time, it is its idea of the public space and the use it makes of it. The ratio of private to public space is what really defines a city. Every age has had its own clear model: the medieval city, the Baroque city, the bourgeois city of the nineteenth century...

Today, with the triumph of individualism and the hedonism that leads to excessive consumption, the idea of the public space has declined, giving us areas where citizens are mobile but do not relate to each other.

However, Barcelona has made a great effort to recover the sense of the public space, and to enhance the potential of its fantastic location. Barcelona's advantage is that it has a geography that clearly defines its boundaries, which means that thinking of it in its entirety is not difficult. It has become a pioneer in the search for the idea of a contemporary city, developing the spaces for leisure that its privileged location provides above all else.

These acupuncture initiatives throughout its region have knitted the city together, and recovered the unity that is so readily apparent in old cities and which has been dispersed in our contemporary world, in which rapid growth is only controlled by speculation.

The problem is the danger that this idea of a city is designed more for sale and consumption by tourism than as a place where it citizens can live and for their cultural development. Tourism creates an imbalance in the process of cultural exchange, with devastating consequences for any city. Its contribution is limited to an economic exchange, with the risk of the market offering it what it expects to find, without taking into consideration the cultural degradation that this sometimes entails.

CARME PINÓS | Architect and urban planner

01_08_14 JORDI COTRINA. Begur (Baix Empordà) | 06:57 h.
VACACIONES PARA ALGUNOS. Ramon, cuarta generación de pescadores, sale a pescar cuando muchos empiezan hoy vacaciones. Pesca por el método artesanal del trasmallo.

JORDI COTRINA. Begur (Baix Empordà) | 06:57 am.
HOLIDAY FOR SOME. Ramon, a fourth generation fisherman, goes out to sea while many are enjoying the start of their holiday. He works by the traditional method with a trammel net.

02_08_14 AGUSTÍ CARBONELL. Montsant (Priorat) | 10:58 h.
PARAÍSO. Siurana, en el Parque Natural del Montsant, es lugar de peregrinaje de escaladores de todo el mundo, con multitud de vías abiertas para la práctica de este deporte.

AGUSTÍ CARBONELL. Montsant (Priorat) | 10:58 am.
PARADISE. Siurana, in Montsant natural park, is a popular destination for devoted climbers from around the world, with numerous routes available for this sport.

03_08_14 SANTI COGOLLUDO. Barcelona | 13:08 h.
MUSEOS. El primer domingo de mes, la entrada a los museos de Barcelona es gratuita. En el MNAC, la sala del Pantocrátor es la sección estrella del recinto de Montjuïc.

SANTI COGOLLUDO. Barcelona | 01:08 pm.
MUSEUMS. Admission to Barcelona's museums is free every first Sunday of the month. At the MNAC, the Pantrocrator room is the star in the Montjuïc building.

04_08_14 FRANCESC MELCION. Barcelona | 17:00 h.
JUEGOS DE CALLE. Un niño juega con una peonza al lado del Mercado Municipal de Sant Antoni, una moda que vuelve a adquirir fama entre los más pequeños.

FRANCESC MELCION. Barcelona | 05:00 pm.
STREET PLAY. Next to the municipal market of Sant Antoni, a child plays with a spinning top, a toy that has come back in fashion among children.

05_08_14 SUSANNA SÁEZ. Osor (Selva) | 10:09 h.
DEPORTES EXTREMOS. Arcadi Gabarró cruza en BTT el pantano de Susqueda, justo por donde pasa la Tracks de la Tramun, de 185 km y 6.000 m de desnivel acumulado.

SUSANNA SÁEZ. Osor (Selva) | 10:09 am.
EXTREME SPORTS. Arcadi Gabarró rides his MTB across the Susqueda dam, following the same route as the Tracks de la Tamun, 185km long with a 6,000 m elevation gain.

06_08_14 QUIQUE GARCÍA. Talarn (Pallars Jussà) | 13:29 h.
PROHIBICIÓN POR ALTO. Valla publicitaria en desuso de la antigua Caixa de Barcelona en la carretera de Talarn a La Pobla de Segur, ya prohibidas por la legislación desde 2008.

QUIQUE GARCÍA. Talarn (Pallars Jussà) | 01:29 pm.
OUTLAWED. An old Caixa de Barcelona billboard, banned since 2008, now in disuse on the road from Talarm to La Pobla de Segur.

CAS

07_08_14 **ALBERT BERTRAN.** Manresa (Bages) | 18:36 h.
LA MORENETA PUBILLA. La manresana Aida Thiam, de 14 años, es la nueva pubilla 2014-2015 del barrio Cots, Guix y Pujada Roja de la capital del Bages.

08_08_14 **JORDI V. POU.** Tàrrega (Urgell) | 22:44 h.
CONEXIÓN. Segunda edición de la Lan Party de Tàrrega, la Targalan, con más de un centenar de inscritos. El 75,5% de los catalanes realiza alguna actividad con el ordenador.

09_08_14 **JULIÓ CARBÓ.** Sant Joan de Vilatorrada (Bages) | 11:29 h.
PRISIONES. Jordi Samper (28 años), interno en el Centro Penitenciario Lledoners, uno de los 15 que hay en Cataluña, abraza a su pareja, W. N. (23 años), en la sala de comunicación familiar.

10_08_14 **LAURA GUERRERO.** Callús (Bages) | 10:08 h.
DESPEDIDAS. Isabel explica a Ian, el menor de sus cuatro hijos, que tiene que marcharse por unos días para acompañar a su amiga Maite durante sus últimas horas.

11_08_14 **DAVID AIROB.** Barcelona | 11:22 h.
ORGULLO GAY. La fiesta atrae a 250.000 personas que se gastan 20 millones de euros en la ciudad. Algunos de los participantes aprovechan para relajarse en la terraza de un hotel.

12_08_14 **ANA JIMÉNEZ.** Barcelona | 11:00 h.
107 METROS. Turistas frente a la fachada de la Natividad de la Sagrada Familia miran hacia arriba para apreciar la altura de las torres, su principal elemento arquitectónico.

13_08_12 **ALBERT MASIAS.** Torroella de Montgrí (Baix Empordà) | 09:15 h.
CAMPAÑA. Temporeros en la recogida de la fruta hacen una pausa para desayunar. Este año se han recogido 90.000 toneladas de manzanas gerundenses en jornadas de nueve horas.

14_08_14 **MARCEL·LÍ SÀENZ.** Olvan (Berguedà) | 12:48 h.
FUEGO. Un forestal hace la ronda. 212 personas y 106 vehículos despliegan el dispositivo del Plan de información y vigilancia contra incendios forestales de la Diputación de Barcelona.

15_08_14 **CRISTINA CALDERER.** Lladurs (Solsonès) | 13:23 h.
PLENO VERANO. Un niño se lanza desde el puente del Clop en el río de la Ribera Salada en Lladurs, el día de la Asunción de la Virgen, en pleno verano, y fecha de fiestas en muchos pueblos coincidiendo antaño con el fin de la siega en los campos.

16_08_14 **PERE TORDERA.** Manlleu (Osona) | 21:32 h.
SOM I SEREM. La cobla Lluïsos de Taradell nació en 1876 y es la más antigua de Cataluña. Creu de Sant Jordi 1986, acompaña los bailes de sardanas por todo el territorio. Las coblas son agrupaciones autóctonas catalanas.

17_08_14 **TONI ALBIR.** L'Hospitalet de Llobregat (Barcelonès) | 13:45 h.
MINORÍAS. La comunidad sij, en el gurdwara (templo sij) Nanaksar Sahib, en el barrio de la Torrassa. Es la quinta religión en el mundo en número de seguidores.

18_08_14 **CARLES RIBAS.** Barcelona | 18:51 h.
1.402. El de la plaza del Diamant es el refugio antiaéreo nº 232 de los 1.402 que se construyeron contra los bombardeos durante la Guerra Civil. Hay rutas guiadas para visitarlos.

19_08_14 **MIQUEL ANGLARILL.** Platja d'Aro (Baix Empordà) | 20: 10 h.
FERIA DE AGOSTO. Niños y no tan niños se lo pasan bien en la montaña rusa de un parque de atracciones de Platja d'Aro, localidad costera que en verano quintuplica su población.

ENG

ALBERT BERTRAN. Manresa (Bages) | 06:36 pm.
THE MORENETA PUBILLA. Manresan Aida Thiam,14, is the new 2014-2015 pubillain the Cots, Guix and Pujada Roja neigborhood in the capital of the Bages.

JORDI V. POU. Tàrrega (Urgell) | 10:44 pm.
CONNECTION. Second edition of the Tàrrega Lan Party, the Targalan, with over a hundred participants. 75.5% of Catalans use computers.

JULIÓ CARBÓ. Sant Joan de Vilatorrada (Bages) | 11:29 am.
PRISONS. Jordi Samper (aged 28) inmate in Lledoners prison embraces his girlfriend W.N. (aged 23) in the family visiting room. In Catalonia there are 15 penitentiaries.

LAURA GUERRERO. Callús (Bages) | 10:08 am.
FAREWELLS. Isabel explains to Ian, the youngest of her four children, that she has to leave for a few days to accompany her friend Maite in her last hours.

DAVID AIROB. Barcelona | 11:22 am.
GAY PRIDE. The festival attracts 250,000 people who spend 20 million euros in the city. Some participants chilling out on the terrace of a hotel.

ANA JIMÉNEZ. Barcelona | 11:00 am.
107 METERS. Tourists in front of the Nativity façade of the Sagrada Família look up to appreciate the height of the towers, its main architectural element.

ALBERT MASIAS. Torroella de Montgrí (Baix Empordà) | 09:15 am.
CAMPAIGN. Temporary workers collecting fruit take a break for breakfast. This year they have collected 90,000 tons of Girona apples in 9-hour shifts.

MARCEL·LÍ SÀENZ. Olvan (Berguedà) | 12:48 am.
FIRE. A forest guard doing the rounds. 212 people and 106 4x4 vehicles deploy the information and surveillance system against forest fires implemented by the Diputació.

CRISTINA CALDERER. Lladurs (Solsonès) | 01:23 pm.
MIDSUMMER. A child plunges from the Clop bridge into the Ribera Salada river in Lladurs on the festivity of the Virgin Mary, in midsummer, when many villages celebrate their local 'fiestas' conmemorating the end of the reaping season.

PERE TORDERA. Manlleu (Osona) | 09:32 pm.
SOM I SEREM. The Lluïsos Taradell 'cobla' was born in 1876 and is the oldest in Catalonia. Creu de Sant Jordi 1986 awardee, it accompanies the 'sardanas' dances throughout the country. The 'cobles' are Catalan local bands.

TONI ALBIR. L'Hospitalet de Llobregat (Barcelonès) | 01.45 am.
MINORITIES. The Sikh community, in the Nanaksar Sahib Gurdwara (Sikh temple) in the Torrassa district. It is the world's fifth religion in number of followers.

CARLES RIBAS. Barcelona | 06:51 pm.
1.402. The one in plaça del Diamant is air-raid shelter no. 232 of the 1,402 that were built against air raids during the Civil War. Guided tours can be arranged.

MIQUEL ANGLARILL. Platja d'Aro (Baix Empordà) | 08: 10 pm.
AUGUST FAIR. Young and old have a good time on the rollercoaster of an amusement park in Platja d'Aro. Its population increases fivefold in summer.

CAS

20_08_14 JOAN MANUEL BALIELLAS. Barcelona | 20: 10 h.
FIESTA DE LA ESPUMA. Un clásico de las fiestas mayores. En la de Gràcia, donde se decoran las calles, tampoco podía faltar. Es la actividad infantil más esperada.

21_08_14 JOSEP LOSADA. Barcelona | 22.22 h.
PROTESTA. De forma espontánea, los vecinos del barrio de la Barceloneta se manifiestan contra los pisos turísticos ilegales, con más de un centenar ya de expedientes abiertos.

22_08_14 INÉS BAUCELLS. Barcelona | 18:53 h.
FARÁNDULA. El argentino Pablo actúa en el Arc de Triomf ante un público ocasional, de quien recibirá a cambio algunas monedas. El arte callejero mantiene viva la ciudad.

23_08_14 JOAN MONFORT. Tiana (Maresme) | 20: 10 h.
EL ÚLTIMO JIPI CATALÁN. Nieto de poetas, Pau Riba ha hecho bandera de la contracultura. Transgresor, provocador y antiburgués, es el Frank Zappa catalán.

24_08_14 JOSEP LAGO. La Roca del Vallès (Vallès Oriental) | 12:46 h.
EXCLUSIVO. Marina (21 años) se baña y se divierte con su perro Markus (4 años) en Can Janè, el primer parque acuático del mundo exclusivamente para estos animales de compañía.

25_08_14 CARMEN SECANELLA. Barcelona | 19:36 h.
GUÍA. Las fiestas de Sants preceden a las de Gràcia. En la foto, una visita guiada para personas con dificultades de visión estimulada mediante el tacto y el relato.

26_08_14 JOAN GUERRERO. Santa Coloma de Gramenet (Barcelonès) | 20: 10 h.
POESÍA. Dos niñas corren frente a la frase escrita por el poeta Màrius Sampere "Vivir es probarlo infinitas veces", que da la bienvenida a la ciudad cerca del Besòs.

27_08_14 VICENS GIMÉNEZ. Barcelona | 07:03 h.
FÒRUM 7:00 H. Diagonal Mar concentra el mayor número de edificios de más de 100 metros en la ciudad, la primera oleada de los cuales llegó con los Juegos Olímpicos de Barcelona'92.

28_08_14 CONSUELO BAUTISTA. Barcelona | 13:15 h.
EL REY DE LA RUMBA. Capilla ardiente de Pere Pubill, Peret, padre de la rumba catalana, en el Saló de Cent del Ayuntamiento de Barcelona, fallecido a los 79 años.

29_08_14 DANNY CAMINAL. Salou (Tarragonès) | 12:22 h.
TURISTAS. Salou, en la Costa Daurada, es el quinto municipio del Estado con más turistas por habitante. El 25% del total provienen del turismo familiar.

30_08_14 PERE PUNTÍ. Sant Hilari Sacalm (Selva) | 18:21 h.
A TODA MÁQUINA. Bajada de Carretones de Sant Hilari Sacalm, la más antigua y espectacular de Cataluña, que este año llega ya a su 33ª edición.

31_08_14 ALBERT BERTRAN. Manresa (Bages) | 12:18 h.
ÁNGEL CON DIABLO. Anna Purti, diablo del grupo de diablos y timbaleros Xàldiga, con su hijo Pau, de cuatro meses. El baile de diablos es una tradición muy arraigada.

ENG

JOAN MANUEL BALIELLAS. Barcelona | 08: 10 pm.
FOAM PARTY. A classic in the local festivities. In Gràcia, where the streets are decorated, it is a must. It's the most popular activity for children.

JOSEP LOSADA. Barcelona | 10.22 pm.
PROTEST. Barceloneta residents spontaneously protest against illegal tourist flats. More than one hundred reports have been filed already.

INÉS BAUCELLS. Barcelona | 06:53 pm.
SHOWBIZ. The Argentine Pablo acts in front of an impromptu audience at the Arc de Triomf in exchange for some change. Street art keeps the city alive.

JOAN MONFORT. Tiana (Maresme) | 08: 10 pm.
THE LAST CATALAN HIPPIE. Born into a family of poets, Pau Riba is a proud icon of counterculture. Transgressor, provocative and anti-bourgeois, he is the Catalan Franz Zappa .

JOSEP LAGO. La Roca del Vallès (Vallès Oriental) | 12:46 am.
EXCLUSIVE. Marina (aged 21) bathing and having fun with her dog Markus (aged 4) in Can Janè, the world's first water park exclusively for pets.

CARMEN SECANELLA. Barcelona | 07:36 pm.
GUIDE. After Gracia's come Sant's local festivities. In the picture, a guided tour for the visually impaired stimulated through touch and story-telling.

JOAN GUERRERO. Santa Coloma de Gramenet (Barcelonès) | 08: 10 pm.
POETRY. Two girls running past a quote by poet Marius Sampere: "To live is to try countless times", a welcome to the city near the Besós river.

VICENS GIMÉNEZ. Barcelona | 07:03 am.
FÒRUM 7:00 AM. Diagonal Mar has the largest number of buildings over 100 meters in the city. The first wave came with the Barcelona'92 Olympics.

CONSUELO BAUTISTA. Barcelona | 01:15 pm.
THE KING OF THE RUMBA. Wake for Pere Pubill, Peret, father of the Catalan rumba in the Saló de Cent of Barcelona City Council. He died aged 79.

DANNY CAMINAL. Salou (Tarragonès) | 12:22 am.
TOURISTS. Salou on the Costa Daurada ranks fifth in Spain for tourists per inhabitant. 25 percent of the total number are family holidaymakers.

PERE PUNTÍ. Sant Hilari Sacalm (Selva) | 06:21 pm.
FULL SPEED. The Baixada de Carretons of Sant Hilari Sacalm, the oldest and the most spectacular in Catalonia. This year it celebrated its 33rd edition.

ALBERT BERTRAN. Manresa (Bages) | 12:18 am.
DEVIL WITH ANGEL. Anna Purti, the devil of Xáldiga devils and drummers association, with her son Pau, aged four months. Dancing devils is a deep-rooted tradition.

DUDO QUE EN EL CALENDARIO EXISTA un mes que sume tantos significados triviales y a la vez tantos significados trascendentes. ¿Por qué? Empecemos por la intrascendencia. Septiembre es un mes bisagra. Y las bisagras suelen chirriar. Si miramos hacia nuestra infancia, es muy probable que los mejores y peores recuerdos se acumulen en este mes. La explicación es simple: en septiembre regresábamos al colegio. Por un lado, dejábamos atrás las vacaciones, oh desgracia; pero por otro, todos recordamos aquella alegre ansia de quien iniciaba un nuevo curso con viejos amigos. Septiembre olía a plumier recién estrenado. Aquí está. En septiembre todo recomienza. Por trivial que sea la causa. Septiembre es a la sociedad lo que la primavera a la naturaleza.

Pocos saben que septiembre conserva su nombre gracias a la ironía de un emperador romano. Agosto se llama así en homenaje a Augusto, de modo que los senadores romanos propusieron al siguiente emperador, Tiberio, cambiar el nombre de septiembre por el suyo. Pero Tiberio, modesto y sarcástico, se opuso: "¿Qué haréis –les dijo– cuando se os acaben los meses y aún haya emperadores?". El refranero dedica bastante atención a este mes. Y no lo aprecia mucho. La mayor parte de los proverbios tienen un carácter de advertencia, algunos incluso emanan cierto aliento catastrófico. Hay uno que encuentro especialmente oportuno: "Septiembre, o seca las fuentes, o se lleva los puentes". Podemos dudar de si habla de nuestro clima o de nuestra sociedad. Lo cierto, lo irrefutable, es que los grandes clímax narrativos de la historia catalana se han vivido en este noveno mes del año. Septiembre de 1714 fue lluvioso. A veces he pensado en los defensores de Barcelona, aquel 10 de septiembre, con la lluvia goteando por los tricornios y sosteniendo fusiles mojados con las manos empapadas. En cambio, en los últimos años las multitudes han tenido a su favor un clima que las ha empujado a la calle, a la revolución. Somos así: la primavera catalana es en septiembre. Por eso, siempre me ha gustado este mes, por su carácter extremo, bastardo, proceloso.

Quién sabe; quizá gracias a los septiembres tendremos un estado nuevo, que estrenaremos con la misma alegría impaciente con que abríamos la cremallera de un plumier nuevo.

ALBERT SÁNCHEZ PIÑOL | Escritor

I DOUBT THERE IS A MONTH IN THE CALENDAR that includes so many trivial significances as well as so many transcendent ones. Why? Let's start with the insignificance. September is a hinge month. And hinges usually squeak. If we consider our childhoods, our best and worst memories probably took place during this month. There's a simple explanation: we used to go back to school in September. On the one hand, we left our holidays behind - what a shame - but on the other, we all remember the happy anxiety of beginning a new school year with old friends. September smelled of a brand new pencil case. Think about it. Everything begins again in September. However trivial the cause. September is to society what spring is to nature.

Few people know that September retains its name thanks to the irony of a Roman emperor. August is named in honour of Augustus, so the Roman senators made a suggestion to the next emperor, Tiberius, that September should be renamed after him. But Tiberius modestly and sarcastically opposed the idea: "What will you do," he said, "when you run out of months and there are still emperors?" Proverbs devote a great deal of attention to this month. And they do not view it in a positive light. Most proverbs are warnings, and some even have a tone that is catastrophic. There's one that I find particularly appropriate: "September either dries up springs or washes away bridges". One may wonder whether it refers to our climate or our society. What is indisputably true is that the major narrative climaxes of Catalan history have taken place in the ninth month of the year. The September of 1714 was rainy. I have sometimes thought about the defenders of Barcelona, on that 10 September, with rain sliding down their three-cornered hats and holding wet rifles in their soaking hands. However, in recent years the crowds have benefited from a climate that has taken them to the streets, towards a revolution. That's the way we are: the Catalan spring is in September. That's why I've always loved this month, because of its extreme, hybrid, tempestuous nature.

Who knows - it could be thanks to Septembers that we have a new State, which we'll begin with the same eager happiness as when we opened the zip of a new pencil case.

ALBERT SÁNCHEZ PIÑOL | Writer

01_09_14 JORDI COTRINA. Colera (Alt Empordà) | 07:06 h.
DO. Primeros rayos de sol sobre las viñas de la Finca Garbet, donde el enólogo Delfí Sanahuja supervisa el grado de maduración de la uva syrah, variedad plantada en el Mediterráneo.

JORDI COTRINA. Colera (Alt Empordà) | 07:06 am.
D.O. First rays of sunlight on the Finca Carbet vineyard where winemaker Delfí Sanahuja oversees the ripening of the Syrach grapes, a variety grown in the Mediterranean.

02_09_14 LAURA GUERRERO. Santa Coloma de Gramenet (Barcelonès) | 19:06 h.
VACACIONES EN PAZ. Challa regresa hoy a los campamentos de refugiados de Tinduf, en el desierto del Sáhara. Ha pasado el verano con una familia de acogida gracias a la acción solidaria.

LAURA GUERRERO. Santa Coloma de Gramenet (Barcelonès) | 07:06 pm.
HOLIDAYS IN PEACE. Today, Challa is travelling back to Tindouf refugee camp, in the Sahara Desert. She has spent the summer with a host family thanks to a solidarity initiative.

03_09_14 SANTIAGO COGOLLUDO. Marçà (Priorat) | 10:42 h.
SERES IGUALES. Elena Tova, María González y Jonás Amadeo hacen la cura diaria a Félix, un carnero que fue malherido en la granja donde vivía. En El Hogar ProVegan, los animales viven en completa libertad según los principios veganos.

SANTIAGO COGOLLUDO. Marçà (Priorat) | 10:42 am.
EQUALS. Every day Elena Tova, Maria Gonzalez and Jonás Amadeo dress the wounds of Felix, a ram which was wounded on the farm where he lived. At the Provegan Foundation, animals live in complete freedom in accordance with vegan principles.

04_09_14 MIQUEL ANGLARILL. Arnes (Terra Alta) | 12:30 h.
CARPE DIEM. Aprovechando el día y la sombra bajo el pórtico del Ayuntamiento, uno de los edificios civiles más relevantes del Renacimiento catalán, como en el tópico literario de la época.

MIQUEL ANGLARILL. Arnes (Terra Alta) | 12:30 am.
CARPE DIEM. Enjoying the day and the shade under the arcade of the Town Hall, one of the most relevant public buildings of the Catalan Renaissance.

05_09_14 ALBERT MASIAS. Empúries (Alt Empordà) | 19:45 h.
YACIMIENTO. Visita teatralizada a las ruinas de Empúries. El gladiador Pardvs explica cómo eran las termas romanas. La antigua colonia pervivió más de un millar de años.

ALBERT MASIAS. Empúries (Alt Empordà) | 07:45 pm.
ARCHAEOLOGICAL SITE. Theatrical tour of the Ruins of Empúries. The gladiator Pardus describes the Roman baths. The former colony lasted over a thousand years.

06_09_14 QUIQUE GARCÍA. Malla (Osona) | 14:31 h.
BUS.CAT. Con el eslogan "Próxima parada, Independencia", el Bus Català busca adhesiones al derecho a decidir por todo el territorio. Ha viajado también a Bruselas y a París.

QUIQUE GARCÍA. Malla (Osona) | 02:31 pm.
BUS.CAT. With the slogan 'Next stop: Independence', the Bus Català gathering support for the right to decide around the territory. It has also traveled to Brussels and Paris.

CAS

07_09_14 ÀLEX GARCIA. Barcelona | 21:55 h.
PREPARATIVOS. La Generalitat aparece iluminada para la Diada. El noruego Aleksander Andersen y su novia, de turismo en Barcelona, se hacen una foto de recuerdo.

08_09_14 DANNY CAMINAL. Barcelona | 12:17 h.
HORMIGUERO. Bajo el puente neogótico de la calle del Bisbe, que une la Generalitat con la Casa dels Canonges, pasan a diario miles de turistas en un constante hormigueo.

09_09_14 ANA JIMÉNEZ. Barcelona | 11:55 h.
SEÑERA HUMANA. Colas de más de media hora en la sede de la ANC para comprar la camiseta oficial de la Diada, con que se hará el mosaico de la V.

10_09_14 JOAN GUERRERO. Barcelona | 20:17 h.
1714. Los actos institucionales de la Diada se abren por primera vez al Fossar de les Moreres, donde reposan los restos de los caídos en la defensa de Barcelona, en 1714.

11_09_14 DAVID AIROB. Barcelona | 17:14 h.
"ARA ÉS L'HORA". 1.800.000 catalanes ocupan los 11 km y los 200.000 m^2 de la gran "V" promovida por la ANC y Òmnium Cultural en la tercera gran manifestación soberanista de la Diada de l'Onze de Setembre.

12_09_14 JULIO CARBÓ. Tàrrega (Urgell) | 19:33 h.
TEATRO EN LA CALLE. Actuación del grupo 15Feet6 con el espectáculo de circo Dynamite & Poetry en la Fira de Tàrrega, la más importante en el sur de Europa, sin límite de aforo.

13_09_14 SUSANNA SÁEZ. Odèn (Solsonès) | 17:59 h.
EXHIBICIÓN. El Zoo del Pirineu, impulsado por Stania Kuspertova y Eloi Arenas, ofrece espectáculos de vuelos libres de aves rapaces, como el de este majestuoso búho real.

14_09_14 MARCEL·LÍ SÀENZ. Amposta (Montsià) | 11:15 h.
ARROZAL. Dani Forcadell, tercera generación de arroceros, da a su hijo Gerard unas espigas de arroz de grano redondo (guara). Se espera una cosecha de 120.000 toneladas.

15_09_14 CRISTINA CALDERER. Barcelona | 08:40 h.
EMPIEZA EL CURSO. Bruna, de 3 años, se estrena este año en el colegio. Cogida de la mano de su madre, cruza la calle entre otros niños que empiezan el curso 2014-2015.

16_09_14 PERE TORDERA. Olot (Garrotxa) | 17:00 h.
PARQUE NATURAL. Asentada sobre una colada de lava en medio del Parque Natural de la Zona Volcánica de la Garrotxa, la Fageda d'en Jordà está rodeada de 21 volcanes inactivos.

17_09_14 TONI ALBIR. Barcelona | 11:30 h.
LA MILLA DE ORO. El paseo de Gràcia de Barcelona figura entre las diez calles más caras y exclusivas del mundo, donde confluyen las tiendas más lujosas de la ciudad, en contraste con otra realidad social alimentada por el alto coste de la vida.

18_09_14 CARLES RIBAS. Cercs (Berguedà) | 12:38 h.
TRATADO DE LOS PIRINEOS. C-16, km 105,5, cerca de la frontera. La Cataluña Norte, histórica y culturalmente catalana y unilateralmente cedida a Francia, se reivindica.

19_09_14 FRANCESC MELCION. Barcelona | 19:00 h.
LA CIUDAD, DE FIESTA. Ambiente en la plaza de Sant Jaume momentos antes del pregón de la Mercè, patrona de Barcelona, que da por iniciados los actos de celebración.

ENG

ÀLEX GARCIA. Barcelona | 09:55 pm.
PREPARATIONS. The Government building is lit up for National Day. Norwegian Aleksander Andersen and his girlfriend, in Barcelona as tourists, take a photo.

DANNY CAMINAL. Barcelona | 12:17 am.
CROWDED. Thousands of tourists throng under the neogothic bridge on the Bisbe street, which connects the Generalitat to Casa dels Canonges, day after day.

ANA JIMÉNEZ. Barcelona | 11:55 am.
HUMAN CATALAN FLAG. Standing in line for more than half an hour in the ANC headquarters to buy the official "Diada" t-shirt to form the human mosaic of a 'V'.

JOAN GUERRERO. Barcelona | 08:17 pm.
1714. Institutional events open for National Day in Fossar de les Moreres, where the city's defenders were buried following the Siege of Barcelona in 1714.

DAVID AIROB. Barcelona | 05:14 pm.
NOW IS THE TIME. 1,800,000 Catalans occupy the 11 kilometres and 200,000 square metres of the huge 'V' promoted by the ANC and the Òmnium Cultural in the third great pro-independence demonstration on National Day.

JULIO CARBÓ. Tàrrega (Urgell) | 07:33 pm.
STREET THEATRE. Circus group 15Feet6 perform 'Dynamite & poetry' during the FiraTàrrega, the biggest market for performing arts in southern Europe, with unlimited capacity.

SUSANNA SÁEZ. Odèn (Solsonès) | 05:59 pm.
SHOW. Created by Stania Kuspertova and Eloi Arenas, the Zoo del Pirineu offers flying displays by bird of prey like this majestic eagle owl.

MARCEL·LÍ SÀENZ. Amposta (Montsià) | 11:15 h.
RICE FIELD. Dani Forcadell, third generation of rice farmers, gives a few ears of round grain rice (guara) to his son Gerard. A 120,000-ton crop is expected.

CRISTINA CALDERER. Barcelona | 08:40 am.
COURSE START. Bruna, aged three, begins school this year. Holding her mother's hand, she crosses the street among other children on their first school day in 2014-15.

PERE TORDERA. Olot (Garrotxa) | 05:00 pm.
NATURAL PARK. Growing on a flood outflow in the middle of the Natural Park of the Volcanic Area of the Garrotxa, the Fageda (beech forest) d'en Jordà is surrounded by 21 extinct volcanoes.

TONI ALBIR. Barcelona | 11:30 am.
THE GOLDEN MILE. Passeig de Gracia is one of the 10 most expensive and exclusive streets in the world. On it the most luxurious shops of the city clash with another social reality fuelled by the high cost of living.

CARLES RIBAS. Cercs (Berguedà) | 12:38 am.
TREATY OF THE PYRENEES. C-16, km.105.5 near the border. Northern Catalonia, historically and culturally Catalan, unilaterally ceded to France, reclaims its origins.

FRANCESC MELCION. Barcelona | 07:00 pm.
RAVING CITY. Atmosphere in Sant Jaume square just before the festival address of La Mercè, patron saint of Barcelona, which marks the start of the celebrations.

CAS

20_09_14 JOAN MANUEL BALIELLAS. Barcelona | 11:24 h.
El MURO DE LA VERGÜENZA. Las obras de la L9 de metro, iniciadas en 2003, han dejado un inmenso agujero por la falta de presupuesto, pese a las reivindicaciones vecinales.

21_09_14 JOSEP LOSADA. Barcelona | 11:23 h.
MARXA GLOBAL. 2.500 ciudades, entre ellas Barcelona, se manifiestan contra el cambio climático tres días antes de la cumbre de la ONU en Nova York para presionar a sus líderes.

22_09_14 INÉS BAUCELLS. Barcelona | 19:53 h.
HIPSTERS. La barba larga está de moda, es motivo de orgullo y requiere cuidados. En los años 40 fueron aficionados al jazz con la actitud cool de los negros. Ahora son subcultura urbana.

23_09_14 JOAN MONFORT. Barcelona | 09:42 h.
OLVIDO. Pasqual Maragall escucha la radio en su despacho de ex presidente de la Generalitat. Su fundación ha lanzado "Olvidos contra el Alzheimer" para recaudar fondos.

24_09_14 JOSEP LAGO. Barcelona | 10:42 h.
DECIBELIOS. La Mercè más tradicional llena de *grallers*, gigantes y trabucaires la ciudad. Música, humo y ruido a la máxima potencia, como en las *galejades* de Sant Jaume.

25_09_14 CARMEN SECANELLA. Granollers (Vallès Oriental) | 10:42 h.
Y LA VIDA VA. Activistas de la Plataforma de Afectados por la Hipoteca (PAH) coinciden con un mercado semanal en su manifestación frente a una oficina bancaria.

26_09_14 CONSUELO BAUTISTA. Barcelona | 16:05 h.
DECLARACIÓN. El ex presidente de la Generalitat se dirige a la Sala de Grupos del Parlament. Jordi Pujol comparece para dar razones de sus fondos familiares en Andorra.

27_09_14 VICENS GIMÉNEZ. Barcelona | 07:16 h.
COLLSEROLA 7:00 H. La Torre de Collserola fue construida para Barcelona'92. Diseñada por el arquitecto Norman Foster, se ha convertido en símbolo y mirador incomparable.

28_09_14 AGUSTÍ CARBONELL. Castellar de n'Hug (Berguedà) | 09:00 h.
NACIMIENTO. Dice la leyenda que el agua que brota de las fuentes del Llobregat son las lágrimas de unas niñas que una bruja mató. Quería que su hija fuera la más bonita.

29_09_14 JORDI V. POU. Lleida | 01:11 h.
SEGURIDAD. Alfons hace la ronda nocturna en el Museu de Lleida Diocesà i Comarcal rodeado de santos, vírgenes y retablos, en un privilegiado recorrido por la historia de la ciudad.

30_09_14 PERE PUNTÍ. Girona | 18:26 h.
QUEREMOS VOTAR. El Tribunal Constitucional acaba de suspender la Ley de Consultas, y miles de personas se manifiestan frente a los ayuntamiento para protestar.

ENG

JOAN MANUEL BALIELLAS. Barcelona | 11:24 am.
THE WALL OF SHAME. The works of the L9 metro, launched in 2003, have left a huge hole as a result of the cuts, despite residents' protests

JOSEP LOSADA. Barcelona | 11:23 am.
GLOBAL PROTEST. 2,500 cities, including Barcelona, demonstrate against climate change three days before the ONU summit in New York to pressure their leaders.

INÉS BAUCELLS. Barcelona | 07:53 pm.
HIPSTERS. Hipsters pride themselves on their long, trendy, well-trimmed beards. In the 40's they were jazz fans who adopted black cool. Nowadays they are an urban subculture.

JOAN MONFORT. Barcelona | 09:42 am.
OBLIVION. Pasqual Maragall listening to the radio in his office as former president of the Generalitat. His Foundation has launched 'Oblivion against Alzheimer' to raise funds.

JOSEP LAGO. Barcelona | 10:42 am.
DECIBELS. The most traditional Mercè fills the city with "grallers", giants and "trabucaires". Music, smoke and noise at full power, as in "galejades" in Sant Jaume.

CARMEN SECANELLA. Granollers (Vallès Oriental) | 10:42 am.
AND LIFE GOES ON. Activists of the Platform of People Affected By Mortgages (PAH) come across a weekly market in their demonstration outside a high street branch.

CONSUELO BAUTISTA. Barcelona | 04:05 pm.
DECLARATION. The ex-president of the Generalitat heads for the Parliamentary Groups room. Jordi Pujol is to address the chamber to explain his family's funds in Andorra.

VICENS GIMÉNEZ. Barcelona | 07:16 am.
COLLSEROLA 7:00 AM. Collserola Tower was built for Barcelona'92. Designed by architect Norman Foster, it has become a symbol and unparalleledview point.

AGUSTÍ CARBONELL. Castellar de n'Hug (Berguedà) | 09:00 am.
BIRTH. Legend has it that the water from the springs of the Llobregat are the t ears of little girls that a witch killed. She wanted her daughter to be the prettiest.

JORDI V. POU. Lleida | 01:11 am.
SECURITY. Alfonso does his nightly rounds in the Museum of Lleida, surrounded by saints, virgins and altarpieces, a privileged insight into the history of the city.

PERE PUNTÍ. Girona | 06:26 am.
WE WANT TO VOTE. The Constitutional Court has just suspended the consultation law and thousands of people gather outside the City Hall to protest.

Miras, observas, ves. Te mueres.
Y mientras penetras en la luz de octubre, cuando la luz se tuerce igual que un recuerdo, la incipiencia de la oscuridad, poco a poco revelada, colorea aún el abrazo de la tarde abierta, en la piel de las cosas, la corteza gris de los perennes árboles anclados, el aliento último de la hoja dorada –el oro metal ahumado antes del renacimiento–, el vómito sobre los edificios, el cielo que menstrúa.

Sobre el agua, la luz se desgarra y la lluvia se obstina en suicidarse, en acompañar en el duelo al cobre de octubre, inmanencia de un nuevo mañana que dará a luz un blanco neutro blanquísimo, nieve vista de la memoria oscura.

Sobre el asfalto, se desprenden los brotes de los troncos, se derrota la carne, el aire se deshilacha porque lo esnifamos, como en un fondo de mar bajo un techo de luz quemándose.

El calor del primer frío despoja tu último cuerpo. Te despides.

Así desciendes, sin ninguna mano sobre las costillas, en la luz obturándose, ya obturada, asfixia que redime mientras te abandona, en el centro de un cielo negro que la luz desmenuza, desde fuera, clamando, desde dentro, fundiéndose y desapareciendo, estéril semilla que la tierra acoge y resucita.

Dolor de la pérdida, por tanto. Alegría de la nada.

Te mueres. Miras, no ves. Tientas.

La luz es una sombra ausente.

TXEMA MARTÍNEZ | Poeta

You look, you observe, you see. You die.
A nd while you penetrate the October light, when the light is distorted in the same way as a memory, the incipient nature of the darkness, gradually revealed, still colours the embrace of the open evening, in the skin of things, the grey bark of anchored evergreen trees, the last breath of the golden leaf - the metal gold smoked before the renaissance - the vomit on the buildings, the menstruating sky.

The light breaks up on the water, and the rain is determined to commit suicide, to accompany the October copper in its grief - the immanence of a new morning which will breathe life into the whitest of neutral whites; snow dressed in obscure memory.

On the tarmac, the eyes of logs are shed, meat is vanquished, the air frays because we sniff it, as if it was burning under a layer of light on a sea bed.

The heat of the first cold strips your last body. You say farewell.

So you descend, without any hand on your ribs, blocking out the light, already blocked, an asphyxia which redeems while it abandons you, in the centre of a black sky that the light shatters, from outside, crying, from inside, melting and disappearing, a barren seed that the earth gathers and resurrects.

The pain of loss, then. The jewel of nothing.

You die. Look, you can't see it. Groping.

Light is an absent shadow.

TXEMA MARTÍNEZ | Poet

01_10_14 JORDI COTRINA. Barcelona | 11:18 h.
BUSINESS SCHOOL. El MBA del IESE, tercero mejor de Europa y séptimo del mundo según el Financial Times, celebra su 50 aniversario con alumnos de 57 países.

JORDI COTRINA. Barcelona | 11:18 am.
BUSINESS SCHOOL. The IESE MBA, Europe's third best and the world's seventh, according to Financial Times, celebrates its 50th anniversary with students from 57 countries.

02_10_14 JOAN GUERRERO. Barcelona | 10:39 h.
VISIÓN CONTEMPORÁNEA. Lo mejor del arte de los siglos XX y XXI se exhibe en el emblemático edificio del MACBA. Una chica contempla una obra del fotógrafo Xavier Ribas.

JOAN GUERRERO. Barcelona | 10:39 am.
CONTEMPORARY VISION. The best art of the 20th and 21th centuries is exhibited in the landmark building MACBA. A girl looks at a work by photographer Xavier Ribas.

03_10_14 SANTI COGOLLUDO. Barcelona | 16:30 h.
ARTE EMERGENTE. La feria de arte Swab reúne desde hace seis años a artistas emergentes y expone este año un total de 165 obras en el Pabellón Italiano de Fira de Barcelona.

SANTI COGOLLUDO. Barcelona | 04:30 pm.
EMERGING ART. Swab Barcelona has assembled 165 emerging artists in the last six years, and this year exhibits 165 works in the Italian Pavilion at Fira de Barcelona.

04_10_14 FRANCESC MELCION. Barcelona | 13:00 h.
EL SUBURBANO. La red de metro de Barcelona alcanza unas 400.000 validaciones al año. La subida de tarifas de principios de año provocó numerosas protestas.

FRANCESC MELCION. Barcelona | 01:00 pm.
THE SUBURBAN. The Barcelona Metro network sells 400,000 tickets a year. The rise in fees early this year sparked numerous protests.

05_10_14 SUSANNA SÁENZ. Sitges (Garraf) | 09:49 h.
NUDISMO. Jordi de les Pedres camina hacia el agua en la cala nudista de Balmins tras dar por finalizada su escultura efímera. El nudismo es una opción naturista.

SUSANNA SÁENZ. Sitges (Garraf) | 09:49 pm.
NUDISM. Jordi de les Pedres walks to the water in the Balmis nudist cove after finishing his ephemeral sculpture. Nudism is a naturist option.

06_10_14 QUIQUE GARCÍA. Tavertet (Osona) | 14:07 h.
EMBLEMA. El campanario del pantano de Sau, convertido en emblema estos últimos 50 años desde que las aguas del Ter cubrieran el pueblo de Sant Romà de Sau, emerge pese a las primeras alertas de derrumbe por las filtraciones

QUIQUE GARCÍA. Tavertet (Osona) | 02:07 pm
EMBLEM. The Sau bell tower, which has become an emblem in the 50 years since the Ter's waters covered the village of Sant Romà de Sau, emerges despite early signs of deterioration due to leaking.

CAS

07_10_14 ÀLEX GARCIA. Barcelona | 17:40 h.
AULA MAGNA. 300 expertos estudian a Gaudí en el primer congreso mundial pluridisciplinario dedicado al arquitecto catalán, de los seis que se han programado hasta 2026.

08_10_14 DANNY CAMINAL. Montseny (Vallès Oriental) | 08:27 h.
SETAS Y BOLETAIRES. Las previsiones para este año son excelentes. Los hayedos del Montseny suelen ser muy productivos en setas. En Cataluña, la afición crece.

09_10_14 ANA JIMÉNEZ. Barcelona | 18:05 h.
CSIO. El Real Club de Polo de Barcelona organiza el Concurso de Saltos Internacional. Es un club histórico y centenario de tradición ecuestre creado a finales del siglo XIX.

10_10_14 LAURA GUERRERO. Barcelona | 17:46 h.
FANTASÍA. Escondidas en este parque, ¿jugamos a que tú y yo somos hermanas y vivimos en un bosque? La imaginación es la base para el buen crecimiento de los niños y niñas.

11_10_14 DAVID AIROB. Barcelona | 18:40 h.
MÚNICH EN BARCELONA. La fiesta alemana más famosa de la cerveza revive en Barcelona. La Oktoberfest se celebra por tercer año en el recinto ferial de Montjuïc.

12_10_14 CARLES RIBAS. Poblenou del Delta (Montsià) | 12:50 h.
DE AMARILLO. Voluntarios de la Assemblea Nacional Catalana pintan del color de la campaña del sí por la independencia sus casas del Poblenou del Delta.

13_10_14 CRISTINA CALDERER. Barcelona | 17:00 h.
APERTURA CATALANA. Carlos, Xavi y Guille juegan a ajedrez contra Roberto en los jardines de Rubió i Lluch, debajo de la escalera de la Biblioteca de Catalunya.

14_10_14 MARCEL·LÍ SÀENZ. Balaguer (Noguera) | 12:30 h.
TRANSGÉNICOS NO. Josep Pàmies es un activista y emprendedor rural. Recupera plantas y semillas olvidadas, y lucha contra los transgénicos y por la introducción de la estevia.

15_10_14 JULIO CARBÓ. L'Hospitalet de Llobregat (Barcelonès) | 14:15 h.
PARODIA. Los dos actores de la política actual interpretados por Queco Novell (Mariano Rajoy) y Bruno Oro (Artur Mas), en una grabación del programa *Polònia* de TV3.

16_10_14 PERE TORDERA. Manlleu (Osona) | 20:00 h.
SÍNDROME DE DOWN. Minerva (13 años) estudia sexto de primaria y toca el chelo con su madre. La ley reconoce a todos los alumnos el derecho a estudiar en centros ordinarios.

17_10_14 TONI ALBIR. L'Hospitalet de Llobregat (Barcelonès) | 01:30 h.
LAST ORDERS. El reconocido barman Manel Tirvió bate la coctelera en el Tirsa, establecimiento fundado en 1953 por su padre y que ya cerró debido a la LAU.

18_10_14 ALBERT MASIAS. Barcelona | 18:30 h.
ASEDIO CIUDADANO. Un millar de personas rodean el Centro de Internamiento de Extranjeros en el acto final de campaña «Tancarem el CIE» de la Zona Franca, impulsada por SOS Racisme, Tanquem els CIE y la Fundación Migra Studium.

19_10_14 MIQUEL ANGLARILL. Avià (Berguedà) | 00:00 h.
A MEDIA NOCHE. La décima Survival Zombie llega a Avià. Algunos participantes escuchan las instrucciones del juego que ha de empezar, disfrazados de muertos vivientes.

ENG

ÀLEX GARCIA. Barcelona | 05:40 pm.
AULA MAGNA. 300 experts study Gaudí in the first multidisciplinary world congress dedicated to the Catalan architect. It is the first of six to take place by 2026.

DANNY CAMINAL. Montseny (Vallès Oriental) | 08:27 am.
MUSHROOMS & BOLETAIRES. The outlook for this year is excellent. The beech forests of Montseny tend to be very productive. In Catalonia, the hobby is on the rise.

ANA JIMÉNEZ. Barcelona | 06:05 pm.
CSIO The Real Club de Polo de Barcelona, a historical centenarian club, organizes the international show jumping event. The club was created in the late19th century.

LAURA GUERRERO. Barcelona | 05:46 pm.
FANTASY. Hidden in this park, shall we pretend you and I are sisters and we live in a forest? Imaginative play is vital in children's development.

DAVID AIROB. Barcelona | 06:40 pm.
MUNICH IN BARCELONA. The most famous German beer returns to Barcelona. The Oktoberfest is held for the third time in the Montjuïc trade fair area.

CARLES RIBAS. Poblenou del Delta (Montsià) | 12:50 am.
YELLOW. Volunteers from the Catalan National Assembly painting their houses in the Delta town Poble Nou the colour of the campaign for independence.

CRISTINA CALDERER. Barcelona | 05:00 pm.
CATALAN OPENING. Carlos, Xavi and Guille play chess against Roberto in the Rubió i Lluch gardens, under the staircase of the Biblioteca de Catalunya.

MARCEL·LÍ SÀENZ. Balaguer (Noguera) | 12:30 am.
NO TO GMOs. Josep Pàmies is a rural activist and entrepreneur. He recovers heirloom plants and seeds, while fighting against GM foods and for the introduction of stevia.

JULIO CARBÓ. L'Hospitalet de Llobregat (Barcelonès) | 02:15 pm.
PARODY. The two actors in contemporary politics played by Queco Novell (Mariano Rajoy) and Bruno Oro (Artur Mas) shooting a scene for the TV3 program "Polonia".

PERE TORDERA. Manlleu (Osona) | 08:00 am.
DOWN SYNDROME. Minerva, aged 13, is doing sixth grade and plays the cello with her mother Dolors. The right of children to attend an ordinary school is granted by law.

TONI ALBIR. L'Hospitalet de Llobregat (Barcelonès) | 01:30 am.
LAST ORDERS. Renowned barman Manel Tirvió shakes a cocktail in the TIRSA. The establishment, founded by his father in 1953, has closed down because of rent rises.

ALBERT MASIAS. Barcelona | 06:30 pm.
CITIZEN SIEGE. A thousand people surround the Immigrant Detention Centre in the closing event of the campaign "Tancarem el CIE' in Zona Franca", organised by SOS Racisme, Tanquem els CIE and Migra Studium Foundation.

MIQUEL ANGLARILL. Avià (Berguedà) | 00:00 am.
MIDNIGHT. The Survival Zombie holds its 10th edition in Avià. Participants, dressed up as zombies, listen to the instructions of the game about to begin.

CAS

20_10_14 **JOAN MANUEL BALIELLAS.** Barcelona | 12:07 h.
RESTAURACIÓN. Manuel Martínez, de la empresa Obres i Contractes PENTA, S.A., restaura el hierro forjado de los bancos-farolas del paseo de Gràcia subido en la grúa.

21_10_14 **JOSEP LOSADA.** Barcelona | 19:29 h.
BICING. Barcelona es pionera en el mundo en el servicio público de bicicletas de alquiler, exportado ahora a muchas otras ciudades. La metrópoli cuenta ya con 180 km de carril bici.

22_10_14 **INÉS BAUCELLS.** Barcelona | 13:32 h.
FLAMENCO CATALÁN. Bailarinas profesionales en clase de flamenco en la escuela La Tani. *Autorretrato vestido de flamenco*, de Ramon Casas, es un ejemplo del vínculo catalán con este baile.

23_10_14 **JOAN MONFORT.** Sant Cugat del Vallès | 12:30 h.
EN LA INTIMIDAD. Emma Vilarasau, una de las mejores actrices de la escena catalana y premio Max 2014, dedica su tiempo libre a cuidar las gallinas y el huerto de la casa familiar.

24_10_14 **JOSEP LAGO.** Pesells (Terra Alta) | 08:07 h.
PASIÓN POR EL MOTOR. Aficionados al RallyRACC Catalunya-Costa Daurada se protegen del polvo levantado por el coche de Sébastien Ogier a su paso por el segundo tramo. La prueba, la más profesionalizada del Mundial, cumple 50 años.

25_10_14 **CARMEN SECANELLA.** Esponellà (Pla de l'Estany) | 18:13 h.
DECEPCIÓN. Vecinos del pueblo y alrededores, reunidos para ver el Barça-Madrid, muestran sus caras de decepción por la derrota 3-1 en el Bernabéu. El clásico levanta pasiones.

26_10_14 **CONSUELO BAUTISTA.** Sant Marçal (Alt i Baix Penedès) | 16:15 h.
ENOTURISMO. La familia Rosell elabora cava y vinos. En la casa solariega Can Cassanyes, del siglo XVII, hacen catas. Cataluña cuenta con once denominaciones de origen.

27_10_14 **VICENS GIMÉNEZ.** Barcelona | 07:33 h.
SAGRADA FAMILIA 7:00 H. Las grúas de la Sagrada Familia forman parte del paisaje urbano. El templo empezó a construirse en 1882 y no estará acabado hasta dentro de 15 o 17 años.

28_10_14 **AGUSTÍ CARBONELL.** Valls (Alt Camp) | 09:33 h.
BARRACAS. Las edificaciones rurales son un vestigio del pasado, hechas de piedra seca, igual que los márgenes de piedra, fruto de la actividad agrícola en los siglos XIX y XX.

29_10_14 **JORDI V. POU.** Les Borges Blanques (Garrigues) | 11:24 h.
URNA. Sisco Melgosa y Jordi Calvís, diseñador de las campañas de la ANC, preparan la urna gigante. La Gigaurna viaja por Cataluña reclamando el derecho a votar.

30_10_14 **PERE PUNTÍ.** Girona | 18:12 h.
FIESTA GRANDE. Las Ferias de Sant Narcís acogen desde hace 300 años la Feria de Muestras, Industrial y Agrícola, y la Comercial. En el Parque de la Devesa se da cita la diversión.

31_10_14 **ALBERT BERTRAN.** Barcelona | 19:11 h.
ENTREMESES. Jaume, el botero, cabezudo de la Colla del Drac del Poblenou, disfruta del vermut en La Pubilla del Taulat. Junto con los gigantes, forma parte del Séquito Popular de Corpus

ENG

JOAN MANUEL BALIELLAS. Barcelona | 12:07 am.
RESTORATION. Manuel Martinez, from Obres i Contractes PENTA SA, restores the wrought iron on the bench-lamp posts in the passeig de Gràcia, at the top of the crane.

JOSEP LOSADA. Barcelona | 07:29 pm.
BICING. Barcelona is the world pioneer in public bike rental services, exported to many other cities. The metropolis has 180 km. of bike lanes.

INÉS BAUCELLS. Barcelona | 01:32 pm.
CATALAN FLAMENCO. Professional dancers in a flamenco class in the school La Tani. "Self-portrait in a flameco dress" by painter Ramon Casas is an example of the Catalan link.

JOAN MONFORT. Sant Cugat del Vallès | 12:30 am.
IN PRIVATE. Emma Vilarasau, one of the best actors on the Catalan scene and Max 2014 awardee, spends her free time tending to her chickens and the family's vegetable garden.

JOSEP LAGO. Pesells (Terra Alta) | 08:07 am.
PASSION FOR MOTOR-RACING. RallyRACC Catalunya-Costa Daurada fans protect themselves from dust raised by Sébastien Ogier`s car racing through the second section. The race, the most proffessional in the World Championship, turns 50.

CARMEN SECANELLA. Esponellà (Pla de l'Estany) | 06:13 pm
DISAPPOINTMENT. Local residents gathered to watch the Barça-Madrid visibly disappointed at the defeat in the Bernabeu. The clàssic raises passions.

CONSUELO BAUTISTA. Sant Marçal (Alt i Baix Penedès) | 04:15 pm.
WINE TOURISM. The Rosell family, cava and wine producers, hold wine-tasting events at their 17th century family home Can Cassanyes. Catalonia has 11 D.O. labels.

VICENS GIMÉNEZ. Barcelona | 07:33 am.
SAGRADA FAMILIA 7:00 AM. The cranes of the Sagrada Familia are part of the urban landscape. Construction began in 1882 and will not be finished for 15 to 17 years.

AGUSTÍ CARBONELL. Valls (Alt Camp) | 09:33 am.
BARRACAS. Rural constructions are a vestige of the past. Made of dry stone, like retaining walls, relics of intense farming activity in the 19th and 20th centuries.

JORDI V. POU. Les Borges Blanques (Garrigues) | 11:24 am.
BALLOT BOX. Sisco Melgosa and Jordi Calvis, campaign designer for the ANC, prepares a giant ballot box. The Gigabox travels Catalonia demanding the right to vote.

PERE PUNTÍ. Girona | 06:12 pm.
BIG PARTY. For the last 300 year, the Fires de Sant Narcís has hosted the Industrial, Agricultural and Trade Fairs. The Devesa park is the place to find the fun.

ALBERT BERTRAN. Barcelona | 07:11 pm.
WAITING. Jaume, the barrel-maker, capgròs of Colla Drac Poble Nou, enjoys his vermouth in La Pubilla del Taulat. With the giants, he is a member of the Seguici Popular on Corpus Christi.

CAS

EL CIELO ESTABA ENCAPOTADO este singular 9N, como si quisiese dar recogimiento al ritual. De vez en cuando, dejaba caer unas gotas de lluvia sobre los ciudadanos que hacían cola para votar, para que resultase más patente su determinación. Recién acabado el cambio de armario –en Barcelona es la semana de Todos los Santos la que tradicionalmente anuncia la hora de empezar a abrigarse–, a algunos se les veía encogidos, demasiado desabrigados. Las colas avanzaban a buen ritmo, y la satisfacción de ver a tanta gente haciendo lo mismo abreviaba la espera. A medida que avanzaba la mañana, la confianza en que ya no aparecerían los de siempre a estropear la fiesta aumentaba. Los voluntarios mostraban ganas de lucir trabajo bien hecho. Personas mayores, a quienes todo el mundo trataba con deferencia; jóvenes atentos a los mayores de la familia; gente de todo tipo y perfil, con presencia de la antigua burguesía, aquella que hoy ha sido desbordada por los bonistas (los que tienen más bonos que salario) y los especuladores, pero especialmente de las clases medias. Gente de orden, mucha gente de orden, protagonizando una insumisión contenida.

Ante esas colas, viendo cómo la gente entraba y salía con la satisfacción pequeñoburguesa (para decirlo como antes) del deber cumplido, entre la emoción de los más mayores, desbordados por la melancolía, la satisfacción de muchos de haberse atrevido, pese a las amenazas, y la extraña fantasía de haber pasado pantalla, me asaltaba una y otra vez la misma impresión: qué raro es este país.

Un sector de la ciudadanía se ha colocado en una especie de estado de plebiscito permanente, según la definición de Ernest Renan. Desde 2010, cinco veces ya, cada vez que han sido convocados han salido a la calle siempre con civismo, siempre con orden, siempre con contención (unas manifestaciones muy poco ruidosas), para dar cuenta al mundo de su existencia como nación. Una constancia en la afirmación, una reiteración en la protesta, insólitas en los países del entorno. Y cada vez sorprende la tenacidad y la calma. Lejos queda la mítica rosa de fuego de los anarquistas. O la revolucionaria plaza internacionalista de los años de revolución y guerra. ¿Dónde está la combativa y bulliciosa ciudad de la transición? Curiosa esta Barcelona, donde la gente de orden desafía la legalidad mientras se queja de la invasión y las incomodidades del turismo, y los movimientos sociales desarrollan un activismo creciente, aunque más invisible, preocupados por salvar la dignidad de las personas más que por proponer grandes promesas utópicas. Esta contención, ¿es un estado de ánimo que ya es idiosincrasia o acumula tensiones reprimidas que pueden desatarse en el momento más impensado? Un país raro, ciertamente.

JOSEP RAMONEDA | Filósofo

ENG

THE SKY WAS OVERCAST on that unique 9 November, as if it wanted to shelter the ritual. It occasionally released a few drops of rain on the citizens who were queuing up to vote, to make their determination more apparent. Having recently putting away summer clothes, in Barcelona the week of All Saints traditionally marks the time to put on winter coats. Some people looked shrunken, as if they had been left out in the cold too long. The queues moved quickly, and the satisfaction of seeing so many people doing the same thing made the wait shorter. As the morning progressed, it became increasingly apparent that the usual killjoys were not going to put in an appearance. The volunteers showed an evident desire to excel at their work. Elderly people, who were treated with deference by everyone, young people attentive to the needs of their elder relatives, people of all types and profiles, including the old bourgeoisie, the one that has now been superseded by bonus earners (the ones earning a bigger bonus than a salary) and speculators, but above all the middle classes. Orderly people, many orderly people, engaged in a restrained rebelliousness.

Looking at these queues, watching people go in and out with the petit bourgeois satisfaction (to continue the metaphor) of having done their duty, among the emotion of the oldest voters, overwhelmed by melancholy, the satisfaction of many at having done the deed, despite the threats, and the strange fantasy of having turned a page, the same impression kept returning to me again and again: this country is very strange.

A proportion of its citizens are in a kind of state of permanent plebiscite, according to Ernest Renan's definition. On five occasions since 2010, every time they have been called upon, they have taken to the streets, always with civility, always orderly, always with restraint (in demonstrations that are generally quiet) to show the world that they exist as a nation. Evidence in an assertion, a reiteration in a protest, which is unprecedented in countries around us. And their tenacity and calm is always surprising. Nothing could be further from the legendary simmering discontent of the anarchists. Or the revolutionary internationalist forum of the years of revolution and war. What has become of the combative and bustling town of the transition to democracy? How curious is this Barcelona, in which orderly people defy the law, while complaining about the invasion of tourism and its inconveniences, and where social movements engage in activism that is increasing but more invisible, concerned about saving the dignity of individuals rather than offering great utopian promises. Is this is a state of mind which is an idiosyncrasy, or one accumulates repressed tensions that may be released at the most unexpected moment? A strange country indeed.

JOSEP RAMONEDA | Philosopher

01_11_14 JORDI COTRINA. Vilanova i la Geltrú (Garraf) | 11:21 h.
TODOS LOS SANTOS. El cementerio de Vilanova i la Geltrú cuenta con hipogeo, cámara funeraria subterránea para cenizas donde recordar a los difuntos que no están sepultados.

JORDI COTRINA. Vilanova i la Geltrú (Garraf) | 11:21 am.
ALL SOUL DAY. Vilanova i la Geltrú cemetery has an urn garden, an underground burial chamber for cremated remains, a place where you can remember the dead.

02_11_14 JOAN GUERRERO. Barcelona | 11:00 h.
GÉNESIS. El fotoperiodista brasileño Sebastião Salgado expone en CaixaForum su último trabajo sobre la búsqueda de los orígenes del mundo y la fragilidad del planeta.

JOAN GUERRERO. Barcelona | 11:00 am.
GENESIS. Brazilian photojournalist Sebastiao Salgado exhibits his new and celebrated work about the search of the origins of the world and the planet's fragility in Caixa Fòrum.

03_11_14 SANTI COGOLLUDO. Barcelona | 20:14 h.
LITERARIOS. Asistentes a la entrega del premio Herralde de novela en lengua castellana de la editorial Anagrama, en pleno cóctel en el restaurante St. Rémy de la calle de Iradier.

SANTI COGOLLUDO. Barcelona | 08:14 pm.
LITERARY. Guests, cocktail in hand, at the Herralde novel prize-giving ceremony, held by publishing house Anagrama in St. Remy restaurant on Iradier street.

04_11_14 FRANCESC MELCION. Santa Coloma de Gramenet (Barcelonès) | 07:45 h.
HORA PUNTA. En el barrio del Fondo, esperando el autobús a primera hora de la mañana. Catalanes, chinos, pakistaníes y ecuatorianos conviven en él.

FRANCESC MELCION. Santa Coloma de Gramenet (Barcelonès) | 07:45 am.
RUSH HOUR. In the El Fondo neighborhood waiting for the bus early in the morning. Catalans, Chinese, Pakistani and Ecuatorians live together here.

05_11_14 SUSANNA SÁEZ. Llívia (La Cerdanya) | 12:49 h.
PARTICIÓN. Llívia se conserva catalana pese a adentrarse en Francia. Su condición de villa la salvó de la repartición de la Cerdanya entre españoles y franceses.

SUSANNA SÁEZ. Llívia (La Cerdanya) | 12:49 am.
PARTITION. Although situated within French territory, Llívia remains Catalan. Unlike most of the Cerdanya villages, Llivia's status as a town saved it from French annexation.

CAS

06_11_14 QUIQUE GARCÍA. Teià (Maresme) | 09:57 h.
DENUNCIA CIUDADANA. Una urna cuelga enjaulada sobre el alféizar de una ventana escenificando la prohibición de la consulta del 9N porque "Votar es normal".

07_11_14 ÀLEX GARCIA. Barcelona | 13:00 h.
PROSTITUCIÓN. Una prostituta latinoamericana se despide de un cliente en la calle de Sant Rafael, en el Raval. En muchos balcones cuelgan pancartas por un barrio digno.

08_11_14 DANNY CAMINAL. Barcelona | 12:19 h.
CONTRACONSULTA. Consignas contra la consulta y por la unidad de España en la previa del 9N de los manifestantes convocados por Libres e Iguales, en la plaza de Sant Jaume.

09_11_14 ANA JIMÉNEZ. Barcelona | 12:16 h.
UNA CONSULTA PARA ENMARCAR. En la consulta del 9-N, convertida en proceso de participación ciudadana por la suspensión del Tribunal Constitucional, más de 2 millones de catalanes han votado por la independencia de Cataluña, el 80% del total.

10_11_14 LAURA GUERRERO. Barcelona | 18:28 h.
DE PASO. Una tarde más, felizmente insignificante bajo el inmenso cielo en el barrio de Sant Martí. La vida pasa sin darnos cuenta. ¡Vívela!

11_11_14 DAVID AIROB. Barcelona | 11:53 h.
MANTENIMIENTO. El Ayuntamiento repone cada cuatro meses las plantas de jardines y parterres. Barcelona cuenta con alrededor de 3.000 hectáreas de zona verde.

12_11_14 CARLES RIBAS. Boí (Alta Ribagorça) | 10:41 h.
VIABILIDAD. Los problemas económicos de Boí Taüll Resort han mantenido en suspenso la apertura de la estación de esquí, activada por la aportación de la Generalitat.

13_11_14 JULIO CARBÓ. Sant Vicenç de Calders (Baix Penedès) | 13:02 h.
ANCESTRAL. Josep Güell (74 años), de Mas Borràs, conserva una prensa de quintal para hacer aceite que data de 1853, hoy todavía en uso. El artilugio es de origen romano.

14_11_14 ALBERT MASIAS. Barcelona | 13:00 h.
INDIGENTES. Retratos sin Techo es un proyecto fotográfico etnológico y humano para dar a conocer a las personas sin hogar. La tienda L'Appartement acoge una muestra.

15_11_14 JORDI V. POU. Cervera (Segarra) | 21:10 h.
HISTÓRICO. Marc y Àlex Márquez son aclamados en su pueblo natal. Por primera vez, dos hermanos se proclaman campeones del mundo el mismo año, en MotoGP y Moto3.

16_11_14 PERE TORDERA. L'Esquirol (Osona) | 07:30 h.
MORIR DE ÉXITO. La Cabrerès MM 2014 celebra su primera edición y se une a la gran proliferación de carreras de montaña, modalidad deportiva en espectacular crecimiento estos últimos años.

17_11_14 TONI ALBIR. L'Hospitalet de Llobregat (Barcelonès) | 01:57 h.
SIN TREGUA. Un centenar de trabajadores realizan trabajos de mantenimiento cada noche en las cocheras de Can Boixeres, de la L5, para que el metro vuelva a abrir a las 5:00 h.

18_11_14 MARCEL·LÍ SÀENZ. Saurí (Pallars Sobirà) | 11:58 h.
A 1.800 M. Anna Plana (29 años) estudió en la Escuela de Pastores de Cataluña. Tiene un rebaño de 180 ovejas pallaresas. Cada día salen a pastar desde la Borda de Font (1.475 m).

ENG

QUIQUE GARCÍA. Teià (Maresme) | 09:57 am.
CITIZEN COMPLAINT. A caged polling box hangs on a windowsill symbolising the prohibition of the 9N poll, because 'voting is normal'.

ÀLEX GARCIA. Barcelona | 01:00 pm.
PROSTITUTION. A Latin American prostitute kissing a customer goodbye on the San Rafael street in Raval. Many balconies show banners for a dignified neighborhood.

DANNY CAMINAL. Barcelona | 12:19 am.
ANTI-POLL. On the eve of 9N, slogans against the non-binding poll and in favour of Spain's unity by protestors summoned by "Libres e Iguales" in Sant Jaume Square.

ANA JIMÉNEZ. Barcelona | 12:16 am.
UA POLL TO REMEMBER. In the 9-N non-binding referendum, which became an unofficial poll after it was suspended by the Constitutional Court, more than 2 million Catalans, 80% of the total turnout, have said yes to independence for Catalonia.

LAURA GUERRERO. Barcelona | 06:28 pm.
IN TRANSIT. A blissfully insignificant afternoon under the huge sky in the Sant Martí district. Life goes by unnoticed. Enjoy it!

DAVID AIROB. Barcelona | 11:53 am.
MAINTENANCE. The council replaces plants and flower beds every four months. Barcelona has about three thousand acres of green areas.

CARLES RIBAS. Boí (Alta Ribagorça) | 10:41 am.
VIABILITY. Financial difficulties have postponed the opening of the Boi Taull Resort, which was finally brought about by a contribution from the Generalitat.

JULIO CARBÓ. Sant Vicenç de Calders (Baix Penedès) | 01:02 pm.
ANCESTRAL. Josep Güell (aged 74), from mas Borràs, keeps an oil press dating from 1853 still in use today. The device is of Roman origin.

ALBERT MASIAS. Barcelona | 00:00 pm.
HOMELESS. Retrats Sense Sostre is an ethnological and human photo project to raise awareness of the homeless. The Appartment store hosts an exhibition.

JORDI V. POU. Cervera (Segarra) | 09:10 pm.
MAKING HISTORY. Marc and Àlex Márquez are hailed by fans in their hometown. For the first time, two brothers are world champions during the same season, in MotoGP and Moto3.

PERE TORDERA. L'Esquirol (Osona) | 07:30 am.
TO DIE OF SUCCESS. La Cabrères MM 2014 holds its first edition and joins de ranks of mountain trail racing events, a sport that has experienced a remarkable increase in recent years.

TONI ALBIR. L'Hospitalet de Llobregat (Barcelonès) | 01:57 am.
RELENTLESS. Every night, about a hundred workers perform train maintenance at the Can Boixeres L5 metro depot , so that the metro can open again at 5:00 am.

MARCEL·LÍ SÀENZ. Saurí (Pallars Sobirà) | 11:58 am.
AT 1,800 M. Anna Plana (aged 29) studied at the Shepard's School of Catalonia. She owns a herd of 180 sheep. Every day, they leave La Borda de Font (1,475m) to graze.

CAS

19_11_14 MIQUEL ANGLARILL. Barcelona | 19:15 h.
COMERCIO. Una pareja se besa ajena a la actividad en La Maquinista, el mayor centro comercial de Cataluña, en el barrio de Sant Andreu, en difícil equilibrio con el pequeño comercio.

20_11_14 JOAN MANUEL BALIELLAS. Barcelona | 17:21 h.
DEFENSA TURÍSTICA. En el Turó de la Rovira, mirador de la ciudad, se conservan los restos de la batería antiaérea construida en defensa de Barcelona durante la Guerra Civil.

21_11_14 JOSEP LOSADA. Barcelona | 12:31 h.
BATALLA PERDIDA. La tienda de tejidos El Indio, abierta en 1870, cierra. La supervivencia de los establecimientos históricos de Barcelona sucumbe a la ley de arrendamientos urbanos.

22_11_14 INÈS BAUCELLS. La Vall Fosca (Pallars Jussà) | 14:20 h.
QUIEBRA. Las obras del complejo turístico Vall Fosca Resort siguen inacabadas desde 2008. Ni rastro de la estación de esquí ni de la zona residencial, con campo de golf incluido.

23_11_14 JOAN MONFORT. Barcelona | 12:45 h.
SUPERAGENTE. Carmen Balcells, "Mamá Grande" (Santa Fe de Segarra, 1930) es la agente literaria más poderosa del mundo, con seis premios Nobel entre sus representados.

24_11_14 JOSEP LAGO. Aramunt Vell (Pallars Jussà) | 11:16 h.
DESOLADOS. Pese a los intentos de reconstrucción, Aramunt Vell se ha unido a los centenares de pueblos abandonados en Cataluña desde la década de los cincuenta, especialmente en el Pirineo.

25_11_14 CARMEN SECANELLA. Barcelona | 17:36 h.
FILÁNTROPO. El empresario, coleccionista de arte y filántropo Lluís Coromina, en su vivienda del Eixample. Su fundación se dedica a actividades tan diversas como el arte, la atención a las personas y la preservación de la naturaleza y los animales.

26_11_14 AGUSTÍ CARBONELL. Santa Fe del Montseny (Vallès Oriental) | 11:56 h.
OTOÑO. Los bosques del Montseny y de toda Cataluña se engalanan de los colores rojizos de otoño con un poco de retraso este año por las altas temperaturas.

27_11_14 VICENS GIMÉNEZ. Barcelona | 07:27 h.
DIAGONAL 7:00 H. Ideada por Ildefons Cerdà, la avenida Diagonal es una de las principales arterias de entrada y salida de Barcelona, además de centro financiero de la ciudad.

28_11_14 CONSUELO BAUTISTA. Sant Pau d'Ordal (Alt Penedès) | 13:28 h.
IMAGINARIO. La escultora Lesley Yendel, transformadora de objetos cotidianos, trabaja su magia en el Alt Penedès. Josep Ràfols, de Cal Paujan, conduce el imaginario.

29_11_14 CRISTINA CALDERER. El Prat de Llobregat (Baix Llobregat) | 19:13 h.
VOLUNTARIADO. Centenares de voluntarios clasifican los productos recogidos en la sexta edición del Gran Recapte, que ha logrado superar las 4.000 toneladas de alimentos.

30_11_14 PERE PUNTÍ. L'Escala (Alt Empordà) | 12:00 h.
TEMPORAL. El temporal y las intensas lluvias han provocado destrozos en toda Cataluña. Los fuertes vientos y la mala mar dan pie al juego, siempre con extrema precaución.

ENG

MIQUEL ANGLARILL. Barcelona | 07:15 pm.
TRADE. A couple kiss, oblivious to the activity around them in Catalonia's biggest shopping mall: La Maquinista, in the district of Sant Andreu, in an uneasy relationship with small traders.

JOAN MANUEL BALIELLAS. Barcelona (Barcelonès) | 05:21 pm
TOURIST DEFENCE. The Turó de la Rovira, a panoramic viewpoint over the city, contains the remains of an anti-aircraft battery built to defend Barcelona during the Civil War.

JOSEP LOSADA. Barcelona | 12:31 am.
LOST BATTLE. The textile establishment El Indio, opened in 1870, is to close down. The survival of historic establishments in Barcelona falls victim to the new urban rental law.

INÈS BAUCELLS. La Vall Fosca (Pallars Jussà) | 02:20 pm.
BANKRUPTCY. The works on the tourism complex in the Vall Fosca Resort have remained unfinished since 2008. No trace of the ski resort and residential area complete with a golf course.

JOAN MONFORT. Barcelona | 12:45 am.
SUPERAGENT. Carmen Balcells, Mamá Grande, (Santa Fe de Segarra, 1930) is the most powerful literary agent in the world, boasting six Nobel laureates among her clients.

JOSEP LAGO. Aramunt Vell (Pallars Jussà) | 11:16 am.
DESOLATE. Despite attempts to rebuild it, Aramunt Vell has joined the ranks of hundreds of abandoned villages in Catalonia since the 1950's, especially in the Pyrenees.

CARMEN SECANELLA. Barcelona | 05:36 pm.
PHILANTROPIST. Entrepreneur, art collector and philantropist Lluís Coromina, in his Eixample home. His foundation is dedicated to a variety of activities, such as art, social work and nature and animal conservation.

AGUSTÍ CARBONELL. Santa Fe del Montseny (Vallès Oriental) | 11:56 am.
AUTUMN. In the Montseny and all over Catalonia, the woods display their crimson autumn colours - rather late this year as a result of high temperatures.

VICENS GIMÉNEZ. Barcelona | 07:27 am.
DIAGONAL 7:00 a.m. Envisoned by Ildefons Cerdà, the avinguda de la Diagonal is one of the main arteries for inbound and outbound traffic, and the city's financial centre.

CONSUELO BAUTISTA. Sant Pau d'Ordal (Alt Penedès) | 01:28 pm.
IMAGINARY. Sculptor Lesley Yendel, a transformer of commonplace objects, works her magic in Alt Penedès. Josep Ràfols, from Cal Paujan, drives the imaginary.

CRISTINA CALDERER. El Prat de Llobregat (Baix Llobregat) | 07:13 pm.
VOLUNTARY WORK. Hundreds of volunteers classify the products collected during the sixth Gran Recapte, which yielded over 4,000 tons of food.

PERE PUNTÍ. L'Escala (Alt Empordà) | 12:00 am.
GALE. Gale force winds and heavy rainfall have caused damage all over Catalonia. High winds and rough sea conditions lead to good fun, but with extreme caution.

¿Y QUÉ PASARÁ EN 2015? Aquí estamos más acostumbrados a volver la vista atrás y hacer balance, cuando el año se acaba, que a mirar hacia adelante. Normalmente, eso lo dejamos para enero… Diciembre nos coge siempre por sorpresa, y con tareas pendientes, aquellas que nos propusimos hacer cuando el año empezaba… Claro que también hay quien sí logra hacer lo que se había propuesto. El rey Juan Carlos, por ejemplo. Seguramente se planteó: "Este año, abdicaré, y a vivir como un rey". Y mira, ahora tenemos rey nuevo.

O Jordi Pujol. Seguramente en enero pensó: "Este año, dejaré de ser Muy Honorable". Y cuando empezaban las vacaciones de verano, nos confesó que eso de tener cuentas en paraísos fiscales pasa en las mejores familias. Por no decir qué debían proponerse sus hijos…

Otro que debe de estar satisfecho es Mariano Rajoy, que seguro que pensó: "Haré todo lo posible para que la consulta soberanista catalana sea un éxito". Y ya lo vimos el 9N: el Gobierno del PP hizo tantos esfuerzos por prohibir la votación, que al final votaron más de 2 millones de personas…

¿Y Pablo Iglesias? No sé si pensó "Este año, seré eurodiputado" y ya está, o si añadió: "… y además, «petaré» el statu quo político en España, que aquí, o venimos a ganar, o nos quedamos en casa". Y si no ha acabado por alcanzar su objetivo, es porque no ha habido más elecciones…

También deben de estar contentos los consejeros de Bankia, que seguro que pensaron: "Este año, que el Gobierno dice que ya salimos de la crisis, explicaremos a todo el mundo que tenemos unas tarjetas de crédito opacas con las que podemos comprar de todo…". O tantos otros políticos de distintos partidos que seguro que se propusieron acabar el año imputados por corrupción… Quizá lo han hecho para contribuir a la reputación del país: con esto de la corrupción, parece ser que España ha encontrado un nicho de mercado y lo ha aprovechado. Hay que destacar en algo… Pues eso, que como yo no sé si he acabado todo lo que me propuse, mejor que vaya pensando en ello ahora y no me espere a enero.

JORDI ÉVOLE | Periodista

WHAT WILL HAPPEN IN 2015? In this country, we are more used to looking backwards and taking stock when the year ends, than looking forward. Normally, we leave that for January… December always takes us by surprise, with things left to do, those that we resolved we were going to do when the year began… Of course there are some people who manage to succeed with their resolutions. King Juan Carlos, for example. He must have decided that "this year I'll abdicate, and live like a king," and look, now we have new king.

Or Jordi Pujol. In January, he must have thought "this year, I'll stop being Very Honourable," and when the summer holidays began, he confessed that having bank accounts in tax havens is something that happens even in the best families. Who knows what his sons' resolutions must have been…

Someone else who must be satisfied is Mariano Rajoy, who must have decided: "I'll do everything possible for the Catalan sovereignty vote to be a success". And that's what we saw on 9 November: the PP government had worked so hard to prohibit the vote that more than 2 million people voted in the end…

And Pablo Iglesias? I don't know if he thought "this year, I'll be an MEP" and that's it, or if he added "...and what's more I'll blow the political status quo in Spain to pieces, we're either in it to win, or we might as well go home." And if he hasn't met his objective it's because there haven't been any elections…

The directors of Bankia must also be happy, as they must have thought "this year, now that the government says we've left the crisis behind, we'll tell everyone that we have blank credit cards that let us buy whatever we want…". Or all the other politicians in different political parties who must have resolved to end the year accused of corruption … Maybe they have done it to help the country's reputation: with all this corruption it seems that Spain has found a niche market and exploited it to the full. And by the way… Since I don't know if I've done everything I resolved to do, I'd better start thinking about it now and not wait until January.

JORDI ÉVOLE | Journalist

01_12_14 JORDI COTRINA. Barcelona | 09:18 h.
PROTOCOLO ACTIVADO. Personal sanitario del Hospital Clínic recibe formación contra el Ébola. Desde el brote de principios de año, se han descartado 28 casos sospechosos.

02_12_14 MIQUEL ANGLARILL. Gavà (Baix Llobregat) | 17:45 h.
TODO EL AÑO. El temporal amaina por unas horas y la gente sale a pescar y a pasear al perro. Las playas son cada vez más espacios abiertos, no solo en verano.

03_12_14 SANTI COGOLLUDO. Barcelona | 11:10 h.
LOS PASTORETS. La representación típica de las fiestas navideñas toma vida en el andén de Universitat de la L2. Una actriz vestida de ángel reparte programas de la obra.

04_12_14 JOAN GUERRERO. Sant Adrià de Besòs (Barcelonès) | 13:53 h.
EMBLEMÁTICAS. La térmica del Besòs, en desuso desde 2011, inicia su desmantelamiento, salvo las Tres Chimeneas de Sant Adrià, salvadas en referéndum por los vecinos.

05_12_14 SUSANNA SÁEZ. Igualada (Anoia) | 14:05 h.
SUPERMUJERES. Madre, esposa y trabajadora. Noemí Moreno (36 años) es también deportista. Su gran reto es poder compaginar la competición con el día a día.

06_12_14 QUIQUE GARCÍA. Barcelona | 14:18 h.
TOCANDO EL CIELO. El independentismo crece. Según el segundo sondeo de 2014 del Centre d'Estudis d'Opinió, el 49,4 % de los catalanes querrían un estado propio.

JORDI COTRINA. Barcelona | 09:18 am.
ACTIVE PROTOCOL. Healthcare workers at the Hospital Clínic get training against Ebola. Since the outbreak early this year, Ebola has been ruled out in 28 suspected patients.

MIQUEL ANGLARILL. Gavà (Baix Llobregat) | 05:45 pm.
ALL YEAR ROUND. The storm subsides for a few hours, and anglers and dog owners come outdoors. The beaches are increa- singly becoming open spaces all year round, not only in summer.

SANTI COGOLLUDO. Barcelona | 11:10 am.
ELS PASTORETS. La representació típica de les festes nadalenques pren vida a l'andana d'Universitat de la L2. Una actriu vestida d'àngel reparteix programes de l'obra.

JOAN GUERRERO. Sant Adrià de Besòs (Barcelonès) | 01:53 pm.
ICONIC. The dismantling of the Besós CCGT power plant, disused since 2011, begins; except for the three Sant Adrià chimneys, saved by local residents following a referendum.

SUSANNA SÁEZ. Igualada (Anoia) | 02:05 pm.
SUPERWOMEN. A mother, wife and worker. Noemí Moreno (aged 36) is also an athlete. Her daily challenge is to juggle competition with everyday tasks.

QUIQUE GARCÍA. Barcelona | 02:18 pm.
TOUCHING THE SKY. Pro-independence is on the rise. According to the 2nd wave of the 2014 opinion poll by the Centre d'Estudis d'Opinió, 49.4% of Catalans favour independence.

CAS

07_12_14 ÀLEX GARCIA. Vaquèira (Vall d'Aran) | 13:00 h.
FRED I NEU. Baqueira Beret, con el mayor dominio esquiable de los Pirineos catalanes, abre parcialmente. Las nevadas animan el inicio de la temporada de esquí.

08_12_14 DANNY CAMINAL. Sant Vicenç dels Horts (Baix Llobregat) | 17:03 h.
PALADÍN. Defensor de la República catalana, Oriol Junqueras, líder de ERC y protagonista político de 2014, descansa en el sofá del salón de su casa entre juguetes de su hijo Lluc.

09_12_14 ANA JIMÉNEZ. Barcelona | 18:25 h.
UNA NAVIDAD VENTOSA. La Feria de Santa Llúcia de Navidad permanece cerrada por el viento. Cataluña sufre el temporal de viento más potente desde 2009.

10_12_14 LAURA GUERRERO. Barcelona | 17:28 h.
IGUALES Y UNIVERSALES. Te doy un mordisco en la nariz y me guardo el resto para siempre. Instante de un momento del Día de los Derechos Humanos en la plaza de Catalunya.

11_12_14 DAVID AIROB. Barcelona | 14:15 h.
CÁLIDA. Dos turistas toman el sol en pleno diciembre en el paseo de Gràcia. La temperatura media anual en Barcelona ha sufrido un aumento global de 1,6 ºC en los últimos 230 años.

12_12_14 CARLES RIBAS. Barcelona | 12:11 h.
PINCELADAS. Entrenamientos del ISU Grand Prix of Figure Skating Final de Barcelona. La ciudad quiere volver a ser olímpica en 2026 con la candidatura Barcelona Pirineo.

13_12_14 MARCEL·LÍ SÀENZ. Sant Just Desvern (Baix Llobregat) | 11:23 h.
BATIDA. La Sociedad de Cazadores de Sant Just Desvern organiza una batida en el Parque de Collserola. La densidad del jabalí es de 9,5 por cada 100 ha. En 2000 era de 4 por 100 ha.

14_12_14 ALBERT MASIAS. Barcelona | 11:30 h.
ALTERNATIVO. Los mercados de intercambio, como el 47º de la Vila de Gràcia que organiza la red Xaingra, promueven el consumo responsable en plenas fechas navideñas.

15_12_14 CRISTINA CALDERER. Cerdanyola del Vallès (Vallès Occidental) | 13:00 h.
PENSIONES. Pilar, madre y abuela, no podrá jubilarse a los 65 años y deberá seguir trabajando en la fábrica hasta que le salgan los números. La reforma amplia los años de cotización.

16_12_14 PERE TORDERA. Vilanova de Bellpuig (Pla d'Urgell) | 12:30 h.
AGROTURISMO. En la Era de Cal Falillo, Gemma deja la casa a punto para los clientes de las vacaciones de Navidad y Fin de Año. Lleida registra una ocupación del 100%.

17_12_14 TONI ALBIR. Barcelona | 13:30 h.
DE NUEVO. Alison y Jefferson arrullan a su bebé Gerard en sus primeras horas de vida delante del objetivo de quien hoy cumple 50 años con el deseo de que viva en una sociedad más justa.

18_12_14 FRANCESC MELCION. Barcelona | 12:00 h.
BUENA PRAXIS. Alumnos en una salida escolar aprovechan para hacerse fotos con turistas y 'selfies' en la calle del Bisbe. Los recursos didácticos en el colegio incentivan la creatividad y ponen en práctica la teoría experimentando sobre el terreno

19_12_14 JULIO CARBÓ. Barcelona | 14:10 h.
SEGURIDAD. Miembros de los Mossos d'Esquadra de la unidad acuática, una de las ocho subdivisiones de la policía catalana, realizan trabajos de seguridad en el puerto. Refundado en 1983, el cuerpo tiene plenas competencias en territorio catalán desde 2008.

ENG

ÀLEX GARCIA. Vaquèira (Vall d'Aran) | 01:00 pm.
COLD AND SNOW. Baqueira Beret, with the largest skiing area in the Pyrenees, opens only partially. Recent snowfalls have added interest to the start of the skiing season.

DANNY CAMINAL. Sant Vicenç dels Horts (Baix Llobregat) | 05:03 pm.
PALADIN. Advocate of the Catalan Republic, leader of ERC and key political figure of 2014, Oriol Junqueras rests at home surrounded by his son Lluc's toys.

ANA JIMÉNEZ. Barcelona | 06:25 pm.
A WINDY CHRISTMAS. The Christmas Fira de Santa Llúcia remains closed due to strong winds. Catalonia has suffered the worst gale storm since 2009.

LAURA GUERRERO. Barcelona | 05:28 pm.
EQUAL AND UNIVERSAL. A bite off your nose and I'll keep the rest for ever. A fleeting moment on Human Rights Day in Catalunya square.

DAVID AIROB. Barcelona | 02:45 pm.
WARM. Two tourists sunbathing in Passeig de Gràcia in mid-December. The annual average temperature has experienced an overall rise of 1.6oC in the last 230 years.

CARLES RIBAS. Barcelona | 12:11 am.
BRUSHSTROKES. Training session for the ISU Grand Prix of Figure Skating Final Barcelona. The city aims to be Olympic again with the 2026 Barcelona-Pyrenees bid.

MARCEL·LÍ SÀENZ. Sant Just Desvern (Baix Llobregat) | 11:23 am.
HUNTING EXPEDITION. Hunting Society of Sant Just Desvern organises a hunting operation in the Collserola Park. There are 9.5 wild boars per hectare. In 2000 there were 4.

ALBERT MASIAS. Barcelona | 11:30 am.
FRINGE. Barter markets, such as the one in Vila de Gràcia organized by the Xaingra net work for the 47th time, promote ethical consumerism with the Christmas season in full swing.

CRISTINA CALDERER. Cerdanyola del Vallès (Vallès Occidental) | 01:00 pm.
PENSIONS. Pilar, a mother and grandmother will not retire at 65 and will have to keep working until her numbers add up. The reform has increased the time required towards a pension.

PERE TORDERA. Vilanova de Bellpuig (Pla d'Urgell) | 12:30 am.
RURAL TOURISM. At the Era de Cal Falillo, Gemma is preparing the house for her Christmas and New Year clients. Occupancy in Lleida has reached 100%.

TONI ALBIR. Barcelona | 01:30 am.
AGAIN. Alison and Jefferson hold their baby Gerard in his first hours of life, before the camera of someone who turns 50 today and wishes he lived in a fairer society.

FRANCESC MELCION. Barcelona | 12:00 am.
GOOD PRAXIS. Students on a field trip take the chance to take selfies and photos with tourists on carrer del Bisbe. Educational school resources promote creativity and field-based learning.

JULIO CARBÓ. Barcelona | 02:10 pm.
SECURITY. Members of the marine unit of the Mossos d'Esquadra, one of eight subdivisions of the Catalan police, providing security in the port. Refounded in 1983, the force has had full powers in Catalonia since 2008.

CAS

20_12_14 **JOAN MANUEL BALIELLAS.** Barcelona | 13:38 h.
ABRAZOS GRATIS. Abrazadores del movimiento que nació en 2001, salen hoy a repartir abrazos gratis. Su fundador Juan Mann combatió así la depresión y la soledad.

21_12_14 **JOSEP LOSADA.** Vilafranca del Penedès (Alt Penedès) | 11:01 h.
EL GALLO DE NAVIDAD. Compradores en la centenaria Feria del Gallo que se celebra por san Tomás cargan con los preciados de pluma negra y pata azul del asado por fiestas.

22_12_14 **INÉS BAUCELLS.** Barcelona | 12:06 h.
EL GORDO. Lola almuerza con sus amos, pendientes del sorteo de la Lotería de Navidad. El Gordo se hace rogar. No sale hasta casi la hora de comer.

23_12_14 **JOAN MONFORT.** Marganell (Bages) | 10:40 h.
CELESTIAL. Teresa Forcades, una activista con hábito en plena liturgia de adviento: médico (anti-farmacéuticas), teóloga (feminista) y promotora del Procés Constituent (pro independencia y anticapitalista) siempre en conexión con Dios.

24_12_14 **JOSEP LAGO.** Barcelona | 10:21 h.
BALL ESPORTIU. Carla, José Manuel, Ismael i Cristina, del grupo BCN Cheer, ensayan una rutina de *cheerleading* en el parque de la Ciutadella, un deporte de animación internacional.

25_12_14 **CARMEN SECANELLA.** Barcelona | 16:18 h.
CLÁSICO DE NAVIDAD. La saga de los Raluy posa antes de la función del día de Navidad. Creado en los años 70, el Circ Raluy mantiene su espíritu tradicional, familiar y nómada.

26_12_14 **AGUSTÍ CARBONELL.** Salou (Tarragonès) | 11:56 h.
VACÍA. La playa de Llevant de Salou, segundo municipio con mayor recaudación del impuesto turístico tras Barcelona, permanece desierta por San Esteban. En verano apenas se ve la arena.

27_12_14 **VICENS GIMÉNEZ.** Barcelona | 07:40 h.
PORTAL DE L'ÀNGEL 7:00 H. Preparativos de buena mañana en la avenida comercial más concurrida. Sus locales ocupan el lugar 63 en el ranking mundial de los más caros del mundo.

28_12_14 **CONSUELO BAUTISTA.** Barcelona | 13:14 h.
UN DOMINGO EN LA PLAZA. En la Plaça de la Vila , la plaza del reloj, varias personas se cruzan y, entre ellas, un indigente "preparando la carroza", según sus palabras.

29_12_14 **JORDI V. POU.** Lleida | 10:46 h.
DIVERSIÓN. Los hermanos Martí y Aina participan en el taller de pan artesano sin gluten, una de las muchas actividades del Cucalocum de la Fira de Lleida por Navidad.

30_12_14 **PERE PUNTÍ.** Centelles (Osona) | 13:47 h.
AHORA BAILA EL PINO. 'Galejadors' cuelgan el pino sobre el altar mayor de la iglesia de Santa Coloma, en la Fiesta del Pino, un ritual de la fertilidad de origen pagano.

31_12_14 **ALBERT BERTRAN.** Castell d'Aro (Baix Empordà) | 00:12 h.
BELÉN VIVIENTE. Mònica Villar representa la figura del célebre 'caganer' con camisa de hombre pero piel de mujer por primera vez en el Pessebre Vivent de Castell d'Aro.

ENG

JOAN MANUEL BALIELLAS. Barcelona | 01:38 pm.
FREE HUGS. Huggers in the movement founded in 2001 set out today to distribute free hugs. Juan Mann created the movement in an attempt to fight depression and loneliness.

JOSEP LOSADA. Vilafranca del Penedès (Alt Penedès) | 11:01 am.
THE CHRISTMAS CHICKEN. Shoppers at the centennial Fira del Gall, held around Saint Thomas' day, carrying the precious black-feathered and blue-legged Christmas dinner roast.

INÉS BAUCELLS. Barcelona | 12:06 am.
JACKPOT. Lola is having breakfast with her owners, intently following the Christmas Lottery draw. The winning number arrives late. It will not be announced until almost lunch time.

JOAN MONFORT. Marganell (Bages) | 10:40 am.
HEAVENLY. Teresa Forcades, a habit-clad activist in mid advent: an (anti pharmaceuticals) physician, a (feminist) theologian and a promoter of the (pro-independence and anticapitalist) Procés Constituent always connected to God.

JOSEP LAGO. Barcelona | 10:21 am.
CHEERLEADING. Carla, José Manuel, Ismael and Cristina, from the BCN Cheer group, rehearse a cheerleading routine, an international team motivation sport, in the Ciutadella park.

CARMEN SECANELLA. Barcelona | 04:18 pm.
A CHRISTMAS CLASSIC. The Raluy clan posing before the show on Christmas Day. Created in the 70's, the Raluy Circus has preserved its traditional, family-oriented and nomadic spirit.

AGUSTÍ CARBONELL. Salou (Tarragonès) | 11:56 am.
EMPTY. The Llevant beach in Salou, the town that has raises the most income from the tourist tax after Barcelona, is empty on Boxing Day. In summer you can hardly see the sand.

VICENS GIMÉNEZ. Barcelona | 07:40 am.
PORTAL DE L'ÀNGEL 7:00 AM. Early morning preparations on the city's busiest street. Its properties rank 63rd on the list of the world's priciest streets.

CONSUELO BAUTISTA. Barcelona | 01:14 pm.
SUNDAY IN THE SQUARE. In the Plaça de la Vila, the clock tower square, passers-by cross paths, among them a homeless "getting his carriage ready", in his very words.

JORDI V. POU. Lleida | 10:46 am.
FUN. Siblings Martí i Aina making gluten-free bread in one of the numerous workshops offered in the Cucalocum as part of the Christmas Fira de Lleida.

PERE PUNTÍ. Centelles (Osona) | 01:47 am.
DANCING PINE TREE. "Galejadors" hanging the tree over the main altar in the Santa Coloma church during the Festa del Pi, a fertility ritual of pagan origin.

ALBERT BERTRAN. Castell d'Aro (Baix Empordà) | 00:12 am.
LIVING NATIVITY. Mònica Villar plays the famous "caganer" figurine, a woman clad in a man's shirt for the first time in Castell d'Aro's Living Nativity.

FOTÒGRAFS

FOTÓGRAFOS

PHOTOGRAPHERS

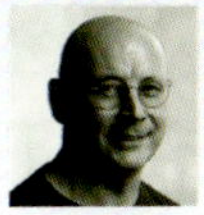

JORDI COTRINA (BARCELONA, 1964). Treballa a *El Periódico de Catalunya*. Va formar part de les plantilles de *Mundo Deportivo* i *La Vanguardia*. Ha publicat els llibres *Más que un 'dream team'* (1998), *Més que una lliga* (2005), *Un Barça de llegenda* (2009), *Barça, emocions* (2012) i, dedicat a Leo Messi, *El mejor* (2013).

Trabaja en *El Periódico de Catalunya*. Formó parte de las plantillas de *Mundo Deportivo* y *La Vanguardia*. Ha publicado los libros *Más que un 'dream team'* (1998), *Més que una lliga* (2005), *Un Barça de llegenda* (2009), *Barça, emocions* (2012) y, dedicado a Leo Messi, *El mejor* (2013).

Works for *El Periódico de Catalunya*. He was been on the staff of *Mundo Deportivo* and *La Vanguardia*. He has published the books *Más que un 'dream team'* (1998), *Més que una lliga* (2005), *Un Barça de llegenda* (2009), *Barça, emocions* (2012) and about Leo Messi, *El mejor* (2013).

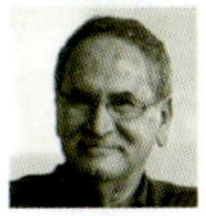

JOAN GUERRERO (TARIFA, 1940). És un dels millors representants de la fotografia social del nostre país. Ha treballat a *El Periódico de Catalunya, Diario de Barcelona, El Observador* i *El País*. Ha publicat els llibres *Santa Coloma en el corazón, Imatge i paraula* i, amb Pere Casaldàliga, *Los ojos de los pobres*, entre altres.

Es uno de los mejores representantes de la fotografía social de nuestro país. Ha trabajado en *El Periódico de Catalunya, Diario de Barcelona, El Observador* y *El País*. Ha publicado los libros *Santa Coloma en el corazón, Imatge i paraula* y, con Pere Casaldàliga, *Los ojos de los pobres*, entre otros.

He is one of Catalonia's leading exponents of social photography. He has worked for *El Periódico de Catalunya, Diario de Barcelona, El Observador* and *El País*. His published books include *Santa Coloma en el corazón, Imatge i paraula* and with Pere Casaldàliga, *Los ojos de los pobres*.

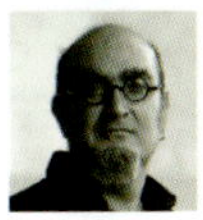

SANTI COGOLLUDO (BARCELONA, 1961). Col·laborador fix del diari *El Mundo*. L'any 1999 va ser nominat al Zilveren Camera Holland com un dels millors fotògrafs de l'any. Ha col·laborat a *El Periódico de Catalunya, El Independiente, El Sol* i *Diari de Barcelona*, i va ser membre de l'Agència STAFF de Madrid.

Colaborador fijo del periódico *El Mundo*. En 1999 fue nominado al Zilveren Camera Holland como uno de los mejores fotógrafos del año. Ha colaborado en *El Periódico de Catalunya, El Independiente, El Sol* y *Diari de Barcelona*, y fue miembro de la Agencia STAFF de Madrid.

A regular contributor to the newspaper *El Mundo*. In 1999 he was nominated for the Zilveren Camera Holland prize as one of the best photographers of the year. He has worked with *El Periódico de Catalunya, El Independiente, El Sol* and *Diari de Barcelona*, and was a member of the STAFF Agency in Madrid.

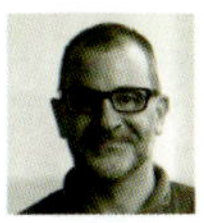

FRANCESC MELCION (BARCELONA, 1968). Treballa al diari *Ara*, on va exercir com a cap de Fotografia. L'any 2000 va iniciar una sèrie de reportatges al sud-est asiàtic, el Vietnam, Cambodja, Laos i la Xina per donar testimoni de les cultures i societats del riu Mekong. Per aquest treball, l'any 2002 va obtenir una beca Fotopres.

Trabaja en el periódico *Ara*, donde ejerció como jefe de Fotografía. En 2000 inició una serie de reportajes en el sudeste asiático, Vietnam, Camboya, Laos y China para dar testimonio de las culturas y sociedades del río Mekong. Por ese trabajo, en 2002 obtuvo una beca Fotopres.

He works for the newspaper *Ara*, where he has been head of Photography. In 2000 he began a series of reports on south-east Asia, Vietnam, Cambodia, Laos and China on the cultures and societies of the Mekong River. He obtained a Fotopres grant for this work in 2002.

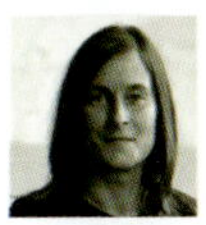

SUSANNA SÁEZ (NAVÀS, 1970). Ha treballat a *El País* durant setze anys (1995-2011). Actualment, col·labora com a *freelance* a l'Agència Efe i és fotògrafa per encàrrec en agències de comunicació i editorials. Ha participat en exposicions al CCCB (Centre de Cultura Contemporània de Barcelona) i la Casa Golferichs.

Ha trabajado en *El País* durante dieciséis años (1995-2011). En la actualidad, colabora como *freelance* en la Agencia Efe y es fotógrafa por encargo en agencias de comunicación y editoriales. Ha participado en exposiciones en el CCCB (Centre de Cultura Contemporània de Barcelona) y la Casa Golferichs.

Worked for *El País* for sixteen years (1995-2011). She currently works as a freelance for the Efe Agency and as a photographer on a commission basis for media agencies and publishers. She has participated in exhibitions at the CCCB (Centre de Cultura Contemporània de Barcelona) and the Casa Golferichs.

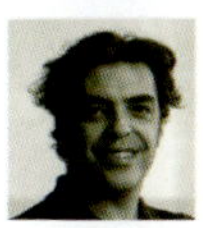

QUIQUE GARCÍA (BARCELONA, 1968). L'any 1990 va començar a treballar a *El Mundo Deportivo*. A partir del 1995, va formar part de l'equip de fotògrafs del diari *El Mundo*. Des de 2012, col·labora com a *freelance* per a mitjans de comunicació com AFP (Agence France-Presse).

En 1990 empezó a trabajar en *El Mundo Deportivo*. A partir de 1995, formó parte del equipo de fotógrafos del periódico *El Mundo*. Desde 2012, colabora como *freelance* para medios de comunicación como AFP (Agence France-Presse).

Began working at *El Mundo Deportivo* in 1990.In 1995, he joined the team of photographers at the newspaper *El Mundo*. Since 2012, he has worked as a freelance for media including AFP (Agence France-Presse).

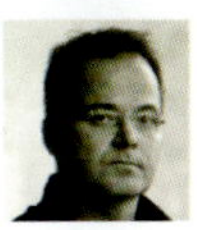

ÀLEX GARCIA (BARCELONA, 1970). Llicenciat en Ciències de la Comunicació per la UAB. Fotògraf de *La Vanguardia* des de 1994. Ha estat professor de Fotoperiodisme a la UAB durant vuit anys. Ha participat en diverses exposicions col·lectives, i les seves fotografies s'han publicat en diferents llibres.

Licenciado en Ciencias de la Comunicación por la UAB. Fotógrafo de *La Vanguardia* desde 1994. Ha sido profesor de Fotoperiodismo en la UAB durante ocho años. Ha participado en varias exposiciones colectivas, y sus fotografías han sido publicadas en distintos libros.

A graduate in Communication Sciences from UAB. Photographer at *La Vanguardia* since 1994. He taught Photojournalism at the UAB for eight years. He has participated in several collective exhibitions, and his photographs have been published in various books.

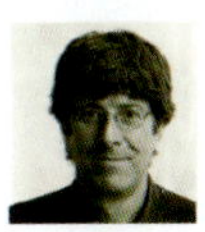

DANNY CAMINAL (BARCELONA, 1962). Després de vuit anys treballant en el món de la publicitat, va decidir deixar-ho tot i fer la volta al món amb dues càmeres. A la tornada, *El Periódico de Catalunya* li va obrir les seves portes. Des d'aleshores, al novembre de l'any 1990, i fins ara, cobreix tot tipus d'esdeveniments per al diari.

Tras ocho años trabajando en el mundo de la publicidad, decidió dejarlo todo y dar la vuelta al mundo con dos cámaras. A su regreso, *El Periódico de Catalunya* le abrió sus puertas. Desde entonces, en noviembre de 1990, y hasta hoy, cubre todo tipo de acontecimientos para el periódico.

After eight years working in the advertising world, he decided to leave everything behind and travel around the world with two cameras. On his return, *El Periódico de Catalunya* offered him a job. He has covered all types of events for the newspaper since November 1990.

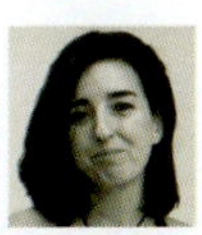

ANA JIMÉNEZ (BARCELONA, 1969). Treballa a *La Vanguardia* des de 1992. Ha realitzat reportatges sobre l'anorèxia, els abusos sexuals en la infància, la viduïtat, l'adolescència i els nadons prematurs. Entre 2010 i 2014, va exercir com a delegada de la Comissió de Periodisme Gràfic al Col·legi de Periodistes de Catalunya.

Trabaja en *La Vanguardia* desde 1992. Ha realizado reportajes sobre la anorexia, los abusos sexuales en la infancia, la viudedad, la adolescencia y los bebés prematuros. Entre 2010 y 2014, ejerció como delegada de la Comisión de Periodismo Gráfico en el Colegio de Periodistas de Cataluña.

Worked at *La Vanguardia* since 1992. She has reported on anorexia, sexual abuse in childhood, widowhood, adolescence and premature babies. Between 2010 and 2014, she was a delegate to the College of Journalists of Catalonia's Graphic Journalism Committee.

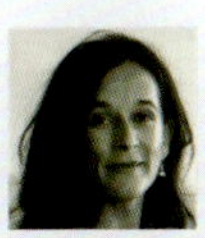

LAURA GUERRERO (BARCELONA, 1971). Col·labora amb *La Vanguardia* i el seu suplement de diumenge *Magazine*. Les seves fotografies han format part de diferents exposicions col·lectives. Entre els anys 1998 i 2008, va treballar a *El Observador, Què fem?, Dominical* i *El Periódico de Catalunya*.

Colabora con *La Vanguardia* y su suplemento de domingo *Magazine*. Sus fotografías han formado parte de distintas exposiciones colectivas. Entre 1998 y 2008, trabajó en *El Observador, Què fem?, Dominical* y *El Periódico de Catalunya*.

She works with *La Vanguardia* and its Sunday supplement *Magazine*. Her photographs have been included in several collective exhibitions. Between 1998 and 2008, she worked at *El Observador, Què fem?, Dominical* and *El Periódico de Catalunya*.

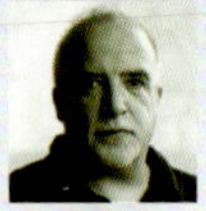

DAVID AIROB (BARCELONA, 1967). Fotògraf de *La Vanguardia*, on va ser editor en cap de Fotografia entre 2007 i 2010. Ha guanyat diferents premis internacionals, com un World Press Photo (tercer premi en la categoria Online Short del Multimedia Contest 2014) per *Calcio Storico*.

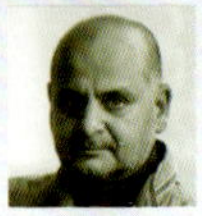

CARLES RIBAS (EIVISSA, 1965). Treballa a *El País* des de 1991. Es va iniciar en fotoperiodisme en la premsa local d'Eivissa, que compaginava amb la corresponsalia de l'Agència Efe i d'*El Periódico de Catalunya*. Ha rebut els premis Ortega y Gasset, Agustí Centelles, Club Internacional de Prensa de Madrid i un segon premi a Fotopres.

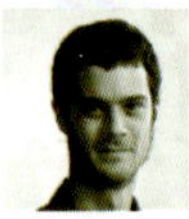

ALBERT MASIAS (BARCELONA, 1984). Treballa com a professional independent i realitza projectes fotogràfics de temàtica social. Ha viatjat per Israel, Palestina, Bòsnia i Hercegovina i Gàmbia. Ha viscut dos anys al Camerun, on ha participat en iniciatives audiovisuals locals. És membre fundador d'OnPhocus.

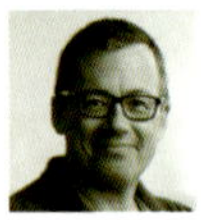

MARCEL·LÍ SÀENZ (BARCELONA, 1956). Fotògraf a *El País* de 1982 a 2012. Abans, havia col·laborat a *Mundo Diario, Diari de Barcelona, El Noticiero Universal, El Periódico de Catalunya* i *Interviú*. Ha participat en exposicions a la Fundación Telefónica de Madrid, La Virreina (Barcelona) i el Memorial Democràtic, entre altres.

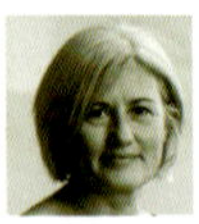

CRISTINA CALDERER (BARCELONA, 1964). Forma part de l'equip de fotògrafs del diari *Ara*. Abans, va treballar a *El Punt* (Girona) i l'*Avui*. Va guanyar el FotoMercè de Premsa els anys 1997 i 2013. Ha participat en diverses exposicions. Ha editat el llibre infantil *El cor del Jan* amb l'Associació de Cardiopaties Congènites Infantils.

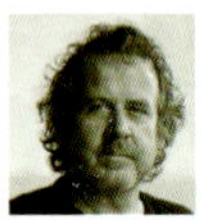

PERE TORDERA (TONA, 1965). Premis Ortega y Gasset 1992, LUX d'Or 2005 i Agustí Centelles 1991, i finalista del Fotopres 1993. Actualment, treballa al diari *Ara*. Va treballar a *El 9 Nou* i ha col·laborat amb *El País, La Vanguardia* i *El Periódico de Catalunya*. L'any 1998, i fins al 2010, va tenir un estudi de fotografia a Vic.

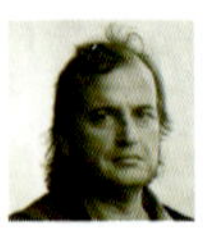

TONI ALBIR (BARCELONA, 1964). Va començar a col·laborar a *Cambio 16* i *Tribuna*. L'any 1990 va entrar a treballar a l'Agència Efe com a col·laborador fix, i el 1996 va passar a formar part de l'equip de fotògrafs de l'agència. Al llarg d'aquests vint-i-quatre anys, ha seguit el dia a dia d'esdeveniments polítics, socials i esportius dins i fora de Barcelona.

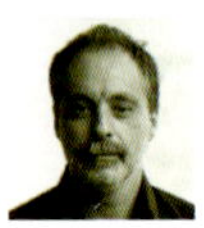

JULIO CARBÓ (MORELLA, CASTELLÓ, 1964). Editor gràfic i fotògraf d'*El Periódico de Catalunya* des de 1989. Ha col·laborat amb *Sunday Express, The Guardian, Reuters, El País, Ara, Interviú, Elle* i *Fotogramas*. La seva obra personal gira al voltant de la seva Morella natal i la comarca dels Ports, i es plasma en llibres com *Morella: imatge i paraula*.

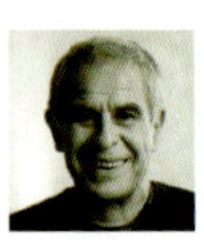

MIQUEL ANGLARILL (CERDANYOLA DEL VALLÈS, 1958). Col·laborador en cròniques de competició a la revista *Solo-Moto* i pilot en curses d'escúters a principis dels vuitanta. Fotoperiodista al diari *Avui* des de l'abril de 1984 fins al juny de 2010. Editor gràfic entre el 1995 i el 2005 de la secció de Fotografia de l'*Avui*.

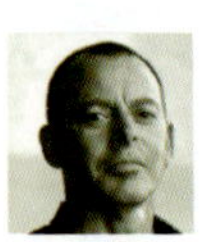

JOAN MANUEL BALIELLAS (BARCELONA, 1964). Ha publicat a *The New York Times, Washington Post, The Times* i *Le Monde*, entre altres. L'any 2007 va rebre el Premi Ciutat de Barcelona de Premsa. Editor i cap de Fotografia d'*El Mundo* entre 1996 i 2010. Col·labora amb AP (Associated Press), *El Mundo* i *NurPhoto*.

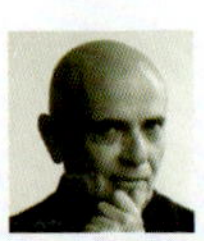

JOSEP LOSADA (BARCELONA, 1958). Va estudiar a l'Institut Fotogràfic de Catalunya. L'any 1988 es va incorporar al diari *Avui*, on encara treballa avui (*El Punt – Avui*). Ha participat en moltes exposicions individuals i col·lectives. La darrera, l'any 2013, al Mercat Princesa.

CAS

Fotógrafo de *La Vanguardia*, donde fue editor en jefe de Fotografía entre 2007 y 2010. Ha ganado distintos premios internacionales, como un World Press Photo (tercer premio en la categoría Online Short del Multimedia Contest 2014) por *Calcio Storico*.

Trabaja en *El País* desde 1991. Se inició en fotoperiodismo en la prensa local de Ibiza, que compaginaba con la corresponsalía de la Agencia Efe y de *El Periódico de Catalunya*. Ha recibido los premios Ortega y Gasset, Agustí Centelles, Club Internacional de Prensa de Madrid y un segundo premio en Fotopres.

Trabaja como profesional independiente y realiza proyectos fotográficos de temática social. Ha viajado por Israel, Palestina, Bosnia-Herzegovina y Gambia. Ha vivido dos años en el Camerún, donde ha participado en iniciativas audiovisuales locales. Es miembro fundador de OnPhocus.

Fotógrafo en *El País* de 1982 a 2012. Anteriormente, había colaborado en *Mundo Diario, Diari de Barcelona, El Noticiero Universal, El Periódico de Catalunya* e *Interviú*. Ha participado en exposiciones en la Fundación Telefónica de Madrid, La Virreina (Barcelona) y el Memorial Democrático, entre otros.

Forma parte del equipo de fotógrafos del periódico *Ara*. Anteriormente, trabajó en *El Punt* (Girona) y el *Avui*. Ganó el FotoMercè de Prensa en 1997 y 2013. Ha participado en varias exposiciones. Ha editado el libro infantil *El cor del Jan* junto con la Asociación de Cardiopatías Congénitas Infantiles.

Premios Ortega y Gasset 1992, LUX de Oro 2005 y Agustí Centelles 1991, y finalista del Fotopres 1993. En la actualidad, trabaja en el periódico *Ara*. Trabajó en *El 9 Nou* y ha colaborado con *El País, La Vanguardia* y *El Periódico de Catalunya*. En 1998, y hasta 2010, tuvo un estudio de fotografía en Vic.

Empezó a colaborar en *Cambio 16* y *Tribuna*. En 1990 entró a trabajar en la Agencia Efe como colaborador fijo, y en 1996 pasó a formar parte del equipo de fotógrafos de la agencia. A lo largo de estos veinticuatro años, ha seguido el día a día de acontecimientos políticos, sociales y deportivos dentro y fuera de Barcelona.

Editor gráfico y fotógrafo de *El Periódico de Catalunya* desde 1989. Ha colaborado con *Sunday Express, The Guardian, Reuters, El País, Ara, Interviú, Elle* y *Fotogramas*. Su obra personal gira en torno a su Morella natal y la comarca de Els Ports, y se plasma en libros como *Morella: imatge i paraula*.

Colaborador en crónicas de competición en la revista *Solo-Moto* y piloto en carreras de *scooters* a principios de los ochenta. Fotoperiodista en el periódico *Avui* desde abril de 1984 hasta junio de 2010. Editor gráfico entre 1995 y 2005 de la sección de Fotografía del *Avui*.

Ha publicado en *The New York Times, Washington Post, The Times* y *Le Monde*, entre otros. En 2007 recibió el Premio Ciutat de Barcelona de Prensa. Editor y jefe de Fotografía de *El Mundo* entre 1996 y 2010. Colabora con AP (Associated Press), *El Mundo* y *NurPhoto*.

Estudió en el Instituto Fotográfico de Cataluña. En 1988 se incorporó al equipo de fotografía del periódico *Avui*, donde aún trabaja hoy (*El Punt – Avui*). Ha participado en muchas exposiciones individuales y colectivas. La última, en 2013, en el Mercat Princesa.

ENG

A photographer at *La Vanguardia*, where he was editor in chief of Photography between 2007 and 2010. He has won several international awards, including a World Press Photo award (third prize in the Online Short category in the Multimedia Contest 2014) for *Calcio Storico*.

Worked at *El País* since 1991. He began working in photojournalism in the local press in Ibiza, while acting as correspondent for the Efe Agency and the *El Periódico de Catalunya*. He has received Ortega y Gasset, Agustí Centelles and Club Internacional de Prensa de Madrid awards and a Fotopres second prize.

Works as a freelancer, and his photographic projects cover social issues. He has travelled to Israel, Palestine, Bosnia and Herzegovina and Gambia. He lived in Cameroon for two years, where he became involved in local audiovisual projects. He is a founding member of OnPhocus.

A photographer at *El País* from 1982 to 2012. He had previously contributed to *Mundo Diario, Diari de Barcelona, El Noticiero Universal, El Periódico de Catalunya* and *Interviú*. He has participated in exhibitions at the Fundación Telefónica in Madrid, La Virreina (Barcelona) and the Memorial Democràtic, among others.

A member of the team of photographers at the newspaper *Ara*. She previously worked at *El Punt* (Girona) and at *Avui*. She won the Fotomercè Press prize in 1997 and 2013. She has been involved in several exhibitions. She published the children's book *El cor del Jan* with the Paediatric Congenital Cardiopathies Association.

Winner of the Ortega y Gasset Prize in 1992, the LUX d'Or Prize in 2005 and the Agustí Centelles Prize in 1991, and a Fotopres finalist in 1993. He currently works for the newspaper *Ara*. He has worked for *El 9 Nou* and contributed to *El País, La Vanguardia* and *El Periódico de Catalunya*. He had a photography studio in Vic between 1998 and 2010.

He started working at *Cambio 16* and *Tribuna*. In 1990, he joined the agency Efe as a regulator contributor, and in 1996 he became part of the agency's team of photographers. Over the last twenty-four years, he has reported on political, social and sports news in Barcelona and elsewhere.

Graphic editor and photographer at *El Periódico de Catalonia* since 1989. He has contributed to the *Sunday Express, The Guardian, Reuters, El País, Ara, Interviú, Elle* and *Fotogramas*. His personal work is based around his home town of Morella and the Els Ports region, and can be found in books including *Morella: imatge i paraula*.

A contributor to racing reports in the magazine *Solo-Moto* and a rider in scooter races in the early eighties. He was a photojournalist for the newspaper *Avui* between April 1984 and June 2010. He is now the graphic editor of the Photography section of *Avui*.

His work has been published in *The New York Times, Washington Post, The Times* and *Le Monde*, among other publications. He was awarded the City of Barcelona Press Prize in 2007. Editor and head of Photography at *El Mundo* between 1996 and 2010. He works with AP (Associated Press), *El Mundo* and NurPhoto.

Studied at the Photographic Institute of Catalonia. In 1988 he joined the photographic team of the newspaper *Avui*, where he still works today (*El Punt - Avui*). He has participated in many solo and collective exhibitions. The most recent, in 2013, was at the Mercat Princesa.

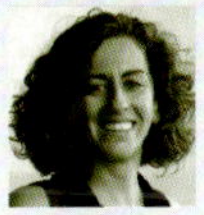

INÉS BAUCELLS (BARCELONA, 1982). Llicenciada en Periodisme per la URL el 2004. Va fer pràctiques a l'*Avui* i *El Punt*. Es va especialitzar amb un postgrau en Reporterisme Gràfic (2005). Del 2009 fins avui, és col·laboradora fixa al diari *ABC*, i durant alguns períodes ha exercit d'editora gràfica de l'edició catalana.

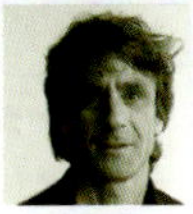

JOAN MONFORT (BARCELONA, 1968). Col·laborador a *El Mundo Deportivo* entre 1990 i 1995. A partir d'aquest any i fins al 1997, va treballar en fotografia publicitària i va fer d'ajudant de càmera de cinema. El 2001 es va incorporar al diari *Sport*, on treballa actualment. L'any 2006 va rebre el premi Periodisme Esportiu de Catalunya.

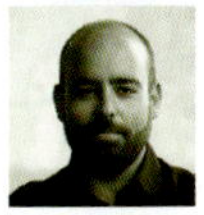

JOSEP LAGO (BARCELONA, 1978). Col·laborador de l'agència internacional de notícies AFP (Agence France-Presse) des de l'any 2007. Les seves imatges han estat publicades a *National Geographic, Time, Rutas del Mundo, The New York Times, International Herald Tribune, The Guardian* i *The Times*, entre altres.

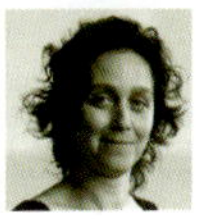

CARMEN SECANELLA (BARCELONA, 1972). Es va iniciar com a fotògrafa a *La Comarca d'Alcanyís* (Terol) i *La Mañana* de Lleida. Ha treballat durant més de deu anys a *El País*. Ha col·laborat a *La Vanguardia, El Periódico de Catalunya, Público* i *El Correo*. Va ser cronista oficial de les Festes de la Mercè de 2008.

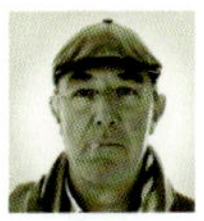

AGUSTÍ CARBONELL (BARCELONA, 1951). És una de les referències de l'edició gràfica del nostre país. Cap de Fotografia a *La Vanguardia* (1989-1992), *El País* (1992-2000) i *El Periódico de Catalunya* (2000-2012). Ha rebut nombrosos premis, com el Godó de Periodisme (1995) i el Fotopres (1983).

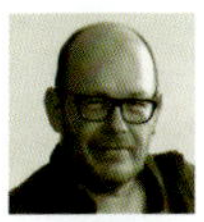

VICENS GIMÉNEZ (AUBONNE, SUÏSSA, 1964). Fotògraf independent, especialitzat en retrat i fotografia d'autor. Col·laborador des de fa dècades en esports i retrats d'*El País* i el seu suplement del diumenge *EPS* (*El País Semanal*). També treballa amb *El Correo de Bilbao* i les revistes del grup Vocento.

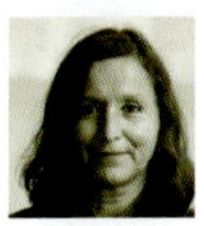

CONSUELO BAUTISTA (BOGOTÀ, 1957). Desenvolupa projectes de fotografia documental d'autor, entre els quals es troben *Cuba, Cuba y Cuba. A los invisibles*, que li va suposar el Premi Arts Plàstiques Ciutat de Barcelona; *Raval*, per encàrrec de l'Arxiu Fotogràfic de Barcelona, i *Muertitos*, a Mèxic. Col·laboradora habitual d'*El País*.

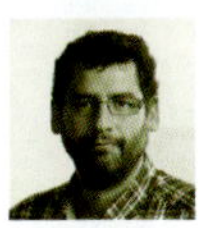

JORDI V. POU (LLEIDA, 1968). Ha estat cap de Fotografia d'*El Periòdic d'Andorra*, col·laborador d'*El Periódico de Catalunya* i de l'agència Cover. Actualment, està establert a Lleida. Els seus darrers projectes experimenten amb noves eines i espais de difusió, i qüestionen els canvis que ha experimentat la fotografia tradicional.

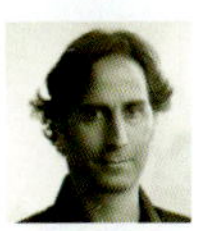

PERE PUNTÍ (VIC, 1966). Premi Godó de Fotoperiodisme 2003. Actualment treballa a *El Mundo Deportivo*. Especialitzat en fotografia esportiva i, en concret, en futbol. Des de fa vint anys, segueix el dia a dia de l'FC Barcelona. Ha cobert un mundial de futbol i diverses finals de la Copa del Rei i d'Europa.

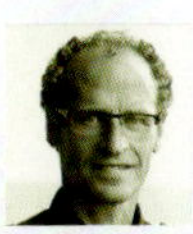

ALBERT BERTRAN (BARCELONA, 1962). Va col·laborar en diversos mitjans nacionals fins que, el 1995, es va casar i va entrar a formar part de la plantilla d'Edicions Primera Plana, editora d'*El Periódico de Catalunya*, on encara treballa avui. Coautor de diversos llibres, ha participat en exposicions individuals i col·lectives.

CAS

Licenciada en Periodismo por la URL en 2004. Realizó prácticas en el *Avui* y *El Punt*. Se especializó con un posgrado en Reporterismo Gráfico (2005). De 2009 hasta hoy, es colaboradora fija en el periódico *ABC*, y en algunos periodos ha ejercido de editora gráfica de la edición catalana.

Colaborador en *El Mundo Deportivo* entre 1990 y 1995. A partir de ese año y hasta 1997, trabajó en fotografía publicitaria e hizo de ayudante de cámara de cine. En 2001 se incorporó al periódico *Sport*, donde trabaja en la actualidad. En 2006 recibió el premio Periodismo Deportivo de Cataluña.

Colaborador de la agencia internacional de noticias AFP (Agence France-Presse) desde 2007. Sus imágenes han sido publicadas en *National Geographic, Time, Rutas del Mundo, The New York Times, International Herald Tribune, The Guardian* y *The Times*, entre otros.

Se inició como fotógrafa en *La Comarca d'Alcanyís* (Teruel) y *La Mañana* de Lleida. Ha trabajado durante más de diez años en *El País*. Ha colaborado en *La Vanguardia, El Periódico de Catalunya, Público* y *El Correo*. Fue cronista oficial de las Fiestas de la Mercè de 2008.

Es una de las referencias de la edición gráfica de nuestro país. Jefe de Fotografía en *La Vanguardia* (1989-1992), *El País* (1992-2000) y *El Periódico de Catalunya* (2000-2012). Ha recibido numerosos premios, como el Godó de Periodismo (1995) y el Fotopres (1983).

Fotógrafo independiente, especializado en retrato y fotografía de autor. Colaborador desde hace décadas en deportes y retratos de *El País* y su suplemento del domingo *EPS* (*El País Semanal*). También trabaja con *El Correo de Bilbao* y las revistas del grupo Vocento.

Desarrolla proyectos de fotografía documental de autor, entre ellos *Cuba, Cuba y Cuba. A los invisibles*, que le supuso el Premio Artes Plásticas Ciutat de Barcelona; *Raval*, por encargo del Archivo Fotográfico de Barcelona, y *Muertitos*, en México. Colaboradora habitual de *El País*.

Ha sido jefe de Fotografía de *El Periòdic d'Andorra*, colaborador de *El Periódico de Catalunya* y de la agencia Cover. En la actualidad, está afincado en Lleida. Sus últimos proyectos experimentan con nuevas herramientas y espacios de difusión, cuestionando los cambios que ha sufrido la fotografía tradicional.

Premio Godó de Fotoperiodismo 2003. En la actualidad trabaja en *El Mundo Deportivo*. Especializado en fotografía deportiva y, en concreto, en fútbol. Desde hace veinte años, sigue el día a día del FC Barcelona. Ha cubierto un mundial de fútbol y varias finales de la Copa del Rey y de Europa.

Colaboró en varios medios nacionales hasta que, en 1995, se casó y entró a formar parte de la plantilla de Ediciones Primera Plana, editora de *El Periódico de Catalunya*, donde aún trabaja hoy. Coautor de varios libros, ha participado en exposiciones individuales y colectivas.

ENG

Graduated in Journalism from the URL in 2004. She did an internship at *Avui* and *El Punt*. As a postgraduate, she specialized in Graphic Reporting (2005). Since 2009, she has been a regular contributor to the newspaper *ABC* and has acted as graphic editor of the Catalan edition at various times.

A contributor to *El Mundo Deportivo* between 1990 and 1995. Between 1995 and 1997, he worked in advertising photography and became an assistant film cameraman. In 2001 he joined the newspaper *Sport*, where he currently works. He received the Catalan Sports Journalism prize in 2006.

He has worked with the international news agency AFP (Agence France-Presse) since 2007. His images have been published in *National Geographic, Time, Rutas del Mundo, The New York Times, International Herald Tribune, The Guardian* and *The Times*, among other publications.

She began working as a photographer at *La Comarca d'Alcanyís* (Teruel) and *La Mañana* in Lleida. She worked at *El País* for over ten years. She has contributed to *La Vanguardia, El Periódico de Catalunya, Público* and *El Correo*. She was the official reporter of Barcelona's Mercè Festival in 2008.

One of our country's leading lights in graphic publishing. Head of Photography at *La Vanguardia* (1989-1992), *El País* (1992-2000) and *El Periódico de Catalunya* (2000-2012). He has received numerous awards, including the Godó Journalism award (1995) and the Fotopres award (1983).

A freelance photographer specializing in portraits and documentary photography. For decades, he has contributed sports photographs and portraits to *El País* and its Sunday supplement *EPS* (*El País Semanal*). He also works with *El Correo de Bilbao* and the magazines published by the Vocento group.

She carries out documentary photography projects, including *Cuba, Cuba y Cuba. A los invisibles*, for which she was awarded the City of Barcelona Plastic Arts Prize; *Raval*, for the Barcelona Photographic Archive, and *Muertitos*, in Mexico. A regular contributor to *El País*.

He has been head of Photography at *El Periòdic d'Andorra*, a contributor to *El Periódico de Catalunya* and a member of the agency Cover. He is currently based in Lleida. His latest projects experiment with new tools and areas of diffusion, and call into question the changes that traditional photography has experienced.

Godó Photojournalism Award in 2003. He currently works at *El Mundo Deportivo*. He specializes in sports photography and football in particular, and has been covering news about FC Barcelona for twenty years. He has covered a football World Cup and several finals of the Copa del Rey and European Cup.

He worked with various national media until in 1995, when he got married and joined the staff of Ediciones Primera Plana, the publisher of *El Periódico de Catalunya*, where he still works today. He has co-authored several books, and participated in solo and collective exhibitions.

El nostre agraïment a les persones i entitats que ens han brindat recolzament. Preguem ens disculpeu si ens hem deixat algun nom.

Nuestro agradecimiento a las personas y entidades que nos han apoyado. Rogamos nos disculpen si hemos olvidado algún nombre.

Our thanks to the individuals and institutions who have supported us. Please accept our apologies if we have committed any name.

Fundació
BancSabadell

Anoar el Aadmi, Ernest Alós, Joana Andreu, Pau Arenós, Natalia Artero, Montse Artigas (Hospital Universitari Vall d'Hebron), Carme Balcells, Anna Bellsolà (Forn Baluart), Vicent Berages, Cristina Bonet , Gerard Bonet (Federació de Productors de Mol·luscos del Delta de l'Ebre, Fepromodel), Oriol Bosch, Jordi Calvís, Ona Carbonell, Josefina Castellví, Joana Catot , Rafa Climent (Bombers de Rubí), Bonaventura Clotet, Ada Colau, Dolors i Minerva Comerma, Hiuwai Chu, Ramon Deulofeu, Mercè Estrada i Casanovas, Raúl Fernández, Teresa Forcades, Vicens Forner, Anna Franco (Premsa del Gabinet d'Alcaldia de l'Ajuntament de Barcelona), Anahí Gallardo, Montserrat Galles, Josep García, Albert Gil, Olga Grau, Manel Guerrero, Santi Iglesias, Andrés Iniesta, Roser Lapuente (Mercabarna), Antoni Llop (Güelly Sandwichpark), Montse Macià (Museu de Lleida), Pasqual Maragall, Miguel Martínez (Indra), Manuel Martínez Pazo, Jaume Mateu (Tortell Poltrona), Sisco Melgosa, Manuel Milian, Kenneth Molas Valls, Rafael Morales, Silvia Omedes, Isabel Palomeque (Liant la Troca), Oriol Pàmies (TMB), Lluïsa Pascual, Núria Pascual (Fabra i Coats, Fàbrica de Creació), Sílvia Pérez Cruz, Emilio Pérez de Rozas, Clara Plasencia, Ernest Querol, Pau Riba, Ana del Río (Hospital Clínic), Olga Roca, Jordi Sabater Guisset, Lluís Salom, Delfi Sanahuja (enòleg Castell de Perelada), Gervasio Sánchez, Jesús Sarmiento, Ana Sesé (Departament de Comunicació d'IESE), Antoni Trilla (Hospital Clínic), José Carlos Sorribes, Mercè Tura (Obra Social Sant Joan de Déu), Josep Maria Ureta, Cristina Vall Losada (Seat), Maribel Vila, Ramon Viladomat (Diputació de Barcelona), Dolors Vilamitjana (Castell de Perelada), Emma Vilarasau. Angue Jazz, Àrea Maternoinfantil - Hospital Universitari Vall d'Hebron, ASETMYCO, Ajuntament de Morella, Asociación Nuclear Ascó - Vandellós II, Associació Som-riures sense Fronteres, Atendis, Baqueira Beret, Barberia de Gràcia, Bonart Cultural, CaixaForum, Camins de Vent , CAP Verdaguer (L'Hospitalet), Casal de la Gent Gran de Sta Eulàlia (L'Hospitalet), Centre Excursionista Comarca de Bages, Cinemes Full HD Cornellà, Col·legi de Periodistes de Catalunya, CosmoCaixa, Cruz Roja, Curtits Magí i Puig, Curtits Miret i Cia, Damm, Departament de Justícia, Districte de Sant Andreu, El Bus Català, El Hogar ProVegan de Marçà, Empúries-Museu d'Arqueologia de Catalunya, Escola de Dansa La Tani, Escola de Pastors de Catalunya, Fira Internacional d'Art Contemporani Swab, Fundació Lluís Coromina, Gimnasios DiR, Hostal El Forn de Beget, ICFO - The Institute of Photonic Sciences, INS Miramar de Viladecans, Institut de Cultura de Barcelona (Icub), Laboratori de Biotecnologia de ETSEA (Universitat de Lleida), Minoria Absoluta, Museu del Càntir d'Argentona, NWN Photography, Obres i Contractes Penta SA, Palau Güell, Pallapupas, Parlament de Catalunya, Passió d'Esparreguera, Plataforma Afectats per la Hipoteca (PAH) de Nou Barris, Picutland, Positivas Can, Residència d'Avis La Torrassa, Residencia Inmaculada de las Carmelitas de San José, Sometents d'Alcarràs, Sónar, Spanish Pro Wrestling, Treballadors de les Coves del Tol, Unió de Pagesos, UPIFC i www.abrazosgratis.org.